大学赤本シリーズ

439

愛知大学

JN071728

教学社

は し が き

おかげさまで，大学入試の「赤本」は，今年で創刊 70 周年を迎えました。

これまで，入試問題や資料をご提供いただいた大学関係者各位，掲載許可をいただいた著作権者の皆様，各科目の解答や対策の執筆にあたられた先生方，そして，赤本を使用してくださったすべての読者の皆様に，厚く御礼を申し上げます。

以下に，創刊初期の「赤本」のはしがきを引用します。これからも引き続き，受験生の目標の達成や，夢の実現を応援してまいります。

本書を活用して，入試本番では持てる力を存分に発揮されることを心より願っています。

編者しるす

＊　＊　＊

学問の塔にあこがれのまなざしをもって，それぞれの志望する大学の門をたたかんとしている受験生諸君！　人間として生まれてきた私たちは，自己の欲するままに，美しく，強く，そして何よりも人間らしく生きることをねがっている。しかし，一朝一夕にして，この純粋なのぞみが達せられることはない。私たちの行く手には，絶えずさまざまな試練がまちかまえている。この試練を克服していくところに，私たちのねがう真に人間的な世界がはじめて開かれてくるのである。

人生最初の最大の試練として，諸君の眼前に大学入試がある。この大学入試は，精神的にも身体的にも，大きな苦痛を感ぜしめるであろう。あるスポーツに熟達するには，たゆみなき，はげしい練習を積み重ねることが必要であるように，私たちは，計画的・持続的な努力を払うことによって，この試練を克服し，次の一歩を踏みだすことができる。厳しい試練を経たのちに，はじめて満足すべき成果を獲得できるのである。

本書は最近の入学試験の問題に，それぞれ解答を付し，さらに問題をふかく分析することによって，その大学独特の傾向や対策をさぐろうとした。本書を一般の参考書とあわせて使用し，まとはずれのない，効果的な受験勉強をされるよう期待したい。

（昭和 35 年版「赤本」はしがきより）

挑む人の、いちばんの味方

赤本創刊70周年

1954 年に大学入試の過去問題集を刊行してから 70 年。赤本は大学に入りたいと思う受験生を応援しつづけてきました。これからも，苦しいとき落ち込むときにそばで支える存在でいたいと思います。

そして，勉強をすること，自分で道を決めること，努力が実ること，これらの喜びを読者の皆さんが感じることができるよう，伴走をつづけます。

そもそも赤本とは…

受験生のための大学入試の過去問題集！

70年の歴史を誇る赤本は，500点を超える刊行点数で全都道府県の370大学以上を網羅しており，過去問の代名詞として受験生の必須アイテムとなっています。

なぜ受験に過去問が必要なのか？

大学入試は大学によって問題形式や頻出分野が大きく異なるからです。

赤本の掲載内容

傾向と対策

これまでの出題内容から，問題の「**傾向**」を分析し，来年度の入試に向けて具体的な「**対策**」の方法を紹介しています。

問題編・解答編

- 年度ごとに問題とその解答を掲載しています。
- 「**問題編**」ではその年度の試験概要を確認したうえで，実際に出題された過去問に取り組むことができます。
- 「**解答編**」には高校・予備校の先生方による解答が載っています。

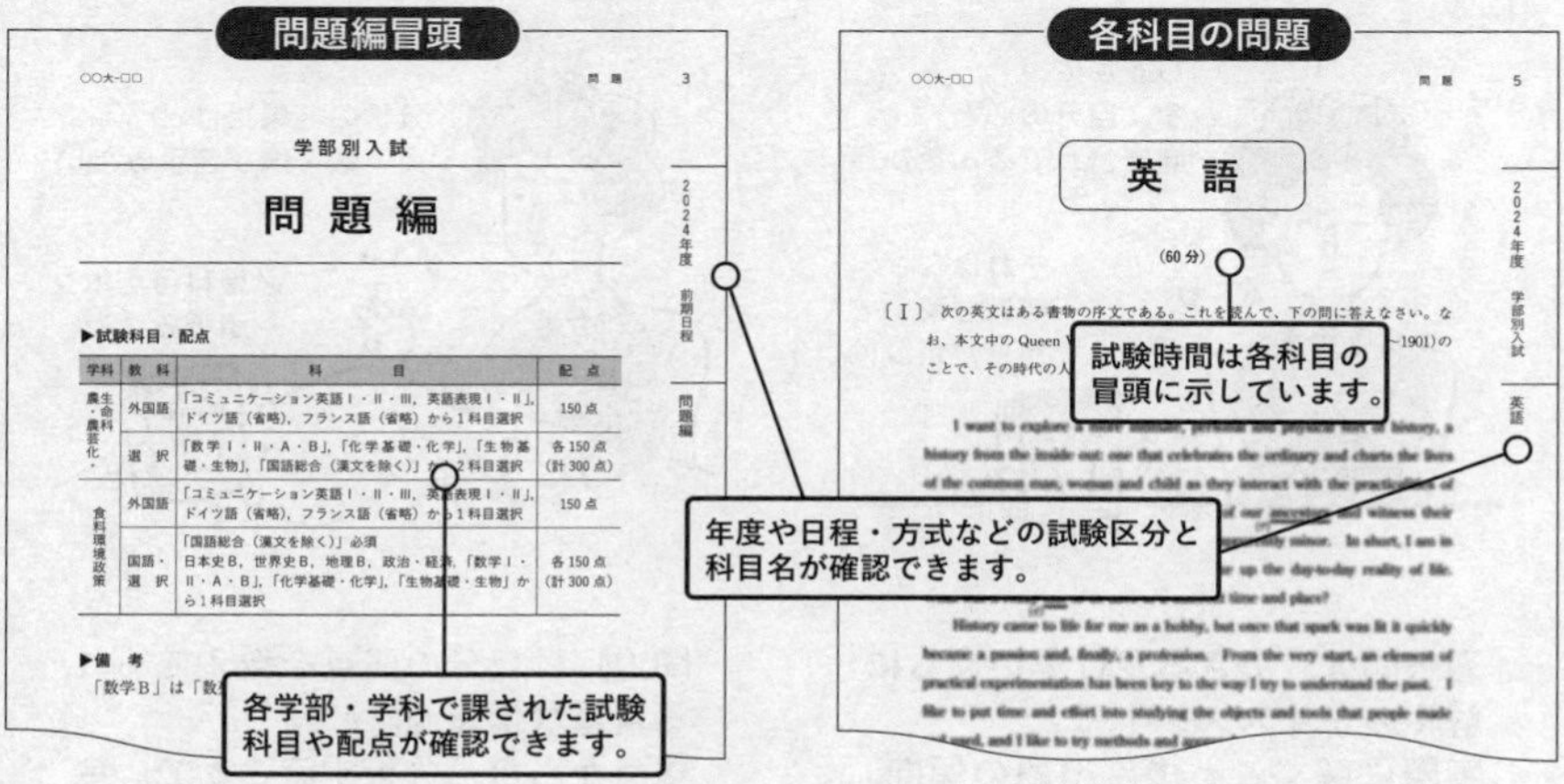

他にも，大学の基本情報や，先輩受験生の合格体験記，在学生からのメッセージなどが載っていることがあります。

掲載内容について

著作権上の理由やその他編集上の都合により問題や解答の一部を割愛している場合があります。

なお，指定校推薦入試，社会人入試，編入学試験，帰国生入試などの特別入試，英語以外の外国語科目，商業・工業科目は，原則として掲載しておりません。また試験科目は変更される場合がありますので，あらかじめご了承ください。

受験勉強は

過去問に始まり，

STEP 1　なにはともあれ

まずは解いてみる

しずかに…
今，自分の心と
向き合ってるんだから
ムーン
それは
問題を解いて
からだホン!

過去問は，**できるだけ早いうちに解く**のがオススメ！
実際に解くことで，**出題の傾向，問題のレベル，今の自分の実力**がつかめます。

STEP 2　じっくり具体的に

弱点を分析する

分析の結果だけど
英・数・国が苦手みたい
スリー
必須科目だホン
頑張るホン

間違いは自分の弱点を教えてくれる**貴重な情報源。**
弱点から自己分析することで，**今の自分に足りない力や苦手な分野**が見えてくるはず！

合格者があかす赤本の使い方

傾向と対策を熟読

（Fさん／国立大合格）

大学の出題傾向を調べるために，赤本に載っている「傾向と対策」を熟読しました。

繰り返し解く

（Tさん／国立大合格）

１周目は問題のレベル確認，２周目は苦手や頻出分野の確認に，３周目は合格点を目指して，と過去問は繰り返し解くことが大切です。

赤本の使い方 解説

過去問に終わる。

STEP 3

志望校にあわせて

苦手分野の重点対策

参考書や問題集を活用して，苦手分野の**重点対策**をしていきます。**過去問を指針**に，合格へ向けた具体的な学習計画を立てましょう！

STEP 1▶2▶3

サイクルが大事!

実践を繰り返す

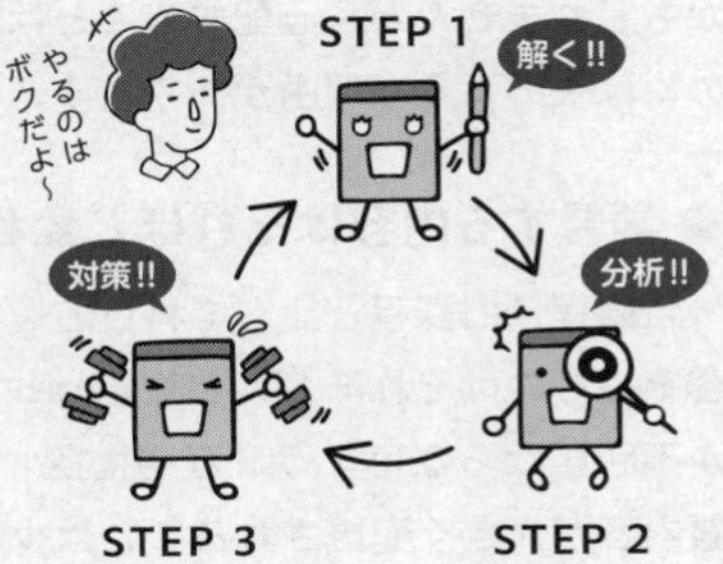

STEP 1～3を繰り返し，実力アップにつなげましょう！
出題形式に慣れることや，時間配分を考えることも大切です。

目標点を決める
(Yさん／私立大合格)
赤本によっては合格者最低点が載っているので，それを見て目標点を決めるのもよいです。

時間配分を確認
(Kさん／私立大学合格)
赤本は時間配分や解く順番を決めるために使いました。

添削してもらう
(Sさん／私立大学合格)
記述式の問題は先生に添削してもらうことで自分の弱点に気づけると思います。

新課程入試Q&A

2022年度から新しい学習指導要領（新課程）での授業が始まり，2025年度の入試は，新課程に基づいて行われる最初の入試となります。ここでは，赤本での新課程入試の対策について，よくある疑問にお答えします。

Q1. 赤本は新課程入試の対策に使えますか？

A. もちろん使えます！

旧課程入試の過去問が新課程入試の対策に役に立つのか疑問に思う人もいるかもしれませんが，心配することはありません。旧課程入試の過去問が役立つのには次のような理由があります。

● 学習する内容はそれほど変わらない

新課程は旧課程と比べて科目名を中心とした変更はありますが，学習する内容そのものはそれほど大きく変わっていません。また，多くの大学で，既卒生が不利にならないよう「経過措置」がとられます（Q３参照）。したがって，出題内容が大きく変更されることは少ないとみられます。

● 大学ごとに出題の特徴がある

これまでに課程が変わったときも，各大学の出題の特徴は大きく変わらないことがほとんどでした。入試問題は各大学のアドミッション・ポリシーに沿って出題されており，過去問にはその特徴がよく表れています。過去問を研究してその大学に特有の傾向をつかめば，最適な対策をとることができます。

出題の特徴の例	・英作文問題の出題の有無 ・論述問題の出題（字数制限の有無や長さ） ・計算過程の記述の有無

新課程入試の対策も，赤本で過去問に取り組むところから始めましょう。

Q2. 赤本を使う上での注意点はありますか？

A. 志望大学の入試科目を確認しましょう。

過去問を解く前に，過去の出題科目（問題編冒頭の表）と 2025 年度の募集要項とを比べて，課される内容に変更がないかを確認しましょう。ポイントは以下のとおりです。科目名が変わっていても，実際は旧課程の内容とほとんど同様のものもあります。

英語・国語	科目名は変更されているが，実質的には変更なし。 ▶▶ **ただし，リスニングや古文・漢文の有無は要確認。**
地歴	科目名が変更され，「歴史総合」「地理総合」が新設。 ▶▶ **新設科目の有無に注意。ただし，「経過措置」（Q３参照）により内容は大きく変わらないことも多い。**
公民	「現代社会」が廃止され，「公共」が新設。 ▶▶ **「公共」は実質的には「現代社会」と大きく変わらない。**
数学	科目が再編され，「数学 C」が新設。 ▶▶ **「数学」全体としての内容は大きく変わらないが，出題科目と単元の変更に注意。**
理科	科目名も学習内容も大きな変更なし。

数学については，科目名だけでなく，どの単元が含まれているかも確認が必要です。例えば，出題科目が次のように変わったとします。

旧課程	「数学Ⅰ・数学Ⅱ・数学 A・数学 B（数列・ベクトル）」
新課程	「数学Ⅰ・数学Ⅱ・数学 A・**数学 B（数列）・数学 C（ベクトル）**」

この場合，新課程では「数学C」が増えていますが，単元は「ベクトル」のみのため，実質的には旧課程とほぼ同じであり，過去問をそのまま役立てることができます。

Q3. 「経過措置」とは何ですか？

A. 既卒の旧課程履修者への対応です。

多くの大学では，既卒の旧課程履修者が不利にならないように，出題において「経過措置」が実施されます。措置の有無や内容は大学によって異なるので，募集要項や大学のウェブサイトなどで確認しておきましょう。

◯旧課程履修者への経過措置の例

- 旧課程履修者にも配慮した出題を行う。
- 新・旧課程の共通の範囲から出題する。
- 新課程と旧課程の共通の内容を出題し，共通範囲のみでの出題が困難な場合は，旧課程の範囲からの問題を用意し，選択解答とする。

例えば，地歴の出題科目が次のように変わったとします。

旧課程	「日本史Ｂ」「世界史Ｂ」から１科目選択
新課程	「**歴史総合**，日本史探究」「**歴史総合**，世界史探究」から１科目選択※ ※旧課程履修者に不利益が生じることのないように配慮する。

「歴史総合」は新課程で新設された科目で，旧課程履修者には見慣れないものですが，上記のような経過措置がとられた場合，新課程入試でも旧課程と同様の学習内容で受験することができます。

新課程の情報は WEB もチェック！
より詳しい解説が赤本ウェブサイトで見られます。
https://akahon.net/shinkatei/

科目名が変更される教科・科目

	旧課程	新課程
国語	国語総合 国語表現 現代文A 現代文B 古典A 古典B	現代の国語 言語文化 論理国語 文学国語 国語表現 古典探究
地歴	日本史A 日本史B 世界史A 世界史B 地理A 地理B	歴史総合 日本史探究 世界史探究 地理総合 地理探究
公民	現代社会 倫理 政治・経済	公共 倫理 政治・経済
数学	数学 I 数学 II 数学 III 数学A 数学B 数学活用	数学 I 数学 II 数学 III 数学A 数学B 数学C
外国語	コミュニケーション英語基礎 コミュニケーション英語 I コミュニケーション英語 II コミュニケーション英語 III 英語表現 I 英語表現 II 英語会話	英語コミュニケーション I 英語コミュニケーション II 英語コミュニケーション III 論理・表現 I 論理・表現 II 論理・表現 III
情報	社会と情報 情報の科学	情報 I 情報 II

目　次

2024年度 問題と解答

2023年度 問題と解答

2022年度 問題と解答

掲載内容についてのお断り

- 学校推薦型選抜，総合型選抜，一般選抜後期は掲載していません。
- 一般選抜前期・数学重視型・共通テストプラス方式は，2024 年度は 2 日程分，2023・2022 年度は 1 日程分を掲載しています。
- 以下の科目は省略しています。

  2024 年度：一般選抜M方式，一般選抜前期・数学重視型・共通テストプラス方式（2 月 5 日実施分）の「倫理，政治・経済」

  2023 年度：一般選抜M方式，一般選抜前期・数学重視型・共通テストプラス方式（2 月 5 日実施分）の「地理」，「倫理，政治・経済」

  2022 年度：一般選抜M方式の「地理」，「倫理，政治・経済」

・UNIVERSITY GUIDE・

大学情報

基本情報

学部・学科の構成

大　学

●**法学部**　名古屋キャンパス

法学科（司法コース，企業コース，行政コース，法科大学院連携コース）

●**経済学部**　名古屋キャンパス

経済学科（産業経済・ファイナンスコース，公共経済・経済政策コース，地域経済・グローバルコース）

●**経営学部**　名古屋キャンパス

経営学科（ビジネス・マネジメントコース，流通・マーケティングコース，データサイエンスコース，国際ビジネスコース）

会計ファイナンス学科（アカウンティングコース，ファイナンスコース，ビジネスデザインコース）

●**現代中国学部**　名古屋キャンパス

現代中国学科（ビジネスコース，言語文化コース，国際関係コース）

●国際コミュニケーション学部 名古屋キャンパス

英語学科（Language Studies コース，Business コース，Education コース）

国際教養学科（アメリカ研究コース，日本・アジア研究コース，ヨーロッパ研究コース）

●文学部 豊橋キャンパス

人文社会学科（現代文化コース〈東アジア文化専攻，哲学専攻，図書館情報学専攻，メディア芸術専攻〉，社会学コース〈社会学専攻〉，欧米言語文化コース〈現代国際英語専攻，ドイツ語圏文化専攻，フランス語圏文化専攻〉）

歴史地理学科（日本史学専攻，世界史学専攻，地理学専攻）

日本語日本文学科（日本語日本文学専攻）

心理学科（心理学専攻）

●地域政策学部 豊橋キャンパス

地域政策学科（公共政策コース，経済産業コース，まちづくり・文化コース，健康・スポーツコース，食農環境コース）

●短期大学部 豊橋キャンパス

ライフデザイン総合学科

（備考）コース・専攻等に分属する年次はそれぞれで異なる。

大学院

法学研究科 / 経済学研究科 / 経営学研究科 / 中国研究科 / 国際コミュニケーション研究科 / 文学研究科 / 法務研究科（法科大学院）

大学所在地

名古屋キャンパス

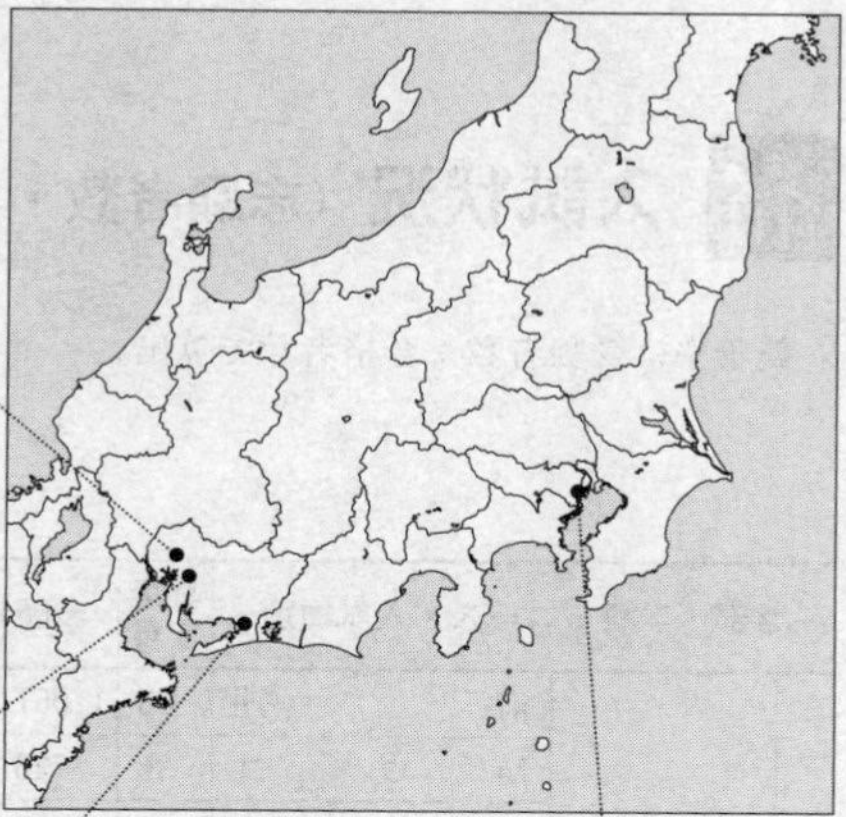

車道キャンパス

豊橋キャンパス

東京霞が関オフィス

名古屋キャンパス	〒 453-8777	名古屋市中村区平池町四丁目 60-6
豊　橋キャンパス	〒 441-8522	愛知県豊橋市町畑町 1-1
車　道キャンパス	〒 461-8641	名古屋市東区筒井二丁目 10-31
東京霞が関オフィス	〒 100-0013	東京都千代田区霞が関 3-2-1 霞が関コモンゲート西館 37 階

2024年度入試データ

入試状況（志願者数・競争率など）

競争率は受験者数÷合格者数で算出。

（　）内は女子内数

学部・学科・コース・入試種別			募集定員	志願者数	受験者数	合格者数	競争率	合格最低点／満点
法	法	前期	85	1,067(468)	1,035(452)	246(111)	4.2	208／350
		M方式	35	726(300)	711(293)	268(116)	2.7	231／350
		共通テストプラス方式	30	440(211)	423(205)	264(134)	1.6	180／300
		数学重視型	10	86(38)	83(38)	33(11)	2.5	220／400
		共通テスト利用（前期・3教科型）	23	146(68)	146(68)	110(55)	1.3	211／320
		共通テスト利用（前期・5教科型）	23	163(96)	163(96)	149(86)	1.1	324／520
		後期	15	215(63)	198(62)	24(5)	8.3	203／300
		共通テスト利用（後期・3教科型）	8	34(13)	34(13)	9(6)	3.8	210.5／300
経済	経済	前期	100	1,161(286)	1,130(281)	267(72)	4.2	204／350
		M方式	35	911(261)	891(256)	230(67)	3.9	239／350
		共通テストプラス方式	20	576(139)	561(136)	313(89)	1.8	180／300
		数学重視型	25	196(47)	191(46)	74(15)	2.6	221／400
		共通テスト利用（前期・3教科型）	20	232(78)	232(78)	194(65)	1.2	211.2／320
		共通テスト利用（前期・5教科型）	20	187(61)	187(61)	176(58)	1.1	317.4／520
		後期	15	210(45)	198(44)	23(3)	8.6	204／300
		共通テスト利用（後期・3教科型）	8	38(10)	38(10)	10(2)	3.8	210.5／300

（表つづく）

学部・学科・コース・入試種別			募集定員	志願者数	受験者数	合格者数	競争率	合格最低点／満点
経営	経営	前期	75	959(438)	933(425)	184(83)	5.1	214 ／350
		M方式	30	772(338)	752(329)	137(65)	5.5	247 ／350
		共通テストプラス方式	15	314(156)	298(149)	128(74)	2.3	192 ／300
		数学重視型	10	87(31)	85(30)	28(10)	3.0	222 ／400
		共通テスト利用(前期・3教科型)	10	134(67)	134(67)	99(52)	1.4	215.2／320
		共通テスト利用(前期・5教科型)	8	71(37)	71(37)	63(31)	1.1	321.8／520
		後期	8	134(44)	127(41)	25(9)	5.1	195 ／300
		共通テスト利用(後期・3教科型)	4	19(6)	19(6)	13(5)	1.5	186.5／300
	会計ファイナンス	前期	30	451(180)	433(174)	83(33)	5.2	202 ／350
		M方式	10	412(164)	400(156)	88(35)	4.5	236 ／350
		共通テストプラス方式	5	256(114)	246(111)	75(39)	3.3	188 ／300
		数学重視型	5	75(29)	75(29)	17(6)	4.4	214 ／400
		共通テスト利用(前期・3教科型)	5	45(26)	45(26)	32(19)	1.4	204.8／320
		共通テスト利用(前期・5教科型)	5	39(23)	39(23)	36(21)	1.1	325 ／520
		後期	5	81(20)	78(19)	22(8)	3.5	187 ／300
		共通テスト利用(後期・3教科型)	3	14(4)	14(4)	6(2)	2.3	190.5／300
現代中国	現代中国	前期	40	328(173)	314(168)	80(51)	3.9	199 ／350
		M方式	20	324(175)	317(171)	149(86)	2.1	215 ／350
		共通テストプラス方式	12	242(135)	239(133)	81(55)	3.0	179 ／300
		共通テスト利用(前期・3教科型)	6	44(28)	44(28)	29(19)	1.5	211.6／320
		共通テスト利用(前期・5教科型)	6	22(17)	22(17)	17(13)	1.3	320 ／520
		後期	5	58(24)	56(23)	24(12)	2.3	171 ／300
		共通テスト利用(後期・3教科型)	2	11(7)	11(7)	6(5)	1.8	182.5／300

（表つづく）

学部・学科・コース・入試種別			募集定員	志願者数	受験者数	合格者数	競争率	合格最低点／満点
国際コミュニケーション	英語	前期	30	412(245)	401(244)	86(45)	4.7	213　／350
		M方式	16	318(187)	306(184)	113(74)	2.7	240　／350
		共通テストプラス方式	8	208(132)	205(130)	90(54)	2.3	245　／400
		共通テスト利用(前期・3教科型)	4	88(53)	88(53)	63(37)	1.4	216　／320
		共通テスト利用(前期・5教科型)	4	53(43)	53(43)	46(38)	1.2	379　／600
		後期	3	44(12)	41(11)	13(5)	3.2	180　／300
		共通テスト利用(後期・3教科型)	2	13(7)	13(7)	10(5)	1.3	186.5／300
	国際教養	前期	33	397(249)	388(242)	86(55)	4.5	206　／350
		M方式	17	400(261)	388(255)	171(121)	2.3	231　／350
		共通テストプラス方式	10	194(141)	189(137)	71(48)	2.7	240　／400
		共通テスト利用(前期・3教科型)	5	90(57)	90(57)	75(44)	1.2	211.8／320
		共通テスト利用(前期・5教科型)	5	133(107)	133(107)	117(94)	1.1	367　／600
		後期	4	64(33)	63(32)	17(9)	3.7	196　／300
		共通テスト利用(後期・3教科型)	2	19(13)	19(13)	9(7)	2.1	199　／300
文	歴史地理	前期	20	258(106)	251(102)	82(45)	3.1	210　／350
		M方式	9	204(69)	199(69)	100(35)	2.0	228　／350
		共通テストプラス方式	7	187(81)	181(77)	107(47)	1.7	180　／300
		共通テスト利用(前期・3教科型)	5	59(19)	59(19)	51(18)	1.2	211.9／320
		共通テスト利用(前期・5教科型)	4	72(32)	72(32)	65(27)	1.1	308.5／500
		後期	4	50(12)	49(12)	30(8)	1.6	173　／300
		共通テスト利用(後期・3教科型)	2	15(8)	15(8)	5(2)	3.0	207.5／300
	日本語日本文	前期	16	214(148)	210(146)	74(47)	2.8	195　／350
		M方式	5	141(102)	138(101)	70(53)	2.0	222　／350
		共通テストプラス方式	5	133(89)	131(88)	79(54)	1.7	178.7／300
		共通テスト利用(前期・3教科型)	4	58(38)	58(38)	47(30)	1.2	208.5／320
		共通テスト利用(前期・5教科型)	3	44(30)	44(30)	40(27)	1.1	301.7／500
		後期	2	31(16)	26(13)	4(2)	6.5	204　／300
		共通テスト利用(後期・3教科型)	1	18(9)	18(9)	3(1)	6.0	207.5／300

(表つづく)

学部・学科・コース・入試種別				募集定員	志願者数	受験者数	合格者数	競争率	合格最低点／満点
文	人文社会	現代文化コース	前期	19	173(125)	166(119)	64(45)	2.6	178／350
			M方式	5	136(92)	129(87)	85(59)	1.5	200／350
			共通テストプラス方式	6	121(95)	115(91)	61(46)	1.9	172／300
			共通テスト利用（前期・3教科型）	6	50(33)	50(33)	43(29)	1.2	193／320
			共通テスト利用（前期・5教科型）	4	44(33)	44(33)	41(30)	1.1	290／500
			後期	4	29(12)	28(12)	8(2)	3.5	188／300
			共通テスト利用（後期・3教科型）	2	21(11)	21(11)	4(2)	5.3	202／300
		社会学コース	前期	16	108(70)	107(69)	45(36)	2.4	186／350
			M方式	4	133(73)	132(72)	84(50)	1.6	200／350
			共通テストプラス方式	5	71(52)	71(52)	41(33)	1.7	175.5／300
			共通テスト利用（前期・3教科型）	5	41(22)	41(22)	36(20)	1.1	196.1／320
			共通テスト利用（前期・5教科型）	4	33(23)	33(23)	28(20)	1.2	287.3／500
			後期	2	37(15)	35(15)	10(5)	3.5	190／300
			共通テスト利用（後期・3教科型）	2	21(7)	21(7)	5(3)	4.2	196／300
		欧米言語文化コース	前期	19	83(56)	81(55)	40(29)	2.0	182／350
			M方式	3	106(65)	100(61)	77(51)	1.3	201／350
			共通テストプラス方式	7	53(34)	52(33)	28(17)	1.9	171／300
			共通テスト利用（前期・3教科型）	5	38(30)	38(30)	33(27)	1.2	207.4／320
			共通テスト利用（前期・5教科型）	4	9(8)	9(8)	8(7)	1.1	316.3／500
			後期	4	39(17)	38(16)	13(6)	2.9	181／300
			共通テスト利用（後期・3教科型）	2	18(8)	18(8)	8(3)	2.3	190／300

（表つづく）

学部・学科・コース・入試種別				募集定員	志願者数	受験者数	合格者数	競争率	合格最低点／満点
文	心理		前期	15	233(148)	227(146)	77(51)	2.9	195 ／350
			M方式	5	136(82)	131(78)	67(48)	2.0	221 ／350
			共通テストプラス方式	5	130(81)	127(81)	82(55)	1.5	174 ／300
			数学重視型	3	13(10)	12(10)	3(2)	4.0	215 ／400
			共通テスト利用(前期・3教科型)	5	63(36)	63(36)	54(32)	1.2	208.5／320
			共通テスト利用(前期・5教科型)	5	63(49)	63(49)	48(40)	1.3	322 ／500
			後期	3	24(9)	24(9)	3(1)	8.0	197 ／300
			共通テスト利用(後期・3教科型)	1	8(5)	8(5)	3(2)	2.7	194 ／300
地域政策	地域政策	公共政策コース	前期	20	148(47)	143(47)	44(11)	3.3	195 ／350
			M方式	10	218(72)	217(71)	85(31)	2.6	222 ／350
			共通テストプラス方式	4	95(33)	91(33)	48(20)	1.9	181 ／300
			共通テスト利用(前期・3教科型)	3	61(28)	61(28)	43(24)	1.4	202 ／320
			共通テスト利用(前期・5教科型)	2	30(16)	30(16)	27(16)	1.1	318.8／520
			後期	3	64(18)	62(17)	12(2)	5.2	193 ／300
			共通テスト利用(後期・3教科型)	2	8(1)	8(1)	3(0)	2.7	198 ／300
		経済産業コース	前期	18	184(45)	179(45)	63(15)	2.8	184 ／350
			M方式	12	230(53)	227(53)	115(32)	2.0	210 ／350
			共通テストプラス方式	5	145(35)	137(34)	52(17)	2.6	174.5／300
			共通テスト利用(前期・3教科型)	3	59(18)	59(18)	50(17)	1.2	196.8／320
			共通テスト利用(前期・5教科型)	2	32(11)	32(11)	27(10)	1.2	298.8／520
			後期	2	51(12)	50(12)	11(3)	4.5	188 ／300
			共通テスト利用(後期・3教科型)	2	10(1)	10(1)	5(0)	2.0	190.5／300

(表つづく)

学部・学科・コース・入試種別				募集定員	志願者数	受験者数	合格者数	競争率	合格最低点／満点
地域政策	地域政策	まちづくり・文化コース	前期	14	110(42)	110(42)	42(21)	2.6	195／350
			M方式	7	132(64)	129(64)	53(30)	2.4	221／350
			共通テストプラス方式	3	88(42)	88(42)	41(27)	2.1	180／300
			共通テスト利用(前期・3教科型)	3	31(20)	31(20)	22(15)	1.4	203.6／320
			共通テスト利用(前期・5教科型)	2	19(12)	19(12)	14(9)	1.4	287／520
			後期	2	38(12)	37(12)	5(1)	7.4	188／300
			共通テスト利用(後期・3教科型)	1	8(2)	8(2)	2(1)	4.0	196.5／300
		健康・スポーツコース	前期	8	79(23)	76(21)	26(7)	2.9	182／350
			M方式	3	89(24)	85(23)	36(14)	2.4	203／350
			共通テストプラス方式	1	38(12)	36(11)	15(6)	2.4	173／300
			共通テスト利用(前期・3教科型)	1	20(12)	20(12)	18(11)	1.1	176.4／320
			共通テスト利用(前期・5教科型)	1	6(3)	6(3)	5(3)	1.2	301.2／520
			後期	1	16(5)	14(4)	4(2)	3.5	177／300
			共通テスト利用(後期・3教科型)	1	3(0)	3(0)	2(0)	1.5	181／300
		食農環境コース	前期	6	56(22)	55(22)	28(11)	2.0	177／350
			M方式	3	30(14)	30(14)	25(12)	1.2	175／350
			共通テストプラス方式	2	36(12)	31(12)	21(10)	1.5	160／300
			数学重視型	3	12(6)	12(6)	7(5)	1.7	213／400
			共通テスト利用(前期・3教科型)	2	8(2)	8(2)	7(2)	1.1	170／320
			共通テスト利用(前期・5教科型)	1	6(4)	6(4)	5(3)	1.2	316.8／520
			後期	1	16(5)	15(5)	2(2)	7.5	177／300
			共通テスト利用(後期・3教科型)	1	5(4)	5(4)	2(2)	2.5	197／300

(備考) 前期入試，M方式入試，共通テストプラス方式入試，数学重視型入試，後期入試については，判定に際しては得点調整のうえ，総合得点の高得点順に合格者を決定している。

募集要項の入手方法

募集要項は大学ホームページの請求フォームから請求できます。

資料請求先

ホームページ　https://adm.aichi-u.ac.jp/

問い合わせ先

愛知大学　企画部入試課

〒461-8641　名古屋市東区筒井二丁目10-31

TEL　052-937-8112・8113（直）（平日9：00～17：00）

愛知大学のテレメールによる資料請求方法

スマートフォンから　QRコードからアクセスしガイダンスに従ってご請求ください。

パソコンから　教学社 赤本ウェブサイト(akahon.net)から請求できます。

TREND & STEPS

傾向と対策

科目ごとに問題の「傾向」を分析し，具体的にどのような「対策」をすればよいか紹介しています。まずは出題内容をまとめた分析表を見て，試験の概要を把握しましょう。

注　意

「傾向と対策」で示している，出題科目・出題範囲・試験時間等については，2024 年度までに実施された入試の内容に基づいています。2025 年度入試の選抜方法については，各大学が発表する学生募集要項を必ずご確認ください。

来年度の変更点

2025 年度の一般選抜前期日程で，以下の変更が予定されている（本書編集時点）。

- 数学重視型の配点が，英語 50 点・数学 200 点・国語 50 点に変更になる。

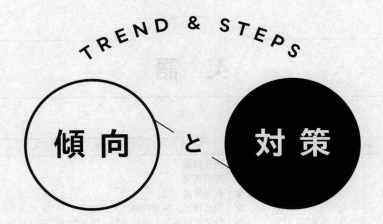

英　語

年度			番号	項目	内容
2024	M方式●		〔1〕	文法・語彙	誤り指摘
			〔2〕	文法・語彙	空所補充
			〔3〕	文法・語彙	語句整序
			〔4〕	会話文	空所補充，同意表現，内容説明
			〔5〕	読解	分数の読み方，内容説明，語形変化，空所補充，語句整序
			〔6〕	読解	空所補充
			〔7〕	読解	空所補充，同意表現，語句意，発音，内容説明
			〔8〕	読解	同意表現，空所補充，語句整序，同一用法，語形変化，内容説明
	前期◑	2月5日	〔1〕	読解	語形変化，空所補充，語句整序，同意表現，同一用法，内容説明
			〔2〕	読解	語形変化，空所補充，同一用法，内容説明，同意表現，語句整序，英文和訳
			〔3〕	英作文	和文英訳
		2月6日	〔1〕	読解	語形変化，空所補充，発音，語句意，主語，同意表現，主題，内容説明
			〔2〕	読解	語形変化，同一用法，同意表現，語句意，空所補充，主題，内容説明，内容真偽，英文和訳，反意表現，語句整序
			〔3〕	英作文	和文英訳
2023	M方式●		〔1〕	文法・語彙	誤り指摘
			〔2〕	文法・語彙	空所補充
			〔3〕	文法・語彙	語句整序
			〔4〕	会話文	空所補充，同意表現，内容真偽，内容説明
			〔5〕	読解	同意表現，空所補充，内容真偽
			〔6〕	読解	空所補充，語句整序
			〔7〕	読解	同意表現，空所補充，語句意，内容説明，内容真偽
			〔8〕	読解	同意表現，語形変化，語句整序，内容説明，内容真偽
	前期◑	2月5日	〔1〕	読解	内容説明，語句整序，同意表現，語句意，空所補充，語形変化，内容真偽，主題
			〔2〕	読解	同意表現，アクセント，空所補充，語句意，語形変化，同一用法，数字の読み方，内容説明，内容真偽，派生語，語句整序，反意表現，英文和訳
			〔3〕	英作文	和文英訳

2022	M方式●		〔1〕	文法・語彙	誤り指摘
			〔2〕	文法・語彙	空所補充
			〔3〕	文法・語彙	語句整序
			〔4〕	会　話　文	空所補充，同意表現，内容真偽
			〔5〕	読　　　解	空所補充，内容説明
			〔6〕	読　　　解	空所補充，語句整序，語形変化
			〔7〕	読　　　解	空所補充，同意表現，語形変化，発音，内容説明
			〔8〕	読　　　解	同意表現，語形変化，空所補充，内容説明，内容真偽
	前期◑	2月6日	〔1〕	読　　　解	同意表現，語形変化，空所補充，同一用法，語句整序，内容説明
			〔2〕	読　　　解	空所補充，同意表現，内容説明，派生語，語句整序，内容説明，英文和訳
			〔3〕	英　作　文	和文英訳

（注）●印は全問，◑印は一部マークシート方式採用であることを表す。

傾向　小問数の多い長文問題が特徴。前期・数学重視型・共通テストプラス方式は英作文も出題

01　出題形式は？

M方式は全問マークシート方式で，試験時間は80分である。出題数は8題で，解答個数は60個前後である。

前期入試はマークシート方式と記述式の併用で，長文読解2題と英作文1題の計3題の出題である。試験時間は80分。

02　出題内容はどうか？

M方式は誤り指摘や語句整序，空所補充などの文法・語彙問題と読解問題がバランスよく出題されている。最近は，挿絵入り説明英文が出題されており，2024年度は料理の手順に関する問題であった。

前期・数学重視型・共通テストプラス方式では，2題の読解問題の中で内容読解力とともに文法・語彙，発音などさまざまな力が問われ，英問英答形式での出題もみられる。英作文は語彙レベルとしては高くないが，基本表現をどのように正確に英訳するかが問われる。

03 難易度は？

長文の難度は高くなく，比較的読みやすい文章である。ほとんどが標準問題であるが，やや難しい語が選択肢で問われる場合がある。また，設問数が多いので，80分の試験時間ですべて解答するためには要領よく解き進める必要があるだろう。時間配分については，前期・数学重視型・共通テストプラス方式の場合は読解問題1題につき25～30分が目安である。M方式の場合は，発音，文法・語彙問題を合わせて10分弱ですませ，残りの時間を会話文を含めた読解問題にあてたい。

対策

01 読解

設問が多岐にわたっており，解答個数も多いので，本文を読みながら並行して問題を解き進めるほうがよい。英文和訳，内容説明，内容真偽問題にしっかり取り組めるかどうかがポイント。まずは長文を読むために語彙力，文法・構文といった知識を習得することが大切。過去問に取り組む前に『大学入試 レベル別 英語長文問題ソリューション1 スタンダードレベル』（かんき出版）や『関正生の The Rules 英語長文問題集1 入試基礎』（旺文社）などで演習を行うとよい。

02 語彙

派生語・同意語・反意語・アクセント・発音を問う問題が出題されているので，日頃からそのことを意識して単語を覚えるようにしよう。アクセントはルールをひと通り覚え，発音は母音を中心として勉強するようにしよう。

03 文　法

基本的な問題が出題されているので，基礎をしっかり固めることが重要。『英文法レベル別問題集4　中級編』（ナガセ）など，文法の問題集を1冊仕上げることが望ましい。

04 英作文

基本例文となる短い文をできる限り覚えるようにする。スペルミスをなくすために，単語を覚える際には必ず紙に書くようにしよう。動詞の使い方などは辞書を引いて確認すること。

日本史

年度			番号	内容	形式
2024	M方式●		〔1〕	「円覚寺文書」「金剛三昧院文書」「観応の半済令(建武以来追加)」「高野山文書」―中世の社会経済史 ✓史料	選択
			〔2〕	江戸時代の庶民文化	選択
			〔3〕	「内務省警保局保安課史料」「日本の統治制度の改革」「金大中韓国大統領の演説」―関東大震災，占領改革，戦後の日韓関係 ✓史料	選択
	前期◑	2月5日	〔1〕	源氏と平氏について	記述・選択
			〔2〕	江戸時代の新田開発と農業発展	記述・選択
			〔3〕	森有礼と近代学校教育の整備	選択
		2月6日	〔1〕	平城京と律令国家	記述・選択
			〔2〕	明治期の教育史と大正期の都市大衆文化	記述・選択
			〔3〕	江戸幕府の確立と徳川慶喜 ✓史料	選択
2023	M方式●		〔1〕	縄文時代と弥生時代の日本列島 ✓視覚資料	選択
			〔2〕	名前から見る日本史	選択
			〔3〕	近世～現代の産業	選択
	前期◑	2月5日	〔1〕	旧石器時代～弥生時代の社会	記述・選択
			〔2〕	江戸時代初期の外交と近世の産業	記述・選択
			〔3〕	「米国連邦議会調査局報告書」「カルロス=ガルシアフィリピン大統領の演説」「日中共同声明」―近現代の外交 ✓史料・地図	選択
2022	M方式●		〔1〕	古代から近世の京都	選択
			〔2〕	「東海道中膝栗毛」―江戸の社会・文化 ✓史料	選択
			〔3〕	近世～現代の沖縄	選択
	前期◑	2月6日	〔1〕	鎌倉時代の宗教と室町文化	記述・選択
			〔2〕	1910 年代の対外関係	記述・選択
			〔3〕	古代の東アジアと日本	選択

(注)　●印は全問，◑印は一部マークシート方式採用であることを表す。

傾向

多様な出題形式に注意
文化史が頻出

01 出題形式は？

M方式は大問3題，全問マークシート方式で，解答個数は50個。前期入試は大問3題で，そのうち〔1〕〔2〕が記述式と選択式，〔3〕がマークシート方式という形が定着している。いずれの日程も，リード文中の空所補充や下線部に関する正文・誤文の選択問題が中心である。試験時間は60分である。

なお，2025年度は出題科目が「歴史総合，日本史探究」となる予定である（本書編集時点）。

02 出題内容はどうか？

時代別では，おおむね原始・古代から近現代まで幅広く出題されているが，各方式とも大問3題中1題は近現代から出題されている。また，テーマ史による幅広い時代からの出題があるのも特徴である。

分野別では，政治・外交・社会経済・文化の各分野から出題されているが，特に文化史はほとんどの方式・日程で大問3題中1題出題されている。

史料問題はほぼ毎年出題されており，リード文として史料文が出題されるなど，対策は怠れない。教科書や史料集に掲載されている史料のほか，2023年度は初見史料の出題が大幅に増加した。

03 難易度は？

漢字表記の難しい語句もごく一部でみられるが，全体的には基礎～標準レベルである。前期入試では記述法の問題が中心なので，歴史用語を漢字で正確に書けるかどうかが合否の分かれ目となる。試験時間に余裕はあるが，時間配分を意識しながら手早く的確に解きすすめ，見直しの時間も確保したい。

対策

01 教科書学習の徹底

教科書を中心に基本的事項と各時代の流れをしっかりと把握しておくことが大切である。そして，記述問題に対応するためにも，教科書に準拠した学習ノートを用いて整理し，くりかえし書いて記憶する学習方法が有効である。その際には，歴史的な事件の背景や過程，その影響，事件どうしの因果関係などに着目しながら，教科書を精読することを心がけたい。また，図表や写真などの視覚資料を利用した設問などに対応するためにも，教科書の図表や写真にはしっかり目を通しておくこと。参考書としては，鈴木和裕『時代と流れで覚える！ 日本史用語』（文英堂）がおすすめである。

02 文化史学習

文学・宗教・建築・美術・教育など種々の文化史については毎年出題されている。そこで，文学・美術作品については作者・作品名，制作（発表）年代を確認し，美術作品や考古学の遺物に関しては図説集も利用して学習しておきたい。同時に考古学の遺跡や，古代・中世の寺社，中世・近世の港町・城下町などの歴史地理的な視点からの出題に備えて，地図で位置を確認することも心がけよう。

03 史料にも目を通そう

教科書に掲載されている基本的な史料はきちんと学習しておこう。基本史料に対する理解が養成されれば，初見の史料であっても，歴史的な知識を用いて解答を導くことができるので，あわてないことが大切である。また，問題集などで史料問題にもあたって慣れておきたい。

04 過去問演習

出題形式は例年ほぼ同様で，出題内容も過去のものと類似していることがある。本書で過去問を解き，出題内容や傾向をつかむとともに，弱点を発見し，克服しておこう。

世界史

年　度			番号	内　容	形　式
2024	M方式●		〔1〕	ルネサンスと宗教改革	選　択
			〔2〕	清の半植民地化，1980 年代以降の中華人民共和国の対外戦略 **✓史料・図・地図・視覚資料**	選　択
			〔3〕	中世西ヨーロッパ世界の形成 **✓地図**	選　択
	前期◑	2月5日	〔1〕	近代以前の中国の江南地域	選　択
			〔2〕	ソ連とナチ党政権の共通性	記述・選択
			〔3〕	ソ連の歴史と現代のロシア **✓地図・視覚資料**	記述・選択
		2月6日	〔1〕	古代～現代における「世界政治」の歴史	選　択
			〔2〕	遊牧国家の歴史 **✓視覚資料・地図**	記述・選択
			〔3〕	産業革命の展開と自由主義経済の成立	記述・選択
2023	M方式●		〔1〕	殷～元の中国	選　択
			〔2〕	旧石器時代～近世のイベリア半島 **✓地図**	選択・正誤
			〔3〕	中世～現代のロシアとウクライナの関係 **✓地図**	選択・配列
	前期◑	2月5日	〔1〕	帝国主義論の史的展開 **✓統計表・地図・図**	選択・配列
			〔2〕	「世界の一体化」の進展とその要因 **✓地図・視覚資料**	記述・配列・選択
			〔3〕	世界商品の生産・流通・消費	記述・選択
2022	M方式●		〔1〕	欧米・アジア・アフリカの近現代史	選択・配列
			〔2〕	ビザンツ帝国史	選択・正誤
			〔3〕	高等教育機関の歴史	選　択
	前期◑	2月6日	〔1〕	中世西ヨーロッパの成立とカトリック教会	選　択
			〔2〕	近代における人種主義の成立・展開 **✓視覚資料**	記　述
			〔3〕	モンゴル帝国・元の歴史 **✓視覚資料**	記述・配列

（注）　●印は全問，◑印は一部マークシート方式採用であることを表す。

傾向　正文（誤文）選択は必出 地図や視覚資料も出題

01 出題形式は？

M方式は大問3題で，全問マークシート方式（解答個数50個）。前期入試は大問3題で，3題中1題がマークシート方式（解答個数20個），残り2題が記述法である。いずれも試験時間は60分。

マークシート方式では，例年，選択法・正誤法・配列法が出題されているが，2024年度は全て選択法であった。選択法については，語句と正文あるいは誤文の選択が中心である。記述法については，語句記述が大半を占め，漢字やカタカナで書くよう指定されることもある。

地図・視覚資料・図・統計表などを利用した問題も出題される。視覚資料を選択させたり，視覚資料と配列法を組み合わせたりするなど，さまざまな形式の問題が出題されている。

なお，2025年度は出題科目が「歴史総合，世界史探究」となる予定である（本書編集時点）。

02 出題内容はどうか？

地域別：欧米地域では，西ヨーロッパと北アメリカを中心とするが，東欧や北欧・ロシア，さらには中南米からの出題もある。2024年度前期2月5日実施分では，ロシアに関する大問が2題続いた。アジア地域では中国・イスラーム世界・東南アジアからの出題が目立つ。また，多地域混合問題も出題される中で，アフリカ大陸や中央アジアのような，勉強が手薄になりがちな地域が扱われることもある。

時代別：通史的な出題が多く，幅広い時代から出題されている。第二次世界大戦後の現代史も，例年，大問もしくは小問で扱われているので，対策を怠ってはならない。2024年度M方式〔2〕のように，時事問題についての知識もよく問われるので，注意したい。

分野別：政治・外交史を中心とするが，文化史や社会経済史からの出題もみられる。特に選択法や正誤法の攻略には文化史の知識が欠かせない。

マークシート方式の大問は，さらにいくつかの中問に分けられる場合もある。欧米地域であれ，アジア地域であれ，時代的・地域的に幅広く出題されることに注意しておきたい。

03 難易度は？

記述法では基本事項の出題が多くなっている。一方，マークシート方式の正文（誤文）選択問題では，専門的な内容が問われる場合がある。また，配列法でも，かなり細かい年代順が問われる場合があり，いずれも難度の高い問題が含まれていることもある。しかし，たとえ難度の高い問題であったとしても，基本事項を土台にし，かつ消去法で考えれば解答できる設問も多い。よって，マークシート方式でどれくらい得点できるか（言い換えると，失点を減らせるか）が合否の決め手となろう。見直しの時間を考慮した時間配分を心がけたい。

対策

01 教科書の基本事項の徹底理解と用語集の利用

教科書を熟読し，基本的知識を定着させる学習を実行したい。まず，古代〜現代までを満遍なく学習する。その上で，地域的には中国・イスラーム世界・東南アジア・北アメリカ・西ヨーロッパを，時代的には近現代をそれぞれ重点的に学習すると効果的である。とりわけ，第二次世界大戦後からの現代史（時事問題も含む）の学習を欠かすことはできない。また，用語集の説明文レベルの知識が問われることも多いので，『世界史用語集』（山川出版社）をこまめに活用しよう。それが，正文（誤文）選択問題攻略のポイントにもなる。

02 正確な記述力と丁寧な学習

前期入試の記述法は大半が語句記述である。そこで，教科書を読みながら太字部分を中心に用語や人名に注意を払い，記憶していこう。中には，本文以外の脚注部分からの出題もあるので，その確認も忘れずに行いたい。一方，マークシート方式の正文（誤文）選択問題では「いつ（時代・時期）」「どこで（地域・王朝・国家）」「誰が（人）」「何を（戦い・改革など）」が正誤判定のポイントとなる。事項を覚える際や，過去問を解く際には「いつ」「どこで」「誰が」「何を」を常に意識するよう心がけよう。

03 文化史対策と歴史地図学習

文化史からの出題も多い。文化史（特に欧米文化史と中国文化史）についても丁寧に学習し，得点源にしよう。その際，「いつの時代（世紀や王朝）の出来事か」を意識しつつ，人物と作品・業績・思想などを結びつけて理解を深めておくように心がけたい。また，視覚資料に基づいた問題も出題されている。教科書や資料集などに掲載されているような文化史関連の美術作品（絵画や建築物など）や歴史上の人物・場面に関する写真・図版について，視覚的な理解を深めておきたい。

地図問題対策としては，戦場，都市，河川，島，遺跡の所在地，国家の領域や割譲地などについて，教科書記載の地図で位置を常に確認しよう。その際には，「どのあたりにあるのか」というイメージをつかんだ上で，その場所をめぐる歴史を思い返し，知識の定着を図るとよい。

04 過去問演習

本書を利用して過去問演習を行うことで，出題パターンや特徴をつかみ，その形式に十分慣れておこう。そうすれば，自分の弱点（未学習の部分や苦手な出題形式）を発見でき，かつ解法（消去法の活用，空所の前後をよく読んで語句を推測するなど）の習得にもつながるはずである。

地　理

年　度		番号	内　容	形　式
2024	M方式●	〔1〕	福岡県平尾台の地形図読図 ✓地形図・視覚資料・図	選　択
		〔2〕	ユネスコと世界遺産 ✓地形図	選択・配列
		〔3〕	ヨーロッパの工業	選　択
	前期 2月5日	〔1〕	埼玉県加須市付近の地形図読図 ✓地形図	計算・選択・記述・論述
		〔2〕	富山県南砺市の地形図読図 ✓地形図・図	選択・記述・論述
		〔3〕	大相撲力士と国際化	記述・選択・論述

(注)　●印は全問，◑印は一部マークシート方式採用であることを表す。
2024 年度より掲載。

傾向　基本問題中心　地形図読図に注意

01　出題形式は？

M方式は大問３題で，全問マークシート方式。前期入試は大問３題で，全問記述式である。選択法，記述法，計算法に加え，各大問に１～３問の論述問題が出題されている。いずれの日程も，問題文の空所補充や正文・誤文選択問題が多い。試験時間は 60 分。

なお，2025 年度は出題科目が「地理総合，地理探究」となる予定である（本書編集時点）。

02　出題内容はどうか？

系統地理分野・地誌分野のほか，民族・文化・国際化など世界の諸問題からも出題されている。地形図読図の出題が多く，グラフや統計資料を用いた出題は少ない。前期入試の論述問題では，2024 年度〔２〕の合掌造住居の特徴とその背景を説明させる問題などのように，理由や背景を説明させる問題が多くみられる。

03 難易度は？

ほぼ教科書の内容に基づいた出題となっており，基本問題が中心である。特に，地形図の読図技能の修得が求められた。難度の高い問題や，社会常識などをもとに考えさせる問題も含まれているが，基本問題を取りこぼさないことが大切である。地形図読図に時間を要するため，時間配分に注意したい。

対策

01 基本事項の習得

普段の授業を大切にし，教科書の内容をしっかりと理解することが重要である。用語については，『地理用語集』（山川出版社）などで知識の拡充を図りたい。また，地形図読図が複数題出題されているので，等高線の読み方や地図記号の意味，断面図の書き方，地形と土地利用の関係などを理解しておきたい。

02 地図帳で確認する

国の位置関係を問う問題がみられるので，学習の際に出てきた国名や地名については，必ずその位置を地図帳で確認する習慣を身につけておくこと。

03 時事問題・諸課題への対策

民族問題や国際関係など時事問題・諸課題に関する出題がみられる。教科書や資料集を活用して，各テーマごとに簡潔な文章でまとめておくとよい。さらに，新聞やニュースなどを意識してチェックしておきたい。

04 地形図読図の練習を

教科書や資料集で地形図読図の基本を理解したら，他大学の問題でもよいので，できるだけ多くの問題を解き，読図に慣れておこう。その際には，色鉛筆などを用いて土地利用などを色分けし，それぞれの地形と土地利用の特徴を視覚的にわかりやすくまとめておくとよい。

05 過去問演習を

できるだけ多くの過去問に取り組み，出題形式に慣れておくことが大切である。過去問を解くことで出題傾向を自ら確認することができるので，最も効果的な学習の仕上げになるだろう。なお，前期入試では論述問題もあるので，誤字・脱字をしないように日頃から気をつけよう。

数　学

年　度			番号	項　目	内　容
2024	M方式●		〔1〕	小問4問	⑴袋から玉を取り出す確率　⑵ベクトルの内積となす角　⑶指数を含む2元連立方程式　⑷等差数列の和の最大値
			〔2〕	データの分析	データの相関，散布図
			〔3〕	数と式	整式の除法を用いた整式の値の計算
	前期	2月5日	〔1〕	小問4問	⑴11で割ると3余る3桁の自然数の個数と総和　⑵2次方程式と式の値　⑶3次関数のグラフとその接線が囲む面積　⑷n進小数
			〔2〕	三角関数	三角方程式の実数解の個数
			〔3〕	図形の性質，式と証明	メネラウスの定理と三角形の面積の最大値
		2月6日	〔1〕	小問4問	⑴メネラウスの定理　⑵サイコロの目で定まる2次方程式の解に関する確率　⑶四捨五入と不等式　⑷ベクトル方程式で表された円の中心と半径
			〔2〕	図形と方程式，三角関数	点(x, y)が定円を描くときのx，yの1次式の最大値・最小値
			〔3〕	数列	三角形の周および内部の格子点の個数　✓**証明**
2023	M方式●		〔1〕	小問4問	⑴領域における最大最小　⑵不定方程式の解の個数　⑶三角形の計量　⑷極値の条件による3次関数の決定
			〔2〕	整数の性質	平方数と1次不定方程式
			〔3〕	ベクトル，データの分析	ベクトルのなす角の余弦と相関係数
	前期	2月5日	〔1〕	小問4問	⑴素因数分解と平方数　⑵放物線と直線が囲む部分の面積　⑶空間ベクトルの大きさの最小値　⑷文字列の個数
			〔2〕	数列	数列の和がみたす漸化式
			〔3〕	図形と方程式，高次方程式	放物線と直線の位置関係，虚数解をもつ実数係数の3次方程式

2022	M方式●		〔1〕	小問4問	(1)領域における最大最小　(2)ベクトルの内積，大きさ　(3)3次方程式の解　(4)集合の要素
			〔2〕	図形と方程式	座標空間における正四面体の計量
			〔3〕	数列，積分法	定積分で表された関数列，連立漸化式
	前期	2月7日	〔1〕	小問4問	(1)一の位の数　(2)2直線のなす角　(3)条件付き確率　(4)平均と分散
			〔2〕	微分法	2次関数のグラフ上の点からなる長方形の面積の最大値
			〔3〕	数列	群数列の項の値，和

（注）●印は全問，◑印は一部マークシート方式採用であることを表す。

出題範囲の変更

2025年度入試より，数学は新教育課程での実施となります。詳細については，大学から発表される募集要項等で必ずご確認ください（以下は本書編集時点の情報）。

2024年度（旧教育課程）	2025年度（新教育課程）
数学Ⅰ・Ⅱ・A・B（数列，ベクトル）	数学Ⅰ・Ⅱ・A（図形の性質，場合の数と確率）

旧教育課程履修者への経過措置

旧教育課程履修者に不利とならないように配慮した出題を行う。ただし，2025年度入学者選抜のみの措置とする。

傾向　正確ですばやい計算力が必要

01　出題形式は？

いずれの日程も大問3題の出題。M方式はすべてマークシート方式。前期入試は，大問1題が小問からなる空所補充形式で，残りの2題は記述式である。前期入試の解答用紙はB4判1枚の大きさで，スペースが足りない場合は裏面も利用できる。試験時間はいずれの日程も60分。

02　出題内容はどうか？

小問も含めると，どの分野からもまんべんなく出題されている。証明問題や図示問題が出題されることもある。全体的に計算力を要する問題が多い。

03 難易度は？

教科書の練習問題レベルが多く，標準的な難易度である。小問についても大問並の解答内容や計算力を要する問題が多い。このことから考えると60分という試験時間は少し短い。正確ですばやい計算力が要求される。

対策

01 正確な計算力

日頃から問題集・参考書で問題を解く際には，解法の手順を解答・解説から理解するだけでなく，最後まで計算をやり遂げることで，確かな計算力を養ってほしい。

02 答案作成の練習を

前期入試〔2〕〔3〕は解答の過程を記述する必要があり，また，証明問題や図示問題が出題されることもある。普段から教科書の例題などを手本にして，論旨の整理された，明快な答案が書けるように心がけておきたい。

03 出題範囲内のオーソドックスな問題をマスター

出題される問題は，一度は解いたことのあるような典型的なものがほとんどなので，各分野の基本的な問題を解けるようにしておくことが重要である。教科書の例題，練習問題をしっかり解けるようにしておこう。また，図形やグラフに関する問題では，図を描くことで解法が見つかることが多いので，できるだけ正確に図示する習慣をつけておきたい。

04 過去問の研究を

過去問の類題や同じ分野の問題が出題されることがある。本書を利用して過去問をしっかり解くことが重要な対策となるだろう。

国語

年度			番号	種類	類別	内容	出典
2024	M方式●		〔1〕	現代文	小説	書き取り，語意，空所補充，内容説明，内容真偽	「首里の馬」 高山羽根子
			〔2〕	現代文	評論	書き取り，空所補充，内容説明，語意	「進化的人間考」 長谷川眞理子
			〔3〕	古文	日記 物語	空所補充，文法，口語訳，内容説明，文学史	「紫式部日記」「源氏物語」 紫式部
			〔4〕	漢文	説話	語意，書き下し文，口語訳，復文，訓点，内容真偽	「夷堅志」 高邁
	前期◑	2月5日	〔1〕	現代文	評論	書き取り，読み，語意，内容説明，空所補充，箇所指摘，内容真偽	「知覚の扉」 椹木野衣
			〔2〕	現代文	評論	読み，書き取り，空所補充，内容説明，箇所指摘，内容真偽	「ビッグデータと人工知能」西垣通
			〔3〕	古文	説話	口語訳，文法，内容説明，内容真偽，文学史	「古事談」
			〔4〕	漢文	説話	訓点，空所補充，読み，書き下し文，口語訳，内容説明	「太平広記」
		2月6日	〔1〕	現代文	随筆	書き取り，読み，内容説明，語意，空所補充，内容真偽	「生きている，としかいえない」 岸政彦
			〔2〕	現代文	評論	書き取り，語意，空所補充，内容説明，内容真偽	「私たちはどう学んでいるのか」 鈴木宏昭
			〔3〕	古文	歌論	口語訳，文法，故事成語，内容説明，内容真偽，文学史，箇所指摘	「正徹物語」
			〔4〕	漢文	文章	内容説明，読み，口語訳，書き下し文，空所補充，訓点，箇所指摘，内容真偽，文学史	「謫龍説」 柳宗元

2023	M方式●		〔1〕	現代文	評論	書き取り，内容説明，語意，空所補充，欠文挿入箇所，文学史，指示内容，内容真偽	「『私』をつくる」 安藤宏
			〔2〕	現代文	評論	書き取り，空所補充，語意，内容説明，内容真偽	「学びの身体技法」 佐藤学
			〔3〕	古　文	日記	空所補充，文法，口語訳，人物指摘，内容説明，内容真偽，文学史	「弁内侍日記」
			〔4〕	漢　文	史伝	空所補充，口語訳，読み，語意，文学史，書き下し文，内容説明	「後漢書」 范曄
	前期◑	2月5日	〔1〕	現代文	評論	書き取り，読み，語意，内容説明，空所補充，内容真偽	「視覚化する味覚」 久野愛
			〔2〕	現代文	評論	書き取り，読み，空所補充，内容説明，箇所指摘，内容真偽	「反コミュニケーション」 奥村隆
			〔3〕	古　文	説話	人物指摘，文法，口語訳，内容真偽	「沙石集」 無住
			〔4〕	漢　文	説話	語意，口語訳，空所補充，書き下し文，訓点，内容真偽	「子不語」 袁枚
2022	M方式●		〔1〕	現代文	評論	書き取り，空所補充，文学史，欠文挿入箇所，語意，内容説明，内容真偽	「書き出しは誘惑する」 中村邦生
			〔2〕	現代文	評論	書き取り，空所補充，四字熟語，内容説明，内容真偽	「モラルの起源」 亀田達也
			〔3〕	古　文	説話	口語訳，空所補充，文法，語意，内容説明，内容真偽	「十訓抄」
			〔4〕	漢　文	説話	読み，語意，訓点，書き下し文，口語訳，内容説明，内容真偽	「捜神記」 干寶
	前期◑	2月7日	〔1〕	現代文	評論	読み，書き取り，内容説明，箇所指摘，文学史，空所補充，内容真偽	「最終講義に代えて『学芸は眉を顰めず』」 中村秀之
			〔2〕	現代文	評論	書き取り，読み，語意，空所補充，箇所指摘，内容説明，内容真偽	「現実と異世界」 石井美保
			〔3〕	古　文	歌物語	文法，空所補充，口語訳，和歌解釈，内容説明（18字），文学史，文章の構成	「伊勢物語」
			〔4〕	漢　文	思想	文学史，人物指摘，内容説明，口語訳，語意，書き下し文，訓点，内容真偽	「孔子家語」 王粛

（注）　●印は全問，◑印は一部マークシート方式採用であることを表す。
〔3〕〔4〕は，いずれか一方のみを選択して解答。

傾向 現代文は多岐にわたる設問 古文・漢文は幅広い基礎知識と読解力が必要

01 出題形式は？

M方式は全問マークシート方式。前期入試はマークシート方式と記述式の併用である。いずれも，現代文２題・古文１題・漢文１題の構成で，古文・漢文のうちどちらか１題を選んで解答する形式である。試験時間は80分。

02 出題内容はどうか？

現代文は，2022・2023年度は評論のみの出題であったが，2024年度は小説・随筆も出題された。評論の過去の出題内容は多岐にわたっており，2024年度は科学や芸術などさまざまな分野から人間について考察する文章が出題された。設問は，書き取り，読みや語意から，内容説明，箇所指摘，内容真偽まで幅広く，文学史もしばしば出題される。文章量はそれほど多くはなく，標準的なレベルだが，設問の多様性に鑑みて，確実な解答力を身につけておきたい。

古文は例年，中古・中世の作品を中心に出題されている。和歌，語意，口語訳，文法，文学史，内容説明，空所補充など幅広い設問で，基礎的な知識と読解力を試す問題が多い。文学史については，標準的なものが多いため，準備を怠らないようにしたい。

漢文は，語意，口語訳，読みを中心に書き下し文や訓点など，基本的なものを網羅した内容である。特に，基礎的な句形や重要語はきちんと身につけておきたい。2024年度は，書き下し文から，その白文を確定する問題が出題された。その他，漢字・漢文の知識に関わる設問，文学史なども出題されている。

03 難易度は？

本文・設問とも標準レベルである。ただし，設問が多岐にわたり，空所補充や内容説明問題では直前・直後の文脈のみでの解答が難しいものも多く，やや時間を要することがある。その他，書き取り，語意，文法，文学史などは標準的な難易度である。

まずは選択問題をどちらにするか決めて，古文または漢文を 20 分以内にすませてから現代文 2 題を各 30 分を目安に解くとよいだろう。

対策

01 現代文

新聞の社説やコラムをはじめとして，新書や文庫の文化論，文学論，社会論といった人文科学系統の評論に幅広く目を向け，文章の展開や論旨の把握力を養いたい。出題そのものは標準的な知識や読解力を試す設問が多い一方，設問形式がバラエティに富んでいるため，標準レベルの問題集を 2，3 冊仕上げ，さまざまな設問形式に備えておきたい。語意や慣用表現に関する設問もよく出題されているので，文章を読む際にわかりにくい語があったときはその都度辞書を引いて意味を確認するようにしよう。また，国語便覧などで慣用表現に関する知識をつけておきたい。

02 古　文

基本的な古文単語を 500 語程度はしっかりと覚えておこう。文脈の中でどの意味に取るか，という出題に対応するためにも，多義語には特に注意したい。文法は敬語，助動詞の働きを中心に基礎力をしっかりと身につけておくこと。文学史については教科書に出てきた文章の出典や作者についての解説をよく確認しておくこと。

03 漢　文

訓読のきまりなど，漢文をきちんと読むための基本的な知識は必須。句法とあわせて語の読みなどを問う設問も多い。基本句形や重要語については確実にマスターしておくこと。標準レベルの問題集などを語意に注意しながら解く練習をして漢文ならではの表現に慣れておくとよい。また，音読も効果的である。漢字の知識についても，問題集などの解答解説や参考書などで確認する習慣をつけよう。

04 空所補充問題対策

空所補充にも知識問題と読解問題がある。読解問題の場合，全体の論旨と部分的な要旨の両面から，隠れている語句を推理する力が要求される。この能力を鍛えるには，読み取りの際に，各段落の要旨を適切に捉えながら，さらにそれを全体の論旨にまとめあげる練習に取り組むとよい。文章の流れの中で，あるいは前後に出てくる言葉との兼ね合いから，文脈に応じてどんな語句が必要かが次第に判断できるようになるだろう。また，知識問題の場合，文法（特に接続や呼応）や，慣用的な表現への習熟度が問われる。いずれの場合も，空所の直前・直後の文あるいは段落内での内容の整合性を確認すること。

2024年度

問題と解答

一般選抜M方式

問題編

▶試験科目・配点

教　科	科　　目	配　点
外国語	コミュニケーション英語Ⅰ・Ⅱ・Ⅲ，英語表現Ⅰ・Ⅱ（リスニングを除く）	150 点
地歴・公民・数　学	日本史B，世界史B，地理B，「倫理，政治・経済」〈省略〉，「数学Ⅰ・Ⅱ・A・B*」から1科目選択	100 点
国語**	国語総合，現代文B，古典B	100 点

▶備　考

＊「数学B」は「数列，ベクトル」から出題。

＊＊古文・漢文はいずれか一方を試験当日に選択。

- 大学の定める英語能力試験のスコア等を保持している場合は，「外国語（英語）」の得点に30点（上限）を加点し，合否判定を行う。ただし，大学の独自試験「外国語（英語）」の得点率が70％以上の場合のみ加点対象となる。

英語

(80分)

〔I〕 次の設問1～4において，**誤り**である下線部はどれか。解答番号は[1]～[4]。

1. Each① of the students② in the class have③ his or her④ own opinions on the topic.

2. If① I would have② known earlier, I could③ have helped you with④ your presentation.

3. He is one of the few① people that their② opinions③ I truly value④.

4. I am very① exciting② to go on③ vacation next week④.

〔Ⅱ〕 次の設問5～8において，空所に入る適切なものはどれか。解答番号は5～8。

5. (　　　) a new language requires consistent practice and dedication.

① Learning　　② To have learned
③ Learned　　④ Learn

6. She couldn't find her keys, (　　　) caused her to be late for the meeting.

① when　　② whose　　③ how　　④ which

7. She insisted that he (　　　) her the truth.

① tells　　② telling　　③ tell　　④ to tell

8. The company decided to (　　　) the new project due to the limited budget.

① call on　　② call up　　③ call off　　④ call back

〔Ⅲ〕 次の設問 9 ～16 において，それぞれ①から⑥を並べ替えて空所を補い，適切な文を完成させよ。ただし，文頭にくるものも小文字で書かれている。解答は(　　)内の**2番目**と**4番目**にくるものの番号のみを答えよ。解答番号は 9 ～ 16 。

9-10. 私たちは彼の冗談を聞いて笑わずにはいられなかった。

(____ / [9] / ____ / [10] / ____ / ____).

① his joke　② help　③ laughing
④ couldn't　⑤ at　⑥ we

11-12. 彼らは，彼女が彼らを手伝うことを当然のことと考えていた。

(____ / [11] / ____ / [12] / ____ / ____) she would help them.

① that　② took　③ they
④ granted　⑤ for　⑥ it

13-14. 先週初めて私はそれを知った。

(____ / [13] / ____ / [14] / ____ / ____) I learned it.

① until　② that　③ not
④ was　⑤ last week　⑥ it

15-16. 私が知る限り，その噂は本当ではない。

(____ / [15] / ____ / [16] / ____ / ____), the rumor is not true.

① the　② knowledge　③ best
④ my　⑤ to　⑥ of

〔Ⅳ〕 次の会話を読み，設問 17～24 に答えよ。

Sarah: Hey, have you ever traveled alone before?

Lisa: Yes, I have. I went to Thailand last year by myself. It was an incredible experience.

Sarah: That sounds amazing. I've been thinking about taking a solo trip, but I'm a bit nervous. Do you have any tips?

Lisa: [(17)]. First, choose a destination that you're comfortable with. Thailand was perfect for me because I had traveled there before with friends. Second, stay in some cheap accommodation where you can meet other travelers. That way, you'll have some company if you want it. Finally, be open to new experiences and don't be afraid to step out of your comfort zone.

Sarah: Those are great tips. Did you ever feel lonely on your trip?

Lisa: Not really. [(18)], I stayed in some cheap accommodation, so I met lots of people. And I also did some group tours, which were a great way to meet new people and see the sights. But even when I was alone, I enjoyed having some time to myself to explore and (21)reflect.

Sarah: (22)That makes sense. How did you handle safety concerns?

Lisa: I made sure to do my research ahead of time and only went out at night in well-lit and populated areas. I also made sure to keep in touch with friends and family back home so they knew where I was and could check in on me.

Sarah: [(19)]. I think I might try it out, thanks for the advice!

Lisa: [(20)]. Solo travel can be intimidating, but it's also incredibly rewarding. Good luck!

17～20. Which of the following is the best choice to fill in each blank (17)–(20)? Choose one answer for each blank. Each phrase can only be used once. 解答

番号は[17]～[20]。

① Like I said　② I knew it　③ That's smart
④ No problem　⑤ Certainly not　⑥ Definitely

21. Which of the following expresses the meaning of "reflect"? 解答番号は[21]。

① To think about something deeply
② To walk around aimlessly
③ To take photographs
④ To explore a new place

22. Which of the following expresses the closest meaning to "That makes sense" in the text? 解答番号は[22]。

① That's easier said than done.　② That's a stretch.
③ That's reasonable.　④ That's beside the point.

23. What was Lisa's advice on choosing a travel destination? 解答番号は[23]。

① Go somewhere you have never been before.
② Choose a place that is comfortable for you.
③ Select a destination with lots of tourist attractions.
④ Travel to Thailand, as it is the best option.

24. What did Lisa do to avoid feeling lonely during her solo trip? 解答番号は[24]。

① She stayed in a luxurious hotel.
② She participated in group tours.
③ She kept in touch with friends and family back home.
④ She explored only during the daytime.

〔V〕 次の英文を読み，設問 25～30 に答えよ。

Grandma's Garlic Cheese Bread

1 loaf French bread

For the topping:

$^{3}/_{4}$ cup mayonnaise (25)

2 garlic cloves, finely minced

1 cup grated parmesan cheese

$^{3}/_{4}$ teaspoon paprika

Cut the bread in half horizontally to make two long slices.(26) Toast both (half)(27–A) under a broiler (　　　)(28–A) they are golden brown. In a small bowl, mix the remaining ingredients(29). Spread the mixed ingredients over the bread, covering it all the way to the edges. Place the oven rack in the top third of the oven and preheat the oven to 200 ℃. Place the bread on a baking sheet and bake for 10 minutes or (　　　)(28–B) the topping is hot and starts to form bubbles. Remove from the oven and cool slightly before cutting it into strips.

The mayonnaise in the spread makes (creamy / deliciously / topping / the)(30). It is equally good when spread on tomato (half)(27–B) and broiled (　　　)(28–C) golden brown. Yields 16 servings.

25. 下線部(25) “$^{3}/_{4}$” の正しい読み方は次のどれか。解答番号は[25]。

① three-four　② third-fourth

③ three-quarter　④ third-quarter

26. 下線部(26) “Cut the bread in half horizontally to make two long slices.” の内容として適切なものは次のどれか。解答番号は[26]。

出典追記：ロバート・ヒルキ，ウィットロック慶子，相澤俊幸，トニー・クック，ガレス・モンティース『頂上制覇 TOEIC® テスト リーディング Part 7 究極の技術［Book 4］』研究社

①

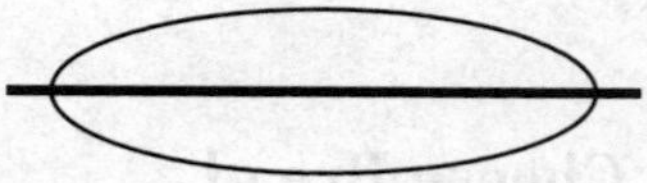

②

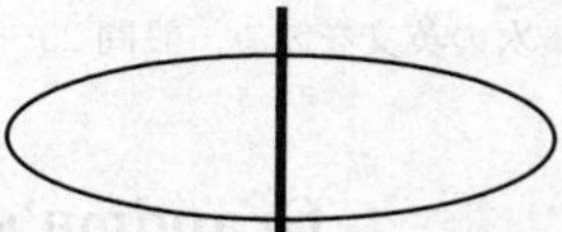

③

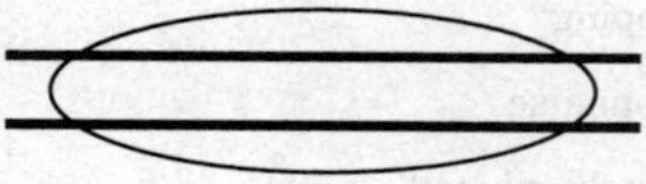

④

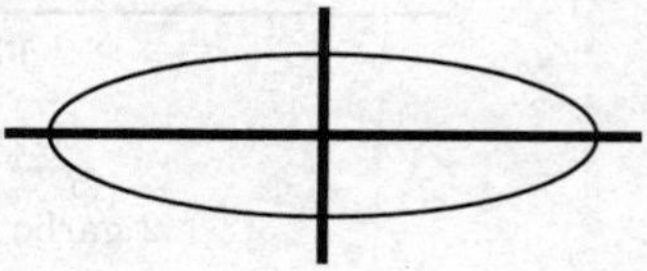

27. 下線部(27−A)(27−B)“half” の適切な形は次のどれか。解答番号は[27]。

① half ② halfs ③ halve ④ halves

28. 下線部(28−A)(28−B)(28−C)の 3 箇所の空所に共通して入る適切なものは次のどれか。解答番号は[28]。

① before ② by ③ until ④ in

29. 下線部(29) “the remaining ingredients” が指すものとして**適切でないもの**は次のどれか。解答番号は[29]。

① French bread ② mayonnaise
③ cheese ④ paprika

30. 下線部(30) “(creamy / deliciously / topping / the)” を並べ替えたとき，適切なものは次のどれか。解答番号は[30]。

① the topping deliciously creamy ② the topping creamy deliciously
③ the deliciously topping creamy ④ deliciously creamy the topping

〔VI〕 次の英文を読み，設問 31～34 に答えよ。

How to Bathe in an Onsen

1. Pay the entrance fee and any other fees, such as for towel rentals and soap.
2. Enter the proper changing room and bath — those for men usually have a navy curtain and are shown with the character 男(*otoko*), while those for women have a red curtain with the character 女(*onna*).
3. ［　(31)　］
4. ［　(32)　］
5. Almost all showers are equipped with a stool and bucket. Grab a bucket and scoop water from the bath and pour it onto yourself (roughly 10 times), starting with your feet and legs before making your way up to your head.
6. ［　(33)　］
   If there is no shower (at certain old hot springs), you may enter the bath after the previous step. Rinse and squeeze the hand towel when finished.
7. Enjoy and relax in the onsen, but be careful when entering; onsen are usually 40～44 degrees Celsius. Slowly enter the bath, starting from your feet and knees, and gradually working your way up to your shoulders. Bathe for about 5～10 minutes before sitting on the edge of the bath to rest, and repeat this two or three times; bathing more than 30 minutes total may be dangerous.
8. ［　(34)　］

31～34. 空欄(31)～(34)に入る適切な文を次の①～④のなかからそれぞれ一つずつ選べ。解答番号は［31］～［34］。

① Enter the bathing area but only bring your hand towel with you.

② Wipe your body down as much as possible with the hand towel before reentering the changing area.

出典追記：Guide to Japanese Hot Springs, Japan Travel on July 3, 2019 by Edward Yagisawa

③ Remove all clothing and accessories in the changing area and put them in one of the baskets or lockers.

④ Wash your body thoroughly with soap, using the hand towel. Sit on the stool to prevent water splashing into the onsen.

〔Ⅶ〕 次の英文を読み，設問 35～48 に答えよ。

In 2070, elderly people will account for nearly 40% of the nation's population, and the number of children will have decreased to half of the current level. The future impact of population decline must be examined, and the country as a whole must take necessary measures.

The National Institute of Population and Social Security Research has released a new population projection, predicting that the total population in 2070 will be 87 million, down 30% from 126.15 million in 2020.

A population of 87 million is the same level as (　(35)　) of 1953, soon after World War Ⅱ. At that time, people aged 65 and older accounted for only 5% of the population, but the figure will be 38% in 2070.

Japan will become one of the few countries in the world with a super-aged society. It is important to develop social systems in order to maintain the nation's vitality under such circumstances.

One of the most serious demographic issues is the significant decline in the working-age population, comprising (36) people 15 to 64 years old, who are the driving force of the nation's economy. Their number is projected to decrease from 75.09 million today to 45.35 million in 2070.

Even now, labor shortages are impacting (　(37)　) industries, such as agriculture, nursing care, logistics and construction. The shortage of people willing to serve as Self-Defense Forces personnel and public servants will likely affect national defense and the maintenance of public services.

The government should draw up a medium- to long-term strategy to secure the labor force. First, it is important to create an environment (38)(　　　) women and elderly people can work comfortably.

According to the projection, the total population of Japan will fall below 100 million(39) in 2056, three years later than the previous forecast six years ago. Although the decrease in the number of children will continue, the pace of population decline has been projected to slow down because the number of foreigners is expected to increase.

As a result, the percentage of foreigners in the total population will rise from 2% today to 10% in 2070. The presence of foreign workers to support society and the economy will further increase.

The government has begun to review its policies for accepting foreign nationals. In order to alleviate(40) the labor shortage, the government plans to ease the requirements for the specified skilled worker program, which opened the door to manual laborers, and permit long-term employment.

To what extent can foreign nationals be accepted? The debate must be deepened as a fundamental issue of Japan.

The decline in the number of children will accelerate(41) further. According to the projection, the number of children under the age of 15 will fall from the current 15.03 million to 7.97 million in 2070. Is there a possibility the projection will improve? The government will face questions regarding the implementation(42) of countermeasures.

Under the current social security system, including pensions and medical care, one elderly person is supported by two to three working-age people, but in 2070 one elderly person will be supported by 1.3 working-age people.

The government must hasten discussions on a review of the benefits and burdens to make the system more sustainable(43).

35. 下線部(35)の空所に入る適切なものは次のどれか。解答番号は[35]。

① it　　② that　　③ those　　④ which

出典追記：The Japan News, April 29, 2023

36. 下線部(36) “comprising” と置き換えられないものは次のどれか。解答番号は[36]。

① made up of　② composed of

③ consisting of　④ disposing of

37. 下線部(37)の空所に入る適切なものは次のどれか。解答番号は[37]。

① countless　② few　③ only a few　④ limited

38. 下線部(38)の空所に入る適切なものは次のどれか。解答番号は[38]。

① who　② in which　③ in that　④ what

39. 下線部(39) “100 million” の意味として適切なものは次のどれか。解答番号は[39]。

① 一千万　② 十億　③ 一億　④ 百億

40. 下線部(40) “alleviate” の意味に最も近いものは次のどれか。解答番号は[40]。

① worsen　② relieve　③ intensify　④ compensate

41. 下線部(41) “accelerate” の意味に最も近いものは次のどれか。解答番号は[41]。

① cease　② halt　③ hinder　④ escalate

42. 下線部(42) “implementation” の意味として適切なものは次のどれか。解答番号は[42]。

① 実施　② 失敗　③ 継続　④ 遅延

43. 下線部(43) “sustainable” の ai と同じ発音を含むものは次のどれか。解答番号は[43]。

① said　② dairy　③ label　④ pattern

▶ 44～48. 本文の内容について，次の設問に答えよ。解答番号は[44]～[48]。

44. According to the article, approximately what percentage of the population will elderly people account for in 2070?

① 5 %　② 10 %　③ 30 %　④ 38 %

45. What is the projected total population of Japan in 2070?

① 87 million　② 100 million

③ 126. 15 million　④ 1953 million

46. What is one suggested strategy to secure the labor force in Japan?

① Increasing retirement age for elderly workers

② Encouraging immigration of skilled workers

③ Implementing mandatory military service

④ Outsourcing jobs to other countries

47. What is the projected number of children under the age of 15 in Japan by 2070?

① 7. 97 million　② 15. 03 million

③ 30 million　④ 100 million

48. How many working-age people will be supporting one elderly person in 2070, according to the article?

① 0. 3　② 1. 3　③ 2. 3　④ 3. 3

〔Ⅷ〕次の英文を読み，設問 49～63 に答えよ。

Silent films established America's movie industry. But many of these films from the early 1900s no longer exist. A new project aims to capture the flavor(49) of these movies by digitizing old advertisements for them and publishing the materials online. The idea for the project came from Chicago-based collector Dwight Cleveland. He is cooperating on the effort with a professor and students at Dartmouth College in New Hampshire.

Cleveland is a property developer who became interested in the silent movie advertisements, also called cards, as a high school student in the 1970s. He was introduced to some real cards by his art teacher at the time, (　　)(50) had a small collection. Cleveland recently told The Associated Press (AP) he "fell in love" (51)(　　) the colors, graphics and other elements used in the movie cards. The early experience made him want to start his own collection. "It just sort of screamed out, 'Take me home!'" Cleveland said.

The cards were made to be placed inside the area outside theater entrances, also known as lobbies. The cards informed filmgoers about (were / what / currently playing / movies)(52) as well as films that would arrive next. They publicized all that early Hollywood had to offer, including comedies, love stories and action movies.

Cleveland told the AP that about 90 percent of all silent films have been lost. One of the main reasons for this is that the chemicals used to make many of the early films broke down over time. Many silent films were also (53)(　　) in fires. "What that means is that these lobby cards are the only real example that these films even existed," Cleveland said.

The cards, traditionally measuring 28 by 35 centimeters, were placed in sets of eight or more. They showed a film's name, production company, actors and more. The cards were meant to give moviegoers a preview of the films. Today, they capture the stars and storytelling methods that existed during

America's silent film period, or era. At the time, movie trailers — the (54)brief video introductions of upcoming movies we (55)still see in theaters today — were not common.

The early lobby cards were produced using a process that mostly used black, white and brown designs. Other colors were often added in later by hand, writes Josie Walters-Johnston. She is a librarian in the Moving Image Research Center at the U.S. Library of Congress.

By the 1920s, the images began to look more like pictures and included more complex design details. The cards were placed in theaters for many years, but production (56)(stop) in the late 1970s or early 1980s, Walters-Johnston wrote.

Cleveland has been sending examples from his personal collection to Dartmouth's Media Ecology Project. The effort is led by Mark Williams, an associate professor of film and media studies. He oversees a small group of students who remove each card from its protective covering to scan and digitize.

When completed, the lobby card collection will become part of Dartmouth's Early Cinema Compendium. It is a large collection of (57)rare and valuable elements relating to early and mostly lost American films. The collection will (58)(publish) online with financial help from the National Endowment for the Humanities.

Williams said the main goal of the project is to make the material available to early movie fans and scholars alike. He added that he hopes publishing the collection will "spark new interest" in the silent film era.

49. 下線部(49) "flavor" の意味に最も近いものは次のどれか。解答番号は[49]。

① fragrance　② atmosphere　③ audience　④ taste

50. 下線部(50)の空所に入る適切なものは次のどれか。解答番号は[50]。

① when　② which　③ who　④ that

出典追記：Voice of America

51. 下線部(51)の空所に入る適切なものは次のどれか。解答番号は[51]。

① with　② to　③ for　④ on

52. 下線部(52) “(were / what / currently playing / movies)” を並べ替えたとき，**3番目**にくるものは次のどれか。解答番号は[52]。

① were　② what
③ currently playing　④ movies

53. 下線部(53)の空所に入る適切なものは次のどれか。解答番号は[53]。

① directed　② destroyed　③ distributed　④ delivered

54. 下線部(54) “brief” の意味に最も近いものは次のどれか。解答番号は[54]。

① recent　② general　③ short　④ formal

55. 下線部(55) “still” と同じ用法の still を含む文は次のどれか。解答番号は[55]。

① I was very tired, but I still went to work.
② The audience sat still during the show.
③ Does she still work for the government?
④ I'm quite tall, but my sister is still taller.

56. 下線部(56) “stop” の適切な形は次のどれか。解答番号は[56]。

① stops　② stopped　③ has stopped　④ was stopping

57. 下線部(57) “rare” の意味に最も近いものは次のどれか。解答番号は[57]。

① individual　② uncommon　③ essential　④ visual

58. 下線部(58) “publish” の適切な形は次のどれか。解答番号は[58]。

① publish　② be publishing
③ have published　④ be published

▶ 59～63. 本文の内容について，次の設問に答えよ。解答番号は[59]～[63]。

59. What is the main purpose of the project mentioned in the article?

① To restore and preserve silent films from the early 1900s

② To digitize and publish old advertisements for silent films

③ To produce new silent films inspired by the early era

④ To promote the production of lobby cards for modern films

60. According to the article, how did Dwight Cleveland become interested in silent movie advertisements?

① He stumbled upon a collection of cards at his high school.

② His art teacher introduced him to real movie cards.

③ He saw a documentary about the early movie industry.

④ He became a property developer in Chicago.

61. What information did the lobby cards provide to filmgoers?

① The names of the actors and production companies

② The starting times of movies previously played in theaters

③ The process of making early silent films

④ The history of early Hollywood's movies

62. How did lobby cards change in appearance over time?

① They became larger in size and included more information.

② They shifted away from black, white, and brown designs.

③ They transitioned from being placed in lobbies to inside theaters.

④ They started featuring movie trailers instead of movie details.

63. Why were lobby cards significant in the history of silent films?

They were significant because. . .

① they were the only remaining examples of many silent films.

② they provided detailed information about the actors and directors.

③ they were used as promotional materials for upcoming films.

④ they were the primary source of revenue for movie theaters.

日本史

（60分）

〔Ⅰ〕 次の**史料**A～Dを読み，あとの設問に答えよ。ただし，**史料**は一部を適宜，書き改めたところがある。

A　尾張国ⓐ富田庄領家ⓑ年貢の事

右，彼《か》の年貢に於《おい》ては，承元五年の北条殿ⓒの御請文＊1に任せて沙汰有るべきの処，連々対捍《たいかん》＊2の間，訴訟に及ぶと雖《いえど》も，所詮，損否《そんぴ》を論ぜず＊3，毎年十一月中に百拾貫文，京進＊4せらるべきの由，請文を出さるるの上は，未進の訴訟と云ひ，巡見使の入部と云ひ，停止せられおわんぬ。（中略）若《も》し此《こ》の請文に背き，遅々違犯に及ばば，且《かつ》は本訴を興行し，且は承元の本請文に任せて沙汰有るべき者なり。仍《よつ》て後日の為の状，件《くだん》の如《ごと》し。

嘉暦弐年五月十八日　有宗（花押）＊5　　［円覚寺ⓓ文書］

B　和与ⓔ

備後国神崎庄下地以下所務条々の事

右，当庄領家高野山ⓕ金剛三昧院内遍照院雑掌行盛，地頭阿野侍従殿季継御代官助景と当庄下地以下所務条々を相論＊6の事，訴陳を番《つが》ふ＊7と雖も，当寺知行の間，別儀を以て和与せしめ，田畠山河以下の下地，中分せしめ，各一円所務を致すべし。仍て和与の状，件の如し。

文保弐年二月十七日

地頭代　左衛門尉助景　在判

雑掌　行盛　在判　　［金剛三昧院文書］

C　一　寺社本所領の事　観応三年七月廿四日　御沙汰

諸国擾乱ⓖに依り，寺社の荒廃，本所の牢籠《ろうろう》＊8，近年倍増す。而《しか》してたまたま静謐の国々も，武士の濫吹《らんすい》＊9未だ休《や》まずと云々。仍て守護人に仰せて，国の遠近に依り，日限を差し＊10施行すべし。承引せざる輩《ともがら》に於ては，所領の三分一を分ち召すべし。(中略)次に近江・美濃ⓗ・尾張三箇国，本所領半分の事，兵粮料所として，当年一作*11，軍勢*12に預け置くべきの由，守護人等に相触れおわんぬ。半分に於ては，宜しく本所に分ち渡すべし。若し預人*13，事を左右に寄せ*14，去り渡さざれば，一円本所に返付すべし。〔建武以来追加ⓘ〕

D

高野領*15備後国太田庄并《ならびに》桑原方地頭職尾道倉敷以下の事，下地においては知行致し，年貢に至りては毎年千石を寺に納むべきの旨，山名右衛門佐入道常熙ⓙ*16に仰せられおわんぬ。早く存知すべきの由仰せ下されし所なり。仍て執達件の如し。

応永ⓚ九年七月十九日　沙弥*17(花押)

当寺衆徒中　〔高野山文書〕

註*1　北条殿の御請文…地頭職を持つ「北条殿」が，領家へ年貢を納めることを約束した文書。その後この地頭職は円覚寺に移った。

*2　対捍…未進　*3　損否を論ぜず…減収の有無に関係なく

*4　京進…年貢を京都へ運ぶこと　*5　有宗…領家側の雑掌

*6　相論…争論　*7　訴陳を番ふ…訴訟裁判で応答を繰り返して論争すること

*8　牢籠…困窮　*9　濫吹…乱暴　*10　日限を差し…日限を決め

*11　当年一作…この年の年貢　*12　軍勢…尊氏側の軍勢

*13　預人…「*12　軍勢」に同じ　*14　事を左右に寄せ…口実を設けて

*15　高野領…高野山にある寺の所領　*16　山名右衛門佐入道常熙…備後国の守護

*17　沙弥…幕府管領の畠山基国

問1　下線部ⓐに関連して，988(永延2)年にこの国の郡司・百姓等が受領の暴政を訴えたが，その時の訴訟文書の様式として適切な名称を一つ選べ。解答番号は[1]。

①　勅　②　符　③　解　④　起請文

問2　下線部ⓑの説明として適切なものを一つ選べ。解答番号は[2]。

①　本所から荘園を寄進された荘園領主のことである。

②　開発領主から荘園を寄進された荘園領主のことである。

③　国司から公領(国衙領)を寄進された守護のことである。

④　地頭から公領(国衙領)を寄進された守護のことである。

問 3　下線部ⓒ「北条殿」は北条義時のことであるが，この人物について述べた説明文として適切なものを一つ選べ。解答番号は[3]。

①　政所の別当であった和田義盛を滅ぼして，政所と侍所の別当を兼務した。

②　得宗の名称は，彼の法名である「徳宗」に由来しているといわれている。

③　承久の乱では京都まで行き，後鳥羽上皇を討伐した。

④　金沢文庫を開設した。

問 4　下線部ⓓの説明として適切なものを一つ選べ。解答番号は[4]。

①　五山十刹の一つである。

②　寺内にある北山十八間戸は，救済施設である。

③　寺内にある退蔵院には，如拙の描いた「瓢鮎図」がある。

④　寺内にある舎利殿は，和様の代表的建物である。

問 5　**史料A**の説明として適切なものを一つ選べ。解答番号は[5]。

①　地頭側が領家側へ約束通り年貢を納めていれば，領家側は，未進の訴訟をしたり，巡見使を荘園へ入れさせることを止める。

②　あらたに領家側が地頭側へ年貢を納めることになり，くわえて領家側は，未進の訴訟をしたり，巡見使を荘園へ入れさせることも止める。

③　あらたに領家側が地頭側へ年貢を納めることになったので，地頭側は，未進の訴訟をしたり，巡見使を荘園へ入れさせることを止める。

④　これまで地頭側が領家側へ年貢を納めていることにくわえ，あらたに地頭側は，未進の訴訟をしたり，巡見使を荘園へ入れさせることも止める。

問 6　下線部ⓔの説明として適切なものを一つ選べ。解答番号は[6]。

①　「裁許」の意味で，領家側と地頭側との所務争論について，幕府が裁許を下した。

②　「合意」の意味で，領家側と地頭側との所務について，訴訟争論になる前に両者が合意し，幕府に報告した。

③　「仲介」の意味で，領家側と地頭側との所務について，訴訟争論になる前に幕府が仲介し，両者が合意した。

④　「和解」の意味で，領家側と地頭側との所務争論について，幕府が裁許を下す前の訴訟中に，両者が和解した。

問 7　下線部ⓕの説明として適切なものを一つ選べ。解答番号は7。

①　興福寺とこの山にある寺院とをあわせて，「南都北嶺」といわれた。

②　この山は，紀伊国にある。

③　この山には，麓にある寺門派(三井寺)に対して，山門派と呼ばれた寺院がある。

④　この山には，法然・親鸞・日蓮が修行したり学んだりした寺院がある。

問 8　**史料B**の説明として適切なものを一つ選べ。解答番号は8。

①　荘園の下地を領家側と地頭側との間で分け，それぞれ所務をする。

②　荘園の下地は幕府が所務し，領家側と地頭側は年貢をそれぞれ半分づつ幕府に納める。

③　荘園は領家側が知行しているので，領家側がすべて所務をし，下地は領家と雑掌との間で分け，地頭側は所務をしない。

④　荘園は地頭側が知行しているので，地頭側がすべて所務をし，下地は地頭と地頭代(官)との間で分け，領家側は所務をしない。

問 9　下線部ⓖ「諸国擾乱」の意味として適切なものを一つ選べ。解答番号は9。

①　元寇

②　元弘・正中の変から鎌倉幕府の滅亡までの戦い

③　南北朝の動乱

④　応仁の乱

問10　下線部ⓗの国々が属する行政区の組み合わせとして適切なものを一つ選べ。解答番号は10。

①　近江—畿内	美濃—東山道	②　近江—東山道	美濃—東山道
③　近江—畿内	美濃—東海道	④　近江—東山道	美濃—東海道

問11　下線部ⓘ「建武以来追加」の説明として適切なものを一つ選べ。解答番号は11。

①　建武年間以後に，律令や格式に付け加えられた公家法のことである。

②　建武年間以後に，後醍醐天皇の綸旨の他に付け加えられた公家法のことである。

③　建武年間以後に，鎌倉幕府法に付け加えられた，武家法のことである。

④　建武年間以後に，室町幕府法に付け加えられた，武家法のことである。

問12　**史料C**の説明として適切なものを一つ選べ。解答番号は[12]。

①　近江・美濃・尾張三か国の本所領の年貢の半分は，守護側に預け置く。

②　近江・美濃・尾張三か国の守護領の年貢の半分は，本所側に預け置く。

③　近江・美濃・尾張三か国の本所領の年貢の 3 分の 1 を，無条件で守護側に返す。

④　近江・美濃・尾張三か国の守護領の年貢の 3 分の 1 を，無条件で本所側に返す。

問13　下線部ⓙ「山名右衛門佐入道常熙」は山名氏の一族であるが，山名氏一族の説明として適切なものを一つ選べ。解答番号は[13]。

①　一時，三管領を独占した。

②　寧波の乱後，日明貿易を独占した。

③　一時，西国 11 ケ国の守護となった。

④　嘉吉の乱で，山名氏清が敗死した。

問14　下線部ⓚに関連して，応永年間に起きた出来事として**誤っているもの**を一つ選べ。解答番号は[14]。

①　足利義満が大内義弘を討伐した。

②　足利義満が日明貿易を開始した。

③　朝鮮軍が倭寇を鎮圧するために対馬を襲撃した。

④　朝鮮半島の三浦(釜山・薺浦・蔚山)に居住する日本人が暴動を起こした。

問15　**史料D**の説明として適切なものを一つ選べ。解答番号は[15]。

①　年貢は守護が寺へ納める。　②　年貢は守護が幕府へ納める。

③　年貢は寺が守護へ納める。　④　年貢は寺が幕府へ納める。

問16　**史料A～D**とその内容に関係する歴史用語との組合せとして，適切なものを一つ選べ。解答番号は[16]。

①　A―守護請　B―地頭請　C―下地中分　D―半済令

②　A―半済令　B―守護請　C―地頭請　D―下地中分

③　A―下地中分　B―半済令　C―守護請　D―地頭請

④　A―地頭請　B―下地中分　C―半済令　D―守護請

〔Ⅱ〕 次の文章を読み，あとの設問に答えよ。

今日，歌舞伎や文楽の人気が復活している理由として，今は世の中が殺伐とし混乱しているので，昔の日本人がもっていた古き良き「道徳」「儒教」ⓐが見直されているのだという指摘がしばしばなされている。だが，本当にそうなのだろうか。

たしかに一般には，江戸時代の人々の生活はまじめで，道徳的，儒教的だったと言われている。だが，実際には儒教は［ア］で生まれ韓国で強く根づいたが，［イ］を越えた後の影響は世に信じられているのとは違い，意外なほどわずかであった。日本では，江戸時代に儒教が(それもその一派の朱子学ⓑのみが)浸透したのは［ウ］の世界だけであり，庶民にはほとんど意識されていなかった。儒教は社会の道徳規範を制するものではなく，所属する家や親族，つまり血族にかかわる上下関係，および一家と同様の近しい人間関係のあり方，儀礼をきわめて厳しく律するものだったので，江戸時代には一般の町民間の社会生活や他人の生き方には強い影響を与えなかったのだ。儒教が庶民にまで浸透していったのは，明治になり，四民平等とされ，その結果，町民の上昇志向がめばえて，かつての［ウ］の価値観を真似ることが一般市民に広がっていったからである。

江戸時代に実際に起こった不義密通を題材にした近松門左衛門ⓒや，実際に起こったマネーゲームによる犯罪を題材とした井原西鶴ⓓなど，上方の社会を描いた作品は，幕府の統制ⓔの強い江戸では上演，刊行できなかったし，江戸の作者によって書かれた同様のテーマの芝居は幕府によって弾圧され，上演，刊行禁止になることもしばしばであったが，町民たちはそれらの作品を，少なくともワイドショー的な楽しみとしては歓迎していた。実際に，民衆の間では，既婚者の恋愛や商家における身分を越えた恋愛，またそのために追い込まれての心中も珍しいことではなかった。というより江戸，大坂ⓕでは，一時的にせよ，不倫，心中，かけおちが流行したのである。

だが今日とは違い，庶民の日常生活ⓖがそれによって大きく乱れるということはなかった。江戸人は，(藤沢周平の描く江戸市井物のような)「かそけき」生き方をしていたし，上方では，(アメリカの文化人類学者，ルース・ベネディクトの提唱した「恥の文化」ではなく）「恥じらい」や「はんなり」がよき価値として庶民生活の中に定着していた。つまり，見えないやわらかな世間のブレーキとして，極端に走らず，それぞれの暮らしをほどほどに楽しむという価値観が，（儒教によってではなく）自然なものとして町民の生活に根づいていたのである。江戸では（上方とは違い）幕府の規制の影響もあったが，倫理として「治安を守れ」「伝統を守れ」「環境を守れ」というのではなく，彼らの普通の生き方そのものがおだやかだった。そうしたことを人々は歌舞伎やⓗ人形浄瑠璃，落し噺などから自然に学んでいたのではないだろうか。

こう言うと，井原西鶴やⓘ鶴屋南北の描いた，おどろおどろしい悪の世界は，それでは説明できないという反論もあるだろう。たしかに彼らの作品は，人間の欲望の末路やワルの魅力などのグロテスクな刺激を人々にもたらしてはいたが，しかしそれはⓙ浮世草子やⓚ芝居小屋という「悪所」でのひとときの「浮」（夢）として有効なことで，物語の結末には「もどり」と呼ぶ日常的規範へのソフトランディングが用意されていた。そしてそれが，幕府という権力装置の息苦しさから人々を一時的に解放するガス抜きにもなっていた。

このように江戸ではⓛ長屋，上方では路地の町家での，楽しみながらそこそこに生きる価値観が自然に広がっていたと言える。そして，ときには祭りとして，また若者は歌舞伎の語源である「傾《かぶ》き」（華美な風体や常軌を逸した振る舞い）をして，当時のストリート・ミュージックやストリート・ダンスを楽しんでいた。大坂では，ⓜ適塾やⓝ懐徳堂などの私塾を町民がつくり，こうしたよき価値観を幕府によってではなく民衆自身が育み伝えていった。その中から異質で多様な文化のエネルギーを吸収して，大坂はさまざまな新しいビジネスモデルを創り出した。そして，（中略）それを全国に発信，展開させてきた。

とすれば，今日の江戸文化志向は，混乱しつつある現在の日本社会に，ほどほどの「かそけき」生き方や「はんなり」の価値観を取り戻す契機となりうるのかもしれない。

【引用文献】　奥野卓司2007『ジャパンクールと江戸文化』岩波書店　なお，出題にあたって適宜原文を省略したり改めたりした箇所がある。

問 1　下線部ⓐの始祖とされる人物として適切なものを一つ選べ。解答番号は[17]。

①　老　子　②　孟　子　③　墨　子　④　孔　子

問 2　空欄 ア ， イ に入る語句の組合せとして適切なものを一つ選べ。解答番号は[18]。

①　ア　インド　イ　日本海

②　ア　中　国　イ　太平洋

③　ア　中　国　イ　日本海

④　ア　インド　イ　太平洋

問 3　下線部ⓑのうち南学(海南学派)の系統の人物として適切なものを一つ選べ。解答番号は[19]。

①　藤原惺窩　②　山崎闇斎　③　林羅山　④　新井白石

問 4　空欄 ウ に入る語句として適切なものを一つ選べ。解答番号は[20]。

①　武　家　②　公　家　③　農　家　④　商　家

問 5　下線部ⓒについての説明として**誤っているもの**を一つ選べ。解答番号は[21]。

①　武士の出身である。

②　人形浄瑠璃や歌舞伎の脚本の作者である。

③　清末の李鴻章を題材とした作品『国性爺合戦』がある。

④『曽根崎心中』は当時の世相に題材をとった世話物の作品である。

問 6　下線部ⓓが師事して俳諧を学んだ人物として適切なものを一つ選べ。解答番号は[22]。

①　小林一茶　②　松尾芭蕉　③　良　寛　④　西山宗因

問 7　下線部ⓔに関連して，寛政の改革で出された出版統制令で影響を被った人物として**誤っているもの**を一つ選べ。解答番号は[23]。

①　山東京伝　②　為永春水　③　林子平　④　蔦屋重三郎

問 8　下線部ⓕの町にあった市場として**誤っているもの**を一つ選べ。解答番号は[24]。

①　日本橋の魚市場　②　雑喉場の魚市場

③　天満の青物市場　④　堂島の米市場

問 9　下線部ⓖに関連して，相撲が庶民の娯楽の代表の一つであったが，1744年に幕府が公認した四季勧進相撲が年二回実施された都市として適切なものを一つ選べ。解答番号は[25]。

①　名古屋　　②　京　都　　③　江　戸　　④　大　坂

問10　下線部ⓗについて，近松門左衛門の作品を演じた人形遣いとして適切なものを一つ選べ。解答番号は[26]。

①　近松半二　　②　辰松八郎兵衛

③　坂田藤十郎　　④　竹本義太夫

問11　同じく下線部ⓗについて，人形操りと離れて座敷でうたわれるようになった唄浄瑠璃のジャンルとして**誤っているもの**を一つ選べ。解答番号は[27]。

①　義太夫節　　②　一中節　　③　常磐津節　　④　清元節

問12　下線部ⓘの人物の作品として適切なものを一つ選べ。解答番号は[28]。

①　『菅原伝授手習鑑』　　②　『本朝廿四孝』

③　『仮名手本忠臣蔵』　　④　『東海道四谷怪談』

問13　下線部ⓙのジャンルが衰えたのち，江戸の遊里を描いて流行した小説として適切なものを一つ選べ。解答番号は[29]。

①　読　本　　②　滑稽本　　③　人情本　　④　洒落本

問14　下線部ⓚについて，江戸の幕府公認の芝居小屋のうち，正徳年間に絵島生島事件がもとで廃絶されたものとして適切なものを一つ選べ。解答番号は[30]。

①　市村座　　②　山村座　　③　中村座　　④　森田座

問15　下線部ⓛに関連して，18世紀後半以降の城下町の町人地の様子の説明として**誤っているもの**を一つ選べ。解答番号は[31]。

①　住民の多くは地借・店借・商家奉公人らであった。

②　出稼ぎなどで農村部から多くの人が流入した。

③　家持町人が大幅に増加した。

④　雑業に従事する貧しい民衆は零細な棟割長屋に住んだ。

問16　下線部ⓜの設立者緒方洪庵が主として修めた学問として適切なものを一つ選べ。解答番号は[32]。

①　国　学　　②　蘭　学　　③　法　学　　④　英　学

問17 下線部⑪の説明として適切なものを一つ選べ。解答番号は[33]。

① 中井竹山が学主として町人に朱子学や陽明学を教えた。

② 16 世紀前半に主に京都の町人が出資して設立された。

③ 『女大学』を教科書として女子教育が進められた。

④ 山片蟠桃や荻生徂徠などの学者を輩出した。

〔Ⅲ〕 以下の**史料Ａ～Ｃ**を読み，それぞれの設問に答えよ。

史料Ａ

戦時下内地に於《お》ける労務事情は，朝鮮人労務の活用を最高度に要請さるゝに至り，現に年年十数万に余る（本年は二十九万）多数の朝鮮人労務者が，国民動員計画に基き新に内地に渡来しつゝあり，而《し》かも之等《これら》は一部青少年を除きしは概ね鮮内に於ける所謂《いわゆる》下層階級の小作農民，日稼人夫等なる為素質劣悪にして，且つ言語，習俗を異にし，その生活態度は鮮内のその儘《まま》を固執し，凡《およ》そ内地慣習に対する順応性に疎く容易に向上せざる等の事情より著しく内地人の指弾嫌悪を昂《たか》めつゝある実情なり。（中略）

一方之に対する朝鮮人の態度も又自ら対立的，反抗的となりその反感は胸奥深かく相当深刻なるものあり寧《むし》ろ執念化し居るやの傾向顕著にして就中《なかんずく》関東大震災当時に惹起されたる朝鮮人問題ⓐの如きは遮間*註の事情に強力なる楔的印象として残砕し居り，（中略）

斯《か》ゝる情勢の下にて叙上の如く多数の朝鮮人が而かも急激に増加するを余儀なくせしめらるゝに於ては，銃後治安上は素より，内鮮協和乃至《ないし》朝鮮人の皇民化ⓑ誘《ゆう》掖《えき》上の問題よりするも之等朝鮮人に対する指導取締は特に関係機構を整備し，強力適切なる施策を以て臨むの要極めて緊喫なりと謂《い》ひ得べし。

「昭和十九年十月　国民動員計画に伴ふ移入朝鮮人労務者並在住朝鮮人の要注意動向（予算説明資料）　内務省ⓒ警保局保安課」

＊註…「遮間」は原文のまま。

問 1　下線部ⓐに関連して，この震災が起きた年として適切なものを一つ選べ。解答番号は[34]。

①　1913 年　　②　1923 年　　③　1933 年　　④　1943 年

問 2　同じく下線部ⓐに関連して，その実態がここで意味するものとは全く異なるものだったことが明らかになっている。実態を説明したものとして適切なものを一つ選べ。解答番号は[35]。

①　関東大震災からの復興に朝鮮人労働者が動員されたために，動員された朝鮮人のみならず，仕事を奪われたとして日本人労働者からも反発を受けたこと。

②　在日朝鮮人が災害を契機に暴動を起こしたなどのデマが流され，多くの朝鮮人が殺されたこと。

③　災害を契機に，朝鮮半島において独立運動が高まったこと。

④　朝鮮人居住地域の被害が特に甚大だったこと。

問 3　同じく下線部ⓐに関連して，この後の状況の中で憲兵によって殺害された人物として適切なものを一つ選べ。解答番号は[36]。

①　大杉栄　　②　堺利彦　　③　内村鑑三　　④　幸徳秋水

問 4　下線部ⓑに関連して，このための具体的な措置として**誤っているもの**を一つ選べ。解答番号は[37]。

①　氏名を日本風に変えさせた。

②　神社を創建し，参拝を求めた。

③　日本語教育を強要した。

④　日本人との結婚を強制した。

問 5　同じく下線部ⓑに関連して，日本が関与した地域のうちこの政策が**とられなかった地域**を一つ選べ。解答番号は[38]。

①　台　湾　　②　朝　鮮　　③　満　州　　④　南樺太

問 6　**史料A**が語る動員された朝鮮人に対してとられた処遇またはその後の処遇として**誤っているもの**を一つ選べ。解答番号は[39]。

①　鉱山や土木工事現場などで働かされる者が多かった。

②　給与等が適切に支払われなかった者が多かった。

③　1948 年に韓国が成立した後に，連合国が韓国へ移送した。

④　1952 年に日本が独立を回復した後に，日本国籍を失った。

問 7　下線部ⓒが日米開戦時に**管轄していなかった行政分野**を一つ選べ。解答番号は40。

①　地方行政　　②　教　育　　③　警　察　　④　神　社

史料B

「日本の統治制度の改革」

問題点に対する考察

（中略）日本の現行憲法ⓐは二重の目的をもって起草された。一方で代議制を求める国民をなだめるため，他方で中央集権的で独裁的な政府機構を強化し永続化するためである。憲法制定者たちつまり明治の指導者たちは，現代世界の中で日本が存続し発展するために必要だと信じていたこの後者の目的のために，天皇の周囲にいる少数の個人的アドバイザー達が権力を握った。人々が選挙によって選んだ，国会における国民の代表には，立法に対する限られた監督的な力が与えられただけだった。内閣が倒れると，これらのアドバイザーたち，元々は元老が，最近では総理大臣経験者の協議会の推薦にもとづき，天皇が，内閣を組織する新しい総理大臣を選んだ。下院の多数党のリーダーシップによって自動的に任命されるのではなかったのである。この結果，新政府の性格と構成は下院の多数の意見によってではなく，天皇周囲の権力のバランスによって決まった。（中略）

国の内政問題に関する一般法の成立は，議会の権限内のこととされてはいるが，実際には大部分の法案は閣僚が提出し，しかも閣僚の選出に国会は関わらない。戦争を宣言し，講和し，条約を締結する権限は天皇の特権である。これに関して議会は，これらの問題について天皇に助言を与える内閣および枢密院（枢密顧問官，宮内大臣，その他の天皇側近も）をコントロールすることができないため，極めて間接的な影響しか持ち得ない。議会は，天皇の問題に関して権限を持たず，憲法改正を発議できず，自ら会議を召集できないことに加えて，総理大臣の助言にもとづいて天皇が，会期中に15日間までの期間の停会を何回でも命じることもありうる。（中略）

陸海軍の統帥権，および平時の常備軍の大きさを決定する権能は，天皇の大権に属する，と憲法に定められている。この規定は，陸海軍により，陸海軍は天皇に対してのみ責任を負い，軍に関する事項については，内閣からも国会からも独立して行動しうることを意味すると，解釈された。ⓑ軍は，天皇の承認を求めなければならないのは，特に重要な事項のみであると考え，しかも天皇の承認がえられると，しばしばそれを軍自身の目的に適合するように解釈し，拡張した。（中略）

財政に関する法案は下院が先に審議されなければならないことと，天皇がいつでも下院の解散を命じることができるのに対して，ⓒ上院は閉会することしかできないことを除けば，上下両院の立法上の権限は同一である。上院は，大体，2分の1が貴族，4分の1が高額納税者の中から高額納税者によって選ばれた者，4分の1が天皇が任命する者によって構成されている。上院が民選の下院と同等の権限をもつことにより，日本の資産家階級および保守階級の代表者は，立法に関して不当な影響力を持っている。（中略）

ⓓ日本国民は，憲法が彼らに保障している人権の多くを事実上奪われており，特に過去15年間は顕著だった。憲法上の保障には「法律に定めたる場合を除き」または「法律によるに非ずして」という文言による制約があったために，これらの権利の大規模な侵害を伴う法律の制定が可能になったのである。（中略）

（アメリカ）政府は，日本人がⓔ天皇制を廃止するか，または天皇制をより民主的な方向に改革することを奨励したいと強く願うが，天皇制の維持問題は，日本人自身の決定に任されなければならないだろう。もし天皇制が維持されるのならば，上記で勧告した改革の多く，例えば，予算に関するすべての権限を国民を代表する立法府に与えることにより，政府が国民に対し直接責任を負う規定，および，いかなる場合も文民のみが国務大臣または閣僚を務めるという要件などが，天皇制の権力と影響力を大きく弱めるだろう。さらに，日本における「二重政治」の復活，および，国家主義的で軍国主義的なグループが天皇を利用して将来の太平洋の平和を脅かすことを防ぐための補償措置が確立されなければならない。これらの補償措置には，⑴　天皇は，全ての重要事項について，内閣の助言にもとづいてのみ行動し，⑵　天皇は，憲法第1章中の第11条，第12条，第13条および第14条が規定するような，軍事に関する権能をすべて剥奪され，⑶　内閣が天皇に助言を与え，補佐し，⑷　皇室収入は全て国庫に組み込まれ，皇室費

は，年間予算の中で立法府によって承認されること，などの規定が含まれなければならない。（中略）

この結論で示されたものの他にも，日本の統治体制には改革が望ましいものが数多く存在しており，例えば，都道府県議会および市町村議会の強化ⓕ，不正な選挙慣行を撤廃するための選挙法の改正等がある。

アメリカ合衆国　国務・陸軍・海軍調整委員会
Reform of the Japanese Governmental System, November 27, 1945（原文の英語を翻訳した）

問 1 下線部ⓐに関連して，ここで言う「現行憲法」が公布された年として適切なものを一つ選べ。解答番号は[41]。

① 1875 年　② 1889 年　③ 1925 年　④ 1938 年

問 2 本文の改革を実行するために新たな憲法が公布された年として適切なものを一つ選べ。解答番号は[42]。

① 1946 年　② 1947 年　③ 1951 年　④ 1952 年

問 3 下線部ⓑに関連して，軍部が内閣の方針を無視して行なった軍事行動として適切なものを一つ選べ。解答番号は[43]。

① 日清戦争　② 日露戦争
③ シベリア出兵　④ 満州事変

問 4 下線部ⓒについて，この史料では米国政治における名称を用いて論じているが，当時の日本の「上院」に関する記述として適切なものを一つ選べ。解答番号は[44]。

① 衆議院と呼ばれた。
② 元老院と呼ばれた。
③ この報告に先だって日本政府は廃止を決めていた。
④ この報告の後にも日本政府が強く希望して，参議院として新たに設置された。

問 5 下線部ⓓに関連して，ここで言う憲法では「国民」とは異なる名称が使われた。適切なものを一つ選べ。解答番号は[45]。

① 臣　民　　② 臣　下　　③ 平　民　　④ 人　民

問 6　下線部ⓔに関連して，この後に執られた措置として適切なものを一つ選べ。解答番号は[46]。

① 天皇制を一度廃止した後に，国民の直接選挙により新たに天皇が選出された。

② 当時の天皇が退位し，その息子が天皇に即位した。

③ 政府がこのような改革を拒んだため，日本統治の最高決定機関である極東委員会が天皇を戦犯容疑者に指定した。

④ 天皇から政治的権限を奪うことによって天皇制を存続させた。

問 7　下線部ⓕに関連して行われた改革として適切なものを一つ選べ。解答番号は[47]。

① 議会選挙を全国同時期に行う統一地方選挙制度が法制化された。

② 民主的に選ばれた首長を輔弼するとされた。

③ 首長と議会の二元代表制がとられた。

④ 議会が官選の首長に対するリコール権を持った。

史料C

日本は，明治維新で独自の近代化に成功し，西欧の文物を受容して大きな発展を遂げました。しかしながら，当時の日本は帝国主義と戦争の道を選択することにより，日本国民はもとより，韓国を含めたアジア諸国の国民に大きな犠牲と苦痛を与えました。

しかし，第二次世界大戦後，日本は変わりました。日本国民は汗と涙を流して，議会民主主義の発展と共に，世界が驚く経済成長を遂げました。そしてついに世界第二位の経済大国となった日本は，アジア各国の国民に，無限の可能性と希望の道標を示したのであります。

今の日本は，発展途上国に対する世界最大の経済援助国として，自国の経済力にふさわしい国際的役割を，忠実に履行しています。また，人類史上初めて，原爆の被害を体験した日本国民は，常に平和憲法を守り，非核平和主義の原則を固守してこられました。

かくごとく，戦前の日本と戦後の日本は，実に克明な対照をなしています。私は，戦後の日本国民と指導者たちが注いだ，血のにじむような努力に，深い敬意を表する次第であります。

しかしながら，わが韓国を含むアジア各国には，今も日本に対する疑懼と憂慮を捨てきれない人々が大勢います。その理由は，日本自ら過去を正しく認識し，謙虚に反省する決断が足りないと考えているからであります。

こうした疑念と不信が存在しているということは，日本のためにもアジア各国のためにも，大変不幸なことであると言わざるをえません。反面私は，過去を正しく認識し反省する，道徳的勇気のある，数多くの日本の民主市民がいるということも，よく知っています。(中略)

韓国と日本の関係は，実に長くかつ深いと言えましょう。われわれ両国は1500年以上に及ぶ交流の歴史を持っています。

数多くの人々が韓半島から日本に渡りました。韓日両国は共に，ウラル・アルタイ系統の言語を使用しており，仏教や儒教文化も共有しています。徳川300年の鎖国の時代にも，日本は韓国と，頻繁に往来しました。

それに比して，歴史的に日本と韓国の関係が不幸だったのは，約400年前に日本が韓国を侵略した7年間と(略)ⓐ植民地支配35年間であります。

このようにわずか50年にも満たない不幸な歴史のために，1500年にわたる交流と協力の歴史全体を無意味なものにするということは，実に愚かなことであります。またそれは，長久な交流の歴史を築いてきた両国の先祖に，そして将来の子孫に対して恥ずかしく，かつ非難されるべきことではないでしょうか。

ⓑ1965年の韓日国交正常化以降，われわれ両国間の交流と協力は，飛躍的に拡大しました。今は互いに必要不可欠なパートナー関係に発展しています。(中略)

私は本日，ⓒ小渕総理大臣との首脳会談を通じて，「21世紀の新しい韓日パートナーシップ」に関する宣言を共同発表しました。

日本は，この共同宣言を通じて過去に対する深い反省と謝罪を表明し，私は，それを両国国民間の和解と，今後の善隣友好を志向する日本政府と国民の心の表現として，真摯に受け止めました。私は，この宣言が韓日両国政府間の過去の認識問題に一段落をつけ，平和と繁栄を目指す共同の未来を開拓するための礎になるものと，確信する次第であります。

私はまず，新時代の韓日友好関係をさらに増進させるため，日本の大衆文化の韓国進出を段階的に開放する考えであります。

文化は相互交流を通じて発展するというのが，私の所信であり，国交正常化後30余年が経過し，21世紀を目前に控えた時点で，日本の大衆文化開放の第一歩を踏み出すのは，未来志向的な韓日関係のために，その象徴的意味が大変大きいと考えております。

1998年10月8日，キム・デジュン韓国大統領が参議院で行った演説

問 1　下線部ⓐに関連して，これが始められた年として適切なものを一つ選べ。解答番号は[48]。

①　1875年　　②　1895年　　③　1905年　　④　1910年

問 2　下線部ⓑの説明として**誤っているもの**を一つ選べ。解答番号は[49]。

①　韓国政府が朝鮮の唯一の合法的政府と確認された。

②　併合以前に締結された条約及び協定が無効であることが確認された。

③　外交及び領事関係の開設が決められた。

④　田中角栄総理大臣により締結された。

問 3　下線部ⓒが行った政策として適切なものを一つ選べ。解答番号は[50]。

①　電電公社，専売公社，国鉄を民営化した。

②　消費税を導入した。

③　社会党と連立して政権を維持した。

④　新ガイドライン関連法を制定した。

世界史

（60分）

〔Ⅰ〕次の文章Ａ～Ｃを読み，あとの設問に答えよ。

Ａ　ⓐ十字軍をきっかけに発展したⓑ東方貿易や毛織物工業によって，ⓒイタリアでは都市が繁栄した。イタリアの都市フィレンツェでは，［ア］家などの富裕な商人による自治が行われ，多くの学者や芸術家が保護された。こうした学者や芸術家は，現世の生活を肯定し，人間の自然な感情を重視して，ⓓ古代のギリシアやローマの文化を理想とした。この人文主義の理想をふまえて，ⓔルネサンスと呼ばれる文化運動がおこった。

問 1　下線部ⓐに関連して，十字軍について述べた文として最も適当なものを，次の①～④のなかから一つ選べ。解答番号は[1]。

①　セルジューク朝に脅威を感じた神聖ローマ皇帝が救援を求めたことがきっかけとなった。

②　皇帝インノケンティウス３世が，宗教会議を招集し，聖地回復の聖戦を起こすことを提唱した。

③　第１回十字軍は1099年イェルサレムを占領してイェルサレム王国を建国した。

④　第４回十字軍によって首都を一時占領されたビザンツ帝国の国力は完全に回復した。

問 2　下線部ⓑに関連して，東方貿易について述べた文として**誤っているもの**を，次の①～④のなかから一つ選べ。解答番号は[2]。

①　香辛料・絹織物・宝石など奢侈《しゃし》品がヨーロッパにもたらされた。

②　海産物・木材・穀物などの生活必需品が中国からもたらされた。

③　イタリアの海港都市が独占的にビザンツ帝国やイスラーム世界を相手に

した。

④　レヴァント貿易とも呼ばれる。

問 3　下線部ⓒに関連して，イタリアの都市として**誤っているもの**を，次の①～④のなかから一つ選べ。解答番号は[3]。

①　ヴェネツィア　　②　ブリュージュ

③　ピ　サ　　④　ミラノ

問 4　空欄 [ア] にあてはまる語として適切なものを，次の①～④のなかから一つ選べ。解答番号は[4]。

①　メディチ　　②　フッガー

③　ランカスター　　④　ヨーク

問 5　下線部ⓓに関連して，古代のギリシアやローマの文化について述べた文として最も適当なものを，次の①～④のなかから一つ選べ。解答番号は[5]。

①　アリストテレスは，イデア論にもとづく理想主義哲学を説いた。

②　ホメロスは，経験と観察を重んじ，「万学の祖」と呼ばれる。

③　ウェルギリウスは，建国叙事詩『アエネイス』を著した。

④　プルタルコスは，百科全書的な知識の集大成である『博物誌』を書いた。

問 6　下線部ⓔに関連して，ルネサンスについて述べた文として最も適当なものを，次の①～④のなかから一つ選べ。解答番号は[6]。

①　『神曲』を書いたボッカチオが代表的な詩人である。

②　およそ14世紀から16世紀にわたってヨーロッパ各地に広まった。

③　『愚神礼賛』で教会を風刺したダンテは，宗教改革を熱心に支持した。

④　マキァヴェリは『ユートピア』を著し，のちの政治思想に大きな影響を与えた。

B　ローマ教皇ⓕの権威は，十字軍の失敗などを背景に衰えをみせるようになっていた。14，15世紀には各地で教会の堕落や腐敗を批判し，教会を改革しようとする運動ⓖが起こった。16世紀にはいると，教皇 [イ] は，ローマの [ウ] 大聖堂の改修費用を集めようとして，贖宥状(免罪符)を乱発した。ドイツではこれに憤慨したマルティン＝ルターが，1517年に [エ] を発表したことから，宗教改革が始まった。ルターは，支援する有力者ⓗに保護され，『新約聖書』をドイツ語に翻訳して，その普及に努めた。

ⓘスイスではまずツヴィングリ，ついでⓙカルヴァンが宗教改革をはじめた。このカルヴァンの運動は，商工業者たちに受けいれられて，ⓚ商工業の盛んな西ヨーロッパに広まった。

問 7　下線部ⓕに関連して，ローマ教皇について述べた文として最も適当なものを，次の①～④のなかから一つ選べ。解答番号は[7]。

① ローマの司教は，ペテロの後継者を自任し，教皇として権威を高めるようになった。

② ボニファティウス 8 世と神聖ローマ皇帝ハインリヒ 4 世とのあいだで叙任権闘争が始まった。

③ 教皇権はインノケンティウス 3 世のとき大きく傷ついた。

④ 1870 年の教皇領併合の際に，ラテラノ条約によりヴァチカン市国の独立は保証された。

問 8　下線部ⓖに関連して，教会を改革しようとする運動について述べた文として**誤っているもの**を，次の①～④のなかから一つ選べ。解答番号は[8]。

① イギリスのウィクリフは，聖書こそ信仰の最高の権威であって教会はその教えから離れていると批判した。

② ウィクリフはコンスタンツの公会議で異端とされた。

③ ベーメンのフスは，教皇からの破門を受け教会批判をただちに停止した。

④ フス派の反乱は，チェコ民族運動と結びついて長期化した。

問 9　空欄 [イ] にあてはまる語として適切なものを次の①～④のなかから一つ選べ。解答番号[9]。

① リチャード 1 世　　② ニコライ 2 世

③ ダレイオス 3 世　　④ レオ 10 世

問10　空欄 [ウ] にあてはまる語として適切なものを，次の①～④のなかから一つ選べ。解答番号は[10]。

① ハギア＝ソフィア　　② サン＝ピエトロ

③ シャルトル　　④ ノートルダム

問11　空欄 [エ] にあてはまる語として適切なものを，次の①～④のなかから一つ選べ。解答番号は[11]。

①　『九十五カ条の論題』　　②　『告白』

③　『神学大全』　　④　『神の国』

問12　下線部ⓗに関連して，ルターを保護した有力者として最も適当な人物を，次の①～④のなかから一つ選べ。解答番号は[12]。

①　イギリス国王ヘンリ8世　　②　神聖ローマ皇帝カール5世

③　フランス国王フランソワ1世　　④　ザクセン選帝侯フリードリヒ

問13　下線部ⓘに関連して，スイスについて述べた文として最も適当なものを，次の①～④のなかから一つ選べ。解答番号は[13]。

①　13世紀にスイス地方の農民がブルボン家の支配に反抗して独立闘争を始めた。

②　数度にわたる戦いで勝利をおさめ，1499年には神聖ローマ帝国から事実上独立した。

③　1648年のユトレヒト条約で独立が国際的に承認された。

④　ウィーン会議の結果，独立は撤回された。

問14　下線部ⓙに関連して，カルヴァンについて述べた文として最も適当なものを，次の①～④のなかから一つ選べ。解答番号は[14]。

①　フランスの人文主義者で『キリスト者の自由』を公刊した。

②　魂が救われるかどうか決定されているという「予定説」を説いた。

③　司教制度を維持し長老主義を廃止した。

④　カルヴァンはチューリヒで一種の神権政治をおこなった。

問15　下線部ⓚに関連して，各国のカルヴァン派の説明として，**誤っているもの**を次の①～④のなかから一つ選べ。解答番号は[15]。

①　フランスでは，ユグノーと呼ばれた。

②　イングランドでは，ピューリタンと呼ばれた。

③　スコットランドでは，ジェントリと呼ばれた。

④　オランダでは，ゴイセンと呼ばれた。

C　カトリック教会を批判するプロテスタントの宗教改革に対抗して，カトリック教会の側でも，腐敗を改め，勢力を盛り返そうとする動きが生まれた。カトリック教会は，1545年から63年にかけて［　オ　］公会議を開き，態勢の立て直しをはかった。この運動はⓛ対抗宗教改革(反宗教改革)と呼ばれている。

対抗宗教改革の運動は，世界の分割を進めていたⓜポルトガルとⓝスペインの勢力を背景として，世界各地に広められた。海外の伝道は，おもに1534年に設立されたⓞイエズス会がになった。その結果，特にラテン＝アメリカやアジアなどでカトリックの信仰が広まることになった。

問16　空欄［　オ　］にあてはまる語として適切なものを次の①～④のなかから一つ選べ。解答番号は[16]。

①　クレルモン　　②　トリエント
③　コンスタンツ　　④　エフェソス

問17　下線部ⓛに関連して，対抗宗教改革について述べた文として**誤っているもの**を，次の①～④のなかから一つ選べ。解答番号は[17]。

①　教皇の至上権を確認するとともに腐敗の防止をはかった。
②　禁書目録を廃止する一方，宗教裁判所を強化し思想統制をはかった。
③　海外でも積極的な宣教・教育活動を繰り広げ，勢力回復に貢献した。
④　社会的緊張の高まりのなかで，「魔女狩り」がさかんにおこなわれた地域もあった。

問18　下線部ⓜに関連して，ポルトガルについて述べた文として最も適当なものを，次の①～④のなかから一つ選べ。解答番号は[18]。

①　12世紀にアラゴンから独立した。
②　バルトロメウ＝ディアスがアメリカ南端の喜望峰に達した。
③　首都リスボンは一時世界商業の中心地のひとつとなった。
④　イギリスからボンベイを奪いアジア貿易の拠点とした。

問19　下線部ⓝに関連して，スペインについて述べた文として最も適当なものを，次の①～④のなかから一つ選べ。解答番号は[19]。

①　カスティリャとアラゴンの両国が1479年に統合されて成立した。
②　1492年，イスラーム勢力最後の拠点コルドバを陥落させて国土統一をはたした。
③　女王イサベルがスペイン出身のコロンブスの船団を「インド」に向けて派

遣した。

④　スペインは，香港を拠点としたアジア貿易を展開した。

問20　下線部ⓞに関連して，イエズス会の人物として**誤っているもの**を次の①～④のなかから一つ選べ。解答番号は[20]。

①　イグナティウス＝ロヨラ

②　フランシスコ＝ザビエル(シャヴィエル)

③　マテオ＝リッチ

④　トマス＝アクィナス

〔**Ⅱ**〕　AとBは，中国における王朝国家と近代国家について述べた文章である。文章を読み，あとの設問に答えよ。

A　18世紀後半，広州では貿易が活発となった。英国をはじめとする欧米に向けた中国茶・陶磁器などの輸出が増加した一方で，清で英国製品の需要は高くなかった。清への一方的な銀の流出に歯止めをかけたい英国は，三角貿易ⓐを通じてアヘンの対中輸出を推し進めた。清はアヘン貿易に対する禁令を強化し，アヘン吸飲者を死刑にするという厳禁論を採用したほか，［　ア　］を欽差大臣として広州に派遣しアヘンの大量処分にあたった。

こうした清の対応ⓑは皮肉にも，規制を廃止して自由貿易の機会をうかがう英国に対して，軍事行動を起こす口実を与えることとなる。軍事力に勝る英国は［　イ　］で清に勝利し南京条約を締結した。この条約では清が広州を含む5つの港を開港し，英国へ［　ウ　］を割譲するほか，賠償金を支払うことなどが約された。

この戦争を契機として，フランスなど他の西欧列強も圧倒的軍事力をもって清を半植民地化してゆく。一連のうごきは，いわゆる「ウェスタン・インパクト(西洋の衝撃)」と呼ばれるが，地理的に中国の東方に位置する日本もまた，同時期に軍事進出を果たす。朝鮮支配をめぐる対立に端を発する日清戦争に勝利した日本は国際的地位を高め，帝国主義国家への歩みを加速させた。次の資料は，日清戦争の講和条約ⓒの締結交渉を記した議事録(抜粋)である。そこには，日本全権の伊藤博文が中国全権の［エ］に対して鋭く要求を突きつける様子が見て取れる。

資料　日清戦争の講和条約の締結交渉議事録（抜粋）

日本全権　閣下ハ何故ニ今日此ノ取極書ニ同意スル
能《アタ》ハサルカ
中国全権　余ノ権力ノ及ハサル所ナレハ今決定スルヲ
得ス結局批准交換後両国全権委員ヲシテ
商議セシメラレタシト乞《コ》フノ外ナシ
日本全権　然ラハ閣下ハ何レノ日会同シテ
何レノ日マテ決定セントスルカ
中国全権　其《ソノ》期限ハ今明答スルヲ得ス
日本全権　迚《トテ》モ承諾シ難シ
中国全権　既ニ［オ］割譲ノ条約成リタル後ノ
コトナレハ両国全権委員カ最後ノ引渡ニ付テノ
規定ヲ商議スルナレハ……
日本全権　然ラハ一定ノ期限ヲ確定セサルヘカラス……
先ツ批准交換後一箇月ト取極メ置カン
（此時伊東書記官長起案ス其文左ノ如シ）
講和条約批准交換後一箇月以内ニ双方ノ
政府ハ［オ］ニ委員ヲ派遣シ同批准
交換後二箇月以内ニ最後ノ引渡ヲ遂行スヘシ
中国全権　此ノ如クニシテ平和ヲ回復スルヲ得ハ
両国ノ官吏互ニ交誼ヲ以テスヘケレハ
左迄期限ヲ厳ニスルノ必要ナカラン……

問 1　下線部ⓐについて，以下の図の空欄［a］と［b］に入る語の組合せとして適切なものを，次の①～④のなかから一つ選べ。解答番号は21。

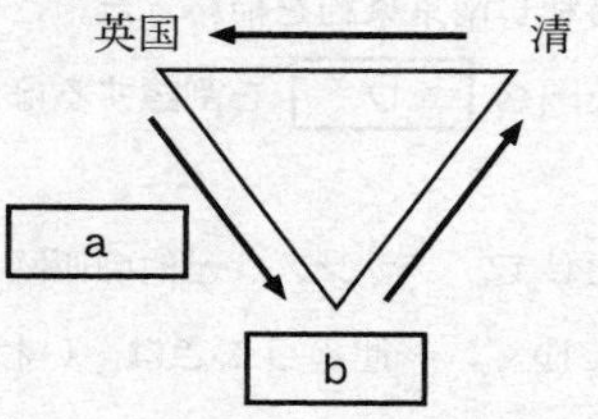

図　英国による三角貿易

①　a　絹　b　エジプト　　②　a　絹　b　インド

③　a　綿織物　b　エジプト　　④　a　綿織物　b　インド

問 2　空欄［ア］にあてはまる人名として適切なものを，次の①～④のなかから一つ選べ。解答番号は[22]。

① 康有為　② 洪秀全　③ 林則徐　④ 曾国藩

問 3 下線部ⓑについて，19 世紀後半の清朝の対外関係に関する説明として適切なものを，次の①～④のなかから一つ選べ。解答番号は[23]。

① 外交を司る役所・省庁として総理各国事務衙門を設置した。

② 漢人官僚が郷里で組織した義勇軍(郷勇)は，常勝軍と対立する清軍に協力した。

③ 英国に敗戦すると賠償金の支払いは認めたが，領事裁判権(治外法権)は拒否した。

④ 儒学にもとづく道徳倫理を重視し，一貫して西洋技術を排除した。

問 4 空欄 イ にあてはまる戦役名として適切なものを，次の①～④のなかから一つ選べ。解答番号は[24]。

① 三藩の乱　② アヘン戦争

③ 白蓮教徒の乱　④ アロー戦争

問 5 空欄 ウ にあてはまる地名として適切なものを，次の①～④のなかから一つ選べ。解答番号は[25]。

① 澎湖諸島　② 香港島　③ 遼東半島　④ 九龍半島(南部)

問 6 下線部ⓒについて，この講和条約が結ばれた場所として適切なものを，次の①～④のなかから一つ選べ。解答番号は[26]。

① A　② B　③ C　④ D

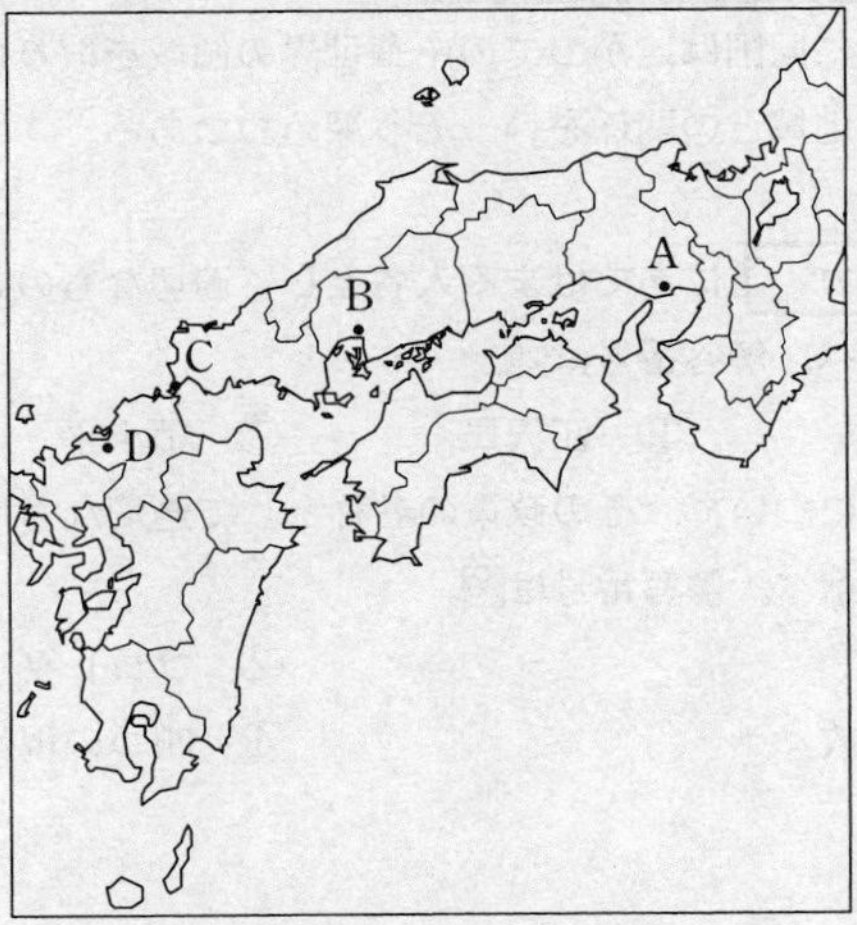

問 7 空欄 エ にあてはまる人名として適切なものを，次の①～④のなかから一つ選べ。解答番号は27。

① 左宗棠 ② 西太后 ③ 陳独秀 ④ 李鴻章

問 8 空欄 オ にあてはまる地名として適切なものを，次の①～④のなかから一つ選べ。解答番号は28。

① 台 湾 ② 琉 球 ③ 山東半島 ④ 千島列島

B 中華人民共和国では毛沢東の死後，1980年代に実質的な最高指導者となった カ が推進した政策路線は，ⓓ経済だけでなく政治の領域をも対象としていた。また同氏は，かつて英国など西欧列強に切り取られた中華世界の領域を取り戻すことにも注力した。なお，1999年にはポルトガルから キ が返還されている。

2012年11月，中国共産党第18回全国代表大会に続き第18期中央委員会第1回全体会議がⓔ北京で開催され，ⓕ習近平が総書記に選出された。同氏は当時，「私は中華民族の偉大な復興を実現することこそが，中華民族が近代以来抱き続けてきた最も偉大な夢である，と考えている」と語った。そして2013～14年に同氏は，古来より中国とヨーロッパを結んだ交易網を「シルクロード経済ベルト」とⓖ「21世紀の海上シルクロード」として再編成する世界構想「一帯一路」を打ち出した。

同じころ，中国政府は「海洋強国」の建設を掲げ実行支配地域の拡大に努めるなど強硬な姿勢を見せる一方で，キルギス，カザフスタンと共同でⓗ「シルクロード：長安—天山回廊の交易路網」をユネスコ世界遺産に申請し登録に至った。このように同国は，かつての中華世界の領域を取り戻すように，陸と海のシルクロード地域との関係をいっそう深めつつある。

問 9 空欄 カ にあてはまる人名として適切なものを，次の①～④のなかから一つ選べ。解答番号は29。

① 胡耀邦 ② 江沢民 ③ 鄧小平 ④ 趙紫陽

問10 下線部ⓓについて，その政策の名称として適切なものを，次の①～④のなかから一つ選べ。解答番号は30。

① 大躍進 ② プロレタリア文化大革命
③ 改革開放 ④ 四つの現代化

問11　空欄 [キ] にあてはまる地名として適切なものを，次の①～④のなかから一つ選べ。解答番号は[31]。

①　新　疆　　②　アモイ　　③　チベット　　④　マカオ

問12　下線部ⓔに関連して，この都市で1989年に起きた出来事を契機として西側諸国は中国に経済制裁を科した。この出来事の名称として適切なものを，次の①～④のなかから一つ選べ。解答番号は[32]。

①　光州事件　　②　五・四運動

③　ニクソン訪中　　④　天安門事件

問13　下線部ⓕについて，この人物の写真として適切なものを，次の①～④のなかから一つ選べ。解答番号は[33]。

①

②

③

④

②：共同通信社／ユニフォトプレス提供
③・④：ユニフォトプレス提供
②～④の写真は著作権の都合上，類似の写真と差し替えています。

問14　下線部ⓖに関連して，「21世紀の海上シルクロード」の沿岸都市の一つに上海があるが，その説明として**誤っているもの**を，次の①～④のなかから一つ選べ。解答番号は[34]。

①　日本は中華民国の首都であった上海を占領したが，その際に多数の中国人を殺傷した。

②　蔣介石は上海で共産党を弾圧したのち，南京に国民政府を建てた。

③　満州事変に対する国際社会の注目をそらすため，日本は上海事変を起こした。

④　2010年には上海で万国博覧会が開催された。

問15　下線部ⓗに関連して，「シルクロード：長安ー天山回廊の交易路網」の沿線の地名として適切なものを，次の①～④のなかから一つ選べ。解答番号は[35]。

①　敦　煌　　②　ラ　サ　　③　北　京　　④　寧　波

〔Ⅲ〕 次の文章を読み，あとの設問に答えよ。

ⓐゲルマン人のⓑ多くの国が長期の安定的な国家を築くことができなかったのに対し，フランク王国は着実に領土を広げ，西ヨーロッパ世界の形成に大きな影響を及ぼした。5 世紀，フランク王国はⓒメロヴィング朝として統一を果たし，ⓓ東ゴート王国にならぶ国力を誇った。当時のゲルマン人の多くはアリウス派ⓔキリスト教を信仰していたが，フランク王国ではアタナシウス派への改宗がはかられた。これはのちにフランク王国が西ヨーロッパの中核になる一因となった。

ⓕ6 世紀半ば，フランク王国は全ガリアを統一した。しかし，8 世紀になると，宮宰が実権を握るようになった。宮宰カール＝マルテルは，イベリア半島を北上してきたイスラーム軍を撃退し，西方キリスト教世界で声望を高めた。その子は，メロヴィング朝を廃して王位につき，ⓖ751 年にカロリング朝を開いた。

ローマ教会とフランク王国との関係は，ⓗカール大帝の時代にもっとも深まった。大帝は大陸における大多数のゲルマン諸部族を制圧し，ローマ＝カトリックに改宗させた。また，彼は，東ではⓘアルタイ語系のアヴァール人を，南ではⓙイスラーム勢力を撃退し，西ヨーロッパの統一を実現した。フランク王国は，こうして獲得したⓚ広大な領土を集権的に支配し，ビザンツ帝国と肩をならべる強国となった。

カール大帝の死後，フランク王国では内紛がおこり，843 年と 870 年の条約により，帝国は東・西フランクとイタリアの三つに分裂した。

東フランクでは，その後，カロリング家が断絶し，諸侯の間で王が選ばれるようになった。ザクセン家の王は，ⓛマジャール人やⓜスラヴ人の侵入を退け，北イタリアを制圧して，教皇からローマ皇帝の帝冠を授けられた。これが神聖ローマ帝国の起源である。ⓝ神聖ローマ皇帝はドイツ王が兼ねたが，皇帝はイタリア政策に熱心で本国をおろそかにし，国内での分権的傾向が強まった。

西フランクでは 10 世紀にⓞカペー朝が成立した。はじめ王権は北フランスの一部を支配するのみできわめて弱かったが，12 世紀末イギリスからフランス国内の領土をうばい，王領地を拡大していった。

問 1　下線部ⓐに関連して，古代ゲルマン人の社会を知るための貴重な資料である『ゲルマニア』の著作者として最も適当なものを，次の①～④のなかから一つ選べ。解答番号は[36]。

①　ポンペイウス　　②　タキトゥス

③　ストラボン　　④　プトレマイオス

問 2　下線部ⓑに関連して，ゲルマン諸国家のうちガリア中部から東南部に建国し，建国から100年を経過せずに滅んだ王国として最も適当なものを，次の①～④のなかから一つ選べ。解答番号は[37]。

①　ブルグンド王国　　②　アングロ＝サクソン七王国

③　西ゴート王国　　④　ヴァンダル王国

問 3　下線部ⓒに関連して，メロヴィング朝が存続した時代の出来事として**誤っているもの**を，次の①～④のなかから一つ選べ。解答番号は[38]。

①　ベネディクト修道会が創設された。

②　ビザンツで聖像禁止令が発布された。

③　ムハンマドが生誕した。

④　宋(北宋)が建国された。

問 4　下線部ⓓに関連して，東ゴート人について述べた次の文章中の空欄 [ア] と [イ] にあてはまる語の組合せとして最も適当なものを，次の①～④のなかから一つ選べ。解答番号は[39]。

[ア] のもとでフン人の支配から脱した東ゴート人の王国は，555年 [イ] によって滅ぼされた。

①　**ア**―テオドリック　　**イ**―フランク王国

②　**ア**―オドアケル　　**イ**―フランク王国

③　**ア**―テオドリック　　**イ**―ビザンツ帝国

④　**ア**―オドアケル　　**イ**―ビザンツ帝国

問 5　下線部ⓔに関連して，ローマ帝国または東ローマ帝国でのキリスト教の受け入れについて述べた文として最も適当なものを，次の①～④のなかから一つ選べ。解答番号は[40]。

①　313年の公会議で，キリスト教が公認された。

②　325年の公会議で，アタナシウス派が正統教義とされた。

③　392 年の公会議で，キリスト教が国教とされたが，他の宗教は禁じられなかった。

④　431 年の公会議で，のちに中国に伝わり景教と呼ばれるアリウス派は異端とされた。

問 6　下線部ⓕに関連して，6 世紀に起きた出来事として最も適当なものを，次の①～④のなかから一つ選べ。解答番号は 41 。

①　ランゴバルド王国が建国された。

②　ウマイヤ朝が成立した。

③　ササン朝が滅亡した。

④　高句麗が滅亡した。

問 7　下線部ⓖに関連して，8 世紀に起きた出来事として最も適当なものを，次の①～④のなかから一つ選べ。解答番号は 42 。

①　タラス河畔の戦い　　②　ニハーヴァンドの戦い

③　カタラウヌムの戦い　　④　黄巣の乱

問 8　下線部ⓗに関連して，800 年にカール大帝に皇帝の帝冠を授けたローマ教皇として最も適当なものを，次の①～④のなかから一つ選べ。解答番号は 43 。

①　グレゴリウス 1 世　　②　ウラディミル 1 世

③　グレゴリウス 7 世　　④　レオ 3 世

問 9　下線部ⓘに関連して，アルタイ語族の言語に分類される言語として最も適当なものを，次の①～④のなかから一つ選べ。解答番号は 44 。

①　タミル語　　②　ハンガリー語

③　モンゴル語　　④　中国語

問10　下線部ⓙに関連して，このときにカール大帝と戦ったイスラーム勢力として最も適当なものを，次の①～④のなかから一つ選べ。解答番号は 45 。

①　ウマイヤ(後ウマイヤ)朝　　②　アッバース朝

③　ムラービト朝　　④　ムワッヒド朝

問11　下線部ⓚに関連して，カール大帝が広大な領土を集権的に支配するために整えた制度について述べた次の文章中の空欄 ［ウ］ と ［エ］ にあてはまる語の組合せとして最も適当なものを，次の①～④のなかから一つ選べ。解答番号は[46]。

広大な領土を集権的に支配するため，地方の有力豪族を長官である［ウ］に任命し，［エ］に監督させた。

① ウ―伯　エ―王の目・王の耳

② ウ―伯　エ―巡察使

③ ウ―知事(サトラップ)　エ―王の目・王の耳

④ ウ―知事(サトラップ)　エ―巡察使

問12　下線部ⓛに関連して，マジャール人について述べた文として**誤っているもの**を，次の①～④のなかから一つ選べ。解答番号は[47]。

① 10 世紀末ハンガリー王国を建国した。

② ローマ＝カトリックを受けいれた。

③ ドニエプル川中流のパンノニア平原を拠点とした。

④ 16 世紀にはオスマン帝国の支配下にはいった。

問13　下線部ⓜに関連して，南スラヴ人にあてはまるものとして最も適当なものを，次の①～④のなかから一つ選べ。解答番号は[48]。

① セルビア人　② ロシア人

③ ポーランド人　④ スロヴァキア人

問14　下線部ⓝに関連して，神聖ローマ皇帝とともにフランス王・イギリス王の三大国の君主から結成された十字軍として最も適当なものを，次の①～④のなかから一つ選べ。解答番号は[49]。

① 第 1 回十字軍　② 第 2 回十字軍

③ 第 3 回十字軍　④ 第 4 回十字軍

問15　下線部ⓞに関連して，カペー朝時代に教皇庁は別の都市に移転された。移転先の都市について，地図中の場所として最も適当なものを，次の①～④のなかから一つ選べ。解答番号は[50]。

① A　② B　③ C　④ D

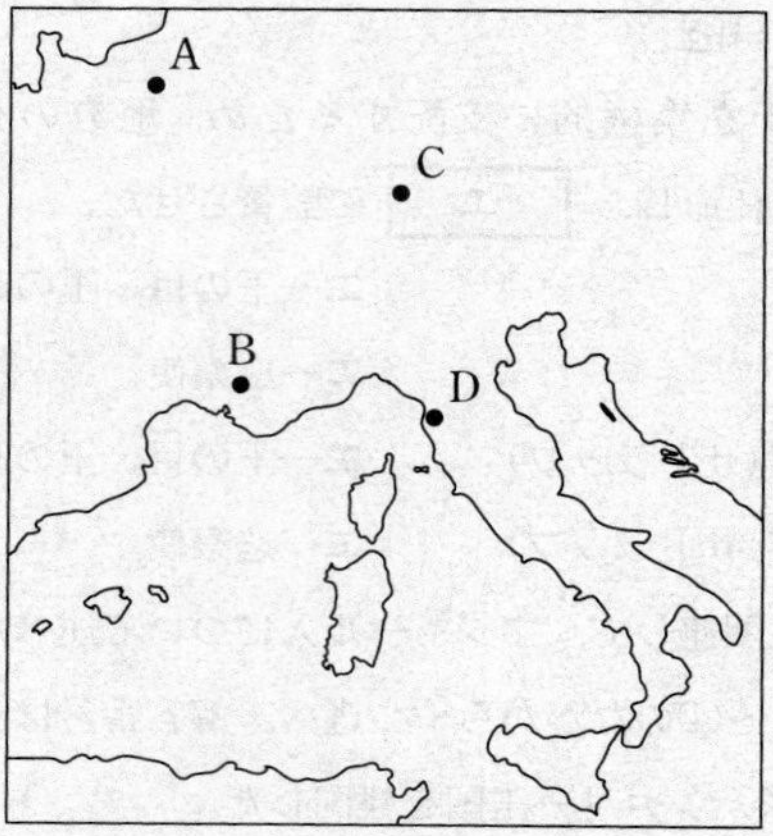
A
B
C
D

地　理

（60 分）

〔 I 〕 以下の設問に答えよ。

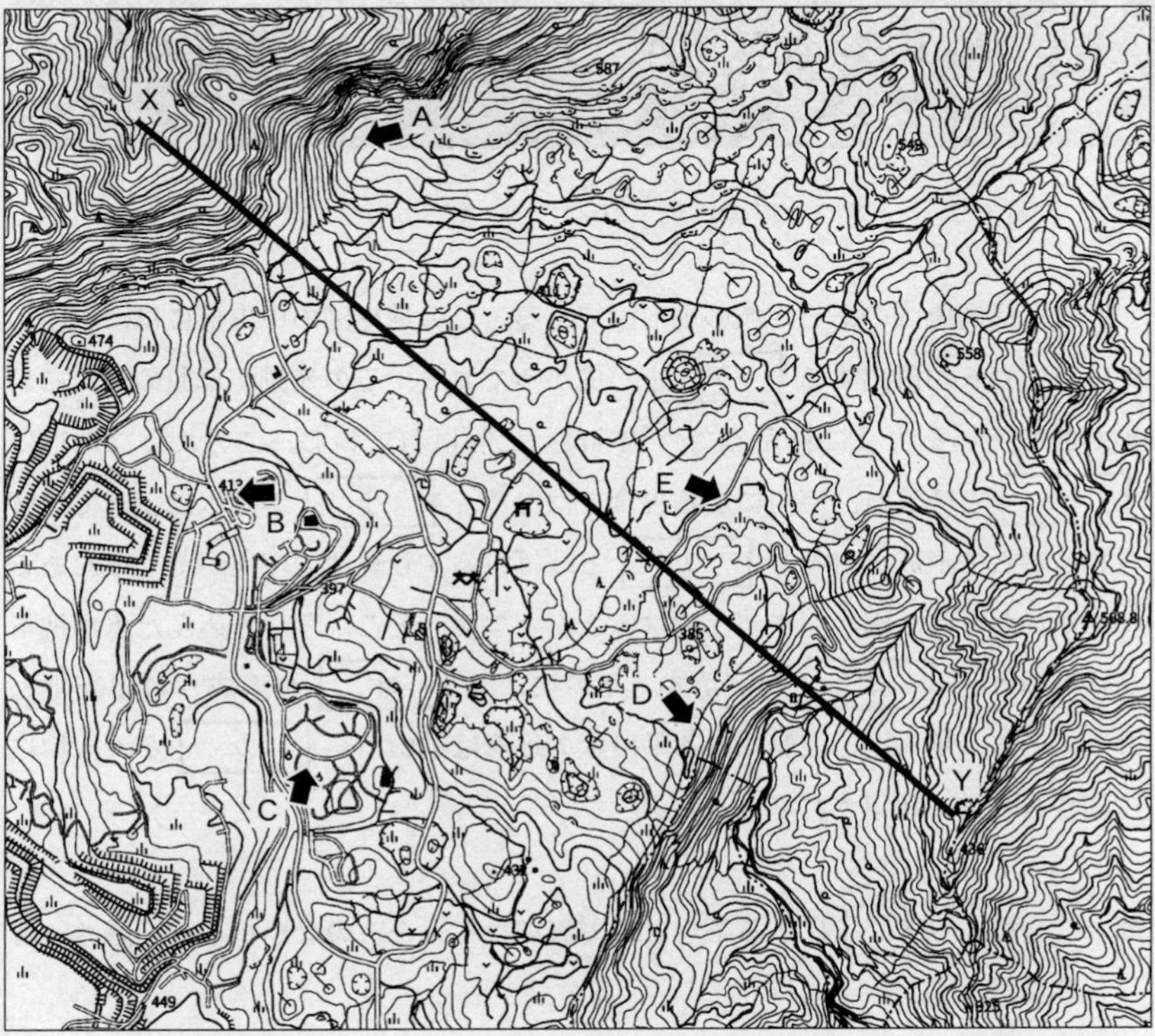

図 1

出典：地理院地図

編集部注：編集の都合上，80％に縮小

図 2

図 1 は福岡県内のある地域の地形図である。この地形図の中央部には，草原の中に白い岩石が露出する [ア] が広がっており，その光景が草原の中で白い羊が群れているように見えるため「羊群原《ようぐんばる》」と呼ばれている。このような地形は [イ] と呼ばれ，河川による侵食ではなく，[ウ] が雨水によって溶解されることで形成される。[エ] と呼ばれるすり鉢状の窪地がたくさんあるにもかかわらず，水が溜まった池はほとんどなく，そこからしみ込んだ水が地下を流れながら [ウ] を溶かす。それにより [オ] が形成され観光地となっている。地形図の西側にある階段状の地形は鉱山で，[ウ] が大規模に採掘されて工業利用されている。

問 1　空欄 [ア] に入る語句として適切なものを次のなかから一つ選べ。解答番号は[1]。

①　急峻な山岳地帯　　　②　スギなどの針葉樹林

③　整備された果樹園　　④　なだらかな丘陵地

⑤　階段状に削られた鉱山の崖

問 2　図 1 中の直線 X–Y の地形断面図として適切なものを次のなかから一つ選べ。解答番号は[2]。

①
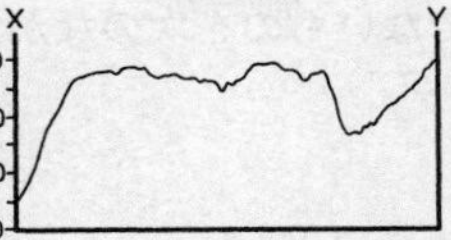

②
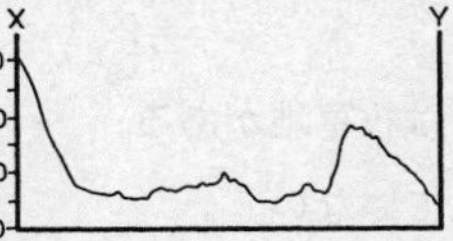

③
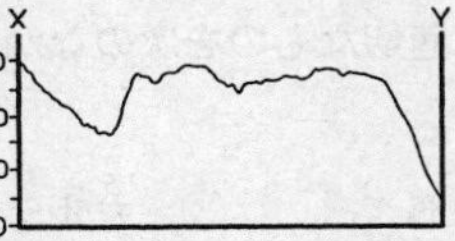

④
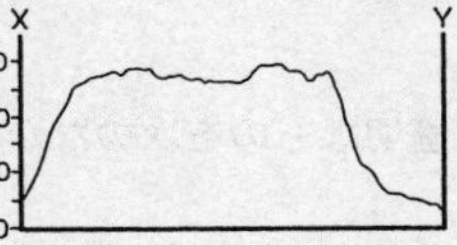

⑤

（単位は m）

問 3　Y 地点から見た景色の説明として適切なものを次のなかから一つ選べ。解答番号は3。

①　Y 地点は谷にあり，北側を向くと深い谷が続いているのが見える。

②　Y 地点は谷にあり，西側を向くと露岩の多い急斜面が見える。

③　Y 地点は尾根にあり，南側を向くとすり鉢状の地形が見える。

④　Y 地点は尾根にあり，西側を向くと深い谷の向こう側に大規模な鉱山が見える。

⑤　Y 地点は山頂にあり，植生が少ないため，どの方向を向いても遠くまで見渡せる。

問 4　図 2 の写真は，図 1 に示した A～E のどこで撮影されたものか。適切なものを次のなかから一つ選べ。なお，矢印は撮影した方向を示す。解答番号は4。

①　A　　②　B　　③　C　　④　D　　⑤　E

問 5　図 1 の地形図の範囲の説明として**適切でないもの**を次のなかから一つ選べ。解答番号は[5]。

① 最も高い場所は標高 568.8 m である。

② 深い窪地(凹地)は深さ 30 m 以上ある。

③ 標高 400 m より高い場所にも畑もしくは牧草地がある。

④ 集落にある神社と学校は 500 m も離れていない。

問 6　空欄 [イ] にあてはまる語句として適切なものを次のなかから一つ選べ。解答番号は[6]。

① ケスタ地形　② カルスト地形　③ カルデラ

④ 河岸段丘　⑤ 三角州

問 7　空欄 [ウ] にあてはまる語句として適切なものを次のなかから一つ選べ。解答番号は[7]。

① 玄武岩　② ボーキサイト　③ 花崗岩

④ 石灰岩　⑤ 鉄鉱石

問 8　採掘されている資源 [ウ] に関する記述として**適切でないもの**を次のなかから一つ選べ。解答番号は[8]。

① 希塩酸に入れると二酸化炭素の泡を出して溶ける。

② セメントの原料とされるほか，石材として利用されることもある。

③ 資源に乏しい日本において自給可能なほぼ唯一の鉱産資源である。

④ 石炭とともに製鉄に利用される重要な資源である。

⑤ エネルギー資源としてだけでなく，化学製品の原材料としても利用される。

問 9　明治期にはこの地域に資源 [ウ] や石炭が豊富にあったことから，近隣(現在は同市内)に大規模な工場が建設され，日本の近代化を支えた。その工場の名称として適切なものを次のなかから一つ選べ。解答番号は[9]。

① 富岡製糸場　② 八幡製鉄所　③ 釜石製鉄所

④ 長崎造船所　⑤ 横須賀造船所

問10　空欄 [エ] にあてはまる地形の名称として適切なものを次のなかから一つ選べ。解答番号は[10]。

① カール　② カルデラ　③ デルタ

④ トンボロ　　⑤ ドリーネ

問11 空欄 **オ** にあてはまる語句として適切なものを次のなかから一つ選べ。解答番号は[11]。

① フィヨルド　　② オアシス　　③ 氷　穴

④ 鍾乳洞　　⑤ V字谷

問12 「羊群原」と呼ばれる地域が樹木の少ない草原となっている理由として適切なものを，次のなかから一つ選べ。解答番号は[12]。

① 冬季の積雪が多く，高い広葉樹が成長できないため。

② 放牧している羊が低木の芽を食べてしまったため。

③ 大規模な鉱山の開発を目的とした森林伐採が行われたため。

④ 水はけが良く土が乾燥しやすい上に，野焼きを行うことで低木の生長を抑えているため。

⑤ 地下水が豊富であることから水田として開発されてきたため。

〔**Ⅱ**〕 次の文章を読み，あとの設問に答えよ。

「国際連合教育科学文化機関憲章(ユネスコ憲章)」の前文では，次のように相互理解の大切さと，その上に築かれる平和がうたわれている。

戦争は人の心の中で生れるものであるから，人の心の中に平和のとりでを築かなければならない。

ⓐ相互の風習と生活を知らないことは，人類の歴史を通じて世界の諸人民の間に疑惑と不信をおこした共通の原因であり，この疑惑と不信のために，諸人民の不一致があまりにもしばしば戦争となった。

ⓑここに終りを告げた恐るべき大戦争は，人間の尊厳・平等・相互の尊重という民主主義の原理を否認し，これらの原理の代りに，無知と偏見を通じて人間と人種の不平等という教義をひろめることによって可能にされた戦争であった。

文化の広い普及と正義・自由・平和のための人類の教育とは，人間の尊厳に欠くことのできないものであり，且つすべての国民が相互の援助及び相互の関心の精神をもって果さなければならない神聖な義務である。

ⓒ政府の政治的及び経済的取極のみに基く平和は，世界の諸人民の，一致した，しかも永続する誠実な支持を確保できる平和ではない。よって平和は，失われないためには，人類の知的及び精神的連帯の上に築かなければならない。

出典：文部科学省ホームページ

ユネスコは，この憲章の精神を具体化する活動の一つとして，重要な遺跡や自然公園などを人類全体のための遺産として損傷，破壊などの脅威から保護ⓓし，保存していくことを目的に，「世界遺産」の登録と保護等を行っている。世界遺産には [ア]，[イ]，[ウ] の3種類があり，日本では2023年7月現在 [ア] が20件，[イ] が5件の合計25件が登録されている。

問 1　下線部ⓐの例を述べた文章として適切なものを次のなかから一つ選べ。解答番号は[13]。

① アメリカの南北戦争は，黒人と白人の人種間対立によって始まった。

② 印パ戦争のように，民族と宗教が同じ国家の間でも戦争が起こることがある。

③ 1994年にルワンダで起きたツチ族の大量虐殺《ぎゃくさつ》では，民族対立を煽《あお》るメディアによるプロパガンダが事態を悪化させた。

④ 北アイルランド紛争の原因は多数派のカトリック系住民による少数派のプロテスタント系住民に対する差別的政策にある。

問 2　下線部ⓑの戦争である第二次世界大戦に連合国側で参戦した国として適切なものを次のなかから一つ選べ。解答番号は[14]。

① 日　本　② タ　イ　③ スペイン　④ イギリス

問 3　下線部ⓒで述べられている平和は，なぜ「永続する誠実な支持を確保できる平和ではない」と言えるのか，次の文章のなかから最も適当なものを一つ選べ。解答番号は[15]。

① 究極的に，世界平和は暴力で相手を服従させることでしか達成できないから。

② 政治的・経済的な利害にもとづく平和は，利害関係の変化によって簡単

に崩壊しかねないから。

③　国家間の戦争をなくすためには，世界から国家自体を消滅させることが必要だから。

④　正義や自由，人間の尊厳・平等・相互の尊重といった民主主義の原理は，結局のところ偽善にすぎないから。

問 4　下線部ⓓに関連して，世界遺産A・B・Cを「危機にさらされている世界遺産」に登録された年代順に並べたものとして適切なものを次のなかから一つ選べ。解答番号は[16]。

A　古都ダマスカス

B　バーミヤン渓谷の文化的景観と古代遺跡群

C　エルサレム旧市街とその城壁群

①　A→B→C　　②　A→C→B　　③　B→A→C

④　B→C→A　　⑤　C→A→B　　⑥　C→B→A

問 5　空欄 [ア]，[イ]，[ウ] にあてはまる語句として適切なものを次のなかからそれぞれ一つずつ選べ。解答番号は [ア] が[17]，[イ] が[18]，[ウ] が[19]。

①　特別遺産　　②　自然遺産　　③　産業遺産

④　複合遺産　　⑤　文化遺産　　⑥　歴史遺産

問 6　図１の**A**～**D**の地形図は，それぞれ日本の世界遺産の地域を示したものである。該当する世界遺産の名称として適切なものを次のなかからそれぞれ一つずつ選べ。解答番号は**A**が[20]，**B**が[21]，**C**が[22]，**D**が[23]。

①　古都京都の文化財　　②　古都奈良の文化財

③　琉球王国のグスク及び関連遺産群　　④　白神山地

⑤　紀伊山地の霊場と参詣道　　⑥　平　泉

⑦　明治日本の産業革命遺産　　⑧　百舌鳥・古市古墳群

⑨　屋久島　　⑩　北海道・北東北の縄文遺跡群

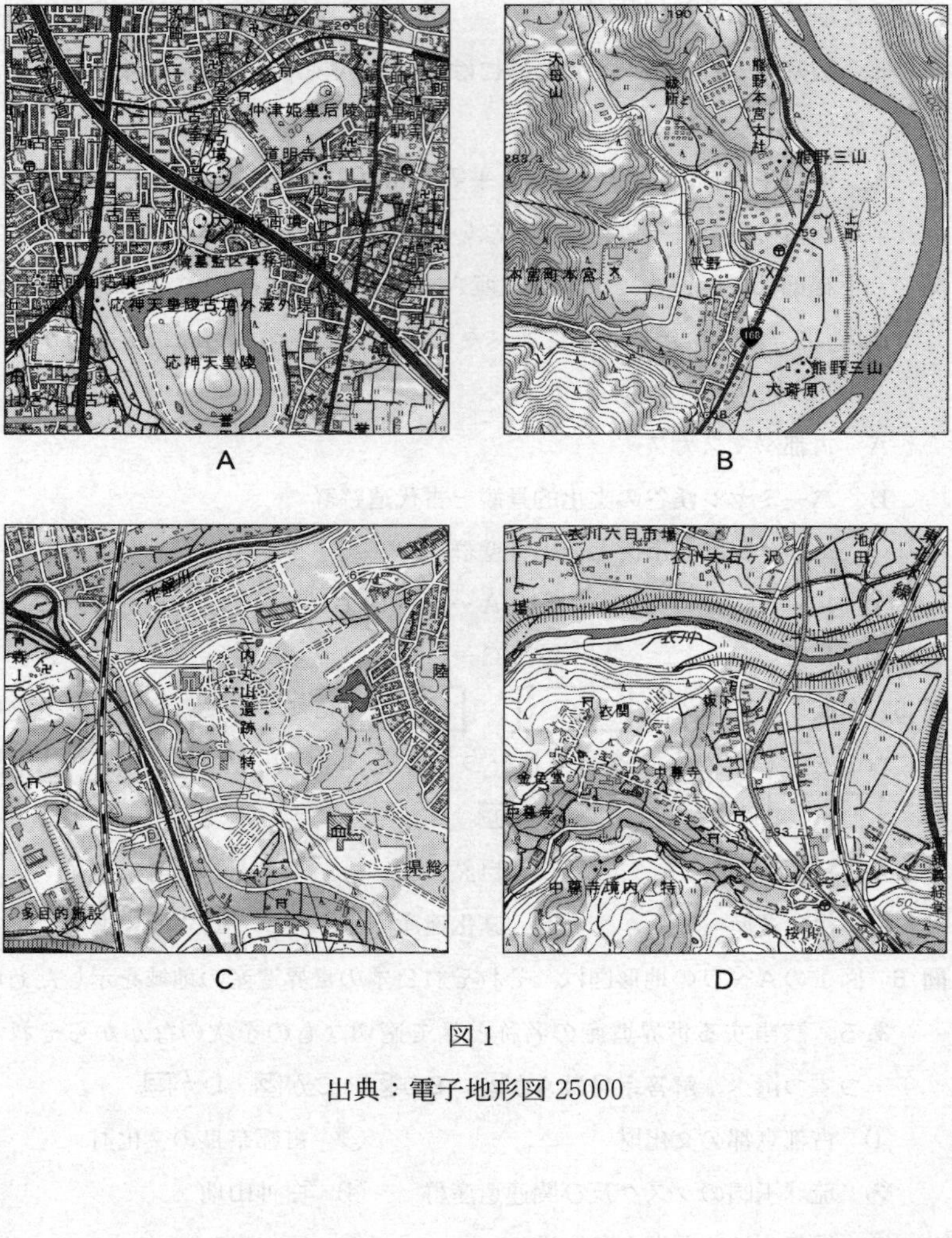

図 1

出典：電子地形図 25000

〔Ⅲ〕 次の文章を読み，あとの設問に答えよ。

ヨーロッパの工業に目を向けると，たとえば2016年時点での家庭用洗濯機ならびに乾燥機の生産額は，ポーランド，［ア］，［イ］の順に多い。現代の工業は先端的な分野を中心に国際分業による製造が行われている。自動車工業は約3万点の部品を組み立てる総合組立業であるが，ヨーロッパにおける乗用車の生産台数(2020年5月)は上位から，［ウ］，スペイン，［イ］，イギリスⓐの順に並ぶ。

イギリス南部から［ウ］西部と［イ］東部を経て北［ア］にいたる地域は，ヨーロッパで最も工業が発達しており，［A］バナナと呼ばれている。一方，スペイン中部から［イ］南部を経て［ア］中部にいたる地中海沿岸地域は，情報通信技術(ICT)産業や航空機生産など先端技術産業が集積しているため，アメリカ合衆国の北緯37度以南の地域ⓑになぞらえて，ヨーロッパの［B］ベルトと呼ばれる。また，第3の［ア］と呼ばれる地域の皮革・繊維・家具製造，［イ］の皮革・服飾品，スイスⓒの時計など，職人の高度な技術を生かした手工芸製品がブランド化されることで大きな利益をあげている。

工業と切り離せないエネルギー政策では近年，地球温暖化への対策から再生可能エネルギーへのシフトが進められているⓓ。原子力エネルギーⓔは，二酸化炭素を直接出さないエネルギーとして脚光を浴びているが，安全性の確保が課題になっているため，各国の対応が分かれている。そのようななか，2023年4月に［ウ］が脱原発を完了させたニュースは記憶に新しい。

問1 空欄［ア］～［ウ］にあてはまる語句として適切なものを次のなかからそれぞれ一つずつ選べ。解答番号は［ア］が[24]，［イ］が[25]，［ウ］が[26]。

① アイルランド　② イタリア　③ オランダ
④ ドイツ　⑤ デンマーク　⑥ フランス

問2 空欄［A］にあてはまる語句として適切なものを次のなかから一つ選

べ。解答番号は[27]。

①　赤　い　②　白　い　③　青　い　④　黄色い　⑤　黒　い

問 3　空欄 [B] にあてはまる語句として適切なものを次のなかから一つ選べ。解答番号は[28]。

①　サ　ン　②　スノー　③　シリコン

④　エレクトロニクス　⑤　グリーン

問 4　下線部ⓐに関連して，イギリス南東岸とフランス北岸を隔てる海峡の名称として適切なものを次のなかから一つ選べ。解答番号は[29]。

①　ベーリング海峡　②　津軽海峡　③　ジブラルタル海峡

④　ボスポラス海峡　⑤　ドーヴァー海峡

問 5　下線部ⓑに関連して，先端技術産業が集積するフロリダ州の地域を [C] ベルトと呼ぶ。空欄 [C] にあてはまる語句として適切なものを次のなかから一つ選べ。解答番号は[30]。

①　サ　ン　②　スノー　③　シリコン

④　エレクトロニクス　⑤　グリーン

問 6　下線部ⓒに関連して，次の説明文の空欄 [D] にあてはまる語句として適切なものを選択肢のなかから一つ選べ。解答番号は[31]。

【説明文】

ヨーロッパにはスイスのように複数の公用語を持つ国が少なくない。スイスでは四つの言語が公用語として定められており，[ウ] 語63％，[イ] 語22.7％，[ア] 語8.1％，ロマンシュ語・その他6.2％が話されている(2017年時点)。一方，ベルギーでは三言語が公用語となっているが，1％に満たない [ウ] 系住民のほかに，[D] 語を使用する北部のフラマン系の人々と，[イ] 語を使用する南部のワロン系の人々との間で言語や自治をめぐる対立が続いている。

【選択肢】

①　ラテン　②　オランダ　③　英

④　ルクセンブルク　⑤　ベルギー

問 7　下線部ⓓに関連して，2019年のアイスランドの総発電量に占める再生可能エネルギーの割合として最も適当なものを次のなかから一つ選べ。解答番号号は[32]。

① 100 %　② 90 %　③ 80 %

④ 40 %　⑤ 30 %

問 8　下線部ⓓに関連して，デンマークは2019年に総発電量に占める再生可能エネルギーの割合が80 % を越え，その内20 % 以上を［ E ］によりまかなった。空欄［ E ］にあてはまる語句として適切なものを次のなかから一つ選べ。解答番号は[33]。

① 太陽光・太陽熱　② 風　力

③ バイオ燃料・廃棄物　④ 水　力

⑤ 地　熱

問 9　下線部ⓔに関連して，事故(レベル4以上)を起こした原子力施設がある地域として**適切でないもの**を次のなかから一つ選べ。解答番号は[34]。

① 茨城県東海村　② スリーマイル島

③ チェルノブイリ　④ エクメーネ

⑤ 福島県双葉郡

数　学

(60 分)

注意：約分，分母の有理化などを利用し，最も簡単な形で解答すること。

1　以下の設問に答えよ。

(1) A の袋には白玉が x 個，赤玉が 2 個入っており，B の袋には白玉が 4 個，赤玉が y 個入っている。A の袋から 1 個の玉を取り出して B の袋に入れ，よく混ぜたのち，B の袋から 1 個の玉を取り出す。このとき，A の袋から白玉を B の袋に入れて B の袋から白玉を取り出す確率は $\dfrac{4}{15}$ であり，A の袋から赤玉を B の袋に入れて B の袋から白玉を取り出す確率は $\dfrac{4}{75}$ であるという。このとき，$x=\boxed{\text{ア}}$ であり $y=\boxed{\text{イウ}}$ である。

(2) ベクトル $\vec{a}=(\sqrt{3},1)$ と大きさ 2 のベクトル $\vec{b}=(x,y)$ とのなす角を θ とする。また，これらのベクトルの内積 $\vec{a}\cdot\vec{b}$ は $2\sqrt{3}$ である。ただし，$0^\circ \leqq \theta \leqq 180^\circ$，$y>0$ とする。このとき，$\theta=\boxed{\text{エオ}}^\circ$ であり，$\vec{b}=\left(\boxed{\text{カ}},\sqrt{\boxed{\text{キ}}}\right)$ である。

(3) 連立方程式

$$\begin{cases} x-y+1=0 \\ 3^{2x}-4\cdot 3^{y}+27=0 \end{cases}$$

の解は $(x,y)=\left(\boxed{\text{ク}},\boxed{\text{ケ}}\right),\left(\boxed{\text{コ}},\boxed{\text{サ}}\right)$ である。
ただし，$\boxed{\text{ク}}<\boxed{\text{コ}}$ とする。

(4) 初項 2024，公差 -6 の等差数列の初項から第 n 項までの和を S_n とすると，S_n が最大となる n は $\boxed{\text{シスセ}}$ であり，このときの S_n は $\boxed{\text{ソタチツテト}}$ である。

2　5人の学生A，B，C，D，Eの数学と英語の100点満点の試験の結果が

(単位：点)

学生	A	B	C	D	E
数学	55	65	50	40	α
英語	75	65	90	30	65

であった。試験の得点は0点以上100点以下の整数であり，数学の得点を変量 x とし，英語の得点を変量 y とする。このとき，以下の設問に答えよ。

(1) 英語の得点の平均 $\overline{y}$ は $\boxed{\text{アイ}}$ 点であり，分散 s_y^2 は $\boxed{\text{ウエオ}}$ である。

(2) 数学の得点の平均 $\overline{x}$ は60点であった。この場合，学生Eの数学の得点 α は $\boxed{\text{カキ}}$ 点であり，数学の得点の分散 s_x^2 は $\boxed{\text{クケコ}}$ となる。

(3) α が $\boxed{\text{カキ}}$ 点のとき，5人の学生の数学と英語の得点の共分散 s_{xy} は $\boxed{\text{サシ}}$ である。

(4) α が $\boxed{\text{カキ}}$ 点のとき，座標平面において，5人の学生の数学と英語の得点の散布図を作り，図中の点をすべて含む面積が最小の三角形を作る。この三角形の辺となる3本の直線のうち，傾きが正かつ最小のものを ℓ とすると，
ℓ の方程式は

$$\ell : y = \frac{\boxed{\text{ス}}}{\boxed{\text{セソ}}}x + \boxed{\text{タ}}$$

と表せる。

(5) もう1人の学生Fの試験結果も(4)で作った三角形の領域に含まれていた。Fの英語の得点が68点であったとき，数学の得点は $\boxed{\text{チツ}}$ 点以上，$\boxed{\text{テト}}$ 点以下である。

3 関数 $f(x)=x^7-x^3+x^2-x$ について以下の設問に答えよ。ただし，$i=\sqrt{-1}$ とする。

(1) $x=1+\sqrt{2}$ のときの $f(x)$ の値について考える。

このとき，

$$x^2-\boxed{\text{ア}}\,x-\boxed{\text{イ}}=0$$

が成り立つ。また，$f(x)$ を $x^2-\boxed{\text{ア}}\,x-\boxed{\text{イ}}$ で割ると余りは

$$\boxed{\text{ウエオ}}\,x+\boxed{\text{カキ}}$$

である。したがって，$x=1+\sqrt{2}$ のときの $f(x)$ の値は

$$\boxed{\text{クケコ}}+\boxed{\text{サシス}}\sqrt{\boxed{\text{セ}}}$$

である。

(2) $x=-1+i$ のときの $f(x)$ の値について考える。

このとき，

$$x^2+\boxed{\text{ソ}}\,x+\boxed{\text{タ}}=0$$

が成り立つ。したがって，$x=-1+i$ のときの $f(x)$ の値は

$$\boxed{\text{チツ}}-\boxed{\text{テト}}\,i$$

である。

問八　空欄 B には「すぐさま」という意味の接続語が入る。最も適当なものを、次のなかから一つ選べ。解答番号は 43 。

1　遂　2　即　3　乃　4　則　5　輒

問九　傍線部⑦「釈」と同じ意味で「釈」が使われている熟語を、次のなかから一つ選べ。解答番号は 44 。

1　保釈　2　解釈　3　希釈　4　釈明　5　釈然

問十　本文の内容と最も合致するものを、次のなかから一つ選べ。解答番号は 45 。

1　康滑は小童が捕まえてきた蛙のやかましい鳴き声に熟睡できず悩まされていた。
2　蛙たちは康滑の夢に現れて命乞いをしたが、瓶の中ですでに息絶えていた。
3　康滑は小童の言葉によって夢に現れた者たちが蛙たちだと気が付いた。
4　蛙の鳴き声に悩まされていた康滑のため、妻が小童に蛙たちを捕まえさせた。
5　康滑の夢に現れて命乞いをした者たちは、小童に捕まえさせた蛙たちであった。

問六　傍線部⑤「但公見許、無不可者」は、「ただあなた様が許して下されば、同意しない者はおりません」という意味である。その訓点の付け方として最も適当なものを、次のなかから一つ選べ。解答番号は41。

1　但ダ公ノ見テ許サバ、無シト二不ルレ可トセ者一

2　但ダ公ノ見レバレ許サ、無キレ不ルレ可トセ者ナリト

3　但ダ公ノ見レバレ許サ、無シト二不ルレ可トセ者一

4　但ダ公ノ見レバレ許スヲ、無シト二不ルレ可トセ者一

5　但ダ公ノ見レバレ許スヲ、無キレ不ルレ可トセ者ナリト

問七　傍線部⑥「得レ非二群蛙一乎」の意味として最も適当なものを、次のなかから一つ選べ。解答番号は42。

1　蛙たちに違いありません

2　蛙たちではないものを捕まえたのですか

3　捕まえたのは蛙たちではないのですか

4　蛙たちのはずがないではないですか

5　蛙たちを捕まえさせたからではないですか

問三 空欄 A には「〜であるけれども」という意味の漢字が入る。最も適当なものを、次のなかから一つ選べ。解答番号は38。

1 縦　2 即　3 為　4 如　5 雖

問四 傍線部③「非㆘能擅㆓生殺㆒者㆖」の意味として最も適当なものを、次のなかから一つ選べ。解答番号は39。

1 殺してしまった者を思い通りに生き返らせることができるわけがない
2 殺してしまった者を思い通りに生き返らせることができる者などいない
3 人を生かすか殺すかを思い通りにする能力などない
4 人を生かすか殺すかを思い通りにできる立場の者ではない
5 人を生かすか殺すかを思い通りにできる立場の者などいない

問五 傍線部④「何を以つてか能く汝が死を貸さんや」の白文として最も適当なものを、次のなかから一つ選べ。解答番号は40。

1 何以能貸死汝
2 何以能貸汝死
3 何以貸能汝死
4 以何能貸汝死
5 以何能貸死汝

3 臨安――地名。今の浙江省杭州《こうしゅう》市。

4 兵官――武官。

5 擅――思い通りにする。

6 可――可とする。同意する。

7 少焉――しばらく。

8 魘寤――うなされて目覚める。

問一 傍線部①「且」と同じ意味を表す漢字を、次のなかから一つ選べ。解答番号は36。

1 宜　2 当　3 猶　4 将　5 未

問二 傍線部②「為蛙声所聒」の読みとして最も適当なものを、次のなかから一つ選べ。解答番号は37。

1 蛙声の聒《かまびす》しくする所に為《な》る

2 蛙声の聒《かまびす》しくする所と為《な》す

3 蛙声の聒《かまびす》しくする所と為《な》る

4 蛙声の聒《かまびす》しき所と為《な》す

5 蛙声の為《ため》に聒《かまびす》しき所たり

〔四〕　次の文章を読み、あとの設問に答えよ。ただし、設問の都合で返り点・送り仮名を省いたところがある。

浙(注1)西ノ兵(注2)馬都監ノ康《かう》湑《しよ》、居ス二臨(注3)安ノ宝連山ニ一。夏夜①且レ睡、②為蛙声所聒。命ジテ二小童ニ一捕ヘシムレ之ヲ。湑熟《じゆく》寐《び》スルニ、夢《ゆめ》ミル二十三人ノ乞フレ命ヲ。湑曰ハク、「吾ガ職 A 兵(注4)官、③非ズ下能ク擅《ほしいまま》ニスル(注5)二生殺ヲ一者ニ上。④何を以つてか能く汝が死を貸《ゆる》さんや」と。曰ハク、⑤「但公見許、無不可者(注6)。」少(注7)焉ニシテ魘《えむ》(注8)寤《ご》シ、告グ二其ノ妻ニ一。妻曰ハク、⑥「得レ非二群蛙一乎。」呼ビテレ童ヲ詰《と》ヘバレ之ヲ、已ニ置ク二一瓶中ニ一。験《しら》ブレバ二其ノ数ヲ一、正ニ十三枚也。 B ⑦釈レ之ヲ。

（『夷堅志』）

(注)　1　浙西――今の浙江《せっこう》省西部の地。

2　兵馬都監――官職名。軍事を司《つかさど》る武官。

問七 【文章Ⅰ】【文章Ⅱ】の説明として最も適当なものを、次のなかから一つ選べ。解号番号は[34]。

1 【文章Ⅰ】は世俗の人間の心を観察し述べているが、【文章Ⅱ】は理想を追い求めつつも叶わぬ現実に失望する一人の男の姿を描いている。

2 【文章Ⅰ】は各人物について個別に批評しているが、【文章Ⅱ】は一人の理想的な女性との結婚にまつわる悲しい出来事を描いている。

3 【文章Ⅱ】は【文章Ⅰ】に記した人間洞察を踏まえており、一人の女性との出会いと別れから学んだことを虚構化して描いている。

4 【文章Ⅰ】と【文章Ⅱ】の人間観や価値観には通じるものがあり、【文章Ⅱ】からは女性の寛容を重視する姿勢がうかがわれる。

5 【文章Ⅰ】と【文章Ⅱ】の人間洞察や価値観には矛盾があり、【文章Ⅱ】からは理想と現実のはざまで苦悩する男女の姿がうかがわれる。

問八 『紫式部日記』と異なる時代の日記を、次のなかから一つ選べ。解答番号は[35]。

1 十六夜日記　2 和泉式部日記　3 土佐日記　4 蜻蛉日記　5 更級日記

③
1 とっさの言葉
2 儀礼的な会話
3 愛をささやく言葉
4 体裁を気にした挨拶
5 ちょっとした言葉

④
1 心からの愛情
2 かりそめの情愛
3 深い愛の言葉
4 お互いの信頼
5 嘆かわしい心

問六 傍線部⑤「けぢめ」の説明として最も適当なものを、次のなかから一つ選べ。解答番号は33。

1 感情のままにひどい言葉を発する行為と、気持ちを押し隠して穏やかに振舞う行為との相違。
2 抑えきれない愛情を言葉で表現する行為と、感情を内に秘めて相手を無視する行為との境目。
3 嫉妬や怒りを直接言葉で表し険悪になったのちも、そのまま夫婦関係を続けるか否かの決断。
4 親しい人同士が本音で語り辛辣な言葉で批判し合ったのちに、関係を修復するか否かの判断。
5 内面に磨きをかけようとする生き方と、うわべを繕い他の人にまさろうとする生き方の選択。

2　あだあだしき人
3　なつかしき友
4　つひの頼みどころ
5　あさましきよるべ

問四　傍線部①「なりぬれば」の文法的説明として最も適当なものを、次のなかから一つ選べ。解答番号は[29]。

1　動詞連体形＋助動詞未然形＋助詞
2　動詞連用形＋助動詞已然形＋助詞
3　動詞終止形＋助動詞連用形＋助詞
4　助動詞連用形＋助動詞已然形＋助詞
5　助動詞終止形＋助動詞未然形＋助詞

問五　傍線部②「ことごとしくなりぬる人」・③「はかなき言の葉」・④「なげのなさけ」の現代語訳として最も適当なものを、次のなかからそれぞれ一つずつ選べ。解答番号は、②は[30]、③は[31]、④は[32]。

②
1　格式を重んじしきたりに従う人
2　権威を振りかざすような人
3　もったいぶったようになった人
4　ものを言う態度が荒々しくなった人
5　細かい事柄にこだわるような人

【文章Ⅱ】

今は、ただ、品《しな》にもよらじ、容貌《かたち》をばさらにも言はじ、いと口惜しくねぢけがましきおぼえだになくは、ただひとへにものまめやかに静かなる心のおもむきならむよるべをぞ、[C]には思ひおくべかりける。あまりのゆゑ、よし、心ばせうち添へたらむをばよろこびに思ひ、すこし後れたる方あらむをもあながちに求め加へじ。うしろやすくのどけきところだに強くは、うはべのなさけはおのづからもてつけつべきわざをや。

（『源氏物語』）

（注）1　本性——本来そなわった性質。

2　三宝——仏教で言う三つの宝。仏・法・僧を尊んで言ったもの。

問一　空欄[A]に入る語として最も適当なものを、次のなかから一つ選べ。解答番号は[26]。

1　はかなく　2　つれなく　3　をかしく　4　いとほしく　5　かなしく

問二　空欄[B]に入る語として最も適当なものを、次のなかから一つ選べ。解答番号は[27]。

1　本性　2　くせ　3　人がら　4　けしき　5　けはひ

問三　空欄[C]に入る表現として最も適当なものを、次のなかから一つ選べ。解答番号は[28]。

1　色めかしき女

〔三〕　次の【文章Ⅰ】は、人間を観察して評した『紫式部日記』の一部であり、【文章Ⅱ】は『源氏物語』の「帚木《ははきぎ》」の巻で展開される体験談・女性論の一部である。これらを読み、あとの設問に答えよ。

【文章Ⅰ】

様《さま》よう、すべて人はおいらかに、すこし心おきてのどかに、おちゐぬるをもととしてこそ、ゆゑもよしも、［A］心やすけれ。もしは、色めかしくあだあだしけれど、本性《ほんじやう》(注1)の人がらくせなく、かたはらのため見えにくきさませずだに①なりぬれば、にくうははべるまじ。われはと、くすしくならひもち、けしき②ことごとしくなりぬる人は、立居《たちゐ》につけて、われ用意せらるるほども、その人には目とどまる。目をしとどめつれば、かならずものをいふ言葉の中にも、きてゐるふるまひ、立ちていくうしろでにも、かならず［B］は見つけらるるわざにはべり。ものいひすこしうちあはずなりぬる人と、人のうへうちおとしめつる人とは、まして耳も目もたてらるるわざにこそはべるべけれ。人のくせなきかぎりは、いかで、③はかなき言の葉をも聞こえじとつつみ、④なげのなさけつくらまほしうはべり。

人すみて、にくいことし出でつるは、わろきことを過《あやま》ちたらむも、いひ笑はむに、はばかりなうおぼえはべり。いと心よからむ人は、われをにくむとも、われはなほ、人を思ひうしろむべけれど、いとさしもえあらず。慈悲ふかうおはする仏だに、三宝(注2)そしる罪は浅しとやは説いたまふなる。まいて、かばかり濁り深き世の人は、なほつらき人はつらかりぬべし。それを、われまさりていはむと、いみじき言の葉をいひつづけ、向かひゐてけしきあしうまもりかはすと、さはあらずもてかくし、うはべはなだらかなるとの⑤けぢめぞ、心のほどは見えはべるかし。

（『紫式部日記』）

問八 この文章における「文法」の意味として最も適当なものを、次のなかから一つ選べ。解答番号は24。

1 ヒトが集団内の新たな言語環境にいっそう適応できるように、脳の中に自然に生まれてくる構造。
2 ヒトが様々な音を組み合せて単語を作り、意味を生み出すために生まれつき持っている能力。
3 ヒトが音声コミュニケーションをしているうちに、一定の規則に基づいて要素を並べることから生まれたもの。
4 ヒトが生まれ育った言語環境の中で必ず習う音声コミュニケーションに関する一定の規則。
5 ヒトが音声学習を通して意味内容を理解するための基盤となる一定の規則や構造。

問九 筆者は「言語」をどのようなものと考えているか。その説明として最も適当なものを、次のなかから一つ選べ。解答番号は25。

1 言語はヒトのコミュニケーションの道具としての機能より思考の道具としての機能の方が大きい。
2 言語はヒトが進化の過程で思考の道具としてコミュニケーションに使うようになったものである。
3 言語はヒトが共同作業によって互いに「心」を共有し、思考を積み重ねてきたものである。
4 言語はヒトが集団で暮らす中でのコミュニケーションを通して進化したものである。
5 言語はヒトだけが持つ特別な遺伝子が基盤となって思考の道具として進化したものである。

4　Ⅰ　本質的　Ⅱ　蓄積的

5　Ⅰ　本質的　Ⅱ　単発的

問六　傍線部④「言語の創出」の説明として最も適当なものを、次のなかから一つ選べ。解答番号は22。

1　ヒトの集団が文法を使ってコミュニケーションをしている間に自然につくり出されること。

2　ヒトが集まって音声によるコミュニケーションをしている間に自然につくり出されること。

3　個々のヒトが独立に考えることによって高度な思考の道具がつくり出されること。

4　個々のヒトのコミュニケーションを通して何らかの高度な産物がつくり出されること。

5　ヒトが複雑な論理を組み立てることによって高度な思考の道具がつくり出されること。

問七　傍線部⑤「文法を理解するための遺伝的基盤はあるのだろうか」という問いに対する筆者の答えとして最も適当なものを、次のなかから一つ選べ。解答番号は23。

1　文法を作り出すためには遺伝子が必要だが、文法の理解には遺伝子は要らない。

2　文化と遺伝子の共進化を起こすための遺伝的基盤として文法は必要である。

3　文化的に作られた言語環境の中で育つ子どもには文法規則が遺伝的基盤となる。

4　集団が異なれば言語も異なるから、それぞれの集団には遺伝的基盤としての文法がある。

5　文法を作り出したり理解したりするための遺伝子は言語の進化の最初期には不必要である。

問三　傍線部①「言語を可能にしている形質は何なのだろう」という問いに対する筆者の答えとして最も適当なものを、次のなかから一つ選べ。解答番号は[18]。

1　意味内容の理解
2　音声コミュニケーション
3　発信者の信号の意図
4　警戒音を聞いた後の適当な行動
5　「心」の共有

問四　傍線部②「必須」・③「自在」の意味として最も適当なものを、次のなかからそれぞれ一つずつ選べ。解答番号は、②は[19]、③は[20]。

②
1　常におこたらないこと
2　いつも必ずやること
3　忘れてはいけないこと
4　それだけは欠かせないこと
5　必要で十分なこと

③
1　自由で変わらないさま
2　自分の思うとおり
3　そのままでよいこと
4　改められるさま
5　そのままにしておかれること

問五　空欄 [Ⅰ] ・ [Ⅱ] に入る語の組合せとして最も適当なものを、次のなかから一つ選べ。解答番号は[21]。

1　Ⅰ　継続的　Ⅱ　蓄積的
2　Ⅰ　単発的　Ⅱ　継続的
3　Ⅰ　蓄積的　Ⅱ　本質的

3　創発――個々の部分の単なる総和にとどまらない性質が全体として現れること。

4　淘汰圧――生物の生存に影響を与える自然環境の力。

問一　傍線部(ア)・(イ)・(ウ)と同じ漢字を含むものを、次のなかからそれぞれ一つずつ選べ。解答番号は、(ア)は[14]、(イ)は[15]、(ウ)は[16]。

(ア)　ジンソク

1　温度の計ソク　2　選手の反ソク　3　ソク度の制限　4　犯人の拘ソク　5　適度な休ソク

(イ)　ホショク

1　部屋の装ショク　2　ショク物の栽培　3　温かい感ショク　4　異ショクの人材　5　学校の給ショク

(ウ)　キンニク

1　細キンの研究　2　鉄キンの重量　3　キン急の事態　4　キン年の傾向　5　民間の基キン

問二　空欄 [A] ・ [B] ・ [C] ・ [D] に入る語の組合せとして最も適当なものを、次のなかから一つ選べ。解答番号は[17]。

	A	B	C	D
1	つまり	そして	しかし	まして
2	しかし	まして	つまり	そして
3	まして	つまり	そして	しかし
4	そして	しかし	つまり	まして
5	まして	そして	しかし	つまり

もしそうだとすれば、文化的に作られたそのような言語環境の中で育ち、そこで暮らしていくという歴史が長く続けば、その言語環境により適応するような脳の構造や配線が自然淘汰《とうた》で広まるという、文化と遺伝子の共進化が起こったかもしれない。これはまた複雑な話になるが、私が言いたいのは、言語の進化の最初期に、文法を作り出したり理解したりすることにかかわる特別な遺伝子などはいらないということだ。

私はまた、言語は、ヒトが社会集団で暮らす中でのコミュニケーションの文脈で進化したものに違いないと考えている。言語はたしかに思考の道具でもある。が、言語はもともと思考の道具として進化し、のちにコミュニケーションに使われるようになったのではないだろう。と言うか、思考の道具としての機能に対してよりも、コミュニケーションの道具としての機能に対してのほうが、ずっと淘汰圧(注4)が高かったのではないか。

言語があるおかげで、ヒトの思考はより明晰《めいせき》になり、より複雑な論理を組み立てることも可能になった。それが高度な［Ⅱ］文化を生み出す原動力にもなった。［D］、それもこれも、個々のヒトが独立に考えて高度なものを生み出しているのではなく、互いに「心」を共有し、共同作業をすることによって築いてきたのである。個人が言語を使ってより明晰な思考をすることによって何らかの産物を生み出すことにかかる淘汰圧と、互いのコミュニケーションを通して共同作業で成し遂げることにかかる淘汰圧とを比較すると、後者のほうがずっと重要だというのが、私の考えである。

（長谷川眞理子『進化的人間考』）

（注）1　三項表象の理解――同じ「外界」を見ている「私」と「あなた」が互いに目を交わし、互いの視線が「外界」に向いているのを理解し合うこと。

2　ミラーニューロン――自分が意図した動きと、他者が意図を持ってする動きとの双方に反応する神経細胞。

(注2)ミラーニューロンのより進んだ理解は、ヒトの本質に迫るものに違いない。

言語は、音声によるコミュニケーションである。様々な音を組み合せて単語が作られており、単語はそれぞれ意味を持つ。それらが文法規則によってつなぎ合わされて、さらなる意味が生み出される。これらの音声は生得的なものではなく、学習によって形成される。ヒトは、のどと口の周辺の(ウ)キンニクを③自在に操ることができ、音声学習ができる。こんな動物は、他にあまりいない。その能力にかかわる脳の神経回路や遺伝子も解明されつつあるので、今は本当に刺激的な時代である。

文法構造の理解と④言語の創出

言語の重要な特徴は、文法構造を持つことだ。どの言語も、単語を並べるための一定の規則を持ち、並べ方が変われば意味が変わる。では、文法構造はどうやって進化したのだろうか。⑤文法を理解するための遺伝的基盤はあるのだろうか。

私は、文法自体は、言語を可能にしている他の様々な認知能力を備えるようになったヒトが、音声を使って何らかのコミュニケーションをしている間に、自然に創出されてくるものだと考えている。［B］、言語の最初期には文法はなくてかまわない。サルの仲間はみな、文法はないがかなり複雑な音声コミュニケーションを持っているので、ヒトの祖先も音声コミュニケーションを使っていたに違いない。その中で、(注3)三項表象の理解も含めて、認知能力が高度化していく。そういう個体が集まって音声コミュニケーションをしている間に、創発的な現象として、要素をある一定の規則に基づいて並べるということが始まるのではないだろうか。

［C］、それが集団内で共有されるようになると、ヒト集団にとっての新たな「環境」となる。子どもはそのような言語環境の中に生まれてくるので、必ず文法規則を習うことになる。こうして言語は文化的に伝達され、集団が異なれば、異なる言語が話されるようになる。

〔二〕　次の文章を読み、あとの設問に答えよ。ただし、本文の一部を省略してある。

ヒトの本質にかかわる形質——言語を持つこと

文化の伝達に言語が大きな役割を果たしていることはたしかだ。言語があるおかげで、ヒトは、「心」の共有を(ア)ジンソクに、より正確に行うことができる。言語はコミュニケーションの手段であり、思考の道具でもある。意味と文法を備え、無限に新たな意味を創出していけるような「言語」というものは、ヒトだけが持つ形質である。では、①言語を可能にしている形質は何なのだろう?

ここにも、(注1)三項表象の理解は決定的に重要な役割を果たしていると私は思う。個体がある状況のもとである信号を発し、他の個体がその信号を受け取る、そして状況に応じて自らの行動を変える、というのが、信号によるコミュニケーションの基本である。鳥のさえずりもサルの警戒音も、このような信号コミュニケーションだ。ヒトの言語コミュニケーションは、これとは［Ⅰ］に異なる側面を持っている。それは、動物の一般的コミュニケーションが発信者から受信者への情報の流れであるのに対し、ヒトの言語では「心」が共有されていることである。単に信号の情報が伝えられているだけではなく、発信者が信号を発した意図を受信者が理解していることを、発信者が理解しており、そのことを受信者も理解している。

ベルベットモンキーは、ヒョウ、ヘビ、ワシという三種の異なる(イ)ホショク者に対して、異なる警戒音を発する。ヒョウを見たサルは、「ヒョウ」という警戒音を発する。それを聞いた他個体は、適切な行動を取って逃げる。しかし、受信者が発信者の「心」や意図を想像することはなく、発信者も受信者の「心」を想像することはない。［A］、「そうですよね」と、うなずき合うこともない。しかし、ヒトの言語コミュニケーションには、意味内容の理解とともに、またはそれよりも強く、「心」を共有しようとする欲求が含まれている。その基盤として、三項表象の理解が②必須だと思われるのである。こう考えてくると、

4　何歳になっても、資料館で資料整理をしたり、スタジオでパソコンを介してクイズを出したりする仕事にしか就けず、世間一般で認められるような華々しい活躍ができていない自分を情けなく思ったから。

5　自分が働いている資料館やスタジオは、情報の整理や知識伝達のための場であって、それ以上の意味はもたないのに、他人からは胡散臭《うさんくさ》く近寄りがたい場所として認識されていると分かったから。

問八　本文のなかにあらわれている未名子の考えとして**適当でないもの**を、次のなかから一つ選べ。解答番号は［13］。

1　どのような知識であっても、自分の手が届かないところで他人がそれを蓄えることに対して、人は敏感になるということ。

2　世に起こったことを記録にとったり、その情報を整理したりする作業には、看過できない重要性があるということ。

3　資料を集めるという単純かつ退屈な作業も、やり方次第で、他者から評価される有意義な仕事になりうるということ。

4　人は、自分の領域にずかずかと不躾《ぶしつけ》に入り込んでくる存在に対しては、強い嫌悪感を抱くものであるということ。

5　たとえ真っ当に生きていたとしても、道理に合わないことを押し付けてくる社会の圧力を避けることはできないということ。

られた知識を使って他人に迷惑をかけることはできない。

2　自分が生きていく中で他人に迷惑をかけることがあったとしても、少なくとも、仕事を通じて得た情報を使って他人に物質的な損害を与えたことは一度もないから、誰からも非難される理由はない。

3　確かに、自分にも世の中に対する不満はあるが、それを表明することは、労働、納税、購買といった活動を通じて社会に貢献してきた以上、認められて然《しか》るべき権利である。

4　自分が世の中で起きていることに不平不満をいうことと、資料整理という仕事を通じて知識を得ることはまったく別物なのだから、ことさら後者のみをとりあげて非難されるべき理由はない。

5　たまたま就いた仕事が資料整理という内容であったために知識を得ることができたのであって、故意に知識を蓄えて悪用してきたわけではないから、誰かに咎《とが》められるいわれはない。

問七　傍線部④「悔しさが未名子の息を詰まらせた」とあるが、未名子がこのような状態になった理由として最も適当なものを、次のなかから一つ選べ。解答番号は12。

1　データを送信してほしいという単純な依頼を店主に断られて強く言い返すこともできず、なす術《すべ》もないまま、負け犬のように店を出てきてしまった自分のことを空《むな》しく思ったから。

2　自分がプライドをもって働いている資料館やスタジオは、世間では蔑まれ、疎ましく思われている職場であることに気づき、自分が社会の一員として受け入れられていないことに一抹の寂しさを感じたから。

3　自分は他人の仕事に対して一切文句もいわず、ただ自分が好きな資料整理という仕事を続けてきただけなのに、世間では、そのような仕事は社会に不必要なものとして否定されていることを知って、ショックを受けたから。

問五　傍線部②「時間がたって電気店から離れれば離れるほど、走ってもいないのに、未名子の胸はどんどん苦しくなっていった」とあるが、このときの未名子の状況や心理の説明として最も適当なものを、次のなかから一つ選べ。解答番号は10。

1　電気店から距離的に離れたことによって、自分を取り巻く状況を客観視できるようになり、店主の態度はやはり横暴であったと、ふつふつと怒りの感情が沸いている状態。

2　店主に仕事上の権限をもっている主任には絶対に見せないようなぞんざいな態度をとられ、自尊心を深く傷つけられたことで、沈痛な思いから抜け出せない状態。

3　電気店での店主とのやり取りから時間が経過するとともに、記憶が薄れるどころか、そのときの冷酷な店主の態度がますます鮮明によみがえって、どうやっても頭から離れない様子。

4　電気店では、うす暗くてよく見えず気づかなかった店主の鬼のような形相が、電気店から離れたことではっきりと認識できるようになり、今更ながら恐怖に苛《さいな》まれている状態。

5　スタジオではていねいで穏やかな態度だった店主が、電気店では、そのときとは別人のように大声を張り上げ、未名子を冷たくあしらったことに強い衝撃を受け、ひどく混乱し続けている状態。

問六　傍線部③「もし未名子がなにか世の中のことについて文句をいっていたり、多少の迷惑をかけていたとしたって、そんな自分とは別に集めてきた知識がなんの非難にあたるというんだろう」とあるが、このときの未名子の考えとして最も適当なものを、次のなかから一つ選べ。解答番号は11。

1　自分のような人間が資料整理の仕事を通じてある程度の知識を得たとしても、あまりに無力な存在であるために、得

問三 空欄 [I]・[II] に入る最も適当な言葉を、次のなかからそれぞれ一つずつ選べ。解答番号は、Ⅰは[7]、Ⅱは[8]。

Ⅰ 1 回りくどい 2 大層な 3 ささやかな 4 仰々しい 5 立派な

Ⅱ 1 そうでなければ 2 だから 3 やっぱり 4 なのに 5 それとも

問四 店主が、傍線部①「あああ、難儀!!」と言った理由として最も適当なものを、次のなかから一つ選べ。解答番号は[9]。

1 未名子の依頼内容があまりに常軌を逸しており、自分にとって青天の霹靂《へきれき》だったため、とっさに返す言葉が見つからず狼狽《ろうばい》してしまったから。

2 未名子が事前に予約を取ることもなく、飛び込み営業のように突然自分の店のなかに入ってきたことに、戸惑いを隠せなかったから。

3 未名子の依頼はいかにも素人の考えそうな内容であるが、専門的知識がある自分の目から見ると、技術的に到底対応できるものではなかったから。

4 未名子が強引に自分の要求をのませようと、職場のデータ取り扱いルールを無視して嘘をついていることが明白だったから。

5 未名子の依頼は技術的には対応できるものの、実際には一度関わるとその後ずっと、面倒な問題に自分を巻き込みそうな性質のものだったから。

(ア)　カンベン

1　売上をカン定する　2　寺のカン進帳に署名する　3　春のカン桜会に参加する
4　負債を償カンする　5　カン起を促す

(イ)　ジョジョに

1　ジョ行運転をする　2　ジョ才ない人　3　春のジョ勲
4　ジョ論を書く　5　名簿からジョ籍する

(ウ)　リフジン

1　ジン海戦術を使う　2　犯人を一網打ジンでとらえる　3　ジン頭指揮を執る
4　ジン常ではない事態　5　ジン大な被害

問二　傍線部ⓐ・ⓑ・ⓒの意味として最も適当なものを、次のなかからそれぞれ一つずつ選べ。解答番号は、ⓐは[4]、ⓑは[5]、ⓒは[6]。

ⓐ　思いのほか

1　理解できないくらい　2　甚だしく
3　常識外れの　4　予想外に
5　現実的でない

ⓑ　横柄

1　ぞんざいで投げやりな様子　2　いかにも面倒くさそうな様子
3　偉そうで無礼な様子　4　冷淡でつっけんどんな様子
5　無愛想な様子

ⓒ　悪しざま

1　悪い面を強調すること　2　一方的に非難すること
3　完全に否定すること　4　実際よりも悪く言うこと
5　馬鹿にすること

未名子は社会のほかの人たちに対して、とりたててなんの文句もいうことなく、ただ黙って資料の整理をし続けていただけだ。いや、③もし未名子がなにか世の中のことについて文句をいっていたり、多少の迷惑をかけていたとしたって、そんな自分とは別に集めてきた知識がなんの非難にあたるというんだろう。人がなにかを集めること、自分の知らないところでためこまれた知識を警戒することは、ひょっとしたら本能なのかもしれない。それがたとえ無理やり聞きだすわけでもなく、ただ聞いて見たものを、記録しているだけのものだったとしても、ある人たちにとってはとても卑怯《ひきょう》で恐ろしいことに思えてしまうんだろうか。

順さんの資料館やカンベ主任がしつらえたスタジオは、ひょっとしたら多くの住人にとって魔女の館《やかた》みたいに考えられているのかもしれない。未名子は黙って歩きながら、いつの間にか涙をこぼしていた。④悔しさが未名子の息を詰まらせた。そうして順さんのことを考えた。この、はっきりそれといい切れないくらいの(ウ)リフジンに、今となったら順さんは怒ることも悲しむこともできない。

（高山羽根子『首里の馬』）

（注）1　カンベ主任——未名子が働くスタジオを東京から管理している上司。
2　子どものころの警察官——未名子が中学生の時、突然資料館に入ってきて、未名子に「なにしてんのよ」と質問した警察官のこと。未名子は不登校気味で、資料館に入り浸っていた。
3　順《より》さん——資料館の持ち主。現在は重い病気で入院している。

問一　傍線部(ア)・(イ)・(ウ)と同じ漢字を含むものを、次のなかからそれぞれ一つずつ選べ。解答番号は、(ア)は[1]、(イ)は[2]、(ウ)は[3]。

ふっと明るさで視界がぼやける。ちょっとずつ目が慣れてくると、店を出たあたりには、おそらくどこかいろいろの家から引きあげてきた古い電気製品が積みあげられている。店の奥は暗くて、未名子の側から店主の姿は見えない。けれど、暗いところから明るいところのほうが良く見えるかもしれない。未名子は警戒しながら、その積まれたもののうちからひとつ、クラッチバッグほどの大きさをしたなんとなく見覚えのあった直方体の機械の、持ち手らしき部分を摑《つか》んで体を反転させ、走った。

店主はきっと、カンベ主任に対しては今のような苦情をいわないだろう。あんなふうに感情を爆発させてきたのは、うす暗い彼だけの電気店に、未名子がなにも考えていないふうな顔をしてふらりとやって来て、彼からぶしつけになにかを聞きだそうとしたからかもしれない。店主はこの店では城主だし、国王だ。国民が自分ひとりだけだったとしても、いや、だからこそ、未名子が領地にずかずか踏みこんで来たことに激しく動揺して腹を立てたのかもしれない。そう思って理屈では納得することができても、面と向かっていわれたことで未名子はなんだか悔しくて、体がかすかに震えているのがわかった。スタジオであれだけきちんと対応してくれていた仕事上の相手が、そんなふうに自分や自分のいる場所のことを©悪《あ》しざまにいうのを聞いてしまったからだろうか。未名子の足どりは(イ)ジョジョに小走りになり、早歩きになり、ふつうの歩きへと変わった。②時間がたって電気店から離れれば離れるほど、走ってもいないのに、未名子の胸はどんどん苦しくなっていった。

未名子は、資料館で今とよく似た、思いあたることがいくつかあったことを思い出す。(注2)子どものころの警察官だけじゃなかった。ひとりの市民として、完全に健全な形ではなかったかもしれないけれども、働いて暮らすようになってからはひとまず一定額の税金を納め買い物をし、人を傷つけず、社会の中でひときわ迷惑をかけているつもりなんてなかった、［　Ⅱ　］。

未名子や順《より》(注3)さんのような人間が、世の中のどこかになにかの知識をためたり、それらを整理しているということを、周囲にいる人たちはどういうわけかひどく気味悪く思うらしいということに気がついたのは、あるときいきなりじゃなくジョジョにだった。

が繰りかえし読んでいるカンベ主任(注1)からもらった業務マニュアルには、データをこちらから送ることを禁じる項目はなかった。

①「ああああ、難儀‼」

とつぜん店主は困惑した顔のままほとんど泣き声みたいな大声をあげた。父は物静かな人間で、だから未名子はこんなふうに目の前で大人の男の人に感情的な大声でなにかをいわれた経験はなかったから、驚いて声も出せなかった。

「あんたのところ、はっきりいって変だよ。手伝いなんかしたくない、関わったら大変なことになるだろうがよ」

店主は決めつけるように何度も、難儀だ、難儀だ、と繰りかえしわめいた。大人の男性で、力だって立場だって未名子より強いはずなのに、このときの彼は未名子の目から見ても怯えきっていて、世の中のなによりも弱々しい生き物に思えた。

「別に直接困ったわけではないよ。ちゃんと金も貰《もら》っているから文句はいえない立場だけどねえ、あんなとこ、本当はもう行きたくないよ。入るたびに耳が痛くなるようになって、あんなに古いマシンもなにに使ってるかわからんし。通報しなくちゃいかんとまでは思わんけど、テレビなんか見てたって、あのあたりでなにか起こったら、あんたんところがなにか起こしたんじゃないか、自分のせいじゃないかって心配になるからね。もうああいう変なところに行きたくない、行きたくねえよ」

店主は新品のまま古びてしまった家電に埋めつくされた、ほこりっぽく暗い店内でひとしきり未名子にそうまくしたてた。ぱっと見たところ穏やかで、頼んだことについても誠実にていねいに対応してくれていた店主は、スタジオと、そうして未名子自身について、ほんとうのところはずっと、とんでもなくうす気味悪いもののように思っていたんだろう。

「それは……主任、依頼者の、カンベさんにいってください。東京の。私に決める権限はないんです」

と未名子がいうと、顔をしかめて、東京、とつぶやき、もう一度、難儀だ、(ア)カンベンしろと吐き捨てて、それっきり店主はだまって、店の一層うす暗い奥のほうへ入っていってしまった。

未名子は店の中のほうを向いたままで、後ろ歩きにじりじり下がりながら店の外に出た。うす暗い店内から外に出た瞬間、

オで働いている人間だと気がつくとあきらかにおろおろし、嫌そうな表情に変わった。未名子が、

「私の働いているところのパソコンのことなんですけど」

ときりだすと、

「いや、じゃあ、壊れたならまた呼んでいただければ」

と、あわてて店の奥に入っていこうとした。

「ええと、そうじゃなくってデータを通信先に送ることはできますか」

とたずねると、

「そりゃあ、できないことはないけどさ……。映像も音声も送ってるんだし……ただ、回線の仕組みがすごい特殊だから、時間はかかるけど」

店主はそう答えて、カウンターらしき場所に置いてあった古びたキャンパスノートを開き、ちぎったメモ帳になにかを走り書きして、未名子に差し出した。まるで未名子に脅されてでもいるように、怯《おび》えているのが明らかだった。急に訪れた未名子に戸惑っているのか、店主のほうも未名子にたずねてきた。

「でもさあ、あそこのデータは毎回、なくすんじゃないの」

スタジオでやりとりしていたときとまったくちがう、ちょっと乱暴でⓑ横柄《おうへい》にも思える店主の言葉づかいに、未名子はとまどう。

「はい、それは問題がないことを確認しています。こちらのデータを送るだけなので。あの場所で知りえた情報は一歩も外に出していません。だから信じて、安心して下さい」

未名子はそう、[I] 嘘《うそ》をついた。解答者のプライバシーにかかわる情報はまったく持ち出していないとはいえ、実際のところ未名子は彼らとの対話の中で、ほんの些細《ささい》な、お土産みたいな知識をいつも持ち帰っている。ただ、昨日から未名子

国語

（八〇分）

（注）問題三（古文）及び問題四（漢文）は、いずれか一方のみを選択して解答すること。

〔一〕 次の文章は、沖縄で暮らす主人公の未名子《みなこ》が経験したできごとについて書かれた小説の一部である。二十代半ばの未名子は、中学生の頃から出入りしている私設民俗資料館での資料整理をボランティアとして手伝いつつ、スタジオと呼ばれる一室で匿名の相手に一対一でクイズをリモート出題するという謎めいた仕事で生計を立てている。これを読み、あとの設問に答えよ。

電気店は、スタジオからⓐ思いのほか離れた場所にあった。モノレールで数駅行った先、通りはかつて商店街であったところらしい。店の外、入り口の横に屋根付きの原付スクーターが停められている。こんな場所からあのスタジオに、このスクーターで駆けつけていたんだ、と未名子は思う。決して小さな店ではなかったけれど、店の外には古い家電が山積みになっていて、店内は新品の、だけど最新型ではない家電が詰まっていた。そのため通りから見るよりはずっと圧迫感があって、せまくるしく感じられた。開店しているのかも不明瞭なほどうす暗い店内に店主はいた。いつもスタジオで、ていねいにPCを直してくれる男にまちがいなかった。店主は未名子のことを、最初ぴんとこないような様子で見て、それから未名子があのスタジ

解答編

英語

I **解答**　**1**—③　**2**—②　**3**—②　**4**—②

解説

1．主語の each は単数扱いの代名詞なので，動詞は has とすべきである。

2．仮定法の if 節では，原則的に助動詞は用いずに had（known）とすべきである。主節の時制より仮定法過去完了とわかる。

3．下線部③の opinions という名詞を手がかりに考えると，下線部②は先行詞を the few people とする所有格の関係代名詞 whose を用いるのが正しい。

4．主語が人の場合，excite などの感情を表す動詞は過去分詞形 excited を用いる。

II **解答**　**5**—①　**6**—④　**7**—③　**8**—③

解説

5．主語の位置に来るのに適切な形は，動名詞形の Learning である。「新しい言語を学ぶには，継続する練習と専念が必要である」

6．空所の直後の caused が空所以降の文の動詞部分と考えられるので，主語として用いることができ，かつこの文の前半部分（She couldn't find her keys）全体を先行詞とすることができる which を用いると，文が成立する。「彼女は鍵を見つけられなかった。そのことで会議に遅れた」

7．insist「～を主張する」のように，要求や願望などを表す動詞の that 節の動詞は原則的に原形を用いる。もともと should が入っていたものを

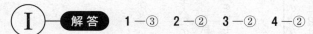

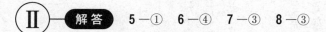

省略していると考えるとよい。「彼女は彼が真実を話すべきだと主張した」

8． call off ～「～を中止する」という慣用表現を用いる。「その会社は，限られた予算ゆえに新しいプロジェクトを中止すると決めた」

Ⅲ　解答

9－④　**10**－③　**11**－②　**12**－⑤　**13**－④　**14**－①
15－①　**16**－⑥

解説

9-10. We couldn't help laughing at his joke(.)　慣用表現の can't help *doing*「～せざるを得ない」と，laugh at ～「～を笑う」を用いる。

11-12. They took it for granted that (she would help them.)　仮目的語の it を用いた構文 take it for granted that S V「SがVすることを当然とみなす」を用いる。

13-14. It was not until last week that (I learned it.)　仮主語を用いた構文 it is not until ～ that S V「～になってやっとSがVする」を用いる。

15-16. To the best of my knowledge(, the rumor is not true.)「～の知る限り」は，to the best of *one's* knowledge という慣用表現を用いることができる。

Ⅳ　解答

17－⑥　**18**－①　**19**－③　**20**－④　**21**－①　**22**－③
23－②　**24**－②

解説

《ひとり旅をするときのアドバイス》

17. 空所の直前で Sarah が Do you have any tips?「何か良いアイデアはない？」と質問したことに対して，Lisa はいくつか具体的な提案をしていることから，Definitely.「もちろんよ」と肯定を強調して返事するときに用いる語を入れるのが適切。

18. 空所の直後の Lisa の発言 I stayed in some cheap accommodation は，Lisa の 2 番目の提案 stay in some cheap accommodation とほとんど同じ表現であることから判断して，Like I said「さっきも言ったけど」が適切。

19. Sarah は，Lisa の安全面に関するアドバイスに対して，空所の直後で，I think I might try it「自分でもやってみよう」と言っていることから，That's smart.「賢いわね」と感心していると考えられる。

20. 空所の直前のSarahの感謝の言葉への返答であるから，No problem.「どういたしまして」がふさわしい。

21. reflectは「熟考する」という意味であるから，①の定義が最も近い。

22. make senseは「理解できる」という意味の表現であるから，「妥当な，もっともな」という意味のreasonableを用いている③が正解。

23. Lisaは，空所(17)の直後の発言の中で，自分が快適だと思う目的地を選ぶことをすすめていることから，②が正解である。

24. 空所(18)で始まる文の次の文で，Lisaは，グループツアーに参加することが，新しい人に出会い，観光をする良い方法であったと言っているので，②が正解である。

V ― 解答 **25**―③ **26**―① **27**―④ **28**―③ **29**―① **30**―①

解説

《ガーリックチーズブレッドの作り方》

25. 分数を読む場合には，分子→分母の順に，分子は基数で，分母は序数で読むのが原則であるが，「4分の～」と言う場合の分母は，fourthではなくquarterを用いる。また，本文では，「4分の3」の部分が直後のcupを修飾する形容詞として用いられており，その場合はquarterを複数形にはしない。

26. フランスパンを「水平方向に半分にして長い2切れにする」のだから，①が正解である。

27. 通例，both「両方の」の後には名詞の複数形が来るのでhalvesとする。

28. 料理の手順を考えると，until～「～になるまで」とするのが自然である。

29. 下線部までのところで，材料としてはフランスパンしか出てきていない。

30. 「*A*を～の状態にする」を，動詞makeを用いて表現する場合，make *A*＋形容詞という語順になる。

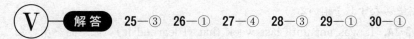

Ⅵ 解答 31—③ 32—① 33—④ 34—②

解説

《温泉の入り方》

温泉の入り方を説明している文章だが，一般的な日本人の入浴方法（脱衣所で服を脱ぐ→タオルのみを持って浴室へ→湯舟に浸かる前に体を洗う→入浴後はできるかぎり体の水気を拭いてから脱衣所に戻る）を念頭において解答すればよい。

Ⅶ 解答 35—② 36—④ 37—① 38—② 39—③ 40—② 41—④ 42—① 43—③ 44—④ 45—① 46—② 47—① 48—②

解説

《人口減少への備え》

35. 前出の population の繰り返しを避けるために，that of ～ の形を用いていると考える。

36. comprise は「～から成る」という意味の動詞だが，選択肢の中で dispose of ～ だけは「～を捨てる」という意味である。

37. 労働力不足を大きな問題としてとらえているのだから，countless「無数の」を入れるのが最も自然であろう。「今でさえ，労働力不足は農業，介護，物流，建設などの数えきれない産業に影響している」

38. 空所の前の an environment「環境」を先行詞とする関係代名詞を使う場面と判断できるが，空所の後の部分は，women and elderly people can work comfortably in the environment「女性や高齢者がその環境で心地よく働くことができる」という内容になると考えられるので，in which を用いるのが正しい。

39. million は「100 万」を表すので，その前に 100 という数字を入れると 1 億になる。よって，③が正解である。

40. alleviate は「～を緩和する」という意味の動詞であり，文脈から考えると，relieve「和らげる」が適切。

41. accelerate は「～を加速する」という意味であることから，ここでは escalate「～を（段階的に）増大する」が最も近い。

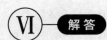

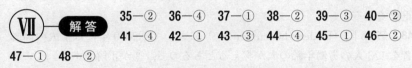

44. 第1段第1文（In 2070, elderly …）によれば，2070年に全人口のうち高齢者が占める割合はほぼ40％になるだろうとあることから，④が正解である。

45. 第2段の文の後半部分（predicting that … in 2020.）には，2070年の全人口は8700万人になると予想されている。

46. 第10段第1文（The government has …）には，政府が外国籍の人の受け入れの見直しを始めたとあることから，②が正解である。

47. 第12段第2文（According to the …）によれば，15歳未満の子供の数は2070年には797万人まで減少すると予測されていることから，①が正解である。

48. 第13段（Under the current …）において，2070年には1人の高齢者を1.3人の労働年齢の人が支えるとあるので，②が正解である。

Ⅷ　解答　**49**―②　**50**―③　**51**―①　**52**―①　**53**―②　**54**―③　**55**―③　**56**―②　**57**―②　**58**―④　**59**―②　**60**―②　**61**―①　**62**―②　**63**―①

解説

《アメリカのサイレントムービーの広告》

49. flavorは「風味，味」という意味の名詞だが，本文では比喩的に「雰囲気」という意味で用いられていると判断するのが自然であり，②が正解である。

50. 空所の直後に動詞のhadがあることから，前出のhis art teacherを先行詞とする主格の関係代名詞whoを用いるのが正しい。

51. fall in love with ～で「～と恋に落ちる」という意味になる。

52. 下線部の直前に前置詞のaboutがあることから，先頭には名詞（句）が来ると判断できる。したがって，疑問詞whatを用いた名詞節を用いて，what movies were currently playingとする。

53. 主語がMany silent filmsであるから，destroy「～を破壊する」を用いるのであれば，受け身の文にするのが正しい。

54. briefは「短い」という意味だが，下線部を含む文の意味からも，ここでは上映前の予告編のことを言っていると判断できるので，short「短い」とほぼ同じ意味だと判断できる。

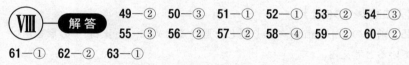

55. 下線部の still は「いまだに」という意味である。選択肢の中では，③が同様の意味で用いられている。「彼女はまだ政府で働いているのですか？」

56. 下線部の直後に in the late 1970s or early 1980s「1970 年代後半から 1980 年代前半に」と，過去を示す語句があることから，過去形を用いるのが自然である。

57. 本文の rare は「まれな」という意味の形容詞であり，選択肢の中では uncommon「めったにない」が最も意味が近い。

58. 動詞の publish は「～を出版する」という意味であるから，the collection を主語とした場合には，過去分詞形の④にすべきである。

59. 第 1 段第 3 文（A new project …）に，このプロジェクトの目的はサイレントムービーの広告をデジタル化してオンライン上で出版することだとあるので，②が正解である。

60. 第 2 段第 2 文（He was introduced …）に，美術の先生にカードと呼ばれるサイレントムービーの広告を見せてもらったことがきっかけとして書かれているので，②が正解である。

61. 第 5 段第 2 文（They showed a …）によれば，カードには，映画のタイトル，制作会社，出演者等が記載されていたとあることから，①が正解。

62. 第 6 段第 1 文（The early lobby …）で，初期のロビーカードが黒，白，茶を用いたデザインだったことがわかる。また，第 7 段第 1 文（By the 1920s …）では，写真のような見た目に変わったとあるので，②が正解。

63. 第 9 段第 2 文（It is a …）で，ほとんどが失われてしまった初期のアメリカ映画に関する貴重な資料だと，ロビーカードの価値について書かれており，①の内容がその記述に最も近い。

日本史

I 解答

問1．③　問2．②　問3．②　問4．①　問5．①
問6．④　問7．②　問8．①　問9．③　問10．②
問11．③　問12．①　問13．③　問14．④　問15．①　問16．④

解説

《中世の社会経済史》

問2． ①誤文。本所は荘園領主である本家・領家のうち，荘園に対する実質的な支配権を持っている領主をさす。

③・④誤文。領家とは荘園領主のことをさすので，守護としている③・④は誤り。

問3． ①誤文。和田義盛は政所の別当ではなく，侍所の別当である。

③誤文。文章は北条泰時に関する記述である。承久の乱の際，幕府は北条義時の子の泰時，弟の時房らの率いる軍を京都に送り攻撃した。

④誤文。文章は北条実時（金沢実時）の記述である。

問4． ②誤文。ハンセン病患者を救済するために忍性が設立した北山十八間戸は奈良に建設されたので，鎌倉にある円覚寺は関係ない。

③誤文。「瓢鮎図」を所蔵する退蔵院は円覚寺ではなく，妙心寺にある。

④誤文。円覚寺舎利殿は和様ではなく，禅宗様の代表的な建物である。

問5． ①正文。史料Ａ２～４行目に「毎年十一月中に百拾貫文，京進せらるべきの由，請文を出さるるの上は，未進の訴訟と云ひ，巡見使の入部と云ひ，停止せられおわんぬ」とあり，「年貢を京都に納めると言っているから，未進の訴訟も巡検使の派遣もしない」と言っている。これに該当する①が正解となる。問16で史料Ａが地頭請に関するものであることも答えを導くうえでの参考になる。

②・③誤文。いずれも年貢を納入するのが地頭ではなく領家になっているので誤り。

④誤文。地頭が年貢を納入することを念頭に置けば，地頭が未進（年貢を納入していない）に伴う訴訟をするのはおかしい。

問6． ④正文。和与は「和解」の意味である。

問7． ①誤文。南都北嶺は興福寺と比叡山延暦寺のことであり，高野山は関係ない。
③・④誤文。文章はいずれも比叡山延暦寺の説明である。

問8． ①正文。史料Bの４行目に「田畠山河以下の下地，中分せしめ」とあるので，下地中分の説明をしている①を選べばよい。
②誤文。下地中分とは，荘園の土地を分けることであり，年貢を分けることではない。
③誤文。ここで下地中分の対象となっているのは，「領家」と「地頭」であるため，領家と雑掌との間で分けるわけではない。
④誤文。ここで下地中分の対象となっているのは，「領家」と「地頭」であるため，地頭と地頭代との間で分けるわけではない。

問11. ③正文。建武以来追加は室町幕府が建武式目を出した後に付け加えられた武家法のことである。室町幕府は御成敗式目に代表される鎌倉幕府法を基本法とした。

問12. ①正文。史料Cは観応の半済令であるため，年貢の半分を守護側が預け置く法令である。史料Cの「近江・美濃・尾張三箇国，本所領半分の事，兵粮料所として，当年一作，軍勢に預け置くべき」の部分からも，①が正しいことが読み取れる。

問13. ①誤文。山名氏は四職であり，管領に就任する三管領は関係ない。
②誤文。文章は大内氏の記述である。
④誤文。山名氏清が敗死したのは明徳の乱であり，嘉吉の乱に関わっているのは赤松満祐である。

問14. ④誤文。文章の三浦の乱は16世紀の出来事であり，14世紀末～15世紀前半の応永年間は関係ない。

問15. ①正文。史料Dの冒頭より，荘園領主が高野山，つまり，寺であることがわかるので，年貢を受け取るのが寺であるため，①以外は誤りとなる。

問16. 史料Bが下地中分であることは問8からわかるので，そこから④が正解とわかる。

Ⅱ 解答 問1．④ 問2．③ 問3．② 問4．① 問5．③ 問6．④ 問7．② 問8．① 問9．③ 問10．② 問11．① 問12．④ 問13．④ 問14．② 問15．③ 問16．② 問17．①

解説

《江戸時代の庶民文化》

問2．③が正解。儒教の誕生地は「中国」である。また，空所を含む文は，中国で生まれた儒教が韓国で強く根づいていたが，実は日本での影響はさほどではないという趣旨の文脈なので，空所イは韓国と日本の間にある「日本海」が入る。

問5．③誤文。『国性爺合戦』は明末の鄭成功を題材とした時代物である。

問6．やや難。井原西鶴はもともと談林派の俳諧師であった。談林派の創始者である④が正解。

問7．②が正解。為永春水は寛政の改革ではなく，天保の改革時に弾圧された。

問8．①が正解。日本橋の魚市場は江戸の市場である。

問11．①が正解。義太夫節は，竹本義太夫らが展開した人形浄瑠璃の一種で，語り物といわれる。

問15．③誤文。18 世紀後半以降，町人地においては，土地や家を借りて住む町人が増加したため，町屋敷を持つ家持町人の数は減少した。

問17．②誤文。懐徳堂の設立は 16 世紀前半ではなく 18 世紀前半であり，出資したのは京都の町人ではなく大坂の町人である。

③誤文。懐徳堂は朱子学・陽明学などを町人に授け，準官学とされた。

④誤文。荻生徂徠は懐徳堂出身ではない。懐徳堂出身の学者には山片蟠桃のほか，富永仲基がいる。

Ⅲ 解答 A．問1．② 問2．② 問3．① 問4．④ 問5．③ 問6．③ 問7．②

B．問1．② 問2．① 問3．④ 問4．④ 問5．① 問6．④ 問7．③

C．問1．④ 問2．④ 問3．④

解説

《関東大震災，占領改革，戦後の日韓関係》

A．問2． ②正文。関東大震災の際，「日本にいた朝鮮人労働者が井戸に毒を投げ込んだ」「暴動を起こした」などのデマが流れ，自警団などによって多くの朝鮮人労働者が殺害された。

問4． ④誤文。皇民化政策として文章のような実態はない。④の誤文判断は難しいため，皇民化政策として①～③を想起し，消去法で判断したい。

問6． 難。③誤文。連合国による朝鮮人の送還事業は1948年以前から行われていた。③の判断は難しいため，消去法で正解にたどり着きたい。ただ，①・②の正文判断は比較的容易であるが，④については，1952年にサンフランシスコ平和条約が発効されたことで日本が朝鮮の独立を正式に認めた状態となり，在日朝鮮人は日本国籍を失ったことを知らなければ判断は難しいだろう。

問7． ②が正解。教育行政は内務省ではなく，文部省の管轄である。

B．問4． 難。④正文。①・②誤文。上院については，史料Bの「2分の1が貴族，4分の1が高額納税者の中から高額納税者によって選ばれた者，4分の1が天皇が任命する者によって構成されている」の部分より，貴族院とわかる。よって，衆議院や元老院とは呼ばれていない。

③誤文。参議院については憲法問題調査委員会での議論において，貴族院を公選制にして存続することが1946年2月の松本案に記載されていた。それに対し，GHQは一院制への移行（上院の廃止・衆議院のみ）をマッカーサー草案で示していたが，政局の安定を望む日本政府の意向もあり，参議院の設置という形に落ち着いた。よって，日本政府が貴族院の廃止を決めていたという事実はない。

問6． ①誤文。太平洋戦争後に天皇制が廃止された事実はない。

②誤文。敗戦時の昭和天皇は退位することなく，亡くなるまで皇位を維持した。

③誤文。極東委員会が天皇を戦犯容疑者に指定した事実はない。

問7． 難。③正文。二元代表制とは，地方自治体の首長，地方議会議員がいずれも住民の直接選挙で選出される制度のこと。地方議会議員は直接選挙で選出された点で首長と同等の立場となり，相互の抑制と均衡を図る意味合いがある。

①誤文。戦後の日本は統一地方選挙制度を法制化したが，そのことが都道府県議会や市町村議会の強化につながるわけではない。
②誤文。都道府県議会や市町村議会は首長を輔弼する存在ではない。首長の作成した予算案審議などの役割が与えられている。
④誤文。首長のリコール権を持っているのは地域住民である。また，首長は官選ではなく公選である。
C．問2．④誤文。日韓基本条約締結時の総理大臣は田中角栄ではなく，佐藤栄作である。
問3．①誤文。電電公社，専売公社，国鉄を民営化したのは中曽根康弘首相の政策である。
②誤文。消費税導入は竹下登首相の政策である。
③誤文。芦田均内閣，第1次橋本龍太郎内閣のときに社会党と連立している。

世界史

I　解答

問1．③　問2．②　問3．②　問4．①　問5．③
問6．②　問7．①　問8．③　問9．④　問10．②
問11．①　問12．④　問13．②　問14．②　問15．③　問16．②
問17．②　問18．③　問19．①　問20．④

解説

《ルネサンスと宗教改革》

問2． ②誤文。「海産物・木材・穀物などの生活必需品」は，北ヨーロッパ商業圏（北海・バルト海交易）で取引された。

問7． ①正文。②誤文。叙任権闘争で神聖ローマ皇帝ハインリヒ4世と対立したのは教皇グレゴリウス7世。

③誤文。インノケンティウス3世は教皇権の絶頂期を築いた。

④誤文。「ヴァチカン市国の独立」を認めたラテラノ条約は1929年で，教皇庁とムッソリーニ政権の間で結ばれた。

問8． ③誤文。フスは教皇から破門された後も，教会批判を続けた。

問13． ②正文。①誤文。13世紀以降，スイスではハプスブルク家の支配強化に対抗して，農民らの独立運動が始まった。

③誤文。1648年のウェストファリア条約により，スイスの独立が国際的に承認された。

④誤文。ウィーン議定書はスイスを永世中立国として位置づけた。

問14． ②正文。①誤文。『キリスト者の自由』の著者はルター。

③誤文。カルヴァン派は司教制度を廃止し，長老主義を採用した。

④誤文。カルヴァンはジュネーヴで一種の神権政治を行った。

問15． ③誤文。スコットランドのカルヴァン派は，プレスビテリアン（長老派）と呼ばれた。

問17． ②誤文。対抗宗教改革の過程で最初の禁書目録が1559年に定められた。

問18． ③正文。①誤文。ポルトガルは12世紀に，カスティリャから独立した。

②誤文。喜望峰はアフリカ大陸南端。

④誤文。ポルトガルのアジア貿易拠点の一つは，インドのゴア。ボンベイ（現ムンバイ）はイギリスの拠点。

問19. ①正文。②誤文。スペイン王国はナスル朝の都グラナダを占拠してイベリア半島の統一を成し遂げた。

③誤文。コロンブスはイタリアのジェノヴァ出身。

④誤文。スペインのアジア貿易の拠点はルソン島のマニラ。

Ⅱ 解答

問1. ④ **問2.** ③ **問3.** ① **問4.** ② **問5.** ②
問6. ③ **問7.** ④ **問8.** ① **問9.** ③ **問10.** ③
問11. ④ **問12.** ④ **問13.** ② **問14.** ① **問15.** ①

解説

《清の半植民地化，1980年代以降の中華人民共和国の対外戦略》

問3. ①正文。②誤文。常勝軍は太平天国の乱を鎮圧するために組織された義勇軍で，清軍と対立したわけではない。

③誤文。清は19世紀前半に南京条約の追加条約として結ばれた五港（五口）通商章程（1843年）でイギリスの領事裁判権を認めた。

④誤文。清ではヨーロッパの科学技術の導入を進める洋務運動が，1860年頃から始まった。

問6. ③正答。日清戦争の講和条約は下関条約と呼ばれる。

問8. ①正答。清が下関条約で日本に割譲したのは，台湾，澎湖諸島，遼東半島である。選択肢には，①台湾しかない。

問10. ③正答。鄧小平が1978年より推進した「改革開放」では，市場経済の一部導入（人民公社の解体など）や経済特区の設立などが行われた。

問13. ②正答。残りの人物の写真は，①魯迅，③周恩来，④毛沢東。

問14. ①誤文。日本軍は中華民国の首都南京で，「多数の中国人を殺傷した」。

Ⅲ 解答

問1. ② **問2.** ① **問3.** ④ **問4.** ③ **問5.** ②
問6. ① **問7.** ① **問8.** ④ **問9.** ③ **問10.** ①
問11. ② **問12.** ③ **問13.** ① **問14.** ③ **問15.** ②

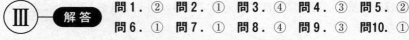

解説

《中世西ヨーロッパ世界の形成》

問2. ①正答。②アングロ=サクソン七王国はグレートブリテン島南部に，③西ゴート王国はイベリア半島に，④ヴァンダル王国は北アフリカのチュニジアにそれぞれ建国された。

問3. メロヴィング朝は481～751年。④不適。宋（北宋）の建国は960年。

問5. ②正文。①誤文。キリスト教は，313年のミラノ勅令により公認された。

③誤文。テオドシウス帝は392年，キリスト教を国教に定めるとともに異教の信仰を禁止した。

④誤文。431年のエフェソス公会議で異端とされたネストリウス派が，後に中国で景教と呼ばれた。

問9. やや難。③正答。①タミル語はドラヴィダ語族，②ハンガリー語はウラル語族，④中国語はシナ=チベット語族。

問12. ③誤文。パンノニア平原は，ドナウ川中流域に位置する。ドニエプル川は東ヨーロッパ平原を流れ，黒海に注いでいる。

問15. ②正答。カペー朝のフィリップ4世は，教皇ボニファティウス8世と対立したアナーニ事件後，教皇庁を南フランスのアヴィニョン（B）に移した。

地　理

I　解答

問1．④　問2．①　問3．④　問4．⑤　問5．①
問6．②　問7．④　問8．⑤　問9．②　問10．⑤
問11．④　問12．④

解説

《福岡県平尾台の地形図読図》

問1．④が正解。地形図の中央部の地形が問われており，地形図を見ると，等高線の幅が比較的広いことから，なだらかな丘陵地と判断する。地形図の中央部には広葉樹林，針葉樹林，畑，荒地などの地図記号が見られるが，針葉樹林はほんのわずかであり，果樹園は見られない。鉱山の崖は図の左側には見られるが中央部にはない。

問2．X付近はXの下にある474mの標高点を頂点として標高が低下していることが等高線から読み取れるため，X付近の標高は130m程度と読み取れる。よって，①か⑤のどちらかに絞られる。一方，Y付近はYのすぐ下に436mの標高点があり，Y地点も430m程度と読み取れる。Y地点から直線に沿って標高線を読み取ると，300m程度まで標高が低下したのち，400m程度まで上昇し，その後，Xの手前の等高線が密な部分までは350～400mの間のでこぼことした丘陵地が広がっている。このことから，正解は①となる。

問4．写真の手前に道路があることから，B，C，Eのいずれかであると考える。写真中央に小高い山が見えることから，矢印の方向に山が見えるEの位置から撮影したものであると判断する。

問5．①誤文。地形図中のAの右側に587mの標高点が記載されている。

問8．⑤誤文。石灰岩は将来的にエネルギー資源として利用できるかどうか実験が行われているが，実用化には至っておらず，現時点ではエネルギー資源とはいえない。

問12．④が正解。石灰岩は水が浸透しやすく，水はけが良いため，土は乾燥しやすい。さらに，防火や害虫駆除を目的として春先には野焼きが行われている。

Ⅱ 解答 問1．③　問2．④　問3．②　問4．⑥
問5．ア―⑤　イ―②　ウ―④
問6．A―⑧　B―⑤　C―⑩　D―⑥

解説

《ユネスコと世界遺産》

問1．③正文。ルワンダでは1994年に，多数派のフツ族から選出された大統領の乗った飛行機が撃墜され，その責任を少数派のツチ族に帰し，ツチ族を抹殺しようというラジオなどによるプロパガンダが行われたことが大量虐殺につながったとされる。

①誤文。アメリカ南北戦争は，貿易や奴隷政策をめぐる南北の白人を中心とした争いである。

②誤文。印パ戦争は，ヒンドゥー教を中心とするインドとイスラム教を中心とするパキスタンによる，両国国境地帯に位置するカシミール地方の帰属をめぐる戦争である。

④誤文。北アイルランド紛争は，多数派のプロテスタント系住民が少数派のカトリック系住民に対する差別的政策を行ったことに起因する。

問4．「危機にさらされている世界遺産」へ登録された年代は，その地域で紛争等が起こった時期から判断できる。Aの古都ダマスカスは，シリア内戦の影響で2013年に登録された。Bのバーミヤン渓谷の文化的景観と古代遺跡群は，2001年アフガニスタンを支配していたタリバン政権がバーミヤンの仏像を破壊した影響で2003年に登録された。Cのエルサレム旧市街とその城壁群は，第二次世界大戦後から続くパレスチナ問題の影響により1982年に登録された。

問6． **A．**「古墳」や「天皇陵」「皇后陵」という表記が複数見られるため，⑧百舌鳥・古市古墳群を選ぶ。

B．「熊野三山」という表記が見られるため，熊野古道に代表される⑤紀伊山地の霊場と参詣道を選ぶ。

C．「三内丸山遺跡」という縄文時代の遺跡の名称が見られることと，「青森」という地名から，⑩北海道・北東北の縄文遺跡群を選ぶ。

D．「中尊寺」が見られることから，⑥平泉を選ぶ。

Ⅲ　解答　**問1．ア**―②　**イ**―⑥　**ウ**―④　**問2．**③　**問3．**①
問4．⑤　**問5．**④　**問6．**②　**問7．**①　**問8．**③
問9．④

解説

《ヨーロッパの工業》

問1．ア．本文12行目に「第3の　ア　と呼ばれる」とあり，その説明から「第3のイタリア」を想起したい。

イ．本文9・10行目から，地中海沿岸部においてスペインとイタリアの間にある国と判断できることから，フランスとわかる。

ウ．本文最終文に2023年4月に脱原発を完了させたという記述があることや，本文7～8行目にヨーロッパで最も工業が発達している地域の一部として「　ウ　西部」があげられていることから，ヨーロッパ最大の工業国であるドイツとわかる。

問7．アイスランドは再生可能エネルギー100％の国として知られている。その内訳は水力が約70％，地熱が約30％である。

問8．デンマークの再生可能エネルギーとしては，風力が最も多く約50％を占めており，次いでバイオ燃料・廃棄物が約30％近くを占めている。

問9．④が正解。エクメーネは人間の居住地域を意味する語句であり，個別の地域名ではない。

数　学

1 解答

(1)**ア．** 8　**イウ．** 10

(2)**エオ．** 30　**カ．** 1　**キ．** 3

(3)**ク．** 1　**ケ．** 2　**コ．** 2　**サ．** 3

(4)**シスセ．** 338　**ソタチツテト．** 342394

解説

《小問 4 問》

(1)　初めの状態を（A：白 x，赤 2），（B：白 4，赤 y）と表し，他も同様に表すことにする。

$$(\text{A：白}\,x,\ \text{赤}\,2)\xrightarrow[\text{確率}\ \frac{x}{x+2}]{\text{白}}(\text{B：白}\,5,\ \text{赤}\,y)\xrightarrow[\text{確率}\ \frac{5}{5+y}]{\text{白}}\text{白}$$

の確率が $\dfrac{4}{15}$ であるから

$$\frac{x}{x+2}\times\frac{5}{5+y}=\frac{4}{15}\quad\cdots\cdots①$$

同様に

$$(\text{A：白}\,x,\ \text{赤}\,2)\xrightarrow[\text{確率}\ \frac{2}{x+2}]{\text{赤}}(\text{B：白}\,4,\ \text{赤}\,y+1)\xrightarrow[\text{確率}\ \frac{4}{5+y}]{\text{白}}\text{白}$$

の確率が $\dfrac{4}{75}$ であるから

$$\frac{2}{x+2}\times\frac{4}{5+y}=\frac{4}{75}\quad\cdots\cdots②$$

①÷② より　　$\dfrac{5}{8}x=5$

よって　　$x=8$　（→ア）

$x=8$ を①に代入して　　$y=10$　（→イウ）

(2)　$\vec{a}=(\sqrt{3},\ 1)$，$\vec{b}=(x,\ y)$　$(y>0)$，$|\vec{b}|=2$，$\vec{a}$，$\vec{b}$ のなす角は θ であり，$\vec{a}\cdot\vec{b}=2\sqrt{3}$ である。また，$|\vec{a}|=\sqrt{(\sqrt{3})^2+1^2}=2$ である。

内積の定義より

$$\cos\theta=\frac{\vec{a}\cdot\vec{b}}{|\vec{a}||\vec{b}|}=\frac{2\sqrt{3}}{2\cdot 2}=\frac{\sqrt{3}}{2}$$

$0^\circ \leqq \theta \leqq 180^\circ$ に注意して

$\theta=30^\circ$　(→エオ)

$|\vec{b}|=2$ より　　$x^2+y^2=4$　……①

$\vec{a}\cdot\vec{b}=2\sqrt{3}$ より　　$\sqrt{3}x+y=2\sqrt{3}$

よって　　$y=\sqrt{3}(2-x)$　……②

②を①に代入して整理すると

$x^2-3x+2=0$　　$(x-1)(x-2)=0$

$y>0$ より $x<2$ であるから　　$x=1$

②に代入して　　$y=\sqrt{3}$

よって　　$\vec{b}=(1,\ \sqrt{3})$　(→カ，キ)

(3)　$x-y+1=0$　……①，$3^{2x}-4\cdot 3^y+27=0$　……② とおく。

①より　　$y=x+1$　……①′

であるから，これを②に代入すると

$3^{2x}-4\cdot 3^{x+1}+27=0$

$(3^x)^2-12\cdot 3^x+27=0$

$(3^x-3)(3^x-9)=0$

$3^x=3,\ 3^2$

$x=1,\ 2$　……③

③と①′ より，連立方程式①，②の解は

$(x,\ y)=(1,\ 2),\ (2,\ 3)$　(→ク～サ)

(4)　与えられた等差数列を $\{a_n\}$ とおくと，一般項は

$a_n=2024+(n-1)(-6)=-6n+2030$

であり，初項から第 n 項までの和 S_n は

$$S_n=\frac{n\{2\cdot 2024+(n-1)\cdot(-6)\}}{2}=n(2027-3n)$$

ここで

$a_n>0$

$-6n+2030>0$

$n<338+\dfrac{1}{3}$

$n \leqq 338$

であるから，S_n が最大値となる n は 338（→シスセ）であり，このときの S_n は

$$S_{338} = 338(2027 - 3 \cdot 338) = 342394 \quad (\text{→ソ～ト})$$

別解　与えられた数列の初項から第 n 項までの和 S_n は

$$S_n = \frac{n\{2 \cdot 2024 + (n-1) \cdot (-6)\}}{2} = n(2027 - 3n)$$

S_n の最大値を考えるために，２次関数 $f(x) = x(2027 - 3x)$ を考える。

$y = f(x)$ のグラフを F とする。$f(x) = -3x\left(x - \dfrac{2027}{3}\right)$ であるから，F は上に凸の放物線であり，x 軸との交点の x 座標は 0，$\dfrac{2027}{3}$，軸は $x = \dfrac{2027}{6}$ である。$\dfrac{2027}{6} = 337 + \dfrac{5}{6}$ に最も近い自然数は 338 である。

グラフより，S_n が最大値となる n は 338 であり，このときの S_n は

$$S_{338} = 338(2027 - 3 \cdot 338) = 342394$$

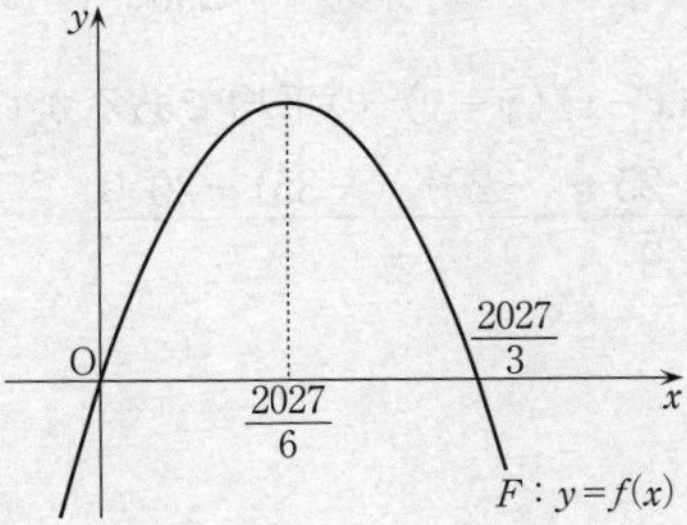

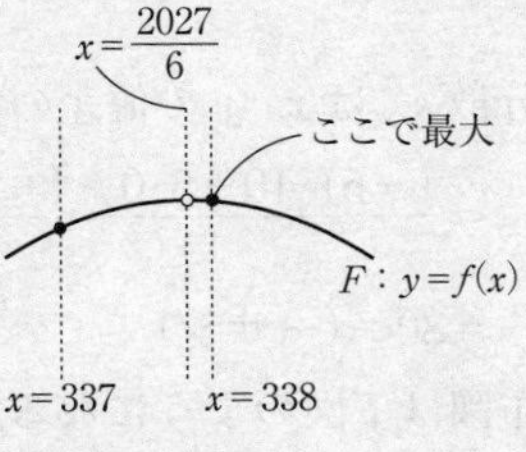

F の頂点付近の拡大図

2　解答

(1)**アイ．** 65　**ウエオ．** 390
(2)**カキ．** 90　**クケコ．** 290
(3)**サシ．** 80
(4)**ス．** 7　**セソ．** 10　**タ．** 2
(5)**チツ．** 47　**テト．** 85

解説

《データの相関，散布図》

学生	A	B	C	D	E
数学	55	65	50	40	α
英語	75	65	90	30	65

(1)　英語の平均点の仮平均を最頻値の 65 点として計算する。仮平均に各データから仮平均を引いた差の平均を加えて

$$\overline{y}=65+\frac{10+0+25+(-35)+0}{5}=65+0=65\quad(\to アイ)$$

分散 $s_y{}^2$ は偏差の 2 乗 $(y-\overline{y})^2$ の平均であるから

$$s_y{}^2=\frac{10^2+0^2+25^2+(-35)^2+0^2}{5}=\frac{1950}{5}=390\quad(\to ウ\sim オ)$$

(2)　$\overline{x}=60$ であるから，仮平均を 60 として $\overline{x}$ を計算すると

$$\overline{x}=60+\frac{(-5)+5+(-10)+(-20)+(\alpha-60)}{5}=60+\frac{\alpha-90}{5}=60$$

よって　　$\alpha=90$　$(\to カキ)$

分散 $s_x{}^2$ は偏差の 2 乗 $(x-\overline{x})^2$ の平均であるから

$$s_x{}^2=\frac{(-5)^2+5^2+(-10)^2+(-20)^2+(90-60)^2}{5}=290\quad(\to ク\sim コ)$$

(3)　共分散 s_{xy} は x，y の偏差の積 $(x-\overline{x})(y-\overline{y})$ の平均であるから

$$s_{xy}=\frac{(-5)\cdot10+5\cdot0+(-10)\cdot25+(-20)\cdot(-35)+30\cdot0}{5}$$

$$=80\quad(\to サシ)$$

(4)　散布図は下図のようになる。

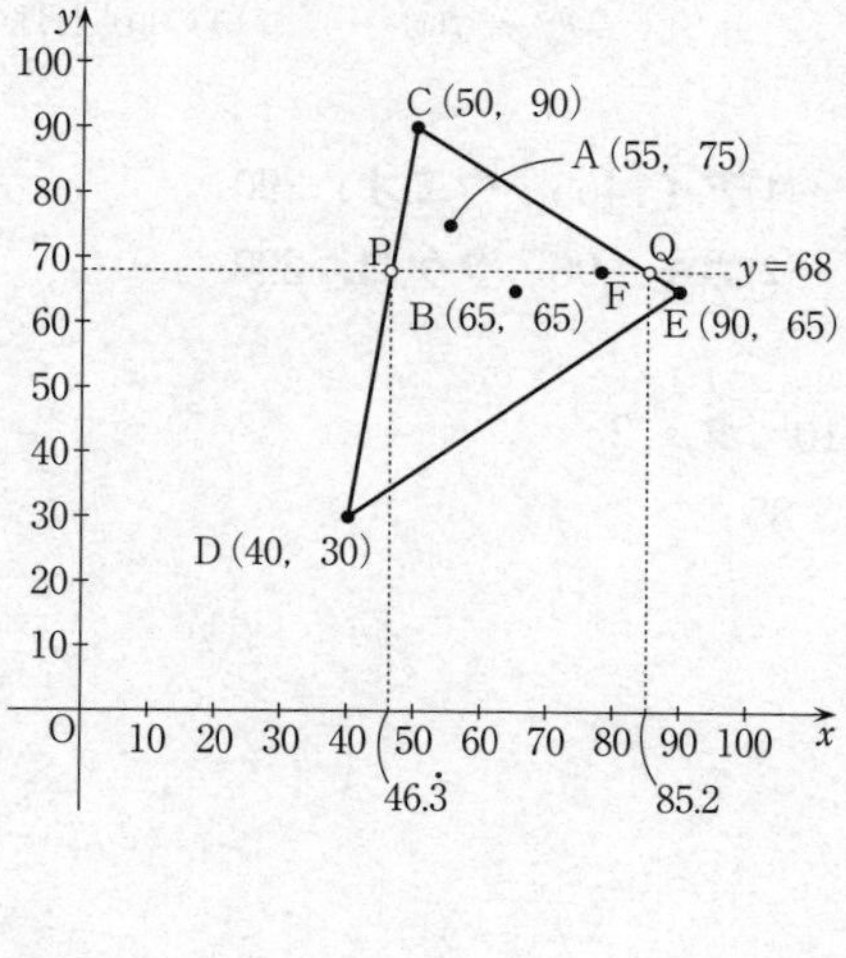

図より，l は直線DEであり，その方程式は

$$y-30=\frac{65-30}{90-40}(x-40)$$

$$y=\frac{7}{10}x+2 \quad (\to ス〜タ)$$

(5)　Fの英語の得点は68点であるから，Fの数学の得点を f として $\mathrm{F}(f,\ 68)$ とおける。直線 $y=68$ と辺CD，CEとの交点をそれぞれ $\mathrm{P}(p,\ 68)$，$\mathrm{Q}(q,\ 68)$ とする。点Fは三角形CDEの周および内部にあるから，図より，点Fは線分PQ上にあり，$p\leqq f\leqq q$ が成り立つ。

直線CDの方程式は

$$y-90=\frac{90-30}{50-40}(x-50)$$

$$y=6x-210$$

であり，$\mathrm{P}(p,\ 68)$ はこの直線上にあるから

$$68=6p-210$$

よって　　$p=46+\dfrac{1}{3}$

直線CEの方程式は

$$y-65=\frac{90-65}{50-90}(x-90)$$

$$y=-\frac{5}{8}x+\frac{485}{4}$$

であり，$\mathrm{Q}(q,\ 68)$ はこの直線上にあるから

$$68=-\frac{5}{8}q+\frac{485}{4}$$

よって　　$q=85+\dfrac{1}{5}$

$p\leqq f\leqq q$ より $46+\dfrac{1}{3}\leqq f\leqq 85+\dfrac{1}{5}$ であり，f は0以上100以下の整数であるから

$$47\leqq f\leqq 85 \quad (\to チ〜ト)$$

参考　(1)，(3)について，先に(2)を解いて $\alpha=90$ を求めてから下のような表を作って解くこともできる。計算ミスを防ぐためにもよい方法である。

普段の問題演習を通じて下表のフォーマットに慣れておきたい。

学生	x	y	$x-\overline{x}$	$y-\overline{y}$	$(x-\overline{x})^2$	$(y-\overline{y})^2$	$(x-\overline{x})(y-\overline{y})$
A	55	75	−5	10	25	100	−50
B	65	65	5	0	25	0	0
C	50	90	−10	25	100	625	−250
D	40	30	−20	−35	400	1225	700
E	90 →カキ	65	30	0	900	0	0
合計	300	325	0	0	1450	1950	400
平均	$\overline{x}=60$	$\overline{y}=65$ →アイ	0	0	$s_x{}^2=290$ →クケコ	$s_y{}^2=390$ →ウエオ	$s_{xy}=80$ →サシ

3　解答

(1)ア． 2　**イ．** 1　**ウエオ．** 165　**カキ．** 69
クケコ． 234　**サシス．** 165　**セ．** 2

(2)ソ． 2　**タ．** 2　**チツ．** −9　**テト．** 13

解説

《整式の除法を用いた整式の値の計算》

(1)　$x=1+\sqrt{2}$ のとき　　$x-1=\sqrt{2}$

両辺を 2 乗して

$$x^2-2x+1=2$$

$$x^2-2x-1=0 \quad (\to ア,\ イ)$$

$f(x)$ を x^2-2x-1 で割った余りは，下の割り算より，$165x+69$（→ウ～キ）であるから，商を $Q_1(x)$ とおくと

$$f(x)=(x^2-2x-1)\,Q_1(x)+165x+69$$

$x=1+\sqrt{2}$ のとき，$x^2-2x-1=0$ であるから

$$\begin{aligned} f(1+\sqrt{2}) &= 0\cdot Q_1(x)+165x+69 \\ &= 165x+69 \\ &= 165(1+\sqrt{2})+69 \\ &= 234+165\sqrt{2} \quad (\to ク\sim セ) \end{aligned}$$

$$
\begin{array}{rl}
 & x^5+2x^4+5x^3+12x^2+28x+69 \\ \hline
x^2-2x-1\ \big) & x^7 \qquad\qquad\qquad -x^3+x^2-x \\
 & x^7-2x^6-x^5 \\ \hline
 & \quad 2x^6+x^5 \\
 & \quad 2x^6-4x^5-2x^4 \\ \hline
 & \qquad 5x^5+2x^4-x^3 \\
 & \qquad 5x^5-10x^4-5x^3 \\ \hline
 & \qquad\quad 12x^4+4x^3+x^2 \\
 & \qquad\quad 12x^4-24x^3-12x^2 \\ \hline
 & \qquad\qquad 28x^3+13x^2-x \\
 & \qquad\qquad 28x^3-56x^2-28x \\ \hline
 & \qquad\qquad\quad 69x^2+27x \\
 & \qquad\qquad\quad 69x^2-138x-69 \\ \hline
 & \qquad\qquad\qquad 165x+69
\end{array}
$$

(2)　$x=-1+i$ のとき　　$x+1=i$

両辺を 2 乗して

$$x^2+2x+1=-1$$

$$x^2+2x+2=0 \quad (\to ソ，タ)$$

$f(x)$ を x^2+2x+2 で割ったときの商を $Q_2(x)$ とおく。下の割り算より，余りは $-13x-22$ であるから

$$f(x)=(x^2+2x+2)\,Q_2(x)-13x-22$$

$x=-1+i$ のとき，$x^2+2x+2=0$ であるから

$$
\begin{aligned}
f(-1+i)&=0\cdot Q_2(x)-13x-22 \\
&=-13x-22 \\
&=-13(-1+i)-22 \\
&=-9-13i \quad (\to チ〜ト)
\end{aligned}
$$

$$
\begin{array}{rl}
 & x^5-2x^4+2x^3 \qquad -5x+11 \\ \hline
x^2+2x+2\ \big) & x^7 \qquad\qquad\qquad -x^3+x^2-x \\
 & x^7+2x^6+2x^5 \\ \hline
 & \quad -2x^6-2x^5 \\
 & \quad -2x^6-4x^5-4x^4 \\ \hline
 & \qquad 2x^5+4x^4-x^3 \\
 & \qquad 2x^5+4x^4+4x^3 \\ \hline
 & \qquad\qquad -5x^3+x^2-x \\
 & \qquad\qquad -5x^3-10x^2-10x \\ \hline
 & \qquad\qquad\quad 11x^2+9x \\
 & \qquad\qquad\quad 11x^2+22x+22 \\ \hline
 & \qquad\qquad\qquad -13x-22
\end{array}
$$

問六 傍線部の後半は二重否定「無《シ》レ不《ルハ》二〜《セ》一（〜セざルハなシ）」の形で〝同意しない者はおりません〟の意を表しているので「無《シ》二不《ル》レ可《トセ》者一」がよい。2・5の「無《キ》レ不《ル》レ可《トセ》者《ナリト》」は、直訳すると〝同意しないことはない者である＝同意する者である〟となり、〈同意しない者はおりません＝皆が同意する〉という意味にならない。前半は「見許」が「許してくださる」と、許す行為に尊敬の意を添えた意味になるはずなので、「見」は「見る」という動詞ではなく、「許」に意味を添える働きをすると考えられる。したがって3が最適である。

問七 傍線部を直訳すると〝蛙たちではないということがあるだろうか〟となる。これと、蛙の声がうるさかったので小童に捕まえさせて眠ったところ、自分に命乞いをする者たちが〈あなたが許せば問題ない〉と言ったという夢の内容を合わせて考えると、妻は、夢に出てきた者たちが〈蛙たちに違いない〉と推測したのだと判断できる。

問八 「即座」「即席」などと使うように、2「即（すなはチ）」が〝すぐさま〟の意を表す。1は「つひニ」で〝そのまま〟の意。3〜5はどれも「すなはチ」と読むが、3は〝やっと、意外にも〟、4は〝〜ならば〟、5は〝〜するたびに〟といったニュアンスで用いられることがある。

問九 捕まえた蛙たちを放してやったということなので、〝ゆるす〟という意味になる1が適切。2は〝明らかにする〟、3は〝とかす〟、4は〝言い訳する〟、5は〝わかる〟の意。

問十 〈うるさい蛙を小童に捕まえさせて休んだ康滑は、夢で命乞いをされ、妻に、それは蛙たちに違いないと言われて確かめたところ、小童が瓶に閉じ込めていた蛙が夢に出てきた人数と一致していたので、放してやった〉という話の展開に合うのは5。1は「小童が捕まえてきた蛙」、2は「瓶の中ですでに息絶えていた」、3は「小童の言葉によって」、4は「妻が小童に蛙たちを捕まえさせた」がそれぞれ誤り。

問四 4
問五 2
問六 3
問七 1
問八 2
問九 1
問十 5

解説

問一 「且（まさニ～ンとす）」は、〝～しようとする〟を意味する再読文字で、同じ読み・意味の漢字は4「将」。他もすべて再読文字で、1は「よろシク～ベシ」、2は「まさニ～ベシ」、3は「なホ～ごとシ」、5は「いまダ～ず」。

問二 受身を表す「為《ル》ニA所《ノト》レB《スル》（AノBスル所ト為ル）」の形。直訳すると〝蛙の声にうるさくされた〟で、眠ろうとして騒がしい蛙の鳴き声に邪魔されたことを表現している。

問三 「～であるけれども」という逆接を表すのは5「雖（いへどモ）」。他の選択肢の主な読みは、1は「たとヒ」、2は「すなはチ」、3は「なス」「ためニ」「たリ」、4は「もシ」「ごとシ」。

問四 命乞いをしてきた者たちに対して「兵官」の職にある立場から答えている。「能《ク》～」は〝～できる〟の意。「非《ズ》」は〝～ではない〟と物事を否定する言い方。命乞いをしてきた者たちに、自分は「能く生殺を擅にする者」ではない、と答えている。

問五 手段を問う疑問の語「何を以って（か）」は、白文では「何以」というひとまとまりの語で表す。可能を表す「能く～」は、動詞の前に置くので、「能く……貸さんや」であれば白文での語順は「能貸……」となる。「汝が死」は、修飾・被修飾の関係にあるので、そのまま「汝死」となる。よって、白文は2「何以能貸汝死」となる。

ているので、「ぬれ」は完了の助動詞「ぬ」の已然形で、「ば」は接続助詞である。

問五　②「ことごとし」は〝おおげさである〟の意で、ここでは直前の「くすしく（＝とっつきにくく）」と考え合わせると、現代語訳としては3「もったいぶった」が最適。③「はかなき」は〝ちょっとした〟、④「なげ」は〝いいかげんな、かりそめの〟、「なさけ」は〝思いやり、愛情〟の意なので、それぞれ最も近い意味になる現代語訳を選ぶ。

問六　「けぢめ」は〝区別、違い〟の意。ここでは、相手に対して「われまさりていはむと……けしきあしうまもりかはす」態度と、「もてかくし、うはべはなだらかなる」態度とを対比し、その違いのうちに「心のほど」が見えると述べている。

問七　【文章Ⅰ】では「おいらかに……おちゐぬる」という、穏やかで落ち着いた人柄を好ましいものとし、そうではないにしても、「人がらくせなく」、あるいは「もてかくし、うはべはなだらかなる」というように、素直であったり、表面的にでも穏やかであったりするのが好ましいとしている。【文章Ⅱ】は、伴侶とすべき女性について「ひとへにものまめやかに静かなる心のおもむき」を持ち、「うしろやすくのどけきところだに強くは」それでよいと述べており、やはり、穏やかな人柄を評価する主旨となっている。

問八　『十六夜日記』は阿仏尼の作で、鎌倉時代に成立した。『和泉式部日記』は和泉式部、『土佐日記』は紀貫之、『蜻蛉日記』は藤原道綱母、『更級日記』は菅原孝標女の作で、いずれも『紫式部日記』と同じく平安時代に成立した。

四

出典　高邁『夷堅志』〈乙志巻第三　蛙乞命〉

解答

問一　4

問二　3

問三　5

三

出典　紫式部『紫式部日記』『源氏物語』〈帚木〉

解答

問一　3

問二　2

問三　4

問四　2

問五　②―3　③―5　④―2

問六　1

問七　4

問八　1

解説

問一　「ゆゑもよしも（＝風情も様子も）」という人品について「心やすけれ（＝安心である）」と述べているので、肯定的な意味の語が入ると推測する。1は〝たよりない〟、2は〝冷淡だ〟、3は〝趣がある〟、4は〝気の毒だ〟または〝かわいい〟、5は〝かわいい〟または〝あわれだ〟の意で、このうち人品の肯定的評価としては3「をかしく」が最適。

問二　「人がらくせなく」あることが望ましいという論の展開をおさえる。人が目を留めるような様子でいると、言葉や立ち居振る舞いのうちに「くせ」を見つけられてしまうものだ、と注意をうながしている。

問三　「よるべ」は〝頼みとする相手、夫・妻〟の意。ここでは妻とするのに好適な女性について論じている。したがって空欄にも、〈伴侶とすべき人物〉といった主旨の語が入る。

問四　傍線部の直前に格助詞「に」があるので、「なり」は動詞（ラ行四段活用動詞「なる」）の連用形。連用形に接続し定的に異なることを示している。Ⅱ、言語は個人の思考だけでなく、共同作業や伝達を可能にし、それが高度な文化の創出につながるので「継続的」または「蓄積的」が入り得るが、Ⅰとの組合せが正しいので「蓄積的」が入る。

問六　筆者は「言語の重要な特徴は、文法構造を持つことだ」と述べている。つまり、言語の創出とは、文法構造の創出とほぼ同義である。そして筆者は、「文法自体は……音声を使って何らかのコミュニケーションをしている間に、自然に創出されてくる」と考えている。

問七　傍線部の問いかけ以降に、文法が創出される過程についての筆者の考えが述べられており、結論として「言語の進化の最初期に、文法を作り出したり理解したりすることにかかわる特別な遺伝子などはいらない」（傍線部の三段落後）と述べている。

問八　傍線部④の直後に「言語の重要な特徴は、文法構造を持つことだ。どの言語も、単語を並べるための一定の規則を持ち、並べ方が変われば意味が変わる」とある。そしてこのような文法構造は「ヒトが、音声を使って……自然に創出されてくるものだと考えている」「音声コミュニケーションをしている間に、創発的な現象として、要素をある一定の規則に基づいて並べるということが始まるのではないだろうか」とあるので、正解は3である。

問九　本文の終わりの二つの段落に、言語に関する筆者の考えが述べられている。筆者は、言語が持つ機能のうち、「思考の道具」としての機能よりも「コミュニケーションの道具」「コミュニケーションを通して共同作業で成し遂げる」機能のほうが生物の生存に与える影響が強いはずであり、言語は「コミュニケーションの文脈で進化した」と考えている。

二

出典　長谷川眞理子『進化的人間考』〈第16章　言語と文化〉（東京大学出版会）

解答

問一　(ア)―3　(イ)―5　(ウ)―2

問二　3

問三　5

問四　②―4　③―2

問五　4

問六　2

問七　5

問八　3

問九　4

解説

問二　A、相手の「『心』を想像する」ことがなければ、お互いに「うなずき合う」ことは、もっとあり得ないという文脈である。B、〈文法は自然に創出されてくる〉という考え方を別の方向から言えば、〈最初から文法がある必要はない〉と言える。C、「創発的な現象として……始ま」ったことが、「集団内で共有されるようになる」という、時間の経過による事態の推移が示されている。D、〈ヒトの思考が高度な文化を生み出した〉ことは事実だが、〈個々のヒトが独立に考えて生み出したのではない〉と、相対する事柄を述べている。

問三　言語は「ヒトだけが持つ形質」であり、動物の一般的コミュニケーションとヒトの言語との違いは「『心』が共有されていること」である。したがって、ヒトだけが持つ言語を可能にしているのは、「心」の共有ということになる。

問五　Ⅰ、動物も人間も信号によるコミュニケーションを行うが、ヒトだけは「『心』が共有されている」という点で決ところについて「関わったら大変なことになる」「通報しなくちゃいかんとまでは……自分のせいじゃないかって心配になる」というように怪しみ、おびえ、関わりあいになりたくないという思いを感情的に述べている。

問五　電気店から走り去る間、未名子は、自分に対して感情を爆発させた店主の心情を理屈では納得しつつも、体がかすかに震えるほど「悔しく」感じ、その理由を「スタジオであれだけきちんと対応してくれていた仕事上の相手が……聞いてしまったからだろうか」と推測している。相手の考えも自分の考えも「かもしれない」「だろうか」と推し量る表現が続いており、選択肢1にあるように「状況を客観視」できているわけではない。

問六　未名子は、自分たちがしている「知識をためたり、それらを整理している」ことを、周囲の人々が「ひどく気味悪く思う」「とても卑怯で恐ろしいことに思えてしまう」らしいこと、それで非難されることに疑問を感じている。また、知識の収集や整理は、未名子自身の世の中に対する不満や、世の中にかける迷惑とは無関係だと考えている。

問七　未名子は、順さんの資料館やカンベ主任のスタジオ、すなわち「なにかの知識をためたり、それらを整理している」場所が、多くの住人にとっては「魔女の館」、つまり、電気店の店主が考えていたような、うす気味悪く、関わったら大変なことになる場所と見なされていたことに悔しさを感じている。

問八　1は「世の中のどこかになにかの知識を……気味悪く思うらしい」（最後から三段落目）、2は資料館やスタジオで働く未名子自身のあり方、4は電気店の店主に関する「あんなふうに感情を……腹を立てたのかもしれない」（最後から五段落目）という考察、5は「ひとりの市民として……つもりなんてなかった」（最後から四段落目）のに、電気店の店主から理不尽な対応をされたという心情に、それぞれ合致する。3の「資料を集めるという単純かつ退屈な作業」という感覚は、本文の中には見られない。

国語

一

出典 高山羽根子『首里の馬』（新潮文庫）

解答

問一 (ア)―1 (イ)―1 (ウ)―2
問二 ⓐ―4 ⓑ―3 ⓒ―4
問三 Ⅰ―3 Ⅱ―4
問四 5
問五 5
問六 4
問七 5
問八 3

解説

問三 Ⅰ、「情報は一歩も外に出していません」というのは嘘だが、プライバシーにかかわらないような「ほんの些細な、お土産みたいな知識」は持ち出しているので、重大な嘘ではないというニュアンスが込められている。Ⅱ、社会の中で迷惑をかけずに暮らしていたにもかかわらず、乱暴で横柄な対応をされたり、「自分や自分のいる場所のことを悪しざま」に言われたりしたことへの不満や悔しさが表されている。

問四 データを通信先に送りたいという未名子の依頼は「できないことはない」が、電気店の店主は未名子の働いている

一般選抜前期・数学重視型・共通テストプラス方式：2月5日実施分

問題編

▶試験科目・配点

区分	学部	教科	科目	配点
前期	全学部	外国語	コミュニケーション英語Ⅰ・Ⅱ・Ⅲ，英語表現Ⅰ・Ⅱ（リスニングを除く）	150点
		地歴・公民・数学	日本史B，世界史B，地理B，「倫理，政治・経済」〈省略〉，「数学Ⅰ・Ⅱ・A・B*」から1科目選択	100点
		国語**	国語総合，現代文B，古典B	100点
数学重視型	法・経済・経営・文（心理）・地域政策（地域政策〈食農環境〉）	外国語	コミュニケーション英語Ⅰ・Ⅱ・Ⅲ，英語表現Ⅰ・Ⅱ（リスニングを除く）	100点
		数学	数学Ⅰ・Ⅱ・A・B*	200点
		国語**	国語総合，現代文B，古典B	100点
共通テストプラス	法・経済・経営・現代中国・文・地域政策	外国語・数学・国語**	「コミュニケーション英語Ⅰ・Ⅱ・Ⅲ，英語表現Ⅰ・Ⅱ（リスニングを除く）」，「数学Ⅰ・Ⅱ・A・B*」，「国語総合，現代文B，古典B」から1科目選択	100点
	国際コミュニケーション	外国語	コミュニケーション英語Ⅰ・Ⅱ・Ⅲ，英語表現Ⅰ・Ⅱ（リスニングを除く）	200点

▶備　考

＊　「数学B」は「数列，ベクトル」から出題。

＊＊古文・漢文はいずれか一方を試験当日に選択。

• 共通テストプラス方式は，上表の独自試験（前期入試と共通問題）に加えて，各学部の指定する共通テスト２教科２科目（独自試験で選択した教科を除く）を選択。

- 前期入試について，大学の定める英語能力試験のスコア等を保持している場合は，「外国語（英語）」の得点に30点（上限）を加点し，合否判定を行う。ただし，大学の独自試験「外国語（英語）」の得点率が70％以上の場合のみ加点対象となる。

英　語

（80分）

〔I〕 次の英文を読み，設問1～25に答えよ。解答はマークシート解答用紙にマークせよ。

The eyes of the world were focused on sporting events staged in the capital's newly built National Stadium, the main venue for the 2020 Tokyo Olympics and Paralympics. The Kengo Kuma-designed stadium in Tokyo's Shinjuku Ward opened to the public in 2019 to great fanfare.

(1)(Excite) to see what all the enthusiasm was about, Barry Joshua "Josh" Grisdale visited the stadium and checked out (2)(　　　) barrier-free facilities. Junichi Kawai, a decorated Paralympian and chairman of the Japanese Paralympic Committee, greeted Josh at the stadium. "It's the first city in the world to host the Summer Paralympic Games twice," Kawai said, emphasizing the significance of Tokyo hosting the summer sporting event. "I want (3)(to / as / as / people / possible / many) visit the venue and fill all the venues to welcome the athletes," Kawai said.

Josh said he was impressed by the ticket counter's design. The counter is designed so wheelchair users can edge in close and conduct their transactions easily. The stadium's entrance gates (4)(wheelchair / wide / for / are / enough) users to pass through smoothly, along (5)(　　　) everyone else, without the need for a dedicated wheelchair lane*1. "I like the fact that there is (6)(　　　) distinction," Josh said. Venues often have entrances and hallways (7)exclusive for wheelchair users, but at the National Stadium all walkways are the same.

Groups of people with disabilities, as well as (8)(　　　) that provide parental support, were involved (9)(　　　) the planning of the venue through exchanges of opinions and requests, according to the Japan Sport Council, an incorporated administrative agency that operates the new stadium. Some requests, such as setting up braille*2 blocks for blind people in restrooms, were not incorporated in the final plan. But many others such as building more ramps and toilets for service and guide dogs were. The "backyard" section of the stadium has bathrooms and showers that athletes with disabilities can use.

The higher a floor in the bowl-shaped-(　　)(10) stadium, the steeper the angle of the seating becomes, so spectators on upper floors don't feel distant from the field. "Wow! There's nothing blocking your view. You can see across the whole stadium," said Josh, as sunlight poured through the doughnut-shaped roof onto the playing field.

(11)(　　) the venue's 60,000 or so seats for spectators, approximately 500 are reserved for wheelchair users. Considering that the former National Stadium had only about 40 seats for wheelchair users (　　)(12) of 54,000 or so seats, it represents a significant improvement. On the first floor of the stadium, seats for wheelchair users are arranged to surround the field. These seats are next to hallways, so wheelchair users can easily turn and get to a bathroom and concession counters. Seats are designed (　　)(13) views for wheelchair users won't be blocked even when people in front seats stand up. Power outlets(14) for electric wheelchairs are available as well.

Mana Kaizuka, 34, also a wheelchair user, joined Josh, with her mother Kiyomi. Kaizuka, who frequently goes to stadiums to see her favorite idol group, said seating(15) at the venues often caused problems for her or her mother, who assists her. At many stadiums, seats for helpers accompanying people (16)(　　) disabilities are located behind those for wheelchair users. In some cases, these seats are (　　)(17) chairs. "That setup sometimes makes me feel I'm just an appendage*3," Kiyomi said.

Some venues are designed so that seating for spectators who use wheelchairs is on a special stage, making it impossible for them(18) to get off the stage without seeking assistance, Kiyomi said. “(　　　)(19) I need to use the restroom, I have to bother someone,” Kaizuka said of her experience at such venues. “But here I can go to the restroom without troubling anyone, which makes it easier (enjoy)(20) watching the events with other people.”

Both Kaizuka and Josh have limited hand movements, so they were a little put out that the stadium is not equipped(21) with special tables where they could eat comfortably. Other (　　　)(22) that though, the pair said the stadium was well-designed with people with disabilities in mind.

(注) [1]lane：車線
[2]braille：点字
[3]appendage：付属物，後回し

1. 下線部(1)“Excite”の適切な形は次のどれか。解答番号は[1]。

① To excite　② Exciting　③ Excited　④ Excite

2. 下線部(2)の空所に入る適切なものは次のどれか。解答番号は[2]。

① its　② their　③ these　④ his

3. 下線部(3)“(to / as / as / people / possible / many)”を並べ替えたとき，**3番目**にくるものは次のどれか。解答番号は[3]。

① as　② possible　③ people　④ many

4. 下線部(4)“(wheelchair / wide / for / are / enough)”を並べ替えたとき，**3番目**にくるものは次のどれか。解答番号は[4]。

① enough　② for　③ are　④ wide

5. 下線部(5)の空所に入る適切なものは次のどれか。解答番号は[5]。

① to　② with　③ for　④ in

出典追記：The Asahi Shimbun Asia & Japan Watch, February 28, 2020　一部改変

6. 下線部(6)の空所に入る適切なものは次のどれか。解答番号は[6]。

① any ② so ③ a few ④ no

7. 下線部(7) “exclusive” の意味に最も近いものは次のどれか。解答番号は[7]。

① only ② kind ③ public ④ friendly

8. 下線部(8)の空所に入る適切なものは次のどれか。解答番号は[8]。

① which ② so ③ in ④ those

9. 下線部(9)の空所に入る適切なものは次のどれか。解答番号は[9]。

① of ② in ③ for ④ by

10. 下線部(10)の空所に入る適切なものは次のどれか。解答番号は[10]。

① five-step ② five-block ③ five-story ④ five-high

11. 下線部(11)の空所に入る適切なものは次のどれか。解答番号は[11]。

① Of ② To ③ On ④ Below

12. 下線部(12)の空所に入る適切なものは次のどれか。解答番号は[12]。

① back ② that ③ full ④ out

13. 下線部(13)の空所に入る適切なものは次のどれか。解答番号は[13]。

① what ② which ③ so for ④ so that

14. 下線部(14) “outlet” の意味に最も近い outlet を含むものは次のどれか。解答番号は[14]。

① The appliance outlet is filled with customers.

② He found an outlet for his energy in dancing.

③ Is there an outlet to charge my phone?

④ The outlet pipe was fixed.

15. 下線部(15) “seating” と同じ用法の～ing を含むものは次のどれか。解答番号は[15]。

① That man wearing a black jacket is my father.

② I found a purse while walking on the slope.

③ Knowing the truth, he got excited.

④ My job is welcoming guests at a hotel.

16. 下線部(16)の空所に入る適切なものは次のどれか。解答番号は[16]。

① to　② in　③ by　④ with

17. 下線部(17)の空所に入る適切なものは次のどれか。解答番号は[17]。

① holding　② folding　③ glowing　④ growing

18. 下線部(18) “them” が指しているものは次のどれか。解答番号は[18]。

① receptionists who welcome the people　② designers

③ spectators who use wheelchairs　④ judges

19. 下線部(19)の空所に入る適切なものは次のどれか。解答番号は[19]。

① Whenever　② Whichever　③ However　④ Whatever

20. 下線部(20) “enjoy” の適切な形は次のどれか。解答番号は[20]。

① enjoy　② enjoyed　③ to enjoy　④ enjoying

21. 下線部(21) “equipped” の意味に最も近いものは次のどれか。解答番号は[21]。

① supplied　② managed　③ handled　④ borrowed

22. 下線部(22)の空所に入る適切なものは次のどれか。解答番号は[22]。

① than　② despite　③ supposing　④ without

▶　23～25. 本文の内容について，次の設問に答えよ。解答番号は23～25。

23. Which request was **NOT** incorporated in the final plan?

① Backyard sections with bathrooms and showers

② Ramps for wheelchair users

③ Toilets for service and guide dogs

④ Braille blocks for the visually impaired

24. Which of the following helps spectators feel they are **NOT** too distant from the field?

① The extreme angle of the high-level floors

② The bowl-shaped middle level floors

③ The doughnut-shaped roof of the stadium

④ The lower level seats

25. Why were Kaizuka and Josh displeased by stadiums that are not equipped with special tables?

① They both have big appetites.

② They both have limited hand movements.

③ They get in the way of them leaving stages.

④ They don't want to bother other people.

〔Ⅱ〕 次の英文を読み，設問 26～44，イ～ホに答えよ。なお，26～44 はマークシート解答用紙にマークし，イ～ホは英語解答用紙Aに記入せよ。

With just one year until the Paris Olympics, Japanese breakdancers are hoping the street dance genre's inclusion in the world's largest multisport event can boost its popularity and (increase)(26) recognition of Japan's status as a global dance power. Japan's breakdancing community has been stepping up preparations for the games' return to the French capital, aiming to ride the wave of success from the Tokyo Olympics in 2021, (　　　)(27) Japanese athletes achieved a record number of medals.

In "breaking," as the discipline is widely known, dancers perform to(28) music played by a DJ, pulling off stylized footwork and body-bending acrobatics such as head spins. About five decades after it developed in the New York City hip-hop scene, the 2024 Paris Olympics will feature 32 dancers competing over two medal events, one per gender. At the Olympics, dancers — known as b-boys and b-girls — will go face-to-face in solo battles and be judged in the Place de la Concorde, a major public square on the (　　　)(29) of Paris's Seine river that will also be home to other urban sports — 3 on 3 basketball, skateboarding and BMX freestyle. (　　　)(30) speed up development, the Japan Dance Sport Federation (JDSF) officially launched a breakdancing section in 2019. Japanese dancers have also seen success at recent international competitions, including at the Youth Olympics.

Katsuyuki Ishikawa, a 40-year-old breakdancer who heads the JDSF breakdancing division, said Japan has become a global power because there is (イ)(　　　) he calls a "tree of hip-hop," a network in which veteran dancers pass on their experience and knowledge to youngsters to help them improve. "There are (ロ)(more / dance / many / than / studios) when I was growing up and more people are teaching younger dancers. Parents are also (　　　)(31) breaking very seriously," said Ishikawa, who performs under the nickname Katsu One.

Breaking was included in the program of the Paris Olympics in December 2020 as one of the four sports proposed by the games' organizing (32)(　　　) to engage a younger audience. It is the only one making its Olympic debut since (33)(　　　) sports — sport climbing, skateboarding and surfing — were all contested at the Tokyo Games. At the Tokyo Olympics, these first-time sports received a lot of local attention, largely due to the success of the Japanese athletes who won medals in (34)(　　　) category. Skateboarding proved a massive hit when Japan's team of young athletes won five medals, including three gold, over four events.

Ishikawa said that he had "mixed feelings" at first about the idea of breaking becoming an Olympic sport as he was afraid (35)it might (36)run counter to the essence of the dance styles' intrinsic street culture, in which dance battles are not scored. (37)(　　　), he said he wants to make the most of the opportunity, and he became more determined to do so when he saw the (ハ)(excite) generated through the success of the Japanese skateboarders in Tokyo. "I got excited thinking that the same thing can happen for breaking. But at the same time, it made me nervous because we have to do everything we can (38)(make) the most of that chance," he said. "Of course, if I (39)(　　　) which color medal Japan is seeking, it would be gold. But it is not only about medals, we want to raise the value of breaking," he added.

(ニ)While breakdancing is not yet commonly seen on television in Japan and is far from a mainstream activity to participate in, people are increasingly getting opportunities to get a taste. A professional league, called the D-League, was launched in January 2021. The second season that started in November features breakdancers aiming for a spot at the Olympics.

Kawasaki, an industrial city just outside Tokyo that has become the country's breakdancing center, is trying to attract more young people by emphasizing breaking and other street sports. The Kanagawa Prefecture city often sees groups of dancers gathering to show their moves in front of

Mizonokuchi Station, (40)(　　　) some people using windows as full-length mirrors. A club in the area has been hosting breaking events for a long time.

Ishikawa, who has traveled the world on his dancing journey, said that he wants young breakdancers to make friends everywhere as he believes strangers can bond through dance. "There are so many attractions of breaking, but I think the biggest point is that it allows you to bond with people, (ホ)(from / matter / no / are / where / they)," he said. "I feel like we can understand each other, our community is (41)that unique and so much fun to be a part of."

26. 下線部(26) "increase" の適切な形は次のどれか。解答番号は[26]。

① increase　② increased　③ increasing　④ increasingly

27. 下線部(27)の空所に入る適切なものは次のどれか。解答番号は[27]。

① which　② where　③ that　④ what

28. 下線部(28) "to" の意味に最も近い to を含むものは次のどれか。解答番号は[28]。

① The story moved me to tears.

② Can you transfer me to the customer service?

③ I prefer sport to music.

④ I cannot find the key to the house.

29. 下線部(29)の空所に入る適切なものは次のどれか。解答番号は[29]。

① stream　② bank　③ channel　④ road

30. 下線部(30)の空所に入る適切なものは次のどれか。解答番号は[30]。

① In order to　② Owing to　③ In regard to　④ Prior to

出典追記：The Japan Times (Kyodo), December 29, 2021

31. 下線部(31)の空所に入る適切なものは次のどれか。解答番号は[31]。

① having　② getting　③ letting　④ taking

32. 下線部(32)の空所に入る適切なものは次のどれか。解答番号は[32]。

① commit　② committing　③ committee　④ commitment

33. 下線部(33)の空所に入る適切なものは次のどれか。解答番号は[33]。

① another　② others　③ of others　④ the other

34. 下線部(34)の空所に入る適切なものは次のどれか。解答番号は[34]。

① certain　② per　③ each　④ many

35. 下線部(35) “it” が指しているものは次のどれか。解答番号は[35]。

① 複雑な感情を抱くこと

② ブレイクダンスがオリンピック・スポーツになること

③ ブレイクダンスをすること

④ ダンスバトルをすること

36. 下線部(36) “run counter to” の意味に最も近いものは次のどれか。解答番号は[36]。

① contradict　② approve　③ consent　④ adapt

37. 下線部(37)の空所に入る適切なものは次のどれか。解答番号は[37]。

① Therefore　② However

③ Subsequently　④ Accordingly

38. 下線部(38) “make” の適切な形は次のどれか。解答番号は[38]。

① make　② to have made

③ making　④ to make

39. 下線部(39)の空所に入る適切なものは次のどれか。解答番号は[39]。

① did ask　② were asked　③ have asked　④ asked

40. 下線部(40)の空所に入る適切なものは次のどれか。解答番号は[40]。

① with　② despite　③ for　④ to

41. 下線部(41) "that" の用法に最も近い that を含むものは次のどれか。解答番号は[41]。

① The point is that we have to make a decision today.

② I am happy that you recovered from the injury.

③ I believe that rumor about her winning the lottery.

④ There weren't that many people in the coffee house.

▶ 42～44. 本文の内容について，次の設問に答えよ。解答番号は[42]～[44]。

42. What is meant by the phrase "ride the wave of success" in the first paragraph?

① Japanese hip-hop dancers hope to take advantage of the favorable results from the Tokyo Olympics.

② The French Olympic organizers feel surfing would be a successful event.

③ French athletes earned a record number of medals at the Tokyo Olympics.

④ A wave of success is riding in the French capital thanks to the Tokyo Olympics.

43. What is the breakdancing capital Kawasaki City trying to do?

① To attract more acrobatic dancers to become street performers

② To attract more young people to break up street sports

③ To attract more breakdancers to perform in front of mirrors

④ To attract more young people to do breaking

44. What does Ishikawa believe breakdancing can do?

① To get strangers to bond with each other through dancing

② To get breakdancers to learn more foreign languages

③ To get breakdancers to travel around the world

④ To build a unique community that uses stocks and bonds

▶ 本文に関する次の設問(イ～ホ)について，英語解答用紙Aに記入せよ。

イ．下線部(イ)の空所に適切な語を書け。

ロ．下線部(ロ) “(more / dance / many / than / studios)” を並べ替えよ。

ハ．下線部(ハ)には “excite” の名詞形が入る。その単語を書け。

ニ．下線部(ニ)を和訳せよ。

ホ．下線部(ホ) “(from / matter / no / are / where / they)” を並べ替えよ。

〔Ⅲ〕 次の和文を英訳し，英語解答用紙Aに記入せよ。

ブレイクダンスは，言葉の壁があっても，世界中の人々の絆を強めることができる。

日本史

（60分）

〔Ⅰ〕　次の文章を読み，あとの設問に答えよ。

小学校の運動会の競技の一つに「玉入れ」があります。紅白の2組に分かれて，高く掲げた籠に赤と白の玉を投げ入れ，入った玉の数を競うゲームです。

日本では，2つの組に分かれて競い合うとき，「赤組」（紅組）と「白組」に分かれることがよくありますが，これは「源平合戦」を連想します。白旗を掲げた源氏と，赤旗を掲げた平氏が戦いあった，12世紀後半の歴史的事件です。ⓐ源義経のようなヒーローもいるし，歌舞伎のテーマなどにもなっていて，日本人にとって「源平合戦」は親しみ深いものといえます。

「源平の争乱」「源平の合戦」などといわれるので，「源氏グループ」と「平氏グループ」がそれぞれ団結して戦ったようなイメージがありますが，実情はそんな単純なものではありません。

1179年，ⓑ平清盛が［　ア　］法皇を幽閉して，政治の実権を握ります。平氏の権力は高まりますが，こうした状況は長続きしませんでした。まもなく反抗勢力が各地で立ち上がり，平氏は苦境に立ちます。ⓒ源頼朝も挙兵し，いったん戦いに敗れたものの，やがて再起を果たし，相模の［　イ　］に入って，武家の政権を樹立しました。ただ，源氏の一門がみな頼朝に従っていたわけではなく，独自の動きをする人もかなりいました，頼朝のいとこにあたる［　ウ　］は信濃で挙兵し，京都に攻め入って平氏一門を追い払っています。

源頼朝のもとに結集したのは，下総の千葉氏，相模の三浦氏といった地域の武士たちですが，彼らがみな源氏一門だったわけではなくて，千葉氏や三浦氏は平氏の流れをくむ人たちでした。幕府の初代執権になった［　エ　］も，同じく平氏の流れだと称しています。

そもそも「源氏」「平氏」とはどういうものかというと，天皇の子や孫などが「源」

「平」という姓(氏の名)を与えられたのが，「源氏」や「平氏」の始まりです。桓武天皇の子孫の桓武平氏，清和天皇の子孫の清和源氏が有名ですが，これだけではなくて，たとえば村上天皇の子孫にも源氏がいました。後醍醐天皇に仕え『神皇正統記』などを著わした [オ] はこの流れをくむ人物です。

「源」や「平」を姓にもつ人たちの中には，京都で生活する人もいましたが，地方に下向して，そこで勢力を伸ばし，武力を保持する領主になるというケースもありました。関東地方で早くから力を伸ばしたのは桓武平氏の一門で，下総を本拠とした [カ] は一族や国司と対立したのち反乱を起こし，「新皇」と自称しています。上総を本拠とする [キ] も反乱を起こし，源頼信によって鎮圧されました。源頼朝に従った下総の千葉氏は，この [キ] の子孫にあたります。

平清盛の子孫は，戦いに敗れて滅亡し，ⓓ<u>源頼朝の子孫もまもなく断絶します</u>が，源氏や平氏の流れをくむ人々は各地にひろがっていて，「自分は源氏だ」といった認識も持ちつづけていったようです。室町幕府を樹立した [ク] も源氏一門でしたが，後醍醐天皇の求めに応じてⓔ<u>丹波</u>で挙兵した時，「源家中興の霊神」であるⓕ<u>八幡大菩薩</u>に祈願文を捧げ，「平氏の子孫の田舎者を討つ」と宣言しています。

源氏や平氏の流れをくんでいるわけでもないのに，自身の地位の正統性を人々に認めてもらうために，「自分は源氏や平氏につながるのだ」と主張する人も出てきました。ⓖ<u>織田信長</u>の先祖はⓗ<u>越前</u>にいた神官だったようですが，信長は自身を平氏の流れだと称し，「平信長」と名乗っています。江戸幕府を開いた [ケ] の先祖もよくわかりませんが，彼も自分は源義家の子孫だと主張しています。

問 1　空欄 [ア] ～ [ケ] に入る適切な語句を記せ。なお，空欄 [イ] には地名が，それ以外は人名が入る。

問 2　下線部ⓐの人物をかくまった奥州藤原氏の本拠はどこか，地名を記せ。

問 3　下線部ⓑの人物が住み，一時，安徳天皇を京都から迎えて都となったところはどこか，地名を記せ。

問 4　下線部ⓒの人物は，1192年に朝廷からある地位(職)を与えられた。この地位(職)の名称を記せ。

問 5　下線部ⓓに関連して，源頼家の子で，源実朝を殺害した人物の名を記せ。

問 6　下線部ⓔの説明として適切なものを一つ選べ。

① 京都の西北方向に位置し，北陸道に属していた。

② 京都の西北方向に位置し，山陰道に属していた。

③ 京都の西南方向に位置し，畿内に属していた。

④ 京都の西南方向に位置し，南海道に属していた。

問 7　下線部ⓕに関連して，和気清麻呂が八幡神の託宣を得たことで知られている，九州の大分県にある八幡宮の名称を記せ。

問 8　下線部ⓖに関連して，琵琶湖のそばにあった織田信長の居城の名を記せ。

問 9　下線部ⓗに関連して，越前を拠点とし，織田信長によって滅ぼされた大名の名字(苗字)を記せ。

〔**Ⅱ**〕 次の文章を読み，あとの設問に答えよ。

ある推計によると，日本の人口は，1600年には約1200万人であり，明治の初期の1873年には約3300万人であった。享保・天明・天保年間に起こった飢饉による大規模な人口減少もあるので，単線的な増加ではないであろうが，江戸時代は全体として人口の増加がみられた時期といえる。

人口が増加するためには，その人口を支えるだけの食料の生産が必要である。食料を増産するためには，農業の発展が不可欠である。そして，農業を発展させるためには，耕地面積を量的に拡大させたり，農業技術を質的に向上させる必要がある。

ⓐ江戸初期に約160万町歩であった田畑面積は，18世紀初頭までに大幅に増加した。こうした新たな田畑は，治水・灌漑事業や新田開発により生み出されたものである。水利の確保のため，芦ノ湖を水源とする［ア］用水や利根川から分水する［イ］用水などの大規模な治水・灌漑事業が行われた。江戸の初期は各地で大規模な新田開発が行われたことから，「大開発時代」ともよばれる。［ウ］国の児島湾などの干潟や湖沼の大規模な干拓も行われ新たな田畑が生み出された。享保年間にも，越後国蒲原郡で大規模な［エ］新田が開発された。ⓑ田沼意次は，新田開発のためⓒ印旛沼・手賀沼の干拓を試みたが，洪水により

挫折した。なお，新田開発は，大坂の豪商鴻池家ⓓなどの有力商人の力を借りておこなわれることもあり，こうして開発された新田は，「町人 [オ] 新田」とよばれる。

一方，農業の生産性を上昇させるような農業技術の向上もみられた。農具では，深耕用の鉄製の [カ] や，脱穀用の扱箸にかわって [キ] などが新たに用いられるようになった。肥料は，江戸時代初期には，入会地などから得られる草を利用した [ク] と呼ばれる施肥方法や，家畜の糞尿を利用した [ケ] が中心であった。耕地の開発に伴い，肥料が不足していくなかで，都市周辺では人の糞尿を利用した [コ] や，自給肥料にかわって [サ] と総称される干鰯・〆粕・油粕・糠などが普及して生産性の上昇に寄与した。

こうした農業技術の普及は口伝では限界があり，農書が技術の伝播に大きな役割を果たした。17 世紀末には，宮崎安貞による日本最初の体系的な農書である『 [シ] 』が刊行された。その後 [ス] の著した『広益国産考』なども刊行され，広く読まれた。大型の農具などを用いる大規模な農業は発達しなかったが，こうして様々な工夫により江戸時代の農業生産は発展した。

問 1　空欄 [ア] ～ [ス] に入る適切な語句を記入せよ。なお，空欄 [ア] ， [イ] ， [エ] には地名が，空欄 [ウ] には旧国名が，空欄 [ス] には人名が入る。

問 2　下線部ⓐに関連して，18 世紀初頭の田畑面積として最も近いものを一つ選べ。

①　200 万町歩　　②　300 万町歩　　③　400 万町歩　　④　500 万町歩

問 3　下線部ⓑの人物が 1772 年から鋳造させた定量の計数銀貨の名称を記せ。

問 4　下線部ⓒの湖沼の所在地の現在の都道府県名を記せ。

問 5　下線部ⓓは三貨の交換や，貸付・為替などの業務を行っていたが，この金融業者の名称を記せ。

〔Ⅲ〕 次の文章を読み，それぞれの設問について，適切な解答を一つ選び，その番号をマークせよ。

一八八四年五月七日，東京に戻った森有礼ⓐは文部省御用掛を含むさまざまな要職に任命された。この後，彼はほとんど一貫して教育行政に関わりつづけ，一八八五年一二月二二日，彼は文部大臣を拝命したのである。しかし森は他の多くの者たちにまさる利点をもっていた。つまり彼はきわめて熱心な教育家であり，幅広く多岐にわたる経験を積んでいたので，情熱と献身とをもって職務につくすことができたのである。彼は教育視察のために日本各地を歴訪し，その力量を存分に発揮した。視察先で彼は演説し，教員や行政官や地方公務員や学生たちに，教育の目的と水準について熟考せよと呼びかけたのである。

それでは森が文部省内や視察先の日本各地で広めようとした彼自身の理念とはどのようなものだったのだろうか。この異文化遍歴ⓑを重ねた人物は，西欧での何年間かになじんだ理念をどのように解釈したのか。結局それを継承した日本はみずからの解答をそこから生み出したのだろうか。西欧の理念ⓒは，なにほどか日本の教育に導入されたのだろうか。

森の死後，森の政策を「国体意識に基づく教育理念」ⓓと述べたのは井上毅ⓔであった。森自身も「学制ⓕハ国設教育ヲ主トシ，其政ハ国家経済ノ要理ニ本ツクベキコト」と頻繁に述べている。教員や行政官は国家を本尊とするよう勧告された。一八八七年一一月には，森はさらに一層厳密な言い方をしている。「読み書き算盤ⓖを修めることが青少年教育でのわれわれの関心事ではない。……教育とはもっぱらわが帝国の求めるよき人民たる……立派な人格の人物を養成することである」。

教育制度の整備を図るために，森は一八八六年に一連の学校令を制定した。教育上のピラミッドの頂点に立つのが帝国大学ⓗであった。帝国大学は行政上文部省の厳密な管轄下に置かれ，上層部の任命権は文部大臣の責任とされたのである。

帝国大学に入学してきたのは，ごく少数しか進むことのできない高等中学で教育を受けた学生たちであった。これらの学校では，カリキュラムは専門職別に設けられ，学生は法律，文学ⓘ，理学，医学ⓙ，工学，農学，商学を学ぶこととなっていた。これらの学校の最良の学生は大学へ進学し，卒業後は高級官僚になるものと期待されていた。一九〇〇年頃には，高等中学が帝国大学進学のための，いわば登竜門となっていた。このような学校はわずか五校（後に七校）しか許可されていなかった。全経費は文部省の負担となっていた。

次のレヴェルは尋常中学で，そこには，国語，漢文，西欧語二ヵ国語，歴史，地理，数学，博物，物理，化学，農業，書道，図画，音楽ⓚ，体操などの科目が設けられることになっていた。一八八六年以降，約五八の尋常中学ができた（一九〇〇年までにこの数は二一七まで増加した）。当初森は，全運営費を県が負担するその種の学校を各県が一校設置することしか認めなかったのである。

（中略）尋常小学校課程を義務教育としⓛ，さらに四ヵ年の高等小学校課程にも選択制で進めるようにするのが森の宿願であった。しかしこの制度には抜け穴があり，またこれらの学校への児童の就学には父兄がみずから授業料ⓜを負担することが求められた。初期には適齢児童の約半数が就学した。一九〇〇年には就学児童の割合は［ア］であった。一九〇七年までには就学率は［イ］以上に達していた。児童を就学させる教育制度は，全体的にめざましい成果をあげたのである。

【引用文献】　オリーヴ・チェックランド 1996（杉山忠平／玉置紀夫訳）『明治日本とイギリス』法政大学出版局　なお，出題にあたって適宜原文を省略したり改めたりした箇所がある。

問 1　下線部ⓐについて，森有礼を留学生として海外に派遣した藩は現在のどの都道府県にあったか，適切なものを一つ選べ。解答番号は[1]。

①　山　口　　②　高　知　　③　愛　知　　④　鹿児島

問 2　同じく下線部ⓐについて，森有礼の留学先の国として適切なものを一つ選べ。解答番号は[2]。

①　フランス　　②　イギリス　　③　ロシア　　④　ドイツ

問 3　下線部ⓑを経験した典型例が留学生であるが，岩倉使節団に留学生として加わった女性として適切な人名を一つ選べ。解答番号は[3]。

①　市川房枝　　②　松井須磨子　　③　山川捨松　　④　与謝野晶子

問 4　下線部ⓒに関連して，中村正直が西洋思想を紹介する啓蒙書として訳出した『西国立志編』の原著者として適切な人名を一つ選べ。解答番号は[4]。

①　スマイルズ　②　ミ　ル　③　スペンサー　④　ルソー

問 5　下線部ⓓに関連して，1890 年に教育に関する勅語が発布されたが，この時に学校教育の基本として強調された考え方として適切なものを一つ選べ。解答番号は[5]。

①　大器晩成　②　忠君愛国　③　祭政一致　④　富国強兵

問 6　問 5 に関連して，1891 年に第一高等中学校における教育に関する勅語の奉読式にて，勅語への拝礼を拒否して教壇を追われた人物として適切なものを一つ選べ。解答番号は[6]。

①　新島襄　②　新渡戸稲造　③　内村鑑三　④　海老名弾正

問 7　下線部ⓔの人物についての説明として適切なものを一つ選べ。解答番号は[7]。

①　政府の大日本帝国憲法の草案作成作業に従事した。

②　外務大臣として不平等条約の改正交渉を行った。

③　福沢諭吉系の交詢社で私擬憲法案を発表した。

④　イギリス流の議院内閣制の早期導入を画策した。

問 8　下線部ⓕに関連して，日本は主にどの国の学校制度にならって学制を公布したか，適切なものを一つ選べ。解答番号は[8]。

①　ドイツ　②　イギリス　③　アメリカ　④　フランス

問 9　下線部ⓖについて，江戸時代，このような教育内容を中心に，おもに一般庶民の初等教育を行っていた教育機関として，適切なものを一つ選べ。解答番号は[9]。

①　藩　校　②　私　塾　③　大　学　④　寺子屋

問10　下線部ⓗについて，最も遅くに設置された帝国大学として適切なものを一つ選べ。解答番号は[10]。

①　名古屋帝国大学　②　台北帝国大学

③　京城帝国大学　④　北海道帝国大学

問11　下線部ⓘに関連して，この時代に，西洋の文芸理論をもとにして人間の内面や世相を客観的・写実的に描写することを提唱した作家とその評論の組合せとして適切なものを一つ選べ。解答番号は[11]。

① 徳冨蘆花『自然と人生』　② 坪内逍遙『小説神髄』

③ 森鷗外『即興詩人』　④ 矢野龍渓『経国美談』

問12 下線部ⓙに関連して，この時代に，細菌学の研究で顕著な業績をあげた人物として適切なものを一つ選べ。解答番号は[12]。

① 牧野富太郎　② 鈴木梅太郎　③ 北里柴三郎　④ 長岡半太郎

問13 下線部ⓚに関連して，小学校教育に唱歌を採用し普及することに尽力した人物として適切なものを一つ選べ。解答番号は[13]。

① 山田耕筰　② 岸田劉生　③ 滝廉太郎　④ 伊沢修二

問14 下線部ⓛについて，1890年に小学校令が改正された際に尋常小学校の義務教育期間は何年間になったか，適切なものを一つ選べ。解答番号は[14]。

① 2あるいは3年間　② 3あるいは4年間

③ 4あるいは5年間　④ 5あるいは6年間

問15 下線部ⓜに関連して，義務教育期間の授業料が廃止された年として適切なものを一つ選べ。解答番号は[15]。

① 1880年　② 1890年　③ 1900年　④ 1910年

問16 空欄 [ア] ， [イ] に入る割合の組合せとして適切なものを一つ選べ。解答番号は[16]。

① ア 50％　イ 68％　② ア 60％　イ 78％

③ ア 70％　イ 88％　④ ア 80％　イ 98％

世界史

(60分)

〔Ⅰ〕 次の文章は近代以前の中国の江南地域について記したものである。これを読み，あとの設問に答えよ。

ⓐ長江(揚子江)南岸の江南は，大小無数の湖沼が点在し，そのあいだを水路が縦横にめぐる独特な自然環境を形成している。ここでは，船がおもな交通の手段で，ⓑ6世紀のⓒ隋代に建設が開始された江南とⓓ長安，ⓔ北京を結ぶⓕ大運河が，この地域を南北に貫いている。これらの水路とその水は，たんに舟運だけでなく，生活用水や農水産物の収穫のためにも欠かせない。江南の人々は，長い歴史のなかで，その豊かさをつねに享受し，華やかな都市文化を開花させた。

なかでも蘇州は水の都としてよく知られている。蘇州は，紀元前514年，ⓖ春秋時代の呉国の王都として築かれたという。呉の国の人々は，ⓗ純粋な漢族ではなかったことが知られている。今なお，このあたりでは，漢族には珍しく独自の衣装を身にまとう女性たちを見かけるが，雲南などの少数民族と古代からの関係があるとすれば興味深い。

さて，蘇州は，全国の統一をなしとげたⓘ秦以降，一度も首都になっていない。だから，正確には都とはいいにくい。中国の都市は，すべて皇帝のものである。首都としての都を頂点に，宋代以降は，一般にⓙ「府―州―県」といった都市のランクづけによって国家統治がおこなわれた。蘇州は，そのなかの府や州といった時間が長い。

(中略)

ⓚ9世紀唐代までの江南は，東シナ海からの塩水の進入，草木の生い茂る広大な水面など，人間の居住や生産には不向きで，環境や地形がきわめて不安定な状況にあった。したがって，都市や集落の立地は，わずかな山間部や微高地に限られ，蘇州もまた周辺よりやや高い場所に立地する。

10世紀から14世紀ⓛの宋代から明代初期までは，江南の自立をめざして，統一的な開発が始まった時期といえる。耕地造成ⓜを目的として，内陸の水を排水するために，長江や東シナ海に抜ける大掛かりな水路網が整備された。これにより，「[ア]熟すれば，天下足る」といわれるほど，このあたりは中国を代表する穀倉地帯となる。

また，蘇州でも大きな変化が起きていた。とくに8世紀ⓝの安史の乱を契機として，黄河一帯ⓞから膨大な避難民が江南に移住ⓟし，都市人口とその密度が急激に増加していた。それにより，道路の舗装，また防火のための木橋から石橋への架け替え，屋根の茅《かや》から瓦への葺《ふ》き替えなどが急速に進められたのである。

つぎの15世紀から17世紀ⓠの明末清初ⓡには，さらに毛細的な水路網をふやし排水機能を高めたことによって，江南全体で水と共存するもっとも安定した環境が生み出された。それと一体となって成立し，最盛期をむかえたのが鎮と呼ばれるマーケットタウンである。蘇州の都市内部でも，この明末がもっとも水路の発達した時期であった。

しかし，すでに江南は人口，土地ともに飽和状態であった。それゆえ，このあたりは，長江中流に産する米の消費地へと転じ，「[ア]熟すれば天下足る」などの諺《ことわざ》は，「[イ]熟すれば天下足る」と言い換えられるようになる。その一方で，江南は消費と享楽の都市文化ⓢが大きく開花する。

（高村雅彦『中国の都市空間を読む』山川出版社による）

問1 下線部ⓐに関連して，長江沿いに立地する都市として適切なものを，次の①～④のなかから一つ選べ。解答番号は[1]。

① 香 港　② 南 京　③ 天 津　④ 洛 陽

問2 下線部ⓑの時期の出来事として適切なものを，次の①～④のなかから一つ選べ。解答番号は[2]。

① 科挙の開始　② 殿試の創設　③ 科挙の中断　④ 科挙の廃止

問3 下線部ⓒの時代の出来事として適切なものを，次の①～④のなかから一つ選べ。解答番号は[3]。

① 最初の正史の編纂　② 清談の流行

③ 黄巾の乱の勃発　④ 高句麗遠征

問4 下線部ⓓの都市についての説明として最も適当なものを，次の①～④のなかから一つ選べ。解答番号は[4]。

① 前漢の首都であった。

② 日中戦争の末期に，この地で蔣介石が拘束された。

③ 長江の支流の渭《い》水沿いに立地する。

④ 徽宗・欽宗らが捕らえられて北方へ連行された。

問 5 下線部ⓔの都市の説明として最も適当なものを，次の①〜④のなかから一つ選べ。解答番号は[5]。

① 中国共産党の長征の出発地点である。

② 中国の非漢族政権において，この地がはじめて統一王朝の首都となった。

③ 黄河の上流地域に立地する。

④ 大運河と長江の合流地点に立地する。

問 6 下線部ⓕの説明として最も適当なものを，次の①〜④のなかから一つ選べ。解答番号は[6]。

① 最終的には広東まで延長された。

② 北宋時代には海上輸送が重要となり，利用されなかった。

③ 江南の穀物の輸送ルートとして重要であった。

④ 大運河は重慶を経由していた。

問 7 下線部ⓖの時代の出来事として最も適当なものを，次の①〜④のなかから一つ選べ。解答番号は[7]。

① 仏教が中国に伝来する。

② 紙幣の使用が始まる。

③ 九品中正が実施された。

④ 覇者が「尊王攘夷」をとなえた。

問 8 下線部ⓗに関連して，非漢族王朝の出来事として**誤っているもの**を，次の①〜④のなかから一つ選べ。解答番号は[8]。

① 元末には紅巾の乱が発生した。

② 遼では仏教が栄えた。

③ 遼は金によって滅ぼされた。

④ 北魏で府兵制が創始された。

問 9 下線部ⓘにあてはまる都市として適切なものを，次の①〜④のなかから一つ選べ。解答番号は[9]。

① 開　封　② 上　海　③ 杭　州　④ 成　都

問10　下線部ⓙのような都市のランクは同時に地方統治の行政のランクづけでもあった。中国王朝の地方統治制度として**誤っているもの**を，次の①～④のなかから一つ選べ。解答番号は[10]。

① 郡国制　② 郡県制　③ 三省六部　④ 封建制

問11　下線部ⓚの時期の出来事として適切なものを，次の①～④のなかから一つ選べ。解答番号は[11]。

① 北宋の建国　② 八王の乱の発生

③ 玄宗の開元の治　④ 黄巣の乱の発生

問12　下線部ⓛの時期について，北宋以降明初の説明として最も適当なものを，次の①～④のなかから一つ選べ。解答番号は[12]。

① 科挙制度が終始一貫して実施された。

② 北方の非漢族の主要勢力は，【契丹⇒女真⇒モンゴル】の順に交替した。

③ 租税制度は，【租調庸制⇒両税法⇒一条鞭法】の順に変化した。

④ 軍事制度は，【府兵制⇒募兵制⇒千戸制】という順に移り変わった。

問13　下線部ⓜに関連して，この時期の出来事として最も適当なものを，次の①～④のなかから一つ選べ。解答番号は[13]。

① 囲田・湖田・圩田の建設　② 『斉民要術』の編纂

③ 『水経注』の編纂　④ 都護府の設置

問14　空欄［ア］と［イ］に入るものの組合せとして適切なものを，次の①～④のなかから一つ選べ。解答番号は[14]。

① ア：蘇　湖　イ：湖　広　② ア：蘇　湖　イ：江　南

③ ア：湖　広　イ：蘇　湖　④ ア：蘇　広　イ：蘇　湖

問15　下線部ⓝの時期の出来事として適切なものを，次の①～④のなかから一つ選べ。解答番号は[15]。

① 君主独裁制が確立する。　② 銀経済が社会全体に浸透する。

③ 節度使の設置が拡大する。　④ 交子・会子が発行される

問16　下線部ⓞに関連して，華北地域の説明として最も適当なものを，次の①～④のなかから一つ選べ。解答番号は[16]。

① 大理や西遼はこの地を版図に加えた。

② 南宋以降の王朝では黄河以北に首都が置かれることはなかった。

③ 水田での稲作によって穀倉地帯となった。

④ 初期中国王朝である殷や周はいずれも黄河流域周辺で発生した。

問17 下線部ⓟに関連して，こうした状況が生じることとなる出来事の一つとして靖康の変がある。靖康の変の結果，成立する王朝として最も適当なものを，次の①～④のなかから一つ選べ。解答番号は[17]。

① 南　宋　② 元　③ 明　④ 清

問18 下線部ⓠの時期の説明として最も適当なものを，次の①～④のなかから一つ選べ。解答番号は[18]。

① 中国王朝の軍事制度は【千戸制⇒衛所制⇒八旗制】の順に変化した。

② 朝鮮半島には朝鮮王朝（李氏朝鮮）があった。

③ 一貫して北京が首都であった。

④ 北方の主要な遊牧勢力は【契丹⇒モンゴル⇒ジュンガル】の順に交替した。

問19 下線部ⓡの時期の出来事として**誤っているもの**を，次の①～④のなかから一つ選べ。解答番号は[19]。

① 東林派と非東林派の党争が展開された。

② 李自成の乱が起こった。

③ 靖難の役が起こった。

④ 徐光啓の『農政全書』が出版された。

問20 下線部ⓢの一つとして小説の出版と流行がある。明代の四大奇書として**誤っているもの**を，次の①～④のなかから一つ選べ。解答番号は[20]。

① 『紅楼夢』　② 『水滸伝』　③ 『三国志演義』　④ 『西遊記』

〔Ⅱ〕 次の文章を読み，文中の空欄 [ア] ～ [ウ] に入る最も適当な語句を記入し，あとの設問に答えよ。

我々は通常，民主主義の価値を疑わない。しかし，歴史的に見れば，もちろん民主主義は唯一の政治制度ではない。さらに民主主義自体が，合法的に自らを否定する制度を生み出しさえした。これは民主主義の逆説であろう。

古代ギリシャの民主政の下で，それを徹底的に批判した人物の一人が [ア] だった。彼は当時の民主政を否定して，主著『国家』において，ⓐ独自の理想国家を主張した。それは民主主義を否定し，資質に秀でたエリートによる統治を唱道する考え方であった。

さて，ここで目を20世紀に転じてみよう。上記のエリートによる指導という考え方を，遙か2500年後の20世紀に実現しようとしたのが，共産党政権下のソヴィエト連邦とナチ(ナチス)党政権下のドイツとであった，と見ることもできる。ソヴィエト連邦と当時のドイツとは共に，エリートの指導によって社会を一元的に統制しようとする，全体主義的な国家であった。

ロシア革命においては，ロシア社会民主労働党のうち，レーニンの率いる「多数派」(ボリシェヴィキ)がⓑ「少数派」に勝利し，革命を主導した。ボリシェヴィキは，厳格な規律に服する少数のメンバーが民衆を指導することを構想した。そして，革命後，ロシア共産党と改称したボリシェヴィキが指導するソヴィエト政府では，経済は自由放任ではなくⓒ五カ年ごとの計画によって運営されるべきものと考えられた。また同時に，ソヴィエト政府は，世界各国での社会主義革命の成功を期し，その中心的な組織としてⓓ各国の共産党を指導する組織を結成した。いずれも，一元的な統制という理念の反映であったと見ることができる。

一方ドイツにおいては， [イ] 年にⓔナチ党のヒトラーが首相に任命され，政権を獲得した。ナチ党は，一人の指導者，すなわち総統に全国民が服従するという原理の下，民主主義を否定する政策を実行した。ナチ党政権の成立とその後を見てみることにしよう。

第一次世界大戦における敗北により，ドイツは共和国となり，当時としてはもっとも民主的なヴァイマル憲法が施行された。他方，ドイツは戦後に過酷な賠償を課され，深刻なインフレーションに苦しんだ。このⓕインフレの終熄《しゅうそく》後，アメリカの資本が流入し，ドイツは空前の繁栄を謳歌することになった。しかし，世界恐慌によってその資本が引き上げられると，一転して経済不況と社会不安に苦しむようになった。この不況と不安とのなかで支持を増やしたのがナチ党であった。当時の［ ウ ］大統領のⓖ決定によって次々に反民主主義的な政策が承認されるという異常事態が続くなか，首相となったヒトラーは，政権を獲得するとⓗ対立する政党を陰謀によって抑え，やがてはⓘナチ党とその指導者である自らに全権力を集中させる法律を議会で成立させ，独裁的な地位についた。民主主義的な憲法自体に内在する，民主主義を否定する矛盾した規定がこの結果をもたらした，とも言えるのである。

この時期，ソヴィエト連邦やドイツ以外でも計画経済や統制的な国家運営を実行しようとする動きは強まった。ⓙニューディール政策も一面ではそのような動きの一種とみることができるし，イタリアにはファシスト党が成立し，同様な国家運営を行い，ⓚ対外的には侵略路線をとった。ⓛこのような計画経済の下で，国民の生活水準は多くの場合急速に向上した。しかし，ホロコーストを始めとして，その背後でもたらされた惨禍を忘れてはならない。

そして，ドイツのポーランド侵攻によって第二次世界大戦が始まると，ドイツ，イタリアの枢軸国側に対してソヴィエト連邦は連合国側に加わり，敵対関係に入ることになる。

問 1 下線部ⓐに関連して，この国家の体制を表現する言葉を次のなかから一つ選べ。

① 哲人政治　　② 元首政
③ 絶対王政　　④ 啓蒙専制主義

問 2 下線部ⓑに関連して，この少数派の名称をカタカナで答えよ。

問 3 下線部ⓒに関連して，(A)第一次五カ年計画と(B)第二次五カ年計画の主たる内容の組合せとして正しいものを，次の①～④のなかから一つ選べ。

① (A) 戦時共産主義の実施　(B) 新経済政策の実施
② (A) 消費物資生産の拡大　(B) コルホーズの建設
③ (A) コルホーズの建設　(B) 消費物資生産の拡大

④ (A) 新経済政策の実施　　　(B) 戦時共産主義の実施

問 4 下線部ⓓに関連して，この組織の名称をカタカナで答えよ。

問 5 下線部ⓔに関連して，この政党の正式な名称を答えよ。

問 6 下線部ⓕに関連して，このインフレを終熄《しゅうそく》させた通貨の名称を答えよ。

問 7 下線部ⓖに関連して，この決定の根拠となったヴァイマル憲法の規定の名称を答えよ。

問 8 下線部ⓗに関連して，ドイツ共産党が解散に追い込まれた事件の名称を答えよ。

問 9 下線部ⓘに関連して，この法律の名称を答えよ。

問10 下線部ⓙに関連して，同じ時期，この政策の原理と同様の理論を主著『雇用・利子及び貨幣の一般理論』で提唱したイギリスの経済学者の名を答えよ。

問11 下線部ⓚに関連して，1935 年にイタリアのファシスト党政権が侵攻を開始したアフリカの国名を答えよ。

問12 下線部ⓛに関連して，ナチ党政権の政策として**誤っているもの**を，次の①～④のなかから一つ選べ。

① 災害・疾病・養老保険がはじめて導入された。

② 高速道路(アウトバーン)が建設された。

③ 国民の余暇が組織化され保証された。

④ 失業対策が実施された。

〔Ⅲ〕 次の文章を読み，あとの設問に答えよ。

2022年2月にロシアがウクライナに侵攻して以来，ウクライナを支援するか否かで，世界は二分されている。それは，まるで冷戦時代に戻ったかのようである。

東西冷戦とは，社会主義・共産主義と資本主義・自由主義という政治経済体制の違いによる二つの陣営の対立のことである。

社会主義政権であるソヴィエト連邦は，1917年のロシア革命において，ⓐ「すべての権力をソヴィエトに」という方針のもと，ⓑレーニンやトロツキーらが武装蜂起を指揮し，ⓒ政権を握ることで誕生した。この時の政権内には，その後の社会主義革命の展開に関して二つの主張があった。しかし，1924年にレーニンが病死した後に実権を握ったスターリンは，社会主義革命を全世界に広げることを目指していたトロツキーを追放し，一国社会主義を掲げて，集団化を目指す政策を行っていった。スターリンは一国社会主義を掲げてはいたが，その後のソヴィエト連邦は社会主義政権の国が誕生することを支援しようとし，これに対して，ⓓアメリカやⓔイギリスをはじめとする西ヨーロッパ諸国は社会主義が広まることを阻もうとして，他国の紛争に介入していく。そして，ⓕ第二次世界大戦ののち，1949年に共産党政権である中華人民共和国が成立したことで東西の対立はより深刻化し，ⓖ朝鮮戦争や［　ア　］危機，ⓗベトナム戦争などが起こった。

しかしながら，ベトナム戦争に軍事介入したアメリカは，長引く戦争に対して国内で沸き起こったⓘ反戦運動のために，南ベトナムからアメリカ軍を撤退させることとなる。また，東西両陣営とも，お互いをけん制するための軍備増強が財政的な負担となっていき，1980年代半ばになると，この財政負担を減らすために，アメリカとソヴィエト連邦の間で軍縮が話し合われるようになる。1987年に両国首脳はⓙINFの全廃に合意し，アメリカの［　イ　］とソヴィエト連邦の［　ウ　］はマルタ島で首脳会談を行い冷戦の終結を宣言する。そして，1991年にソヴィエト連邦は崩壊し，ロシアをはじめとする旧東側諸国は市場経済を導入したのである。これにより，東西の対立はなくなるはずであった。では，ウクライナをめぐる現在の対立は，なぜ生じているのだろうか？

ロシアは，以前からNATOの東方拡大を非難しており，対立の責任は欧米にあると主張している。確かに，NATOに対抗して1955年に設立された［　エ　］機構は解散したにもかかわらず，今もNATOは存在し続けている。ロシアを排除した形でヨーロッパの安全保障の意思決定メカニズムが存在していることはロシアにとっては脅威に感じられるのかもしれない。

しかし，その一方で，ロシア国内の歴史観の変化もまた無関係ではないと思われる。例えば，2017年にロシア国内で行われたロシア革命100周年記念公開討論会では，「［　オ　］を退位させ帝政を崩壊させた二月革命こそ諸悪の根源であり，十月革命はむしろ国を立て直す試みであった」という歴史解釈が優勢であった。ソヴィエト連邦時代には，帝政の崩壊は社会主義政権の樹立のためには必要であったとされていたのだから，これは大きな変化である。また，ロシア帝政末期の首相であった［　カ　］は，共同体を解体し独立自営農を創設することにより農民層を革命運動から引き離そうとしたことに加えて，革命勢力の粉砕を図るために多くの革命家を処刑した政治家として，ソヴィエト連邦時代には批判されてきた。しかしながら，現在のロシアでは，「［　カ　］が暗殺されずに，その改革が成功していれば，1917年の革命を避けることができた」という主張がよく聞かれるようになっている。これらの歴史観の変化は，ロシア帝国の肯定という形をとった大国主義の復活であるのかもしれないし，あるいは，ウクライナのオレンジ革命やマイダン革命のような「革命」を恐れていることの現れなのかもしれない。

問 1　下線部ⓐに関して，レーニンが発表した革命の方針である革命戦略要綱は何と呼ばれるか答えよ。

問 2　下線部ⓑに関連して，社会革命党の政治家で，ロシア革命のさなかにレーニンやトロツキーと政治的に対立した首相の名前を答えよ。

問 3　下線部ⓒに関連して，この政権は，第一次世界大戦中にドイツと単独講和をするために不利な条件で条約を結んでいる。この条約の名称を答えよ。

問 4　下線部ⓓに関連して，1947年に共産主義勢力がギリシアやトルコに伸長するのを恐れたアメリカはソヴィエト連邦を封じ込める政策を提唱した。大統領の名前を冠した，この政策の名称を答えよ。

問 5　下線部ⓔに関して，第二次世界大戦後に，イギリスのチャーチルは，東西両陣営の境界を象徴する言葉を用いて，ソ連による東欧諸国の囲い込みを批判した。このチャーチルが用いた言葉を答えよ。

問 6　下線部ⓕに関連して，第二次世界大戦中にアメリカとイギリス，ロシアの首脳たちはヤルタに集まり戦後処理について話し合った。この会談が行われた場所を，次の地図中のア～エのなかから一つ選べ。

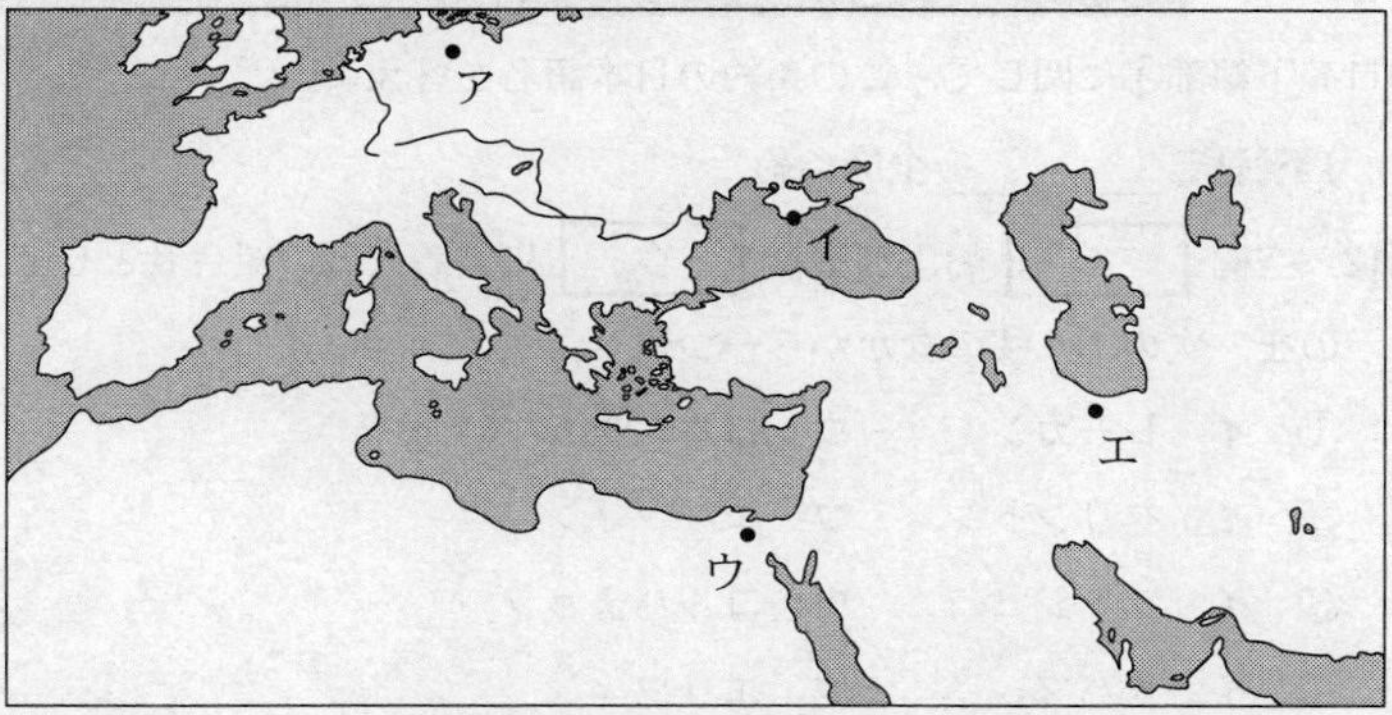

問 7　下線部ⓖは，社会主義国家である朝鮮民主主義人民共和国軍が，南北統一を目指して大韓民国に侵攻するために両国の境界線を越えて始まった戦争である。この戦争の休戦ラインは北緯何度線か答えよ。

問 8　空欄 ア には，ソヴィエト連邦の支援でミサイル基地が建設されようとした国名が入る。これを答えよ。

問 9　下線部ⓗに関して，社会主義国であるベトナム民主共和国（北ベトナム）と連携し，南北ベトナムの統一を目指してゲリラ戦を展開した組織の名称を答えよ。

問10　下線部ⓘに関連して，反戦の訴えは様々な形でなされてきたが，下記の絵も，戦争への憎しみと怒りが描かれた作品である。この絵の作品名を答えよ。

問11 下線部ⓙに関して，この条約の日本語名を答えよ。

〔解答欄〕＿＿＿＿＿全廃条約

問12 空欄 イ および空欄 ウ に入る人名の組合せとして正しいものを，次の①～④のなかから一つ選べ。

① **イ** レーガン **ウ** ゴルバチョフ

② **イ** クリントン **ウ** エリツィン

③ **イ** ブッシュ **ウ** ゴルバチョフ

④ **イ** オバマ **ウ** エリツィン

問13 空欄 エ に入る言葉を答えよ。

問14 空欄 オ に入る人名を答えよ。

問15 空欄 カ に入る人名を答えよ。

地　理

（60分）

〔Ⅰ〕 次の地形図に関する設問に答えよ。

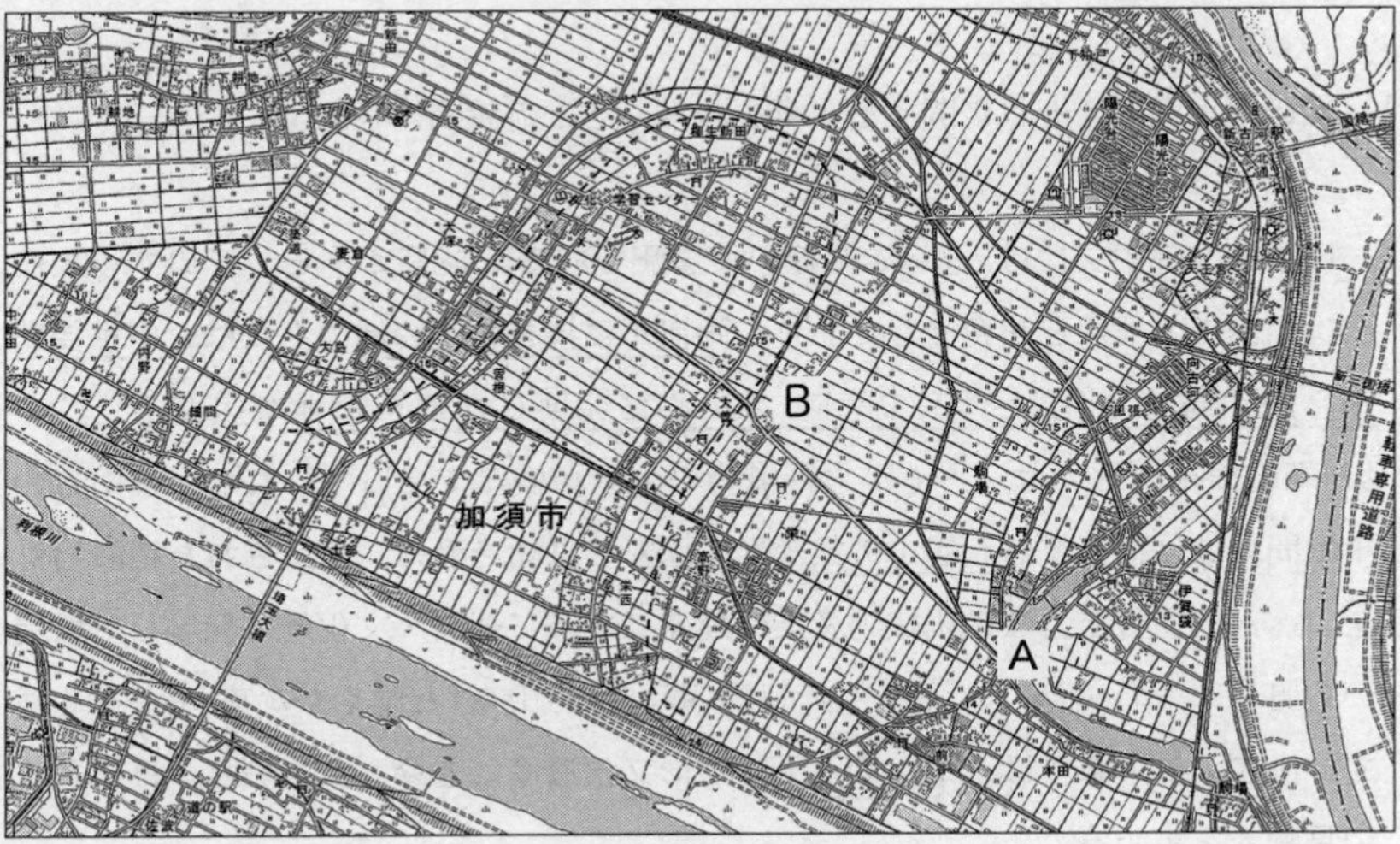

出典：地理院地図

編集部注：編集の都合上，80％に縮小

問1　2万5千分の1地形図において，実際の距離が3kmの時，地形図上では何cmか答えよ。

問2　2万5千分の1地形図の主曲線は何m間隔か。適切なものを次のなかから一つ選び，番号で答えよ。

①　1m　　②　2m　　③　5m　　④　10m　　⑤　20m

問3　この地形図全体に広がる平坦地は，河川からあふれた水が土砂を堆積させることで形成された。このような地形の名称を答えよ。

問4　地形図中Aのように湾曲した形の湖が河川沿いに形成されることがあ

る。このような湖の名称を答えよ。

問 5　地形図中Ａの湖はどのように形成されたと考えられるか答えよ。

問 6　地形図中Ｂでは，点線に沿った田の広がりと，その田の両側に発達する集落がみられる。この田はどのように形成されたと考えられるか答えよ。

問 7　地形図中Ｂの点線に沿った田の両側にはなぜ集落が発達したと考えられるか答えよ。

〔**Ⅱ**〕　次の地形図と，それに関する文章を読み，あとの設問に答えよ。

図中の北部中央には，JR 城端《じょうはな》線の終着駅である城端《じょうはな》駅がある。そのすぐ東側では山田川と池川とが合流しており，両河川に挟まれた台地ⓐの上には，中世後期から続く善徳寺（浄土真宗の寺院）を中心に発展した旧市街地ⓑが広がる。この城端《じょうはな》の旧市街地では，古くから絹織物の生産が盛んであった。ここより南方の中山間地域に位置する五箇山《ごかやま》の集落ⓒから原料の供給を受け，生産された絹織物は全国へと流通した。この絹織物産業の隆盛によって経済・文化的に発展した城端の各町は，５月の祭りにおいて豪華絢爛な曳山《ひきやま》（山車《だし》）と雅やかな庵《いおり》屋台《やたい》を６基ずつ出す。この祭りは，　ア　の無形文化遺産に登録されており，毎年多くの見物人を集める。

城端の旧市街地の周囲には農地が広がっている。この一帯では家屋が分散して立地している様子ⓓが見られる。これは，急峻な山地から河川が抜ける地点によくみられる地形である　イ　が広く発達するこの地方に特徴的な村落形態である。これらの家屋の周囲には屋敷林ⓔが設けられ，特徴的な景観を生み出している。しかし現代では，農地を転用した住宅や工場，都市施設などの建設が増えることで，その景観は次第に失われてきている。

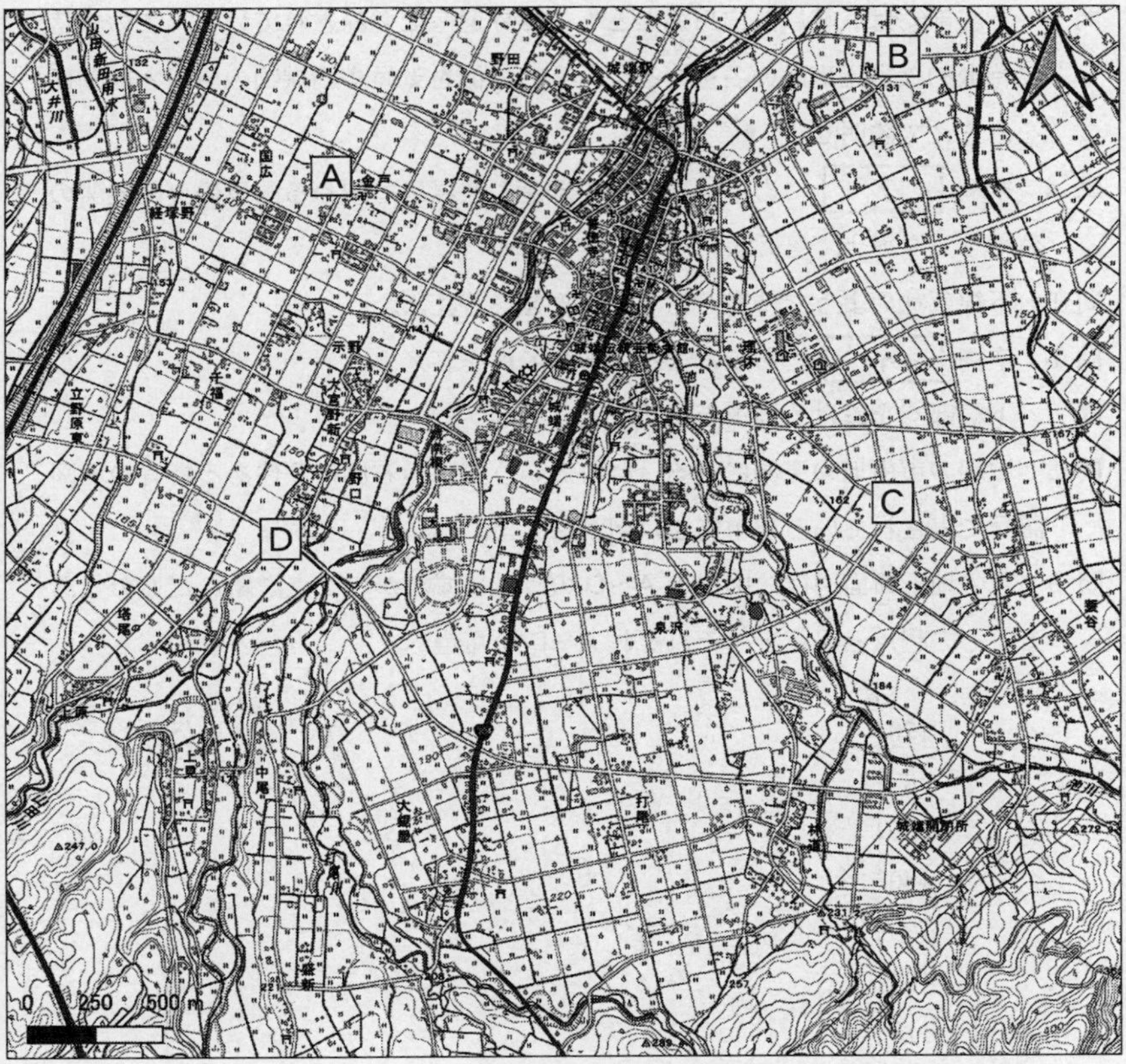

出典：地理院地図

問 1　下線部ⓐの地形の成り立ちを説明した文章として最も適当なものを次のなかから一つ選び，番号で答えよ。

①　溶岩が大量に流れることで形成された地形で，溶岩台地とも呼ばれる。

②　断層運動によって断層に挟まれた箇所が隆起したものである。

③　土地が隆起し，河川の侵食によって形成された。

④　河川が洪水を繰り返すうちに，洪水が運んだ土砂が河道に沿って堆積し形成された。

問 2　下線部ⓑのような集落を何というか漢字で答えよ。

問 3 下線部ⓒは，岐阜県白川郷とともに世界遺産に登録されている。この集落に特徴的な家屋形態の名称を答え，その特徴を気候や絹織物の原料との関係をふまえて説明せよ。

問 4 空欄 ア にあてはまる世界遺産の登録にも関わる国連の専門機関の名称をカタカナで答えよ。

問 5 下線部ⓓのような特徴をもつ村落形態を答えよ。

問 6 空欄 イ にあてはまる地形の名称を答えよ。

問 7 下線部ⓔを設ける理由を説明せよ。

問 8 城端の市街地の東側にある「理休」という文字の右側に 2 件ある特有の地図記号で表されている都市施設は何か答えよ。

問 9 次の地形断面図は，図中の A～D のうちいずれかの 2 点を結んだものである。その起点と終点を，それぞれ A～D から選べ。

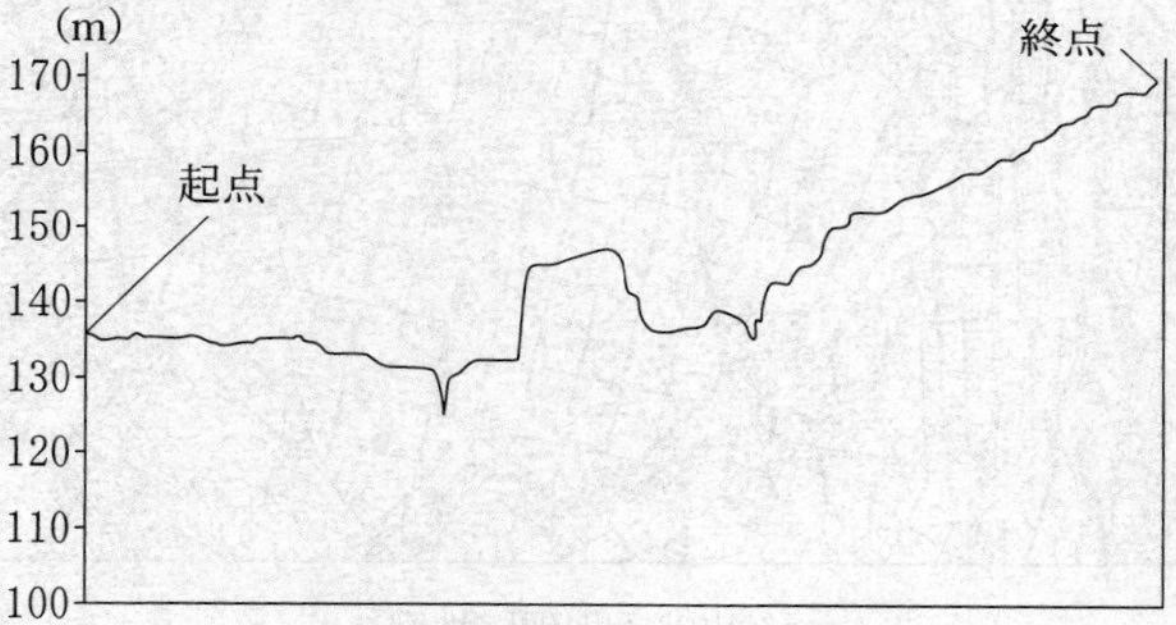

〔Ⅲ〕 次の文章を読み，あとの設問に答えよ。

20 世紀の後半以降，日本の大相撲では力士の国際化が進んだ。国際化の先駆けとなったのはアメリカ合衆国の [ア] 州出身の高見山で，1972 年には外国出身力士として初めて幕内最高優勝を達成した。高見山の成功を受け，1980 年代から 90 年代にかけては，小錦，曙，武蔵丸ら [ア] 出身の力士が体格的な強みを生かして横綱・大関に昇進を果たした。21 世紀に入ると，[ア] に代わって [イ] 出身の力士が相撲界を席巻ⓐし，2023 年 7 月現在では，[イ] 出身の力士は外国出身力士全体の 7 割以上を占めている。

また，近年ではヨーロッパ出身の力士の活躍も目立つ。ブルガリアⓑ出身力士として初めて大関昇進を果たした琴欧州は，日本で母国の特産品である [ウ] のコマーシャルに抜擢《ばってき》されて人気を博した。これに続いたのがエストニアⓒ出身の把瑠都ⓓ，ジョージアⓔ出身の栃ノ心で，ともに大関に昇進した。彼ら 3 名はともに母国で格闘技の経験があり，特に把瑠都と栃ノ心が来日前に柔道を修めていたことは，その経験が強豪力士の誕生につながったという点で日本発の格闘技の国際化ⓕの意義を感じさせる。

異国の地で成功した彼らは，母国では英雄視されることも少なくない。把瑠都や，[イ] 出身力士の先駆けとなった旭鷲山は，引退後母国の国会議員を務め，日本との交流に尽力した。他方で，日本国籍を取得し，引退後に日本で大相撲の親方として後進の指導に当たる外国出身力士も少なくない。

問 1 空欄 [ア]，[イ] にあてはまる地名をそれぞれ答えよ。

問 2 空欄 [ウ] に入る語句として適切なものを次のなかから一つ選び，番号で答えよ。

① バラライカ　　② マトリョーシカ
③ ヨーグルト　　④ 岩　塩

問 3 下線部ⓐに関連して，相撲界での [イ] 出身の力士の活躍には，出身地である [イ] の地理的社会的な特徴が背景にあることが指摘されている。その点について具体的に説明せよ。

問 4　下線部ⓑのブルガリアについて説明した次の文章のなかから**適切でないもの**を一つ選び，番号で答えよ。

① 首都はソフィアである。

② 国土の中央部にプスタと呼ばれる平原が広がっている。

③ ドナウ川を国境線にルーマニアと接している。

④ EU 加盟国であるが 2023 年現在共通通貨ユーロは導入していない。

問 5　下線部ⓒのエストニアについて説明した次の文章のなかから適切なものを一つ選び，番号で答えよ。

① 北はラトビア，南はリトアニア，東はロシアに接している。

② 首都はヘルシンキである。

③ IT 立国化を国策として進めており，旧ソ連の諸国では 1 人あたり国民総所得が最も高い。

④ 国土の大部分は氷河によって削られた急峻な山地で占められている。

問 6　下線部ⓓの把瑠都の四股《しこ》名は，出身国のエストニアが面している海に由来している。その海の名称を答えよ。

問 7　下線部ⓔのジョージアについて説明した次の文章のなかから適切なものを一つ選び，番号で答えよ。

① 北のカフカス山脈を国境線にロシアと接している。

② 多くの宗教が混在しているが，国民の約半数はイスラム教徒である。

③ 黒海に面し，気候は地中海性気候が卓越する。

④ 首都バクー周辺では石油が豊富に採れる。

問 8　下線部ⓕに関連して，日本発祥の柔道（JUDO）は世界に広がった結果，現在競技人口（競技者として登録された人数）が最も多い国は [エ]，二位がフランスで，日本は三位以下になっている。空欄 [エ] にあてはまる国の名称を答えよ。

数　学

（60 分）

注意：約分，分母の有理化などを利用し，最も簡単な形で解答すること。

1 以下の設問の空欄に最も適当な数あるいは式などを入れよ。ただし，最も適当なものが複数あるときは，すべて記入せよ。

(1) 3 桁の自然数のうち，11 で割って 3 余る数は [ア] 個であり，それらすべての数の和は [イ] である。

(2) $x^2-2x-2=0$ のとき，$x-\dfrac{2}{x}=$ [ウ] である。
また，この 2 次方程式の異なる 2 つの実数解を α，β とするとき，

$$x^2+\frac{4}{x^2}+\frac{\beta}{\alpha}+\frac{\alpha}{\beta}= \boxed{\text{エ}}$$

である。

(3) 曲線 $y=x^3-x^2-4x$ 上の点 $(-1, 2)$ における接線の方程式は [オ] である。
また，この曲線と接線で囲まれた図形の面積は [カ] である。

(4) n を 3 より大きな自然数とする。n 進法で $0.21_{(n)}$ と表される数が 10 進法で 0.5 より小さい数であるような最小の n は [キ] であって，その値を 10 進法で表すと [ク] である。

2　$y=\cos 2\theta-\sin\theta-1$ について，以下の設問に答えよ。ただし，$0\leqq\theta<2\pi$ とする。

(1) $t=\sin\theta$ として，y を t の関数で表せ。また，このときの t のとりうる値の範囲を求めよ。

(2) (1) で求めた t の関数の最大値と最小値を求めよ。また，そのときの t の値を求めよ。

(3) a を定数とするとき，θ についての方程式

$$\cos 2\theta-\sin\theta-1=a$$

の異なる実数解の個数を調べよ。

3　直線 $2x+3y-11=0$ と直線 $y=3x$ の交点を A，直線 $2x+3y-11=0$ と直線 $y=\dfrac{1}{4}x$ の交点を B とする。この 2 つの交点 A，B と原点 O を頂点とする △OAB において，辺 OA を $1:s$ に内分する点を C とし，辺 OB を $s:2$ に内分する点を D とする。また，線分 AD と線分 BC の交点を E とする。ただし，s は正の実数とする。このとき，以下の設問に答えよ。

(1) △OAB の面積を求めよ。

(2) $\overrightarrow{\mathrm{AE}}=t\overrightarrow{\mathrm{AD}}$ としたとき，t を s の式で表せ。

(3) △ABE の面積が最大となるときの s の値とその面積を求めよ。

3　もし孔子が魏の地に生まれていたら、やはり文帝を弟子と認めただろう。

4　もし孔子が魏の世に生きていたら、やはり子游と子夏を弟子と認めただろう。

5　もし孔子が魏の世に生きていたら、やはり薛夏を弟子と認めただろう。

問九　傍線部⑧「符ニ先夢ニ」に合致する出来事として最も適当なものを、次のなかから一つ選び、その番号をマークせよ。解答番号は30。

1　文帝が自らの服を脱いで薛夏に賜ったこと。

2　薛夏が高官になっても貧賤の身に甘んじていたこと。

3　薛夏が文帝から「入室生」の書を贈られたこと。

4　薛夏が高官に至ったこと。

5　薛夏が立派な人物になったこと。

1　聖人の言葉を話してはいけない。
2　聖人の言葉を話さなければならない。
3　聖人の言葉でなければ口にしない。
4　聖人の言葉でなければ話してはいけない。
5　聖人の言葉を話すのが最善である。

問七　傍線部⑤「子游・子夏之儔、不レ能レ過也」の意味として最も適当なものを、次のなかから一つ選び、その番号をマークせよ。解答番号は[28]。

1　子游や子夏らでさえ度を過ごさない。
2　子游や子夏らでさえ越えることができない。
3　子游や子夏らでさえ見過ごすことがない。
4　子游や子夏らでさえあやまちを犯すことがない。
5　子游や子夏らでさえ通り過ぎることがない。

問八　傍線部⑥「若仲尼在レ魏、復為二入室一焉」の意味として最も適当なものを、次のなかから一つ選び、その番号をマークせよ。解答番号は[29]。

1　もし孔子が魏の地に生まれていたら、再び部屋に入ったに違いない。
2　もし孔子が魏の地に生まれていたら、学問が高い水準に達しただろう。

番号は[24]。

1 乎　2 因　3 如　4 若　5 及

問三 傍線部②と⑦の二つの「与」の読み方の組合せとして最も適当なものを、次のなかから一つ選び、その番号をマークせよ。解答番号は[25]。

1 ②と　⑦あたへ
2 ②あたへ　⑦あたへ
3 ②あたへ　⑦と
4 ②と　⑦くみす
5 ②より　⑦くみす

問四 空欄 B に入る語として最も適当なものを、次のなかから一つ選び、その番号をマークせよ。解答番号は[26]。

1 止　2 流　3 留　4 安　5 座

問五 傍線部③「無レ有」の読み方を、ひらがなで書き下し文にし、解答欄に記せ。

問六 傍線部④「非二聖人言一不レ談」の意味として最も適当なものを、次のなかから一つ選び、その番号をマークせよ。解答番号は[27]。

（注）
1 天水――地名。
2 絶倫――人並みはずれてすぐれている。
3 一篋――ひとつの箱。
4 弱冠――元服を迎える。
5 文帝――三国魏の初代皇帝となった曹丕《そうひ》。
6 弥日――日数を重ねる。
7 暢――文章や言語などの意味がよく通じる。
8 公孫龍――戦国時代の人。名家（論理学派）の一人。
9 迂誕誣妄――でたらめ、いつわり。
10 子游・子夏――ともに孔子の高弟。
11 仲尼――孔子の字《あざな》。
12 入室――ここでは学問の水準が部屋に招き入れて奥義を伝えられるほどに達したことを示す。
13 秘書丞――宮中の図書をつかさどる官職。
14 高士――りっぱな人物。

問一　傍線部①「為帝王所宗」は「帝王の宗（たふと）ぶ所と為（な）る」と訓読する。解答欄の白文に返り点を付けよ。送り仮名は不要。

問二　二つの空欄 A には同じ文字が入る。最も適当なものを、次のなかから一つ選び、その番号をマークせよ。解答

〔四〕　次の文章を読み、あとの設問に答えよ。ただし、設問の都合で返り点・送り仮名を省いたところがある。

薛《せつ》夏《か》ハ、(注1)天水ノ人也。博学(注2)絶倫タリ。母孕《はら》ムレ夏ヲ之時、夢ニ有リテ三人ノ遺《おく》ル二一(注3)篋《けふ》ノ衣ヲ一云フ、「夫人必ズ生ミ二賢明之子ヲ一、①為帝王所宗。」母記ス二其ノ夢之時ヲ一。[A]レ生ムニレ夏ヲ、年[A]二(注4)弱冠ニ一、才術過グレ人ニ。魏《ぎ》ノ(注5)文帝②与レ之講論シ、(注6)弥日不レ息《や》マ、辞ハ華ニシテ旨ハ(注7)暢タリ、応対如クレ[B]、③無レ有ニ凝滞一。帝曰ハク、「昔(注8)公孫龍称セラルレ為リト二弁捷一、而レドモ(注9)迂誕ニシテ誣妄ナリ。今子ノ所レ説ク、④非ザレバ二聖人ノ言ニ一不レ談ゼ、則チ⑤(注10)子《し》游《いう》・子夏之儔《ともがら》モ、不レ能ハレ過グル也。⑥若シ(注11)仲尼在レバレ魏ニ、復タ為サント二(注12)入室ト一焉。」帝手ヅカラ製シテレ書ヲ⑦与レ夏ニ、題シテ云フ二「入室生ト。」一位至ルモ二(注13)秘書丞ニ一、居ルコト甚ダ貧ナリ、帝解キテ二御衣ヲ一以ツテ賜ヒレ之ニ、以ツテ⑧符ス二先ノ夢ニ一。名冠タリ二当時ニ一、為ル二一代ノ(注14)高士ト一。

(『太平広記』)

2　仙命はあえて粗末な坊に住んでいた。
3　寄付された袈裟は仙命の好みに合わなかった。
4　仙命の方が覚尊よりも徳が高いとされている。
5　僧が寄付を受ける行為は完全に否定されている。

問八　仙命が僧の行うべきこととして最も望ましいと捉えていたことは何か、本文中から二字でそのまま抜き出せ。

問九　『古事談』と同じジャンルに属する作品を次のなかから一つ選び、その番号をマークせよ。解答番号は23。

1　発心集　　2　伊勢物語　　3　徒然草　　4　太平記　　5　とはずがたり

問四　傍線部⑥「ぬ」の用法と同じ用法の「ぬ」を含むものとして最も適当なものを、次のなかから一つ選び、その番号をマークせよ。解答番号は20。

1　死ぬばかりいとほし
2　三夜しきりて見えぬ時あり
3　思ひつつぬればや人の見えつらむ
4　咲きぬべきほどのこずゑ
5　侍従は主の君に打ちかづけていぬ

問五　空欄 A には「良し」、空欄 B には「聞く」を活用させた語が入る。それぞれ最も適当な形に活用させて記せ。

問六　傍線部⑦「谷へ投げ入れ給ひけり」の理由として最も適当なものを、次のなかから一つ選び、その番号をマークせよ。解答番号は21。

1　瓜を諸仏に捧げたかったから。
2　布施を受けることを潔しとしなかったから。
3　あわれみをかけられるのが不快だったから。
4　瓜が嫌いだったから。
5　瓜を食べることは戒律に反したから。

問七　本文の内容と最も合致するものを、次のなかから一つ選び、その番号をマークせよ。解答番号は22。

1　女御は白川院の供養のために袈裟を寄付した。

③
1 取りはからって
2 格好をつけて
3 威儀を正して
4 向かい合って
5 礼儀を尽くして

問二 傍線部④「仰せられければ」の文法的説明として最も適当なものを、次のなかから一つ選び、その番号をマークせよ。解答番号は[18]。

1 動詞＋助動詞＋助詞＋助詞
2 動詞＋助動詞＋助動詞
3 動詞＋助動詞＋助動詞＋助動詞＋助詞
4 動詞＋助動詞＋助詞
5 動詞＋助動詞＋助動詞＋助詞

問三 傍線部⑤「かかる袈裟」の説明として最も適当なものを、次のなかから一つ選び、その番号をマークせよ。解答番号は[19]。

1 立派な袈裟　2 正式の袈裟　3 諸仏の袈裟　4 小法師の袈裟　5 女御の袈裟

3 信施——信者の布施。

4 往来——ここでは寄付する人の名簿のこと。

5 時——「とき」。僧の取る正午以前の食事のこと。

6 遷化——高僧、隠者などが死ぬこと。

7 下品下生——「げぼんげしょう」。資質の最も劣った人が極楽浄土に生まれる、その生まれ方。また、その生まれる浄土。九品浄土のうちの最下位。最上位は「上品上生」。

問一 傍線部①「よしなき事」・②「きこしめす」・③「構へて」の現代語訳として最も適当なものを、次のなかからそれぞれ一つずつ選び、その番号をマークせよ。解答番号は①は15、②は16、③は17。

①
1 よくないこと
2 つまらないこと
3 不自由なこと
4 風情のないこと
5 立派なこと

②
1 関心をお持ちになる
2 お叱りになる
3 お聞きになる
4 お呼びになる
5 問題にされる

〔三〕　次の文章を読み、あとの設問に答えよ。

神蔵寺の上人覚尊、無動寺の仙命上人は、同時の人なり。覚尊は常に出洛（注1）して、知識勧進（注2）しけるを、仙命は①「よしなき事をし給ふ物かな」といひて、「人の信施（注3）を受けず」とて、ただ一人房に籠居して、智得といひける法師に往来一部（注4）を預け、一日に一度、時（注5）をしてさし入れければ、食して、不断念仏をのみし給ひけり。白川院の御時、女御のおはしましけるが、「有智徳行の貴僧を供養せばや」とおぼしめして、「当時、誰か貴き」と、御尋ねありけるに、人々申していはく、「無動寺の仙命上人にすぎたる聖《ひじり》、候ふべからず。ただし、人の施を一切受けず候ふ」と云々《うんぬん》。女御、智得の子細を②きこしめす。智得を召し寄せて、謁せしめ給ひて、袈裟《けさ》を一つ給はりて「これ汝《なんぢ》が志の様にて③構へて、上人に奉ぜよ」と④仰せられければ、智得、袈裟を賜り「不慮に人の給ひて候ふ。己れは懸くべくも候はぬうへに、御袈裟のやれて候へば」とて、上人に献ぜしめけり。仙命思ふ様は⑤「かかる袈裟、この小法師にとらすべき様、これなし。われに志すなめり」とて、呪願して「三世の諸仏得給へ」とて、懸け作りなる房なれば、谷底へ投げ入れをはん⑥ぬ、と云々。また隣房の人、大和瓜《うり》を儲《もう》けて食ひけるが、［　A　］ければ、切りさしたる半分をさし向けて「これ食し給へ。殊勝なれば」とて進《まい》らせたりけるも、食する様にて、⑦谷へ投げ入れ給ひけり。

神蔵寺の上人は、先立ちて遷化（注6）して、仙命の夢に、「よしなし、と制止し給ひし事を［　B　］で、下品下生（注7）に生まれて候ふなり」と示しけり。仙命はたしかに上品上生に生まれたるよし、これを示す。

（『古事談』）

（注）　1　出洛――都の中心に出かけること。

2　知識勧進――寺などの建立の費用や、僧の生活を維持するための布施などの寄付を呼びかけること。

問九　空欄 D に入る最も適当なものを、次のなかから一つ選び、その番号をマークせよ。解答番号は13。

1　生理的な反応
2　形式的な論理操作
3　論理的な意思決定
4　生物の価値基準
5　人間の論理的機能

問十　本文の内容と最も合致するものを、次のなかから一つ選び、その番号をマークせよ。解答番号は14。

1　人工知能の発達が進み、意思決定のための価値基準をみずから設定できるようになれば、その論理的機能に「身体」がともない、人間を統制するような超人工知能となる可能性がある。
2　どれだけ発達した人工知能も、それが人工物である以上は自然な生命活動とは無縁であるため、人間の理性的な知性を超越することは決してない。
3　これまで生物としての人間は、過去の経験を現在や未来の行動の指針とすることで文明を発展させてきたが、人工知能の出現がそれをさらに加速させた。
4　他律システムであるコンピュータにとって情報とは、外部からもたらされるデータ（記号）にすぎないが、自律システムである人間がそこに「意味」を見出《みいだ》すことによって、文明に新たな価値がもたらされる。
5　進化の過程で人間が獲得した論理的機能は、人間が豊かに生きるために発達してきたものである一方で、人工知能の論理的機能はそうした価値基準を持たない。

3　人間を含めた生物は、情報を仲間と共有することによって価値を高めていくが、人工知能のような機械は、外部から与えられた情報を処理するにとどまるという違い。

4　大脳新皮質を発達させた人間は、人工知能のような機械をつくることができる一方で、人間を除いた生物は、理性的で合理的な知性をもたないという違い。

5　人間は過去の経験を蓄積し、未来に向けてそれを活かすことができるが、人間を除いた生物は、本能や身体的な反応をもとに行動しているにすぎないという違い。

問七　傍線部③「理性的（合理的）な知性」と対比的に用いられている語句を、本文中から七字以上八字以内でそのまま抜き出せ。句読点や括弧を含む場合は、それも字数に含めること。

問八　傍線部④「転倒した発想」が意味する内容として最も適当なものを、次のなかから一つ選び、その番号をマークせよ。解答番号は[12]。

1　純粋な論理こそが意思決定の根拠となり、人間の生命活動に特有の価値基準はそれに追従するという発想。

2　一見すると自立している人間の意思決定は、実は人工知能による純粋な論理から生まれているという発想。

3　はじめに論理的機能を高めていくことが必要であり、基盤となる「身体」は後からおのずと現れてくるという発想。

4　情報に対して生理的に反応するよりも、論理的機能によってそれを処理するほうが常に優れているという発想。

5　自立した論理的機能である人工知能は、これから人間の知性をはるかに超えるだろうという発想。

役割についての筆者の考えとして最も適当なものを、次のなかから一つ選び、その番号をマークせよ。解答番号は[10]。

1 天変地異や複雑な社会変化の予測を専門家まかせにすることは、二一世紀の今日では困難であるため、一般の人々の知恵を専門家の水準まで高めることが、人工知能の役割である。

2 専門家が異なる分野について理解することを助け、細分化した分野のあいだの交流を促し、大局的な判断によって文明を発展させていくことが、人工知能の役割である。

3 データ量の天文学的な増加や、分野のあいだの交流の難しさによって意思決定の能力を失った専門家に代わって、天変地異や複雑な社会的変化を的確に予測することが、人工知能の役割である。

4 専門が細分化してしまった結果、大局的な判断や予測の困難に直面した専門家をバックアップしつつ、一般の人々の多様な知恵のなかから問題解決の方法や指針を見つけ出すことが、人工知能の役割である。

5 純粋な論理的機能によって情報を分析し、専門家による判断や予測に貢献しつつ、人々の「身体」を基盤とする膨大な量の集合知の価値を高めていくことが、人工知能の役割である。

問六 傍線部②「こういう違い」が意味する内容として最も適当なものを、次のなかから一つ選び、その番号をマークせよ。解答番号は[11]。

1 人間を除いた生物にとっては、情報が生存に欠かせない根拠である一方で、人工知能のような機械にとってそれは、文字や数値などの記号の羅列にすぎないという違い。

2 人間を含めた生物にとっては、情報が自律的な生命活動や意思決定の根拠として価値を持つ一方で、人工知能のような機械にとってそれは、形式的で論理的な操作の対象にすぎないという違い。

（注）　1　シャノン――クロード・シャノン。アメリカの数学者、コンピュータ科学者（一九一六～二〇〇一）。「情報理論の父」と呼ばれる。

2　ＡＳＩ――Artificial Super Intelligence の略語。人間の知性を大きく超えた存在として仮定される人工知能。

問一　傍線部(ア)の漢字の読みをひらがなで記せ。

問二　傍線部(イ)・(ウ)のカタカナを漢字に直せ。

問三　空欄［A］・［B］に入る語の組合せとして最も適当なものを、次のなかから一つ選び、その番号をマークせよ。解答番号は［8］。

1　A　しかしながら　B　したがって
2　A　したがって　B　つまり
3　A　つまり　B　それどころか
4　A　とはいえ　B　それどころか
5　A　なぜなら　B　したがって

問四　空欄［C］に入る最も適当なものを、次のなかから一つ選び、その番号をマークせよ。解答番号は［9］。

1　応用　2　実用　3　汎用　4　限定　5　特殊

問五　傍線部①「ＩＡないし専用人工知能は、いかにして人間の知能を増強していけばよいのだろうか」とあるが、人工知能の要するに、人間の論理的機能の基盤には「身体」があるのだ。生物進化の歴史を見ても、大脳新皮質の発達した生物の登場はつい最近の出来事であり、生物の情報処理の圧倒的大部分は、論理というより生理的な反応に他ならない。

このことを忘れ、「まず論理ありき」という④転倒した発想から出発すると、【　D　】を「自立した知恵」と勘違いすることになる。その延長上に、社会メガマシンを統べる大魔神、つまり超人工知能（ＡＳＩ）（注2）のような奇怪な幻が出現するのである。

さて、これまでの文明の大部分、とくに近代文明は、前述のように人間の専門家が担ってきた。過去の知識を文書に書きとめ、仮説をつくってデータを集め、実証と論理によって仮説の精度を探究していくのである。半世紀くらい前までは、ひとまずそれでよかった。天変地異の予測や複雑な社会的予測も、専門家まかせで済んだのである。

だが、二〇世紀後半あたりから、知識文書や専門家の数が急速にふえてきた。データ量も天文学的に増加していく。それにともなって、専門が針先のように分化してしまい、分野のあいだに壁ができて、交流も難しくなっていった。もはや優れた専門家でも、狭い分野のことを理解し検討するのに精一杯で、大局的な判断が難しくなってしまったのである。

集合知とは、現代文明のこういう欠陥を補うための手段として位置づけられるだろう。一般の人々の多様な知恵が、適切な専門知のバックアップをうけて組み合わされ、(ウ)ジュクギを重ねて問題を解決していくのが、二一世紀の知の望ましいあり方なのだ。

とすれば、理想的なビッグデータ型人工知能、すなわちＩＡの役割はもう明らかだろう。人手にあまる膨大なビッグデータを分析し、専門家にヒントとなる分析結果を提供しつつ、集合知の精度や信頼性をあげていくことこそ、その使命といえないだろうか。まず集合知ありき、なのである。

（西垣通『ビッグデータと人工知能』）

一方、コンピュータにとって情報とは、文字や数値などの「データ（記号）」である。つまり、他律システムである機械が処理するのはシャノン（注1）情報理論の対象である「データ」のみである。ここが、自律システムである生物がデータの根源にある「意味」を扱う点とまったく異なっているのだ。

いったいいかなる（ア）経緯で、②こういう違いが出てきたのか？――これは深遠な問題だが、最大のポイントだけを述べておこう。それは、機械をつくる人間（ホモサピエンス）という生物種が、他の動物にくらべて異常なまでに発達した大脳をもっているからである。人間の大脳新皮質、とくに左脳では、論理的な判断をおこなうことができる。いわゆる③理性的（合理的）な知性はここに宿っているのだ。（略）

つまり人間は、過去の経験を蓄積し、過去のデータに学んで、現在の行動モデルをつくり、変動する未来に論理的に対処しようとする。多くの生物は、そんな（イ）チミツで柔軟な計画性などはなく、遺伝的な本能や身体的な反応をもとに行動するだけなので、周囲環境の変動になかなか対処できない。直感にたよって、生存に不利益な判断をすることも多い。こうして、身体的には割合に虚弱なのにもかかわらず、人間は地上の覇者となったのである。

文明化とは端的にはそういうものだろう。大脳新皮質における論理的機能を駆使して人類は文明をつくったのだ。そして、コンピュータという機械は、人間のこの論理的機能を身体からいわば切り離し、純化独立させた存在に他ならない。純化独立させるために、情報の「意味」を背後におしやり、「データ（記号）」の形式的な操作に置き換えたのである。（略）

人間の大脳がもつ論理的機能は、コンピュータとちがって、単独で作動しているのではない。大脳新皮質の機能を支えているのは、感情や情動をつかさどる大脳旧皮質（大脳辺縁系）や、内臓の作動をコントロールする脳幹など、他の動物の脳にも在るもっとベーシックな部分のはたらきである。近年の脳科学によれば、人間の合理的判断は実は、情動によって駆動される部分も大きいという。暗黙知もそういうはたらきと関連していると思われる。

〔二〕　次の文章を読み、あとの設問に答えよ。ただし、本文の一部を省略してある。

人工知能すなわちAI(Artificial Intelligence)という名称には、どこか矛盾した響きがある。なぜなら「知能」とは本来、自然な生命活動と不可分であって、「人工物」にはなりえないからだ。

知性のはたらきを目標設定と問題解決にわけ、後者を知能と位置づける意見もあるが、前述のように、大きな問題解決のなかには、問題を複数の小目標を達成する部分問題に分割していくはたらきも含まれる。だから、目標設定も知能の一部といえるのである。

そして、目標設定のためには価値基準がなくてはならない。ところが、価値観というのは生物に特有のもので、もともと機械とは無縁である。幸福度にせよ、基本的人権にせよ、すべて「人間が生きる」ことが根拠になっている。生命活動が価値観をもたらしている以上、機械である人工知能がみずから意思決定のための価値基準を設定することなど、とうてい無理というものではないか……。

[A]、このことは人工知能の否定にはつながらない。[B]、人間の知能を大きく増強することは幾らでも可能である。だからAIのかわりに「IA(Intelligence Amplifier)」と呼ぶべきなのだ。これは端的には、[C]目的ではなく、特定目的にむけた現行のいわゆる「専用人工知能」である。では、①IAないし専用人工知能は、いかにして人間の知能を増強していけばよいのだろうか。

ここで、生物と機械の情報処理の基本的な違いをもう一度整理しておこう。生物にとって情報とは「意味」であり、どのように生きていくかを現時点で自律的に決断するための根拠である。この点では人間もそのほかの動植物と変わりはない。ハチは、群れが生きていくために、花のありかを巣にいる仲間につたえるのだ。花を認知するのは身体的な暗黙知である。

モネの絵画は、その「移ろい」を十分にとらえるには至らなかったがゆえに、非難されることになった。

2　影イコール黒という古典的な定式をモネが破壊できたのは、光と影という二項対立で世界をとらえることはできないというモネの信念に基づくものであり、ボートのうえで絵を描き続けたフィールドワークがその証明になった。

3　同一であるはずの対象の色彩を微妙に、あるいは決定的に変化させるのは自然の光という「日常」であり、アトリエという室内で静止しつづける静物や裸婦には、そのような自然の光によって対象の色彩に変化が生じることは全くない。

4　対象の側に変化しない永遠の実体としての客観性があるというセントラル・ドグマを打ち破り、絵を描く動機を対象から「私」に転換したのは印象派の画家たちであり、その転換はシュルレアリスムによってさらにつき進められた。

5　モネの描いたきらびやかな色彩の世界は、ウイリアム・ブレイクのいう「知覚の扉」を開くことによってもたらされたものであり、信用できない器官としての眼のその奥にある「知覚の扉」をモネが発見したことによって開始された。

としたということ。

2　印象派の画家が世界を、眼という印象が生ずる場所においてとらえ、対象の客観性にできる限り近づけるかたちで描こうとしたということ。

3　「眼の錯覚」ということから画家は逃れることができないが、印象派はその信用できない錯覚をありのままに描こうとしたということ。

4　画家が「眼の錯覚」から逃れられないのだとすれば、眼という器官から自由になり、自らの印象と想像力に基づいて描くべきだということ。

5　「眼の錯覚」は対象が在る場所において生じるので、印象が生じる場所において世界をとらえた印象派はその錯覚を乗り越えたということ。

問八　傍線部⑤「「眼」を超え出て「心」にまで至る」について、その「心」を言い換えたものとして最も適当な箇所を、本文中から六字でそのまま抜き出せ。

問九　空欄 B に入る最も適当なものを、次のなかから一つ選び、その番号をマークせよ。解答番号は 6 。

1　杓子《しゃくし》定規　　2　万里一空　　3　公明正大　　4　極楽浄土　　5　広大無辺

問十　本文の内容と最も合致するものを、次のなかから一つ選び、その番号をマークせよ。解答番号は 7 。

1　影すらもが無数のヴァリエーションをもって色彩を変化させる「移ろい」のもとでしか世界を描くことはできないが、

よ。解答番号は3。

1　世界は、影すらもが無数のヴァリエーションをもって色彩を変化させる「移ろい」のもとでしか描けないことをモネに教えたのは自然科学であり、客観的な世界から主観的な世界へのバトンタッチの根底にあるのもその認識だから。

2　絵画を客観的な世界から主観的な世界へバトンタッチすることは、変化しない永遠の実体から刻々と変化する流動する世界への転換に等しいが、流動する世界もまた自然科学者によって発見され、その実験の対象になり得るから。

3　モネが理論よりも実験の重要性を主張したのは、フィールドワークを重視する自然科学者の態度を模範としたためであり、絵画という一見自然科学とは対極にある芸術家の仕事であっても、両者は同じ理論に基づくものだから。

4　印象派が、絵画を神話と象徴の世界から決定的に解き放ったように、自然科学もまた神話や象徴の世界から人間を決定的に解き放ったのであり、絵画と自然科学という一見矛盾するふたつの領域も、根底ではつながっているから。

5　絵画を客観的な世界から主観的な世界へバトンタッチすることは、一見、自然科学的にものごとをとらえることと逆行するように見えるが、眼に映ったままに描くという一点において、自然科学的な態度ということもできるから。

問六　空欄 A に入る最も適当なものを、次のなかから一つ選び、その番号をマークせよ。解答番号は4。

1　幾　何　　2　色　彩　　3　社　会　　4　歴　史　　5　心　理

問七　傍線部④「印象派は世界を、いわば眼に映ったままに描こうとした」の説明として最も適当なものを、次のなかから一つ選び、その番号をマークせよ。解答番号は5。

1　眼という器官が信用できないことを受け入れて、そこから絵を描きはじめた印象派は、「目に見えない世界」を描こう

問三　傍線部①「一概に」の意味として最も適当なものを、次のなかから一つ選び、その番号をマークせよ。解答番号は[1]。

1　物事を正確に扱うこと　2　すべてを同じように扱うこと　3　物事を分かりやすく扱うこと
4　見かけだけで扱うこと　5　すべてを深く理解して扱うこと

問四　傍線部②「ああでもないこうでもないとキャンヴァス上で色を混ぜ合わせていたことを非難した」の理由として最も適当なものを、次のなかから一つ選び、その番号をマークせよ。解答番号は[2]。

1　描く対象を画家の「見方」によって自由に変化させることができるとすれば、キャンヴァスの上で色を混ぜ合わす行為自体が無意味になると、モネは考えたから。
2　画家がキャンヴァスに描く対象として、アトリエのなかで静止しつづける静物や裸婦よりも、室外の刻一刻変わってゆく風景の方が価値があると、モネは考えたから。
3　これまで画家は社会的制度としての神話や事件の象徴性を描いてきたが、それらはアトリエの外で体験することなしには描けないものだと、モネは考えたから。
4　画家が静止した客観的な対象を変化しない永遠の実体として捉え、それに合致した色をキャンヴァスの上で探していく行為は有効ではないと、モネは考えたから。
5　アトリエに閉じ籠りキャンヴァスに向かう画家は印象派以前によく見られたが、自然での私的体験がない画家に名画を描くことはできないと、モネは考えたから。

問五　傍線部③「見かけほどには矛盾しない」の理由として最も適当なものを、次のなかから一つ選び、その番号をマークせになる。そのもっともつき進められたかたちがシュルレアリスム(注2)であることは言うまでもないだろう。世界を野外の光のもとにとらえようとした印象派の実験と、【B】に拡がる集合的無意識の世界をとらえようとしたシュルレアリストたちのあいだに大きな隔たりがあることは否めない。しかし、にもかかわらず、対象の客観性というセントラル・ドグマ(注3)が打ち破られてしまった以上、堰《せき》を切ったように溢《あふ》れ出てしまった世界に対する感覚が、「眼」をも突き破って「脳」にまでその私性を押し広げたとしても、なんの不思議もないだろう。そのことをウイリアム・ブレイク(注4)にならって、「知覚の扉」は開かれたのだと言ってもよい。

もちろんそれは、さらなる色彩の解放を意味していた。

（椹木《さわらぎ》野衣《のい》「知覚の扉」）

（注）1　モネ――フランスの画家（一八四〇～一九二六）。
2　シュルレアリスム――一九二〇年前後からフランスで起こった文学と芸術の運動。
3　セントラル・ドグマ――中心教義、中心命題。
4　ウイリアム・ブレイク――イギリスの詩人、画家（一七五七～一八二七）。

問一　傍線部(ア)・(イ)のカタカナを漢字に直せ。

問二　傍線部(ウ)の漢字の読みをひらがなで記せ。

観的な世界から主観的な世界への絵画におけるバトンタッチであったことは、③見かけほどには矛盾しない。

よく知られているように、印象派が世界をとらえたのは、対象が在る場所においてのことではなく、印象が生ずる場所でのことである。そしてそれは、眼をおいてほかにはありえない。

対象を把握するためには、眼はもともと矛盾した存在である。「眼の錯覚」という言葉が広く使われているように、眼ほど信用できないものはない。しかも「眼の錯覚」は、知覚心理学や色彩学での様々な研究が実証しているように、錯覚というよりは、眼という器官が生まれながらにもたざるをえなかった機能のようなものであって、これを完全に退けてものを見ることはとうていできない。西洋の造形美術が字義通りには眼に多くを負わず、むしろ［ A ］学や意味といった不変で疑う必要のない「目に見えない世界」をその対象としてきたのも、そんなところに理由がある。にもかかわらず人は、眼を閉じたままで作品を創／作ることはできない。

④印象派は世界を、いわば眼に映ったままに描こうとした。眼がもともと信用できない器官なのであれば、信用できないということを受け入れて、そこから絵を描きはじめるということ、それが逆に言えば印象派に科学性、実証性の名誉を与えているのだ。信用できない世界（＝印象）を、ならばどのようにしてありのままキャンヴァスに定着するのか？　もはやごまかしはきかない。そしてここから、あのようなきらびやかな色彩の世界が立ち現われることになったのだ。

あくまで理想ということだが、印象派の絵はだからその絵が描かれた時間、場所、天気等を特定することができるはずである。正確には、これに画家の私的心理状態というものを付け加えなければ、印象派の絵画としては片手落ちになってしまう。

印象派の場合は「私」といっても「私の眼の状態」で済んだろうが、いったん解禁された「対象」から「印象」へという方向が、⑤「眼」を超え出て「心」にまで至るのに、そう時間はかからなかった。

印象派がその自然科学的な見え方の内で潜在的に隠しもっていた「私性」という要素が、それ以後、ひとり歩きを始めることて、素材を絶えず目の前で外光にさらしておくためにボートを一艘《いっそう》手にいれ、そのうえで絵を描きつづけた。その結果、描こうとする対象は、社会的制度としての神話や事件の象徴性はもちろん、アトリエのなかで何時間、何日にもわたって静止しつづける静物や裸婦とも大きく異なって、「雲が陽《ひ》をさえぎるにつれ、風が水面を吹きすぎるにつれ、刻一刻変わってゆく」実体のない変化の相そのものとなったのである。

変化しない永遠の実体から刻々と変化する流動する世界へ——後者をもしも移ろいやすい「印象」という言葉で表すならば、印象派の出現とはまさに、「対象」から「印象」への一大転換でもあったのだ。

アトリエという(イ)アンジュウの地を失った画家が野外で見つけたもっとも移ろいやすいもの、それは色彩だった。日の出前の青い光、午前中の潤った光、昼下がりの乾いた光、午後の重い光、夕刻の赤い光、その他にも天気、雲の速度、さらには場所、野外に居つづけた時間、体調……、それらのどれひとつをとっても、同一であるはずの対象の色彩を微妙に、あるいは決定的に変化させないものはない。

(ウ)炎天下で長時間野外にいたときのことを思い出せばわかるはずだが、そんなとき世界は、異常なくらいその相貌を変化させ、影であるはずの部分にも、多彩な色彩を忍び込ませる。世界に闇は存在しなくなり、あらゆるかたちが安定を失い、色彩の兆候を帯びはじめる。

モネが、影イコール黒という古典的な定式を破壊したのには、そんな経験が反映している。世界を光と影からなる陰影だけでとらえることはできない。世界は、影すらもが無数のヴァリエーションをもって色彩を変化させる「移ろい」のもとでしか描けない——皮肉にもこの確信こそが「貧弱なキャンヴァス、絵具、筆などで、でたらめにキャンヴァスの上にちょこちょこと色のぶちを描」いたものだと、モネの絵を非難する根拠にもなっていたのである。

こうして印象派は、絵画を神話と象徴の世界から決定的に解き放った。モネ自身が理論よりも実験の重要性を主張し、野外でのいわばフィールドワークを欠かすことのなかったひとりの「自然科学者」であったことと、モネによって描かれた世界が客

国語

（八〇分）

（注）問題三（古文）及び問題四（漢文）は、いずれか一方のみを選択して解答すること。

〔一〕　次の文章を読み、あとの設問に答えよ。

わたしたちの目の前に拡《ひろ》がるこの世界を、事物のもつ客観性によってではなく、ものごとをとらえるときの私的体験にもとづいて(科学的に)描こうとする試みは、一九世紀に、印象派の画家たちによって始められた。印象派とはなにか？　①一概にはいえないことだが、絵画を描く動機が、「世界」の側から「私」の側にバトンタッチされたのだといえば、それを理解するための(ア)タンショにはなるだろう。

今日、このバトンタッチの意義は、美術史の範疇《はんちゅう》を超え出て大きい。なぜならそれは、客観的な対象というものはなく、対象は「見ること」によって大きく変化するということを意味するからだ。そしていずれそれは、対象は「見方」によってある程度まで自由に変化させることができる、という次元にまで至るからである。

印象派を代表する画家は、なんと言ってもモネ(注1)だろう。モネは、画家がアトリエに閉じ籠《こも》り、自然の光という「日常」から離れて、②ああでもないこうでもないとキャンヴァス上で色を混ぜ合わせていたことを非難した。その結果モネは、アトリエを捨

解答編

英語

I 解答

1―③ 2―① 3―③ 4―① 5―② 6―④
7―① 8―④ 9―② 10―③ 11―① 12―④
13―④ 14―③ 15―④ 16―④ 17―② 18―③ 19―① 20―③
21―① 22―① 23―④ 24―① 25―②

解説

《国立競技場の車いすでのアクセス》

1． 下線部を含む前半部分は，分詞構文と考えられる。意味上の主語は Barry Joshua "Josh" Grisdale なので，人を意味上の主語とした場合には，excited が正しい形になる。

2． 前出の the stadium を受けている部分であるから its が正解。

3． 並べ替えると as many people as possible to となる。want *A* to *do*「*A* に～してほしい」 as ～ as possible「できるかぎり～」

4． 正しい語順は，are wide enough for wheelchair となる。enough は修飾する形容詞の直後に置かれるのが通例である。

5． along with ～ とすれば，「～と一緒に」という慣用表現になる。

6． 空所を含む文の直後の文（Venues often have …）で，国立競技場（the National Stadium）に関して，他の会場と違ってすべての通路が車いすの人もそうでない人も使える点を評価していると考えられるので，no を入れて no distinction「差別がない」とするのが適切。

7． exclusive for ～ は「～専用」という意味なので，only が最も意味が近いと考えてよい。

8． 空所の直前の *A* as well as *B*「*B* 同様 *A* も」を手がかりに考える。*A* にあたる部分が Groups of people with disabilities「障がいをもつ人の

グループ」であるから，Bにも人を表す名詞が来るはずである。those は people の代用として用いることができ，those that provide parental support とすれば「親の支援を提供する人」となり，自然な文になる。

9. be involved in ～で「～に関わる」という表現になる。

10. 空所を含む文の冒頭の The higher a floor「高層階になるほど」を手がかりに考えれば，five-story「5 階建ての」が適切。story には「(建物の) 階」という意味がある点に注意する。

11. Of を入れることで，「6 万人程度の観客席のうち」という表現になる。

12. out を入れると，40 seats for wheelchair users out of 54,000 or so seats「54,000 席のうち車いす専用の 40 席」という表現ができる。

13. 接続表現の so that を入れると，「～できるように」という意味になる。「前の席の人々が立ち上がったときでさえ，車いすの観客の視界が遮られないようにするために座席はデザインされている」

14. 下線部の outlet は「(電源の) コンセント」という意味で使われており，選択肢の中では③で使われている outlet が同様の意味で使われていると判断できる。

15. 下線部の seating は「座ること」という意味で，動名詞としての用法と判断できる。選択肢の中で動名詞が用いられているのは④である。

16. people with disabilities とすれば，「障がいをもつ人々」という意味の名詞句ができる。

17. folding chairs とすれば，「折り畳み式の椅子」という名詞句ができる。

18. 下線部の直後の to get off the stage「(車いす用の) 場所から降りる」の意味上の主語が下線部の them であると考えられるので，③の「車いすを使う観客」が正解。

19. Whenever I need to use the restroom とすれば「トイレを使う必要があるときはいつでも」となり，適切な意味の文ができる。

20. 下線部の前にある it が後続の to 不定詞を受ける仮目的語と判断できるので，to enjoy とすべきである。

21. 下線部の equipped は「(設備の) 備わった」という意味であり，選択肢の中では，supplied「提供された」が最も近い。

22. other than ～「～以外」を用いれば，other than that though「だがそれ以外では」という表現になり，前後の文が自然につながってくる。

「それ（前出の心地よく食事ができる特別なテーブルがないこと）を除けば，スタジアムは障がい者のことを考えてうまくデザインされているとその二人は言った」

23. 第4段第2文（Some requests, such …）によると，点字ブロックは最終案に盛り込まれなかったとあるので，④が正解である。

24. 第5段第1文（The higher a …）には，上の階に座れば座るほど，フィールドからの距離を感じないような構造になっていると述べられていることから，①が正解。

25. 最終段第1文（Both Kaizuka and …）によると，Kaizuka も Josh も腕の動きに制限のある自分たちが心地よく食事のできるテーブルを備えていないことに多少憤慨しているとあるので，②が正解である。

Ⅱ ─ 解答

26─① **27**─② **28**─④ **29**─② **30**─① **31**─④
32─③ **33**─④ **34**─③ **35**─② **36**─① **37**─②
38─④ **39**─② **40**─① **41**─④ **42**─① **43**─④ **44**─①

イ. what **ロ.** many more dance studios than **ハ.** excitement

ニ. ブレイクダンスがまだ日本ではテレビで一般的に見られるものではなく，決して参加が主流の活動ではないが，ブレイクダンスを味わう機会が増えつつある。

ホ. no matter where they are from

解説

《パリオリンピックを見据える日本のブレイクダンサー》

26. 下線部の前にある助動詞の can に後続する動詞と考えると，文法的に妥当なのは①である。

27. 空所の後の部分は，Japanese athletes achieved a record number of medals in the Tokyo Olympics という英文になると考えられる。つまり，in the Tokyo Olympics を関係副詞の where で表現していると考えるのが適切。

28. 下線部の to は「～に合った」という意味で用いられている。選択肢の中で同じ意味で用いられているのは④の to（「家に合った鍵」）である。

29. ブレイクダンスの試合会場について述べている部分であるから，on the bank of Paris's Seine river（「パリのセーヌ川の土手」）とするのが

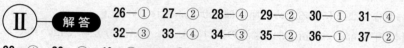

最も自然である。

30. 空所を含む文のカンマ以降（the Japan Dance …）には，日本ダンススポーツ連盟（JDSF）が2019年にブレイクダンス部門を発足させたとあることから，In order to speed up development「進歩を加速させるために」とするのが最も自然である。

31. take ～ seriously「～を真剣にとらえる」という表現にするのがよい。

32. committee を入れて，the games' organizing committee「オリンピック組織委員会」とするのがよい。

33. 空所の直前の文（Breaking was included …）では，新種目候補が4つあったと述べ，そのうえで空所を含む文で，スポーツクライミング（sport climbing），スケートボード（skateboarding），サーフィン（surfing）と，4つのうちの3つの競技について言及していることから，残りすべてを指すように the other（sports）を入れるのが適当である。

34. 空所の直後の単語が単数形（category）であることから，each category「それぞれのカテゴリー」とするのがよい。

35. 下線部の it は breaking becoming an Olympic sport の部分が表す内容を指していると考えるのが妥当である。第5段第1文（Ishikawa said that …）には，ダンスがオリンピック競技になることによって，本来のストリート文化のエッセンスに反してしまうことを恐れているということが書かれている。

36. run counter to ～ は「～に矛盾する，反する」という意味であり，contradict にも同様の意味がある。

37. 空所の直前の文（Ishikawa said that …）には Ishikawa の懸念が，空所以降の部分（he said he …）には Ishikawa の希望がそれぞれ示されていることから，逆接の接続表現である however「しかしながら」を入れるのがよい。

38. 下線部の make は can に後続する文の動詞部分ではなく，その前の do everything「あらゆることをする」という部分の目的を表していると考えると文意が自然につながってくるので，to make とする。

39. 仮定法過去の文であること，「もしも尋ねられたら」という意味であれば自然な文になることを考えると，were asked が適切である。

40. 意味から考えると，with を用いて「何人かの人は窓を姿見として使いながら」という付帯状況を表す表現とするとよい。

41. 下線部の that は，直後の unique を修飾する「あんなにも」という意味の副詞として用いられている。選択肢の中では④の that many「あんなにも多くの」がほぼ同じ用法と考えてよい。

42. ride the wave of success は文字通り「成功の波に乗る」という意味の表現であるから，①にあるように「東京オリンピックの好成績を活用したい」ということであると解釈できる。

43. 第7段第1文（Kawasaki, an industrial …）に，川崎市は若者を集めるためにブレイクダンスなどのストリートスポーツを手厚く援助しようとしているとあることから，④が正解。

44. 最終段第2文（"There are so …）に，ブレイクダンスの魅力は人と人を結びつけることだとあるので，①が正解である。

イ. what S＋call ～「いわゆる～」

ロ. many という語は，副詞的に用いて many more ～ とすると「はるかに多くの～」という意味になる。

ニ. 冒頭の while は「～だけれども」という譲歩と考え，not yet「いまだに～でない」，far from ～「決して～ではない」を用いて現状を伝え，get a taste「味わう，経験する」として，ますます機会が増えていると訳すとよい。

ホ. no matter＋疑問詞「たとえどんな～でも」という譲歩の構文を用いる。

Ⅲ **解答** Even if there are language barriers, we can bond with people around the world through breakdancing.

解説

Ⅱの第1段第2文（Japan's breakdancing community …）の breakdancing「ブレイクダンス」，最終段第1文（Ishikawa, who has …）の bond「～と絆を深める」など，ヒントとなる語や表現があるので十分に活用したい。「～があっても」は，接続表現の even if ～ を用いるとよい。また，「言葉の壁」は，ここでは「障壁，障害物」という意味なので，a wall of language と直訳せずに barrier などを使う。「世界中の人々」については people around the world とするとよい。

日本史

I　解答

問1．ア． 後白河　**イ．** 鎌倉　**ウ．** 源義仲
エ． 北条時政　**オ．** 北畠親房　**カ．** 平将門
キ． 平忠常　**ク．** 足利尊氏　**ケ．** 徳川家康
問2． 平泉　**問3．** 福原　**問4．** 征夷大将軍　**問5．** 公暁　**問6．** ②
問7． 宇佐八幡宮　**問8．** 安土城　**問9．** 朝倉

解説

《源氏と平氏について》

問1．ア． 後白河が正解。平清盛は対立した後白河法皇を幽閉した後，安徳天皇を即位させ，高倉上皇のもと，平氏政権を樹立し，政治の実権を握った。

オ． 北畠親房は南朝方の公家で，後醍醐天皇・後村上天皇のもとで活躍した。『神皇正統記』は天皇家の歴史を記しながら南朝の正統性を説いた。

カ． 下総国を本拠とした平将門は，国司との争いなどから挙兵して関東8カ国を占拠し，新皇と称したが，平貞盛・藤原秀郷らによって鎮圧された。

キ． 上総国を本拠とした平忠常は，藤原道長の死後に挙兵して房総半島を占拠したが，源頼信によって鎮圧された。

問6． ②正文。丹波は現在の京都府の中部と北部などが該当するので，京都の西北方向が正しい。これより，山陰道に属しているとわかる。

問9． 織田信長に滅ぼされた越前国の大名は朝倉義景である。越前国を拠点とした戦国大名と考えれば答えられるだろう。

II　解答

問1．ア． 箱根　**イ．** 見沼代　**ウ．** 備前
エ． 紫雲寺潟　**オ．** 請負　**カ．** 備中鍬　**キ．** 千歯扱
ク． 刈敷　**ケ．** 厩肥　**コ．** 下肥　**サ．** 金肥　**シ．** 農業全書　**ス．** 大蔵永常
問2． ②　**問3．** 南鐐二朱銀　**問4．** 千葉　**問5．** 両替商

解説

《江戸時代の新田開発と農業発展》

問1．イ． やや難。ヒントが「利根川から分水する」しかないので，判断

が難しい。見沼代用水は享保の改革期に新田開発に必要な農業用水を確保するために，利根川から取水した。

ウ． やや難。児島湾は岡山県岡山市に位置する湾。旧国名では備前国に該当する。

ケ・コ． ケが難。人糞尿が下肥，家畜の糞尿が厩肥であるが，この区別は難しい。

問4． 印旛沼・手賀沼は千葉県北部に位置する沼である。

Ⅲ　解答

問1． ④　**問2．** ②　**問3．** ③　**問4．** ①　**問5．** ②
問6． ③　**問7．** ①　**問8．** ④　**問9．** ④　**問10．** ①
問11． ②　**問12．** ③　**問13．** ④　**問14．** ②　**問15．** ③　**問16．** ④

解説

《森有礼と近代学校教育の整備》

問2． やや難。②が正解。森有礼は藩の意向でイギリスに留学した後，アメリカでも学んだ。

問3． ③が正解。山川捨松は会津藩出身で，岩倉使節団の留学生として加わった。捨松は後に元老大山巌の妻となった。

問7． ②誤文。井上毅が外相として条約改正交渉に従事した事実はない。
③誤文。交詢社は福沢諭吉を中心に設立された社交団体であり，政府の役人であった井上毅が参加していた事実はなく，私擬憲法案を発表した事実もない。
④誤文。文章は大隈重信に関する記述である。

問10． 難。①が正解。それぞれの設立年は①の名古屋帝国大学は1939年，②の台北帝国大学は1928年，③の京城帝国大学は1924年，④の北海道帝国大学は1918年である。

問16． ④が正解。1900年に義務教育機関の授業料が廃止されたため，1902年に就学率は90％を超えたことを念頭にイを見れば，④が正解とわかる。

世界史

I 解答

問1．②　問2．①　問3．④　問4．①　問5．②
問6．③　問7．④　問8．④　問9．②　問10．③
問11．④　問12．②　問13．①　問14．①　問15．③　問16．④
問17．①　問18．②　問19．③　問20．①

解説

《近代以前の中国の江南地域》

問5．②正文。①誤文。長征は江西省瑞金から始まった。
③誤文。北京は渤海に注ぐ海河の支流である永定河流域に位置する。
④誤文。「大運河と長江の合流地点」は江都（現在の揚州）。

問6．③正文。①・④誤文。大運河は北は北京付近，南は杭州，西は長安を結んだ。広東と重慶には達していない。
②誤文。隋が開削を開始した大運河は以降も歴代王朝によって利用された。

問8．④誤文。府兵制は西魏によって初めて導入された。

問9．②上海が正答。①開封は北宋の都。③杭州は南宋の都で，臨安と呼ばれた。④成都は三国時代の蜀の都。

問12．②正文。①誤文。科挙は元の建国以来，しばらく中止された。
③・④誤文。「租調庸制⇒両税法」と「府兵制⇒募兵制」という変化は，唐代にみられた。

問13．①正答。囲田は低湿地帯を堤防で囲み，干拓した農地で，湖田や圩田も同じような意味である。これらの農地は，宋代になると長江下流域でさかんに造成された。
②『斉民要術』は現存する中国最古の農書で，6世紀半ばに北魏で編纂された。
③『水経注』は六朝時代の地理書。
④都護府は漢や唐が辺境の異民族統治のために設置した機関。

問15．　8世紀は唐代。①不適。宋が文治主義を採用し，科挙に殿試を加えたことにより，皇帝独裁制が確立した。
②不適。一条鞭法が明代後期に導入されたように，この頃になると，「銀

経済が社会全体に浸透」したと言える。

④不適。交子は北宋の時代に，会子は南宋の時代にそれぞれ発行された。

問16. ④正文。①誤文。大理は雲南地方で，西遼は中央アジアでそれぞれ建国された。

②誤文。明や清は黄河以北の北京に都をおいた。

③誤文。水稲耕作により大規模な穀倉地帯となったのは，長江の中下流域。

問18. ②正文。①誤文。千戸制はモンゴル帝国で導入された制度で，15世紀以前のできごとである。

③誤文。明の永楽帝が1421年に都を北京に遷すまで，明の都は南京だった。北京が15世紀より「一貫して」都だったわけではない。

④誤文。15世紀から17世紀における「北方の主要な遊牧勢力」は，モンゴル（オイラト・タタール）⇒満州（女真）と変化した。契丹（遼）は12世紀に滅亡している。

問19. ③誤文。永楽帝が即位することとなる靖難の役は，明初にあたる1399～1402年。

問20. ①誤り。『紅楼夢』は清代に出版された長編小説。「明代の四大奇書」とされるのは，②『水滸伝』，③『三国志演義』，④『西遊記』と『金瓶梅』である。

Ⅱ　解答

ア. プラトン　**イ.** 1933　**ウ.** ヒンデンブルク

問1. ①　**問2.** メンシェヴィキ　**問3.** ③

問4. コミンテルン　**問5.** 国民社会主義ドイツ労働者党

問6. レンテンマルク　**問7.** 大統領緊急令　**問8.** 国会議事堂放火事件

問9. 全権委任法　**問10.** ケインズ　**問11.** エチオピア　**問12.** ①

解説

《ソ連とナチ党政権の共通性》

ウ. ヒンデンブルクは第一次世界大戦時のドイツ陸軍参謀総長。ヴァイマル共和国初代大統領エーベルトの死去を受けて，ヒンデンブルクが第2代大統領に選ばれた。世界恐慌の影響により，議会政治の行き詰まりが顕著になると，ヒンデンブルクは大統領緊急令を多用して，強力な権威主義体制を作りあげた。

問3. ③正答。1928年に始まる第一次五カ年計画は，社会主義国家を建設するため，重工業化と「コルホーズの建設」に代表される農業の集団化などを推し進めた。しかし，性急な社会主義建設はさまざまなひずみを招いた。それを解消するため，1933 年からの第二次五カ年計画では，農業の集団化が徹底されるとともに「消費物資生産の拡大」を目的とした軽工業の発展が図られた。

問６． 国際協調を重視するシュトレーゼマン政権は，ルール占領がもたらしたハイパーインフレーションを終息させるため，１兆マルクと交換するレンテンマルク紙幣を発行した。この結果，ハイパーインフレーションは翌年までには終息した。

問７． ヴァイマル憲法により，議会が機能不全に陥ったときに，大統領は法律と同等の効力をもつ緊急令を発することができた。

問12. ①誤文。「災害・疾病・養老保険」は，ドイツ帝国のビスマルクによって初めて導入された。

Ⅲ　解答

問１． 四月テーゼ　**問２．** ケレンスキー
問３． ブレスト=リトフスク条約
問４． トルーマン=ドクトリン　**問５．** 鉄のカーテン　**問６．** イ
問７． 北緯 38 度線　**問８．** キューバ　**問９．** 南ベトナム解放民族戦線
問10. ゲルニカ　**問11.** 中距離核戦力　**問12.** ③
問13. ワルシャワ条約　**問14.** ニコライ２世　**問15.** ストルイピン

解説

《ソ連の歴史と現代のロシア》

問２． ケレンスキーはロシア二月革命（三月革命）後に成立した臨時政府に入閣し，後にその首班となった。臨時政府がロシア十月革命（十一月革命）で倒れると，ケレンスキーは反革命組織を結成して，レーニンらが率いるボリシェヴィキに抵抗したが失敗し，亡命した。

問６． イが正答。この地図は，第二次世界大戦中に開かれた連合国の首脳会談の場所を示している。アはポツダム，ウはカイロ，エはテヘラン。

問10. ピカソは 1937 年 4 月 26 日に行われたドイツ・イタリア空軍による都市ゲルニカ（スペイン・バスク地方）への無差別爆撃に非難の意を込めて，「ゲルニカ」を制作した。

Pablo Picasso “Guernica” 1937 © 2024-Succession Pablo Picasso-BCF(JAPAN)

問15. ストルイピンは1906年，ウィッテの後継として首相に任命され内政改革を進めたが，ミール解体を内容とする土地改革を中心とした内政改革は，農民の強固な反対や議会における対立もあって困難を極めた。ストルイピンは1911年に暗殺され，その内政改革は頓挫している。

地 理

I 解答

問1． 12cm　**問2．** ④　**問3．** 氾濫原

問4． 三日月湖（河跡湖も可）

問5． 蛇行していた河川の曲流部が，洪水時の流路短縮により，河道から切り離されることで形成された。

問6． 旧河道が干拓あるいは埋め立てられることによって形成された。

問7． かつて蛇行していた河川の流路沿いに形成された自然堤防上に位置し，微高地で水はけが良く水害リスクが低いため，集落が発達した。

解説

《埼玉県加須市付近の地形図読図》

問3． 河川の氾濫により形成された地形なので，氾濫原である。氾濫原には，河川からあふれた土砂が堆積した微高地である自然堤防や，自然堤防の背後にある水はけの悪い低湿地である後背湿地などが含まれる。

問6． 点線に沿った田は大きくU字型に蛇行しており，現在の利根川につながっていることから，かつて蛇行していた河川が流路から切り離され，低湿地，または，河跡湖となっていた部分であると考えられる。「新田」という地名から，江戸時代以降に干拓または埋め立てによって形成されたと考えられる。

問7． Bの点線が旧河道であるとすれば，その両側に見られるのは自然堤防であると考えられる。自然堤防上は微高地であり，水はけが良く水害の危険性が低かったことが，集落が発達した要因である。

II 解答

問1． ③　**問2．** 門前町

問3． 名称：合掌造　説明：茅葺きの急傾斜の三角屋根が特徴で，豪雪地帯のため，屋根への積雪を防ぐために急傾斜の屋根とし，屋根裏部屋を養蚕場所として利用していた。

問4． ユネスコ　**問5．** 散村　**問6．** 扇状地

問7． 冬の季節風，春のフェーン現象による強風や暴風雨から孤立した家屋を守るため。

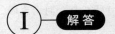

問8． 老人ホーム　**問9．** 起点：A　終点：C

解説

《富山県南砺市の地形図読図》

問1． 日本に多く見られる洪積台地は，かつての沖積平野が隆起し，その後の河川侵食によって河川流域が削られ，侵食から取り残された河川流域より一段高い平坦地のことである。

問3． 合掌造の住居は，江戸時代後期以降，この地域の冬の副業として養蚕業が発達したことで，養蚕用の屋根裏部屋と雪を落としやすくするための急な三角屋根とを備えた現在のような形になった。

問7． 砺波平野の屋敷森は「かいにょ」といわれ，季節風とフェーン現象の両方を防ぐため，家の周囲全体を囲っているのが特徴である。

問9． 起点の標高は約135mであるので，AかBのいずれかであり，終点の標高は約170mであるので，CかDである。断面図中央部に，河川と思われる凹みが2カ所と，標高150m程度の台地が見られることから，A―C間の断面図であると読み取る。

Ⅲ　解答

問1．ア． ハワイ　**イ．** モンゴル

問2． ③

問3． 日本と同じ東アジアに位置し，政治的にも経済的にも結びつきが強い国であることに加え，遊牧民の生活文化が基盤にあり，乗馬や運動の経験から運動能力が培われやすく，モンゴル相撲などの格闘技も盛んであるから。

問4． ②　**問5．** ③　**問6．** バルト海　**問7．** ①　**問8．** ブラジル

解説

《大相撲力士と国際化》

問3． モンゴルは，社会主義経済から市場経済への移行後は，日本との政治的・経済的な結びつきも強くなっている。また，遊牧生活によって，乗馬などの運動経験も豊富で，格闘技が盛んなため，相撲に対する素養が培われている。さらには，経済的に豊かな日本で成功し，母国に還元したいとの思いを強く持って来日する力士が多いと考えられる。

問4． ②誤文。プスタはハンガリーに広がる温帯草原の名称である。

問5． ③正文。消去法で解答を導き出すとよい。

①誤文。バルト三国は北からエストニア，ラトビア，リトアニアの順である。
②誤文。ヘルシンキはフィンランドの首都である。
④誤文。エストニアは氷河侵食による低地が広がっている。
問7． ①正文。②誤文。ジョージアはキリスト教の正教会の信者が多数を占めている。
③誤文。ジョージアは黒海に面しており，気候は地中海性気候ではなく温暖湿潤気候である。
④誤文。バクーはアゼルバイジャンの首都である。
問8． ブラジルは日系移民が多く，彼らが伝えた柔道が広く浸透している。

数 学

1 **解答** **(1)ア．** 82 **イ．** 44895

(2)ウ． 2 **エ．** 4

(3)オ． $y=x+3$ **カ．** $\dfrac{64}{3}$

(4)キ． 5 **ク．** 0.44

解説

《小問4問》

(1) 11 で割って 3 余る整数は $11k+3$（k は整数）と表せる。

これが 3 桁の自然数となるのは

$$100 \leqq 11k+3 < 1000$$

より

$$8+\frac{9}{11} \leqq k < 90+\frac{7}{11}$$

$$9 \leqq k \leqq 90$$

のときである。

ゆえに，11 で割って 3 余る 3 桁の自然数は

$90-9+1=82$ 個　(→ア)

それらすべての数の和は，等差数列の和の公式より

$$\frac{82\{(11\times9+3)+(11\times90+3)\}}{2}=44895 \quad (\to イ)$$

(2) $x^2-2x-2=0$ ……① のとき，$x \neq 0$ であるから，①の両辺を x で割ると

$$x-2-\frac{2}{x}=0$$

$$x-\frac{2}{x}=2 \quad \cdots\cdots ② \quad (\to ウ)$$

②の両辺を 2 乗すると

$$x^2-4+\frac{4}{x^2}=4$$

$$x^2+\frac{4}{x^2}=8 \quad \cdots\cdots③$$

を得る。また，2次方程式①の異なる2つの実数解を α，β とすると，解と係数の関係より，$\alpha+\beta=2$，$\alpha\beta=-2$ であるから

$$\frac{\beta}{\alpha}+\frac{\alpha}{\beta}=\frac{\alpha^2+\beta^2}{\alpha\beta}$$
$$=\frac{(\alpha+\beta)^2-2\alpha\beta}{\alpha\beta}$$
$$=\frac{2^2-2\cdot(-2)}{-2}=-4 \quad \cdots\cdots④$$

③，④より

$$x^2+\frac{4}{x^2}+\frac{\beta}{\alpha}+\frac{\alpha}{\beta}=8+(-4)=4 \quad (\to エ)$$

(3)　$f(x)=x^3-x^2-4x$，曲線 $y=f(x)$ を F とする。$f'(x)=3x^2-2x-4$，$f'(-1)=1$ より，曲線 F 上の点 $(-1,\ 2)$ における F の接線 L の方程式は

$$y-2=1(x+1)$$
$$y=x+3 \quad (\to オ)$$

また

$$f(x)-(x+3)=x^3-x^2-5x-3=(x+1)^2(x-3)$$

より，方程式 $f(x)=x+3$ の解は $x=-1$（2重解），3であるから，F と L は $x=3$ で交わり，右図を得る。

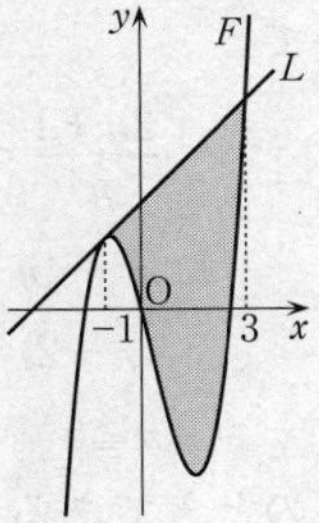

したがって，求める面積 S は

$$S=\int_{-1}^{3}\{(x+3)-f(x)\}dx$$
$$=\int_{-1}^{3}(-x^3+x^2+5x+3)\,dx$$
$$=\left[-\frac{1}{4}x^4+\frac{1}{3}x^3+\frac{5}{2}x^2+3x\right]_{-1}^{3}$$
$$=-\frac{1}{4}\left[x^4\right]_{-1}^{3}+\frac{1}{3}\left[x^3\right]_{-1}^{3}+\frac{5}{2}\left[x^2\right]_{-1}^{3}+3\left[x\right]_{-1}^{3}$$
$$=-\frac{1}{4}\cdot 80+\frac{1}{3}\cdot 28+\frac{5}{2}\cdot 8+3\cdot 4$$
$$=\frac{64}{3} \quad (\to カ)$$

参考　$g(x)=f(x)-(x+3)$ とおく。L は $x=-1$ における F の接線であるから，$g(x)$ は $(x+1)^2$ を因数にもつ。

$$g(x)=x^3-x^2-5x-3=(x+1)^2(x+a)$$

とおいて定数項を比較して $a=-3$ を得るから，$g(x)=(x+1)^2(x-3)$ と因数分解できる。

また，F と L で囲まれる部分の面積 S は，x 軸と曲線 $y=g(x)$ で囲まれる部分の面積と等しいので

$$S=-\int_{-1}^{3}(x+1)^2(x-3)\,dx$$

$$=\frac{1}{12}\{3-(-1)\}^4$$

$$=\frac{64}{3}$$

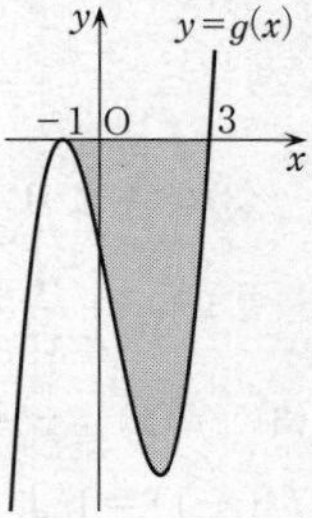

ここで，3次関数の定積分に関する「$\frac{1}{12}$公式」

$$\int_{\alpha}^{\beta}(x-\alpha)^2(x-\beta)\,dx=-\frac{1}{12}(\beta-\alpha)^4$$

を用いた。

(4)　$0.21_{(n)}=2\cdot\frac{1}{n}+1\cdot\frac{1}{n^2}=\frac{2n+1}{n^2}$

が $0.5=\frac{1}{2}$ より小さいのは，n が3より大きい自然数であることに注意して

$$\frac{2n+1}{n^2}<\frac{1}{2}$$

$$n^2-4n-2>0$$

$$(n-2)^2>6$$

$$n\geqq 5$$

のときであるから，これをみたす最小の n は5（→キ）であって，その値を10進法で表すと，$\frac{2n+1}{n^2}$ に $n=5$ を代入して $\frac{11}{25}=0.44$（→ク）である。

2 解答

(1) $t=\sin\theta$ より，$\cos 2\theta=1-2\sin^2\theta=1-2t^2$ であるから

$$y=\cos 2\theta-\sin\theta-1$$
$$=(1-2t^2)-t-1$$
$$=-2t^2-t \quad \cdots\cdots(答)$$

また，θ の変域は $0\leqq\theta<2\pi$ であるから，$t=\sin\theta$ のとりうる値の範囲は

$$-1\leqq t\leqq 1 \quad \cdots\cdots(答)$$

(2) (1)の結果より，関数

$$f(t)=-2t^2-t \quad (-1\leqq t\leqq 1)$$

の最大値・最小値とそれを与える t の値を求めればよい。$f(t)=0 \Longleftrightarrow t=-\dfrac{1}{2},\ 0$ に注意して，$u=f(t)$ $(-1\leqq t\leqq 1)$ のグラフは右図のようになる。

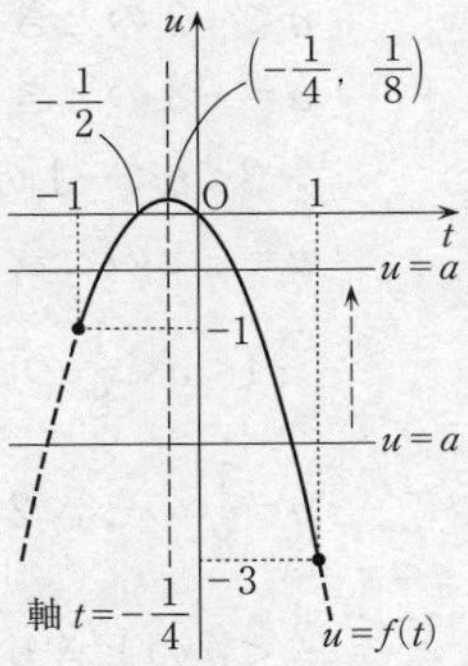

$$f\left(-\frac{1}{4}\right)=\frac{1}{8},\ f(1)=-3$$

であるから

$$最大値\ \frac{1}{8}\ \left(t=-\frac{1}{4}\ のとき\right),\ 最小値\ -3\ (t=1\ のとき) \quad \cdots\cdots(答)$$

(3) $\cos 2\theta-\sin\theta-1=a$ $(0\leqq\theta<2\pi)$ ……(＊) とおく。

(1)の結果より，方程式(＊)は，連立方程式 $f(t)=a$，$\sin\theta=t$ $(0\leqq\theta<2\pi)$ で表せる。

実数 t が与えられたとき，$\sin\theta=t$ $(0\leqq\theta<2\pi)$ をみたす実数 θ の個数は下表のようになる。

t の範囲	$t<-1$	$t=-1$	$-1<t<1$	$t=1$	$1<t$
θ の個数	0	1	2	1	0

ゆえに，(2)で用いた $u=f(t)$ のグラフと直線 $u=a$ のグラフの共有点の t 座標を，a の値を小さい方から大きい方へ変化させながら調べることによって，$t=-1$，$-1<t<1$，$t=1$ のそれぞれの範囲にある $f(t)=a$ の実数解 t の個数および(＊)の実数解 θ の個数は次の表のようになる。

aの範囲	$a<-3$	$a=-3$	$-3<a<-1$	$a=-1$	$-1<a<\frac{1}{8}$	$a=\frac{1}{8}$	$\frac{1}{8}<a$
t＝−1	0	0	0	1	0	0	0
$-1<t<1$	0	0	1	1	2	1	0
$t=1$	0	1	0	0	0	0	0
θの個数	0	1	2	3	4	2	0

以上のことから，次の結果を得る。

$$\left.\begin{array}{l} a<-3\text{ のとき 0 個} \\ a=-3\text{ のとき 1 個} \\ -3<a<-1\text{ のとき 2 個} \\ a=-1\text{ のとき 3 個} \\ -1<a<\dfrac{1}{8}\text{ のとき 4 個} \\ a=\dfrac{1}{8}\text{ のとき 2 個} \\ \dfrac{1}{8}<a\text{ のとき 0 個} \end{array}\right\}\cdots\cdots\text{(答)}$$

解説

《三角方程式の実数解の個数》

(2)　〔解答〕では(3)とのつながりを考えてグラフを用いたが，グラフを描かずに

$$f(t)=-2t^2-t=-2\left(t^2+\frac{1}{2}t\right)=-2\left(t+\frac{1}{4}\right)^2+\frac{1}{8}$$

と平方完成して最大値・最小値を求めてもよい。また，$f'(t)=-4t-1$ から $f(t)$ の増減表を書いて最大値・最小値を求めてもよい。

(3)　(＊)の実数解の個数 N を 2 次関数 $f(t)$ のグラフ F と三角関数 $t=\sin\theta$ $(0\leqq\theta<2\pi)$ のグラフを用いて調べてみよう。

tu 平面で曲線 F：$u=f(t)$ と直線 $u=a$ の共有点の位置を考えて

①$a<-3$，②$a=-3$，③$-3<a<-1$，④$a=-1$，

⑤$-1<a<\frac{1}{8}$，⑥$a=\frac{1}{8}$，⑦$\frac{1}{8}<a$

の場合に分けて N を求めることになるが，ここでは⑤の場合についてのみ示す。他の場合については各自で確かめてほしい。

下図は⑤の場合である。F と直線 $u=a$ の交点の t 座標を t_1，t_2（$t_1<t_2$）とし，$0\leqq\theta<2\pi$ の範囲で，$\sin\theta=t_1$ をみたす θ を θ_{11}，θ_{12}，$\sin\theta=t_2$ をみたす θ を θ_{21}，θ_{22}とする。

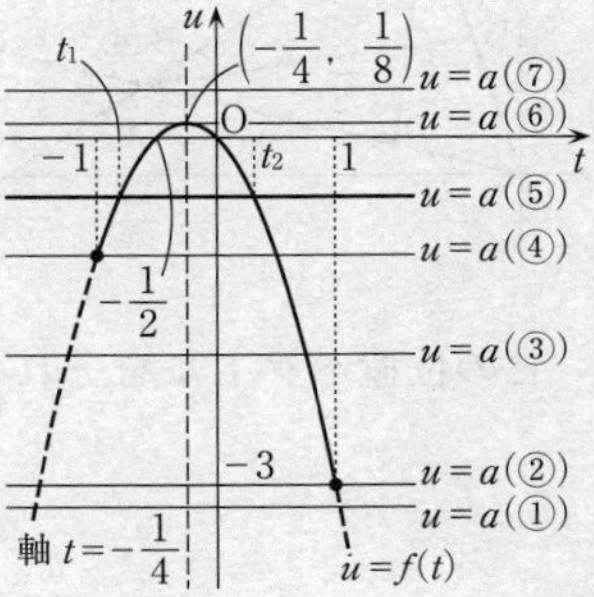

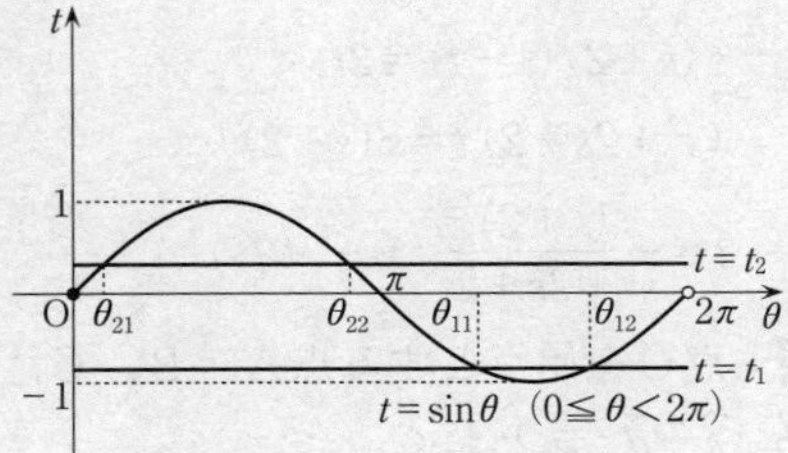

3 **解答** (1) $2x+3y-11=0$ ……①，$y=3x$ ……②，

$y=\dfrac{1}{4}x$ ……③ とおく。

②を①に代入して y を消去すると

$2x+9x=11$　　$x=1$

$x=1$ を②に代入して　　$y=3$

であるから，①，②の交点Aの座標は A(1，3) である。

③より　　$x=4y$

これを①に代入して

$8y+3y-11=0$　　$y=1$

$y=1$ を③に代入して　　$x=4$

であるから，①，③の交点Bの座標は B(4，1) である。

ゆえに

$$\triangle\mathrm{OAB}=\frac{1}{2}|1\times1-3\times4|=\frac{11}{2}\quad\text{……(答)}$$

(2) OC：CA$=1:s$，OD：DB$=s:2$（$s>0$）である。また，点A，E，Dはこの順に一直線上に並んでいて $\overrightarrow{\mathrm{AE}}=t\overrightarrow{\mathrm{AD}}$ であるから，DE：EA$=(1-t):t$である。ゆえに，メネラウスの定理より

$$\frac{\mathrm{AC}}{\mathrm{CO}}\cdot\frac{\mathrm{OB}}{\mathrm{BD}}\cdot\frac{\mathrm{DE}}{\mathrm{EA}}=1$$

$$\frac{s}{1}\cdot\frac{s+2}{2}\cdot\frac{1-t}{t}=1$$

$$s(s+2)(1-t)=2t$$

$$(s^2+2s+2)t=s(s+2)$$

$$t=\frac{s(s+2)}{s^2+2s+2}\quad\cdots\cdots(答)$$

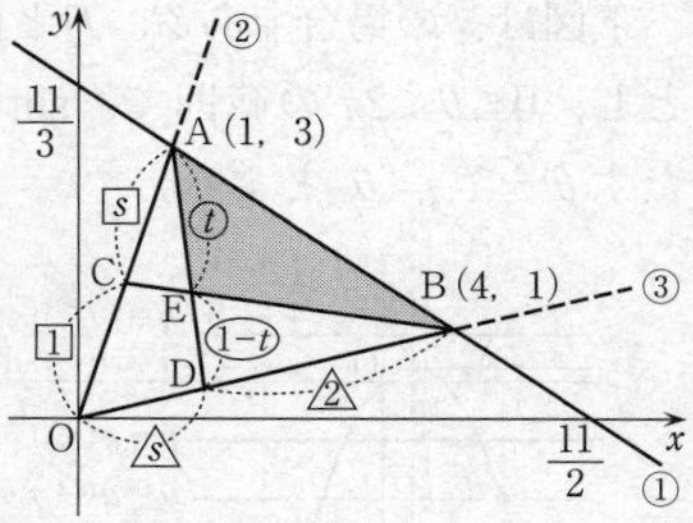

別解 点Oを始点とする点A，B，C，D，Eの位置ベクトルをそれぞれ $\vec{a}$, $\vec{b}$, $\vec{c}$, $\vec{d}$, $\vec{e}$ とおく。

内分点の公式より

$$\vec{c}=\frac{1}{1+s}\vec{a},\ \vec{d}=\frac{s}{2+s}\vec{b},\ \vec{e}=(1-t)\vec{a}+t\vec{d}$$

$\vec{a}=(1+s)\vec{c}$ より

$$\vec{e}=\frac{st}{2+s}\vec{b}+(1-t)(1+s)\vec{c}\quad\cdots\cdots㋐$$

点Eは線分BC上にあるから，㋐式の右辺の $\vec{b}$, $\vec{c}$ の係数の和は1である。

よって

$$\frac{st}{2+s}+(1-t)(1+s)=1$$

この式を t について解いて

$$t=\frac{s(s+2)}{s^2+2s+2}$$

を得る。

(3) 底辺が等しい2つの三角形の面積比は高さの比であるから，(2)の図より

$$\triangle\mathrm{ABE}=t\triangle\mathrm{ABD}=t\cdot\frac{2}{2+s}\triangle\mathrm{OAB}$$

よって，(1)，(2)の結果より

$$\triangle\mathrm{ABE}=\frac{11s}{s^2+2s+2}$$

$s>0$ であるから，相加平均・相乗平均の関係より

$$\frac{1}{\triangle \mathrm{ABE}}=\frac{1}{11}\left(s+\frac{2}{s}+2\right)\geqq\frac{1}{11}\left(2\sqrt{s\cdot\frac{2}{s}}+2\right)=\frac{2\sqrt{2}+2}{11}$$

が成り立つ。等号成立の条件は，$s=\dfrac{2}{s}$ より $s>0$ に注意して，$s=\sqrt{2}$ である。よって，$\triangle \mathrm{ABE}\leqq\dfrac{11}{2\sqrt{2}+2}=\dfrac{11(\sqrt{2}-1)}{2}$ であり，等号成立の条件は $s=\sqrt{2}$ である。

以上より，$\triangle \mathrm{ABE}$ は $s=\sqrt{2}$ のとき最大値 $\dfrac{11(\sqrt{2}-1)}{2}$ をとる。

……(答)

別解　$\triangle \mathrm{ABE}=\dfrac{11s}{s^2+2s+2}=k$ とおくと

$$s^2+\left(2-\frac{11}{k}\right)s+2=0 \quad \cdots\cdots ㋑$$

であり，s は実数であるから，s の2次方程式㋑の判別式 $D=\left(2-\dfrac{11}{k}\right)^2-8$ は0以上，よって

$$\left(2-\frac{11}{k}\right)^2\geqq 8$$

$$2-\frac{11}{k}\leqq -2\sqrt{2},\ 2\sqrt{2}\leqq 2-\frac{11}{k}$$

$k>0$，$\sqrt{2}>1$ より，$2\sqrt{2}\leqq 2-\dfrac{11}{k}$ は成立しないので

$$2-\frac{11}{k}\leqq -2\sqrt{2}$$

よって　　$k\leqq\dfrac{11(\sqrt{2}-1)}{2}$　……㋒

㋒で等号が成り立つ，つまり，$k=\dfrac{11(\sqrt{2}-1)}{2}$　……㋓となるのは，$D=0$ のときであり，このとき㋑を解の公式で解くと，㋓より

$$s=\frac{-2+\frac{11}{k}\pm\sqrt{D}}{2}=-1+\frac{11}{2k}=-1+\frac{1}{\sqrt{2}-1}=\sqrt{2}$$

これは $s>0$ をみたす。

ゆえに，△ABE は $s=\sqrt{2}$ のとき最大値 $\dfrac{11(\sqrt{2}-1)}{2}$ をとる。

解説

《メネラウスの定理と三角形の面積の最大値》

(1)　一般に，O$(0,\ 0)$，A$(p,\ q)$，B$(r,\ s)$ を頂点とする三角形 OAB の面積は，$\triangle \mathrm{OAB}=\dfrac{1}{2}|ps-qr|$ で求められる。絶対値の中は p，q，r，s と並べたとき，外側の 2 数の積から内側の 2 数の積を引いたものである。教科書の「研究」や「例題」などに掲載されているので，証明を確認しておくこと。

(2)　〔解答〕ではメネラウスの定理を用いて解いたが，〔別解〕のようにベクトルを用いることもできる。

(3)　〔解答〕では相加平均・相乗平均の関係式を用いたが，〔別解〕のように判別式を用いて解くこともできる。

問六　否定の語がどこまでかかっているかに注意する。「非聖人言」は〝聖人の言葉ではない〟で、送り仮名が「非ザレバ」と仮定条件を示しているので〝聖人の言葉でないならば〟の意。この条件を受けて「不談」〝語らない〟とあるので、傍線部全体は〝聖人の言葉でないならば語らない〟という意味になる。

問七　「不レ能ハ」は、〝〜できない〟という不可能を表す表現。受け答えが流ちょうで、聖人の言葉でなければ話さないという薛夏の優秀さは、あの孔子の弟子である子游や子夏もそれに過ぎる（薛夏を越える）ことはできないだろう、と評価している。子游・子夏は孔子の高弟の中でも特に文学に優れた人物とされている。

問八　語注から「入室」が、奥義を伝えられるほど優秀な弟子の意であることがわかる。また傍線部の直前に薛夏を孔子の高弟である子游・子夏と比べ、彼ら以上に優れていると評価していることから、〈孔子がこの場にいたならば薛夏を弟子と認めたに違いない〉という意味だと考えると最も文の展開に合う。

問九　薛夏の母は夢の中で、箱に入った衣を贈られ、〈あなたは必ず賢明な子を生み、その子は皇帝に尊敬されるでしょう〉と告げられている。後に皇帝は薛夏を孔子の弟子になれるほど優秀な人物と認め、「御衣を解きて以つて之（＝薛夏）に賜ひ」ており、夢が示唆したことが現実になっている。

四

解答

出典　『太平広記』〈巻第二百七十六　夢一〉

問一　為㆓帝王所㆑宗

問二　5

問三　1

問四　2

問五　あることなし

問六　3

問七　2

問八　5

問九　1

解説

問一　受身を表す「為《ル》㆓A《ノ》所《ト》㆑B《スル》（AノBスル所ト為ル）」の形。〝皇帝から尊敬されるだろう〟の意。

問二　薛夏という人物の生い立ちを述べている。母の妊娠中から、生まれ、元服を迎え、というように時間が経過してある時点に至ったことを示したいので、5「及《ビ》」が最適である。

問三　②は魏の文帝が「之」すなわち薛夏と議論をしたという文の展開。⑦は文帝が「入室生」と書いたものを薛夏に授けた、という文の展開。

問四　「凝滞」することがない、という意味に合う表現を考える。

問五　「無」は、否定の語の一つで、ものごとが存在しないことを表す。したがって、「有」に「こと」という送り仮名を補うことで名詞化し、「有ること無し」と読む。

問四 「をはんぬ」は「をはる（終はる）」＋完了の助動詞「ぬ」の「をはりぬ」が撥音便で変化した形。〝～てしまった〟の意を表す。完了の助動詞「ぬ」は4のように「ぬべし」の形で強意を表すことがある。1・5はそれぞれ動詞「死ぬ」「去《い》ぬ」の活用語尾、3は動詞「寝《ぬ》」の語幹。2は「時」という体言に接続しているので連体形が「ぬ」となる助動詞、すなわち打ち消しの「ず」である。

問五 Aは連用形接続の助動詞「けり（けれ）」に接続するので連用形で「良かり」。Bは逆接の接続助詞「で」に接続するので未然形で「聞か」となる。

問六 本文の前半に、人々の話として〈徳の高い僧といえば仙命上人以上の人物はいない。ただし、人からの施しを一切受けない〉とある。実際に、袈裟をもらったときも瓜をもらったときも谷へ投げ入れており、物を受け取らない人物であることがうかがえる。

問七 人々から「仙命上人にすぎたる聖、候ふべからず」と認められ、また、死後に覚尊は「下品下生」、仙命は「上品上生」に生まれ変わったとあり、4が合致する。1、女御は「貴僧を供養せばや」と言っている。2、仙命の房は「懸け作り」、つまり崖に張り出すような形で造られた房であったとあるが、「粗末」と断定できる記述はない。3、袈裟を受け取らなかったのは、そもそも寄付を受け取らない人物だからである。5、仙命は智得に「往来」を託しているし、一般的に寄付を否定するような記述は見られない。

問八 仙命は人から寄付を受けず「不断念仏をのみ」していた。

問九 『古事談』と1『発心集』は説話集。とくに仏教に関する話が多く集められている。2は歌物語、3は随筆、4は軍記物語、5は日記のジャンルに属する作品である。

三　出典　『古事談』〈第三　僧行〉

解答

問一　①―2　②―3　③―1
問二　5
問三　1
問四　4
問五　A、良かり　B、聞か
問六　2
問七　4
問八　念仏
問九　1

解説

問一　①「よしなし」は〝つまらない、むだな〟という意。②「きこしめす」は「聞く」の尊敬語。③「構ふ」は〝準備する、計画する〟といった意。ここでは、女御が智得という法師に袈裟を預けて、「汝が志の様にて構へて」、つまり〝お前自身が差し上げるのだという形をとって〟仙命上人に渡してほしいと依頼している。

問二　「仰せ／られ／けれ／ば」と切る。「仰せ／られ」は、「言ふ」の尊敬語「仰す」に尊敬の助動詞「らる」が付いている。「らる」は、後に続く過去の助動詞「けり」に合わせて連用形の「られ」になっている。「けれ／ば」は、過去の助動詞「けり」の已然形に接続助詞「ば」で、傍線部は〝おっしゃったので〟という意味になる。

問三　「かかる」は〝このような〟の意。智得が仙命上人に献上した袈裟を指す。この袈裟は貴人である女御が仙命上人への寄付の品として用意した物だから、相応の立派な品だったと考えられる。

問六　傍線部前の二つの段落から、「生物」と「コンピュータ」それぞれにとっての情報の意味をおさえる。「生物」にとっての情報は「『意味』であり、どのように生きていくかを現時点で自律的に決断するための根拠」だとある。一方、「コンピュータ」にとっての情報は「文字や数値などの『データ（記号）』」のみで、「意味」は扱わないとある。

問七　「理性的（合理的な）知性」とは、記号だけを扱うコンピュータのような機械をつくることができる知性であり、それは他の動物よりも発達した大脳、特に大脳新皮質に宿る。一方で、人間には、他の動植物と同じように、自律的な決断を可能にするような情報処理のしくみとしての「身体的な暗黙知」も備わっている。

問八　傍線部を含む一文の「このこと」は、直前の「生物の情報処理の圧倒的大部分は、論理というより生理的な反応に他ならない」を指している。したがって、〈生物の情報処理の大部分は生理的な反応〉であるにもかかわらず〈論理が先にある〉と考えてしまうことが「転倒した発想」ということになる。

問九　空欄Dを「自立した知恵」とみなすことの先に、「社会メガマシンを統べる大魔神」のような、超人工知能が社会の意思決定を担う事態が想起されるとあることから、空欄Dは人工知能が行っている情報処理のプロセスを指す語が入る。人工知能は情報の意味を扱わず、「『データ（記号）』の形式的な操作」を行っている。

問十　5の前半は第七〜十一段落に合致する。後半は第三段落に合致する。したがって、正解は5。1・2、第三段落に「生命活動が価値観をもたらしている以上、機械である人工知能がみずから意思決定のための価値基準を設定することなど、とうてい無理というものではないか」とある。したがって1の「設定できるようになれば」は合致しない。また、2の「生命活動とは無縁であるため」に起こる結果は、「理性的な知性」ではなく、「価値観」の欠如であるから、これも合致しない。3、「人工知能の出現がそれをさらに加速」は本文にない内容。4、第九段落に「情報の『意味』を背後におしやり、『データ（記号）』の形式的な操作に置き換えた」とある。もともと「意味」が先にあったのであって、「データ」から「意味」を見出したわけではない。「文明に新たな価値がもたらされる」も本文にない内容。

二

出典　西垣通『ビッグデータと人工知能』〈第五章　集合知の新展開　5・2　人間と機械の協働　ＡＩから　ＩＡへ〉（中公新書）

解答

問一　けいい

問二　**(イ)**緻密　**(ウ)**熟議

問三　4

問四　3

問五　5

問六　2

問七　身体的な暗黙知

問八　1

問九　2

問十　5

解説

問三　A、人工知能には〈みずから価値基準を設定できない〉という弱点があるが、それは「人工知能の否定にはつながらない」と、前述の内容から予測される内容とは逆の内容が述べられているので逆接を表す語が入る。B、人工知能の弱点が人工知能の否定につながらないというだけではなく、「人間の知能を大きく増強することは幾らでも可能」と、さらに人工知能を評価しているので、前述の内容に添加する語が入る。よって、4が最適の組合せとなる。

問四　「特定目的」と対義語になる語を考えると、〝幅広く、いろいろなことに用いることができる〟意を表す3が最適。

問五　傍線部の問いかけに続いて、生物と機械の情報処理の違いを説明したあと、最後の段落で「ＩＡの役割は……集合知の精度や信頼性をあげていくこと」だと結論している。

ール黒」という定式や世界を「光と影からなる陰影だけ」で描く従来の手法は適用できなかったと考えられる。

問五　筆者は、モネによって描かれるのは「主観的な世界」であるが、それは、眼が信用できない器官であることを受け入れた上で、「眼に映ったままに描こう」としたものでもあり、その点では「科学性、実証性」があると指摘している。

問六　「不変で疑う必要のない」もので、造形美術の対象となるものを考えると、1「幾何（学）」が最適。2は自然光の中で最も移ろいやすいものとされている。3〜5は人間に関するものであり、時代や地域などによって様々な様相を見せる。

問七　傍線部はその直後で「眼がもともと信用できない……そこから絵を描きはじめる」と言い換えられている。

問八　筆者によれば、「私」がとらえた世界（＝印象）を表現するという芸術の方向は、「眼」がとらえた世界を描こうとする印象派に端を発し、シュルレアリスムがその最もつき進められたかたちである。そしてシュルレアリストたちがとらえようとした世界は「集合的無意識」すなわち心の世界である。

問九　「集合的無意識」という心の世界が「拡がる」さまを表す四字熟語を考えると、5の「広大無辺（＝広く果てしないこと）」が最適。

問十　4が、本文の最後から二つ目の段落の内容に合致する。1、モネが非難されたのは、眼に映る色彩の移ろいをありのままに描こうとしたその手法自体によってである。2、モネが「影イコール黒」の定式を破壊した背景にあったとされているのは「炎天下で長時間野外にいた」体験である。3、印象派のものごとのとらえかたでは、客観的な対象というものはなく、眼がとらえた印象がありのままに受け入れられる。何らかの対象が置かれた場所によって変化するか否かといった論点は本文には見られない。5、本文における〈「知覚の扉」を開く〉は、「眼」による印象派の世界のとらえ方が、シュルレアリスムに至って「脳（心）」まで拡張されたことを指している。

国語

一

出典　椹木野衣「知覚の扉」（『原子心母――芸術における「心霊」の研究』河出書房新社）

解答

問一　**(ア)**端緒　**(イ)**安住

問二　えんてんか

問三　2

問四　4

問五　5

問六　1

問七　3

問八　集合的無意識

問九　5

問十　4

解説

問四　傍線部は、アトリエに閉じ籠って描く従来の画家の手法を示唆している。モネは〈世界を、客観性によってではなく私的体験にもとづいて描く〉ことを目指し、日常的に体験される世界では影でさえも多彩な色彩を帯びていることを知っていた。それを描こうとするなら、アトリエの中で静止しつづける対象を描くために使われてきた、「影イコ

一般選抜前期・数学重視型・共通テストプラス方式：2月6日実施分

問題編

▶試験科目・配点

区分	学部	教科	科目	配点
前期	全学部	外国語	コミュニケーション英語Ⅰ・Ⅱ・Ⅲ，英語表現Ⅰ・Ⅱ（リスニングを除く）	150点
		地歴・数学	日本史Ｂ，世界史Ｂ，「数学Ⅰ・Ⅱ・Ａ・Ｂ*」から１科目選択	100点
		国語**	国語総合，現代文Ｂ，古典Ｂ	100点
数学重視型	法・経済・経営・文（心理）・地域政策（地域政策〈食農環境〉）	外国語	コミュニケーション英語Ⅰ・Ⅱ・Ⅲ，英語表現Ⅰ・Ⅱ（リスニングを除く）	100点
		数学	数学Ⅰ・Ⅱ・Ａ・Ｂ*	200点
		国語**	国語総合，現代文Ｂ，古典Ｂ	100点
共通テストプラス	法・経済・経営・現代中国・文・地域政策	外国語・数学・国語**	「コミュニケーション英語Ⅰ・Ⅱ・Ⅲ，英語表現Ⅰ・Ⅱ（リスニングを除く）」，「数学Ⅰ・Ⅱ・Ａ・Ｂ*」，「国語総合，現代文Ｂ，古典Ｂ」から１科目選択	100点
	国際コミュニケーション	外国語	コミュニケーション英語Ⅰ・Ⅱ・Ⅲ，英語表現Ⅰ・Ⅱ（リスニングを除く）	200点

▶備　考

＊　「数学Ｂ」は「数列，ベクトル」から出題。

＊＊古文・漢文はいずれか一方を試験当日に選択。

- 共通テストプラス方式は，上表の独自試験（前期入試と共通問題）に加えて，各学部の指定する共通テスト２教科２科目（独自試験で選択した教科を除く）を選択。

- 前期入試について，大学の定める英語能力試験のスコア等を保持している場合は，「外国語（英語）」の得点に30点（上限）を加点し，合否判定を行う。ただし，大学の独自試験「外国語（英語）」の得点率が70％以上の場合のみ加点対象となる。

英 語

(80分)

〔Ⅰ〕 次の英文を読み，設問1～25に答えよ。解答はマークシート解答用紙にマークせよ。

With its name literally meaning "beautiful stars," the small district of Bisei (美星) in the city of Ibara, Okayama Prefecture, is unsurprisingly among the destinations (lead)(1) the way in Japan's expanding travel segment: dark sky tourism. Although various regions of the country, particularly remote spots and islands, have been introducing their starry skies to visitors (　　)(2) decades, it is only (　　)(3) the designation of Japan's first dark sky place in 2018 that the concept of dark sky tourism started to attract the attention of tourist companies.

(4-A)(Take) advantage of unpolluted night skies, this form of ecotourism includes skygazing, moon-bathing, nighttime creature guided tours, night sky-inspired events and other activities. The trend combines elements of travel that have been growing in popularity over the past decade such as nature, the outdoors, wellness, cultural heritage, wildlife and sustainability.

(4-B)(Give) the need for zero or minimal light pollution, Japan's three official dark sky places are in locations that have long been managed by people (5)(　　) environmental reasons. The first International Dark Sky Park (IDSP) in Japan — and only the second in Asia(6) — to be named by the International Dark-Sky Association (IDA) was Iriomote-Ishigaki National Park in Okinawa Prefecture. The United States-based nonprofit recognizes (place)(7) around the world that strive to(8) limit light pollution, as part of its vision that the night sky be celebrated and protected globally as a shared heritage.

According to Ishigaki-based tour agency Hirata Tourism, which offers stargazing experiences every night from February to November, 84 of the 88 (9)(know) constellations can be viewed from the island thanks to its location near the Tropic of Cancer and favorable atmospheric conditions. "It's a truly wonderful environment to experience the night sky (10)(　　　) its best," said Misaki Takahashi, a private tour guide on the island of Iriomote. "I hope more international visitors have the opportunity to enjoy it," she added, noting that not many (11)(join) a starry night tour before the pandemic hit.

Japan's two other dark sky places also missed the international fanfare that their peers enjoyed on the announcement of their designations, as both were recognized (12)(　　　) the country's pandemic-induced border closure. First came an IDSP for Kozushima, a subtropical island 180 kilometers south of metropolitan Tokyo that is part of Fuji-Hakone-Izu National Park, in November 2020. (13)(　　　) preparation of its designation, local officials replaced more than 400 street and road lights with dark sky-friendly equipment, before (14)launching stargazing tours with local guides and marketing the island as "a natural planetarium."

Then, in November 2021, Bisei became the first International Dark Sky Community (IDSC) in Japan and Asia, helping the town (15)live up to its name. Since then, Bisei has seen an increase in domestic visitors keen to experience its growing tourism offerings that (16)(　　　) use of the dark sky theme.

"Bisei has long been known locally for its beautiful night sky, but since its certification, its (17)renown has grown," said a representative of Explore Okayama, Okayama Prefecture's official tourism guide, adding that domestic interest in 2022 was high. Indeed, Bisei's recognition has even boosted interest in dark sky experiences throughout Okayama and neighboring Tottori, another prefecture popular for its stars.

Each of the 100-person-capacity weekend starry sky tours in Okayama and Tottori prefectures (18)(offer) by the Chugoku Region Tourism Promotion Association (which covers Okayama, Tottori, Shimane, Hiroshima and

Yamaguchi prefectures) was full last year, according to spokesperson Miku Matsuo. Most visitors hailed from Tokyo, Osaka or local urban spots because they "usually can't see the (19) (　　　)," she said.

1. 下線部(1) "lead" の適切な形は次のどれか。解答番号は[1]。

① lead　② led　③ have led　④ leading

2. 下線部(2)の空所に入る適切なものは次のどれか。解答番号は[2]。

① for　② on　③ at　④ with

3. 下線部(3)の空所に入る適切なものは次のどれか。解答番号は[3]。

① because　② when　③ since　④ but

4. 下線部（4－A）"Take"，（4－B）"Give" の適切な形の組み合わせは次のどれか。解答番号は[4]。

① A：Taking　B：Giving

② A：Taking　B：Given

③ A：Taken　B：Giving

④ A：Taken　B：Given

5. 下線部(5)の空所に入る適切なものは次のどれか。解答番号は[5]。

① of　② on　③ in　④ for

6. 下線部(6) "Asia" の A と同じ発音を含むものは次のどれか。解答番号は[6]。

① major　② bank　③ manage　④ baggage

7. 下線部(7) "place" の適切な形は次のどれか。解答番号は[7]。

① place　② places　③ placing　④ placed

8. 下線部(8) "strive to ～" の意味として適切なものは次のどれか。解答番号は

出典追記：The Japan Times, April 17, 2023

[8]。

① 〜に反対する　② 〜を躊躇する

③ 〜に賛成する　④ 〜に奮闘する

9. 下線部(9) “know” の適切な形は次のどれか。解答番号は[9]。

① know　② knew　③ known　④ knowing

10. 下線部(10)の空所に入る適切なものは次のどれか。解答番号は[10]。

① at　② when　③ on　④ in

11. 下線部(11) “join” の適切な形は次のどれか。解答番号は[11]。

① join　② are joining　③ are joined　④ had joined

12. 下線部(12)の空所に入る適切なものは次のどれか。解答番号は[12]。

① about　② during　③ between　④ due

13. 下線部(13)の空所に入る適切なものは次のどれか。解答番号は[13]。

① On　② In　③ At　④ For

14. 下線部(14) “launching” の意味上の主語は次のどれか。解答番号は[14]。

① preparation of its designation

② local officials

③ more than 400 street and road lights

④ dark sky-friendly equipment

15. 下線部(15) “live up to its name” の意味として適切なものは次のどれか。解答番号は[15]。

① その名に恥じないようにする　② その名に聞き覚えのある

③ その名を魅力的なものにする　④ その名を引き継ぐ

16. 下線部⒃“(　　　) use of ～”が「～を利用する」という意味になるとき，空所に入る適切なものは次のどれか。解答番号は16。

① get　② have　③ go　④ make

17. 下線部⒄“renown”の意味に最も近いものは次のどれか。解答番号は17。

① fame　② residence　③ capacity　④ peculiarity

18. 下線部⒅“offer”の適切な形は次のどれか。解答番号は18。

① offer　② offered　③ offering　④ to offer

19. 下線部⒆の空所に入る適切なものは次のどれか。解答番号は19。

① prefectures　② spots　③ stars　④ tours

▶ 20～25. 本文の内容について，次の質問に答えよ。解答番号は20～25。

20. What is the main topic of the reading?

① Famous constellations

② The International Dark Sky Association

③ A new kind of tourism

④ The best times for stargazing

21. What is special about the town of Bisei in Okayama Prefecture?

① It was the first International Dark Sky Community in Japan and Asia.

② It has many private tour guides.

③ You can see Ishigaki Island from there on clear days.

④ You can see many unusual forms of wildlife there.

22. How many official dark sky places are there in Japan?

① One out of two

② Eighty-four

③ It has not been decided yet.

④ Three

23. How many constellations can be seen from Iriomote?

① Hardly any of the eighty-eight constellations

② Most of the eighty-eight constellations

③ Eighty-eight constellations

④ One hundred constellations

24. What did local officials in Kozushima do in preparation for becoming a dark sky place?

① They replaced several hundred street and road lights.

② They launched a marketing campaign on national television.

③ They made a public announcement on social media.

④ They contacted the Regional Tourism Promotion Association.

25. When does Hirata Tourism offer stargazing tours?

① Only on nights with favorable atmospheric conditions

② When the Tropic of Cancer is visible

③ When a private tour guide is available

④ Ten months out of the year

〔Ⅱ〕次の英文を読み，設問 26～44，イ～ヘに答えよ。なお，26～44 はマークシート解答用紙にマークし，イ～ヘは英語解答用紙Ｂに記入せよ。

Communication is an important part of our daily lives. It is how we exchange words and convey feelings. Communication is likewise important to animals (イ) for the sake of survival. However, to us humans — living life (26) (surround) by many strangers outside our family — we can benefit a lot more from communicating and making a good impression on others.

The content of what we talk about is of course the core of communication, but other information is also known to influence each other's impressions. Take posture, for example. Have you ever straightened your back (27) to make a good impression during job interviews or on dates? On the other hand, has (28) anxiety ever made you round your shoulders? Many people are likely to have been told by their parents (ロ) to straighten their back while young. Your parents are right, because the effect of having good posture on communication is greater than we may think.

In a recent study, we found our intention in making a good or bad posture is (ハ) (we / the impressions / others / in improving / effective / make on). Participants were told to assume "good" or "bad" postures without being instructed specifically on how to go about them. Although the poses taken up by the participants varied, the participants standing with the intention to look good were distinctly rated as more attractive and trustworthy compared to bad postures when other participants assessed them. (ニ) Good posture made with the intention to look good conveyed a positive impression to other people.

Additionally, the (29) assessment did not change even if the posture was only shown for one tenth of a second. This means that everyone is capable of making a good or bad impression on others by assuming the right or wrong posture, and this is being evaluated (30) in a split second. In other words, even if you are not a professional poser like a model, you can make a good or bad impression on someone by changing your posture before you even engage in(31) a conversation. In animals, rounding the back conveys submission and a lack of aggressive intent. As such, it is said to be an important sign linked to survival. From an evolutionary point of view, the ability to read and express oneself through postures would be an inherent skill that is automatically activated during communication.

Another interesting thing is that the postures we assume have an impact (32)(　　　) our minds as well. When we assume a confident pose, our confidence level also rises. On the contrary, when we round our shoulders, we become introverted(33) and feel weak. This is because we are equipped with an ability by which the state of our bodies determines the state of our minds.

Evidence of this ability comes from the investigation of emotional cues(34) in speech. Using a special system which gradually changes the intonation and rhythm of a recorded voice, it was discovered that the emotional state of a person changes in accordance (35)(　　　) the emotion that a person hears in a voice. For example, people became joyful when they heard a joyful voice. In other words, physical information changed the listeners' emotional attitude without them(ホ) noticing.

What then would happen in a conversation? How would one's feelings change by talking to a person whose voice becomes happy without you realizing it? There have been studies which have shown that (adopt)(36) a similar rhythm of speech makes better impressions on the other person, making it(ヘ) easier to build trust.

This is the same with (37)(　　　) we were previously discussing — posture. How do our postures and emotions change in response to other people's and how far do our postures and emotions influence one another? These are questions that(38) new technologies are helping researchers try to answer.

26. 下線部(26) "surround" の適切な形は次のどれか。解答番号は26。

① surround　② to surround　③ surrounding　④ surrounded

27. 下線部(27) "to make" と同じ意味の to 不定詞を含むものは次のどれか。解答番号は[27]。

① Reza persuaded his father to buy a new mobile phone.

② I ate all the pizza only to find that I was still hungry.

③ This tool is used to remove unwanted stitches.

④ I'm too tired to go out for dinner.

28. 下線部(28) "anxiety" の意味に最も近いものは次のどれか。解答番号は[28]。

① surprise　② concern　③ curiosity　④ sorrow

29. 下線部(29) "assessment" の意味に最も近いものは次のどれか。解答番号は[29]。

① evaluation　② calculation

③ explanation　④ demonstration

30. 下線部(30) "in a split second" の意味として適切なものは次のどれか。解答番号は[30]。

① 二つの点で　② もう片方の点で

③ ほんの一瞬で　④ 妥協して

31. 下線部(31) "engage in" の意味に最も近いものは次のどれか。解答番号は[31]。

① interrupt　② construct　③ interpret　④ join

32. 下線部(32)の空所に入る適切なものは次のどれか。解答番号は[32]。

① in　② on　③ about　④ for

33. 下線部(33) "introverted" の意味に最も近いものは次のどれか。解答番号は[33]。

① shy　② confident　③ mad　④ energetic

34. 下線部(34) “cues” の意味に最も近いものは次のどれか。解答番号は[34]。

① disorders ② supports ③ signs ④ changes

35. 下線部(35)の空所に入る適切なものは次のどれか。解答番号は[35]。

① to ② for ③ on ④ with

36. 下線部(36) “adopt” の適切な形は次のどれか。解答番号は[36]。

① adopt ② adopting ③ adopted ④ had adopted

37. 下線部(37)の空所に入る適切なものは次のどれか。解答番号は[37]。

① that ② while ③ why ④ what

38. 下線部(38) “that” と同じ用法の that を含むものは次のどれか。解答番号は[38]。

① I didn’t realize the situation was that bad.

② There are lots of things that I have to buy before my trip to Budapest.

③ My experience was totally different from that of my close friend.

④ I can’t believe that she won one million yen in a lottery.

▶ 39～44. 本文の内容について，次の設問に答えよ。解答番号は[39]～[44]。

39. What is the main topic of the reading?

① How physical cues influence our perceptions

② Communication and survival strategies

③ The human ability to hear voices

④ Differences between human and animal communication

40. What did a recent study find?

① Participants could not distinguish “good” and “bad” posture.

② Intention has a strong influence on how others perceive us.

③ Parents should not tell children to stand up straight.

④ Posture is an automatic response.

41. Which statement is TRUE?

① It is difficult to make an impression on other people.

② It is difficult to form impressions of other people.

③ The researchers found that 1/10 of a second is enough time to make an impression on others.

④ The researchers found that we need about 100 seconds to form accurate impressions.

42. What was discovered about emotional cues in speech?

① When we assume a confident pose, our confidence level also rises.

② The evolution of posture is an inherent human skill.

③ Attitudes adapt to evolutionary changes.

④ They can change the way we feel without us noticing it.

43. To what extent do our postures and emotions change in response to other people's?

① It is easy to see the differences.

② Researchers are trying to find answers to this question.

③ Humans have special abilities that are activated during communication.

④ It is largely due to good postures.

44. What was special about the system used to investigate emotional cues?

① It gradually changed the intonation and rhythm of speech unnoticeably.

② It has evolved over time.

③ It invented new emotional states.

④ It helped listeners notice the rhythm and intonation in speech.

▶ 本文に関する次の設問（イ～ヘ）について，英語解答用紙Bに記入せよ。

イ．下線部(イ)“for the sake of survival”を和訳せよ。

ロ．下線部(ロ)“to straighten their back”の反対の意味を示す語句になるように，空所に本文中の語を一語入れよ。

to (　　　) their back

ハ．下線部(ハ)“(we / the impressions / others / in improving / effective / make on)”を「我々が他人に与える印象を良いものにするのに効果的である」という意味になるように並べ替えよ。

ニ．下線部(ニ)を和訳せよ。

ホ．下線部(ホ)“them”が指しているものを，英単語一語で書け。

ヘ．下線部(ヘ)“it”が指しているものを，本文より抜き出せ。

〔Ⅲ〕 次の和文を英訳し，英語解答用紙Bに記入せよ。

コミュニケーションは言葉だけでなく声や姿勢にも影響される。

日本史

（60分）

〔Ⅰ〕　次の文章を読み，あとの設問に答えよ。

元明天皇が［　ア　］年に都を［　イ　］から平城京へ移し，以降，平安京に遷都するまでの時代を［　ウ　］時代という。

平城京はⓐ唐の都にならい，都市の区画を東西と南北の道路で碁盤の目状に区切る［　エ　］制という特徴をもっており，都は中央を南北に走る［　オ　］大路でⓑ東と西にわけられた。

北部中央にⓒ平城宮があり，貴族・官人・庶民が住み，大寺院が立派な伽藍建築を誇った。平城京跡では発掘調査がおこなわれ，貴族から下級官人までⓓ各階層の人びとの生活の様相が明らかになっている。

平城京では官営の市が設けられ，その監督機関として［　カ　］があった。市では地方からの産物と官吏に現物支給された糸や布などとの物々交換がおこなわれていたが，708年に武蔵国から銅が献上され，政府は［　キ　］とよばれる銭貨をⓔ鋳造し，さらに銭貨の流通をめざして［　ク　］令を発した。また，中央と地方を結ぶ交通制度として，畿内を中心にⓕ七道の諸国府への官道が整備され，ⓖ駅家を設ける駅制が敷かれ，官吏が公的に利用した。

政府は，鉄製の農具や灌漑技術を用い耕地の拡大にもつとめ，ⓗ長門の銅などの鉱物資源の採掘が国家主導でおこなわれた。

問1　空欄［　ア　］～［　ク　］に入る適切な語句を記せ。なお，空欄［　ア　］には西暦が入る。

問2　下線部ⓐについて，この遷都の際，参考にされた唐の都の名称を記せ。

問3　下線部ⓑについて，東と西に区画されたそれぞれの区域の名称を記せ。

問4　下線部ⓒについて，平城宮において天皇の生活の場所となっていたのはどこか。その名称を記せ。

問 5　下線部ⓓの説明として適切なものを一つ選べ。

① 五条以北の地区には貴族の邸宅が多くあった。

② 五条以北の地区には下級官人の小さな屋敷が多くあった。

③ 八条・九条などの地区には貴族の邸宅が多くあった。

④ 貴族の邸宅と下級官人の小さな屋敷がある地区の分布に明確な違いはみられなかった。

問 6　下線部ⓔに関連して，この時代の国家による銅銭の鋳造は，10 世紀半ばの乾元大宝まで 12 回続けられ「皇朝(本朝)十二銭」と呼ばれたが，近年別にある銭貨が発見された。その発見された銭貨の名称を記せ。

問 7　下線部ⓕについて，七道のうち，現在の九州 7 県の地域にあたるものは何か。その名称を記せ。

問 8　下線部ⓖについて，駅家が設けられた距離の間隔として適切なものを一つ選べ。

① 約 10 km　② 約 12 km　③ 約 16 km　④ 約 20 km

問 9　下線部ⓗについて，この長門とは現在の都道府県のどこにあたるか。その名称を記せ。

問10　同じく下線部ⓗについて，この地域の銅山で採掘された銅が，ある寺院の大仏の原材料であることが調査分析の結果わかった。この寺院の名称を記せ。

〔Ⅱ〕 次のA・Bの文章を読み，あとの設問に答えよ。

A　明治時代初期の政府は，富国強兵を目指し，西洋文明の摂取による近代化の推進を図った。これにともない明治初期の国民生活において，文明開化と呼ばれる新しい風潮が生じた。文明開化は，ジャーナリズムなどを通して大都市を中心に広まり，庶民の習慣や風俗に部分的に浸透した。

教育の面では，1871年の文部省の新設に続き，1872年に学制が公布された。学制は，全国を [ア] 大学区に分け，各大学区に大学校を1，中学校を32，各中学区に小学校を210設置する規定であったが，この計画はあまりにも当時の国民生活にあわなかったので，1879年の [イ] によって改められた。しかし翌1880年には早くも [イ] は改正された。その後文部大臣の [ウ] のもとでいわゆる [エ] が公布された。[エ] の公布により小学校，中学校，師範学校，帝国大学などからなる学校体系が整備された。

このような教育制度は，政府によって進められたが，民間ではⓐ福沢諭吉の [オ] や，[カ] の同志社に続き，大隈重信による東京専門学校（のちの [キ] 大学）などの私立学校が創設された。

1872年12月には，西洋諸国の例にならい暦法も改められた。ⓑ新しい暦法は1日を24時間とし，後には日曜を休日にするなどした。新しい暦法では明治5年12月 [ク] 日を，明治6年1月1日とした。

問1　空欄 [ア] ～ [ク] に入る適切な語句を記せ。なお，空欄 [ア]，[ク] には数字が，空欄 [ウ]，[カ] には人名が入る。

問2　下線部ⓐの著作として**誤っているもの**を一つ選べ。

①　『西洋事情』　　②　『安愚楽鍋』

③　『文明論之概略』　　④　『学問のすゝめ』

問3　下線部ⓑとして適切なものを一つ選べ。

①　太陰暦　　②　太陽暦　　③　太陰太陽暦　　④　太陽太陰暦

B　1900年前後からは大都市の呉服店がアメリカのデパートメント・ストアにならって，［ア］を展開した。［ア］は，ショーウィンドーや陳列台を用い，それまでよりも多様な顧客を対象とした新たな小売の営業形態であった。また私鉄も［ア］を展開した。代表的なものは阪神急行電鉄(旧箕面有馬電気軌道)で，終点の梅田駅に［ア］を開業した。阪神急行電鉄は，［イ］のアイディアで乗客の増加を図るため，沿線で宅地開発を進めたり，遊園地や温泉，宝塚少女歌劇団などの娯楽施設を経営した。

［ウ］は活動写真と呼ばれ，当初は無声［ウ］を上映していた。無声［ウ］の上映は，活動写真［エ］の解説付きで上映されていた。［ウ］は大正期に入ると大衆娯楽として発展し，松竹や日活などの［ウ］会社が国産［ウ］の制作に乗り出した。1930年代に入ると，トーキーと呼ばれた有声［ウ］の制作や上映が始まり，トーキーの普及とともに［ウ］に解説をつける職業である活動写真［エ］の活躍の場は次第に減少していった。

演劇では明治時代の中期には九代目市川団十郎ⓐ，五代目［オ］，初代市川左団次ら名優が活躍した「団菊左時代」が現出した。川上音二郎らが時事的な劇に民権思想を取り入れた壮士芝居は，日清戦争の前後から人気がある通俗小説の劇化を加えて，新派劇と呼ばれた。日露戦争ⓑ後には，坪内逍遙の文芸協会，小山内薫の自由劇場などが西洋の近代劇を翻訳・上演した。

問1　空欄［ア］～［オ］に入る適切な語句を記せ。なお，空欄［ア］は，**漢字三文字**で答えよ。また，空欄［イ］，［オ］には人名が入る。

問2　下線部ⓐに関連して，初代市川団十郎が活躍した頃の文化の名称として適切なものを一つ選べ。

①　東山文化　　②　元禄文化
③　桃山文化　　④　化政文化

問3　下線部ⓑに関連して，1905年9月に日本全権小村寿太郎とロシア全権ウィッテが講和条約に調印したアメリカの地名を記せ。

〔Ⅲ〕 次のA・Bの文章を読み，それぞれの設問について，適切な解答を一つ選び，その番号をマークせよ。

A　徳川家康は1542年に三河岡崎城主の嫡男として誕生した。1534年生まれの織田信長より8歳，1537年生まれの豊臣秀吉より5歳若かった。ⓐ家康誕生の翌年，その後の日本に大きな影響を与える出来事があった。まだ幼かった頃に駿河を領する［　ア　］の人質となったが，1560年の［　イ　］の戦いのあと岡崎に戻った。信長と同盟を結び，1575年の［　ウ　］の戦いで甲斐の武田氏に勝利した。1582年に本能寺の変で信長が殺されたあと，秀吉が天下取りに向けて動き出すと，秀吉の臣下として小田原攻めに参加した。北条氏が滅びたあと関東に転封され，約250万石を領することになった。秀吉の晩年には［　エ　］の筆頭として重要な地位にあった。

秀吉が死去すると，1600年，ⓑ関ヶ原の戦いに勝利して覇権を確立した。1603年に征夷大将軍の宣下を受けた家康は江戸に幕府を開いたが，2年後の1605年，将軍職を子の秀忠にゆずり，自らは［　オ　］として実権を握り続けた。2代将軍の秀忠も1623年，将軍職を二男の家光にゆずり，［　オ　］として幕府権力の基礎を固めた。その後ⓒ秀忠は朝廷統制を推し進め，この統制は幕末まで維持された。さらにⓓ3代将軍家光は幕府の政治機構の整備を進め，ここに幕藩体制はほぼ確立した。

問1　下線部ⓐについて，この年に起こったといわれている出来事として適切なものを一つ選べ。解答番号は［1］。

① スペイン人が平戸に来航し南蛮貿易を始めた。
② 種子島へ漂着したポルトガル人が鉄砲を伝えた。
③ フランシスコ＝サビエルが鹿児島に到着し，キリスト教を伝えた。
④ イタリア人のコロンブスが西インド諸島に到着した。

問2　空欄［　ア　］に入る人名として適切なものを一つ選べ。解答番号は［2］。

① 北条氏政　② 今川義元　③ 上杉謙信　④ 武田信玄

問3　空欄［　イ　］と空欄［　ウ　］に入る戦い(合戦)の組合せとして適切なものを一つ選べ。解答番号は［3］。

① イ　桶狭間　ウ　長　篠　② イ　長　篠　ウ　姉　川
③ イ　姉　川　ウ　山　崎　④ イ　山　崎　ウ　桶狭間

問 4　空欄 [エ] に入る語句として適切なものを一つ選べ。解答番号は[4]。

① 三　家　② 三管領　③ 五大老　④ 五奉行

問 5　下線部ⓑについて，この戦いの説明として適切なものを一つ選べ。解答番号は[5]。

① 西軍を率いた石田三成は，その後外様大名として徳川家康に仕えた。
② 西軍に加わった豊臣秀頼は，戦いの直後に大坂城で処刑された。
③ 毛利輝元は東軍の参謀として参戦し，徳川家康を補佐した。
④ 福島正則や黒田長政は東軍として，徳川家康に従った。

問 6　空欄 [オ] に入る語句として適切なものを一つ選べ。解答番号は[6]。

① 大御所　② 上皇(院)　③ 外　戚　④ 元　老

問 7　下線部ⓒに関連して，家康から秀忠までの治世の出来事として適切なものを一つ選べ。解答番号は[7]。

① 公武合体　② 宝暦事件　③ 紫衣事件　④ 明和事件

問 8　下線部ⓓに関連して，家光は新たな武家諸法度(寛永令)を発布した。寛永令において初めて記載された文言として適切なものを一つ選べ。解答番号は[8]。

① 「異国へ日本の船遣《つかわ》すの儀，堅く停止《ちょうじ》の事。」
② 「文武弓馬ノ道，専《もっぱ》ラ相嗜《あいたしな》ムベキ事。」
③ 「天子諸芸能の事，第一御学問也。」
④ 「大名小名，在江戸交替，相定ル所也。毎歳《とし》夏四月中参勤致スベシ。」

B　江戸幕府最後の15代将軍徳川慶喜は，1837年，水戸藩主徳川斉昭ⓐの七男として生まれた。この年には，浦賀沖に接近したアメリカの商船を砲撃する事件ⓑが起こっている。18世紀末以降，日本も欧米列強の植民地獲得競争に巻き込まれ，幕藩体制の下での鎖国体制に動揺が生じていた。幕府権力の強化を目指し，1841年，12代将軍のもとで老中に就任した [ア] を中心に天保の改革ⓒが始まった。しかし幕府権力の衰退を止めることはできなかった。一方，外様大名を中心に，藩政改革を推し進める雄藩が登場しⓓ，こうした勢力(薩長)が討幕運動を主導することになった。

一方，徳川斉昭の水戸藩は抗争に明け暮れ改革が功を奏さなかった。1847年，一橋家を相続した慶喜は，ペリー来航ⓔ後，将軍継嗣問題に巻き込まれたが，徳川慶福を推す南紀派に敗れ，1859年，隠居・謹慎の処分を受けた。しかし1860年，慶福(家茂)を推した大老 [イ] が [ウ] の変で暗殺されると慶喜は処分を解かれ，1862年に将軍後見職に，1864年には新設の禁裏御守衛総督などに就き，京都守護職の松平容保らとともに朝廷を [エ] 征討の方向へと導いた。1866年，慶喜は将軍に就任したが，翌67年には大政奉還をして，わずか1年ほどで将軍職を退いた。

問 1　下線部ⓐについて，徳川斉昭に関わる文章として適切なものを一つ選べ。解答番号は[9]。

①　老中阿部正弘とともに国防の充実に関わった。

②　蛮社の獄に連座し国元での蟄居を命じられた。

③　支倉常長をスペインに派遣してメキシコと貿易しようとした。

④　『大日本史』の編纂事業を立ち上げた。

問 2　下線部ⓑについて，この事件の名称として適切なものを一つ選べ。解答番号は[10]。

①　フェートン号事件　　②　モリソン号事件

③　ゴローウニン事件　　④　シーボルト事件

問 3　空欄 [ア] に入る人名として適切なものを一つ選べ。解答番号は[11]。

①　水野忠邦　　②　田沼意次　　③　松平定信　　④　徳川吉宗

問 4　下線部ⓒについて，天保の改革の説明として**誤っているもの**を一つ選べ。解答番号は[12]。

①　物価騰貴の原因を十組問屋などの株仲間に帰し，株仲間の解散を命じた。

②　江戸に流入した下層民の帰郷を強制した人返しの法(人返し令)を発した。

③　江戸に湯島聖堂を建立し，朱子学以外の学問を講じることを禁じた。

④　江戸・大坂周辺の約50万石を幕府の直轄地にするため上知令を出し

た。

問 5　下線部ⓓについて，藩政改革を推し進めた雄藩の説明として**誤っているもの**を一つ選べ。解答番号は[13]。

① 佐賀(肥前)藩では，鍋島直正が均田制を実施して本百姓体制の再建を進めた。

② 鹿児島(薩摩)藩では，島津斉彬が反射炉を築造し，ついで島津忠義が洋式紡績工場を建設した。

③ 萩(長州)藩では，村田清風が紙や蝋の専売制を改革し，さらに越荷方をおいて財政再建を図った。

④ 高知(土佐)藩では，調所広郷が琉球王国との貿易を増やして藩財政を立て直した。

問 6　下線部ⓔに関連して，ペリー来航の翌年，日本はアメリカとの間に日米和親条約を結んだ。この条約の説明として**誤っているもの**を一つ選べ。解答番号は[14]。

① アメリカに一方的な最恵国待遇を与えた。

② アメリカ船が必要とする燃料や食料を供給した。

③ 下田と箱館の二港を開いてアメリカ人領事の駐在を認めた。

④ 日本に滞在するアメリカ人の領事裁判権を認めた。

問 7　空欄 [イ] と空欄 [ウ] に入る語句の組合せとして適切なものを一つ選べ。解答番号は[15]。

① イ 安藤信正　ウ 坂下門外

② イ 井伊直弼　ウ 桜田門外

③ イ 井伊直弼　ウ 坂下門外

④ イ 安藤信正　ウ 桜田門外

問 8　空欄 [エ] に入る藩名として適切なものを一つ選べ。解答番号は[16]。

① 薩摩　② 長州　③ 土佐　④ 肥前

世界史

（60分）

〔Ⅰ〕 次の文章Ａ・Ｂを読み，あとの設問に答えよ。ただし，表現の一部を改めてある。

Ａ　世界は小さくなっている。大西洋を渡るのにⓐメイフラワー号は3か月かかった。1927年になると，チャールズ・リンドバーグは33時間で飛行してみせた。その50年後には，コンコルドは3時間でやってのけた。弾道ミサイルだと30分である。(中略)より憂鬱なことに目を向けると，核兵器ができたことによって，戦争に「二重の死」とでもいうべき新たな側面が加わった。つまり，個々人が死ぬかもしれないというだけでなく，状況によっては，人類すべてが脅威にさらされるようになったのである。そしてⓑ2001年9月11日のテロリストによるニューヨークの世界貿易センタービルと〔ワシントンの〕国防省への攻撃(〔9.11〕)が示したように，技術を繰ることで，かつては政府しか持ちえなかった恐るべき破壊力を非国家主体が手にしつつある。距離が短縮された結果，ⓒアフガニスタンのような遠隔の小国の状況が，突如として世界中の人々にとって重要性を増したのである。

しかし，国際政治には，時代を越えて変わっていない側面もある。2500年前にⓓトゥキディデスは，ⓔスパルタとⓕアテネとの間のⓖペロポネソス戦争を描いたが，その様子は1947年以降のアラブ＝イスラエル紛争に恐ろしいほど似通っている。およそ2000年前にプリニウスは(相互利益となる)ⓗローマとⓘインドとの貿易の不均衡について，不満を語っていた。その語り口は今日(相互利益となる)米中貿易の不均衡について，米議会の議員が不平を述べるのと瓜二つであった。

(中略)

世界政治を学ぶ者の課題は，歴史の蓄積の上に立ちつつ歴史に呪縛されず，言い換えれば変化とともに継続性を理解することである。われわれは伝統的な諸理論を学び，それらを現在の状況に適用しなければならない。

（ナイ他，田中明彦，村田晃嗣訳『国際紛争（原書第10版）』有斐閣による）

問1 下線部ⓐに関連して，メイフラワー号が大西洋航海するころに最も近い時期に起きた出来事の記述として適切なものを，次の①～④のなかから一つ選べ。解答番号は[1]。

① イギリスはパリ条約でフロリダなどを獲得した。

② オランダが西インド会社を設立した。

③ プラッシーの戦いが起きた。

④ ポルトガルはインドのゴアを占領した。

問2 下線部ⓑに関連して，9.11の同時多発テロ事件時のアメリカ大統領として適切なものを，次の①～④のなかから一つ選べ。解答番号は[2]。

① クリントン　　② ブッシュ（父）

③ ブッシュ（子）　　④ レーガン

問3 下線部ⓒに関連して，19世紀にアフガニスタンを侵攻したカージャール朝についての記述として適切なものを，次の①～④のなかから一つ選べ。解答番号は[3]。

① イスファハーンを首都とし続けた。

② 1876年にミドハド憲法が施行された。

③ バーブ教を国教とした。

④ ロシアとの戦いで敗れ，カフカスを割譲した。

問4 下線部ⓓに関連して，トゥキディデスと同時代に活躍した人物の記述として適切なものを，次の①～④のなかから一つ選べ。解答番号は[4]。

① アリストファネスの喜劇は，政治や社会問題を題材に取り上げた。

② ソクラテスは「万物の尺度は人間である」と主張した。

③ アルキメデスはイオニア自然哲学の代表とされる。

④ フェイディアスは，傑作「ラオコーン」の作者として知られる。

問5 下線部ⓔに関連して，スパルタについての記述として適切なものを，次の①～④のなかから一つ選べ。解答番号は[5]。

① アテネに勝る最強の陸軍を擁した。

② スパルタの人口のほとんどがドーリア系の人たちであった。

③ ペリオイコイは市域の周辺に住む市民であった。

④ ポリスの中央にデルフォイの神殿があった。

問 6 下線部ⓕに関連して，前 6 世紀頃のアテネについての記述として適切なものを，次の①～④のなかから一つ選べ。解答番号は[6]。

① 市民の団結を強めるために鎖国政策をとった。

② 哲学者タレスが活躍した。

③ 奴隷が総人口の 3 分の 1 にのぼった。

④ ペイシストラトスが僭主を打ち破り僭主政治を終焉させた。

問 7 同じく下線部ⓕに関連して，前 5 世紀頃のアテネについての記述として適切なものを，次の①～④のなかから一つ選べ。解答番号は[7]。

① クレイステネスはサラミスの海戦で将軍として活躍した。

② 裁判の陪審員は，民会の選挙で選ばれた。

③ 奴隷・在留外人・女性には参政権がなかった。

④ ペリクレスは血統ではなく財産額の大小によって市民の参政権を定めた。

問 8 下線部ⓖに関連して，ペロポネソス戦争についての記述として**誤っているものを**，次の①～④のなかから一つ選べ。解答番号は[8]。

① アテネではこの時代にデマゴーゴスが台頭した。

② 戦争中はアテネもスパルタも反ペルシアでは共闘した。

③ 戦争のさなかに疫病の流行でペリクレスが死んだ。

④ 戦争の初めのころはアテネが優勢であった。

問 9 同じく下線部ⓖに関連して，ペロポネソス戦争の後から前 4 世紀にかけてのギリシアについての記述として適切なものを，次の①～④のなかから一つ選べ。解答番号は[9]。

① アテネの民主政は，ペロポネソス戦争の敗北で終焉し回復することがなかった。

② アレクサンドロス大王は，イッソスの戦いでペルシア王ダレイオス 1 世を打ち破った。

③　前4世紀前半，ポリスでは土地を失って市民の身分から転落するものが増え始めた。

④　フィリッポス2世の死の直後にコリントス(ヘラス)同盟が結成された。

問10　下線部ⓗに関連して，ローマ時代の文化人の業績についての記述として適切なものを，次の①～④のなかから一つ選べ。解答番号は[10]。

①　ウェルギリウスはローマ帝国の東西分裂の頃に活躍した。

②　ストラボンは『対比列伝』を著した。

③　トリボニアヌスは『ローマ法大全』の編纂に携わった。

④　マルクス＝アウレリウス＝アントニヌスは，エピクロス派の哲学者として知られる。

問11　下線部ⓘに関連して，1世紀のインドの記述として適切なものを，次の①～④のなかから一つ選べ。解答番号は[11]。

①　インドからローマに大量の金が輸出された。

②　クシャーン人がインダス川流域に入ってクシャーナ朝を建てた。

③　人々の救済よりも自身の悟りを重視する菩薩信仰が広まった。

④　アショーカ王により，仏典の結集が行われた。

B　世界はいつも諸国家に分けられたシステムであったわけではない。歴史上，世界政治には3つの形態が存在してきた。1つは帝国システムとでも言うべきもので，1つの政府が自らの接触する世界のほとんどを統制する，という形態である。西方世界における典型はローマ帝国ⓙであった。だが，シュメールⓚやペルシャ，モンゴル，中国，アステカ，マヤⓛの各帝国もこれと同じ分類に属する。これらは，いずれも真の「世界」帝国ではなく，地域帝国であった。コミュニケーションの手段がなかったために，他の帝国との紛争や競争に巻き込まれることがなかっただけなのである。帝国辺境において蛮族との紛争はあったが，これらはほぼ同規模の国家同士の戦争とは異なるものであった。

国際政治の第2の基本形態は，封建システムとでもいうべきもので，そこでは，人々の忠誠と政治義務が，本来的に領土的境界に結び付くということがない。ローマ帝国崩壊ⓜ後のヨーロッパでは封建制が普及したが，そこでは個人は，その土地の領主にだけでなく，遠くの貴族や司教さらにはローマ教皇にも他の義務を負っていた。政治的な義務は，多くの場合，自らの上位者に何が起こるかによって決まった。支配者が結婚すれば，結婚持参金の一部として領地や人々もまた組み替えられたのである。フランスに生まれた町民が，ある日突然，ⓝフランドル人になったと言われたり，時にはイギリス人にされたりすることがあった。

（中略）

世界政治の3つ目の基本形態は，無政府的国際システムとでもいうべきもので，相対的に凝集性の高い諸国家を構成要素とし，それらの上に高次の政府を持たないシステムである。例としては，ⓞ古代ギリシアや，マキァヴェリの時代すなわちⓟ15世紀のイタリアなどに見られた都市国家群があげられる。無政府的国際システムの別の例としては，王家の支配によって凝集力がもたらされている王朝的領土国家によるものがある。たとえば，紀元前5世紀ころのインドや中国である。1500年ごろに，ヨーロッパにも大規模な領土をベースにした諸王朝が登場した。それと同じころ，都市国家や諸領域の緩やかな連合体などという他のタイプの政治体は消滅に向かった。1648年のⓠウェストファリア条約によって，三十年戦争が終わる。この戦争は，時に宗教大戦の最後のものであると同時に，近代国家同士の最初の戦争であるとも言われる。振り返ってみれば，このウェストファリア条約によって，支配的政治単位としての領土的主権国家の地位が確立したのであった。

（ナイ他，田中明彦，村田晃嗣訳『国際紛争（原書第10版）』有斐閣による）

問12　下線部ⓙに関連して，アウグストゥス（オクタウィアヌス）についての記述として適切なものを，次の①～④のなかから一つ選べ。解答番号は[12]。

①　アントニウスと共同してプトレマイオス朝を滅ぼした。

②　元老院を解散させた。

③　五賢帝のうちの最初の皇帝である。

④　市民の中の第一人者を自称した。

問13　同じく下線部ⓙに関連して，3世紀のローマ帝国についての記述として**誤っているもの**を，次の①～④のなかから一つ選べ。解答番号は[13]。

①　北のゲルマン人や東のササン朝等の異民族が国境に侵入した。

② 軍事力を増強維持するため，都市は重税を課され経済的に弱まった。

③ 生産体制は，ラティフンディアから戦争捕虜である奴隷を中心としたコロナトゥスへと変化した。

④ 短期間に多数の皇帝が即位しては殺害された。

問14 下線部ⓚに関連して，前28世紀～24世紀頃の，都市国家が多く形成された時代のシュメールの都市国家に関する記述として適切なものを，次の①～④のなかから一つ選べ。解答番号は[14]。

① 一時期ミタンニ王国に服属した。

② ジッグラトは，ウルの遺跡にある聖塔である。

③ 都市国家での市民の間の経済的平等性が重んじられた。

④ ヒッタイト人によって滅ぼされた。

問15 下線部ⓛに関連して，マヤ文明・アステカ文明・インカ文明の記述として適切なものを，次の①～④のなかから一つ選べ。解答番号は[15]。

① アステカ文明は，4世紀頃から6世紀頃にかけて絶頂期であった。

② インカ文明では鉄器が用いられたが，マヤ文明やアステカ文明では用いられなかった。

③ マヤ文明の人々は文字を用いなかった。

④ マヤ文明は，ピラミッド状の建築物や二十進法による数の表記法などを発展させた。

問16 下線部ⓜに関連して，西ローマ帝国滅亡と最も近い時代に起きた出来事の記述として適切なものを，次の①～④のなかから一つ選べ。解答番号は[16]。

① 唐が建国された。

② 北魏の孝文帝が均田制を施行した。

③ ビザンツ帝国で，軍管区制が完成された。

④ ビザンティウムがコンスタンティノープルと改称された。

問17 下線部ⓝに関連して，13～14世紀頃のフランドル地方で最も重要とされた産物として適切なものを，次の①～④のなかから一つ選べ。解答番号は[17]。

① 海産物　② 絹織物　③ 毛織物　④ 香辛料

問18 下線部ⓞに関連して，古代ギリシアのポリス成立の頃についての記述として適切なものを，次の①～④のなかから一つ選べ。解答番号は[18]。

① アテネの人々はスパルタなどの他のポリスの人々をバルバロイと呼んだ。

② 海上交通はあまり発展しなかった。

③ 人口が増加し土地が不足することが多かった。

④ 前 7 世紀ごろには平民と貴族の区別はほとんどなかった。

問19 下線部ⓟに関連して，15 世紀のイタリアについての記述として適切なものを，次の①～④のなかから一つ選べ。解答番号は[19]。

① 北イタリアでは，フィレンツェとナポリが覇権を争った。

② ペトラルカが『デカメロン』を著した。

③ ルネサンス期の学者の多くは権力者の保護の下で活動した。

④ ローマ教皇は，イタリアのルネサンス運動に対立した。

問20 下線部ⓠの条約についての記述として**誤っているもの**を，次の①～④のなかから一つ選べ。解答番号は[20]。

① アウクスブルクの宗教和議の原則が再確認された。

② 大半のヨーロッパ諸国が参加した国際会議で定められた条約であった。

③ ドイツの諸侯にはほとんど完全な主権が承認された。

④ フランスはハプスブルク家にアルザスを奪われた。

〔Ⅱ〕 次の「遊牧国家」に関する文章を読み，空欄 [ア] ～ [カ] に入る最も適当な語句を記入し，あとの設問に答えよ。

中央ユーラシアには，黒海の北岸からモンゴル高原に至る大草原が横たわっている。大草原に暮らす人々は，季節ごとに居住地と牧地をかえて馬・牛・羊などの草食動物を飼育する遊牧ⓐを生業としていた。遊牧民は，草食動物の群れを管理するために馬を調教する技術を開発し，飼料となる草を求め広く移動するために馬の背に乗る騎乗の技術を開発した。さらに馬上から矢を射る騎射の技術を身につけた騎馬遊牧民ⓑは，農耕社会に対して軍事や交通の面で圧倒的優位に立ち，強力な遊牧国家を形成して，世界史の展開を左右する重要な役割を果たしてきた。

文献史料の上で知られる最初の遊牧国家は，イラン系騎馬遊牧民を中心に，黒海北岸の南ロシア草原で形成された [ア] である。[ア] は，アケメネス朝ペルシアⓒの遠征軍を退けるなど強勢を誇った。

それに続いてモンゴル高原南部では，冒頓単于ⓓが騎馬遊牧民をまとめて，強大な遊牧国家である [イ] を築いた。[イ] は，モンゴル高原北部で，トルコ系遊牧民の丁零と抗争を繰り返していた。その後，漢の武帝に攻撃されてゴビ砂漠の北に後退し東西交易の利益を失い，東西に分裂し，さらに東 [イ] は，南北に分裂したⓔ。

[イ] が衰退すると，[ウ] が，モンゴル高原東部の諸勢力をまとめて台頭した。ところが，気候が寒冷化し災害が多発するようになると，分裂を重ね，華北に南下し，五胡ⓕの一つとなった。そして，その一派は，華北を統一して，北魏ⓖを建てた。

[ウ] が南下した後のモンゴル高原では，柔然が高原東部の諸勢力をまとめて台頭し，華北の北魏と対立した。また，柔然に服従していた丁零の後身である [エ] は，柔然が北魏に圧迫されると，柔然の支配から脱して，モンゴル高原西部からアルタイ山脈まで勢力を広げていった。しかし，柔然と [オ] の攻撃を受けて勢力を失い，滅亡した。

他方で，騎馬遊牧民の [オ] は，中央アジアに勢力を伸ばし，ササン朝ペルシアⓗと激しく対立し，インドの [カ] 朝に侵入して，これを衰亡させた。

その後，柔然に服従していたトルコ系遊牧民の突厥が，優れた製鉄技術によって力を蓄え，急速に勢力を拡大し，柔然を滅ぼして，モンゴル高原を統一した。突厥は，華北の北周・北斉を服従させる一方で，ササン朝ペルシアと協力して　オ　を滅ぼすことで，ⓘ中央ユーラシアの東西にまたがる大帝国となった。

問 1　下線部ⓐに関連して，中央ユーラシアの大草原で暮らす遊牧民が用いた住居として適切なものを，次の①～④のなかから一つ選べ。

①

②

③

④

②・④：ユニフォトプレス提供
③：Alamy / アフロ
②・③・④の写真は，著作権の都合上，類似の写真と差し替えています。

問 2　下線部ⓑに関連して，オアシスの道（シルク＝ロード）と並び，騎馬遊牧民が長距離を移動し，交易することにより発達した中央ユーラシア最北の交易路の名称を答えよ。

問 3　下線部ⓒに関連して，アケメネス朝ペルシアをおこし，バビロンに捕囚されていたユダヤ人を解放した王の名前を答えよ。

問 4　下線部ⓓに関連して，冒頓単于が築いた強大な遊牧国家の攻撃を受けて，イリ地方に逃れ，さらに烏孫の攻撃を受けて，アム川上流域に移った遊牧民の名称を答えよ。

問 5 下線部ⓔに関連して，南北に分裂した騎馬遊牧民の一部が西方に移り，フン人が西進することにより，東ゴート人が建国することになった地域として適切なものを，次の①～④のなかから一つ選べ。

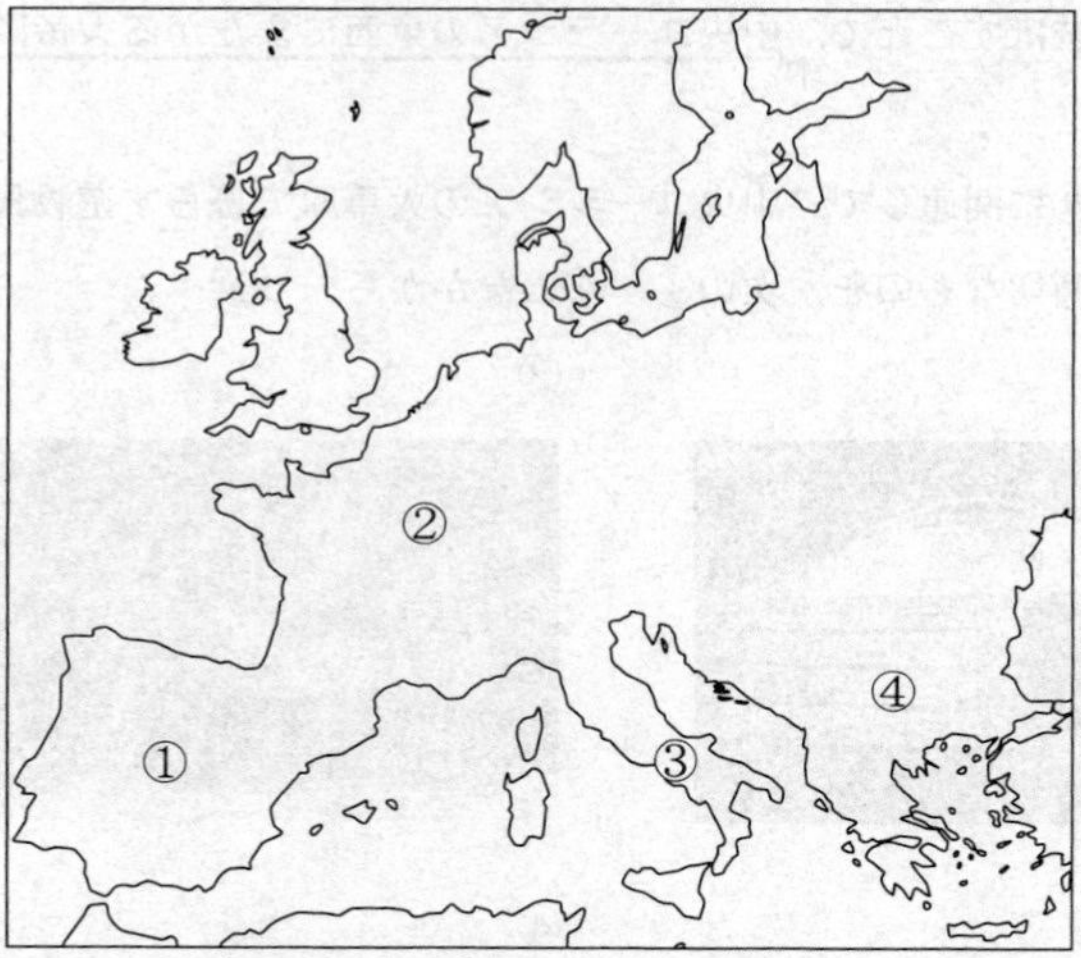

問 6 下線部ⓕに関連して，華北に王朝を建てて，興亡を繰り広げた遊牧諸民族に**当てはまらないもの**を，次の①～④のなかから一つ選べ。

① 羯　　② 蜀　　③ 氐　　④ 羌

問 7 下線部ⓖに関連して，北魏の頃に西域から伝えられて祆《けん》教と呼ばれたササン朝ペルシアの国教の名称を答えよ。

問 8 下線部ⓗに関連して，ササン朝ペルシアを経て唐に伝わり，景教と呼ばれ，ローマで異端とされたキリスト教の一派の名称を答えよ。

問 9 下線部ⓘに関連して，中央ユーラシアの東西にまたがる突厥のもとで，交易や外交面で活躍し，突厥の繁栄を支えたイラン系民族の名称を答えよ。

〔Ⅲ〕 次の文章を読み，空欄［　ア　］～［　エ　］に入る最も適当な人名を記入し，あとの設問に答えよ。

17 世紀にイギリスで生じた一連の革命ⓐにより，議会主権にもとづく立憲王政が確立されるとともに，国民の財産の保護が確認された。また，植民地戦争ⓑの勝利の結果として，18 世紀にイギリスは広大な海外市場を確保した。さらに，第2次囲い込みⓒにより，土地を失った農民の多くが賃金労働者になった。このようなイギリス特有の事情のもと，産業革命が進展することになる。まず，綿工業の紡績工程と織布工程の双方において技術革新が生じたⓓ。次いで，綿工業に関わる機械を製造する機械工業，機械の原料を生産する鉄鋼業，そして製鉄や蒸気機関ⓔの燃料に必要な石炭を産出する石炭業が発展したのである。

産業革命の展開と並行して，自由な経済活動の保証がますます求められるようになったが，このような要求は当時の経済思想とも共鳴している。『諸国民の富』(『国富論』)を著した［　ア　］は，農工商の生産労働を富の源泉とみなし，分業と市場経済の基礎理論を展開して，自由主義的な古典派経済学を確立したのである。

さて，産業革命で先行したイギリスは，綿製品を中心とする工業製品を世界中に輸出し，19 世紀半ばまでには「世界の工場」としての地位を固めた。このような製品の輸出拡大は，自由貿易政策への転換ⓕによって支えられた。例えば，1815 年に成立した法律は高関税によって農業を保護するものであったが，その後コブデンとブライトらによる反対運動により，この法律は1846 年に廃止されたⓖ。なお，イギリスは他国にも自由貿易政策の導入を要求したが，ドイツⓗのように，競争力に乏しい自国の経済を守るために保護主義に向かう動きも見られた。

このような19 世紀のイギリスにおける貿易政策の転換もまた，［　ア　］を継承する古典派経済学の展開と重なっている。貧困の原因と人口の相関を考察した『人口論』を著した［　イ　］は，農業保護に賛成し保護貿易を主張した。これに対し，『経済学及び課税の原理』を著した［　ウ　］は，農業保護に反対し自由貿易を主張した。

しかし，イギリスが「世界の工場」としての地位を確立する一方で，女性や子どもが低賃金で過酷な労働を強いられるなど，国内では労働者が深刻な状況に置かれていた。このようななか，数次にわたる法律を通して労働者の保護がはかられ，特に1833年の法律では年少者の労働時間が制限されたⓘ。

資本主義の発展に伴う社会問題の深刻化もまた，当時の経済思想と対応している。［　エ　］が著した『資本論』は，弁証法的唯物論を哲学的基礎ⓙとして資本主義の仕組みを分析するとともに，その没落の必然性を説いた。［　エ　］は，盟友エンゲルスとともに『共産党宣言』を著し，社会主義運動ⓚを主導する活動家でもあった。

問 1　下線部ⓐに関連して，ジェームズ2世を追放しウィリアム3世を国王とする決議により流血なしに成功した，1688～89年に生じた革命の名称を答えよ。

問 2　下線部ⓑに関連して，1664年にイギリスは，オランダが北アメリカに領有していたニューネーデルラント植民地を奪い取り，その中心都市の名称を改称した。この改称後の都市の名称を答えよ。

問 3　下線部ⓒに関連して，16世紀を中心とする第1次囲い込みと18世紀を中心とする第2次囲い込みの主な目的に関する記述として最も適当なものを，次の①～④のなかから一つ選べ。

①　第1次囲い込みも第2次囲い込みも，羊毛の増産のために行われた。

②　第1次囲い込みは羊毛の増産のために行われたが，第2次囲い込みは食料の増産のために行われた。

③　第1次囲い込みは食料の増産のために行われたが，第2次囲い込みは羊毛の増産のために行われた。

④　第1次囲い込みも第2次囲い込みも，食料の増産のために行われた。

問 4　下線部ⓓに関連して，糸から布を織る織布工程で用いられる機械を発明した人物を，次の①～④のなかから一つ選べ。

①　クロンプトン　　②　ハーグリーヴズ

③　カートライト　　④　アークライト

問 5　下線部ⓔに関連して，1807年に蒸気船を実用化したアメリカ人の名称を答えよ。

問 6　下線部ⓕに関連して，イギリスで展開された自由貿易政策の一環として，19 世紀前半にある会社に対する茶の取引と中国貿易以外の貿易独占権が廃止され，その後すべての貿易独占権が廃止され，商業活動そのものが停止された。この会社の名称を答えよ。

問 7　下線部ⓖの法律の名称を答えよ。

問 8　下線部ⓗに関連して，連邦体制のもとで政治的分裂状態が続いていたドイツでは，1834 年に関税同盟が発足した。このときに中心となった，ライン川中流域の工業地域をもつ王国の名称を答えよ。

問 9　下線部ⓘの一連の法律の名称を答えよ。

問10　下線部ⓙに関連して，弁証法哲学を唱え，ドイツ観念論を大成した哲学者の名称を答えよ。

問11　下線部ⓚに関連して，生産の国家統制を唱え，フランスの二月革命後の臨時政府にも参加した人物の名称として適切なものを，次の①～④のなかから一つ選べ。

①　サン＝シモン　　②　プルードン
③　ルイ＝ブラン　　④　フーリエ

数 学

（60 分）

注意：約分，分母の有理化などを利用し，最も簡単な形で解答すること。

1 以下の設問の空欄に最も適当な数あるいは式などを入れよ。ただし，最も適当なものが複数あるときは，すべて記入せよ。

(1) 下の図の △ABC において，AL : LB = 1 : 2，BM : MC = 1 : 4 とする。このとき，AO : OM = [ア] である。

また，△AOL と △ABC の面積の比は △AOL : △ABC = [イ] である。

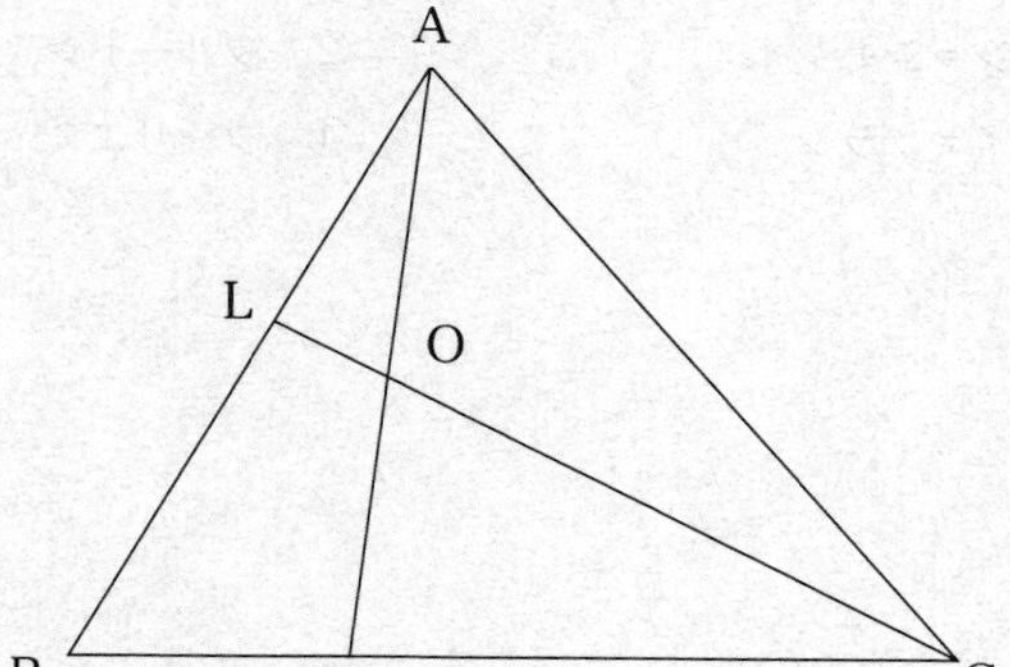

(2) サイコロを 2 回投げたときに出た目をそれぞれ a，b とする。この目の値を使った 2 次方程式 $ax^2-4bx+4=0$ が重解をもつ確率は [ウ] であり，異なる 2 つの実数解をもつ確率は [エ] である。ただし，サイコロには 1 から 6 までの 6 つの数字が書かれており，どの目が出る確率も同様に確からしいものとする。

(3) 2つの実数 x，y を小数第1位で四捨五入して整数にすると，それぞれ 7，3 になる。このとき，$x-3y$ のとりうる値の範囲は [オ] であり，$4xy$ のとりうる値の範囲は [カ] である。

(4) 座標平面上の A$(1, 1)$，B$(2, 4)$，C$(6, 1)$ に対して，$\left|\overrightarrow{\mathrm{AP}}+\overrightarrow{\mathrm{BP}}+\overrightarrow{\mathrm{CP}}\right|^2=25$ で表される円の中心の座標は [キ] で，この円の半径は [ク] である。

2 　実数 x，y が $x^2+2x+y^2+4y=-1$ を満たすとする。このとき，以下の設問に答えよ。

(1) x の最大値と最小値を求めよ。

(2) $x+y+3$ の最大値と最小値を求めよ。

(3) $x+1+k(y+2)$ の最大値が $2\sqrt{10}$ であるとき，k の値を求めよ。

3　n を自然数とする。座標平面上に原点 O(0, 0)，A(n, $2n$)，B(n, 0)，C($2n$, 0) をとる。△OAB の周囲および内部の格子点の数を a_n 個，△OAC の周囲および内部の格子点の数を b_n 個とする。ただし，格子点とは点の座標 (x, y) の x と y がともに整数であるような点のことをいう。このとき，以下の設問に答えよ。

(1) a_1，a_2，a_3 を求めよ。

(2) $a_{n+1}-a_n$ を n の式で表せ。

(3) b_1，b_2，b_3 を求めよ。

(4) b_n を n の式で表せ。

(5) b_n を 4 で割った余りが 1 となることを数学的帰納法を用いて証明せよ。

問六　傍線部⑤「莫知其所終」は、「其の終はる所を知る莫し」と訓読する。解答欄の白文に返り点をつけよ。送り仮名は不要。

問七　二重傍線部「馬孺子言」の範囲は、「年十五六時」からどこまでか。最も適当なものを、次のなかから一つ選び、その番号をマークせよ。解答番号は31。

1　【1】まで　　2　【2】まで　　3　【3】まで　　4　【4】まで　　5　【5】まで

問八　本文から読み取れる内容として最も適当なものを、次のなかから一つ選び、その番号をマークせよ。解答番号は32。

1　馬孺子は作者の友人で、子供の頃、一緒に沢州で遊んだことがある。
2　突然地上に落ちて来た奇女は、実は蓬莱山に住む仙女であった。
3　奇女はその尊大さのために天帝の怒りを買い、地上に流罪となった。
4　貴公子たちは終始、奇女を遠く離れた所から見ているだけだった。
5　作者は馬孺子の話をでたらめと知りつつも、面白半分に記録した。

問九　この文章の作者である柳宗元と同じく唐宋八大家に数えられる人物として最も適当なものを、次のなかから一つ選び、その番号をマークせよ。解答番号は33。

1　陶淵明　　2　李　白　　3　杜　甫　　4　韓　愈　　5　白居易

4　非常にプライドが高い。

5　貴公子たちと親しくなった。

問二　傍線部②「焉」および⑥「哉」の読みをひらがなで解答欄に記せ。

問三　傍線部③「七日当レ復」の意味として最も適当なものを、次のなかから一つ選び、その番号をマークせよ。解答番号は29。

1　七日たったら、きっと死んでも復活するだろう。

2　七日たったら、きっと元の場所に復帰するだろう。

3　七日たったら、きっと病気が回復するだろう。

4　七日たったら、きっとここに戻って来るだろう。

5　七日の間、きっと天上と地上を往復するだろう。

問四　傍線部④「且レ害レ若」の読みを、ひらがなのみ十五字で解答欄に記せ。現代仮名遣いでもよい。

問五　空欄 A に入る語として最も適当なものを、次のなかから一つ選び、その番号をマークせよ。解答番号は30。

1　恐而退　　2　喜而笑　　3　歌且舞　　4　益悦レ之　　5　怒而殺レ之

（注）

1 馬孺子——人名。

2 沢州——地名。

3 郊亭——郊外にあるあずまや。

4 頃然——しばらくして。

5 曄然——光り輝いているさま。

6 緅裘白紋之裏——黒みがかった赤色の皮衣で、裏側に白い模様のあるもの。

7 歩揺之冠——歩くと揺れる飾りのついた冠。

8 貴遊少年——貴公子たち。

9 鈞天帝宮——天の中央にある天帝の宮殿。

10 呼嘘——呼吸する。「嘘」は息。

11 蓬萊、崑崙——いずれも仙人が住むとされる山の名。

12 倐倐——入りまじっているさま。

13 妄人——でたらめなことを言う人。

問一 傍線部①「奇女」の特徴として**適当でないもの**を、次のなかから一つ選び、その番号をマークせよ。解答番号は28。

1 天上から地上に落ちて来た。

2 身体が光り輝いている。

3 異様な服装をしている。

奇女大《イニ》怒《リテ》曰《ハク》、「不㆑可《ナラ》。吾《ガ》故居《ハ》鈞《きん》天《てんノ》（注9）帝宮《ナリ》。下㆓上《シ》星辰《ヲ》㆒、呼㆓嘘《ス》（注10）陰陽《ヲ》㆒。薄《かろンジ》㆓蓬《ほう》萊《らいヲ》㆒（注11）、羞《ヅカシメ》㆓崑《こん》崙《ろんヲ》㆒、而《シテ》不《ル》㆑即《つカ》者《ナリ》。帝以《ツテ》㆓吾《ガ》心《ノ》侈《し》大《だいナルヲ》㆒、怒《リテ》而謫《つみセラレテ》来《タルモ》、③七日《ニシテ》当《ニ／シ》㆑復《ス》。今吾雖《モ》㆑辱《シメラルルト》㆓塵土《ノ》中《ニ》㆒、非《ザル》㆓若《なんぢラノ》儷《ともがらニ》㆒也。吾復《セバ》、④且《ニ／ト》㆑害《セント》㆑若《ラヲ》。」衆[A]。【3】

遂《ニ》入㆓居《ス》仏寺《ノ》講室《ニ》㆒焉。及《ビ》㆑期《ニ》、進《ミ》㆓取《リテ》杯水《ヲ》㆒飲《ムニ》㆑之《ヲ》、嘘成《リ》㆓雲気《ト》㆒、五色翛《せう》翛《せうタリ》（注12）也。因《リテ》取《リテ》㆑裘《ヲ》反《スルニ》㆑之《ヲ》、化《シテ》為《リ》㆓白龍《ト》㆒、徊《くわい》翔《しやうシテ》登《リ》㆑天《ニ》、⑤莫知其所終。亦怪《シキコト》甚《ダシ》矣。【4】

嗚呼、非《ズシテ》㆓其《ノ》類《ニ》㆒而狎《ルルハ》㆓其《ノ》謫《セラルルニ》㆒、不《ル》㆑可《ナラ》⑥哉。孺子《ハ》不《ル》㆓妄（注13）人《ナラ》㆒也。故《ニ》記《ス》㆓其《ノ》説《ヲ》㆒。【5】

（柳宗元「謫龍説」）

問八　傍線部⑧「らむ」と文法上の構成が同じものを、次のなかから一つ選び、その番号をマークせよ。解答番号は[27]。

1　あらざらむこの世のほかの思ひでに
2　心あてに折らばや折らむ初霜の
3　思ひつつぬればや人の見えつらむ
4　生けらむほどは武に誇るべからず
5　いかにかしがましく恐ろしからむ

問九　和歌を詠む上で最も大切であると捉えられていることを、本文中から二字でそのまま抜き出せ。

〔四〕

次の文章を読み、あとの設問に答えよ。ただし、設問の都合で返り点・送り仮名を省いたところがある。

馬《ば》(注1)孺《じゅ》子《し》言《フ》。

年十五六《ノ》時、在《リ》二沢(注2)州一《ニ》、与二群児一戯《ル》二郊(注3)亭《ノ》上《ほとりニ》一。【1】頃《けい》(注4)然《ぜん》、有《リテ》二①奇女一墜《おチ》レ地《ニ》、有《リテ》レ光曄《えふ》(注5)然《ぜんタリ》。被《リ》二緅《しう》(注6)裘《きうノ》白紋之裏《ナルヲ》一、首《かうべニス》二歩(注7)揺之冠《ヲ》一。貴(注8)遊《ノ》少年駭《おどろキ》且《ツ》悦《ビ》レ之《ヲ》、稍《やや》狎《なル》レ②焉《ニ》。【2】

3 動詞＋助動詞＋助詞＋助動詞＋助詞

4 動詞＋助動詞＋助動詞＋助詞

5 動詞＋助詞＋助動詞＋助詞

問五 傍線部⑥「しからざらん輩」の説明として最も適当なものを、次のなかから一つ選び、その番号をマークせよ。解答番号は24。

1 野心のある人　2 努力する人　3 普通の人　4 怠惰な人　5 不満のある人

問六 本文の内容として最も合致するものを、次のなかから一つ選び、その番号をマークせよ。解答番号は25。

1 生まれつきの名人には修行を重ねる必要のない場合がある。

2 定家は歌を詠むために遠方まで出かけることを勧めている。

3 宮内卿は若くして亡くなり、十分に修行を積めなかった。

4 歌の修行は大切だが、真剣すぎると情趣が損なわれてしまう。

5 歌の修行は師の教えに従って真剣に行うべきである。

問七 傍線部⑦「勅撰」とあるが、勅撰和歌集として**適当でないもの**を、次のなかから一つ選び、その番号をマークせよ。解答番号は26。

1 千載和歌集　2 金葉和歌集　3 詞花和歌集　4 拾遺和歌集　5 金槐和歌集

④
1　気に入ったものをもてあそばれた
2　威儀を正して歌をお詠みになった
3　素晴らしい歌をお詠みになった
4　けなげな気持ちで歌をお詠みになった
5　しっかりとした気持ちでいらっしゃった

問二　空欄 A には「をかし」、空欄 B には「べし」を活用させた語が入る。それぞれ最も適当な形に活用させて記せ。

問三　傍線部②「ゆかずして長途にいたることなし」と同じ意味の故事成語を、次のなかから一つ選び、その番号をマークせよ。解答番号は22。

1　千里の行も足下に始まる
2　雀《すずめ》百まで踊り忘れず
3　長者の万灯より貧者の一灯
4　亀の甲より年の功
5　百聞は一見にしかず

問四　傍線部⑤「あるべきぞなれども」の文法的説明として最も適当なものを、次のなかから一つ選び、その番号をマークせよ。解答番号は23。

1　形容詞＋助詞＋助詞＋助詞
2　形容詞＋助動詞＋助動詞＋助動詞＋助詞

6　自得発明――自分自身の力で悟りの境地に至ること。

7　古今の大事――『古今和歌集』の解釈などに関わる歌道の秘伝。

問一　傍線部①「やがて定家・家隆の歌を似せん」・③「日をへてこそいたるべきに」・④「殊勝の物どもあそばしき」の現代語訳として最も適当なものを、次のなかからそれぞれ一つずつ選び、その番号をマークせよ。解答番号は①は19、③は20、④は21。

①
1　そのまま定家や家隆の歌に似せよう
2　いつかは定家や家隆の歌に似せよう
3　そのままで定家や家隆の歌に似ている
4　いつかは定家や家隆の歌に似るだろう
5　ほとんど定家や家隆の歌に似ている

③
1　何日もかければたどり着けるのに
2　日を改めたからこそたどり着けたのに
3　日を改めてから着くべきなのに
4　何日もかかってやっと着くものなのに
5　何日かけてもたどり着くべきなのに

〔三〕　次の文章を読み、あとの設問に答えよ。

家隆は四十以後始めて作者の名をえたり。それより前もいか程か歌を詠みしかども、名誉せらるる事は、四十以後なりしなり。頓阿は六十以後この道に名を得たるなり。か様に昔の先達も、初心から名誉はなかりしなり。稽古・数寄(注1)、劫(注2)積りて、名望ありけるなり。今の時分の人、いまだ歌ならば一、二百首詠みて、①やがて定家・家隆の歌を似せんと思ひ侍ること、【A】事なり。定家も②「ゆかずして長途にいたることなし」と書きたり。坂東・鎮西(注3)の方へは、③日をへてこそいたるべきに、ただ思ひ立ち一足にいたらんとするがごとしと云々《うんぬん》。

ただ数寄の心ふかくして、昼夜の修行おこたらず、先《ま》づなびなびと(注4)口がろに詠みつけなば、自然と求めざるに興ある所へ行きつく【B】なり。但し後京極摂政殿は、三十七にて薨《こう》じ給ひしが、生得の上手にておはしまして、④殊勝の物どもあそばしき。もし八十、九十の老年までおはしましたらば、いかに猶《なほ》重宝どもあそばされんずらんと申し侍りし。宮内卿は二十よりうちになくなりしかば、いつの程に稽古も修行も⑤あるべきぞなれども、名誉ありしは生得の上手にてある故なり。生得の堪能にいたりては、初発心の時(注5)、便成正覚なれば、修行を待つ処にあらず。⑥しからざらん輩は、ただ不断の修行をはげまして年月を送るは、終《つひ》に自得(注6)発明の期あるべきなり。ただ数寄に越えたる重宝も肝要もなきなり。上代にも数寄の人々は古今(注7)の大事をもゆるし、⑦勅撰にも入れられ侍り。誠の数寄だにあらば、などか発明の期な⑧からむ。

（『正徹物語』）

（注）1　数寄――風流・風雅に心を寄せること。
2　劫――長い年月。
3　坂東・鎮西――関東・九州の古称。
4　なびなびと――のびのびとしている様子。
5　初発心の時、便成正覚――仏教において、初めて思い立ったとき、既にそのまま悟りに達しているあり方。

がそれを勝手に例示に利用したから。

4　例示された3つの課題は、科学上の偉大な発見をし、膨大な知識と経験を持った努力家たちが生み出したものだが、それを一般の人に説明するのは困難であるから。

5　ひらめきの検証のために呼ばれた大量の実験参加者は、Tパズル・遠隔連想課題・発散課題を長い時間をかけて解くが、それは科学の発見などに比べるとちゃちいことであるから。

問九　本文の内容と**合致しないもの**を、次のなかから一つ選び、その番号をマークせよ。解答番号は18。

1　例示された3つのひらめき要素のある課題のうち発散課題は、他の2つの正答が一つであるのとは異なり、解が一つだけに決まっていない。

2　筆者は、ふつうの人間でもできる20年以上も前から使われてきた、一見簡単そうであるがすぐには解けないTパズル課題を40～50分くらいかけて行った。

3　試験中にどうしても解けない問題があり悔しい思いをしたが、試験後にあることに気づいて突然解け、なぜ解けたかを検証するまでが日常的なひらめき現象である。

4　偉大な科学的発見や発明を調査する形でひらめきを研究し、まとめた書物は興味深いが、それらは数が少なく、またそうした偉業は固有のひらめきの要素を含んでいるため、一般化が難しい。

5　アルキメデスの発見の話は、問題解決に悩んでいる時期に、当初の問題とは無関係な行動をとっていたら、ひらめきが訪れたというひらめき現象の一つの例である。

3　**図**3で提示されている文字を使った遠隔連想課題を大学生に制限時間45秒で実施した結果、**図**3の左から右の順に、正答率が5％、50％、１００％となっている。

4　週刊誌などでよく見られる遠隔連想課題では、**図**3で提示されているように、3つのローマ字の最初の文字にもう一文字を加えて、意味のある単語を作ることが求められる。

5　発散課題と呼ばれるタイプは、たとえば使用済みのＣＤといった日用品などを、それの本来の目的以外の使用法を複数考え出し、その有用性と斬新さを第三者に評価してもらうものである。

6　Ｔパズルや遠隔連想課題と異なり、発散課題は複数の解を求める収束的な問題となっており解がいくつも出せるが、実際考えてみると、斬新さや有用性はなかなか発見できないものである。

問七　空欄 D に入る語を本文中から三字でそのまま抜き出せ。

問八　傍線部⑤「ふつうの人が解ける問題でないと始まらない」理由として最も適当なものを、次のなかから一つ選び、その番号をマークせよ。解答番号は17。

1　例示された3つの課題は偉大な科学の発見に比べスケールは落ちるが、それは一般の人にひらめきという現象を理解してもらうために必要だから。

2　多くの人は、考案されたひらめきの要素を含むＴパズル・遠隔連想課題・発散課題をする際、かなり長い時間をかけてもなかなか解けずに苦しむから。

3　ひらめきの要素を含む課題は、ひらめきを研究しようとする心理学者たちによって考案されたにもかかわらず、筆者

5 A そして B たしかに C ところが

問四 傍線部②「ひらめき現象」の具体例として最も適当なものを、次のなかから一つ選び、その番号をマークせよ。解答番号は15。

1 なかなか思い出せなかったことを覚えている公式に当てはめることにより、あるとき突然思い出すこと。

2 試験の最中にはどうにも解けなかった問題の正解を、試験終了後に他の参加者に指摘されて気づくこと。

3 問題の解決ができず悩んでいる最中にまったく別のことをしていたら、突然その解決策が思いつくこと。

4 「あたため」と言われる温度を一定に保つ段階においてさまざまなことを試し、問題の解決策を発見すること。

5 科学的な発見などの難しい問題を解く場合、実験や計算などを通して本当にその問題が解けるのか検討すること。

問五 **図1**は、グレアム・ウォーラスの唱えた発想のための4段階説を示したものである。**図1**の(Ⅰ)・(Ⅱ)・(Ⅲ)に入る言葉を本文中からそれぞれ四字以内でそのまま抜き出せ。

問六 傍線部④「ひらめきを含む課題」について、本文の内容と最も合致するものを、次のなかから一つ選び、その番号をマークせよ。解答番号は16。

1 **図2**のように、4つのピースの回転とその置き方の可能性を考え、ローマ字のTの形を作るように求めるのがTパズルで、中にはUUTという面白い形が1ダースほど作れるものがある。

2 Tパズルと言われる課題は、4つの形の似ているピースを与えて、ローマ字のTの形を作るように求めるパズルで、一見簡単そうに見えるが、40分の制限時間内に解いてしまう人はまずいない。

1　江戸時代のショ民の文化を調べる

2　首相はアジアショ国を訪問した

3　六歳からショ道を習っている

4　サッカークラブにショ属する

5　座右の銘はショ志貫徹だ

問二　傍線部①「逸話」、③「しらみつぶしに」と同じ意味の言葉として最も適当なものを、次のなかからそれぞれ一つずつ選び、その番号をマークせよ。解答番号は①は12、③は13。

①　逸話

1　昔　話　　2　噂《うわさ》話《ばなし》　　3　裏　話　　4　世間話　　5　私　語

③　しらみつぶしに

1　単に　　2　丹念に　　3　多様に　　4　面白く　　5　連想的に

問三　空欄 A ・ B ・ C に入る語の組み合わせとして最も適当なものを、次のなかから一つ選び、その番号をマークせよ。解答番号は14。

1　A　つまり　　B　しかし　　C　ところで

2　A　しかし　　B　ただし　　C　だから

3　A　また　　B　しかし　　C　つまり

4　A　しかし　　B　つまり　　C　そこで

4　家族と食タクを囲む

5　屈タクのない笑顔だ

（イ）　真ギ

1　事故のギ牲者は年々増えている

2　ギ名を使って犯罪をおかす

3　ギ音語を使って表現する

4　あの涙は演ギとは思えない

5　彼の発言にギ問を持った

（ウ）　リョウ域

1　目分リョウを身につける

2　これは水陸リョウ用のバスだ

3　彼は大統リョウに助言している

4　三年間社員リョウに住んでいる

5　この講演の入場リョウは二千円だ

（エ）　ショ見

たとえば、使用済みのCDを取り上げてみると、カラスよけに使う、コースターに使う、フリスビーの代わりに使うなどなどである(いずれも自分で考えたが、斬新さも有用性も大したことない)。これが発散課題と呼ばれるのは、前の2つがある一つの解を求める収束的な問題であるのに対して、この課題は解が決まっておらず、いくつでも出せるからである。

いずれの課題も、科学の発見などに比べると、ちゃちいと感じると思う。⑤ただふつうの人が解ける問題でないと始まらないので、この種のものを使わざるを得ない事情は理解していただきたい。またちゃちいとはいえ、ひらめきの要素は含んでいる。特に、Tパズルや難しい方の遠隔連想課題では、比較的長い時間解けずに苦しむ。そして解けた時には主観的には［D］がある。そうした次第だからご容赦願いたい。

(鈴木宏昭『私たちはどう学んでいるのか　創発から見る認知の変化』)

(注)
1　アルキメデス――古代ギリシャの科学者。
2　グレアム・ウォーラス――(一八五八～一九三二)イギリスの社会学者、政治学者。
3　ヘルマン・フォン・ヘルムホルツ――(一八二一～一八九四)ドイツの生理学者、物理学者。

問一　傍線部(ア)・(イ)・(ウ)・(エ)と同じ漢字を含むものを、次のなかからそれぞれ一つずつ選び、その番号をマークせよ。解答番号は(ア)は［8］、(イ)は［9］、(ウ)は［10］、(エ)は［11］。

(ア)　タク越
1　どれを選タクするか迷う
2　晩ご飯をタク山食べた
3　未開の地を開タクする

て、大量の実験参加者を用いて研究を行っている。たくさんの課題があるのだが、以下では3つほどタイプの異なるものを例示しよう。

最初は私たちが20年以上にもわたって用いてきたTパズルというパズルだ。これを図2に示した。実験参加者には左の4つのピースを与えて、これを用いて右側のようなTの形を作るように求める。一見簡単そうに見えるが、(エ)ショ見でこれをすぐに解いてしまう人はまずいない。分の制限時間で行うことが多いが、解ける人は10％内外である。ちなみに私は40、50分くらいかかったように思う。なおこのパズルはこの他にも面白い形を1ダースくらい作れるのでチャレンジしてみるとよいと思う。自分の頭の硬さ、柔らかさがよくわかる。

図2　Tパズル。正解は右のTの図形のａからｂを通る直線をひき、これと平行な直線をｃから引いてみるとわかる。なおパズルの実施の時にはａ，ｂ，ｃなどの記号は存在しない。

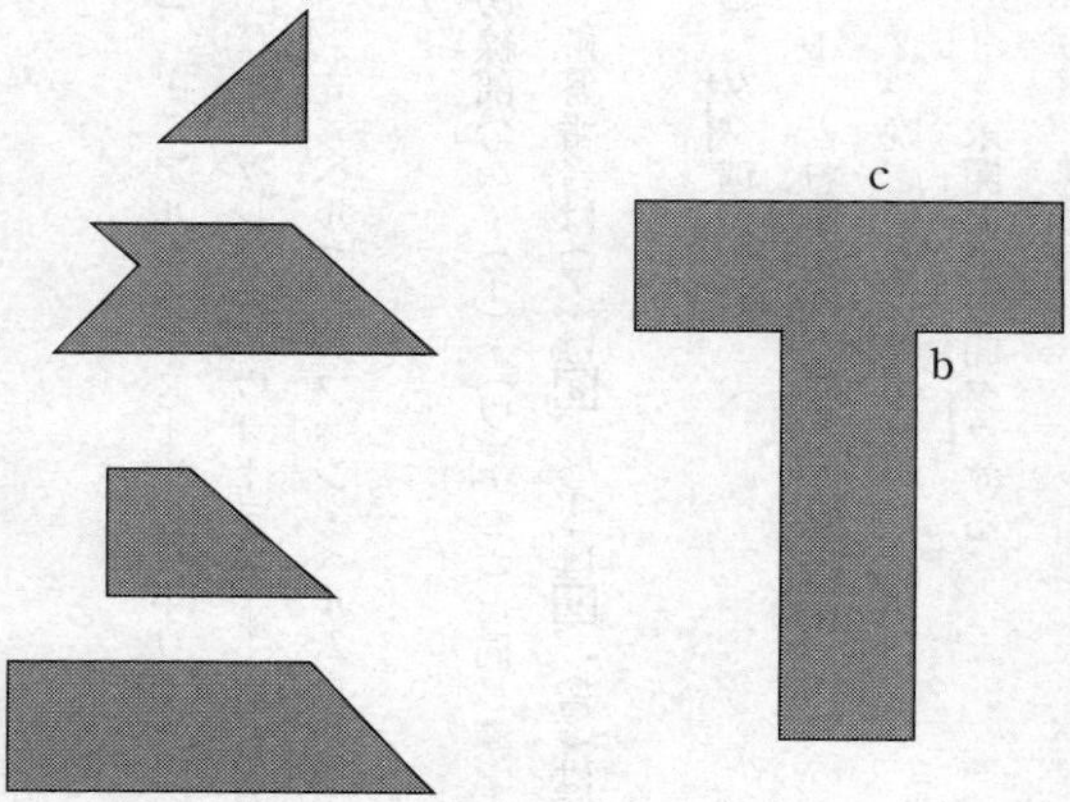

もう一つは遠隔連想課題(remote associate test)と呼ばれる文字を使った課題である。週刊誌などでよく見るもので、3つの単語の最初の文字にもう一文字を加えて、意味ある単語を作ることが求められる。ちなみに大学生に制限時間45秒でこれを実施した時の正答率は、左側は100％、真ん中は50％、右側は5％となっている。

最後のものは発散課題と呼ばれるタイプのもので、たとえばＵＵＴ(unusual use test)などがある。これは日用品などを、それの本来の目的以外の使用法をできるだけたくさん考えるというようなものである。そしてその使用法を斬新さ、有用性の観点などから、第三者が評価を行う。

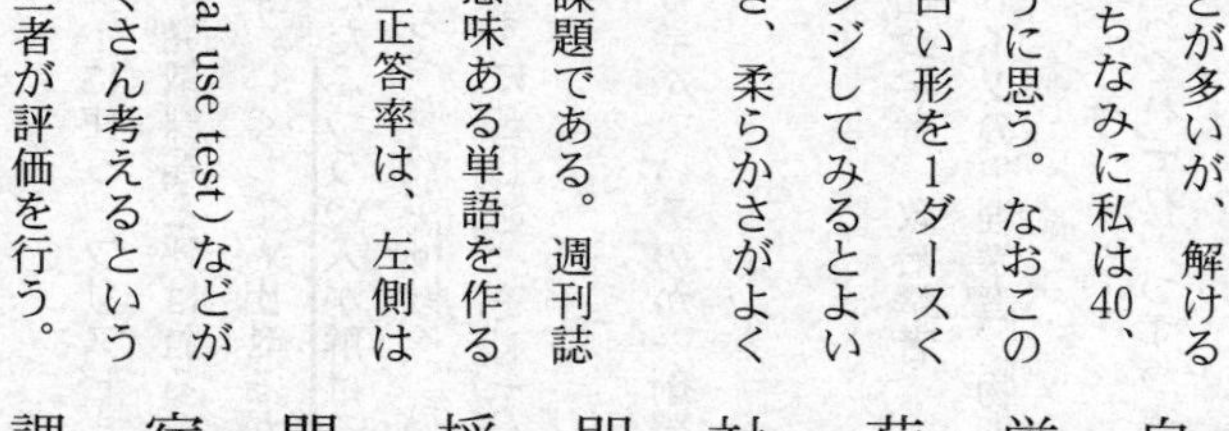

図3　遠隔連想課題。各単語の最初の漢字に一文字を加えて、3つ全て意味ある単語を作る。

寺井仁・三輪和久・浅見和亮「日本語版 Remote Associates Test の作成と評価」『心理学研究』、84、pp.419-428(2013)

決とはまったく無関係な行動がひらめきを生み出すということだ。これは先程挙げたアルキメデスの話などに端的に現れている。ここではインパスの時期に、風呂に入るという、問題の解決とはまったく別の行動をとっているときにひらめきが訪れている。

　最後は検証の段階である。なかなか思い出せない相手の名前を突然思い出したというような時には必要ないのだが、科学的な発見、一定以上複雑な問題を解く場合にはひらめいて終わりとはならない。そこからそのひらめきで本当にうまく問題が解けるのかを、実験、計算などを通して検討しなければならない。科学的発見などではこの部分がとてもだいじなのだが、ここはひらめき自体の発生とは異なるので本章では取り上げない。

図1　ウォーラスの唱えた発想のための4段階説

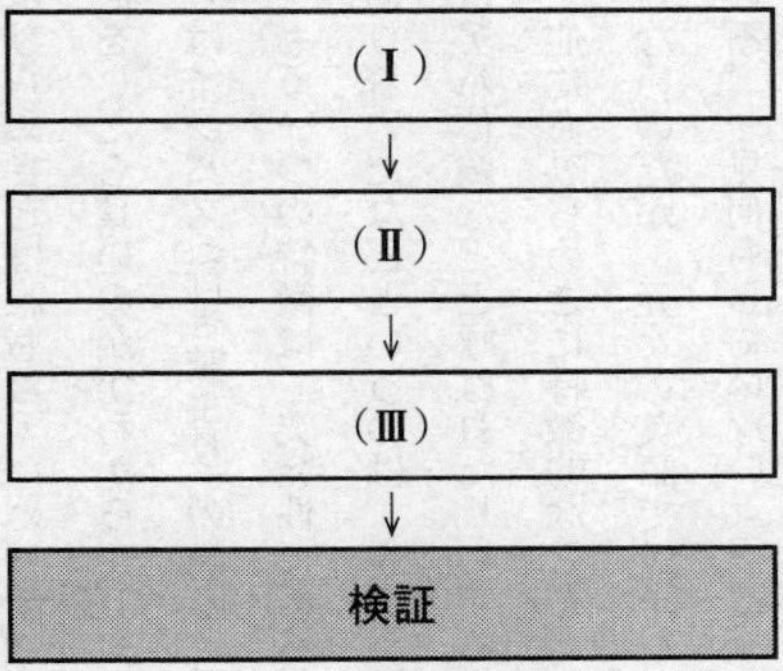

　こうしたことを最初にまとめたのは、（注2）グレアム・ウォーラス(Graham Wallas)という人だ。そもそもは19世紀の偉大な物理学者であり、生理学者でもあった（注3）ヘルマン・フォン・ヘルムホルツの講演に触発されてのことらしい。ウォーラスがこれを唱えたのは1926年のことなのでだいぶ古いのだが、右記のような常識をうまく表現している(グレアム・ウォーラス『思考の技法』ちくま学芸文庫)。

　科学上の偉大な発見は、その分野での膨大な知識と経験を有し、かつ人並外れた努力家たちが生み出したものだ。こうした人たちの偉業を丹念に調べるという形でひらめきの研究を行うこともできる。そういう研究をまとめた書物は本当に面白《おもしろ》くて、ワクワク、ドキドキしながら読み進めることができる。一方、そうしたものは数が少ないのと、その発見に固有なひらめきの要素を含んでいて、一般化できるようなことを引き出すことは難しい。むろんすべてすでに終わった話なので、実験的なコントロールをすることは不可能である。

　[C] ひらめきを研究しようとする心理学者たちは、ふつうの人間でもできるような④ひらめきを含む課題を数々考案し

〔二〕 次の文章を読み、あとの設問に答えよ。ただし、本文の一部を省略してある。

ひらめきというと、連想的には科学的な発見、発明などのような、(ア)タク越した、特殊な才能を持った人のことが頭に浮かぶかもしれない。(イ)真ギはわからないが、アルキメデス(注1)の発見の話は有名だろう。王冠が純粋に金でできているのかを調べるように求められ、悩んでいたアルキメデスは風呂に入っているときに突然、その方法を発見したという①逸話が残っている。

［A］一方で、もっと日常的なひらめきもあり、ひらめくという経験はどなたにもあると思う。試験でどうにも解けなかった問題があったが、あることに気づいて突然解けた(試験の最中に気づけるといいのだが、残念ながら終了後に気づくことも少なくない)。なかなか思い出せない人の名前を、あるとき突然思い出した。こういうのも、だいぶスケールは落ちるが、ひらめきと呼べる。

こういう②多様なひらめき現象に共通するのはなんだろうか。単に覚えていることを当てはめて解決できるようなことはひらめきとは言わない。東京でのオリンピック開催は何度目かを考えたり、覚えている公式をそのまま適用して解けるような場合はひらめきとは誰も考えない。［B］、ひらめきの前にはまずなかなか解けない、気づけない段階が存在する。ここでは何をしたら良いのかがわからず、さまざまなことを試す時期と捉えることができる。これを私たち認知科学の(ウ)リョウ域の人たちはインパス(行き詰まり)の段階と呼んでいる。

もう一つの特徴は、突発性である。少しずつやっていったら解けたとか、③しらみつぶしに可能性を検討したら適切なものに辿《たど》り着いたなどというのは、ふつうはひらめいたとは言わない。ひらめきは前触れもなく、突然やってくるのだ。こういうのはアハ体験などと呼ばれたりもする(略)。

他にもひらめきに特徴的なこととして、「あたため」と呼ばれる段階があるとも言われる。あたため、と日本語で表すとわからないのだが、元々の英語ではインキュベーション(incubation)という。卵を産んだ鶏はひなを孵《かえ》すために、卵の上に乗っている。一見何もしていないように見えるが、温度を一定に保つことで、孵化《ふか》を促している。これと同じように、当初の問題解

問九 傍線部⑤「それはもはや完璧な幸福ではなくなってしまうだろう」の理由として最も適当なものを、次のなかから一つ選び、その番号をマークせよ。解答番号は6。

1 自分が溺愛され辛い思いをしなくて済んでいることを知らないからこそ、幸せであるから。
2 双子姉妹だったきなこがなくなってしまい、おはぎの生の完全性が奪われてしまったから。
3 幸福について表現できる言葉があるからこそ、幸福なのだから。
4 受け身で溺愛されているので、飼い主がいなくなれば幸福の条件は奪われ不安になるから。
5 猫も必死で生きているからこそ幸せであり、受動的な生は幸福ではないから。

問十 筆者の主張する内容として最も適当なものを、次のなかから一つ選び、その番号をマークせよ。解答番号は7。

1 子どもができなかったことは、折りあいがつけられる問題ではないということ。
2 人々は幸福という言葉を使用するなかで人生を表現しているのだが、生は幸福を超えて不思議で美しいということ。
3 きなこを失ってもおはぎが生きていることがただひたすら愛おしく、私たちは幸せであるということ。
4 猫のように、自分の幸福の条件に気づこうとしないことこそが幸福であるということ。
5 みなが幸福だと思っているのはただの儀式にすぎず、自分をごまかしているだけであるということ。

問六　傍線部④「いまだに手に入らないものや、受け入れがたい現在や、失ってしまった過去のことを表現するときに、幸せという言葉を使うのだ」という記述に該当する事例として**適当でないもの**を、次のなかから一つ選び、その番号をマークせよ。解答番号は[4]。

1　幸せだよねと笑って、折りあいをつける儀式を行っている。
2　他人から見たら自分たちは幸せな人生を送ったように見えているだろうし、自分でもそう思う。
3　九十代の那覇の女性は、ゆすりたかりを繰り返した長男が死んでホッとした。
4　あの時は幸せだったと思っても、本当はそんなに幸せでもなかったことも知っている。
5　私たちにとって幸せがどういうものかは、その言葉をどう使うかにかかっている。

問七　空欄［A］・［B］・［C］に入る語句の組み合わせとして最も適当なものを、次のなかから一つ選び、その番号をマークせよ。解答番号は[5]。

1　A　だから幸せは人それぞれだ　B　だからそれぞれみな幸せなのだ　C　みんな必死で生きている
2　A　だからそれぞれみな幸せなのだ　B　みんな必死で生きている　C　だから幸せは人それぞれだ
3　A　みんな必死で生きている　B　だからそれぞれみな幸せなのだ　C　だから幸せは人それぞれだ
4　A　だから幸せは人それぞれだ　B　みんな必死で生きている　C　だからそれぞれみな幸せなのだ
5　A　みんな必死で生きている　B　だから幸せは人それぞれだ　C　だからそれぞれみな幸せなのだ

問八　空欄［D］に入る最も適当な語を、本文中からそのまま抜き出せ。

3　幸福であるというのは、自分をごまかしているだけのように感じる。

4　現在の自分と連れあいの人生が幸せかどうかはよくわからない。

5　結婚、就職をしたり、あるいは離婚、転職や退職をすれば幸福が手に入る。

問四　傍線部②「疎遠」の対義語を次のなかから一つ選び、その番号をマークせよ。解答番号は[2]。

1　親密　　2　疎外　　3　質素　　4　熱情　　5　迷惑

問五　傍線部③「こういう話を聞いていると、幸せとは何かとか、幸福な状態とはどういうものかという「中身」のことについて考えることが虚《むな》しくなってくる」の理由として最も適当なものを次のなかから一つ選び、その番号をマークせよ。解答番号は[3]。

1　話してくれた人たちはかなり厳しい状況の中にいるが、この先、彼らの人生はどうなるかわからないものだから。

2　話してくれた人たちはかなり厳しい状況の中にいるのに、自分たちの不幸に全く気づいていないから。

3　話してくれた人たちはかなり厳しい状況の中にいるのに、幸せや不幸について語らず楽しみを求めながら人生を生きているから。

4　話してくれた人たちはかなり厳しい状況の中にいるが、彼らの経験はあまりに特別で比較にならないから。

5　話してくれた人たちはかなり厳しい状況の中にいるが、幸せや不幸は主観的なもので内容を語っても意味がないから。

とうに不思議だ。

　なによりも不思議なのは、きなこもおはぎも、自分たちがどれほど奇跡的な一生を送っているか、まったく気がついていないということだ。一生をただ愛されて生きる。何の苦しみも悩みも悲しみも感じないまま、ただひたすら、溺愛されて生きる。「幸せな存在」というものがいるとすればおはぎときなこだと思うが、しかしその幸福の条件に、「それに気づいていないこと」が含められている。もしその「 D 」に気づいていたとしたら、それはそれ以外の生のあり方を知ってしまっている、ということだ。そして⑤それはもはや完璧な幸福ではなくなってしまうだろう。

(b)テッテイ的に愛され、なおかつそのありえなさに気づかずに、幸せとも思わずに、穏やかに、静かに暮らすおはぎやきなこを見ていると、幸福とか不幸とかそういうことを超えて、ただひたすら、その不思議さと、美しさに呆然《ぼうぜん》とする。

（岸政彦「生きている、としかいえない」）

問一　傍線部(a)・(b)のカタカナを漢字に直せ。

問二　傍線部(ア)・(イ)の読みをひらがなで記せ。

問三　傍線部①「諦めて受け入れる」が意味する内容として最も適当なものを、次のなかから一つ選び、その番号をマークせよ。解答番号は[1]。

1　ほんとは心からそう思ってなくても、人生と折りあいをつけようとする。

2　いまの自分の人生を過度に評価することで自分を慰めたくない。

として、少しでもましな人生にしようと思って、必死で生きている。そういう人びとの人生に対して、幸せとか不幸とか、そういうことは誰にも言えない。ただもう、わからないとしか言いようがない。

繰り返すが、こうした「［ A ］」という言い方は、しばしば「［ B ］」という言い方になり、そしてその言い方は、あまりにもしばしば、「［ C ］」という言い方を呼び寄せてしまう。嫌いだ。確かに不幸ではないのかもしれないのだが、同時に幸せだとも簡単には言えないだろう。それは虚しい、うわべの、きれいごとでしかない。

とにかく私たちはみな生きている。そうとしか言えない。そして、④いまだに手に入らないものや、受け入れがたい現在や、失ってしまった過去のことを表現するときに、幸せという言葉を使うのだ。

きなことおはぎという双子姉妹の猫を拾ったのは二〇〇〇年の夏だ。きなこは二〇一七年の十一月九日の朝、とつぜん亡くなった。その前の晩まで普通に元気に一緒に暮らしていたのに、その朝、きなこは動かなくなっていた。

そのあとおはぎひとりになったが、二十二歳になったいまも元気に暮らしている。耳も聞こえず、ほとんど目も見えてないようだが、食欲もあり、とにかく元気だ。もう自分がどこにいて、何をしているのかもわからなくなっても、毎日リビングを徘徊《はいかい》して、床に粗相《そそう》している。そこら中にペットシーツを敷いて、連れあいと交代でリビングで一緒に寝ている。誰と一緒に寝ているか、あまりわかってないようだが、とにかくリビングのソファで一緒に毛布にくるまって寝ている。夜中に起きるとリビングを徘徊し、床で粗相する。飼い主も一緒に起きて、アルコールスプレーとペーパータオルで始末すると、もういちど一緒にソファでくっついて寝る。

すやすや寝ているおはぎを見ると、つくづく不思議になる。生まれてから一度も、寒さに震えることもなく、飢えに苦しむこともなく、寂しい思いをすることもなく、ただひたすら(ア)溺愛され、可愛がられて、快適な環境を提供され、お腹が減ったらごはんを食べて、眠くなったら寝る。この(イ)過酷な地球で、これほど愛されて一生を送る生き物がいるのだということが、ほんけではない。子どもがいなくても幸せに暮らすことは可能だし、実際にそういうひともたくさんいる。というか、私のまわりの友人はほぼすべて子どもがいない。子どもができたら自然と②疎遠になるので、結果的にそうなっているにすぎないのかもしれないのだが、みんなそれぞれに頑張って生きている。そして同時に、だからといって、幸福であるというのもまた、自分をごまかしているだけのように感じる。

先日、九十代の女性の生活史を那覇で聞いた。沖縄の離島で生まれ、学校もほとんど行かずに十五歳で那覇に来て、それからずっと、那覇の盛り場で働いてきた。その暮らしは非常に厳しかった。朝方、営業を終えた場末のスナックの掃除をすると、一軒五百円もらえたという。それで暮らしてきた。長男はヤクザの組員になり、家族や親戚にゆすりたかりを繰り返して、聞き取りの直前に自殺した。聞き取りに同席した彼女の友人が、「ホッとしたね」と言うと、彼女は黙って頷《うなず》いた。

それでも彼女は毎日、那覇の郊外からかなりの距離を、かつて働いていた盛り場の真ん中まで、手押し車を押しながら歩いて通っている。途中、いくつかのバス停のベンチで休憩しながら、長い時間をかけて、歩いて往復している。絵本を読むのが好きで、最近読んだ絵本のことを教えてくれた。（略）

あるいはまた、数年前だが、同じく釜ヶ崎で、父親を刺殺して刑務所に十五年入っていた男性の生活史を聞いた。現在の暮らしに話が及ぶと、楽しそうに、最近ハマっているガールズバーの話をしてくれた。

だからどう、ということでもないが、③こういう話を聞いていると、幸せとは何かとか、幸福な状態とはどういうものかという「中身」のことについて考えることが虚《むな》しくなってくる。とにかくみんな一生懸命生きているのだ。それに尽きる。そのなかで、楽しいことや、嬉しいことや、悲しいことや、寂しいことがある。絶望することもあるだろう。そうやってみんな自分の人生を生きている。

私たちはただ生きているのではなく、必死で生きている。良かれと思って、もっと何かになりたいと思って、何かを得ようてなくても、なんとかそう思い込んで、辛い人生と折りあいをつけようとする。

過去について。癌《がん》が発症する前の人生。交通事故で何もかも（a）ハカイされる前の人生。大きな災害の被害者になる前の人生。あるいはもっと小さくささやかに、親から可愛がられていた小さな頃の自分。何も考えずに遊び呆《ほう》けていた中高生の頃の自分。私たちはいつも、過去を思い出し、懐かしみ、あああのときは幸せだったと、後から思う。でも、ほんとうはそんなに幸せでもなかったことも、心の底では知っている。

すぐには手に入らないもの、①諦めて受け入れるしかないもの、失くしてしまったもの。幸せというものはおおよそ、この三つの種類しかないのだろうと思う。

私たち夫婦には子どもができなかった。数年間にわたり、数百万の金を使い、心身ともに辛い治療に耐え、結局できなかったのだ。原因は私にあった。専門医のところで二度ほど大きな手術もしたのだが、だめだった。

いまは私も、同業者の連れあいも、当時とは比べものにならないぐらい仕事が忙しく、その意味では充実した人生だ。特に私は小説で大きな賞をいただき、そしてその次の年に生活史の本でさらに大きな賞を受賞した。おそらく他人から見たら、とても幸せな人生に見えていると思うし、実際に自分でもそう思っている。そしてときどき、連れあいとも、子どもができなくて良かったんじゃないかと、笑いながら話している。

しかしそうやって幸せだよねと笑いながら、同時に心のなかで、それがただの「折りあいをつける儀式」にすぎないこともわかっている。子どもがもしいたら、そのほうが良かったに決まっているからだ。いや、「決まっている」という言い方は、言い過ぎかもしれない。しかし私は、いまの自分の人生を、過度に評価することで自分を慰めたくないと思う。失ったもの、手に入らなかったものは、どこまでいってもそれは失ったもの、手に入らなかったものに過ぎないのだ。

だから、いま現在の自分と連れあいの人生が幸せかどうか、という点については、私はよくわからない。別に不幸というわ

国語

（八〇分）

（注）問題三（古文）及び問題四（漢文）は、いずれか一方のみを選択して解答すること。

〔一〕次の文章を読み、あとの設問に答えよ。ただし、本文の一部を省略してある。

私たちにとって幸せというものがどういうものかは、私たちがその言葉をどう使うかということにかかっているのだが、それはたかだか、次の三つに集約されてしまうのではないか。

将来について。結婚すれば、就職すれば、子どもができれば幸せになれると思う。あるいは離婚すれば、転職や退職をすれば幸福が手に入る。あるいはまた、病気が回復した後の生活や、子どもや孫に囲まれた幸せな老後を想像する。もっと小さく、今年の夏の休みにどこかのリゾートホテルでゆっくり過ごす。私たちの小さな、ささやかな幸福のイメージ。または、いつか手に入るはずの、遠い約束。

現在について。私たちはいま現在の自分の生活を、諦めながら静かに受け入れる。経済的には不十分だけど、就きたい職には就けなかったけど、結婚することもなかったけど、子どもができなかったけど、でもまあ、それでもなんとか生きてるし、こういう暮らしが幸せっていうものなのかもしれない。なんとか、まあまあ、幸せに暮らしている。ほんとは心からそう思っ

解答編

英語

I ― 解答

1―④　**2**―①　**3**―③　**4**―②　**5**―④　**6**―①
7―②　**8**―④　**9**―③　**10**―①　**11**―④　**12**―②
13―②　**14**―②　**15**―①　**16**―④　**17**―①　**18**―②　**19**―③　**20**―③
21―①　**22**―④　**23**―②　**24**―①　**25**―④

解説

《新しい種類の観光》

1. 直前の the destinations「目的地」を修飾する形にするのが適切と判断できるので，現在分詞形の leading にするのが自然。「拡大する日本の旅行業界を牽引する目的地の一つである」

2. 直後にある decades を手がかりに，期間を表す for decades「数十年間」とするのがよい。

3. 空所を含む文の前半（Although various regions …）が現在完了進行形であることを考慮すると，後半部分（it is only …）は，星空を楽しむ観光が始まったのは 2018 年「以降」だという意味と考えるのが妥当なので，since を入れるのがよい。

4. 下線部（4－A）は，this form of ecotourism「この形の観光」を意味上の主語とする付帯状況の分詞構文と考えれば taking とするのが適切である。また，下線部（4－B）については，given ～「～を考えると」という慣用表現を用いるのが自然である。

5. 空所の後続部分にある reasons を手がかりに考えると，for environmental reasons「環境上の理由で」とするのが適切である。

7. 後続の that が，下線部に入る語を先行詞とする主格の関係代名詞であると推測できるので，places が文法的に正しい形である。

8. strive は「努力する」という意味なので，④が最も意味が近い。

9. 直後の constellations「星座」を修飾する形と考えられるので，known「人に知られている」がよい。

10. at *one's* best で「最高の状態で」という意味の慣用表現になる。

11. 下線部の後続の部分（before the pandemic hit）が過去時制であることから，空所を had joined という過去完了形にして「コロナの感染拡大が起こる以前にはそれほど多くの旅行者は星空ツアーに参加してはいなかった」という意味にするのが自然である。

12. 空所を含む部分（as both … border closure.）が「日本がコロナの感染拡大による入国禁止の期間中にどちらの都市も（星空保護区に）認定されたので」という意味になると前後の文意が自然につながるので，during が適切である。

13. in preparation of ～ で「～の準備として」という意味の慣用表現になる。

14. 下線部を含む文の主語である local officials「地元の公務員」を意味上の主語と考えるのが文意として妥当である。

15. live up to ～ は「(期待に) 沿う」という意味の慣用表現であり，①が正解。

16.「～を利用する」は make use of ～ という慣用表現で表すことができる。

17. renown は「名声」という意味の名詞であり，fame がほぼ同じ意味である。

18. 下線部の直後に by があることから過去分詞形を用いるのが最も妥当。

19. 本文が星空ツアーについての文章であることを基盤に考えると，東京や大阪で見ることのできないものは，stars である。

20. 本文のテーマは星空ツアーと判断できるので，③が正解である。

21. 第6段第1文（Then, in November …）に，美星が日本とアジアで最初の星空保護区（ダークスカイ・コミュニティ）に指定されたとあり，①が正解である。

22. 第3段第1文（Given the need …）に，Japan's three official dark sky places とあるので，④が正解である。

23. 第4段第1文（According to Ishigaki-based …）に，88 ある星座の

うち 84 の星座を見ることができるとあるので，②が正解である。

24. 第 5 段最終文の中頃（local officials replaced more …）に，地元の公務員の取り組みとして街灯の交換をしたとあるので，①が正解である。

25. 第 4 段第 1 文（According to Ishigaki-based …）に，2 月から 11 月まで，つまり 12 月と 1 月以外は一年中星空ツアーを体験できるとあるので，④が正解である。

Ⅱ　解答

26―④　**27**―③　**28**―②　**29**―①　**30**―③　**31**―④　**32**―②　**33**―①　**34**―③　**35**―④　**36**―②　**37**―④　**38**―②　**39**―①　**40**―②　**41**―③　**42**―④　**43**―②　**44**―①

イ. 生き残りのために

ロ. round

ハ. effective in improving the impressions we make on others

ニ. 良く見せようと意図して取る良い姿勢は，他者に好ましい印象を与えた。

ホ. listeners　**ヘ.** to build trust

解説

《物理的な手がかりが知覚にどのように影響するか》

26. 下線部の直後にある by を手がかりに考えると，過去分詞形の surrounded が適当。

27. 下線部の to 不定詞は目的を表す（「良い印象を与えるために」）。選択肢の中で同じ目的を表す不定詞が用いられているのは③である。

28. 下線部の anxiety は「不安」という意味の名詞で，選択肢の中では concern にほぼ同じ意味がある。

29. 下線部の assessment は「評価」という意味の名詞で，evaluation がほぼ同義と考えてよい。

30. 下線部の in a split second は，本文中では「ほんの一瞬で」という意味の比喩的な表現である。

31. 下線部の engage in ～ は「～に参加する」という意味の表現であり，選択肢の中では join にほぼ同じ意味がある。

32. have an impact on ～ で「～に影響を及ぼす」という意味になる。

33. introverted は「内向的な」という意味の形容詞であり，shy「内気

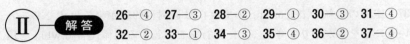

な」がほぼ同義と考えてよい。

34. 下線部の cues は「合図」という意味で用いられていると考えられ，signs がほぼ同じ意味だと判断できる。

35. in accordance with ～で「～に従って」という慣用表現になる。

36. 下線部の後続の部分に，文の動詞の役割を果たしていると考えられる makes があることから，下線部を含む部分は文の主部であると考えられる。したがって，動名詞形の adopting を用いるのが最適である。

37. 空所の後続の discussing のあとには通例目的語が来るはずであるということを手がかりに考えると，先行詞を内包する関係代名詞 what を用いると，文法的にも意味的にも文として成立することがわかる。

38. 下線部の that は関係代名詞である。選択肢の中では②で用いられている that が関係代名詞である。

39. より具体的にとらえると，本文は会話の際の posture「姿勢」について主に述べられており，①が正解と判断できる。

40. 第3段（In a recent …）に，良い印象を与えようとする話し手の意図が相手にどう影響するかについて書かれていることから，②が正解と考えてよい。

41. 第4段第1文（Additionally, the assessment …）に，わずか10分の1秒の姿勢ですら相手には良い影響を与えるとあり，③が正解と言ってよい。

42. 第6段最終文（In other words …）に，気づかないうちに身体的な情報が聞き手の感情を変えるとある。④がほぼ同内容の意味を表す文だと考えられる。

43. 最終段最終2文（How do our … try to answer.）に，相手に応じて姿勢や感情がどう変わるのかということについてはこれからの課題だという趣旨のことが書かれており，②を正解とすべきである。

44. 第6段第2文（Using a special …）に，この実験に用いられたシステムの特徴として，声のイントネーションやリズムを徐々に変化させることが可能である点が指摘されており，①が一致すると考えてよい。

イ. for the sake of ～「～のために」 survival「生き残り」

ロ. 第2段第3・4文（Have you ever … round your shoulders?）に straighten *one's* back「背筋を伸ばす」と round *one's* shoulders「猫背に

なる」が対比的に示されている点に注意。

ハ. 与えられた日本文を参考にすれば，effective in improving the impressions we make on others という並べ替えができる。なお，we の直前には目的格の関係代名詞が省略されていると考える。そのうえで，make an impression on ～「～に印象を与える」という表現が使われていることにも気づきたい。

ニ. この文の動詞が conveyed「伝えた」である点に気づけば，conveyed の前が主語，後ろが目的語となっていることが見えてくる。また，made … good までが good posture を修飾する形容詞句になっている。with the intention to *do*「～することを意図して」

ホ. 下線部の直後の noticing が下線部の意味上の動詞として機能していることに注意。また，notice「～に気づく」は通例人を主語にするので，them は listeners を受けていると考えるのが妥当である。

ヘ. 下線部の it は後続する to 不定詞を受ける仮目的語である。下線部を含む文には，話す相手と似たようなリズムを取り入れて話すことで良い印象を与え，信頼関係を築きやすくするという研究があるという趣旨のことが書かれており，it（信頼を築くこと）をより容易にするととらえる。

出典追記：北村美穂「Communication and Embodiment」

Ⅲ　解答

Communication is influenced not only by words but also by voice or posture.

解説

Ⅱの第１段第１文の communication「コミュニケーション」，第１段第２文の words「言葉」，第２段第１文の influence「～に影響する」，第２段第２文の posture「姿勢」，第６段第２文の voice「声」など，ヒントとなる語や表現があるので十分に活用したい。not only *A* but also *B*「*A* ばかりでなく *B* も」

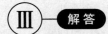

日本史

I 解答

問1．ア． 710　**イ．** 藤原京　**ウ．** 奈良　**エ．** 条坊
オ． 朱雀　**カ．** 市司　**キ．** 和同開珎　**ク．** 蓄銭叙位
問2． 長安　**問3．** 東：左京　西：右京　**問4．** 内裏　**問5．** ①
問6． 富本銭　**問7．** 西海道　**問8．** ③　**問9．** 山口　**問10．** 東大寺

解説

《平城京と律令国家》

問3． 平城宮（大内裏）から見て，左が左京，右が右京になるため，東が左京，西が右京となる。

問5． 難。①正文。平城京は五条大路より北に藤原不比等邸や長屋王邸など貴族の邸宅が多くあった。いずれの選択肢も判断が難しい。

問8． ③が正解。駅家は約 16km おきに設置された。

問9・問10． 長門国（現在の山口県）にある長登銅山などで採掘された銅が東大寺の大仏造営に使用された。「大仏の原材料」などから東大寺であることはわかるだろう。

II 解答

A．問1．ア． 8　**イ．** 教育令　**ウ．** 森有礼
エ． 学校令　**オ．** 慶応（應）義塾　**カ．** 新島襄
キ． 早稲田　**ク．** 3
問2． ②　**問3．** ②
B．問1．ア． 百貨店　**イ．** 小林一三　**ウ．** 映画　**エ．** 弁士
オ． 尾上菊五郎
問2． ②　**問3．** ポーツマス

解説

《明治期の教育史と大正期の都市大衆文化》

A．問1．ク・問3． 明治政府は西洋にならって太陽暦を導入したことに伴い，明治5（1872）年12月3日を明治6（1873）年1月1日とした。

問2． ②が正解。『安愚楽鍋』は仮名垣魯文の書いた滑稽本。牛鍋屋の様相を通じて幕末・維新期の世相を描いた。

B．問1．ア・イ． 阪神急行電鉄の創業者小林一三は現在の私鉄経営の基礎を確立した人物で，鉄道だけでなく百貨店経営や沿線の宅地開発などを展開した。

Ⅲ　解答　**A．問1．**②　**問2．**②　**問3．**①　**問4．**③
問5．④　**問6．**①　**問7．**③　**問8．**④
B．問1．①　**問2．**②　**問3．**①　**問4．**③　**問5．**④　**問6．**④
問7．②　**問8．**②

解説

《江戸幕府の確立と徳川慶喜》

B．問1．②誤文。文章は三河田原藩の家老渡辺崋山の記述である。
③誤文。文章は仙台藩主伊達政宗の記述である。
④誤文。文章は水戸藩主徳川光圀の記述である。

問4．③誤文。湯島聖堂を建立したのは徳川綱吉である。また，聖堂付属の聖堂学問所で朱子学以外の学問を講じることを禁止したのは老中松平定信である。

問5．④誤文。調所広郷は土佐藩ではなく，薩摩藩の藩政改革を担当した。

問6．④誤文。文章は日米和親条約ではなく，日米修好通商条約の内容である。

世界史

Ⅰ　解答

問1．②　問2．③　問3．④　問4．①　問5．①
問6．③　問7．③　問8．②　問9．③　問10．③
問11．②　問12．④　問13．③　問14．②　問15．④　問16．②
問17．③　問18．③　問19．③　問20．④

解説

《古代～現代における「世界政治」の歴史》

問1． メイフラワー号は，ピルグリム=ファーザーズと呼ばれるピューリタンたちが1620年に北アメリカ植民地に移住する際に使用した船である。②正答。オランダ西インド会社の設立は翌1621年。

問3． ④正文。①誤文。カージャール朝の都はテヘラン。

②誤文。オスマン帝国のアブデュルハミト2世が，宰相ミドハト=パシャにミドハト憲法を制定させた。

③誤文。バーブ教は1840年代に広まった宗教。外国勢力に屈するカージャール朝に不満を募らせたバーブ教徒たちは，大規模な反乱を起こしたが失敗し，王朝の弾圧を招いた。

問6． 消去法で考えたい。③正文。①誤文。鎖国政策をとったのはスパルタ。

②誤文。タレスはイオニア植民市の中心であるミレトス出身。

④誤文。ペイシストラトスは前6世紀半ばに僭主政治を確立させた。

問7． ③正文。①誤文。サラミスの海戦で活躍した将軍はテミストクレス。

②誤文。民衆裁判所の陪審員は，市民の中から抽選で選ばれた。

④誤文。財産額の大小によって市民の参政権を認める財産政治は，前6世紀初めのソロンの改革によって導入された。

問8． ②誤文。ペロポネソス戦争は，アテネ率いるデロス同盟とスパルタを盟主とするペロポネソス同盟との戦いである。

問11． ②正文。①誤文。ローマの金貨がインドへ大量に運ばれた。

③誤文。菩薩信仰では，利他行により人々の救済に尽力して修行に励んだ者が菩薩と呼ばれた。

④誤文。アショーカ王は前3世紀半ばにマウリヤ朝の最盛期を築いた君主。

問13. ③誤文。コロナトゥスとは，小作人と呼ばれたコロヌスの使役に基づく生産体制。彼らの多くは没落農民や解放奴隷などであった。

問14. ②正文。①誤文。一時期ミタンニ王国に服属したのはアッシリア。

③誤文。シュメールの都市国家では階層分化がみられ，平民間での経済的格差が顕著であった。

④誤文。シュメールの都市国家はアッカド人やアムル人に征服された。

問15. ④正文。①誤文。アステカ文明は14～16世紀に栄えた。

②誤文。インカ文明・マヤ文明・アステカ文明などのラテンアメリカの文明では鉄器は使用されなかった。

③誤文。マヤ文明ではマヤ文字が使用されている。

問18. ③正文。①誤文。ギリシア人以外の異民族が，バルバロイと蔑称された。

②誤文。古代ギリシアでは地中海の海上交易がさかんだったので，多数のギリシア植民市が地中海の周辺地域に建設された。

④誤文。市民（貴族・平民）・奴隷の身分区別があり，貴族は上級官職を独占して大土地を所有し，平民は参政権などで貴族より不利な立場に置かれるなど両者には格差が存在した。

問19. ③正文。①誤文。フィレンツェは中部イタリア，ナポリは南イタリアの都市。

②誤文。『デカメロン』の著者はボッカチオ。ペトラルカは『叙情詩集』を著した。

④誤文。例えば，サン=ピエトロ大聖堂を設計したブラマンテは，時のローマ教皇に仕えたように，ローマ教皇はルネサンスで活躍した文人・芸術家を庇護した。

問20. ④誤文。ウェストファリア条約では，アルザスとロレーヌの一部がフランスに割譲された。

Ⅱ 解答

ア. スキタイ　**イ.** 匈奴　**ウ.** 鮮卑　**エ.** 高車
オ. エフタル　**カ.** グプタ

問1. ①　**問2.** 草原の道　**問3.** キュロス2世　**問4.** 大月氏
問5. ③　**問6.** ②　**問7.** ゾロアスター教　**問8.** ネストリウス派

問9. ソグド人

解説

《遊牧国家の歴史》

エ. 難問。高車は，4～6世紀にモンゴル高原以西で勢力を拡大させたトルコ系遊牧民。

問1. ①正答。遊牧民は移動生活を行うので，持ち運びが可能な住居を利用していると考えられる。①の住居は，モンゴルの遊牧民が利用している組み立て式のテントで，ゲルと呼ばれる。④の住居は北アメリカ大陸の先住民が利用していたテント。

問5. 東ゴート人が建国したのは③のイタリア中部が正答。①のイベリア半島には西ゴート王国が，②のフランス北部にはフランク王国がそれぞれ建国された。

問6. ②誤り。五胡とは，匈奴，鮮卑，羯，氐，羌の遊牧民を指す。蜀は三国時代の王朝の一つで，四川地方を中心に勢力を広げた。

問9. ソグド人は，ソグディアナ地方を原住地とするイラン系遊牧民。オアシス都市を結ぶ商業民として活躍した。

Ⅲ 解答

ア. アダム=スミス　**イ.** マルサス　**ウ.** リカード
エ. マルクス

問1. 名誉革命　**問2.** ニューヨーク　**問3.** ②　**問4.** ③
問5. フルトン　**問6.** 東インド会社　**問7.** 穀物法　**問8.** プロイセン
問9. 工場法　**問10.** ヘーゲル　**問11.** ③

解説

《産業革命の展開と自由主義経済の成立》

イ. マルサスは『人口論』で，食料は算術級数的にしか増えないが，人口は幾何級数的に伸びるため，人口増に伴う貧困化が必然的に生じると説いた。

ウ. リカードは『経済学および課税の原理』で，労働価値説に基づき，商品価値は労働量によって決まると主張した。

問3. ②正文。第1次囲い込みの目的は，ヨーロッパでの毛織物産業の発展を背景とした「羊毛の増産」であった。一方，第2次囲い込みは，人口増に伴う食料不足を解決するため「食料の増産」を目的とした。

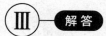

問8． ドイツ関税同盟の結成を主導したプロイセン王国は，1815年のウィーン議定書で，地下資源の豊富な工業地域であるラインラントを獲得していた。

問11． ③正答。ルイ=ブランは臨時政府への入閣後，国立作業場の設置をはじめとする社会改革を進めた。しかし，4月の普通選挙で落選したため，彼の改革は頓挫した。

数 学

1 解答

(1)ア. 5：8　イ. 1：39

(2)ウ. $\dfrac{1}{18}$　エ. $\dfrac{3}{4}$

(3)オ. $-4<x-3y<0$　カ. $65\leqq 4xy<105$

(4)キ. (3, 2)　ク. $\dfrac{5}{3}$

解説

《小問4問》

(1) メネラウスの定理より

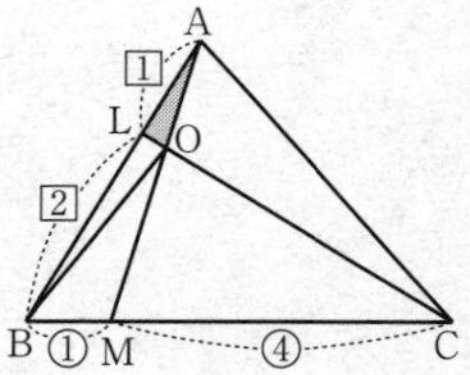

$$\frac{AL}{LB}\cdot\frac{BC}{CM}\cdot\frac{MO}{OA}=1$$

$$\frac{1}{2}\cdot\frac{5}{4}\cdot\frac{MO}{OA}=1$$

$$\frac{AO}{OM}=\frac{5}{8}$$

$$AO：OM=5：8\quad(\rightarrow ア)$$

高さが等しい2つの三角形の面積比は底辺の比に等しいので

$$\triangle AOL=\frac{1}{3}\triangle AOB=\frac{1}{3}\cdot\frac{5}{13}\triangle ABM$$

$$=\frac{1}{3}\cdot\frac{5}{13}\cdot\frac{1}{5}\triangle ABC=\frac{1}{39}\triangle ABC$$

よって

$$\triangle AOL：\triangle ABC=1：39\quad(\rightarrow イ)$$

(2) a, b は1以上6以下の自然数であり，(a, b) は $6^2=36$ 通りあって，これらは同様に確からしい。

x の2次方程式 $ax^2-4bx+4=0$ ……① の判別式を D とすると

$$\frac{D}{4}=(-2b)^2-a\times 4=4(b^2-a)$$

①が重解をもつのは，$D=0$ より

$$a=b^2 \qquad (a,\ b)=(1,\ 1),\ (4,\ 2)$$

のときであるから，その確率は

$$\frac{2}{36}=\frac{1}{18} \quad (\to ウ)$$

①が異なる2つの実数解をもつという事象 E は，$D>0 \Longleftrightarrow a<b^2$ と表される。余事象 $\overline{E}$ は $a \geqq b^2$ と表されるので

$$\overline{E}=\{(1,\ 1),\ (2,\ 1),\ (3,\ 1),\ (4,\ 1),\ (5,\ 1),\ (6,\ 1),\ (4,\ 2),\ (5,\ 2),\ (6,\ 2)\}$$

よって，①が異なる2つの実数解をもつ確率 $P(E)$ は

$$P(E)=1-P(\overline{E})=1-\frac{9}{36}=1-\frac{1}{4}=\frac{3}{4} \quad (\to エ)$$

(3)　与えられた条件より，実数 x，y の変域は $6.5 \leqq x<7.5$，$2.5 \leqq y<3.5$ である。$-10.5<-3y \leqq -7.5$ であるから，$x-3y$ の変域は

$$6.5-10.5<x-3y<7.5-7.5$$

すなわち　　$-4<x-3y<0$　$(\to オ)$

また，x，y は正であるから，$4xy$ の変域は

$$4 \times 6.5 \times 2.5 \leqq 4xy<4 \times 7.5 \times 3.5$$

すなわち　　$65 \leqq 4xy<105$　$(\to カ)$

(4)　点 $\mathrm{O}(0,\ 0)$ を始点とする各点A，B，C，Pの位置ベクトルを順に $\vec{a}$，$\vec{b}$，$\vec{c}$，$\vec{p}$ とすると

$$\overrightarrow{\mathrm{AP}}+\overrightarrow{\mathrm{BP}}+\overrightarrow{\mathrm{CP}}=(\vec{p}-\vec{a})+(\vec{p}-\vec{b})+(\vec{p}-\vec{c})=3\vec{p}-(\vec{a}+\vec{b}+\vec{c})$$

三角形ABCの重心をG，$\overrightarrow{\mathrm{OG}}=\vec{g}$ とすると，$\vec{a}+\vec{b}+\vec{c}=3\vec{g}$ より

$$\overrightarrow{\mathrm{AP}}+\overrightarrow{\mathrm{BP}}+\overrightarrow{\mathrm{CP}}=3(\vec{p}-\vec{g})=3\overrightarrow{\mathrm{GP}}$$

が成り立つ。ゆえに，条件式 $|\overrightarrow{\mathrm{AP}}+\overrightarrow{\mathrm{BP}}+\overrightarrow{\mathrm{CP}}|^2=25$ は

$$|\overrightarrow{\mathrm{AP}}+\overrightarrow{\mathrm{BP}}+\overrightarrow{\mathrm{CP}}|=5,\ |3\overrightarrow{\mathrm{GP}}|=5,\ |\overrightarrow{\mathrm{GP}}|=\frac{5}{3}$$

と同値変形でき，点PはGを中心とする半径 $\frac{5}{3}$ の円を描く。

$$\vec{g}=\frac{1}{3}\left(\vec{a}+\vec{b}+\vec{c}\right)=\frac{1}{3}\{(1,\ 1)+(2,\ 4)+(6,\ 1)\}=(3,\ 2)$$

より，この円の中心の座標は $(3,\ 2)$ $(\to キ)$，半径は $\frac{5}{3}$ $(\to ク)$ である。

2 解答　(1)　条件式 $x^2+2x+y^2+4y=-1$ は

$$(x+1)^2+(y+2)^2=4 \quad \cdots\cdots①$$

と変形できるから

$$(x+1,\ y+2)=(2\cos\theta,\ 2\sin\theta) \quad (0\leqq\theta<2\pi) \quad \cdots\cdots②$$

と表せる。

②より，$x=2\cos\theta-1$ であり，$-1\leqq\cos\theta\leqq1$ であるから，x の最大値と最小値は

最大値 1，最小値 -3　……(答)

(2)　②より

$$(x,\ y)=(2\cos\theta-1,\ 2\sin\theta-2)$$

合成公式より

$$x+y+3=2(\cos\theta+\sin\theta)=2\sqrt{2}\sin\left(\theta+\frac{\pi}{4}\right)$$

であるから，$x+y+3$ の最大値と最小値は

最大値 $2\sqrt{2}$，最小値 $-2\sqrt{2}$　……(答)

(3)　②より，合成公式を用いて

$$x+1+k(y+2)=2\cos\theta+2k\sin\theta=2\sqrt{k^2+1}\sin(\theta+\alpha)$$

ただし，α はベクトル $(1,\ 0)$ を α 回転するとベクトル $(k,\ 1)$ と同じ向きになるような角である。

よって，$x+1+k(y+2)$ の最大値は $2\sqrt{k^2+1}$ である。

この最大値が $2\sqrt{10}$ であるから

$$2\sqrt{k^2+1}=2\sqrt{10}$$

よって　　$k^2=9$

ゆえに　　$k=\pm3$　……(答)

別解　(1)　(①までは〔解答〕と同じ)

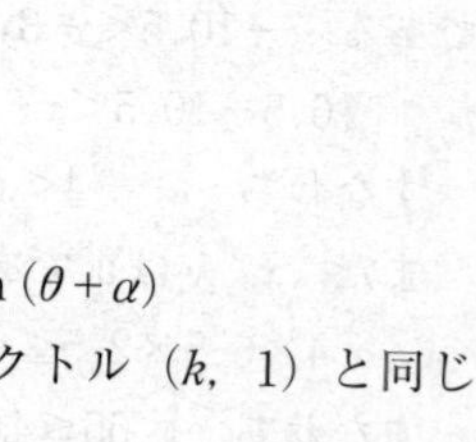

①は xy 平面上で中心 $\mathrm{A}(-1,\ -2)$，半径 $r=2$ の円 C を表す。ゆえに，①のとき，右図より，x の変域は $-3\leqq x\leqq1$ であるから

最大値 1，最小値 -3

(2)　$x+y+3=a$　……③ とおく。

xy 平面上で円 C と直線③が共有点をもつときの a の最大値・最小値を求めればよい。円 C の中心Aと直線③との距離を d とすると，点と直線

の距離の公式より

$$d=\frac{|(-1)+(-2)+3-a|}{\sqrt{1^2+1^2}}=\frac{|a|}{\sqrt{2}}$$

であるから，円 C と直線③が共有点をもつための条件は

$$d\leqq r \qquad \frac{|a|}{\sqrt{2}}\leqq 2 \qquad -2\sqrt{2}\leqq a\leqq 2\sqrt{2}$$

である。よって

　最大値 $2\sqrt{2}$，最小値 $-2\sqrt{2}$

(3)　$x+1+k(y+2)=b$，すなわち $x+ky+2k-b+1=0$　……④ とおく。

xy 平面上で直線④と円 C の中心Aとの距離は

$$\frac{|(-1)+k\cdot(-2)+2k-b+1|}{\sqrt{1^2+k^2}}=\frac{|b|}{\sqrt{k^2+1}}$$

であるから，直線④と円 C が共有点をもつための条件は

$$\frac{|b|}{\sqrt{k^2+1}}\leqq 2 \qquad |b|\leqq 2\sqrt{k^2+1}$$

である。ゆえに，b の最大値は $2\sqrt{k^2+1}$ である。

この最大値が $2\sqrt{10}$ であるから

$$2\sqrt{k^2+1}=2\sqrt{10}$$

よって　　$k^2=9$

ゆえに　　$k=\pm 3$

解説

《点 $(x,\ y)$ が定円を描くときの $x,\ y$ の1次式の最大値・最小値》

〔解答〕では，点 $\mathrm{A}(a,\ b)$ を中心とする半径 r の円 $(x-a)^2+(y-b)^2=r^2$ 上の動点 $\mathrm{P}(x,\ y)$ が

$$x=r\cos\theta+a,\ y=r\sin\theta+b \quad (0\leqq\theta<2\pi) \quad \cdots\cdots(*)$$

と表されることを用いた。(＊)のとき，$x,\ y$ の1次式 $L=Ax+By+C$ は合成公式より

$$\begin{aligned} L&=Ax+By+C\\ &=A(r\cos\theta+a)+B(r\sin\theta+b)+C\\ &=r(A\cos\theta+B\sin\theta)+Aa+Bb+C\\ &=r\sqrt{A^2+B^2}\sin(\theta+\varphi)+Aa+Bb+C \end{aligned}$$

と変形できるので，L の最大値・最小値が求められる。ここで，φ はベク

トル $(1,\ 0)$ を φ 回転するとベクトル $(A,\ B)$ に重なるような角である。

〔別解〕では，点と直線の距離の公式を用いて，円と直線が共有点をもつための条件から，$(x,\ y)$ が円 C 上を動くときの $x,\ y$ の 1 次式の最大値・最小値を求めた。

3 解答

(1) $n=1,\ 2,\ 3$ の場合を図示すると下図のようになる。

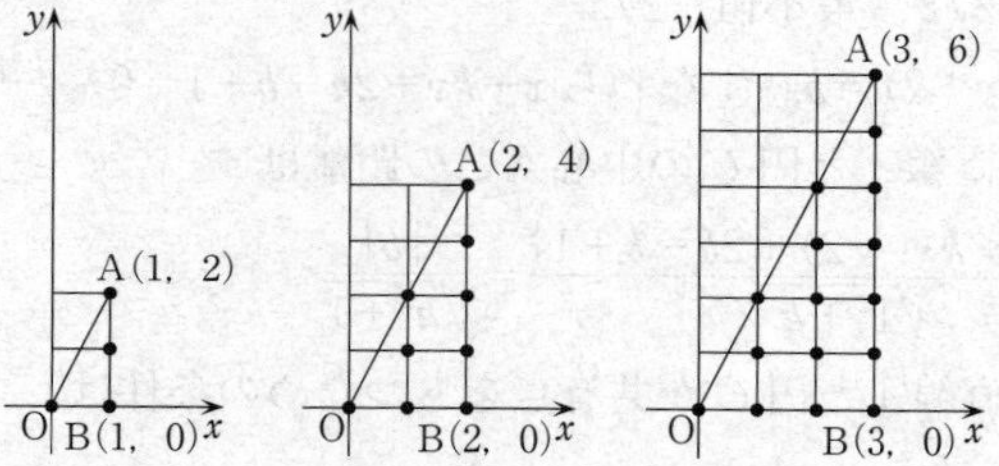

$n=1$　　$n=2$　　$n=3$

図より

$$a_1=4,\ a_2=9,\ a_3=16 \quad \cdots\cdots(\text{答})$$

(2) $\mathrm{A}(n,\ 2n)$，$\mathrm{B}(n,\ 0)$，$\mathrm{C}(2n,\ 0)$ は n によって決まるので，あらためて A_n，B_n，C_n と記すことにする。

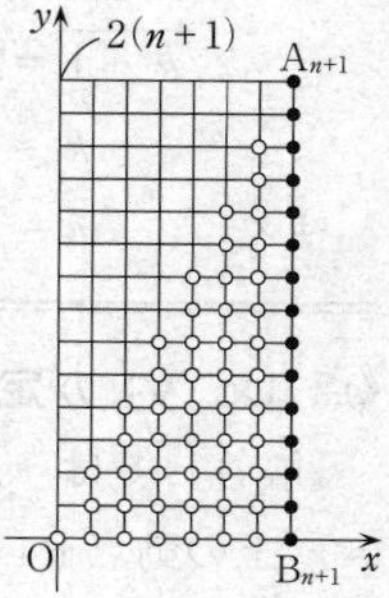

$\triangle \mathrm{OA}_n\mathrm{B}_n$ の周および内部を D_n とすると，a_n は D_n の格子点の個数であり，$a_{n+1}-a_n$ は D_{n+1} から D_n をのぞいた部分の格子点，すなわち，両端を含む線分 $\mathrm{A}_{n+1}\mathrm{B}_{n+1}$ 上の格子点

$$(n+1,\ 0),\ (n+1,\ 1),\ (n+1,\ 2),\ \cdots,$$
$$(n+1,\ 2(n+1))$$

の個数である。ゆえに

$$a_{n+1}-a_n=2(n+1)-0+1=2n+3 \quad \cdots\cdots(\text{答})$$

(3) $\triangle \mathrm{OA}_n\mathrm{C}_n$ の周および内部を E_n とする。b_n は E_n の格子点の個数である。D_n を直線 $\mathrm{A}_n\mathrm{B}_n$ に関して対称移動した図形を D'_n とすると，$E_n=D_n\cup D'_n$ であり，$D_n\cap D'_n$ は両端を含む線分 $\mathrm{A}_n\mathrm{B}_n$（$=F_n$ とする）である。

F_n 上の格子点

$(n,\ 0),\ (n,\ 1),\ (n,\ 2),\ \cdots,\ (n,\ 2n)$

の個数は $2n-0+1=2n+1$ であるから

$$b_n=2a_n-(2n+1)\quad\cdots\cdots(*)$$

が成り立つ。

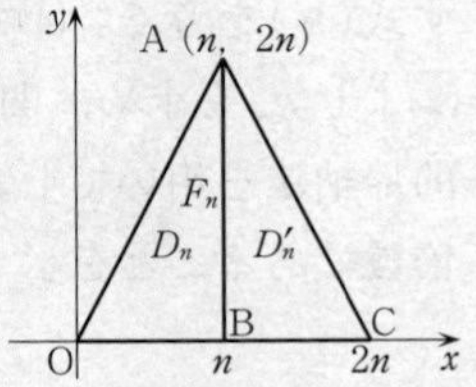

E_n：△OACの周および内部

ゆえに，(1)の結果より

$$b_1=2a_1-3=2\times4-3=5$$
$$b_2=2a_2-5=2\times9-5=13$$
$$b_3=2a_3-7=2\times16-7=25$$

よって

$$b_1=5,\ b_2=13,\ b_3=25\quad\cdots\cdots(答)$$

(4)　(1)，(2)の結果より，2以上の自然数 n に対して

$$a_n=a_1+\sum_{k=1}^{n-1}(a_{k+1}-a_k)=4+\sum_{k=1}^{n-1}(2k+3)$$
$$=4+(n-1)n+3(n-1)=(n+1)^2$$

であり，これは $n=1$ のときも成り立つ。

ゆえに，$(*)$ より

$$b_n=2a_n-(2n+1)=2(n+1)^2-(2n+1)=2n^2+2n+1\quad\cdots\cdots(答)$$

(5)　(4)の結果より，$b_n=2n^2+2n+1$ である。

(i)　$b_1=5=4\times1+1$ を4で割った余りは1である。

(ii)　k を自然数とし，b_k を4で割った余りが1であると仮定する。仮定より，$b_k=4M+1$（M は整数）と表せる。

$$b_{k+1}-b_k=\{2(k+1)^2+2(k+1)+1\}-(2k^2+2k+1)=4(k+1)$$

であるから

$$b_{k+1}=b_k+4(k+1)=(4M+1)+4(k+1)=4(M+k+1)+1$$

$M+k+1$ は整数であるから，b_{k+1} を4で割った余りは1である。

(i)，(ii)より，すべての自然数 n に対して，b_n を4で割った余りは1である。

（証明終）

解説

《三角形の周および内部の格子点の個数》

(1)では図を描くこと。(2)は(1)で描いた図から，$a_{n+1}-a_n$ が線分 $A_{n+1}B_{n+1}$ 上の格子点の個数 $2n+3$ であることがわかる。(3)では，$\triangle OA_nC_n$ が直線 A_nB_n に関して対称であることに注目して，b_n を a_n で表す式(＊)を導く。(4)では，階差数列からもとの数列を求める公式を用いて，(2)より a_n を求め，関係式(＊)より b_n を求める。(5)では，問題文に「数学的帰納法を用いて」という指示があるので，これに従い，$b_{k+1}-b_k$ が4の倍数であることを示すことがポイントである。

問九　唐宋八大家は、韓愈・柳宗元・欧陽脩《おうようしゅう》・王安石・蘇洵《そじゅん》・蘇軾《しょく》・蘇轍《てつ》・曾鞏《そうきょう》。陶淵明は東晋、李白・杜甫・白居易は唐の詩人として著名な人物。

解説

問一 自分と親しくなろうと近づいてきた貴公子たちを、「奇女」は「大いに怒りて」厳しく拒絶している。

問二 「且つ之を悦び、稍焉に狎る」が対句的な表現になっていることをおさえる。「之」「焉」は「奇女」を指している。

問三 奇女は地上に落ちてきた理由を「帝吾が心の侈大なるを以つて、怒りて謫せられて来たる」と説明している。天帝の怒りに触れて罰として地上に落ちてきたのだから、「復す」は、もといた天上に戻るという意味が最も文の展開に合う。

問四 「且」は再読文字で、「まさに〜んとす」と読む。「若」はここでは二人称で「なんぢ〔じ〕」と読む。貴公子たちを指しているので、複数であることを「ら」という送り仮名で補っている。発言の終わりなので、「……んとすと」と、最後に「と」がある。

問五 親しくなろうとして近づいたところ、奇女に激怒され、「且に若らを害せんとす」とおどかされたことに対する貴公子たちの反応である。

問六 「終」からすぐ上の「所」へ返読するので、「所」にレ点。「所」から「知」へ、「其」を挟んで返読するので、「所」に一点、「知」に二点を付ける。したがって「所」の返り点は一レ点になる。「知」からすぐ上の「莫」に返読するので、「莫」にレ点を付ける。〝白龍がどうなったかはわからない〟という意。

問七 最後の「嗚呼……故記其説」は、馬孺子の体験談に対する作者の評語である。したがって、その前が馬孺子の発言である。

問八 奇女が貴公子たちに語った内容より、3が合致する。1、本文は馬孺子の体験談を作者が書き記したものであり、「一緒に」体験したことではない。2、奇女の正体は「白龍」とされている。4、貴公子たちは奇女と親しくなろうとして拒絶され、おどされてから距離を取っている。5、作者は馬孺子は「妄人ならざるなり」と評し、〈でたらめを言うような人ではない馬孺子が言うのだから、記録する価値のある話だと思って記した〉と述べている。

うになる境地〟の意。5、歌の修行においては「数寄に越えたる重宝も肝要もなきなり」とあり、師についての言及はない。

問七　『金槐和歌集』は源実朝の私家集。

問八　傍線部は、形容詞「なし」の未然形「なから」に推量の助動詞「む」が付いた形。1は助動詞「ず」の未然形「ざら」＋助動詞「む」、2は動詞「折る」の未然形＋助動詞「む」、3は推量の助動詞「らむ」、4は助動詞「り」の未然形＋助動詞「む」。5が形容詞「恐ろし」の未然形「恐ろしから」＋助動詞「む」の形で、傍線部と同じ構成である。

問九　最後の「ただ数寄に越えたる重宝も肝要もなきなり。上代にも数寄の人々は……勅撰にも入れられ侍り。誠の数寄だにあらば、などか発明の期なからむ」が本文の主張である。

四

出典　柳宗元「謫龍説」

解答

問一　5
問二　②これ　⑥かな
問三　2
問四　まさになんぢ〔じ〕らをがいせんとすと
問五　1
問六　莫㆑知㆓其所㆒㆑終
問七　4
問八　3
問九　4

問五　3

問六　1

問七　5

問八　5

問九　数寄

解説

問一　①「やがて」は〝そのまま〟、「似せん」は〝似せよう〟の意。年齢を経てから有名になった歌人と対比して「一、二百首」詠んだ程度で名人に似せようとする態度を批判的に見ている。③「こそ」が〈日数を経てたどり着く〉ことを強調している。「に」は逆接。④歌人として「生得の上手」な人物がしたこと、という文脈から具体的な意味をとらえる。

問二　A、体言「事」に接続するので連体形。B、断定の助動詞「なり」に接続するので連体形。

問四　「ある／べき／ぞ／なれ／ども」と区切る。「ある（あり）」はラ行変格活用の動詞。「べき」が助動詞で、「ぞ」は助詞、「なれ」は助動詞、「ども」が助詞である。宮内卿は若くして亡くなったので、和歌の稽古や修行も〝あるだろうか（できるだろうか、できるはずがない）ではあるけれども〟、生得の上手であったので歌人としての名声があった、という内容。

問五　「しからざらん」は〝そうではない〟の意。先に挙げた後京極摂政殿や宮内卿のような「生得の上手」に対して、そうではない、つまり生まれながらの才能のない、普通の人を指している。

問六　後京極摂政殿や宮内卿のような「生得の上手」の人は「修行を待つ処にあらず」とある。よって、1が正解。2、定家の言葉は、〝ある境地に到達するには不断の歩みが必要だ〟という趣旨。3、宮内卿は修行の必要のない「生得の上手」とされている。4、「求めざるに興ある所」は〝敢えてそうしようとしなくても、情趣のある歌が読めるよンパスからあたためを経て、突発的な「ひらめき」が起こるのである。

問六　1、「UUT」はTパズルではなく発散課題の例である。2、Tパズルは「15分の制限時間で行うことが多い」とある。3、図3の実施結果は「左側は100%、真ん中は50%、右側は5%」である。4、図3は3つのローマ字ではなく3つの単語（漢字二字の熟語）を用いている。5は発散課題の一つであるUUTの説明に合致する。6、「収束的」は、解が一つに決まるような性質。

問七　ひらめきによって問題が解ける場合、ひらめき現象の特徴である「突発性」が伴う。

問八　本文に示された課題は、ひらめきを研究対象として実験的にコントロール可能にするために考案されている。つまり、大量の実験参加者がひらめきによって課題を解決することで、ひらめきに関するデータを集めることができなければならない。だから、実験が成立するためには一般の人が「ひらめいた」とわかるくらいの課題を提示する必要がある。

問九　第六段落にあるように、「検証の段階」は「科学的な発見、一定以上複雑な問題を解く場合」には「とてもだいじ」だが、ひらめき自体の発生とは異なる段階なので、「日常的なひらめき現象」には検証の段階は含めない。よって、3は本文の内容と合致しない。

三

出典　『正徹物語』

解答

問一　①―1　③―4　④―3

問二　**A**、をかしき　**B**、べき

問三　1

問四　3

二

解答

出典 鈴木宏昭『私たちはどう学んでいるのか――創発から見る認知の変化』〈第5章 ひらめく――洞察による認知的変化〉(ちくまプリマー新書)

問一 (ア)―4 (イ)―2 (ウ)―3 (エ)―5

問二 ①―3 ③―2

問三 4

問四 3

問五 (Ⅰ)インパス (Ⅱ)あたため (Ⅲ)ひらめき

問六 5

問七 突発性

問八 1

問九 3

解説

問三 Aは「卓越した、特殊な才能を持った人」のひらめきを述べた後、対照的な「日常的なひらめき」に言及している。Bは「覚えている公式を……ひらめきとは誰も考えない」を「ひらめきの前にはまずなかなか解けない……存在する」と言い換えている。Cは、ひらめきを研究するために、偉人の事例は「実験的なコントロールをすることは不可能である」ことを受けて、実験できるような別の方法について説明を展開している。

問四 「ひらめき現象」に共通する事柄として〈覚えていることを当てはめて解決することができない〉、「前触れもなく、突然やってくる」、〈当初の問題解決とは全く無関係な行動によって生み出される〉ことが述べられている。

問五 ひらめきが起こるにはまずその前に、「インパス」と呼ばれる「なかなか解けない、気づけない段階」がある。また、インパスの時期に当初の問題解決とは無関係な行動をとる「あたため」の段階があるとされている。そして、イ

問五　筆者が話を聞いた人たちは厳しくつらい境遇にある一方で、生活の中に楽しみを見いだして一生懸命に生きている。そして筆者は、一生懸命に、必死で生きている人びとの人生に対して「幸せとか不幸とか、そういうことは誰にも言えない」のだと考えている。

問六　傍線部は、未来・現在・過去のそれぞれにおいて「幸せ」と表現されるものを述べている。1・2は現在、4は過去について幸せと表現されるものを示している。また、未来・現在・過去のどれに見いだす幸せかによって中身が変わってくるので、5も傍線部の内容に該当する。一方、3は事実に対する率直な感情であって、それを幸せとして表現しているわけではない。

問七　A直前の「こうした」は、直前の段落の「私たちはただ生きているのではなく、必死で生きている」を受けているので、「みんな必死で生きている」が入る。またCのような言い方は「確かに不幸ではないのかもしれない……幸せだとも簡単には言えない」ので、嫌いだ、と言っているので、「だからそれぞれみな幸せなのだ」が入る。よって、Bには「だから幸せは人それぞれだ」が入る。

問八　空欄Dの二行後に「徹底的に愛され、なおかつそのありえなさに気づかずに、幸せとも思わずに、穏やかに、静かに」とある。

問九　完璧な幸福の状態は、「それ以外の生のあり方」、つまり幸福とはいえない、悲しみや苦しみを伴う生を知らない状態とも言える。そして幸福以外の生のあり方を知らなければ、それが幸福であるということに気づく機会もないのである。

問十　筆者は、人々がつらい人生に折りあいをつけながら生きていくために幸せという言葉を使うことを示しつつ、一生懸命、必死に生きている人々の人生に幸せとか不幸とかいうことは誰にも言えないのだと述べ、さらに猫のおはぎときなこが過ごす生に目を向けて、生きているものの「幸福とか不幸とか……不思議さと、美しさ」（最終段落）に感動している。

国語

一

出典　岸政彦「生きている、としかいえない」(『すばる』二〇二三年一月号　特集2023年の幸福論　集英社)

解答

問一　**(a)**破壊　**(b)**徹底

問二　**(ア)**できあい　**(イ)**かこく

問三　1

問四　1

問五　3

問六　3

問七　5

問八　ありえなさ

問九　1

問十　2

解説

問三　筆者は、〈幸せというものは、将来について、現在について、過去についての三つに集約される〉と考えている。「諦めて受け入れるしかない」幸せは、現在についての「いま現在の自分の生活を、諦めながら静かに受け入れる」「ほんとは心からそう思ってなくても……辛い人生と折りあいをつけようとする」場合の幸せに相当する。

////////////////////// · memo · //////////////////////

· memo ·

· memo ·

//////////////////// · memo · ////////////////////

· memo ·

//////////////////// · memo · ////////////////////

2023年度

問題と解答

■一般選抜M方式

問題編

▶試験科目・配点

教　科	科　　目	配　点
外国語	コミュニケーション英語Ⅰ・Ⅱ・Ⅲ，英語表現Ⅰ・Ⅱ（リスニングを除く）	150点
地歴・公民・数　学	日本史Ｂ，世界史Ｂ，地理Ｂ〈省略〉，「倫理，政治・経済」〈省略〉，「数学Ⅰ・Ⅱ・Ａ・Ｂ*」から１科目選択	100点
国語**	国語総合，現代文Ｂ，古典Ｂ	100点

▶備　考

＊　「数学Ｂ」は「数列，ベクトル」から出題。

＊＊古文・漢文はいずれか一方を試験当日に選択。

英語

(80分)

〔I〕 次の設問1～4において，**誤り**である下線部はどれか。解答番号は[1]～[4]。

1. [If]① I were you, [I]② [will]③ study [abroad]④.

2. I [am used to]① [play]② the piano because [I've been studying at]③ a piano school for more [than]④ 5 years.

3. [I don't]① [look forward]② [to having]③ a hot, humid summer, [neither]④.

4. I was [filled]① [in]② [doubt about]③ his intentions [of]④ coming to my office.

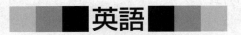

〔Ⅱ〕 次の設問5～8において，空所に入る適切なものはどれか。解答番号は[5]～[8]。

5. I feel (　　). Let's play basketball for fun.

① boring　② bored　③ being boring　④ have bored

6. I'd like to help one of my friends (　　) her homework.

① does　② do　③ have done　④ be doing

7. He keeps (　　) reading this magazine over and over again.

① in　② on　③ of　④ up

8. She (　　) along with her friends.

① fits　② cooperates　③ closes　④ gets

〔Ⅲ〕 次の設問9～16において，それぞれ①から⑥を並べ替えて空所を補い，適切な文を完成させよ。ただし，文頭にくるものも小文字で書かれている。解答は(　　)内の**2番目**と**4番目**にくるものの番号のみを答えよ。解答番号は[9]～[16]。

9–10. 彼が彼女にどなったとき，彼女の堪忍袋の緒が切れた。

She (＿＿ / [9] / ＿＿ / [10] / ＿＿ / ＿＿).

① temper　② her　③ he shouted

④ when　⑤ lost　⑥ at her

11–12. 友人が迎えに来るまでしばらく，ここで待っていなさい。

Stay here (＿＿ / [11] / ＿＿ / [12] / ＿＿ / ＿＿) you up.

① being　② until your friend　③ pick

④ for ⑤ comes to ⑥ the time

13-14. どうして彼は 3 年の付き合いの後，彼女と別れてしまったのですか。

(____ / [13] / ____ / [14] / ____ / ____) three years?

① her ② come ③ he

④ how ⑤ left ⑥ after

15-16. 彼女は今まさに歌おうとしている。

(____ / [15] / ____ / [16] / ____ / ____).

① about ② singing ③ start

④ is ⑤ she ⑥ to

〔Ⅳ〕 次の会話を読み，設問 17～24 に答えよ。

Shizuka: [(17)] do you know where the bus for the Town Hall is? I've been looking for the bus routes for forever and cannot find them.

Randy: I'm not sure, but there is a bus route map just over here. It's behind the large billboard over here. Not the most obvious place(21), but I can show you.

Shizuka: Thanks! I am new to town and am so lost. I really appreciate you taking the time to help me out.

Randy: No problem at all. This isn't a really large town, but the bus system can be a little confusing because there are many different routes. But, I'm sure you will figure it out in no time.

Shizuka: [(18)] I moved here from Japan to attend college and I need to turn in some paperwork to the town.

Randy: Oh! Couldn't you do that online?

Shizuka: Sure, but I wanted to get to know the town a little, so I decided to turn it in in person.

Randy: [(19)] Okay, so here is the bus route map.

Shizuka: Wow. . . . There really are a lot of buses going all over the map!

Randy: Yeah, for a town of this size, it really is quite unique. <u>Let's see</u>(22). . . . Ah. The bus that goes to Town Hall is number 24. It leaves from bus stop 12. If you hurry, you can jump on in the next 5 minutes and be at Town Hall in 20 minutes.

Shizuka: Thanks so much! I really appreciate all your help. See you!

Randy: [(20)] Good luck!

17～20. Which of the following is the best choice to fill in each blank (17)–(20)? Choose one answer for each blank. 解答番号は[17]～[20]。

① I wasn't sure.
② No problem at all!
③ I hope so!
④ I don't understand.
⑤ Neat idea!
⑥ Excuse me sir,

21. Which of the following expresses the closest meaning to "place" in the text? 解答番号は[21]。

① The runner finished the race in second place.
② Where did I place my car keys this morning?
③ Could you keep this plant in a sunny place?
④ The boss told me, "You better know your place."

22. Which of the following expresses the closest meaning to "Let's see" in the text? 解答番号は[22]。

① Give me a second.
② I know which one.
③ I found it.
④ I wish I knew.

23. Which statement is true? 解答番号は[23]。

① Randy was confused and unable to help Shizuka.
② Shizuka will be at Town Hall in about 25 minutes.

③ Randy is new to town and doesn't know the bus system.

④ Shizuka is attending high school in this small town.

24. Why does Shizuka prefer to go to the Town Hall to turn in the paperwork in person? 解答番号は[24]。

① She thinks doing it online is not safe.

② She wants to see the town while turning it in.

③ She would like to visit her friend who lives near there.

④ She doesn't have a computer in her dorm room.

〔**V**〕 次の英文を読み，設問 25～28 に答えよ。

My favorite memory involving chocolate mousse took place at Chez Janou in Paris. I was on my first solo trip and, of course, I couldn't possibly leave without ordering dessert.

The chocolate mousse at Chez Janou is famous for good reason. It arrives in a huge container that feels like it takes up half of the table. It's filled to the brim with airy mousse and comes with a large spoon so you can scoop out as much as you please. When I started to help myself, I thought, "Is it really ok for me to eat all of this and not save (25) any?" I felt like a kid in a candy store with no adult supervision as I dived face first into bowl after bowl. Making this week's tofu chocolate mousse recipe feels similar — just as indulgent and dreamy but far easier.

Traditional mousse usually involves eggs, butter, heavy cream or cream of tartar to achieve a stable, sturdy body. But in this recipe, soft tofu replaces all of the typical ingredients to create the same texture. Once blended, the tofu will have a creamy finish, but the magic happens after it's chilled. When the tofu gets cold again, it firms up and becomes mousse-like. A regular chocolate mousse can take anywhere between 30 minutes to an hour to make, but this tofu mousse comes together in about five minutes.

I recommend making this on a Sunday so you can feel like you're eating from a chocolate mousse tub in Paris all week long.

Recipe

Serves: 4 to 6

Prep: 5 mins.

Cook: 5 mins., plus chilling

Ingredients:

- 1 kilogram soft tofu, drained and roughly chopped
- 280 grams ($1^{3}/_{4}$ cups) dark chocolate
- 48 grams ($^{1}/_{4}$ cup) granulated white sugar
- 1 teaspoon vanilla extract
- pinch of salt
- whipped cream topping (optional)
- cocoa powder or grated chocolate sprinkles (optional)

Directions:

1. In a blender or food processor, blend the tofu (　　　)(26–A) completely smooth and free of lumps, about 30 seconds on high. Place the blended tofu into a small saucepan. Heat on medium (　　　)(26–B) room temperature, stirring occasionally for about five minutes.
2. While the tofu is heating, melt the chocolate. In a microwave-safe bowl, heat the chocolate in 15-second intervals, stirring frequently to avoid burning, (　　　)(26–C) fully melted.
3. Add the melted chocolate, sugar, vanilla and salt into the warmed tofu mixture. Using a large spoon, mix (　　　)(26–D) fully incorporated.
4. Place the mousse into a covered container. Chill in the refrigerator

(26-E)(　　) completely cooled and set, at least three hours. (27)Serve with whipped topping and chocolate sprinkles, if using.

25. 下線部(25) "save" の意味に最も近いものは次のどれか。解答番号は[25]。

① set aside　② set free　③ set down　④ set

26. 下線部(26-A)，(26-B)，(26-C)，(26-D)，(26-E)の空所にはすべて同じ語が入る。空所に入る適切なものは次のどれか。解答番号は[26]。

① by　② until　③ during　④ for

27. 下線部(27) "Serve" に最も近い意味を含むものは次のどれか。解答番号は[27]。

① At the volleyball game, the manager exclaimed, "What an excellent serve!"

② She is supposed to serve three years in the army.

③ The host was preoccupied with the new plan and forgot to serve wine to the guests.

④ The care facility was built to serve the whole community.

28. Which statement is true? 解答番号は[28]。

① The author went to Paris with her partner and they together enjoyed the famous chocolate mousse at Chez Janou.

② The author recommends making this tofu chocolate mousse on a Sunday because making this mousse is more difficult and labor demanding than preparing a traditional mousse.

③ If you would like to make this tofu chocolate mousse for 8 to 12 people, you need 500 grams of soft tofu.

④ This tofu chocolate mousse does not require eggs, butter, or heavy cream.

出典追記：The Japan Times, February 19, 2022

〔Ⅵ〕 次の英文を読み，設問 29～35 に答えよ。

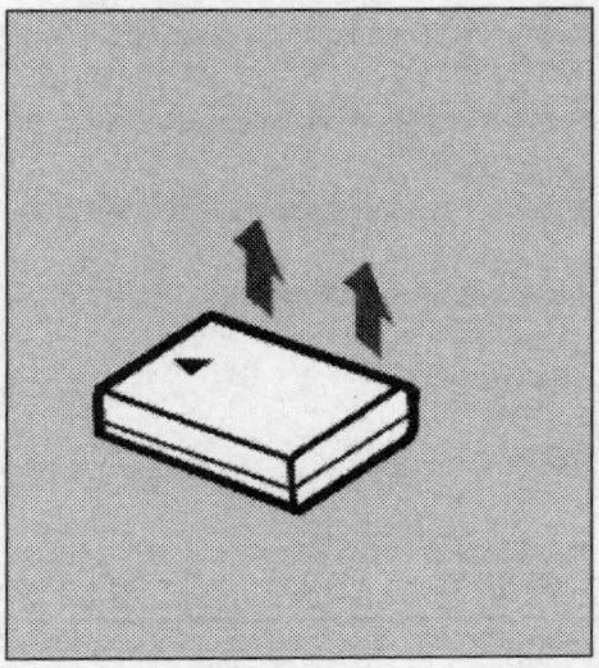

First, make sure the battery is [(29)] with the brand name facing up.

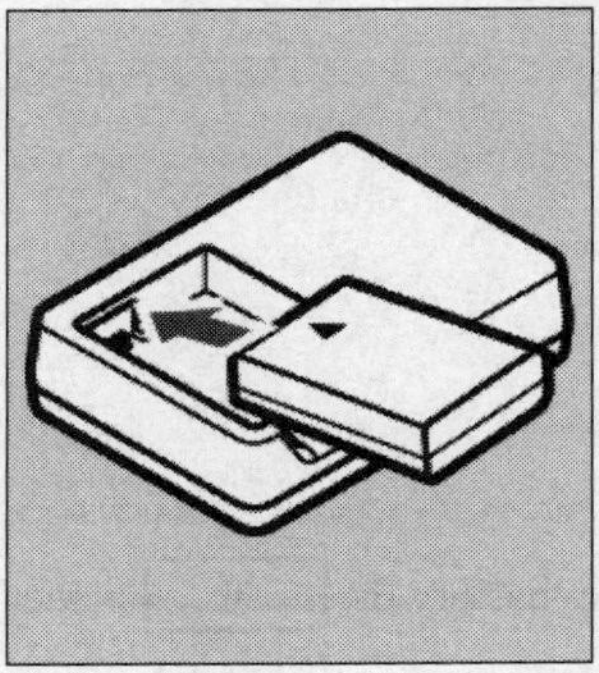

Next, insert the battery by sliding it (33)(　　　) the space.　When it is fully in, it will give a small “click.”

Before plugging in, for your safety, please (34)(　　　) to avoid touching any part of the electrical outlet.

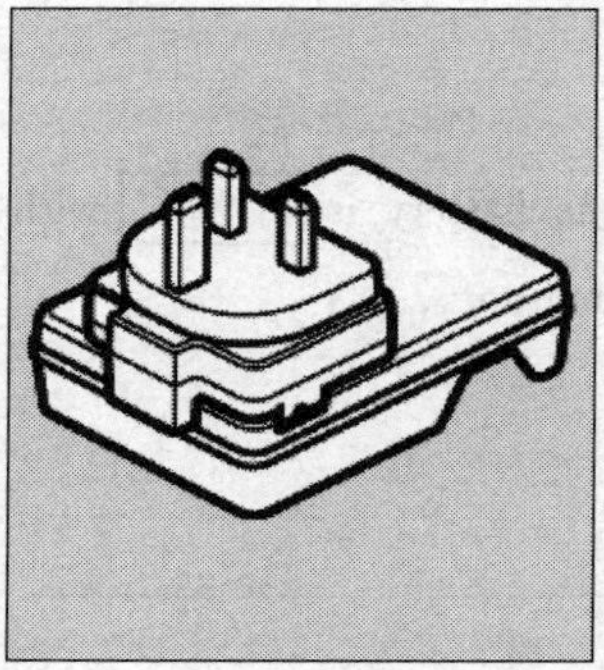

In some countries, you may need to attach an adapter to the plug in order to [(30)] use the charger.

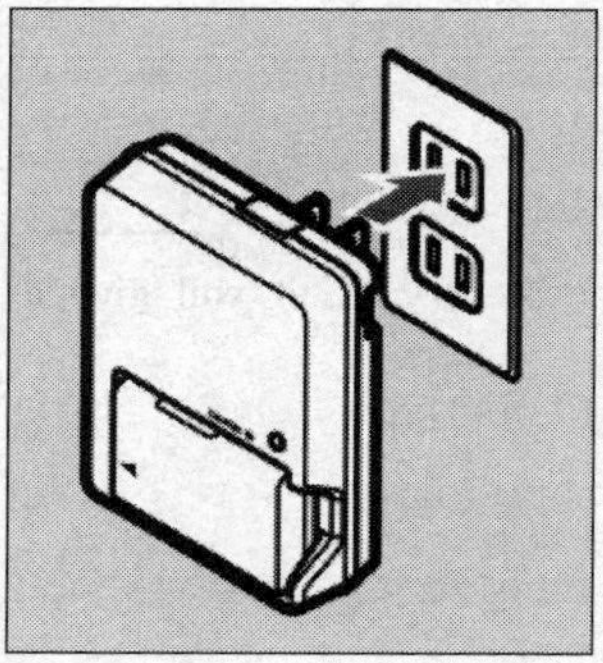

「電池を下側にして充電器をコンセントに差して下さい。」(35) This is to prevent the battery from falling out.

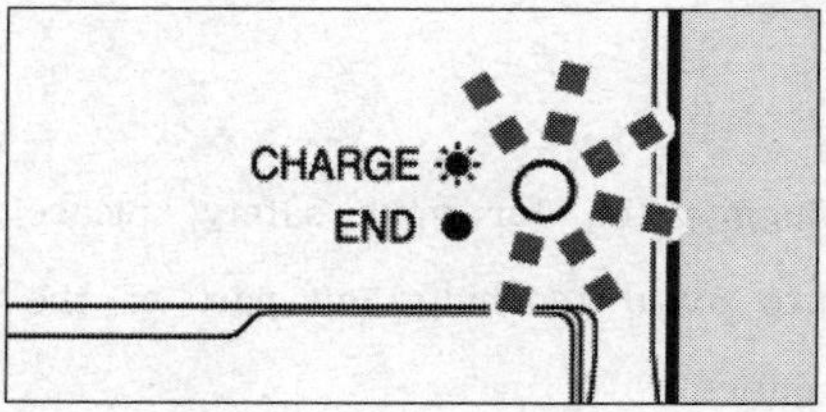

While the battery is [(31)], the charge indicator will blink red continuously.

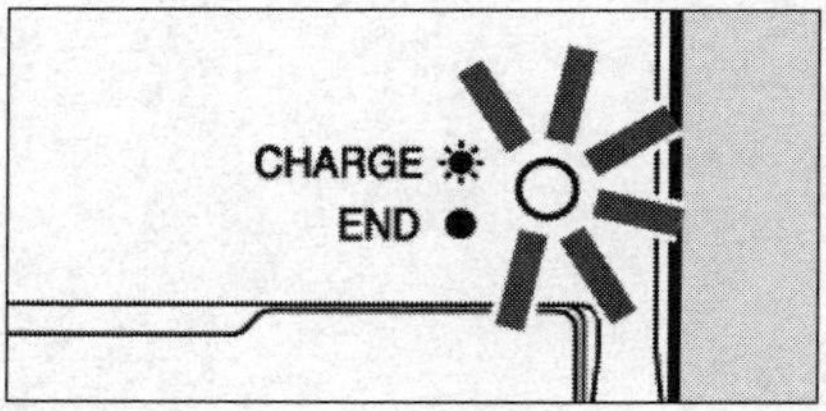

When the battery is [(32)], the charge light will change from blinking to a steady green color.

出典追記：Charge the Battery, Nikon

29〜32. 空欄(29)〜(32)に入る適切なものを次の①〜④のなかからそれぞれ一つずつ選べ。解答番号は[29]〜[32]。

① charging　　② fully charged

③ properly　　④ oriented correctly

33. 下線部(33)の空所に入る適切なものは次のどれか。解答番号は[33]。

① with　　② besides　　③ on　　④ into

34. 下線部(34)の空所に入る適切なものは次のどれか。解答番号は[34]。

① careful　　② make sure　　③ realize　　④ check in

35. 下線部(35)を「電池を下側にして充電器をコンセントに差して下さい。」という意味になるように，次の(　)内のものを並べ替えたとき，**3番目**と**5番目**にくる組み合わせは次のどれか。ただし，文頭にくるものも小文字で書かれている。解答番号は[35]。

(plug / the battery / on / with / the bottom side / the charger / in)

① 3番目：the battery　　5番目：the charger

② 3番目：plug　　5番目：the bottom side

③ 3番目：in　　5番目：on

④ 3番目：the charger　　5番目：the battery

〔Ⅶ〕 次の英文を読み，設問36～48に答えよ。

The Girl Scouts organization, founded(36) in 1912, is well known for teaching important life and survival skills to girls. Part of their goal, as stated on their website, is "to improve their corner of the world." One way they do that has become a beloved tradition. They sell Girl Scout cookies! Many people look forward to Girl Scout cookie season and have a favorite cookie.

Girl Scouts usually sell their cookies in person: door-to-door, in offices and businesses, on busy street corners and sidewalks. But the coronavirus pandemic has made selling the cookies harder. There are simply fewer people out (37)(　　) public.

Well, this year in one U.S. state(38) some Girl Scouts will get around that face-to-face problem. Their cookies will be delivered by drones*. Google is using drones to deliver Girl Scout cookies to people's homes in a Virginia community. The town of Christiansburg has been a testing ground for delivery drones. The tests are operated by Wing, a (39)(　　) of Google's corporate parent Alphabet. (40)(　　) from Wing told the Associated Press (AP) that the company began talking to local Girl Scout troops because of the pandemic. The troops have been having a harder time selling cookies during the pandemic because of restrictions.

Gracie Walker is an 11-year-old with Girl Scouts of Virginia Skyline Troop 224. Gracie told the AP that she is "excited" to be "part of history." She says the drones "look like a helicopter but also a plane."

Wing drones fly without a human pilot controlling them remotely. When a drone reaches the home, it drops the delivery on the front lawn. Wing is also using the beloved Girl Scout cookies to build public support for drone delivery. The company is currently(41) competing against Walmart, Amazon and other businesses.

However, there is not much evidence that people really want drone delivery services. Amazon has also been working on drone delivery for years. In 2013, Amazon founder Jeff Bezos said in a TV interview that drones would be flying to customers' homes within five years. However, that date has long since passed.

A small study of people in Christiansburg appears to show that they are happy with the drones. But that study was done by researchers at nearby Virginia Polytechnic Institute and State University (Virginia Tech). Also Wing helped to pay for the study.

Lee Vinsel is an assistant professor at Virginia Tech and did the study. He said that neighborhoods in the area are "easiest for drone delivery." That might not be the case for more crowded places, he added. Federal officials started announcing new rules for drones in early April. These new rules will allow operators to fly small drones over people and at night. Most drones will need to be equipped so they can be identified remotely by law (42)(　　) officials.

But all these problems have not lessened Gracie's drone delivery excitement. The Virginia Girl Scout said she hopes that people are going to realize drones are better for the environment. And she adds, people can also just walk outside in their pajamas and get cookies.

(注)　drone(s)：ドローン(無線で操縦する無人航空機)

36. 下線部(36) "founded" の意味に最も近いものは次のどれか。解答番号は36。

① discovered　② established　③ acquired　④ encountered

37. 下線部(37)の空所に入る適切なものは次のどれか。解答番号は37。

① on　② in　③ below　④ along

38. 下線部(38) "state" の意味として適切なものは次のどれか。解答番号は38。

① 状態　② 国家　③ 州　④ 過程

出典追記：Voice of America

39. 下線部(39)の空所に入る適切なものは次のどれか。解答番号は[39]。

① divine　② dividend　③ division　④ divisive

40. 下線部(40)の空所に入る適切なものは次のどれか。解答番号は[40]。

① Representatives　② Represent

③ Representation　④ Representable

41. 下線部(41) “currently” の意味に最も近いものは次のどれか。解答番号は[41]。

① preliminarily　② formerly　③ subsequently　④ presently

42. 下線部(42)の空所に入る適切なものは次のどれか。解答番号は[42]。

① entrepreneur　② enforcement　③ endurance　④ enrichment

▶　43～48. 本文の内容について，次の設問に答えよ。解答番号は[43]～[48]。

43. What, most likely, is true about people who buy Girl Scout cookies?

① They somewhat like the cookies, but mostly want to support the organization.

② They like all of the types of cookies independent of the flavor.

③ They have a certain cookie that they like more than the others.

④ They dislike all the cookie types, but want to support the organization.

44. What, most likely, is true about Wing drones delivering Girl Scout cookies?

① Christiansburg is the first permanent location to use drone delivery.

② Christiansburg is a satisfactory testing ground for drone delivery.

③ People really like the idea of drones delivering cookies to cities.

④ People really dislike the sound of drones delivering cookies.

45. Who felt, around ten years ago, that drones would become a normal mode of delivery in the next few years?

① Employees of Wing

② Gracie Walker

③ Lee Vinsel

④ Jeff Bezos

46. According to the text, what is true about drone delivery services?

① They may not be easily used in crowded places.

② They are best used for food at large sporting events.

③ They will require operating only in the daytime.

④ They need a pilot to fly the delivery drone.

47. Which is true about Wing?

① Wing's competitors include Walmart and Amazon.

② Wing is dubious about the results of the study conducted by Lee Vinsel.

③ Wing is opposed to the new rules that federal officials started announcing.

④ Wing wants its business to take off so that it can surpass Google, its rival company.

48. What, most likely, does Gracie Walker believe about drones?

① She thinks drones are dangerous and shouldn't be used.

② She thinks drones are more environmentally friendly.

③ She thinks drones should be used everywhere.

④ She thinks drones will be widely used in five years.

〔Ⅷ〕 次の英文を読み，設問 49～63 に答えよ。

Late-night conference calls were the norm for Andy Lin when he was an engineer in California for a global semiconductor company. The time difference with clients in Taiwan, where the (49) firm is headquartered, meant he'd often find himself feeling starved after most (50) diners closed.

One night he finished work at around 3 a.m. and decided to see if there were any vending machines that sold what he was desiring — satisfying soup and noodles. He came up empty. Instead, he discovered on YouTube that there were vending machines serving hot bowls of *udon* (wheat noodles) in Japan 30 to 40 years ago.

"I did some further research and found it was still popular because it's a machine that's still (51) (work) and everyone wants to try it," he says. "But the overall design was outdated, so I thought we could use the (52) latest technology to make the machines modern and better."

Thus was born the concept behind Yo-kai Express, an (53) autonomous restaurant platform Lin founded in 2016 that offers contactless, freshly prepared meals with an expanding variety of menus — 24 hours a day.

Already spread out in 50 locations across the United States — hotels, schools, hospitals, corporate dining areas and ski resorts, to name a few — the Silicon Valley startup recently (54) (enter) the market in Japan, the land that offered Lin his original source of inspiration and the famous vending machine (55) capital of the world.

While the number of vending machines in Japan has been shrinking in recent years, the nation still (56) boasts the highest number of units per capita of any country. And the COVID-19 pandemic has underscored the advantages of these unmanned vendors, leading to an explosion of new — and sometimes strange — products being offered inside the electronic boxes.

In early April, (57) (its ramen / dispensers / Yo-kai / to / Haneda / sent)

Airport, Tokyo Station and a parking area in the capital's central Minato Ward. Four types of steaming bowls of noodles are currently available, priced at ¥790 and served in 90 seconds. By the end of the year, the firm hopes to introduce 250 of them throughout the nation, with hundreds more envisioned in the years ahead.

Vending machines are everywhere in Japan. They can be found on almost every urban street corner, as well as inside corporate offices, commercial buildings and train stations — not to mention highway rest stops and even along rural roads.

While their numbers have been steadily falling, there were still 4 million in the nation as of the end of December, according to the Japan Vending System Manufacturers Association — roughly 1 for every 31 people. These also include money changers, ticket machines and coin lockers, among other similar devices.

That figure(58) is expected to inch down to 3.96 million this year, according to the Yano Research Institute, as those installed in unprofitable locations are being removed due to pressure on operators' profits in an aging(59), shrinking nation.

And while more than half of all vending machines sell beverages, advances in technology and demand for contactless purchases have seen the devices accommodate an expanding range of products.

The dispensers are also good PR. In March, Tanaka Jitsugyo Co. began selling locally sourced frozen wagyu beef steaks and other meat products in a vending machine by a gasoline stand it operates in the city of Tsuyama, Okayama Prefecture. Since then, it has been receiving a steady stream of media inquiries.

49. 下線部(49) "firm" の意味に最も近いものは次のどれか。解答番号は[49]。

① law　　② strength　　③ trade　　④ company

出典追記：The Japan Times, May 9, 2022

50. 下線部(50) "diners" の意味に最も近いものは次のどれか。解答番号は50。

① small informal restaurants ② big gorgeous restaurants

③ expensive kitchen utensils ④ inexpensive local bars

51. 下線部(51) "work" の適切な形は次のどれか。解答番号は51。

① working ② worked ③ works ④ work

52. 下線部(52) "latest" の意味に最も近いものは次のどれか。解答番号は52。

① most conventional ② most fashionable

③ most convenient ④ most recent

53. 下線部(53) "autonomous" の意味に最も近いものは次のどれか。解答番号は53。

① responsible ② independent ③ objective ④ subjective

54. 下線部(54) "enter" の適切な形は次のどれか。解答番号は54。

① entered ② enter ③ entering ④ enters

55. 下線部(55) "capital" の意味に最も近いものを含む文は次のどれか。解答番号は55。

① Washington D.C. is the capital of the United States.

② The government is eager to attract foreign capital.

③ The capital letter is used at the beginning of someone's name.

④ Hollywood is the capital of the movie industry.

56. 下線部(56) "boasts" の意味に最も近いものは次のどれか。解答番号は56。

① shows no satisfaction with ② expresses excitement for

③ proudly possesses ④ claims inferiority to

57. 下線部(57)“(its ramen / dispensers / Yo-kai / to / Haneda / sent)”を並べ替えたとき，適切なものは次のどれか。解答番号は57。

① Yo-kai dispensers its ramen sent to Haneda
② its ramen dispensers to Haneda sent Yo-kai
③ dispensers sent its ramen to Haneda Yo-kai
④ Yo-kai sent its ramen dispensers to Haneda

58. 下線部(58)“figure”の意味に最も近いものを含む文は次のどれか。解答番号は58。

① The Government figure underestimates the problem.
② The leading figure resigned from the party.
③ The athlete has a good figure.
④ The police could not figure out what happened to him.

59. 下線部(59)“aging”の意味に最も近いものは次のどれか。解答番号は59。

① growing taller　② growing older
③ becoming more immature　④ becoming more expensive

▶ 60～63. 本文の内容について，次の設問に答えよ。解答番号は60～63。

60. About when were wheat noodle vending machines most likely invented?

① 1970　② 1990　③ 2010　④ 2022

61. Which of the following is **NOT** true about Yo-kai Express's prepared meals?

① The customer will not interact with a person.
② It is prepared right before it is served.
③ There are few options to choose from.
④ The customer can eat them at any time of day.

62. According to the text, what is the price of a bowl of Yo-kai noodles?

① 2016 yen　② 790 yen　③ 250 yen　④ 90 yen

63. What, most likely, will happen in Japan to the future of Yo-kai Express?

① It will stop growing, but it will not shrink.

② It will grow a lot and keep expanding.

③ It will stop growing and stop expanding.

④ It will grow, but will shrink down soon.

日本史

（60 分）

〔Ⅰ〕 次のA・Bの文章を読み，あとの設問に答えよ。

A　今から約1万5千年前ごろを境に，地球の気候は［ ア ］が進み，約1万1千年前の［ イ ］の始めには，気候はおおよそ現在と似たものになった。このような変化と前後して，日本列島では土器ⓐの使用や弓矢の発達，定住性の高い狩猟・採集ⓑ生活などを特徴とする文化が生まれた。気候の［ ア ］は約6千年前にピークをむかえ，海水面は現在よりも3～5m［ ウ ］なり，海岸線は現在よりも［ エ ］。

この時代の代表的な遺跡は，アメリカ人モースが発掘調査した［ オ ］であり，各地の遺跡が調査された結果，多くの住居跡ⓒが確認された。また，成人式の際などには［ カ ］が行われたと考えられており，死者が出た際には，その霊が災いを及ぼさないように［ キ ］が行われたことが明らかになっている。

問 1　空欄［ ア ］，［ イ ］に入る語句の組み合わせとして適切なものを一つ選べ。解答番号は[1]。

①　ア　温暖化　―　イ　完新世　　②　ア　温暖化　―　イ　更新世

③　ア　寒冷化　―　イ　完新世　　④　ア　寒冷化　―　イ　更新世

問 2　下線部ⓐについて，この時代の土器として適切なものを一つ選べ。解答番号は[2]。

①

②

③

④

編集部注：②〜④の写真は，著作権の都合により，類似の写真と差し替えています。

問 3　下線部ⓑについて，この時代の狩猟・採集の説明として**誤っているもの**を一つ選べ。解答番号は[3]。

① 網を利用した漁法がさかんに行われていた。

② クリ・クルミ・ドングリなどの木の実を採取していた。

③ 狩猟の主な対象は，マンモスとオオツノジカであった。

④ マグロやカツオなど，外洋魚を対象とした漁も行われていた。

問 4　空欄 [ウ]，[エ] に入る語句の組み合わせとして適切なものを一つ選べ。解答番号は[4]。

① **ウ** 低く ― **エ** 内陸部に入り込んでいた

② **ウ** 低く ― **エ** 沖合に移動していた

③ **ウ** 高く ― **エ** 内陸部に入り込んでいた

④ **ウ** 高く ― **エ** 沖合に移動していた

問 5　空欄 [オ] に入る語句として適切なものを一つ選べ。解答番号は[5]。

① 吉胡貝塚　　② 大森貝塚

③ 三内丸山遺跡　　④ 吉野ヶ里遺跡

問 6　下線部ⓒについて，この時代の住居として適切なものを一つ選べ。解答番号は[6]。

①
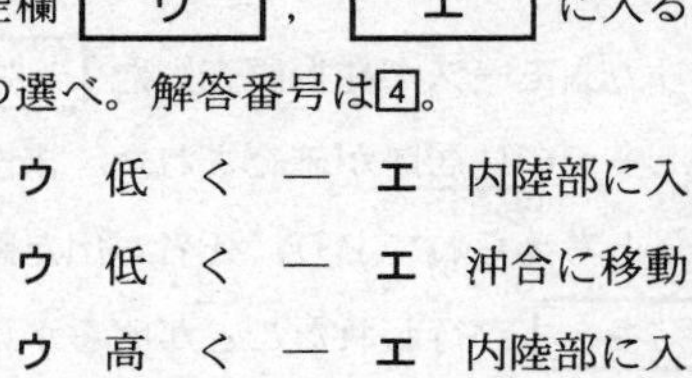
②
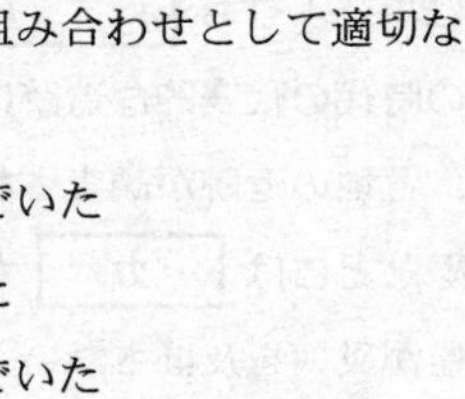

③ 

④ 

問 7　空欄 カ に入る語句として適切なものを一つ選べ。解答番号は 7 。

①　祓　　②　盟神探湯　　③　太占の法　　④　抜　歯

問 8　空欄 キ に入る語句として適切なものを一つ選べ。解答番号は 8 。

①　伸展葬　　②　屈　葬　　③　火　葬　　④　水　葬

B　ⓐ紀元前3世紀に中国で統一王朝が誕生したころ，日本列島ではⓑ水稲農業とⓒ金属器の使用を特色とする文化が広まっていた。この時代ではそれまでの土器にかわり ア が使われ，集落のなかには周囲に深い堀や土塁をめぐらせた イ もみられた。人が死ぬと，近くの墓地に葬られたが，中には周囲に溝をめぐらせた ウ におさめられ，おびただしい副葬品を伴うものもあった。紀元前1世紀ごろから紀元後1世紀ごろになると，日本列島には各地に小国が分立し，やがてⓓ邪馬台国を中心とする約30国の連合体が成立すると，ⓔ中国の王朝にたびたび使者を派遣するようになった。

問 1　下線部ⓐの統一王朝の名称として適切なものを一つ選べ。解答番号は 9 。

①　隋　　②　宋　　③　秦　　④　唐

問 2　下線部ⓑについて，この時代の水稲農業の説明として適切なものを一つ選べ。解答番号は 10 。

①　田植えは行われておらず，籾の直播がなされていた。

②　最初は乾田の比重が高かったが，しだいに湿田が多くなっていった。

③　水稲農業が行われていたのは，西日本のみであった。

④　杭で補強された水路と畦が整然と配置されていた遺跡も発見されている。

問 3　下線部ⓒについて，この時代の金属器の説明として適切なものを一つ選べ。解答番号は 11 。

① 伊豆半島などに反射炉が築かれ，製鉄が行われていた。

② 青銅器を用いた祭祀が盛んに行われていた。

③ 東日本の各地で広形銅矛が作られていた。

④ 「ワカタケル大王」との銘文を持つ剣など，精巧な金属器も作られていた。

問 4　空欄［ア］に入る語句として適切なものを一つ選べ。解答番号は［12］。

① 縄文土器　　② 弥生土器　　③ 土師器　　④ 須恵器

問 5　空欄［イ］に入る語句と，このような集落が築かれた目的の組み合わせとして適切なものを一つ選べ。解答番号は［13］。

① **語句**　環濠集落　—　**目的**　外敵からの防御

② **語句**　高地性集落　—　**目的**　外敵からの防御

③ **語句**　環濠集落　—　**目的**　水害の回避

④ **語句**　高地性集落　—　**目的**　水害の回避

問 6　空欄［ウ］に入る語句として適切なものを一つ選べ。解答番号は［14］。

① 前方後円墳　　② 円　墳　　③ 群集墳　　④ 方形周溝墓

問 7　下線部ⓓについて，この国の説明として適切なものを一つ選べ。解答番号は［15］。

① この国の王は代々男性であり，女王が治める隣国と対立していた。

② この国には，支配階級の生口と被支配階級の下戸がいた。

③ この国の位置については，九州説と畿内説があり，論争が続けられている。

④ この国では，氏姓制度に基づいて租税や刑罰の制度が整えられていた。

問 8　下線部ⓔについて，この王朝の名称として適切なものを一つ選べ。解答番号は［16］。

① 漢　　② 魏　　③ 呉　　④ 蜀

〔Ⅱ〕 次の文章を読み，あとの設問に答えよ。

現代の日本においては，人が誕生するとまもなく名前がつけられます。そして，いったんつけられた名前は基本的には変わることがなく，人はこの名前で生涯を送ることになります。とてもわかりやすいシステムといえますが，古くからこういう決まりがあったわけではなくて，昔は一生の間に名前を変えるのが一般的でした。たとえば武家の男子の場合，幼少の時には「万寿」「竹千代」といった「幼名」を名乗り，元服したあとは，漢字二文字からなる「実名《じつみょう》」と，「太郎」「小四郎」といった「仮名《けみょう》」(通称)を持つというのが普通でした。

ⓐ織田信長ははじめ「吉法師」といっていて，元服して「三郎信長」と名乗りました。「吉法師」が幼名，「信長」が実名，「三郎」が仮名にあたります。信長の父は織田信秀といい，信長の子にはⓑ織田信雄がいるというように，信長の一門の多くは実名に「信」の文字を共有していました。武家においてはこのように実名のうちの一文字を代々継承するというのが一般的でした。

実名を決めるときに，仕えている主君の実名の一字を拝領するというケースもよくありました。ⓒ室町幕府を開いたⓓ足利尊氏は，はじめ「高氏」と名乗っていましたが，これは［ア］の地位にあった北条高時から「高」の一字を拝領してつけた名前です。このあと彼はⓔ後醍醐天皇に味方して北条氏討伐に功績をあげ，天皇から実名(尊治)の一字を拝領して「尊氏」と名乗ります。やがて尊氏は後醍醐天皇と敵対し，幕府を開くことになりますが，「尊氏」の名前を棄てることはありませんでした。後醍醐天皇が［イ］で死去したあと，尊氏はその菩提を弔うために［ウ］を造営しています。後醍醐天皇に対する敬意を尊氏は長く持ち続けていたのです。

ⓕ江戸幕府を開いたⓖ徳川家康は，幼少の頃には「松平竹千代」と名乗っていました。［エ］に本拠を構える今川義元に仕えていた竹千代は，元服して「元信」と名乗りますが，「元」の一字は義元から拝領したものでした。このあと彼は「元康」と改名し，今川氏との戦いを始めたあとに「家康」と実名を改めますが，「元」の文字を変えることで，今川とのつながりを断つ意志を表明したものと考えられます。「家康」という実名にした理由は確言できませんが，自身の先祖としてとら

えていた源義家ⓗの実名から「家」の字をいただいて「家康」という名前にしたということのようです。

戦国大名の武田信玄ⓘは，「晴信」という実名で，出家して「信玄」と名乗っています。このように，俗人として生活しながら出家して「法名」「入道名」を名乗るということもよくありました。信玄のライバルにあたる上杉謙信ⓙも，長尾景虎・上杉政虎・上杉輝虎と名前を変えたあと，出家して謙信と称しています。

いったん仏門に入って法名を名乗っていた人が，何かの事情で還俗して実名を名乗るというケースもありました。室町幕府6代将軍足利義教ⓚは，はじめは青蓮院ⓛという寺にいて「義円」と名乗っていましたが，兄の［　オ　］が死去したためその後継者となり，還俗して「義宣」と名乗りました。ただ「義宣」の読みの「よしのぶ」が「世忍ぶ」に通じるのが気に入らないという理由で，まもなく「義教」という実名に改めています。

幼いときには幼名を用い，元服すると実名と仮名を持ち，そのあと出家して法名を名乗ることもあったというわけで，実名を何度も変えるというケースも珍しくありませんでした。現代の日本では名前を変えることはまれで，手続きも面倒ですが，昔のほうがおおらかで，自由度が高かったといえるかもしれません。

問1　下線部ⓐの人物の説明として適切なものを一つ選べ。解答番号は[17]。

①　美濃の出身で，岐阜城で誕生した。

②　姉川の戦いで朝倉・浅井の連合軍を破った。

③　本願寺の焼き討ちを行い，蓮如を滅ぼした。

④　家督を嫡子の信雄に譲ったあとは政務から退き，名古屋城で生活した。

問2　下線部ⓑの人物の説明として適切なものを一つ選べ。解答番号は[18]。

①　徳川家康と連携して，羽柴秀吉と戦った。

②　羽柴秀吉と連携して，徳川家康と戦った。

③　柴田勝家と連携して，明智光秀と戦った。

④　明智光秀と連携して，柴田勝家と戦った。

問3　下線部ⓒについて，室町幕府の政務に関わった組織として適切なものを一つ選べ。解答番号は[19]。

①　公文所　　②　記録所　　③　政　所　　④　武者所

問 4 下線部ⓓの人物の説明として適切なものを一つ選べ。解答番号は20。

① 桓武平氏の流れをくむ有力御家人である。

② 後醍醐天皇から征夷大将軍に任命された。

③ 光明天皇を擁立した。

④ 将軍職を弟の直義に譲ったあとは政務から退き，下野の足利で生活した。

問 5 空欄 ア に入る語句として適切なものを一つ選べ。解答番号は21。

① 将 軍　② 管 領　③ 御内人　④ 得 宗

問 6 下線部ⓔの人物の説明として**誤っているもの**を一つ選べ。解答番号は22。

① 後宇多天皇の皇子である。

② 鎌倉幕府討伐の計画が失敗し，隠岐に流された。

③ 鎌倉幕府を滅ぼしたあと，雑訴決断所を設置した。

④ 年号を建武に改め，建武式目を制定した。

問 7 空欄 イ に入る語句として適切なものを一つ選べ。解答番号は23。

① 京 都　② 奈 良　③ 吉 野　④ 伊 勢

問 8 空欄 ウ に入る語句として適切なものを一つ選べ。解答番号は24。

① 天龍寺　② 相国寺　③ 建仁寺　④ 醍醐寺

問 9 下線部ⓕについて，江戸幕府の政務に関わった役職として**誤っているもの**を一つ選べ。解答番号は25。

① 若年寄　② 探 題　③ 大目付　④ 寺社奉行

問10 下線部ⓖの人物の説明として適切なものを一つ選べ。解答番号は26。

① 三河岡崎の出身である。

② 北条氏滅亡後，関東に移封となり，小田原を居城とした。

③ 美濃の関ヶ原にいた豊臣秀頼と戦い勝利した。

④ 将軍職を子息に譲ったあとは政務から退き，岡崎城で生活した。

問11 空欄 エ に入る語句として適切なものを一つ選べ。解答番号は27。

① 武 蔵　② 相 模　③ 駿 河　④ 三 河

問12 下線部ⓗの人物の説明として適切なものを一つ選べ。解答番号は28。

① 平忠常の反乱を鎮圧した。

② 清原氏一族の内紛に介入し，戦いを鎮めた。

③　平将門との戦いを続け，勝利を収めた。

④　瀬戸内海の海賊を討伐し，朝廷から功績を認められた。

問13　下線部ⓘの人物の説明として**誤っているもの**を一つ選べ。解答番号は[29]。

①　甲斐国を本拠にした戦国大名である。

②　「甲州法度之次第」を制定した。

③　治水事業に力を注ぎ，のちに信玄堤と呼ばれた堤防を築いた。

④　1575 年に三河に攻め入り，織田・徳川連合軍と戦い敗れた。

問14　下線部ⓙの人物の説明として**誤っているもの**を一つ選べ。解答番号は[30]。

①　越後の守護をつとめた家の出身である。

②　関東管領上杉氏の家督を継承した。

③　春日山城を本拠としながら，関東や信濃に出陣した。

④　信濃の川中島で武田信玄と戦った。

問15　下線部ⓚの人物は，のちにある大名によって謀殺される。この大名の名字として適切なものを一つ選べ。解答番号は[31]。

①　細　川　　②　山　名　　③　斯　波　　④　赤　松

問16　下線部ⓛに関連して，青蓮院の本寺にあたる延暦寺の説明として適切なものを一つ選べ。解答番号は[32]。

①　京都の東北方面に位置し，真言宗の総本山として繁栄した。

②　京都の東北方面に位置し，天台宗の総本山として繁栄した。

③　京都の西北方面に位置し，真言宗の総本山として繁栄した。

④　京都の西北方面に位置し，天台宗の総本山として繁栄した。

問17　空欄 [オ] に入る人名として適切なものを一つ選べ。解答番号は[33]。

①　足利義政　　②　足利義持　　③　足利義満　　④　足利義輝

〔Ⅲ〕　次の文章を読み，あとの設問に答えよ。

江戸時代も中期になると生産力が発展し，農業以外の諸産業の発達が見られた。ⓐ<u>織物業では，木綿，絹，麻などが各地で生産された</u>。製塩業では入浜塩田が発達し，醸造業では酒をはじめⓑ<u>醤油</u>も大量に生産されるようになった。交通網の発達によって物流が活発化し，ⓒ<u>三都</u>も成長した。19 世紀に入ると工場制手工業(マニュファクチュア)と呼ばれる生産形態も一部で生まれた。

明治時代に入ると，新政府の殖産興業の政策によって経済は一層進展していく。明治政府は封建的な諸制度の除去に努めたほか，外国人教師を雇用したり，鉄道を敷設したり，郵便制度を発足させたりした。また輸出の中心として生糸の生産に力を入れ，1872 年，群馬県に模範工場として［ ア ］製糸場を設立した。

ところで，近代化を押し進める政府にとって財政基盤の安定は重要な課題であった。その柱となったのが，1873 年に始まった［ イ ］である。物納を金納に改めた［ イ ］に対して，その税率［ ウ ］%の負担の軽減を求めて各地で一揆が起きた。また従来の不換紙幣に代わって，金貨と交換できる兌換銀行券を発行させようとして 1872 年，ⓓ<u>国立銀行条例</u>を制定した。しかし西南戦争の戦費調達のため，政府は不換紙幣を増発した結果，激しいインフレーションがおこり，貨幣価値の下落によって財政難を招いてしまった。1881 年，［ エ ］が大蔵卿に就任すると，増税と緊縮財政によって財政の立て直しを図った。翌 1882 年には，［ エ ］の建議によってⓔ<u>日本銀行が設立された</u>。

1880 年代前半のデフレを乗り越え，80 年代後半には企業勃興が見られ，日本でも産業革命が始まった。ⓕ<u>日清戦争</u>に勝利した日本は，繊維産業を中心に資本主義が本格的に成立した。特にⓖ<u>綿糸を生産する紡績業が産業革命を牽引した</u>。また綿糸を用いた綿織物業も上向き，機械の発明・改良や会社の設立を通して，綿糸や綿織物の輸出も増加していった。一方，政府は鉄鋼の国産化をめざしてⓗ<u>八幡製鉄所</u>を設立し，重工業が発展するきっかけをつくった。また産業の基盤であるエネルギー供給として，日露戦争後，各地で［ オ ］発電が本格化して電力事業も勃興した。

　ところが，昭和に入ると1929年の世界恐慌のあおりを受け，深刻な恐慌(昭和恐慌)にみまわれた。米価を初めとする各種農産物価格の下落，アメリカへの生糸輸出の激減による繭価の値崩れなど，農村部はもちろん都市部でも庶民の暮らしが苦しくなり，労働争議も多発した。不安な社会情勢のなか，井上準之助前大蔵大臣，団琢磨三井合名会社理事長が暗殺されるという事件ⓘが起こった。日中戦争以降の戦時下になると統制経済が進められ，1938年，［　カ　］と電力国家管理法も制定され，翌年［　カ　］にもとづく国民徴用令が公布された。

　戦後GHQの指導のもと経済の民主化が進められ，1955年から73年にかけては高度経済成長ⓙを経験した。高度経済成長は1973年の石油危機で頓挫したが，その後の第2次石油危機を経て1980年代には経済大国となった。日米貿易摩擦も顕在化し，アメリカからは自動車輸出の自主規制や農産物の輸入自由化ⓚをせまられた。そして80年代後半には未曽有のバブル経済へ突入していった。

問 1　下線部ⓐについて，織物業の産地とその生産品の組み合わせとして適切なものを一つ選べ。解答番号は[34]。

①　河内の有松絞　　②　京都の西陣織

③　丹後の晒(さらし)　　④　尾張の縮(ちぢみ)

問 2　下線部ⓑについて，関東の醤油産地として適切なものを一つ選べ。解答番号は[35]。

①　伏見　　②　伊丹　　③　灘　　④　野田

問 3　下線部ⓒについて，三都に**当てはまらない都市**を一つ選べ。解答番号は[36]。

①　大坂　　②　京都　　③　名古屋　　④　江戸

問 4　空欄［　ア　］に入る地名として適切なものを一つ選べ。解答番号は[37]。

①　岡谷　　②　富岡　　③　三池　　④　秩父

問 5　空欄［　イ　］に入る語句として適切なものを一つ選べ。解答番号は[38]。

①　地租改正　　②　新貨条例　　③　貨幣法　　④　秩禄処分

問 6　空欄［　ウ　］に入る数字として適切なものを一つ選べ。解答番号は[39]。

①　2　　②　2.5　　③　3　　④　3.5

問 7　下線部ⓓに関連して，日本初の国立銀行である第一国立銀行の設立に尽力した人物として適切なものを一つ選べ。解答番号は40。

① 福沢諭吉 ② 岩崎弥太郎 ③ 前島密 ④ 渋沢栄一

問 8 空欄 エ に入る人名として適切なものを一つ選べ。解答番号は41。

① 松方正義 ② 大隈重信 ③ 山県有朋 ④ 井上馨

問 9 下線部ⓔについて，1885年における日本銀行に関する説明として適切なものを一つ選べ。解答番号は42。

① 各国立銀行にも不換紙幣を増発させた。

② 金輸出を再禁止し，管理通貨制度が始まった。

③ 金兌換の銀行券を発行し，金本位制が確立した。

④ 銀兌換の銀行券を発行し，銀本位制が確立した。

問10 下線部ⓕに関連して，日清戦争直後の日本の社会状況の説明として適切なものを一つ選べ。解答番号は43。

① 戦争景気によって造船業は空前の好況を迎え，船成金が次々に生まれた。

② 戦争の賠償金の一部を準備金として，金本位制を採用した。

③ 工業生産が躍進し，その生産額は農業生産額を追い越した。

④ 政府は江戸時代以来の村落共同体において地方改良運動に取り組んだ。

問11 下線部ⓖに関連して，当時の綿糸生産の説明として適切なものを一つ選べ。解答番号は44。

① ガラ紡の技術が欧州から輸入され，全国に広がっていった。

② 豊田佐吉らが考案した小型力織機が農村部では活躍した。

③ 中国・朝鮮への輸出が急増し，輸出量が輸入量を上まわった。

④ 座繰製糸に代わって器械製糸が導入され，生産量が飛躍的に上昇した。

問12 下線部ⓗについて，八幡製鉄所の説明として適切なものを一つ選べ。解答番号は45。

① 中国の湖北省から安価に石炭を入手した。

② 製鉄所の建設資金には日清戦争の賠償金の一部があてられた。

③ フランスの技術を導入して操業を開始した。

④ 日露戦争の頃には国内の需要を満たす生産量に達した。

問13 空欄 **オ** に入る語句として適切なものを一つ選べ。解答番号は46。

① 原子力 ② 火 力 ③ 風 力 ④ 水 力

問14 下線部ⓘの事件の名称として適切なものを一つ選べ。解答番号は47。

① 血盟団事件 ② 五・一五事件 ③ 二・二六事件 ④ 三月事件

問15 空欄 **カ** に入る語句として適切なものを一つ選べ。解答番号は48。

① 重要産業統制法 ② 臨時資金調整法

③ 国家総動員法 ④ 輸出入品等臨時措置法

問16 下線部ⓙについて，この説明として**誤っているもの**を一つ選べ。解答番号は49。

① 1956 年度の『経済白書』には「もはや戦後ではない」と記された。

② エネルギー革命により原子力エネルギーの供給が始まった。

③ 産業構造の高度化が進み，第一次産業人口の減少が際立った。

④ 1968 年には資本主義国内で GNP(国民総生産)が世界第 2 位になった。

問17 下線部ⓚに関連して，農産物の輸入自由化に伴うわが国の食料自給率の低下に関する説明として適切なものを一つ選べ。解答番号は50。

① 1960 年頃は 80 % 前後であったが，1990 年には 50 % を切った。

② 1960 年頃は 80 % 前後であったが，1990 年には 30 % を切った。

③ 1960 年頃は 60 % 前後であったが，1990 年には 50 % を切った。

④ 1960 年頃は 60 % 前後であったが，1990 年には 30 % を切った。

世界史

（60分）

〔Ⅰ〕　次の文章Ａ・Ｂは近年出版されたある中国史の概説書の冒頭部分である。これを読み，あとの設問に答えよ。

Ａ　本巻の叙述範囲は，ⓐ先史時代からⓑ8世紀半ばの唐代中期まで，ほぼ3千年である。4千年前のⓒ華北農耕社会の形成からⓓ長安・ⓔ洛陽を中核地帯とするⓕ隋唐帝国の成立と崩壊のはじまりまでを記述する。その主題は，中国はいかにして中国になったかであり，伝統中国の原型とその特性を歴史的にとらえる試みである。（中略）

方針のひとつめは，時間的空間的な変化の相のなかで中国をとらえるということである。中国史にかぎらず，やや形式的に分類すれば，人間社会の歴史にはいくつかの変化の層次がある。第1に，政治史のように10年・50年単位で変わっていく層次がある。中国史を例にとれば，項羽と劉邦がしのぎを削ったⓖ楚漢戦争の時期，曹操・関羽・諸葛亮などの英雄たちが活躍したⓗ『三国志』で描かれる時代である。（中略）

いっぽう500年・千年の単位で観察しなければ変化がみえてこない，衣食住やその生産の層次，換言すれば社会の生活圏の層次がある。中国人が今日のように椅子に座って生活し，小麦粉をこねてつくった麺を素材とする料理を食べるようになったのは，早くても8・9世紀以後である。（中略）

政治過程と生活圏の中間には，100年単位で変わっていく政治や社会の組織・制度の層次がある。中国は，ⓘ戦国時代以来，ⓙ官僚制が発達し，王権や皇帝政治をささえた。それゆえ制度・組織に関する史料が比較的よく残っている。したがって中国史の叙述は，いきおい制度史になりがちである。制度を動かす人間や制度をささえる世界観の変化を問題にしなければ，静態的で無味乾燥の歴史叙述におちいる。

（渡辺信一郎『中華の成立――唐代まで』岩波新書を一部改変）

問1　下線部ⓐに関連して，漢字の原型である甲骨文字が出現する以前の中国の先史時代の説明として最も適当なものを，次の①～④のなかから一つ選べ。解答番号は[1]。

①　商を中心にした政権が成立した。

②　河姆渡遺跡からは稲作に関係する遺物がみつかっている。

③　宗法にもとづく規範が存在した。

④　夏王朝では堯・舜・禹が順に権力を継承したといい伝えられている。

問2　下線部ⓑの8世紀の出来事として最も適当なものを，次の①～④のなかから一つ選べ。解答番号は[2]。

①　ウイグルが安史の乱鎮圧に協力した。

②　黄巣の乱が起こった。

③　新羅が滅亡した。

④　高句麗が建国した。

問3　下線部ⓒに関連して，麦作を中心とする華北農耕社会と稲作を中心とする江南農耕社会との境界として最も適当なものを，次の①～④のなかから一つ選べ。解答番号は[3]。

①　長江(揚子江)　②　黄河　③　淮水《わいすい》(淮河)　④　万里の長城

問4　下線部ⓓに関連して，この地に都をおいた王朝の出来事として適切なものを，次の①～④のなかから一つ選べ。解答番号は[4]。

①　黄巾の乱　②　党錮の禁

③　朝鮮4郡の設置　④　骨品制の実施

問5　下線部ⓔの都市の説明として最も適当なものを，次の①～④のなかから一つ選べ。解答番号は[5]。

①　黄河と大運河の合流点にあたる商業都市である。

②　長江と大運河の合流点にあたる貿易都市である。

③　西周時代には鎬京と呼ばれた。

④　長安の東に位置する。

問6　下線部ⓕの時期の事柄として最も適当なものを，次の①～④のなかから一つ選べ。解答番号は[6]。

①　中国の北の地域には突厥があった。

② 匈奴が強勢を誇った。

③ 南詔が中国王朝に征服された。

④ 台湾が中国王朝の領土に編入された。

問 7　下線部ⓖ以前の事柄として最も適当なものを，次の①～④のなかから一つ選べ。解答番号は7。

① 大運河の建設が始まる。

② 紙幣の使用が始まる。

③ 商鞅の変法が実施された。

④ 仏教が中国に伝来する。

問 8　下線部ⓗの書籍に関連して，中国の歴史書である正史の説明として最も適当なものを，次の①～④のなかから一つ選べ。解答番号は8。

① 全て王朝ごとに記されている。

② 紀伝体で記されている。

③ 編年体の歴史書である。

④ 『資治通鑑』も正史の一つである。

問 9　下線部ⓘの説明として最も適当なものを，次の①～④のなかから一つ選べ。解答番号は9。

① 覇者が尊王攘夷をとなえて覇権を争った。

② 時代の後期には7か国が分立した。

③ 建業に都が置かれた。

④ 華北では短期間に5つの王朝が交代した。

問10　下線部ⓙの中国の官僚制についての説明として最も適当なものを，次の①～④のなかから一つ選べ。解答番号は10。

① 両班階層が官僚の出身母体であった。

② 隋代には，科挙出身の官僚が大半を占めるようになった。

③ 基本的に官職の世襲が認められていた。

④ 中央集権的な国家体制の基盤であった。

B　方針のふたつめは，教科書や概説書などに出てきてよく知られた用語を再検討し，なるべく史料にでてくることばを用いて再定義することである。（中略）

本巻の範囲でいえば，たとえば概説書の常連である，春秋・戦国時代の「都市国家」，魏晋南北朝ⓚの「豪族」・「貴族」は使用していない。（中略）中国には城郭をもつ聚落が存在することは確かである。しかし，その生活圏と社会のしくみは全く異なる。近年の中国考古学の成果は，中国古代都市国家論の再考をうながしている。（中略）

世界史の教科書のなかにも再定義を必要とすることばが多多ある。（中略）唐代の農民支配のしくみは，どの教科書も均田制ⓛ・租庸調制ⓜ・府兵制ⓝであると記述してある。均田制は，班固ⓞの著した『漢書』にはじめてでてくる。しかし唐人の手になる史料には，かえって給田制をあらわす均田の文字はみえない。唐代の兵制が府兵制だけでないことは，唐人が編纂した『大唐六典』をみれば，歴然としている。均田制・租庸調制・府兵制の記述は，北宋ⓟの司馬光ⓠや欧陽脩が用いだした表現である。北宋は，唐末五代の藩鎮跋扈《ばっこ》ⓡのあとをうけ，また遼ⓢや西夏ⓣとの戦争に苦しみ，部分的とはいえ中国の領域につぎつぎと「夷狄」が乗りこんで建国した時代である。すぐれた歴史書を編纂したふたりであるが，時代の子である。唐代の制度をみる眼にはいくぶんかの偏光がかかっている。

（同上）

問11　下線部ⓚの時代の事柄として最も適当なものを，次の①～④のなかから一つ選べ。解答番号は⑪。

①　郷挙里選が実施された。

②　九品中正が実施された。

③　北朝では一貫して道教が弾圧された。

④　北朝，南朝ともに文治主義による政治がおこなわれた。

問12　下線部ⓛの説明として最も適当なものを，次の①～④のなかから一つ選べ。解答番号は⑫。

①　北朝の北周で創始された。

②　王朝の財政基盤として唐末五代まで存続した。

③　周辺諸国では採用されなかった。

④　唐では口分田・永業田が支給された。

問13　下線部ⓜの説明として最も適当なものを，次の①～④のなか一つ選べ。解答番号は⑬。

① 穀物，布類が徴収され，労役が課せられた。

② 実施当初から貨幣納化が進行していった。

③ 北宋時代まで存続した。

④ 宰相楊炎によって実施された。

問14 下線部ⓝの説明として最も適当なものを，次の①～④のなかから一つ選べ。解答番号は[14]。

① 北朝の西魏で創始された。

② 辺境地域におかれた都護府で実施された。

③ 農民は基本的に軍役を免除されていた。

④ 世襲の軍戸が兵役を負担した。

問15 下線部ⓞの人物に関連して，彼が『漢書』を著した時代の出来事として最も適当なものを，次の①～④のなかから一つ選べ。解答番号は[15]。

① 殿試が実施された。

② 蔡倫が製紙法をイスラーム世界に伝えた。

③ 呉楚七国の乱が勃発した。

④ 西域都護の班超が活躍した。

問16 下線部ⓟの時代の説明として最も適当なものを，次の①～④のなかから一つ選べ。解答番号は[16]。

① 大規模な農民反乱による王朝の滅亡

② 社会における銀経済の普及と税役の銀納化の進行

③ 国内での空前の経済的繁栄と周辺非漢族勢力の台頭

④ 北虜南倭と称される対外関係の緊張激化

問17 下線部ⓠの人物の説明として最も適当なものを，次の①～④のなかから一つ選べ。解答番号は[17]。

① 神宗のもとで，王安石とともに新法の諸政策を推進した。

② 旧法党の中心人物の一人で，歴史書の編纂にもたずさわった。

③ 宋学を集大成し，大義名分論をとなえた。

④ 南に移った王朝の再建において大きな役割を果たした。

問18 下線部ⓡは，複数の強大な軍事力をもった勢力が地方に割拠した当時の状況をいう。中国の歴史上，こうした状況に該当する時期として**誤っているも**

のを，次の①～④のなかから一つ選べ。解答番号は[18]。

① 南宋末　② 元　末　③ 隋　末　④ 秦　末

問19　下線部Ⓢの説明として最も適当なものを，次の①～④のなかから一つ選べ。解答番号は[19]。

① イスラーム教を保護し，仏教を排斥した。
② 対外関係では積極的に朝貢体制の構築を推進した。
③ 理藩院が広大な非漢族居住地域を統括した。
④ 支配領域の官制としては二重統治体制をとっていた。

問20　下線部ⓣの説明として最も適当なものを，次の①～④のなかから一つ選べ。解答番号は[20]。

① チベット仏教を保護し，チベット文字をもとに文字を作成した。
② トルコ系遊牧民が建国したが，のちに東西に分裂した。
③ 中継貿易で栄えたが，チンギス＝ハンによって滅ぼされた。
④ ツングース系の女真人が建国し，猛安・謀克により統治した。

〔Ⅱ〕 次の文章を読み，あとの設問に答えよ。

ヨーロッパ大陸南西部のイベリア半島は，ジブラルタル海峡を隔てて，大西洋と地中海の間に分け入るような形で突き出た民族・文化交流の要衝でもある。北部のアルタミラには洞穴絵画ⓐが残されており，旧石器時代の文化・生活様式の一端を知ることができる。

イベリア半島の歴史においてまず登場するのは，フェニキア人ⓑであろう。フェニキア人は，地中海貿易で繁栄し，イベリア半島南岸にも，いくつかの植民市を築いた。しかし，前3世紀から前2世紀にかけて起きたローマとの戦いに敗れ，イベリア半島を含めて，地中海全体がほぼローマの勢力下に置かれた。また，5世紀には，この半島に西ゴート人ⓒの王国が建国された。しかし，イスラーム勢力のウマイヤ朝ⓓによって西ゴート王国は滅ぼされたⓔ。その後，イベリア半島にウマイヤ朝の一族によって，後ウマイヤ朝ⓕがたてられた。

11世紀に後ウマイヤ朝は滅亡するが，その後，ムラービト・ムワッヒド両王ⓖ

朝がイベリア半島に進出した。しかし，どちらの王朝による進出も失敗に終わった。この頃イベリア半島では，キリスト教徒による国土回復運動（レコンキスタ）が盛んになり，12世紀までには半島の北半分がキリスト教圏にはいった。

回復された領土にはⓗカスティリャ・アラゴン・ポルトガルの3王国がたてられ，その後1479年にスペイン王国が成立した。1492年に，スペインはイスラーム勢力最後の拠点であるⓘグラナダを陥落させて，レコンキスタは終了した。同時に，ⓙコロンブスによりアメリカ大陸への道が開かれ，スペインは積極的に海外進出に乗り出した。しかし，スペインのアメリカ大陸の探検事業は，16世紀に征服事業へと発展し，ⓚメソアメリカのアステカ王国，アンデスのインカ帝国を征服するに至った。また，国土回復運動のなかでイスラーム教徒とたたかってきたスペインは，ⓛキリスト教の海外での布教活動にも積極的であった。

スペインは，王位をハプスブルク家が継承することになり，ⓜカルロス1世が神聖ローマ皇帝を兼ねた。全盛期を迎えたのは，ⓝフェリペ2世の治世下においてであった。ⓞ1571年レパントの海戦でスペインはオスマン帝国の海軍を破った。スペインは，「太陽のしずまぬ国」を実現したが，しかし，長くは続かず，国力は低下していった。

問1　下線部ⓐに関連して，洞穴絵画を残したとされる新人について述べた文として最も適当なものを，次の①～④のなかから一つ選べ。解答番号は[21]。

①　代表的なのは，ネアンデルタール人である。

②　現代人まで直接つながる人々の祖先である。

③　火を使い始めた。

④　死者を埋葬しはじめた。

問2　下線部ⓑに関連して，フェニキア人について述べた文として最も適当なものを，次の①～④のなかから一つ選べ。解答番号は[22]。

①　フェニキア人はセム語系民族に属する。

②　表意文字からフェニキア文字をつくった。

③　フェニキア人はミレトスなどの主な植民市を建設した。

④　アケメネス朝ペルシアはフェニキア人の交易に制裁を加えた。

問3　下線部ⓒに関連して，西ゴート人について述べた次の文章中の空欄

ア と イ に入れる語の組合せとして最も適当なものを，次の①～④のなかから一つ選べ。解答番号は23。

西ゴート人は，フン人からの圧迫を逃れるかたちで南下し，376年，ア をこえて，ローマ帝国に庇護を求めて帝国領域内に移住した。その後，410年にローマを略奪したのち，ほぼ現在のフランスに相当する イ 西南部とイベリア半島に移住して建国した。

① アーライン川 イーガリア
② アーライン川 イーブリタニア
③ アードナウ川 イーガリア
④ アードナウ川 イーブリタニア

問4 下線部ⓓに関連して，ウマイヤ朝について述べた文として最も適当なものを，次の①～④のなかから一つ選べ。解答番号は24。

① ササン朝を滅ぼした。
② 正統カリフの時代を築いた。
③ バグダードを首都とした。
④ トゥール・ポワティエ間の戦いでフランク王国に敗れた。

問5 下線部ⓔに関連して，西ゴート王国が滅んだ年として最も適当なものを，次の①～④のなかから一つ選べ。解答番号は25。

① 711年 ② 726年 ③ 751年 ④ 774年

問6 下線部ⓕに関連して，後ウマイヤ朝について述べた次の文XとYの正誤の組合せとして最も適当なものを，次の①～④のなかから一つ選べ。解答番号は26。

X．首都はコルドバであった。
Y．ハールーン＝アッラシードの治世のとき最盛期を迎えた。

① X一正 Y一正 ② X一正 Y一誤
③ X一誤 Y一正 ④ X一誤 Y一誤

問7 下線部ⓖに関連して，ムラービト朝またはムワッヒド朝での出来事や人物について述べた文として**誤っているもの**を，次の①～④のなかから一つ選べ。解答番号は27。

① 12世紀後半，ムラービト朝はガーナ王国を攻撃した。

② イブン＝ルシュドはアリストテレスの哲学書に注釈を施した。

③ いずれの王朝も，マラケシュを都に定めた。

④ ムラービト朝は，ムワッヒド朝によって滅ぼされた。

問 8　下線部ⓗに関連して，スペイン王国とポルトガル王国について述べた次の文XとYの正誤の組合せとして最も適当なものを，次の①～④のなかから一つ選べ。解答番号は28。

X．スペイン王国は，アラゴンのイサベル王女とカスティリャのフェルナンド王子の結婚により，両国が統合されて成立した。

Y．ポルトガル王国は，ジョアン2世のときにカスティリャから独立した。

① X一正　Y一正　② X一正　Y一誤

③ X一誤　Y一正　④ X一誤　Y一誤

問 9　下線部ⓘに関連して，グラナダについて，下記の地図中の場所として最も適当なものを，次の①～④のなかから一つ選べ。解答番号は29。

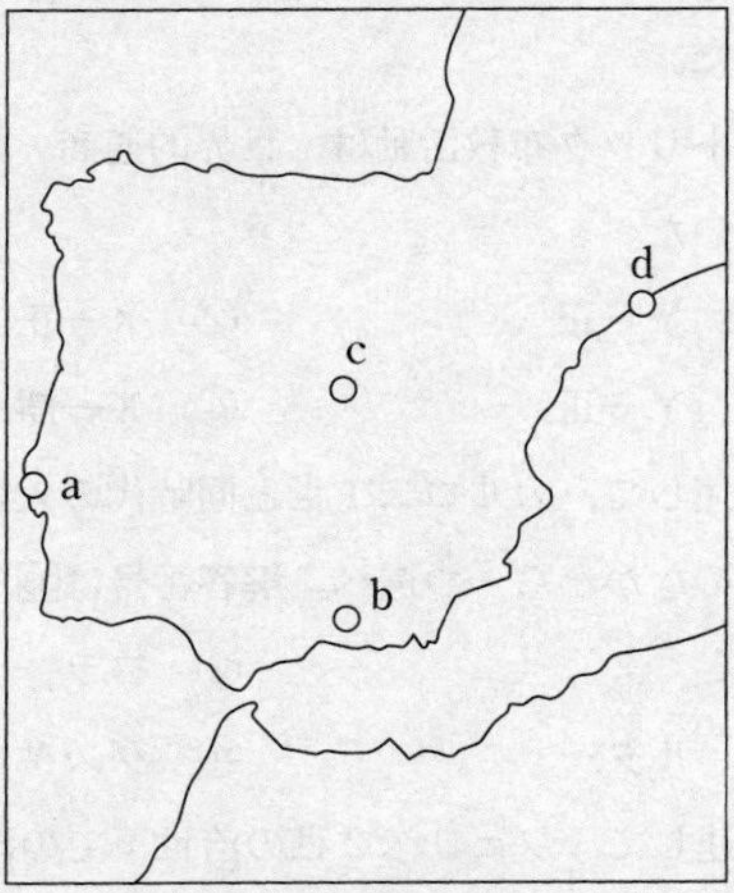

① a　② b　③ c　④ d

問10　下線部ⓙに関連して，コロンブスについて述べた文として最も適当なものを，次の①～④のなかから一つ選べ。解答番号は30。

① フィレンツェ生まれの船乗りであった。

② インドへの近道として東回りの航路を開拓しようとした。

③ 大西洋を横断してサン・サルバドル島に到着した。

④　彼の航海によって，大地は球形であることが証明された。

問11　下線部ⓚに関連して，メソアメリカおよびアンデスに形成された文明圏について述べた文として最も適当なものを，次の①～④のなかから一つ選べ。解答番号は31。

①　インカ帝国では，青銅器，鉄器がもちいられた。

②　マヤでは，ピラミッド状の建築物，十進法による数の表記法などを発展させた。

③　14 世紀にテオティワカンを首都とするアステカ人の王国がつくられた。

④　インカ帝国では，文字はなかったが，数量を把握するためにキープ(結縄)が用いられた。

問12　下線部ⓛに関連して，キリスト教の海外布教について述べた次の文XとYの正誤の組合せとして最も適当なものを，次の①～④のなかから一つ選べ。解答番号は32。

X．1534 年にイグナティウス＝ロヨラはマテオ＝リッチらとともにイエズス会を結成した。

Y．海外でのカトリック布教活動は，世界的通商・植民活動とも密接につながりをもっていた。

①　X―正　Y―正　　②　X―正　Y―誤

③　X―誤　Y―正　　④　X―誤　Y―誤

問13　下線部ⓜに関連して，カルロス 1 世と同時代の人物として**誤っているもの**を，次の①～④のなかから一つ選べ。解答番号は33。

①　ヘンリ 8 世　　②　フランソワ 1 世

③　マルティン＝ルター　　④　グスタフ＝アドルフ

問14　下線部ⓝに関連して，フェリペ 2 世の治世下での出来事として**誤っているもの**を，次の①～④のなかから一つ選べ。解答番号は34。

①　オラニエ公がネーデルラント連邦共和国の独立を宣言した。

②　ユトレヒト条約を結んだ。

③　無敵艦隊がイギリス海軍に敗れた。

④　スペインとポルトガルとの同君連合を築いた。

問15　下線部◎に関連して，レパントの戦いについて述べた文として最も適当なものを，次の①～④のなかから一つ選べ。解答番号は[35]。

①　ギリシアのレパント沖での戦いであった。

②　スペインが単独でオスマン帝国を撃破した戦いであった。

③　オスマン帝国側はスレイマン1世の治世下での戦いであった。

④　戦いに敗れたオスマン帝国は，東地中海を自由に航行できなくなった。

〔III〕　次の文章を読み，あとの設問に答えよ。

2022年2月24日，ロシアはウクライナに侵攻した。戦争のように重大な出来事は，もとより突然に発生するものではない。そこに至るには複雑な要因と長い過程があるのが常だが，この侵攻についても同様である。ここで，主に近代以後のロシアとウクライナの関係について，振り返ってみよう。

ロシア人やウクライナ人など東スラブ人の居住する地域には，ヴァイキングの影響下に国家形成が促進された。その中で，キエフ公国が台頭し，またその子孫が統治する国などロシア諸侯国の成立，自立化が進んだが，その一つがモスクワ大公国であった。ⓐこの地域にはモンゴルが侵攻し，これらの国々はその支配に服すことになる。モスクワ大公国は1480年，モンゴルの支配を脱し，やがて国力を蓄え，モスクワにキエフ主教を迎えロシア正教会を確立した。今日ウクライナの首都の名称がキエフであることからも明らかなように，ウクライナとロシアの間にはどちらがどちらの後継国であるのか，という点で争いがある。しかし，この後，ウクライナはロシアの領土に組み込まれることになる。

12世紀なかば以降ⓑバルト海周辺のスラブ人やフィン人に対してキリスト教の布教と植民が展開された。その一翼を担ったⓒドイツ騎士団との戦いの中でⓓリトアニア大公国が台頭し，今日のウクライナの大部分を支配するようになった。同じ頃，西方からはポーランドが進出した。やがてポーランドはリトアニアと合同し，ⓔリトアニア＝ポーランド王国が成立した。10世紀にポーランドは宗教において[ア]を奉じたので，今日のウクライナ西部に独自の影響を残している。この間，ロシアが勢力を伸ばす一方で，ⓕポーランドではその政治体制のために混乱が続き，やがて衰退していくことになる。

19世紀に入ると，ロシアは黒海の不凍港から地中海に抜ける海上ルートを求めて，いわゆる南下政策を取ることになる。この政策は，列強，とりわけイギリスとの間に対立をもたらすことになった。ニコライ1世はエジプトとトルコの戦争に乗じてダーダネルス・ボスフォラス両海峡の軍艦独占航行権を得たが，イギリスの干渉で撤回した。ついでロシアはオスマン帝国と1853年から1856年にかけてⓖクリミア戦争を戦った。この戦争の結果結ばれた［　イ　］条約では黒海の中立化が決定し，大国の勢力均衡を基礎にした［　ウ　］体制は最終的に崩壊した。ロシアの政策が，結果として国際秩序の原理を変更したのである。また，この戦争中のクリミア半島の［　エ　］要塞の陥落による敗北はロシアに衝撃を与え，その近代化を促すことにつながった。

ⓗ19世紀の東ヨーロッパでは，民族意識の高まりとその結果としての国民国家の成立をみた。この間のウクライナも例外ではなく，ロシアの支配から脱却して自らの国をつくろうとする運動が広がった。しかし，それは1917年のⓘロシア革命を契機として挫折することになる。ウクライナはソビエト社会主義共和国連邦を構成する一共和国となったのである。

第二次世界大戦においてⓙドイツ軍と呼応して独立を図ろうとする人々までいるなか，戦後ウクライナはスターリン体制下で過酷な収奪の対象ともなる。なお，ソビエト政権下にあって，ウクライナ共和国は軍事・原子力産業の拠点として扱われた。この国がⓚチェルノブイリ原子力発電所事故を経験したことは偶然ではない。そしてウクライナがロシアからの独立を達成するにはⓛソビエト連邦解体を待たなければならなかったのである。

独立後も，クリミア半島やロシア系住民が多く居住する東部地域の帰属問題を始め，ロシアとの対立が続いた。2014年に生じた，住民投票によるクリミアのロシアへの併合，また東部ドンバス地方における民族間の対立といった出来事は，記憶に新しいところである。

問1　下線部ⓐに関連して，この事態の名称として適切なものを，次の①～④のなかから一つ選べ。解答番号は[36]。

①　華夷の区別　　　　　　　　　②　タタールのくびき

③　第三のローマ　　　　④　カノッサの屈辱

問 2　下線部ⓑに関連して，この運動の名称として適切なものを，次の①～④のなかから一つ選べ。解答番号は37。

①　ジハード　　　　②　東方政策

③　集住(シノイキスモス)　　　　④　東方植民

問 3　下線部ⓒに関連して，ドイツ騎士団に関わる出来事の正しい順序を，次の①～④のなかから一つ選べ。解答番号は38。

①　ドイツ・ポーランド連合軍がワールシュタットでモンゴル軍に敗北した→ドイツ騎士団が成立した→カルマル同盟が結成された→プロイセン公国が成立した

②　ドイツ騎士団が成立した→ドイツ・ポーランド連合軍がワールシュタットでモンゴル軍に敗北した→カルマル同盟が結成された→プロイセン公国が成立した

③　ドイツ・ポーランド連合軍がワールシュタットでモンゴル軍に敗北した→プロイセン公国が成立した→ドイツ騎士団が成立した→カルマル同盟が結成された

④　カルマル同盟が結成された→ドイツ騎士団が成立した→ドイツ・ポーランド連合軍がワールシュタットでモンゴル軍に敗北した→プロイセン公国が成立した

問 4　下線部ⓓに関連して，この国に関する記述として適切なものを，次の①～④のなかから一つ選べ。解答番号は39。

①　現在のリトアニアは第二次世界大戦終了直後に独立した。

②　リトアニア語はインド＝ヨーロッパ語族ゲルマン語派に属する。

③　中世のヨーロッパで最後までキリスト教に改宗しなかった国の一つである。

④　2022年3月現在のリトアニアはNATOに加盟しているがEUには加盟していない。

問 5　空欄 **ア** に当てはまる語として適切なものを次の中から一つ選べ。解答番号は40。

①　カトリック　　　　②　ルター派

③ カルヴァン派　　④ ネストリウス派

問 6 下線部ⓔに関連して，以下は15世紀ごろ，この国の版図が最大だった時代の地図である(模式図であり，境界線に変動はある)。この国と周辺諸国の名称の組合せとして適切なものを次の中から一つ選べ。解答番号は41。

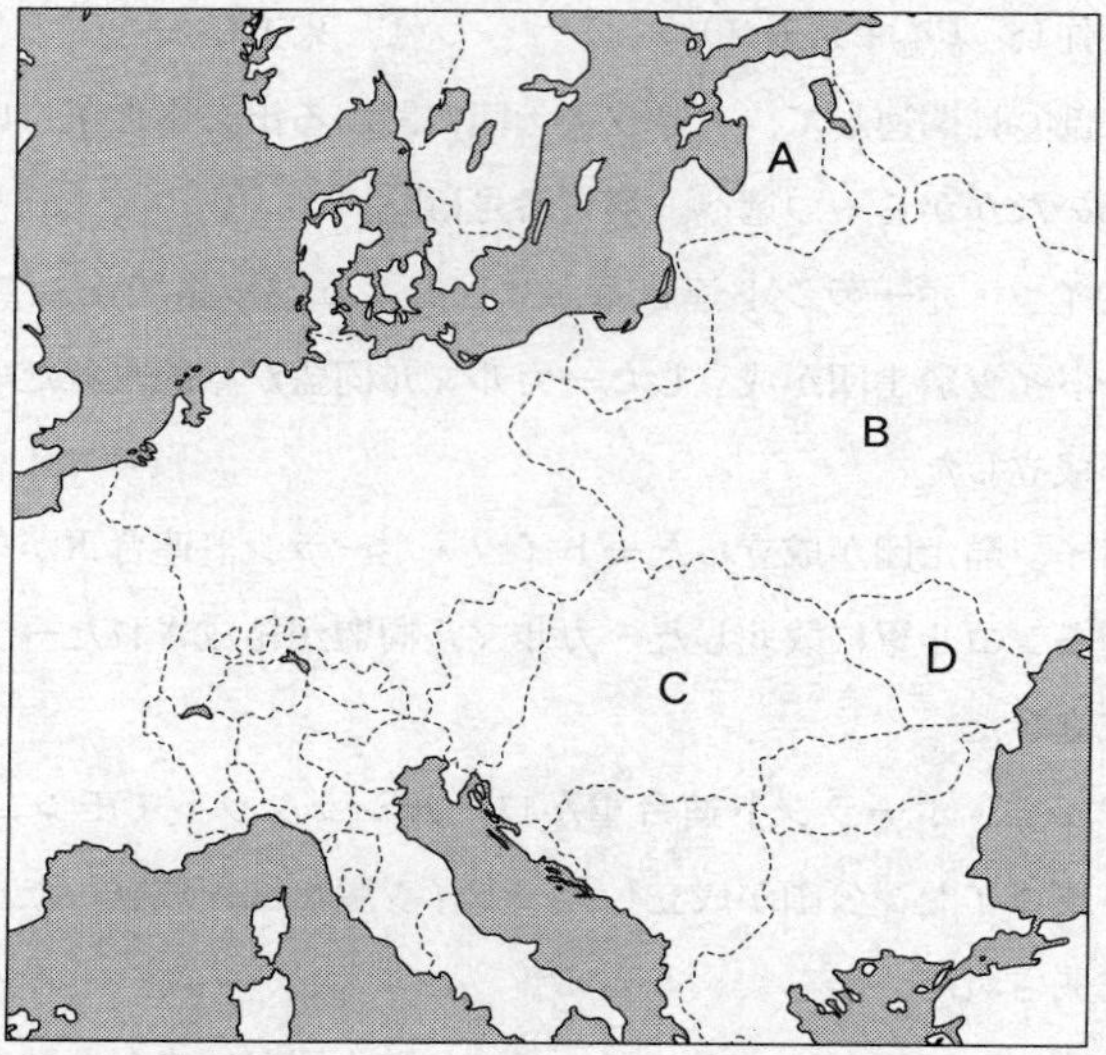

① A ドイツ騎士団領　B モルダヴィア公国
　C リトアニア＝ポーランド王国　D ハンガリー王国

② A モルダヴィア公国　B ハンガリー王国
　C リトアニア＝ポーランド王国　D ドイツ騎士団領

③ A リトアニア＝ポーランド王国　B ドイツ騎士団領
　C モルダヴィア公国　D ハンガリー王国

④ A ドイツ騎士団領　B リトアニア＝ポーランド王国
　C ハンガリー王国　D モルダヴィア公国

問 7 下線部ⓕに関連して，この国の16世紀後半の政治体制として適切なものを次の中から一つ選べ。解答番号は42。

① 民主政　② 貴族政　③ 絶対王政　④ 選挙王政

問 8 下線部ⓖに関連して，この戦争について述べた文として適切なものを次の中から一つ選べ。解答番号は43。

① この戦争の際にナイティンゲールが活躍した。

② 黒海はオスマン・トルコに帰属することとなった。

③ ルーマニア，セルビア，モンテネグロが独立した。

④ イギリスがキプロス島の統治権を得た。

問 9 空欄 イ ， ウ に入る地名の組合せとして適切なものを次の中から一つ選べ。解答番号は44。

① **イ** ウェストファリア　**ウ** ヴェルサイユ

② **イ** パ リ　**ウ** ウェストファリア

③ **イ** パ リ　**ウ** ウィーン

④ **イ** ヴェルサイユ　**ウ** ウィーン

問10 空欄 エ に当てはまる地名として適切なものを次の中から一つ選べ。解答番号は45。

① ヴェルダン　② セヴァストーポリ

③ スダン(セダン)　④ タンネンベルク

問11 下線部ⓗに関連して，このときギリシア独立を支援した国として**誤っているもの**を次の中から一つ選べ。解答番号は46。

① プロイセン　② ロシア　③ イギリス　④ フランス

問12 下線部ⓘに関連して，ロシア革命に関わる出来事の正しい順序を次の中から一つ選べ。解答番号は47。

① ニコライ2世退位→ケレンスキー首相就任→レーニン，4月テーゼを発表→ボリシェヴィキ武装蜂起

② ニコライ2世退位→レーニン，4月テーゼを発表→ケレンスキー首相就任→ボリシェヴィキ武装蜂起

③ ボリシェヴィキ武装蜂起→ニコライ2世退位→ケレンスキー首相就任→レーニン，4月テーゼを発表

④ ケレンスキー首相就任→ニコライ2世退位→レーニン，4月テーゼを発表→ボリシェヴィキ武装蜂起

問13 下線部ⓙに関連して，第二次世界大戦前後の経過として適切なものを次の中から一つ選べ。解答番号は48。

① ミュンヘン会談―スターリングラードでソビエト連邦軍がドイツ軍を破る―テヘラン会談―ノルマンディー上陸作戦

② テヘラン会談―スターリングラードでソビエト連邦軍がドイツ軍を破る―ミュンヘン会談―ノルマンディー上陸作戦

③ ミュンヘン会談―ノルマンディー上陸作戦―スターリングラードでソビエト連邦軍がドイツ軍を破る―テヘラン会談

④ ミュンヘン会談―テヘラン会談―スターリングラードでソビエト連邦軍がドイツ軍を破る―ノルマンディー上陸作戦

問14 下線部ⓚに関連して，この事故が起きた年から前後10年以内に起きた出来事として**誤っている**ものを，次の中から1つ選べ。解答番号は㊾。

① マーストリヒト条約調印

② ソビエト連邦のアフガニスタン侵攻

③ アメリカ合衆国で同時多発テロ事件発生

④ 中国で天安門事件発生

問15 下線部ⓛに関連して，ソビエト連邦の解体に関係する出来事の正しい順序を次の中から一つ選べ。解答番号は㊿。

① バルト三国独立―ウクライナ独立―マルタ会談―独立国家共同体形成

② ウクライナ独立―バルト三国独立―独立国家共同体形成―マルタ会談

③ マルタ会談―バルト三国独立―ウクライナ独立―独立国家共同体形成

④ マルタ会談―ウクライナ独立―バルト三国独立―独立国家共同体形成

数学

（60 分）

1　以下の設問に答えよ。

(1) 実数 x, y が連立不等式

$$\begin{cases} y \leqq -x+5 \\ 4y \leqq -2x+12 \\ x \geqq 0 \\ y \geqq 0 \end{cases}$$

を満たすとき，$2x+3y+2$ の最大値は $\boxed{\text{アイ}}$ であり，最小値は $\boxed{\text{ウ}}$ である。

(2) a, b, c を自然数とする。このとき，$a+b+c=22$ を満たす組 (a, b, c) は $\boxed{\text{エオカ}}$ 組存在する。また，$(a-1)(b-1)(c-1)=2048$ を満たす組 (a, b, c) は $\boxed{\text{キク}}$ 組存在する。

(3) $\angle\mathrm{B}=\dfrac{\pi}{4}$，$\angle\mathrm{C}=\dfrac{\pi}{12}$ の $\triangle\mathrm{ABC}$ がある。辺 BC の長さを x とするとき，辺 AC の長さを x を用いて表すと $\dfrac{\sqrt{\boxed{\text{ケ}}}}{\boxed{\text{コ}}}x$ であり，$\triangle\mathrm{ABC}$ の面積が $3-\sqrt{3}$ となるのは $x=\boxed{\text{サ}}\sqrt{\boxed{\text{シ}}}$ のときである。

(4) 関数 $f(x)=ax^3+3bx^2+2cx+25$ は $x=2$ において極大値，$x=4$ において極小値をとり，極大値と極小値の差は 4 であるという。この条件を満たす a, b, c の値を求めると $a=\boxed{\text{ス}}$，$b=\boxed{\text{セソ}}$，$c=\boxed{\text{タチ}}$ である。また，極大値は $\boxed{\text{ツテ}}$ である。

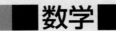

2　$a=\dfrac{2023}{5}$ としたとき，$\sqrt{an}$ が自然数となるような自然数 n について考える。このとき，以下の設問に答えよ。

(1) 2023 を素因数分解すると $2023=\boxed{\text{ア}}\times\boxed{\text{イウ}}^2$ であるので，$\sqrt{an}$ が自然数となるような最小の n は $\boxed{\text{エオ}}$ である。

(2) $\sqrt{an}$ が自然数となるとき，n はある自然数 k を使って $n=\boxed{\text{エオ}}\,k^2$ と表すことができる。このとき，$\sqrt{an}$ の値は $\boxed{\text{カキク}}\,k$ となる。

(3) $\sqrt{an}$ を 91 で割った余りが 7 となる n について考える。91 で割った余りが 7 であるので，整数 ℓ を用いて

$$\sqrt{an}-91\ell=7$$

と表すことができる。したがって，$\sqrt{an}=\boxed{\text{カキク}}\,k$ より，以下の不定方程式を解けばよいことが分かる。

$$\boxed{\text{カキク}}\,k-91\ell=7$$

ここで，解 (k,ℓ) を求めると，k が最小のものは $k=\boxed{\text{ケコ}}$，$\ell=\boxed{\text{サシ}}$ である。

(4) (3) から，$\sqrt{an}$ を 91 で割ったときに 7 余るような自然数 n のうち，最小のものは $n=\boxed{\text{スセソタ}}$ であり，$\sqrt{an}=\boxed{\text{チツテト}}$ である。

3　$\vec{a}=(x_1,x_2,x_3)$ と $\vec{b}=(y_1,y_2,y_3)$ を 2 つのベクトルとする。また，

$$m_x=\frac{x_1+x_2+x_3}{3},$$
$$m_y=\frac{y_1+y_2+y_3}{3}$$

とおいたとき，

$$\vec{p}=(x_1-m_x, x_2-m_x, x_3-m_x),$$
$$\vec{q}=(y_1-m_y, y_2-m_y, y_3-m_y)$$

と定義し，$\vec{p}$ と $\vec{q}$ のなす角を θ とする。

このとき，以下の設問に答えよ。

(1) $\vec{a}=(40,60,80)$，$\vec{b}=(65,75,100)$ の場合，$|\vec{p}|=$ [アイ] $\sqrt{\text{[ウ]}}$ であり，$|\vec{q}|=$ [エ] $\sqrt{\text{[オカ]}}$ である。また，$\vec{p}$ と $\vec{q}$ の内積は $\vec{p}\cdot\vec{q}=$ [キクケ] である。したがって，$\cos\theta=\dfrac{\text{[コ]}\sqrt{\text{[サシ]}}}{\text{[スセ]}}$ である。

(2) 3 人の学生 A，B，C が国語と数学のテストを受験して，以下の表の点数を獲得したとする。このとき，国語と数学の点数の相関係数は $\dfrac{\text{[ソ]}\sqrt{\text{[タチ]}}}{\text{[ツテ]}}$ である。

学生	国語（点）	数学（点）
A	40	65
B	60	75
C	80	100

5　書店で立ち読みして暗記した。

問九　王充の学問的態度を記述したものとして最も適当なものを、次のなかから一つ選べ。解答番号は45。

1　古典を熱心に読んでその解釈を一生の仕事とした。
2　書物を読むことよりも自己の心の働きを観察した。
3　多くの人と会話しながら共同研究を行った。
4　議論は苦手で書物を書くことに専心した。
5　世間の解釈よりも自分で正しいと思う解釈を徹底した。

3　怪異の話を導入として、終わりには現実に帰結した
4　はじめは奇異なように感じられるが、話が進むと理にかなって正しく展開する
5　はじめは若者らしい話しぶりだったが、次第に落ち着いた話ぶりになった

問七　傍線部⑥「頤レ神自守」は「神を頤《やしな》ひて自ら守る」と読む。その意味として最も適当なものを、次のなかから一つ選べ。解答番号は43。

1　精神を鍛錬して自己をコントロールした
2　神様に供え物をして警護した
3　神様を心から信じて大切にした
4　ストレスを緩和して穏やかな人柄となった
5　精神的に独立して一人暮らしをした

問八　王充はどのように書物を読んで勉強したか、本文中に明確に記されているものを、次のなかから一つ選べ。解答番号は44。

1　師匠の班彪から書物を借りて読んだ。
2　太学の図書館で書物を読んだ。
3　家の蔵書で書物を読んだ。
4　書店で購入して書物を読んだ。

3 けいすい 都《みやこ》の軍隊

4 けいし 都《みやこ》の先生

5 けいし 都《みやこ》

問四 傍線部③「遂博通㆓衆流百家之言㆒」の「衆流百家」に含まれない思想家として最も適当なものを、次のなかから一つ選べ。解答番号は40。

1 晏子　2 老子　3 朱子　4 墨子　5 荘子

問五 傍線部④「以数諫争不合去」の書き下し文として最も適当なものを、次のなかから一つ選べ。解答番号は41。

1 数を以つて諫争するも合はざれば去る

2 数諫を以つて合はざるを争ひて去る

3 諫争の数の合はざるを以つて去る

4 以へらく数《しばしば》諫争して合《まさ》に去らず

5 数《しばしば》諫争して合はざるを以つて去る

問六 傍線部⑤「始若詭異、終有理実」の意味として最も適当なものを、次のなかから一つ選べ。解答番号は42。

1 終始怪異の話ばかりしていた

2 若い時は怪異の話をしたこともあったが、老いてからは現実の話ばかりをするようになった

6　市肆――街なかの商店。
7　俗儒――見識が狭く、世俗的な物の見方しかできない学者。
8　戸牖牆壁――扉や窓など室内のいたるところ。
9　永元――年号。

問一　空欄 A には「より」と読む文字が入る。最も適当なものを、次のなかから一つ選べ。解答番号は37。

1　寄　　2　自　　3　経　　4　頼　　5　比

問二　傍線部①「充少孤」の意味として最も適当なものを、次のなかから一つ選べ。解答番号は38。

1　王充は少し孤独であった
2　王充は若い時から孤独であった
3　王充は若い時に父親を亡くした
4　王充は一人っ子であった
5　王充は若い時、独りよがりであった

問三　傍線部②「京師」の読み方と意味の組合せとして最も適当なものを、次のなかから一つ選べ。解答番号は39。

1　きょうし　都《みやこ》の学校
2　きょうすい　都《みやこ》

憶《シ》、③遂《ニ》博《ク》通《ズ》二衆流百家之言《ニ》一。後《ニ》帰《リ》二郷里《ニ》一、屏居《シテ》教授《ス》。仕《ヘテ》レ郡《ニ》為《ルモ》二功曹《ト》一、④以数諫争不合去。

充《ハ》好《ミ》二論説《ヲ》一、⑤始若詭異、終有理実。以為《おもへラク》俗(注7)儒《ハ》守《リ》レ文《ヲ》、多《ク》失《フ》二其《ノ》真《ヲ》一。乃《チ》閉《シテ》レ門《ヲ》潜《メ》レ思《ヒヲ》、絶《チ》二慶弔之礼《ヲ》一、戸(注8)牖牆壁《ニ》各《オノ》置《ク》二刀筆《ヲ》一。著《シ》二『論衡』八十五篇、二十余万言《ヲ》一、釈《シ》二物類《ノ》同異《ヲ》一、正《ス》二時俗《ノ》嫌疑《ヲ》一。年漸《ク》七十《ニシテ》志力衰耗《シ》、乃《チ》裁二節《シ》嗜欲《ヲ》一、⑥頤《やしなヒテ》レ神《ヲ》自《ラ》守《ル》。永(注9)元中《ニ》、病《ミテ》卒《ス》二于家《ニ》一。

（『後漢書』）

（注）
1　会稽上虞――地名。
2　魏郡元城――地名。
3　太学――国立の高等教育機関。
4　扶風班彪――扶風出身の著名な学者。扶風は地名。
5　章句――伝統的な古典解釈。

5　落雷により皇后宮は全焼したが、人々の再建への願いを受けて立派な宮柱が建てられた。

問八　『弁内侍日記』と同じ時代の日記文学を、次のなかから一つ選べ。解答番号は36。

1　更級日記　　2　十六夜日記　　3　土佐日記　　4　蜻蛉日記　　5　紫式部日記

〔四〕

次の文章は後漢の王充の伝記の一部である。これを読み、あとの設問に答えよ。ただし、設問の都合で返り点・送り仮名を省いたところがある。

王充、字《あざな》ハ仲任、会稽(注1)上虞ノ人也。其ノ先、[A]二魏郡(注2)元城一徙ル焉。①充

少孤、郷里称スレ孝ト。後ニ到リ二②京師ニ一、受ケ二業ヲ太学(注3)ニ一、師二事ス扶風(注4)ノ班彪ニ一。好ミテ二博覧ヲ一

而不レ守ラ二章句(注5)ヲ一。家貧シクシテ無クレ書、常ニ遊《あそ》ビ二洛陽ノ市肆(注6)ニ一、閲シ二所ノレ売ル書ヲ一、一見シテ輒《すなは》チ能ク誦

⑤
1　夢見が悪くて本当に悲しくなった
2　夢のなかでは実際に逢うことができた
3　夢で見たとおりの姿にあきれてしまった
4　夢のように思われて本当に嘆かわしい
5　夢にまで見た光景は実にすばらしい

問五　傍線部③「「やや」と言ふ人」は誰を指すか。最も適当なものを、次のなかから一つ選べ。解答番号は[33]。

1　少将内侍　　2　公忠の中将　　3　弁内侍　　4　天　皇　　5　宣旨殿

問六　傍線部⑥「延喜天暦のかしこき御代にもあまた度侍りける」の説明として最も適当なものを、次のなかから一つ選べ。解答番号は[34]。

1　延喜天暦の恐れ多い時代にも、天皇の行幸は数回あったことを表している。
2　延喜天暦の善政の時代にも、天皇の行幸が何度もあったことを表している。
3　延喜天暦の悪政の時代にも、内裏の火災が繰り返しあったことを表している。
4　延喜天暦の聖代にも、逃れがたい戦争が繰り返しあったことを表している。
5　延喜天暦のすぐれた聖代にも、内裏の火災は何度もあったことを表している。

問七　本文の内容と最も合致するものを、次のなかから一つ選べ。解号番号は[35]。

2　動詞連体形＋助動詞已然形＋助詞＋助詞

3　動詞連用形＋助動詞已然形＋助詞

4　動詞連用形＋助動詞連体形＋助詞＋助詞

5　動詞未然形＋助動詞已然形＋助詞

問四　傍線部②「あまりうつつともなくて」・④「いづくともこれも知り候はぬ」・⑤「夢の心地していとあさまし」の現代語訳として最も適当なものを、次のなかからそれぞれ一つずつ選べ。解答番号は、②は[30]、④は[31]、⑤は[32]。

②
1　あまりにも見るにたえなくて
2　ほとんど手応えがなくて
3　ほとんど現実感がなくて
4　少し本当かもしれなくて
5　あまりに対処できなくて

④
1　どこへお持ちすればよいのか私もわかりません
2　どこへ行幸すればよいのか天皇もご存知ありません
3　どこへ行けばよいのか按察三位殿もわからないでしょう
4　どこへ行けばよいのか宣旨殿もご存知ありません
5　どこへ逃げればよいのか宣旨殿も知りたいそうです

しと人々おはします。（略）

大納言たち、移し馬に乗りながら、或《あ》るは弓持ち、矢負ひなどして門に立たれたりし、⑤夢の心地していとあさまし。さりながら、⑥延喜天暦のかしこき御代にもあまた度侍りける」など仰せらるる人々もありしかば、弁内侍、

焼けぬともまたこそ立てめ宮柱《みやばしら》よしや煙のあとも嘆かじ

（『弁内侍日記』）

（注）1　鬼の間――清涼殿の西南の一室。殿上の間との境の壁に鬼を斬る絵を描いていることによる名称。

2　御所――ここは後深草天皇のことで、当時七歳。

3　蒹葭――水草のヨシとアシ。この詩は、蒹葭茂る中洲に小舟を停める旅人の孤愁を表したもの。

問一　空欄 A に入る語として最も適当なものを、次のなかから一つ選べ。解答番号は27。

1　あさまし　2　つれなし　3　いとほし　4　はかなし　5　おそろし

問二　空欄 B に入る語句として最も適当なものを、次のなかから一つ選べ。解答番号は28。

1　騒ぎたる気色　2　更けぬる気配　3　書かざる有様　4　参りける様　5　侘びつる心

問三　傍線部①「思ひしかども」の文法的説明として最も適当なものを、次のなかから一つ選べ。解答番号は29。

1　動詞連体形＋助動詞終止形＋助詞

〔三〕 次の文章は、建長元(一二四九)年の御所の火災を描く『弁内侍日記』の一部である。全文を読み、あとの設問に答えよ。ただし、本文の一部を省略してある。

二月一日、夜更くる程、台盤所より参りて、鬼の間(注1)の布障子かけむと①思ひしかども、灯火の影もかすかにて、常よりはいかにやらんおぼえて。朝餉《あさがれひ》より常の御所へ参りたれば、宮内卿典侍殿、兵衛督殿、勾当内侍殿など候はせ給ふ。御所(注2)もいまだ御夜にもならせおはしまさず、御手習などありて、「面白く思はん詩、書きて参らせよ」と仰言あれば、「蒹葭《けんか》洲裏孤舟夢(注3)(蒹葭の洲の裏《うち》の孤舟の夢)」と書きて、そばに弁内侍、

身一つのうれへや波に沈むらむ蘆《あし》のかりねの夢も［A］

など書きて、「秋の詩はいづれも面白くてこそ」とさまざま申す程、御番に公忠の中将候ふが、まことに［B］にて、「勝事の候ふ。皇后宮の御方に火の」と言ふ。あさましともおろかなり。②あまりうつつともなくて。柳の薄衣・裏山吹の唐衣着たりしを脱ぎて、袴ばかりにて局へすべり、荒らかに叩きて、急ぎ棹《さを》なる梅襲《うめがさね》の衣《きぬ》に、葡萄染《えびぞめ》の唐衣重ねて参りたれば、勾当内侍殿、やがて夜の御殿へ入りて、剣璽《けんじ》取り出だし参らす。油小路の門の方へ行く。御所も、二位殿抱き参らせて、中納言典侍殿、宮内卿典侍殿など、みな続きて参り給ふ。

少将内侍は、大原野の使に立ちて、心地わびしくて局に臥したりけるが、荒く叩く音に驚きて、火と聞きて急ぎ御所へ参りたりければ、人もおはしまさず、煙は満ちたり、いづ方へ行幸もなりつらんとあさましくて迷ひ歩く程に、夜の御殿の一間に、③「やや」と言ふ人あり。化物にやと恐ろしながら、行きて見れば、何やらんの三御衣《みつおんぞ》に薄御衣《うすおんぞ》重ねて、さしもの騒ぎの中にさまよくもてかくして、御髪のかかり、御額の髪、御丈までかかりたり。宣旨殿、御太刀持ちて、「これ、いづくへか具し参らすべき。按察三位殿に申せ」と仰せらるれども、④「いづくともこれも知り候はぬ」とて、油小路面《おもて》の端《つま》の方へ出でたれば、ひ

5 子どもたちの多くが「教師の説明中心の一斉授業」を受け入れているという調査結果が出ている中で、国際的趨勢とはいえ、「個人学習」「グループ学習」などの学習文化への転換は難しい。

問九 本文の内容と最も合致するものを、次のなかから一つ選べ。解答番号は26。

1 「学び」の本質は、モノ、他者、自己との対話を通じて、他者の考えや意見、さらに自分の考えや意見を深く吟味し、他者の考えより優れた意見を生み出して世界に貢献していくことにある。

2 わが国の教育は、開発途上国型や旧社会主義国型から脱出しつつあるのに、国際学力到達度比較テストで良い成績を収められないでいるのは、知識を情報としてしか扱わないことの弊害であるといってよい。

3 「学び」にもともと込められていた意味は、明治期以降に忘れ去られ、人々の学習経験は矮小化されてきたといえるが、現在、「学び」の本来の意味も参照しつつ、新しい学習の様式を実践していく時期に来ている。

4 日本人にとって、学習が記憶中心の「勉強」になってしまったのは、もともと「学び」の中に「なぞり」「かたどり」といった模倣の意味が含まれていたことに由来している。

5 世界的に、学校の授業は活動的で楽しいことが理想とされており、もはや知識を身につけたり、テストでよい成績を取ったりすることに価値を見出しているのは、儒教文化圏の国々に特有なことになっている。

を省いて「知識」を扱ってきたが、それは「知識」ではなく「情報」に過ぎなかった。

3　これまで、日本の学校教育では、生徒自身がある知識を深く理解することを重視してきたが、その目的が結局受験のためだった以上、そこで扱われたのは「知識」ではなく「情報」に過ぎなかった。

4　これまで、日本の学校教育では、他者との交流もないまま、教師が威圧的に知識の記憶を強要する一斉授業を展開してきており、そこで扱われたのは「知識」ではなく「情報」に過ぎなかった。

5　これまで、日本の学校教育では、自分自身のあり方を内省しながら、自分自身の力で生み出すという、知識本来のあり方を軽視する授業を行っており、そこでの「知識」は「情報」に過ぎなかった。

問八　傍線部⑥「日本の学校に「学び」の文化を育てることは容易なことではない」の内容として最も適当なものを、次のなかから一つ選べ。解答番号は25。

1　これまで、記憶することを学習と捉えてきたわが国では、「学び」の授業に必要な教材などモノの準備が十分ではなく、それを各学校に揃《そろ》えていかなければ新しい文化の定着は難しい。

2　勉強を拒絶する子どもが増え、授業が成立しにくい状況が生まれている中で、自主的・能動的な学習が必要である「学び」の授業様式が、子どもたち世代の文化として定着していくことは難しい。

3　現在もなお、説明中心の一斉授業が多く、百年以上にわたって記憶することが学習であると捉えてきた文化の中で、モノ、他者、自己との対話を通して文脈依存的に知識を扱う「学び」の文化を定着させることは簡単ではない。

4　学習に誠実さを求める文化の中で、日本人は世代を超えて、知識の記憶という学習方法に誠実さを感じ取っているため、海外から移入される新しい学習方法を受け付けることは、日本人の文化にとって簡単ではない。

為ではなく、対話や協同、自分自身の内省も含めて展開する活動的な実践である。

3 勉強は、もともと無理があることに対する挑戦的な意味を含むのに対して、学びは、「仲間づくり」や「自分探し」など、自己肯定感の充足によって、子どもたちの勉強離れを阻止しようとする実践である。

4 勉強は、教師が一方的に説明し伝達する一斉授業に適した行為であるのに対して、学びは、実際のモノを使い、子どもたちの関心に沿った授業が展開される、きわめて現代的な学習方法である。

5 勉強は、明治期以来、子どもたちに強いられてきた受験のための学習であるのに対して、学びは、国際的な学力調査で計測される学力に対応する、グローバル社会に適した学習方法である。

問六 空欄 [Ⅰ] ・ [Ⅱ] に入る語句の組合せとして最も適当なものを、次のなかから一つ選べ。解答番号は[23]。

1 Ⅰ 対話的な性格　Ⅱ 対話的概念

2 Ⅰ 文化的な性格　Ⅱ 社会的概念

3 Ⅰ 模倣的な性格　Ⅱ 模倣的概念

4 Ⅰ 社会的な性格　Ⅱ 文化的概念

5 Ⅰ 倫理的な性格　Ⅱ 倫理的概念

問七 傍線部⑤「これまでの「勉強」が扱ってきたのは「知識」ではなく「情報」に過ぎなかった」の説明として最も適当なものを、次のなかから一つ選べ。解答番号は[24]。

1 これまで、日本の学校教育では、他者との対話、認識した人間の理解内容など、背景的・文脈的な要素を取り除いた情報を「知識」として扱ってきたが、それは「知識」ではなく「情報」に過ぎなかった。

2 これまで、日本の学校教育では、知識の持つ場面・文脈に依存する性格の重要性を認識しながら、時間の制約上それ

問四　傍線部③「わが国の教育の歴史において「知育偏重」に陥ったことは、いままでに一度もない」と筆者が述べる理由として最も適当なものを、次のなかから一つ選べ。解答番号は21。

1　知育偏重とは知識に偏った教育をすることだが、わが国では、すでに江戸時代から学習に誠実さを求める伝統があり、学校でも道徳教育によるバランスの取れた人間形成を重視しているから。

2　知育偏重の教育が行われていれば、国際学力到達度比較テストではもっと上位の成績を獲得できるはずで、今回のような成績ではとても知育が重視されてきたとは言えないから。

3　教育改革では「新しい学力観」など、雰囲気を表す言葉が目標になっているが、「知育偏重」も同じように実態ではなく、これまでの教育を批判するための雰囲気的な言葉に過ぎないから。

4　明治時代から続く、暗記中心の学習が知育偏重の教育として批判されているが、近代国家として新たにスタートしたわが国には不可欠な学習方法で、それを「偏重」とは言えないから。

5　知育・徳育・体育と言われるように、知育は知的に物事を考える力を養うことだが、わが国で百年以上前から知育と考えられてきたことは、単に物事を記憶することに過ぎないから。

問五　傍線部④「「勉強」と「学び」との根本的な違いはなんだろうか」という問いに対する、筆者の説明として最も適当なものを、次のなかから一つ選べ。解答番号は22。

1　勉強は、記憶作業を中心とした知的・頭脳的な行為であるのに対して、学びは、単に頭脳を行使すれば可能な行為ではなく、読み、書き、聞くといった感覚器官全体を動員した総合的な実践である。

2　勉強は、記憶作業を中心とした自己完結的な行為であるのに対して、学びは、単に記憶すべき対象があれば可能な行

4　新しい住キョ　　5　入学のキョ可

(ウ)　1　絵で描シャする　　2　親切に感シャする　　3　通信をシャ断する
4　消火剤を噴シャする　　5　四シャ五入する

問二　空欄 A ・ B ・ C ・ D に入る語の組合せとして最も適当なものを、次のなかから一つ選べ。解答番号は18。

1　A　いずれにせよ　　B　もちろん　　C　ところが　　D　あるいは
2　A　あるいは　　B　ところが　　C　もちろん　　D　いずれにせよ
3　A　ところが　　B　あるいは　　C　いずれにせよ　　D　もちろん
4　A　いずれにせよ　　B　もちろん　　C　あるいは　　D　ところが
5　A　ところが　　B　もちろん　　C　あるいは　　D　いずれにせよ

問三　傍線部①「危惧」・②「錯綜」の意味として最も適当なものを、次のなかからそれぞれ一つずつ選べ。解答番号は、①は19、②は20。

①　1　世に広められること　　2　あらかじめ予想すること　　3　危険をさけようとすること
4　成り行きをおそれること　　5　人びとが感じていること

②　1　入り組んでいること　　2　乱立していること　　3　かみあわないこと
4　的外れであること　　5　打ち立てること

ある。実際、旧社会主義国の教育も大きく転換しつつある現在、このままでいくと中国・台湾・日本・韓国という儒教文化を背景とする四つの国だけが旧態依然とした「一斉授業」の様式にとどまりかねない状況なのである。

［　D　］、明治半ば以来、「勉強」の文化で押しとおしてきた⑥日本の学校に「学び」の文化を育てることは容易なことではない。しかし、冒頭でも触れたように、子どもたちはすでに授業の改革よりも速い速度で「勉強」からの逃走を遂行しつつある。都市部では、小学校の高学年で授業が成立しにくい状況が生まれているし、中学校や高校では、どの学校でも「勉強」を拒絶する生徒たちへの対応に苦慮している。子どもたちのほうが、教師以上に敏感に「勉強」から「学び」への転換を訴えていると言ってもよいだろう。

（佐藤学『学びの身体技法』）

（注）1　昨年――この文は、国際学力到達度比較テストの結果から生徒の「理科離れ」が指摘された当時、理科教師向けの雑誌上に発表されたものである。

2　単元学習――「単元（unit）」と呼ばれるひとまとまりの中で、生徒が設定された課題を自主的に解決していく学習の方法。

問一　傍線部（ア）・（イ）・（ウ）と同じ漢字を含むものを、次のなかからそれぞれ一つずつ選べ。解答番号は、（ア）は15、（イ）は16、（ウ）は17。

（ア）　1　旅館のシュ人　　2　シュ尾一貫した主張　　3　野シュあふれる庭
　　　4　野球のシュ備ポジション　　5　書道の名シュ

（イ）　1　キョ年の予定表　　2　キョ弱体質　　3　キョ動不審

この視点から考えると、これまでの学校教育における「勉強」が、「学び」の本質を剥奪されていることは明瞭だろう。「勉強」においてはモノ（対象世界）との出会いもなければ、他者との出会いや異質な考えの交流もなく、自分自身のあり方を反省的に吟味する自分探しのプロセスも排除されているからである。さらに言えば、「勉強」においては「知識」もたんなる「情報」へと転落している。「知識」は学び手が経験を基盤として意味を構成する認識活動の所産であり、だれがどこで何によってどういうわかり方をしたのかを表現していなければならない。「知識」には人称関係と媒体と経験と文脈がその内側に込められているのである。それに対して「情報」は、人称関係も媒体も経験も文脈も(ウ)シャショウした知識である。このように「知識」と「情報」を区別するならば、⑤これまでの「勉強」が扱ってきたのは「知識」ではなく「情報」に過ぎなかったことは明瞭だろう。わが国の学校教育で、これまで「知識」が「知識」としてまっとうに扱われたことは一度もないのである。

「勉強」から脱却して「学び」を復権するためには、モノ（対象世界）との対話と他者との対話と自分自身との対話を教育過程に組織しなければならない。〈活動的で協同的で反省的な学び〉の組織である。「世界づくり」「仲間づくり」「自分探し」の三つの実践を遂行できる学びが教室に組織されなければならない。この課題が、旧来の教師が一方的に説明し伝達する一斉授業の様式からの脱却を要請していることは明瞭だろう。

先に示した国際学力到達度比較テストの調査結果において、もう一つ特徴的な結果は、わが国の授業形態が諸外国と比較して、いまなお伝統的な様式に縛られている実態であった。中学二年生を対象として「教師の説明中心の一斉授業」「グループ学習」「個人学習」の三つの形態の普及状況を調査した結果を見ると、わが国の場合は七九パーセントが一斉授業の様式で行なわれているのに対して、世界四十一か国の平均で一斉授業は五九パーセントにまで減少している。「個人学習」「グループ学習」を中心とし「一斉授業」を組みあわせる様式の授業が、初等教育の段階だけでなく、中等教育の段階にも広く浸透してきている状況に目を向けなければならない。かつては、子ども中心の単元学習(注2)の様式の授業は、アメリカやカナダやイギリスなど欧米の先進諸国の学校の特徴であったが、現在では、アジアやアフリカや南アメリカなどの開発途上国においても広範に普及しつつという意見など、含蓄のある解答も見られた。[C]、「勉強」から脱却し「学び」を復権するためには、「学び」の概念を一人ひとりのなかで鮮明にしなくてはならない。

「学び」という言葉は「まねび」を起源としている。学びは、まずは模倣である。「模倣」という言葉のニュアンスが問題になるならば、「なぞり」と呼んでもよい。「学び」とは伝承された文化の「なぞり」なのである。この「なぞり」による文化の伝承は、学び手自身の文化の「かたどり」を生成する。この二つの作用に注目して、私は「なぞりながらかたどり、かたどりながらなぞる」運動として「学び」をとらえている。学びは、この「なぞり」と「かたどり」の文化的・対人的実践なのである。

「学び」の意味を江戸時代の辞書で調べてみると、「まこと（真・誠）を習うこと」として定義されている。認識における「真実」と倫理における「誠実」の二つの「まこと」が追求されている点が重要だろう。学びの[Ⅰ]を「日本的」と見る人もいるかもしれないが、そんなことはない。欧米においても「学び」の本質は[Ⅱ]である。「教えるとは未来を語ること、学ぶとは誠実さを胸に刻むこと」というフランスのルイ・アラゴンの詩の一節は有名だが、英語圏においても「学び」の本質は「慎み深さ(modesty)」に求められている。この「誠実」の意味は、学べば学ぶほど慎み深くなり絶えずケンキョ(イ)に学びつづけること、物事に対して注意深いこと、他者の意見に細やかに耳を傾けること、物事の真実や自己の信念に忠実に生きることなどであろう。

前記のような学びの伝統に立脚して、私は、「学び」をモノ（対象世界）と他者と自分との対話的実践として定義している。「勉強」と「学び」との決定的なちがいは、この「対話」の有無にあると言ってもよいだろう。「学び」は、モノ（教材、あるいは対象世界）と対話し、他者の考えや意見と対話し、自分自身の考えや意見と対話する実践である。「学び」は、その意味で、認知的（文化的）実践であるとともに対人的（社会的）実践であり、同時に自己のあり方を探求する実存的（倫理的）実践である。「世界づくり」と「仲間づくり」と「自分探し」の三位一体論として、私は、「学び」の実践を定義している。

子どもたちの学びの現実に立脚しているわけではない。そこに、現在の教育改革の大きな混乱があるとは言えないだろうか。

問題はいくつも②錯綜しているが、たとえば、③わが国の教育の歴史において「知育偏重」に陥ったことは、いままでに一度もない。明治二十年代には、すでに暗記中心の授業が浸透しはじめていて、「勉強」という言葉が「学習」という言葉におき換わって一般に普及している。この「勉強」の文化こそ、もう一世紀以上にわたって、わが国の学校教育の中枢を冒してきた病理現象だと言ってもよいだろう。

「勉強」という言葉は、中国語では「無理をすること」「もともと無理があること」を意味している。学習に相当する意味はない。わが国においても明治の初期までは、商売で無理して値引きすること以外の意味はなかったのである。ところが、明治二十年代以降、いわゆる受験学力が求められ、学業成績による差別と競争が求められるにしたがって、学校の「学習」は「勉強」へと転換したのである。そして、この「勉強」文化は、日本人の学習観の骨髄まで浸透してしまった。

私は、この「勉強」文化からの脱却こそが、授業と学習の改革の中核的な問題であると考えている。「勉強」から脱して「学び」を回復する改革である。骨髄まで染みこんだ「勉強」文化である。その脱却はけっして容易なことではないが、この課題を達成することなしには、日本の教育の未来も日本の社会の未来も開かれることはないだろう。

ところで、④「勉強」と「学び」との根本的な違いはなんだろうか。この問いを二十代から四十代までの大人たちの会合で投げかけて解答してもらったことがある。大半の解答は「勉強＝強制」「学び＝自主性（主体性）」という意見で、それ自体が解答者たちの「無理」を強いて勉強させられてきた体験を反映していて興味ぶかかった。しかしこの解答は、あまりに一面的である。いくつかの解答はちがう意見も示していた。「勉強は頭だけで行なうもの」「学びは身体全体で行なうもの」という意見、あるいは「勉強は将来のために行なうもの」「学びはいまを生きるために行なうもの」という意見、「勉強は前へ前へ進むもの」「学びは行きつもどりつするもの」という意見、さらには「勉強は一つひとつが終わるもの」「学びは始まりを準備して終わりのないもの」

〔二〕　次の文章を読み、あとの設問に答えよ。ただし、本文の一部を省略してある。

「理科離れ」の現象は、①危惧されている以上に根の深い問題であることが明らかとなった。その一つの警鐘は、昨年(注1)（一九九六年）十一月に国立教育研究所が公表した一九九五年度の国際学力到達度比較テストの調査結果だろう。オランダに事務所をおくこの国際学力到達度比較テストは、一九六四年以来、世界各国の中学校一・二年生を対象として、数学と理科の学力比較テストを行なってきた。このテストにおいて、わが国の両教科の成績が、イスラエルとハンガリーと並んでいつも(ア)シュイの座をしめてきたことは広く知られている。「ジャパン・アズ・ナンバー・ワン」という「教育大国日本」の神話も、この国際比較テストの結果に負っていたのである。

［A］、今回の報告は、その地位が転落しつつある状況を示していた。世界四十一か国のなかで、わが国の中学二年生の学力は、数学が「シンガポール」「韓国」についで第三位、理科も「シンガポール」「チェコ」についで第三位となったのである。もちろん、いまだに第三位であるから世界各国と比較すると高水準であることはまちがいないが、アジアやアフリカ諸国の教育熱の高騰のもとで、もはや転落傾向は決定的と言ってよい。さらに言えば、この数字だけを見れば、「テスト向きの学力」の時代が先進諸国のなかではすでに終焉しているわけだから、わが国の教育もやっと開発途上国型や旧社会主義国型から脱出しているという解釈も生まれるかもしれない。（略）

前記の一連の数値は、常識的な見方への反省を要請している。一般に学校教育は「知育偏重」として批判され、「人間性」や「ゆとり」や「生きる力」などのムードの言葉が改革の標語となっているし、「新しい学力観」以降、認識の内容よりも「関心・意欲・態度」のほうが重視されているからである。言い換えると、いまだに根強い「知育偏重」論にせよ、［B］、「関心・意欲・態度」を強調する「新しい学力観」にせよ、今日の改革の標語は、マスコミなどによって操作される俗論に立脚していて、

1　自分が書いた文章を読み返し、「～である」がやたら乱発されているのに気づいて気恥ずかしい思いをする原因は、その文章が未熟だからという点に尽きる。

2　「言(話し言葉)」と「文(書き言葉)」を一致させようという改革が始まって、長い年月が経過した今日では、「言文一致体」はすっかり安定した文体となった。

3　ミニチュアのドールハウスやジオラマを見る楽しさは、主として人形の一つになったつもりで広場から時計台を見上げてみるという現場の一人称的な視点にある。

4　谷崎潤一郎が指摘する、文末の「～た」に思わず「のである」を書き加えたくなってしまう書き手の心理の問題は、成熟した言文一致体小説では起こりえない。

5　日本の近代小説では、「～た」に表象される三人称的な事実を提示する視点が必要であるが、それればかりでなく、同時に語り手の一人称的な判断も求められる。

4 『三四郎』から引用した文章の文末表現には、「〜なのだ」という断定を「〜と思われる」に置き換えることにより、気恥ずかしさを減じる工夫が施されているという問題。

5 『三四郎』のような小説を書く場合に限らず、文章を書く際に文末をどのように結ぶかというのは、書き手にとって常に大きな悩みの種であるという問題。

問九 傍線部⑥「言文一致体の〝小説づくり〟のポイント」を具体的に記したものとして**適当でないもの**を、次のなかから一つ選べ。解答番号は13。

1 文末表現においてたしかにあるはずの書き手「私」の判断を、あたかもない〝かのように〟よそおってみせるしたたかで技術的な試み。

2 『三四郎』の文末表現において、一人称と三人称の二つの視点を交互に織り交ぜることにより立体的に構成して見せた、漱石の創意と工夫。

3 「〜である」を段落の最後の文章だけに使ってみたり、体言止めを取り入れてみたり、時には「なり」など古典語を用いてみたりする様々な試み。

4 小説の標識記号となる「〜た」という文末詞を、小説を叙述する際にいかにうまく使いこなすかという点。

5 「かつて—そこに—あった」世界を提示する視点ばかりでなく、それを読み手に伝える叙述主体である隠れた「私」の判断を同時に示す試み。

問十 本文の内容と最も合致するものを、次のなかから一つ選べ。解答番号は14。

問六　傍線部④『三四郎』や『それから』とともに、夏目漱石の前期三部作をなす小説として最も適当なものを、次のなかから一つ選べ。解答番号は[10]。

1　『門』　2　『雁』　3　『鼻』　4　『浮　雲』　5　『破　戒』

問七　空欄 [C]・[D]・[E] に入る語の組合せとして最も適当なものを、次のなかから一つ選べ。解答番号は[11]。

1　C　要するに　D　たとえば　E　しかし
2　C　要するに　D　しかし　E　たとえば
3　C　たとえば　D　しかし　E　要するに
4　C　たとえば　D　要するに　E　しかし
5　C　しかし　D　要するに　E　たとえば

問八　傍線部⑤「この問題」の説明として最も適当なものを、次のなかから一つ選べ。解答番号は[12]。

1　『三四郎』という小説は、夏目漱石が職業作家としてスタートをきってまだ間もない、初期に書かれた名作として親しまれているという問題。
2　『三四郎』から引用した文章の文末表現は、「〜た」で結ばれている場合と、動詞の現在形で終わっている場合とがほぼ半々に入り交じっているという問題。
3　『三四郎』から引用した文章の文末表現は、過去のできごとと現在のできごとが同時に入り交じった、はなはだ不自然な表現になっているという問題。

問三　傍線部②「したたか」、③「なまじ」の意味として最も適当なものを、次のなかからそれぞれ一つずつ選べ。解答番号は、②は[5]、③は[6]。

②
1　ひとすじなわではいかない様子
2　損得勘定に敏感でずるがしこい様子
3　動作がやわらかでなめらかな様子
4　適切と思われる程度をこえている様子
5　やり方が上手《うま》くて他の誰にも真似《まね》できない様子

③
1　今行われたばかりのような目新しいさま
2　なまけたり意気地がなかったりするさま
3　物事の基本に立ち返って対処するさま
4　かすかな希望に期待をかけるさま
5　そうしない方がむしろよいさま

問四　空欄 [A] ・ [B] に入る語句として最も適当なものを、次のなかからそれぞれ一つずつ選べ。解答番号は、Aは[7]、Bは[8]。

A　1　けり　2　けむ　3　らし　4　らむ　5　たり

B
1　「私」が話す
2　「私」が叙述する
3　「私」が突出する
4　「私」を隠す
5　「私」を惑わせる

問五　次の一文を挿入するのに最も適当と思われる箇所を、本文中の【1】～【5】のなかから一つ選べ。解答番号は[9]。

この二つの視点を自由に織り交ぜることによって、われわれは初めて一個の世界をトータルに所有し得たと感じるわけである。

問一 傍線部(ア)・(イ)・(ウ)と同じ漢字を含むものを、次のなかからそれぞれ一つずつ選べ。解答番号は、(ア)は[1]、(イ)は[2]、(ウ)は[3]。

(ア) 1 天イ無縫　2 箇イ書留　3 イ憲状態　4 イ失物係　5 無イ無策

(イ) 1 初シ貫徹　2 沈シ黙考　3 物価シ数　4 公共シ設　5 口頭シ問

(ウ) 1 コウ務店　2 コウ響曲　3 コウ明正大　4 コウ言令色　5 晴コウ雨読

問二 傍線部①「主観的な判断と客観的な妥当性との間にいかに折り合いをつけるかをめぐる、ギリギリの駆け引き」がうかがえる表現として最も適当なものを、次のなかから一つ選べ。解答番号は[4]。

1 文章を書く際、文末に「〜である」がやたらに乱発されているのに気がつき、書き手が気恥ずかしさにいたたまれなくなるような表現。

2 文章を書く際、「〜と思われる」や「〜と考えられる」を多用することにより、一般的な妥当性を持っているかのようによそおわれた表現。

3 小説を書く際、文末詞「〜た」を多用することにより、語り手が主人公の視点を離れて彼を外側から観察し、概括的に説明する三人称的な表現。

4 「放り出してある」「積んである」「様に見える」といった動詞の言い切りの形を連続して用いることにより、語り手が主人公に寄り添う一人称的な表現。

5 他者の心理「嬉しかった」に話し手の判断「〜のである」を付け加えることにより、客観世界に主観が介入しかねない「危険な関係」となる表現。

だろう。それはいわば動詞の言い切りの形に代表される、現場の一人称的な視点であると言ってよい。【3】

三人称的な視点と一人称的な視点と——おそらくはこの両者をいかに組み合わせるかに⑥言文一致体の〝小説づくり〟のポイントがあった。そしてこの場合、要点の一つは文末詞の「〜た」をいかにうまく使いこなすか、にあると言ってよい。【4】

E　この点に関して野口武彦（注）は、日本文学にもともとなかったはずの三人称の概念が近代小説に定着していくプロセスとして、標識記号としての「〜た」を興味深く論じている（『三人称の発見まで』一九九四年）。実は谷崎潤一郎が『現代口語文の欠点について』（昭和四年）という文章の中で、文末の「〜た」に思わず「のである」を書き加えてしまいたくなる書き手の心理を問題にしているのだが、野口はこれを取り上げ、そこには三人称と一人称との間の「或る微妙な、いわば危険な関係」があるのだという。たとえば他者の心理を「嬉しかった」と表現すると、なぜそこまで客観的に断定できるのか、という不自然さを打ち消すことができない。そこに話し手の判断として「〜のである」を付け加えたくなってしまうのは、一般的な妥当性と話者の判断とのギリギリのせめぎ合いがあるからなのであって、それを野口は客観世界に主観が介入しかねない、「危険な関係」だというのである。「嬉しかったのである」という表現は、この場合、三人称的な事実の提示と一人称的な判断とのせめぎ合いの産物としてあるわけである。【5】

こうした例から浮かび上がってくるのは、日本の近代小説においては、「〜た」に表象される「かつて—そこに—あった」世界を提示する視点が不可欠だが、同時にそれだけで作中世界を構成することはできず、背後でそれを読み手に伝えている叙述主体——隠れた「私」——の判断が同時に求められることになるという、はなはだ興味深い事実なのである。

（安藤宏『「私」をつくる　近代小説の試み』）

（注）野口武彦（一九三七〜）——日本の文芸評論家、国文学者、思想史家。神戸大学名誉教授。

が無くならないと云ふ事であつた。しかも何処をどう歩《あ》るいても、材木が放り出してある、石が積んである、新らしい家が往来から二三間引つ込んでゐる、古い蔵が半分取り崩されて心細く前の方に残つてゐる。凡《すべ》ての物が破壊されつゝある様に見える。さうして凡ての物が又同時に建設されつつある様に見える。大変な動き方である。

三四郎は全く驚ろいた。［　C　］普通の田舎者が始めて都の真中《まんなか》に立つて驚ろくと同じ程度に、又同じ性質に於て大いに驚ろいて仕舞《しま》つた。　（二の一）

右の文章から、まず文末表現だけを拾い上げてみることにしよう。「〜た」で結ばれている場合と、動詞の現在形で終わっている場合とがほぼ半々に入り交じっていることに気がつく。一般的に、「〜た」は過去のできごとであることを示す文末表現だが、それだと過去のできごとと現在のできごとが同時に(ウ)コウサクしていることになるので、はなはだおかしなことになってしまう。［　D　］われわれはさしてそれを不自然には感じない。つまり「(三四郎は)大いに驚ろいて仕舞つた」という場合の「〜た」は過去のできごととしてよりもむしろ、語り手が三四郎の視点を離れて彼を外側から観察し、概括的に説明する三人称的な表現であることのシグナルと見るべきなのだろう。それに対し、「放り出してある」「積んである」「様に見える」といった動詞の言い切りの形は、三四郎にとって東京がどのように見えるのか、という、いわば彼に寄り添った一人称的な視点であると言ってよい。この二つの視点を交互に織り交ぜ、立体的に構成してみせている点に作者の創意と工夫があるわけである。

⑤この問題はミニチュアのドールハウスやジオラマを例に考えてみると、よりわかりやすくなるかもしれない。【2】

町や村のミニチュア模型を見る楽しさは、世界をトータルに所有してみたいというわれわれのうちなる欲望に発している。上から立って眺めると学校や病院の配置を一望できるのだが、それはいわば「〜た」に表される統括的な、三人称的な視点である。それに対して見る側がかがみ込んで、人形の一つ(一人)になったつもりで広場から時計台を見上げてみる楽しみ方もあるにあるはずの「私」の判断を、あたかもない〝かのように〟よそおってみせる②したたかな技術なのである。

古文ならば「なり」「　A　」あるいは「候」という定型表現で解決していたはずのこの問題は、近代になって③なまじ「言（話し言葉）」と「文（書き言葉）」とを一致させようという改革が始まってしまったために、あたかもパンドラの箱を開けたように、一気に表に吹き出してきてしまった観がある。「〜である」を段落の最後の文章だけに使ってみたり、動詞の終止形を織り交ぜてみたり、体言止めを取り入れてみたり、おそらくわれわれは「偉そうに」見えてしまう突出――「私」の判断の露骨な表出――を避けるために、今後もさまざまな(イ)シコウ錯誤を繰り返していくにちがいない。この問題に関してはいまだ大方の合意があるわけではなく、長い歴史で見れば、「言文一致体」はまだ形成過程にある、はなはだ不安定な文体なのである。

以下本題に入ろう。

実は右の事情は言文一致体でどのように小説をつくっていくか、という近代小説の問題にほぼそのままスライドさせて考えてみることができる。実際には叙述主体である「私」はたしかにあるのだけれども、物語を効果的に演出していくために、あたかもそれがない〝かのように〟操作する必要にせまられることもある。近代小説をこうした　B　、あるいは巧妙に打ち出していくための技術の歴史として眺めた時、はたしてどのような風景が見えてくるだろうか。【1】

夏目漱石の④『三四郎』（明治四一年）を例に考えてみることにしよう。この小説は漱石が職業作家としてスタートをきってまだ間もない、初期の名作として親しまれている。主人公の三四郎は熊本から上京して帝大に入学するのだが、見るもの聞くものが目新しい東京の風景に圧倒されてしまう。たとえば次のように……。

　三四郎が東京で驚ろいたものは沢山ある。第一電車のちん〳〵鳴るので驚ろいた。それから其ちん〳〵鳴る間に、非常に多くの人間が乗つたり降りたりするので驚ろいた。次に丸のうちで驚ろいた。尤《もっと》も驚ろいたのは、何処《どこ》迄行つても東京

国語

（八〇分）

（注）問題三（古文）及び問題四（漢文）は、いずれか一方のみを選択して解答すること。

〔一〕　次の文章を読み、あとの設問に答えよ。

文章を書く際に、文末をどのように結ぶか、というのは常に大きな悩みの種である。誰でも一度は、書いた文章を少し醒めた目で読み返し、「〜である」がやたらに乱発されているのに気がついて、「何を偉そうに……」という（ア）イワ感を覚え、気恥ずかしさにいたたまれない思いをした経験があるのではないだろうか。

おそらく原因は文章が未熟だから、ということだけにあるのではないだろう。そこには書き手の判断をどのように、あるいはどこまで打ち出していくかをめぐる、現代日本語の宿命的な困難が潜んでいるように思われるのである。

たとえば「〜なのである」「〜なのだ」という断定を「〜と思われる」「〜と考えられる」などに置き換えてみると〝気恥ずかしさ〟が多少とも減じるような気がするのはなぜなのだろう。自分の見解が一般的な妥当性を持っているかのようによそおうことができて、ひとまず安心するからなのだろうか。あるいはその背後では、①主観的な判断と客観的な妥当性との間にいかに折り合いをつけるかをめぐる、ギリギリの駆け引きが展開されているのではあるまいか。おそらくそこで問われているのは、たしか

解答編

英語

I　解答　1―③　2―②　3―④　4―②

解説　1．文が仮定法のため，will ではなく would を用いる。

2．be used to ～「～に慣れている」の to の後には *doing* の形が続くため，play ではなく，playing とするのが正しい。

3．not ～ either で「～も（ない）」となるため，neither は誤り。

II　解答　5―②　6―②　7―②　8―④

解説　5．bore は「～を退屈させる」という意味。「私は退屈している」ということを表すためには受動態の形になるので，② bored が正解。

6．help *A do* で「*A* が～するのを助ける」という表現。

III　解答　9―②　10―④　11―⑥　12―②　13―②　14―⑤　15―④　16―⑥

解説　9-10．(She) lost her temper when he shouted at her(.)　lose *one's* temper「激怒する」

11-12．(Stay here) for the time being until your friend comes to pick (you up.)　for the time being「しばらくの間」

13-14．How come he left her after (three years?)　how come ～「どうして～」

15-16．She is about to start singing(.)　be about to *do*「まさに～しようとする」

Ⅳ 解答

17―⑥　18―③　19―⑤　20―②　21―③　22―①
23―②　24―②

解説　≪バス乗り場での会話≫

17. 他人に話しかける際に用いる表現を選ぶ。

18. 前の Randy の発言 I'm sure you …. で「すぐにわかるようになる」と述べているので，「だといいけれど」と答えている。

19. 前の Shizuka の発言に対して賛同を示している。

20. 前の Shizuka の発言 Thanks so much! に対する表現。

21. 「場所」を意味する名詞の place を選ぶ。

23. 最後から２番目の Randy の発言の最終文（If you hurry, …）で５分後にバスに乗れて，20分で Town Hall に到着すると述べているため，25分かかることがわかる。

24. 空欄⒆の前の Shizuka の発言（Sure, but I …）で，「町のことを知りたかった」と述べている。

Ⅴ 解答

25―①　26―②　27―③　28―④

解説　≪豆腐チョコレートムースの作り方≫

26. それぞれ「～まで」を意味する until が入る。

27. 本文では「（食事や飲み物を）出す」という意味の動詞で用いられている。

28. 第３段第１・２文（Traditional mousse usually … the same texture.）に，伝統的なムースには卵，バター，生クリームが使われているが，この豆腐を使ったレシピではこれらの材料は不要だと述べられている。また，Ingredients の部分にもこれらの材料は含まれていないため，④が正解。

Ⅵ 解答

29―④　30―③　31―①　32―②　33―④　34―②
35―④

解説　≪バッテリーの充電方法≫

29～32. ㉙はややわかりにくいので消去法で選ぶとよい。㉚は空欄が in order to と use に挟まれているため，副詞である③が入ることがわかる。

また，(31)・(32)は問題左側の説明図より，充電途中とフルに充電されたときのことを示していることが推測できれば選びやすいだろう。

33. 図を見れば「～の中へ」を意味する④の into が入ることがわかる。

34. 空所の後が to avoid となっているため，②を選んで「必ず～する」を意味する make sure to *do* の形にする。

35. 並べ替えた英文は，Plug in the charger with the battery on the bottom side. となる。plug in ～「～をプラグに差し込む」

Ⅶ　解答

36—②　37—②　38—③　39—③　40—①　41—④
42—②　43—③　44—②　45—④　46—①　47—①
48—②

解説　≪ガールスカウトクッキーのドローン配達≫

39. 空所の直前の Wing は固有名詞のため，カンマ以降は Wing を説明する同格の句である。division は「部門」の意味。

40. 空所は文の主語であるため，動詞の②や形容詞の④は誤り。動詞 told に対応するのは「担当者」を意味する① Representatives である。

42. 空所の前に law があるので，「施行，執行」という意味の② enforcement を選ぶ。law enforcement officials「法執行官，法執行機関の当局者」

43. 第1段最終文（Many people look …）で「多くの人がガールスカウトクッキーの季節が来るのを楽しみにしており，大好きなクッキーを手に入れている」と述べられていることから，③が適切。①を選んだ人もいたかもしれないが，ガールスカウトの団体を支援したがっているという記述が本文にないため不適であろう。

44. 第8段第2文（He said that …）でこの地域は「ドローン配達が最も容易である」と述べられているので，②の「クリスチャンズバーグはドローン配達の試験場として条件を満たしている」が一致する。

45. 第6段第3文（In 2013, Amazon …）で「2013年にジェフ=ベゾスは，5年以内に顧客の家にドローンが飛んでいくようになるだろう」と述べている。④が正解。

46. 第8段第3文（That might not …）の「より混んでいる場所ではそうではないかもしれない」は，①の「人の混む場所では簡単に使うことはできないかもしれない」と一致する。

47. 第5段最終文（The company is currently …）には The company（＝Wing）が「ウォルマート，アマゾンや他の企業と競争している」と書かれているので，①「Wingの競争相手にはウォルマートやアマゾンが含まれる」と一致する。

48. 最終段第2文（The Virginia Girl …）では「ドローンのほうが環境にとってよりよいということに気づいてほしいと願っている」と述べられており，②と一致する。

Ⅷ 解答

49―④　50―①　51―①　52―④　53―②　54―①　55―④　56―③　57―④　58―①　59―②　60―②　61―③　62―②　63―④

解説　≪ラーメン自動販売機の逆輸入≫

50. diner は軽食等を食べる安いレストランを指す語。

51. 下線部の直前に that's still とあり，work は「(機械が) 機能する」という意味の自動詞で用いられているため，現在分詞の working の形になる。

54. 下線部の直前に「最近」を意味する recently があるが，これは今から少し前の過去を表す表現のため，過去形の entered を用いる。

55. ここでの capital は「中心地」の意味。④「ハリウッドは映画産業の中心地だ」が同じ意味で用いられている。

57. dispenser は「自動販売機」の意味で，cash dispenser「現金自動預払機」のように複合語を作るので，ここは its ramen dispensers となる。代名詞 its を受けることのできる語は固有名詞の Yo-kai であることがわかれば，Yo-kai を主語に置いた④を選ぶことができる。

58. ここでは「数値」の意味で用いられているため，①「政府の出した数値は問題を軽視している」が意味的に最も近い。

60. 第2段最終文（Instead, he discovered …）で「温かいうどんを提供する自動販売機が30～40年前の日本に存在した」と述べられていることから，その時期に最も近いのは②の1990年。

61. 第4段に特徴が述べられているが，「メニューの種類は拡大している」と述べられているため，③「選べる選択肢はほとんどない」と不一致。①,

②，④については同段で述べられている。

62. 第7段第2文（Four types of …）に790円であると述べられている。

63. 第7段最終文（By the end of …）では，「年末までに全国に250台を導入し，数年後にはさらに数百台を想定している」と述べられているので，当面は成長していくと想定できる。ただ，第6段第1文（While the number …）および第9段第1文（While their numbers …）では，日本の自動販売機の数が減少しているとあり，自動販売機の市場は縮小していることが示されている。したがって，④「成長するがすぐに縮小するだろう」が正解として妥当であろう。

日本史

I **解答**　A．問１．①　問２．④　問３．③　問４．③
問５．②　問６．①　問７．④　問８．②

B．問１．③　問２．④　問３．②　問４．②　問５．①　問６．④
問７．③　問８．②

出典追記：A．問２．①田原本町教育委員会　② ColBase（https://colbase.nich.go.jp/）　③京都国立博物館所蔵　④十日町市博物館所蔵　問６．①三内丸山遺跡センター提供　②静岡市立登呂博物館

解説　≪縄文時代と弥生時代の日本列島≫

A．問３．③誤文。マンモスとオオツノジカが狩猟の対象となったのは，縄文時代ではなく，旧石器時代である。

問４．リード文に「気候の［　ア　］は約６千年前にピークをむかえ」とあるので，［　ア　］に入る「温暖化」によって引き起こされる事態を選べばよい。温暖化によって地上の氷河が溶け出し，海水面が高くなることで海抜が低い場所は水没することになる。

問６．①は竪穴住居で縄文時代の住居である。②は高床倉庫，③は寺院，④は神社であり，誤り。

B．問２．①誤文。「田植えは行われておらず」が誤り。弥生時代の水稲農業では籾の直播きも行われていたが，田植えが行われた痕跡も確認されている。

②誤文。乾田と湿田が逆。当初，比重が高いのは湿田である。

③誤文。「西日本のみ」が誤り。水稲農業は東日本でも行われており，青森県の砂沢遺跡では弥生時代前期の水田跡が見つかっている。

問３．①誤文。反射炉が登場するのは江戸時代後期である。

③誤文。「東日本の各地で」が誤り。広形銅矛が作られたのは，九州北部である。

④誤文。ワカタケル大王は５世紀末で古墳時代の記述である。

問７．①誤文。「代々男性であり」が誤り。邪馬台国は女王の卑弥呼が治めている。

②誤文。「支配階級の生口」が誤り。生口は奴隷であり，支配階級ではな

い。

④誤文。「氏姓制度」が誤り。氏姓制度は古墳時代のヤマト政権が整備した政治制度であり，弥生時代の邪馬台国とは関係がない。

II 解答

問1．② 問2．① 問3．③ 問4．③ 問5．④
問6．④ 問7．③ 問8．① 問9．② 問10．①
問11．③ 問12．② 問13．④ 問14．① 問15．④ 問16．②
問17．②

解説 ≪名前から見る日本史≫

問1．①誤文。織田信長は尾張出身であり，美濃ではない。

③誤文。信長が焼打ちを行ったのは，比叡山延暦寺であり，本願寺ではない。

④誤文。信長の嫡子は信忠で，信長と同じく本能寺の変で亡くなっている。

問2．①正解。織田信雄は信長の次男で，小牧・長久手の戦いにおいて，徳川家康と連携して，羽柴秀吉と戦った。

問4．①誤文。足利尊氏は桓武平氏ではなく，清和源氏の流れをくむ。

②誤文。尊氏を征夷大将軍に任命したのは持明院統の光明天皇である。

④誤文。尊氏が将軍職を弟直義に譲った事実がないことは，両者が対立した観応の擾乱などを踏まえればわかるだろう。

問6．④誤文。建武式目は足利尊氏が入京した後，施政方針を示したものであり，後醍醐天皇とは無関係。

問10．②誤文。徳川家康が関東に移封になった後，居城としたのは江戸城である。

③誤文。家康が関ヶ原の戦いで戦ったのは，石田三成である。

④誤文。家康は息子の秀忠に将軍職を譲った後も，大御所として政務を行っている。また，彼が生活したのは岡崎城ではなく，駿府城である。

問12．②は後三年合戦の説明で，正解。

①誤文。平忠常の乱を平定したのは源義家の祖父の源頼信である。

③誤文。平将門の乱を平定したのは，平貞盛・藤原秀郷である。

④誤文。瀬戸内海の海賊平定によって朝廷から認められたのは，平忠盛である。

問13．④誤文。1575年の長篠合戦で敗れたのは，武田信玄ではなく，息子の武田勝頼である。

問14．①誤文。上杉謙信は越後の守護代長尾家の出身である。

問16．比叡山延暦寺は天台宗の総本山であり，京都から見て東北方面にあるため，②が正解。

III 解答

問1．②　問2．④　問3．③　問4．②　問5．①
問6．③　問7．④　問8．①　問9．④　問10．②
問11．③　問12．②　問13．④　問14．①　問15．③　問16．②
問17．①

解説　≪近世～現代の産業≫

問1．②が正解。①の有松絞は尾張，③の晒は奈良や近江，④の縮は小千谷が特に有名。

問9．①誤文。「不換紙幣を増発させた」は誤り。日本銀行設立に伴い，国立銀行の紙幣発行権は奪われているため，不換紙幣の増発はできない。

②誤文。金輸出再禁止と管理通貨制度への移行は1931年の出来事である。

③誤文。金本位制の確立は日清戦争後の1897年の出来事である。

問10．①誤文。文章は1910年代の大戦景気の出来事である。

③誤文。工業生産額が農業生産額を追い越したのは，1910年代の大戦景気の時期である。

④誤文。地方改良運動は日露戦争後，第2次桂太郎内閣の時の出来事である。

問11．産業革命期の綿糸生産について考えればよい。

①誤文。綿糸生産は欧米から輸入した紡績機械で行われており，徐々に国内産のガラ紡にとって代わっている。

②誤文。綿布の生産に関する記述である。

④誤文。生糸の生産に関する記述である。

問12．①誤文。八幡製鉄所は原料の石炭について，中国からの輸入ではなく，九州にある筑豊炭田の石炭を利用した。

③誤文。八幡製鉄所はフランスではなく，ドイツの技術を導入した。

④誤文。八幡製鉄所は日露戦争の時期に国内の需要を満たしておらず，日露戦争後に鉄の輸入は増加している。

問16．②誤文。エネルギー革命は石炭から石油へのエネルギーの移行を指す。よって，「エネルギー革命により原子力エネルギーの供給が始まった」は誤り。

問17．やや難。①正解。食料自給率は，1960年には約80％であったが，1990年には50％未満となっている。

世界史

I　解答

問1．②　問2．①　問3．③　問4．③　問5．④
問6．①　問7．③　問8．②　問9．②　問10．④
問11．②　問12．④　問13．①　問14．①　問15．④　問16．③
問17．②　問18．①　問19．④　問20．③

解説　≪殷～元の中国≫

問1．②正文。①誤文。甲骨文字は商（殷）の時代に成立した。
③誤文。宗法は周の時代に始まる。
④誤文。夏王朝は舜から位を譲られた禹によって創始されたといわれる。
問3．③正答。秦嶺山脈と淮水（淮河）を結ぶ線は，年間降水量1000 mmの等雨量線とほぼ重なる。この線が北の畑作地域と南の稲作地域とを分ける。

問6．①正文。②誤文。秦や前漢と対抗した匈奴は，前3世紀の冒頓単于の下で強勢を誇った。
③誤文。南詔は10世紀初め，漢人の臣下のクーデタにより滅亡した。
④誤文。清の康熙帝が1683年に台湾を征服し，領土に編入した。
問8．②正文。「二十四史」と呼ばれる中国の正史はいずれも紀伝体で叙述されている。
①誤文。最初の正史である『史記』は黄帝から前漢までの複数の王朝にわたる歴史が記されている。後漢で編纂された『漢書』から時代を王朝ごとに区切る叙述方法が確立した。
③誤文。編年体は正史の叙述形式ではない。
④誤文。司馬光の『資治通鑑』は正史ではない。
問10．④正文。①誤文。両班は高麗・朝鮮における特権身分の官僚層。
②誤文。科挙官僚の登用が増えるのは唐の則天武后から玄宗の時代。
③誤文。九品中正による官職の世襲を打破するために科挙が導入された。
問12．④正文。①誤文。均田制は，北魏の孝文帝によって創始された。
②誤文。均田制は唐代の8世紀に崩壊した。
③誤文。日本では均田制をモデルとした班田収授法が施行された。

問13. ①正文。②・③・④誤文。唐の徳宗の宰相楊炎は，租庸調制に代えて両税法を導入し，初めて資産に応じた銭納を税負担者に課した。

問14. ①正文。②誤文。府兵を管理したのは折衝府。

③誤文。府兵制は兵農一致の徴兵制度。

④誤文。軍戸は明代に兵役を負担した家。

問20. ③正文。①誤文。西夏では仏教が保護され，漢字を基にした西夏文字が作成されている。

②誤文。西夏はチベット系タングートの国家。

④誤文。女真人は金を建国し，猛安・謀克によって女真人や契丹人を統治した。

Ⅱ 解答

問1．②　問2．①　問3．③　問4．④　問5．①
問6．②　問7．①　問8．④　問9．②　問10．③
問11．④　問12．③　問13．④　問14．②　問15．①

解説　≪旧石器時代～近世のイベリア半島≫

問6．X．正文。Y．誤文。後ウマイヤ朝の最盛期を築いた君主は，10世紀後半のアブド=アッラフマーン3世。

問7．①誤文。ムラービト朝がガーナ王国を攻撃したのは11世紀後半。

問8．X．誤文。イサベルはカスティリャの王女，フェルナンドはアラゴンの王子。

Y．誤文。ポルトガル王国の初代国王は，12世紀半ばに即位したアルフォンソ1世。15世紀後半のジョアン2世は，ポルトガル王国の王権を強化するとともに同国の海外進出事業を積極的に支援した。

問11．④正文。①誤文。インカ帝国では，青銅器は鋳造されていたが，鉄器は知られていなかった。

②誤文。マヤ文明では二十進法が使用された。

③誤文。アステカ王国の都はテノチティトラン。テオティワカンは，前1世紀から6世紀までメキシコ高原で栄えた文明の中心都市。

問12．X．誤文。イグナティウス=ロヨラはフランシスコ=ザビエルらとともにイエズス会を結成した。マテオ=リッチはイエズス会結成には参加していない。Y．正文。

問14．②誤文。フェリペ2世の在位は1556～98年。スペイン継承戦争を講和させたユトレヒト条約は1713年に締結された。

問15. ①正文。②誤文。レパントの海戦ではスペイン・ヴェネツィア・ローマ教皇などの連合艦隊がオスマン艦隊を撃破した。

③誤文。レパントの海戦時のオスマン帝国は，スレイマン1世の子であるセリム2世の治世下にあった。

④誤文。オスマン帝国はレパントの海戦で敗れたが，オスマン帝国の東地中海の制海権に大きな変化はなかった。

III 解答

問1．② 問2．④ 問3．② 問4．③ 問5．①
問6．④ 問7．④ 問8．① 問9．③ 問10．②
問11．① 問12．② 問13．① 問14．③ 問15．③

解説 ≪中世～現代のロシアとウクライナの関係≫

問3．②正答。ドイツ騎士団成立（1190年）→ワールシュタットの戦い（1241年）→カルマル同盟結成（1397年）→プロイセン公国成立（1525年）の順。

問4．難問。③正文。①誤文。リトアニアは第一次世界大戦中の1918年に独立を宣言し，1920年にソヴィエト政権も独立を認めた。

②誤文。リトアニア語は，インド=ヨーロッパ語族バルト語派に属する。

④誤文。リトアニアは2004年にNATOとEUに加盟した。

問7．④正答。ポーランド王国では，ヤゲウォ朝断絶後の1572年に選挙王政が導入された。

問12．②正答。グレゴリウス暦で示すと，ニコライ2世退位（1917年3月）→4月テーゼの発表（同年4月）→ケレンスキー首相就任（同年7月）→ボリシェヴィキ武装蜂起（同年11月）の順。

問13．①正答。ミュンヘン会談（1938年）→スターリングラードの戦い（1942～43年）→テヘラン会談（1943年11～12月）→ノルマンディー上陸作戦（1944年）の順。

問14．やや難。③正答。チェルノブイリ原子力発電所事故は1986年。アメリカ合衆国の同時多発テロは2001年なので1986年の「前後10年以内」ではない。①マーストリヒト条約調印は1992年，②ソ連のアフガニスタン侵攻は1979年，④天安門事件は1989年。

問15．難問。③正答。マルタ会談（1989年）→バルト三国独立（1991年

９月)→ウクライナ独立（1991 年 12 月３日)→独立国家共同体形成（1991 年 12 月８日）の順。ウクライナが 1991 年 12 月の国民投票により，ソ連からの独立を宣言すると，ロシア・ウクライナ・ベラルーシの首脳が会談を開いて，独立国家共同体の結成に同意した。

■数学■

1

解答 (1)アイ．13　ウ．2

(2)エオカ．210　キク．78

(3)ケ．6　コ．3　サ．2　シ．3

(4)ス．1　セソ．−3　タチ．12　ツテ．45

解説 ≪小問4問≫

(1)　直線 $y=-x+5$，$4y=-2x+12$ を順に l_1，l_2 とする。l_1，l_2 の方程式を連立して2直線の交点の座標 $(4,\ 1)$ を得る。$\mathrm{A}(5,\ 0)$，$\mathrm{B}(4,\ 1)$，$\mathrm{C}(0,\ 3)$ とおくと，連立不等式 $y\leqq -x+5$，$4y\leqq -2x+12$，$x\geqq 0$，$y\geqq 0$ で表される領域 D は，四角形OABCの周および内部である（右図の境界を含む網かけ部分）。

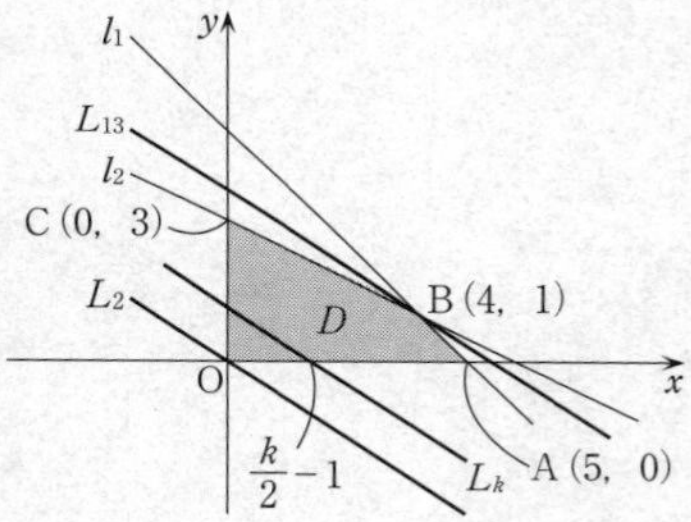

方程式 $2x+3y+2=k$ で表される直線を L_k とする（k は実数の定数）。D と L が共有点をもつときの k の最大値，最小値を求めればよい。L_k の傾きは l_1，l_2 の傾きの中間の値であるから，k が最大となるのは，L_k が点 $\mathrm{B}(4,\ 1)$ を通るときであり，k は最大値 $2\cdot 4+3\cdot 1+2=13$（→アイ）をとる。k が最小となるのは，L_k が原点 $\mathrm{O}(0,\ 0)$ を通るときであり，k は最小値 $2\cdot 0+3\cdot 0+2=2$（→ウ）をとる。

(2)　$a+b+c=22$ を満たす自然数の組 $(a,\ b,\ c)$ の個数 M を求めるために，ボール22個を左右1列に並べる。2つのボールのすき間は21個あるが，これらのすき間から2個を選んで仕切りを置き，左の仕切りをL，右の仕切りをRとする。Lの左側のボールの個数を a，LとRの間にあるボールの個数を b，Rの右側のボールの個数を c とすることによって，$a+b+c=22$ を満たす自然数の組 $(a,\ b,\ c)$ が定まる。ゆえに

$$M={}_{21}\mathrm{C}_2=\frac{21\cdot 20}{2\cdot 1}=210\quad (\to エオカ)$$

である。次に，$(a-1)(b-1)(c-1)=2048=2^{11}$ を満たす自然数 a，b，c

の組 $(a,\ b,\ c)$ の個数 N を求める。素因数分解を考えて，
$(a-1)(b-1)(c-1)=2^{11}$ は，0以上の整数 $x,\ y,\ z$ を用いて

$$a-1=2^x,\ b-1=2^y,\ c-1=2^z \text{ かつ } x+y+z=11$$

と表せるから，N は $x+y+z=11$ を満たす0以上の整数の組 $(x,\ y,\ z)$ の組の個数である。

$$x+y+z=11 \Longleftrightarrow (x+1)+(y+1)+(z+1)=14$$

であり，$x+1,\ y+1,\ z+1$ は自然数であるから，M を求めた方法を用いて

$$N={}_{13}\mathrm{C}_2=\frac{13\cdot 12}{2\cdot 1}=78 \quad (\to キク)$$

である。

別解 次のようにして求めてもよい。まず c を固定する。$2\leqq a+b=22-c$ より，c のとり得る値の範囲は $1\leqq c\leqq 20$ である。この範囲で c を1つ固定すると，$a+b+c=22$ つまり $a+b=22-c$ を満たす $(a,\ b)$ は a の値を1つ決めれば1組に決まり，a のとり得る値の範囲は $1\leqq a\leqq 21-c$ であるから，$(a,\ b)$ の個数は $21-c$ である。ゆえに

$$M=\sum_{c=1}^{20}(21-c)=20+19+\cdots+1=1+2+\cdots+20=\frac{20\cdot 21}{2}$$
$$=210$$

次に，N は $x+y+z=11$ を満たす0以上の整数の組 $(x,\ y,\ z)$ の個数である。$z,\ x$ の順に固定することによって，同様に

$$N=\sum_{z=0}^{11}(12-z)=12+11+\cdots+2+1=1+2+\cdots+12=\frac{12\cdot 13}{2}$$
$$=78$$

参考 重複組み合わせを用いて $M,\ N$ を求めてみよう。
異なる n 種類のものの中から，重複を許して r 個とってできる組み合わせの総数を ${}_n\mathrm{H}_r$ と表す。これは，$x_1+x_2+\cdots+x_n=r$ を満たす0以上の整数の組 $(x_1,\ x_2,\ \cdots,\ x_n)$ の個数に等しく，${}_n\mathrm{H}_r={}_{n+r-1}\mathrm{C}_r$ が成り立つことが知られている。数学Aの教科書によっては，「研究」などで扱われているので各自で証明してほしい。
M は，$(a-1)+(b-1)+(c-1)=19$ を満たす0以上の整数の組 $(a-1,\ b-1,\ c-1)$ の個数に等しいから

$$M = {}_3\mathrm{H}_{19} = {}_{3+19-1}\mathrm{C}_{19} = {}_{21}\mathrm{C}_{19}$$
$$= {}_{21}\mathrm{C}_2 = 210$$

N は，$x+y+z=11$ を満たす 0 以上の整数の組（x, y, z）の組の個数であるから

$$N = {}_3\mathrm{H}_{11} = {}_{3+11-1}\mathrm{C}_{11} = {}_{13}\mathrm{C}_{11} = {}_{13}\mathrm{C}_2 = 78$$

(3)　正弦定理より，$\dfrac{a}{\sin A} = \dfrac{b}{\sin B}$ であるから

$$b = \frac{\sin B}{\sin A}a = \frac{\sin\frac{\pi}{4}}{\sin\frac{2}{3}\pi}x = \frac{\frac{\sqrt{2}}{2}}{\frac{\sqrt{3}}{2}}x = \frac{\sqrt{6}}{3}x \quad (\to ケ,\ コ)$$

加法定理より

$$\sin C = \sin\frac{\pi}{12} = \sin\left(\frac{\pi}{4} - \frac{\pi}{6}\right) = \sin\frac{\pi}{4}\cos\frac{\pi}{6} - \cos\frac{\pi}{4}\sin\frac{\pi}{6}$$
$$= \frac{\sqrt{2}}{2}\left(\frac{\sqrt{3}}{2} - \frac{1}{2}\right) = \frac{\sqrt{6}-\sqrt{2}}{4}$$

であるから

$$\triangle\mathrm{ABC} = \frac{1}{2}ab\sin C = \frac{1}{2}x\cdot\frac{\sqrt{6}}{3}x\cdot\frac{\sqrt{6}-\sqrt{2}}{4} = \frac{3-\sqrt{3}}{12}x^2$$

である。ゆえに，$\triangle\mathrm{ABC} = 3-\sqrt{3}$ となるのは，$\dfrac{3-\sqrt{3}}{12}x^2 = 3-\sqrt{3}$ のとき，すなわち，$x^2=12$ より，$x=2\sqrt{3}$（→サ，シ）のときである。

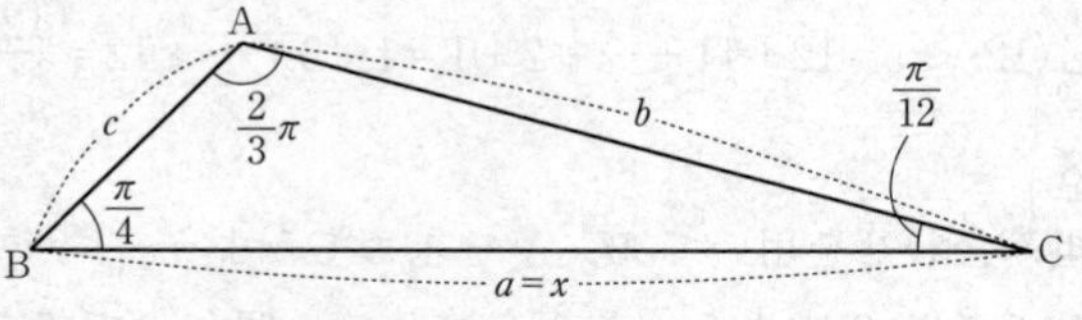

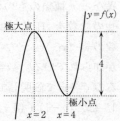

(4)　$f(x) = ax^3 + 3bx^2 + 2cx + 25$ より

$$f'(x) = 3ax^2 + 6bx + 2c$$

$f(x)$ は $x=2$ で極大値，$x=4$ で極小値をとるから

$$a>0 \text{ かつ } f'(2) = f'(4) = 0$$

$f'(2) = f'(4) = 0$ より，$12a + 12b + 2c = 0$,

$48a + 24b + 2c = 0$ であるから，$b = -3a$，$c = 12a$ を得る。ゆえに

$$f(x)=a(x^3-9x^2+24x)+25$$

である。$f(x)$ の極大値と極小値の差を考えると

$$4=f(2)-f(4)=a\{(2^3-4^3)-9(2^2-4^2)+24(2-4)\}=4a$$

であるから　　$a=1$　(→ス)

これと，$b=-3a$，$c=12a$ より

$$b=-3,\ c=12\quad (\to セソ，タチ)$$

である。これより $f(x)=x^3-9x^2+24x+25$ となるから，$f(x)$ の極大値は

$$f(2)=2^3-9\cdot 2^2+24\cdot 2+25=45\quad (\to ツテ)$$

別解　$f(x)=ax^3+3bx^2+2cx+25$ より

$$f'(x)=3ax^2+6bx+2c$$

$f(x)$ は $x=2$ で極大値，$x=4$ で極小値をとるから，$f'(2)=f'(4)=0$ より，因数定理を用いて

$$f'(x)=3a(x-2)(x-4)$$

$f(x)$ の極大値と極小値の差が4であるから

$$4=f(2)-f(4)=-\Big[f(x)\Big]_2^4=-\int_2^4 f'(x)\,dx$$

$$=-3a\int_2^4(x-2)(x-4)\,dx=-3a\cdot\left(-\frac{1}{6}\right)(4-2)^3$$

$$=4a$$

よって　　$a=1$

したがって　　$f'(x)=3(x-2)(x-4)=3x^2-18x+24$

これと，$f'(x)=3ax^2+6bx+2c$ の係数を比較すると

$$a=1,\ b=-3,\ c=12$$

である。よって，$f(x)=x^3-9x^2+24x+25$ であるから，$f(x)$ の極大値は

$$f(2)=2^3-9\cdot 2^2+24\cdot 2+25=45$$

参考　一般に3次の係数が a の3次関数 $f(x)$ が $x=\alpha$，$x=\beta$ $(\alpha<\beta)$ で極値をとるとき，極値の差を $\varDelta$ とすると，$f'(x)=3a(x-\alpha)(x-\beta)$ であるから

$$\varDelta=|f(\beta)-f(\alpha)|=\left|\Big[f(x)\Big]_\alpha^\beta\right|=\left|\int_\alpha^\beta f'(x)\,dx\right|$$

$$=\left|\int_\alpha^\beta 3a(x-\alpha)(x-\beta)\,dx\right|=\left|3a\left(-\frac{1}{6}\right)(\beta-\alpha)^3\right|$$

$$=\frac{|a|}{2}(\beta-\alpha)^3$$

2 **解答** (1)ア．7　イウ．17　エオ．35　(2)カキク．119
(3)ケコ．10　サシ．13
(4)スセソタ．3500　チツテト．1190

解説　≪平方数と１次不定方程式≫

(1)　$2023=7\times289=7\times17^2$　(→ア，イウ)

より，$\sqrt{an}$ が自然数となるのは，$an=\frac{7\times17^2}{5}n$ が平方数（自然数の２乗）となるときであり，そのような最小の自然数 n は，$5\times7=35$（→エオ）である。

(2)　$n=35k^2$（k は自然数）のとき

$$\sqrt{an}=\sqrt{\frac{7\times17^2}{5}\times35k^2}=7\times17k=119k \quad (\text{→カキク})$$

(3)　$119k-91l=7$ の両辺を７で割ると

$$17k-13l=1 \quad \cdots\cdots ①$$

また，①を満たす整数 k，l の組を１組求めて

$$17\cdot(-3)-13\cdot(-4)=1 \quad \cdots\cdots ②$$

次に，①，②式の辺々を引くと

$$17(k+3)-13(l+4)=0$$

すなわち　$17(k+3)=13(l+4)$

17 と 13 は互いに素であるから

$$k+3=13z,\ l+4=17z \quad (z\text{ は整数})$$

と表せる。よって，①の整数解は

$$k=13z-3,\ l=17z-4 \quad (z\text{ は整数})$$

である。これらのうち，k が最小の自然数である①の解は，$z=1$ に対応する，$k=10$，$l=13$（→ケコ，サシ）である。

参考　数学Ａの教科書の「発展」などで扱われる「合同式」を用いると次のようになる。

①の整数解を求めるために，13 を法とする。$17=13+4\equiv4\ (\mathrm{mod}\,13)$ より，①から

$$4k\equiv1\ (\mathrm{mod}\,13)$$

$4k\equiv 1\ (\mathrm{mod}\ 13)$ の両辺に3を掛けて

$$12k\equiv 3\ (\mathrm{mod}\ 13)$$

$12=13-1\equiv -1\ (\mathrm{mod}\ 13)$ より，$(-1)k\equiv 3\ (\mathrm{mod}\ 13)$ であるから

$$k\equiv -3\ (\mathrm{mod}\ 13)$$

よって，$k=-3+13z$（z は整数）と表せる。これと①から，①の整数解は

$$(k,\ l)=(13z-3,\ 17z-4)\quad (z\ \text{は整数})$$

である。よって，k が最小の自然数である①の解は，$z=1$ に対応する

$$k=10,\ l=13$$

(4) (3)の結果より，求める $n=35k^2$，$\sqrt{an}=119k$ は，$k=10$ のときの $n=3500$，$\sqrt{an}=1190$ である。

3 **解答** (1)アイ．20　ウ．2　エ．5　オカ．26　キクケ．700
コ．7　サシ．13　スセ．26

(2)ソ．7　タチ．13　ツテ．26

解説　≪ベクトルのなす角の余弦と相関係数≫

(1) $\vec{a}=(40,\ 60,\ 80)$，$\vec{b}=(65,\ 75,\ 100)$ より，$m_x=\dfrac{40+60+80}{3}=60$，

$m_y=\dfrac{65+75+100}{3}=80$ であるから，定義により

$$\vec{p}=(-20,\ 0,\ 20)=20(-1,\ 0,\ 1)$$
$$\vec{q}=(-15,\ -5,\ 20)=5(-3,\ -1,\ 4)$$

であるから

$$|\vec{p}|=20\sqrt{(-1)^2+0^2+1^2}=20\sqrt{2}\quad (\to \text{アイ，ウ})$$
$$|\vec{q}|=5\sqrt{(-3)^2+(-1)^2+4^2}=5\sqrt{26}\quad (\to \text{エ，オカ})$$
$$\vec{p}\cdot\vec{q}=20\cdot 5\{(-1)\cdot(-3)+0\cdot(-1)+1\cdot 4\}=100\cdot 7$$
$$=700\quad (\to \text{キクケ})$$

よって，内積の定義より

$$\cos\theta=\frac{\vec{p}\cdot\vec{q}}{|\vec{p}||\vec{q}|}=\frac{700}{20\sqrt{2}\cdot 5\sqrt{26}}=\frac{7}{2\sqrt{13}}$$
$$=\frac{7\sqrt{13}}{26}\quad (\to \text{コ，サシ，スセ})$$

(2)　(1)の結果より，求める相関係数は　$\dfrac{7\sqrt{13}}{26}$　（→ソ，タチ，ツテ）

（注）　国語と数学の点数をそれぞれ変量 x, y とし，$(x_1,\ x_2,\ x_3)=(40,\ 60,\ 80)$，$(y_1,\ y_2,\ y_3)=(65,\ 75,\ 100)$ とする。それぞれの平均は $\overline{x}=m_x$, $\overline{y}=m_y$ である。相関関数の定義より

$$r=\frac{s_{xy}}{s_x s_y}=\frac{\dfrac{1}{3}\displaystyle\sum_{i=1}^{3}(x_i-m_x)(y_i-m_y)}{\sqrt{\dfrac{1}{3}\displaystyle\sum_{i=1}^{3}(x_i-m_x)^2}\sqrt{\dfrac{1}{3}\displaystyle\sum_{i=1}^{3}(y_i-m_y)^2}}$$

$$=\frac{\displaystyle\sum_{i=1}^{3}(x_i-m_x)(y_i-m_y)}{\sqrt{\displaystyle\sum_{i=1}^{3}(x_i-m_x)^2}\sqrt{\displaystyle\sum_{i=1}^{3}(y_i-m_y)^2}}=\frac{\vec{p}\cdot\vec{q}}{|\vec{p}||\vec{q}|}=\cos\theta$$

$$=\frac{7\sqrt{13}}{26}$$

一般にデータの大きさが n の場合もベクトルの成分の個数を n に拡張することができ，本問と全く同様にして，相関係数を 2 つのベクトルの重なり具合を数量化した，ベクトルのなす角の余弦という幾何学的量とみなすことができる。

称である。1、2、4、5は、すべて春秋戦国時代に活躍した人物だが、3「朱子」は、南宋時代に活躍した後代の儒学者なので、当てはまらない。よって、3が正解。

問五　「数」は「しばしば」と読んで副詞で用いられることが多く、「以」は、接続語の用法など用い方が複数に及ぶが、今回は、「以《もつテ》レA《ヲ》」（＝「Aが原因で（原因・理由）」）の前置詞の用法が文脈に合致する。最後の「去」は動詞なので、全体で、「〈前置詞＋名詞句〉＋動詞」の文構造だと判断され、5が正解とわかる。

問六　傍線部⑤は、「始」と「終」との対義語の関係に注目して〈対句的〉に考えて、「始めは詭異の若く〔ごとく〕、終はりは理実有り」と書き下せ、〝最初は詭弁・奇異なことを言っているように思われるが、最終的には理にかなっていて真実がある〟の意味になるので、4が正解。なお、逆接で接続することで、対比関係が明確に表現されている。

問七　傍線部⑥に先行する「裁二節《シ》嗜欲《ヲ》一」に着目する。〝嗜好や我欲を断ち切って節制し〟の意に後続する内容として最も適当なものを選ぶので、1が正しい。なお、ここでの「神」が「神様」を指すと考えると文脈が通らなくなるため、二字熟語を作って、「精神」と判断したい。

問八　「常《ニ》遊《ビ》二洛陽《ノ》市肆《ニ》一閲《シ》二所《ノ》レ売《ル》書《ヲ》一」より、〝市場の商店で売っている書物を読んだ〟ことがわかるため、5が正解。

問九　1、2は、第一段落二～三行目の「好博覧而不守章句」の記述に合わない。3は、第二段落の二文目以降の記述に合わない。4は、第二段落冒頭の「充《ハ》好《ミ》二論説《ヲ》一」に、明らかに反する。5については、第一段落三行目「不守章句」や第二段落一行目「以為…其真」、三行目「釈物類…嫌疑」に合致する。

5はともに平安時代に成立した中古日記文学であり、不適。なお、3の『土佐日記』（紀貫之）は、これら仮名日記文学の先駆けの作品と言われる。

四

出典　范曄『後漢書』〈列傳第三十九〉

解答

問一　2
問二　3
問三　5
問四　3
問五　5
問六　4
問七　1
問八　5
問九　5

解説

問一　「より」と読む文字は、「自」。2が正解。

問二　漢文における「少」は、「わかし」と読んで〝若い〟を意味することが多い。「孤」を含む二字熟語には「孤独」があることから2を正解とした受験生も多かったかもしれないが、それでは直後の「郷里称孝」と矛盾する。「孤」本来の字義には〝父を亡くした子〟があり、3が正解。

問三　「京師」は、〝人の多く集まるところ〟という意で、「都」を指す。5が正解。

問四　傍線部③の「衆流百家」は「諸子百家」のことを指し、「諸子百家」は、中国の春秋戦国時代に現れた学者らの総

問三　「思ひ（ハ行四段動詞「思ふ」連用形）／しか（「過去」の助動詞「き」已然形）／ども（逆接の接続助詞）」なので、3が正解。

問四　②では、「あまり」は、打消表現（今回は「なし」）と共起して〝たいして・ほとんど～ない〟の意で、「うつつ」は、〝現実〟の意となる。よって、〝たいして・ほとんど現実感がなくて〟となり、3が正解。④では、「これ」とは、「少将内侍」が自分自身を指して言った言葉である。〝どこへ（お持ちする）とも私少将内侍も知りません〟となり、1が正解。⑤では、問一でもすでに触れた「あさまし」＝〝驚きあきれる様子だ、情けない、見苦しい〟に注目する。この古語は、良い意味でも悪い意味でも、驚きあきれた際に用いられるが、用例としては、悪い意味の場合が多い。今回も、文脈に鑑みて悪い意味で使われており、〝夢のように思われて本当に驚きあきれた〟となり、4が正解。

問五　傍線部③の「やや」という呼びかけに反応したのが「少将内侍」であり、彼女が「行きて見」たところにいたのが、「宣旨殿」であったので、正解は5。

問六　傍線部⑥に続く和歌を見ると、「焼けぬとも」とあり、「内裏の火災」が「あまた度侍りける」（＝〝幾度もありました〟）の意と解釈できる。さらに、「かしこき御代」とは、〝尊い帝の御代〟のことである。これは、醍醐・村上帝の治世は、「延喜天暦の治」と称される理想的な聖代と考えられたことによる。正解は5。

問七　1について、参照すべき第一段落に「天皇主催による…宴が行われた」という記述はない。2についても、同じく第一段落に「弁内侍から…指導を受けた」という記述はない。3について、「公忠の中将」は、空欄Bの直後の会話文で「皇后宮の御方に火の」と述べるのみであり、「皇后の不始末により火災が発生した」根拠はなく、概要の速報で「詳細」な報告でもない点も矛盾する。4は、第四段落の一文目に合致する。これが正解。5は、本文末尾の和歌の誤った解釈によるもので、不適。

問八　弁内侍（藤原信実女）が著した『弁内侍日記』は、鎌倉時代中期に成立したとされる。リード文の「建長元（一二四九）年」もヒントになる。よって、正解は、鎌倉時代中期に成立した『十六夜日記』（阿仏尼）の2。1、3、4、から一つ前の段落では、「グループ学習」や「個人学習」を「活動的で楽しいこと」とは表現していないことから、不適。

三

出典　『弁内侍日記』

解答

問一　4

問二　1

問三　3

問四　②—3　④—1　⑤—4

問五　5

問六　5

問七　4

問八　2

解説

問一　1「あさまし」=〝驚きあきれる様子だ、情けない、見苦しい〟、2「つれなし」=〝平気だ、薄情だ〟、3「いとほし」=〝気の毒だ〟、4「はかなし」=〝頼りない、あっけない、つまらない〟、5「おそろし」=〝恐ろしい〟。

単純に、小舟の上で独り仮寝で見る夢が「頼りない」とする、4が最も適する。その他は、どれも否定的な意味が強く出るが、前出する漢詩での「孤舟の夢」は、〈単なる情景の描写〉にすぎず、文脈に合わない。

問二　1「騒ぎたる気色」=〝動揺している様子・ありさま〟、2「更けぬる気配」=〝夜が更けた気配〟、3「書かざる有様」=〝書かない様子〟、4「参りける様」=〝参上した様子〟、5「侘びつる心」=〝嘆いている・つらく思っている心〟。

「公忠の中将」が皇后宮の火災という一大事を、帝に急ぎ伝えに来た場面なので、1が正解。

よって、「単に物事を記憶することに過ぎない」との記述を含む5が正解。

問五　問四の解説でも触れたように、「勉強」とは、傍線部③の段落より、「暗記中心の授業が浸透し」て、「情報」の暗記ばかりを志向する教育のことである。一方で、「学び」とは、空欄Ⅰ・Ⅱの次の段落で「モノ（対象世界）と他者と自分との対話的実践」と定義され、「『対話』の有無」が両者の「決定的なちがい」とされる。この内容を適切に踏まえた、2が正解。

問七　傍線部⑤の段落内に、「『知識』には人称関係と媒体と経験と文脈がその内側に込められている」とあり、「『情報』は、人称関係も媒体も経験も文脈も捨象した知識」とある。これまでの「勉強」は、広義の他者との「対話」を欠いていたわけだから、「対話」が必須の「知識」には該当せず、「情報」と言うべきなのである。よって、1が正解。2は、「重要性を認識しながら…省いて」とする記述に根拠がない。3は「深く理解することを重視してきた」が誤り。「目的が結局受験のためだった」も傍線部とつながらない。4は、「教師が威圧的に…記憶を強要する」ことが問題の本質ではない。5は、「自分自身の力で生み出す」ことが「知識本来のあり方」とする点が、誤った読み取りである。

問八　本文全体を踏まえると、「明治二十年代には、すでに暗記中心の授業が浸透しはじめていて」（傍線部③の次文）、それ以来、日本の公教育制度は、「もう一世紀以上にわたって」（その次の文）、「勉強」と呼称すべき「教師が一方的に説明し伝達する一斉授業」（傍線部⑤の次の段落）を継続し、「いままでに一度も」（傍線部③）、「学び」と呼ぶべき「文化的・対人的実践」（空欄Cの次の段落）は行われていないのである。そうした歴史的背景ゆえに、筆者は「容易なことではない」と述べる。よって、3が正解。

問九　1は、「他者の考えより優れた意見…貢献」が誤り。2は、国際学力テストで日本の結果がふるわないことを「知識を情報としてしか扱わないことの弊害」とするが、本文中にそうした記述はない。3は、本文全体の内容を的確に要約しており、これが正解。4は、問五でみた「勉強」と「学び」の違いを正しく押さえられていない。5は、最後れたとおり、「二つの視点」があるのが特筆される点なので、不適。4は、「成熟した言文一致体小説では起こりえない」とする根拠が、谷崎について言及する空欄Eから始まる段落中にはない。5は、最終段落の内容に合致する。よって、5が正解。

二

出典　佐藤学『学びの身体技法』〈「勉強」から「学び」への転換――活動的で、協同的で、反省的な学びへ〉（太郎次郎社）

解答

問一　（ア）－2　（イ）－2　（ウ）－5　　問二　3

問三　①－4　②－1

問四　5

問五　2

問六　5

問七　1

問八　3

問九　3

解説　問三　①は、〝上手くいかないのではないかと、成り行きを危ぶむ〟の意なので、4が正解。②は、〝物事が入り混じっていること〟の意なので、1が正解。

問四　筆者は、傍線部⑤のある段落において、「知識」と「情報」を区別し、明治期から、「情報」の暗記中心の授業ばかりを行ってきた「わが国の学校教育で、これまで『知識』が『知識』としてまっとうに扱われたことは一度もない」と述べる。ゆえに、傍線部③では、「『知育偏重』に陥ったことは、いままでに一度もない」と表現されるのである。

いと言える。

問三　②の「したたか」は、〝強く手ごわいさま。ひとすじなわではいかないさま〟なので、1が正解。③の「なまじ」は、〝しなければよかったのに、強引にしようとするさま〟を表し、5が正解。

問四　空欄Aは、「なり」と「候」は〈断定〉の意を表すもので、それに類する助動詞を選択する。2「けむ」、3「らし」、4「らむ」は、推量・推定系の助動詞のため、不適。また、1「けり」は伝聞過去・詠嘆の助動詞。よって、漢文訓読調の文体で〈断定〉の意で用いる5「たり」が正解。

問五　脱文の中に「この二つの視点」という指示語があり、その指示内容となる語句を探索する。すると、【3】がある段落では、「三人称的な視点」と「現場の一人称的な視点」の二つがあるとされるため、これが、「二つの視点」に合致する。よって、【3】が正解。【4】の段落にも「二つの視点」についての記述があるが、【4】直前で「文末詞の『〜た』」に話題が転じているため不適。

問六　夏目漱石の前期三部作は、『三四郎』、『それから』、『門』である。よって、1が正解。なお、後期三部作は、『彼岸過迄』、『行人』、『こころ』である。覚えておこう。

問八　「この問題」とは、一つ前の段落から、『三四郎』という小説が「『〜た』で結ばれている場合と、動詞の現在形で終わっている場合とがほぼ半々に入り交じっている」「二つの視点」の問題を指す。「過去のできごとと現在のできごと」という問題ではなく、「三人称的」「一人称的な視点」という問題だと説明されているので、3ではなく2が正解。

問九　傍線部⑥にある「ポイント」とは、具体的には、先行する「三人称的な視点と一人称的な視点と」を「いかに組み合わせるか」のことを指す。この具体例として適当でないものを選ぶので、3が正解。3は、前半の内容は許容だが、「時には『なり』など古典語を用いてみたりする」とするのが、第四段落一文目の内容を誤読したもので、不適。

問十　1は、第二段落に、「おそらく原因は文章が未熟だから、ということだけにあるのではない」とあるため、「尽きる」とするのは、不適。2は、第四段落最終文より、「まだ形成過程にある」とあり、不適。3は、問五の解説で触

国語

一

出典 安藤宏『「私」をつくる——近代小説の試み』〈第2章 「私」をかくす〉(岩波新書)

解答

問一 (ア)―3 (イ)―5 (ウ)―2

問二 5

問三 ②―1 ③―5

問四 A―5 B―4

問五 3

問六 1

問七 2

問八 2

問九 3

問十 5

解説 問二 1は、「書き手が気恥ずかしさにいたたまれなくな」っているだけなので、「ギリギリの駆け引き」ではない。2と3は、「多用する」とあり、これらも「ギリギリの駆け引き」ではない。4は、傍線部の次の段落より「動詞の終止形を織り交ぜてみ」ることは、「ギリギリの駆け引き」になりうるが、「連続して用いる」「主人公に寄り添う」とあるのが不適。よって、5が正解。空欄Eから始まる段落の野口武彦の説明を援用した記述に鑑みても、正し

■一般選抜前期・数学重視型・共通テストプラス方式：2月5日実施分

問題編

▶試験科目・配点

区分	学部	教科	科目	配点
前期	全学部	外国語	コミュニケーション英語Ⅰ・Ⅱ・Ⅲ，英語表現Ⅰ・Ⅱ（リスニングを除く）	150点
		地歴・公民・数学	日本史Ｂ，世界史Ｂ，地理Ｂ〈省略〉，「倫理，政治・経済」〈省略〉，「数学Ⅰ・Ⅱ・Ａ・Ｂ*」から１科目選択	100点
		国語**	国語総合，現代文Ｂ，古典Ｂ	100点
数学重視型	法・経済・経営・文（心理）・地域政策（地域政策〈食農環境〉）	外国語	コミュニケーション英語Ⅰ・Ⅱ・Ⅲ，英語表現Ⅰ・Ⅱ（リスニングを除く）	100点
		数学	数学Ⅰ・Ⅱ・Ａ・Ｂ*	200点
		国語**	国語総合，現代文Ｂ，古典Ｂ	100点
共通テストプラス	法・経済・経営・現代中国・文・地域政策	外国語・数学・国語**	「コミュニケーション英語Ⅰ・Ⅱ・Ⅲ，英語表現Ⅰ・Ⅱ（リスニングを除く）」，「数学Ⅰ・Ⅱ・Ａ・Ｂ*」，「国語総合，現代文Ｂ，古典Ｂ」から１科目選択	100点
	国際コミュニケーション	外国語	コミュニケーション英語Ⅰ・Ⅱ・Ⅲ，英語表現Ⅰ・Ⅱ（リスニングを除く）	200点

▶備　考

＊「数学Ｂ」は「数列，ベクトル」から出題。

＊＊古文・漢文はいずれか一方を試験当日に選択。

- 共通テストプラス方式は，上表の独自試験（前期入試と共通問題）に加えて，各学部の指定する共通テスト２教科２科目（独自試験で選択した教科を除く）を選択。

英語

(80分)

〔 I 〕 次の英文を読み，設問1～25に答えよ。解答はマークシート解答用紙にマークせよ。

Everyone experiences mental health challenges at some point. Mental health challenges are conditions like anxiety or depression (1). Anxiety is when a person may be very nervous or fearful about what is to come. Depression is when a person feels deep sadness. Have you ever wanted to support a friend or family member, but you didn't (2)(begin / know / to / where)? Here are some "do's" and "don'ts" from mental health experts on (3) how you can help.

Do: Offer A Safe Space To Talk And Listen

The first step is to invite the person to explore what's going on, said Mark Aoyagi. He teaches about mental health at the University of Denver. If the person takes you up on your invitation, ask them how they are doing. You don't have to avoid difficult subjects (4), Aoyagi said. It may be the first time someone has (5)(　　　) asked them about this subject. It's also important to figure out where a person is in their own thinking, said Theresa Nguyen. She is a social worker at Mental Health America. That information can guide you in providing support. (6)(　　　), maybe the person is still trying to make sense of their next step. You may be able to help them think it through. Above all (7), experts said, you need to put listening first.

Don't: Be Pushy About Talking Or Giving Advice

Many people want to immediately fix what's wrong. Always fight that urge (8), experts said. Listen more and talk less, said Lynn Bufka. She works for the American Psychological Association. She tells those (9)(　　　) want to help to not give too much advice. If the person asks you for space, respect their wishes, said Akua K. Boateng, a licensed psychotherapist in Philadelphia. If they're not asking for support, it's not helpful to push.

Do: Affirm Decisions

It helps when someone knows that others understand their struggle. "Sometimes people feel alone in making strong decisions," Boateng said. To counter that, stress that you're going to be there (10-A)(　　　) that person (10-B)(　　　) listen and support them. If someone has made up their mind, try to avoid asking questions such as, "Are you sure?" Nguyen said. It can (11)(defensive / feel / make / people). Instead, you should focus on how you can help them through the next steps.

Do: Ask How You Can Support Them

People need different things. (12)(　　　) one person may want to (13)(tell) that they made the right decision, another person might not, Boateng said. It's important to ask someone how you can be most helpful, experts said. The response from that person will help guide you on the right things to say and do.

Don't: Engage In Toxic Positivity

Sometimes, people don't know what to say when someone is hurting. They might start to say overly (14)positive statements, (15)(　　　) may do more harm than good. Examples of this are phrases such as "push through," or "everything is going to be fine." This is called toxic positivity or putting a positive spin[*1] on a bad situation and ignoring the negative. You have not experienced what the other person has experienced. So telling the person, "Oh, it's going to be OK" is well-meaning. However, it can devalue*[2] what the person's struggle is, Bufka said. Additionally(16), toxic positivity may encourage a person to stay in an unhealthy situation.

Do: Respect Privacy

If you don't have permission from the person you are trying to help, it's best not to share anything about it with others. If you are asked, it's important to be honest (17)(　　　) giving out specific information, Bufka said. (18)(　　　) possible responses include, "It was a very personal/difficult decision/situation," or "They could use support right now," she said.

Do: Offer To Help

You can help someone understand what is going on. You can also encourage them to give themselves permission to make a change, Aoyagi said. However, experts recommend offering more than emotional support. Ask (19)(　　　) you can provide meals, or simply be present in the person's life. Suggest taking a walk together, or just spend time with them. If someone decides they want professional support, help them get it(20).

Don't: Take On More Than You Can Handle Yourself

Even doing your best may not be (21)(　　　) they need. "It really takes a community, not just one person," Boateng said. As you're providing support, it's important to realize your limits. Know when it might be time to involve a mental health professional, Bufka said. A family member or friend should be a willing companion on the journey. They should not be the person leading the journey, Bufka said.

(注) [1]putting a positive spin：肯定的に解釈する　[2]devalue：価値を減らす

1. 下線部(1) “depression” についての記述で，その語に最も関連するものは次のどれか。解答番号は[1]。

① challenges　② nervous　③ fearful　④ sadness

2. 下線部(2) “(begin / know / to / where)” を並べ替えたとき，適切なものは次のどれか。解答番号は[2]。

① where begin to know　② know where to begin

③ begin where know to　④ to know where begin

3. 下線部(3) “on” の意味に最も近いものは次のどれか。解答番号は[3]。

① at　② in　③ about　④ above

4. 下線部(4) “subjects” の意味として適切なものは次のどれか。解答番号は[4]。

① 話題　② 科目　③ 主観　④ 主語

5. 下線部(5)の空所に入る適切なものは次のどれか。解答番号は[5]。

① already　② also　③ ever　④ never

6. 下線部(6)の空所に入る適切なものは次のどれか。解答番号は[6]。

① As a result　② For example

③ In conclusion　④ On the other hand

7. 下線部(7) “Above all” の意味に最も近いものは次のどれか。解答番号は[7]。

① absolutely　② mentally　③ occasionally　④ particularly

8. 下線部(8) “that urge” が指しているものは次のどれか。解答番号は[8]。

① to put listening first　② to immediately fix what’s wrong

③ to listen more and talk less　④ to not give too much advice

9. 下線部(9)の空所に入る適切なものは次のどれか。解答番号は[9]。

① what ② when ③ which ④ who

10. 下線部(10−A)(10−B)の空所に入る適切な組み合わせは次のどれか。解答番号は⑩。

① 10−A：both 10−B：and
② 10−A：for 10−B：to
③ 10−A：not only 10−B：but also
④ 10−A：from 10−B：to

11. 下線部⑾ "(defensive / feel / make / people)" を並べ替えたとき，適切なものは次のどれか。解答番号は⑪。

① feel defensive make people ② defensive people make feel
③ people make feel defensive ④ make people feel defensive

12. 下線部⑿の空所に入る適切なものは次のどれか。解答番号は⑫。

① If ② When ③ While ④ Until

13. 下線部⒀ "tell" の適切な形は次のどれか。解答番号は⑬。

① telling ② told ③ be told ④ being told

14. 下線部⒁ "positive statements" の例で**適切ではない**ものは次のどれか。解答番号は⑭。

① Push through ② Everything is going to be fine
③ It's going to be OK ④ It was a very difficult situation

15. 下線部⒂の空所に入る適切なものは次のどれか。解答番号は⑮。

① what ② when ③ which ④ who

16. 下線部⒃ "Additionally" の意味に最も近いものは次のどれか。解答番号は⑯。

① Also　② First　③ Otherwise　④ Therefore

17. 下線部(17)の空所に入る適切なものは次のどれか。解答番号は17。

① for　② to　③ with　④ without

18. 下線部(18)の空所に入る適切なものは次のどれか。解答番号は18。

① Little　② Much　③ None　④ Some

19. 下線部(19)の空所に入る適切なものは次のどれか。解答番号は19。

① if　② for　③ that　④ unless

20. 下線部(20) "get it" が指しているものは次のどれか。解答番号は20。

① 食事の提供を受けること　② 一緒に散歩すること
③ ともに時間を過ごすこと　④ 専門家の支援を得ること

21. 下線部(21)の空所に入る適切なものは次のどれか。解答番号は21。

① what　② when　③ which　④ who

▶ 22～25. 本文の内容について，次の設問に答えよ。解答番号は22～25。

22. According to experts, what should we do to help someone with depression or anxiety?

① Avoid difficult subjects　② Put listening first
③ Teach them about mental health　④ Tell them the next step

23. Which of these statements about supporting a person with depression is true?

① It is best to put a positive spin on a bad situation
② It is best not to talk about someone else's depression without permission
③ It is best for supporters to take on more responsibility than they can

handle

④ It is best to give lots of advice

24. Which statement about "toxic positivity" is **NOT** true?

① Toxic positivity is making overly positive statements

② Toxic positivity involves ignoring the negative

③ Toxic positivity may encourage a person to move away from an unhealthy situation

④ Toxic positivity can devalue a person's struggle

25. What is the best title for this passage?

① How to Survive a Mentally Tough Time

② How to Support Someone Going Through a Mentally Tough Time

③ How to Support a Friend When You Have Anxiety

④ The Do's and Don'ts of Giving Advice for Depression

〔Ⅱ〕 次の英文を読み，設問 26～46，イ～チに答えよ。なお，26～46 はマークシート解答用紙にマークし，イ～チは英語解答用紙Aに記入せよ。

Over 60 percent of people who stammer* have suffered harassment or discrimination at school or in the workplace, according to a survey(26) conducted by the Mainichi Shimbun in collaboration with groups supporting those with a stutter. Stuttering is characterized(27) by the repetition(イ) of sounds, as well as by blocks in speech making it difficult for sufferers to get their words out smoothly. There is a tendency for sufferers to hide their condition or avoid communication.

Nearly 70 percent of respondents in the nationwide survey furthermore answered that "social understanding and support with respect to(28) stammering are insufficient," highlighting(29) a lack of measures in society to help people with the condition. Roughly(30) one in 100 people are said to stammer, but according to organizations supporting stutterers, there have been no surveys in the past on the harassment and discrimination they face.

The Mainichi Shimbun survey was carried out between February and June with support from nonprofit groups including the Japan Stuttering Genyukai Association in Tokyo's Toshima Ward and Domo Work in Nagoya, which (stutterers / work / find / helps)(ロ). A total of 80 people aged between their 20s and 80s responded. When asked, "Have you been subjected to unfavorable treatment such as harassment or discrimination at the workplace or school due (　　)(31) stammering?" a total of 50 respondents answered in the affirmative(ハ). Fifty-five respondents additionally responded that social understanding and support for people who stammer was "insufficient."

When asked why understanding of their condition was insufficient, the respondents' answers included, "There are (　　)(32) people around with correct knowledge. People just have the idea that we've got stage fright(33) or that we're people who stumble in our words a lot." Another respondent said, "We should be able to receive (ニ) legal support, but on the medical and welfare scene, there's (34) (　　　) knowledge (about stammering)." Other respondents made such comments as, "There's inequality toward stuttering in work today. Consideration is needed (during interviews etc.)," "I want special classes like language lessons in junior high and high schools," and, "Stammering should be introduced in health and physical education textbooks."

As a result of discrimination toward stutterers, one respondent said, "I don't want anyone to know that I have this condition. I want to keep it (35) (hide)." When faced with the question, "Do you want to improve or overcome your stuttering condition?" 67 people answered affirmatively. Twelve answered in the negative, giving such reasons as that they thought of the condition as part of their nature.

Responding to the results of the survey, Takayuki Minami, president of the Japan Stuttering Genyukai Association, commented, (ホ) "I feel that there are even more stutterers subjected to unfavorable treatment in society under the surface." He added, "A law which bans unfair discriminatory treatment of (36) those with disabilities came into effect this year. I want people to learn more about stammering, which is a familiar disability."

Yoshikazu Kikuchi, a doctor at Kyushu University Hospital, who stutters himself and (ヘ) diagnoses the condition, said it is an established theory (37) that stammering is caused by (38) impairment in a network in the left side of the brain, but a method of treatment has not been established. About 40 to 50 percent of stutterers face (ト) anxiety in their social life and it is common for patients to suffer from depression, he says. Some sufferers change their own name because they can't pronounce it, or are even driven to suicide. If a good environment for stammerers is established with understanding at schools and in the workplace, it is not uncommon for the person's symptoms to (39) (　　　), Kikuchi says. He adds that it is important for society to (チ) perceive stuttering as a disability.

The condition is depicted(40) in Japanese author Yukio Mishima's novel "Kinkaku-ji" (The Temple of the Golden Pavilion), and the 2010 film "The King's Speech," based on the story of British King George VI(41), who stammered.

（注）　stammer：stutter と同じ

26. 下線部(26) "survey" の意味に最も近いものは次のどれか。解答番号は[26]。

① experiment　② poll　③ study　④ research

27. 下線部(27) "characterized" の**第一強勢**が置かれる音節は次のどれか。解答番号は[27]。

char - ac - ter - ized
①　②　③　④

28. 下線部(28) "with respect to" と**置き換えられないもの**は次のどれか。解答番号は[28]。

① with regard to　② concerning
③ concerned　④ in relation to

29. 下線部(29) "highlighting" の意味に最も近いものは次のどれか。解答番号は[29]。

① emphasizing　② ignoring
③ overlooking　④ underestimating

30. 下線部(30) "Roughly" の意味に最も近いものは次のどれか。解答番号は[30]。

① Statistically　② Precisely
③ Specifically　④ Approximately

31. 下線部(31)の空所に入る適切なものは次のどれか。解答番号は[31]。

① at　② on　③ in　④ to

出典追記：The Mainichi, August 17, 2016

32. 下線部(32)の空所に入る適切なものは次のどれか。解答番号は[32]。

①　not a few　②　few　③　a number of　④　plenty of

33. 下線部(33) "stage fright" の意味に最も近いものは次のどれか。解答番号は[33]。

①　人前であがること　②　不治の病

③　失語症　④　健忘症

34. 下線部(34)の空所に入る適切なものは次のどれか。解答番号は[34]。

①　obviously enough　②　clearly ample

③　hardly any　④　a considerable amount of

35. 下線部(35) "hide" の適切な形は次のどれか。解答番号は[35]。

①　having hidden　②　hiding

③　to hide　④　hidden

36. 下線部(36) "those" に最も近い用法のものは次のどれか。解答番号は[36]。

①　Of those expected only a few turned up.

②　There were no smartphones in Japan in those days.

③　Ah, those were the days!

④　Your food and wine are better than those in that restaurant.

37. 下線部(37) "that" に最も近い用法のものは次のどれか。解答番号は[37]。

①　She was too young to walk that far.

②　It is the quality that is really important, not the quantity.

③　It is a pity that a war broke out in the 21st century.

④　There are lots of things that I need to buy before the trip.

38. 下線部(38) "impairment" の意味に最も近いものは次のどれか。解答番号は[38]。

① improvement　② damage　③ development　④ recovery

39. 下線部(39)の空所に入る適切なものは次のどれか。解答番号は[39]。

① worsen　② persist　③ lessen　④ deteriorate

40. 下線部(40) "depicted" と**置き換えられないもの**は次のどれか。解答番号は[40]。

① criticized　② portrayed　③ described　④ illustrated

41. 下線部(41) "King George VI" の正しい読み方は次のどれか。解答番号は[41]。

① King George Six　② King George Sixths

③ King George the Sixth　④ King George Sixteen

▶ 42～46. 本文の内容について，次の設問に答えよ。解答番号は[42]～[46]。

42. What is stuttering?

① A type of anxiety or depression

② A wish to avoid communication

③ A difficulty in saying words smoothly

④ An urge to commit suicide

43. According to the article, which statement is **NOT** true?

① Nearly 70% of respondents said social understanding and support in respect to stammering are insufficient

② A total of 80 people responded to the Mainichi Shimbun survey

③ In total, 50 respondents said they had been subjected to unfavorable treatment because of stammering

④ Fifty-five respondents said that social understanding and support for people who stammer was sufficient

44. What reason is given by the respondents who answered that they did not want to improve or overcome their stuttering condition?

① They wanted to keep their condition concealed

② The condition was part of their nature

③ They thought stammering should be introduced in health and physical education textbooks

④ They wanted special language lessons in junior high and high schools

45. What would Takayuki Minami like to happen?

① For more people to learn about stammering

② For a law which bans unfair discriminatory treatment of those with disabilities to come into effect

③ For more stutterers to be subjected to unfavorable treatment in society

④ For him to become the President of the Japan Stuttering Genyukai Association

46. Which statement is **NOT** true?

① It is common for stutterers to face depression

② Stuttering is caused by an impairment in the brain

③ There is an established method of treatment for stuttering

④ Some stutterers cannot pronounce their own name

▶ 本文に関する次の設問(イ～チ)について，英語解答用紙Aに記入せよ。

イ．下線部(イ)"repetition"の動詞形を書け。

ロ．下線部(ロ)"(stutterers / work / find / helps)"を正しい語順に並べ替えよ。

ハ．下線部(ハ)"in the affirmative"と**対になる句をなす語**を本文から1語抜き出せ。

〔解答欄〕 in the affirmative ⟷ in the (　　　)

ニ．下線部(ニ) “legal” の反意語を書け（ただし，unlegal は除く）。

ホ．下線部(ホ)を和訳せよ。

ヘ．下線部(ヘ) “diagnose” の名詞形を書け（ただし，～ing 形は除く）。

ト．下線部(ト) “anxiety” の形容詞形を書け。

チ．下線部(チ) “perceive” の名詞形を書け（ただし，～ing 形は除く）。

〔Ⅲ〕 次の和文を英訳し，英語解答用紙Ａに記入せよ。

吃音はひとつの障がいであり，この症状に苦しむ人々は，より多くのサポートが必要だ，と認識する必要がある。

日本史

(60分)

〔Ⅰ〕 次の文章を読み，あとの設問に答えよ。

かつて日本列島には旧石器時代の遺跡は存在しないと考えられていた。しかし，1946年に群馬県新田郡笠懸村(現みどり市) [ア] の地において，相沢忠洋が旧石器時代の地層とされている [イ] 層の中から打製石器を発見した。この [ア] 遺跡を皮切りに，その後旧石器時代の遺跡が次々に発見された。また [ウ] 県の浜北人や [エ] 県の港川人など，旧石器時代の化石人骨も発見され，日本列島にも旧石器時代があったことが確実となった。

旧石器時代では打製石器が使用され，新石器時代では磨製石器が使用されていたというイメージがある。しかし打製石器は磨製石器より機能が劣っているわけでもなく，新石器時代になると磨製石器に取って代わられて消滅したというわけでもない。新石器時代でも打製石器は依然使われており，両者の違いはその用途にある。打製石器には，石槍の先端につけたり，木や骨・角ⓐを細かく削る，彫る，あるいは動物ⓑの皮や肉を切り刻んだりする [オ] 形石器などがある。一方，木を伐採したり土を掘ったりするなどに使われる [カ] は，打製より磨製の方が深く入り込み，引き抜くのも容易といわれている。

また旧石器時代は土器がなく，食料生産も行われず，食料採取をしていた時代ともいわれている。ところが，旧石器時代においても，その終わりごろには磨製石器が作られていたことが，近年判明している。そのため石器の違いや土器の有無を旧石器時代と新石器時代の区分基準とするのではなく，旧石器時代は食料生産をしない段階，新石器時代は食料生産に入った段階と規定する説もある。

石器の原材料は，北海道や九州および長野県 [キ] 峠などを原産地とする黒曜石や，香川県白峰山で多く産出する [ク] などがあるが，これらの石を用いた石器が原産地から遠い地域でも出土しており，この時代でも交易がすでに行われていたことがわかっている。縄文文化期になると，佐賀県の腰岳を原産地とする黒曜石が［ ケ ］半島でみつかっているなど，海を越えて日本列島外に運ばれていたと推測できる事例もある。1本の大木の内部をくり抜いて造った「［ コ ］舟」も日本列島各地で発見されており，航海ができるようになっていたといえる。

ⓒ<u>この時期には気候も変化して，現在に近い自然環境となった</u>。また土器が作られるようになり，縄目の文様がある土器が多く出土することから，この時期の土器を縄文土器と名付けたが，この縄文文化期に出土する土器のなかには縄文がない土器もある。逆に日本列島上ではじめて弥生土器とされた土器には縄文があった。また，従来縄文文化期は食料生産はなかったといわれていたが，最近では，マメ・コメ・ムギ・アワ・ヒエなどの栽培が，本格的ではないものの，一部行われていたといわれている。そのため，前述した旧石器時代と新石器時代の区分の考え方と似て，土器の違いに関係なく，日本列島における食料生産が行われていた時代を弥生文化期，食料生産が行われていなかった時期を旧石器時代および縄文文化期とする考えもある。

弥生文化の時期になると道具は急速に進化した。銅と［ サ ］の合金である青銅や，あるいは鉄を用いた金属器が使われるようになった。稲の穂摘みに使う［ シ ］も作られ，また矢尻である［ ス ］も長く厚く重くなるなど大型化していった。この事実から本来動物を射るための弓矢が人間を殺す道具にも使われるようになり，弥生文化期から人間の間で本格的な戦闘が始まったと思われる。

問 1　空欄［ ア ］～［ ス ］に入る適切な語句を記せ。

問 2　下線部ⓐについて，骨や角から作られている道具として**誤っているもの**を一つ選べ。

①　銛　　②　釣針　　③　錘　　④　やす

問 3　下線部ⓑに関連して，日本列島における旧石器時代に棲息した動物であるナウマンゾウの化石が長野県北部にある湖の湖底から出土した。この湖の名を記せ。

問 4　下線部Ⓒについて，縄文文化期の植生の説明として適切なものを一つ選べ。

①　東日本にはおもにシイなどの照葉樹林が，西日本にはおもにブナやナラなどの落葉広葉樹林が広がった。

②　東日本にはおもにブナやナラなどの照葉樹林が，西日本にはおもにシイなどの落葉広葉樹林が広がった。

③　東日本にはおもにブナやナラなどの落葉広葉樹林が，西日本にはおもにシイなどの照葉樹林が広がった。

④　東日本にはおもにシイなどの落葉広葉樹林が，西日本にはおもにブナやナラなどの照葉樹林が広がった。

問 5　本文の説明として適切なものを一つ選べ。

①　旧石器時代は打製石器が使用されたが，弥生文化期になり磨製石器が使用されるようになると，打製石器は使用されなくなり，消滅した。

②　旧石器時代は食料生産の段階にとどまり，弥生文化期に入ってはじめて食料採取がおこなわれるようになった。

③　縄文文化期の土器にも，縄目の文様がない土器がある。

④　縄目の文様がない土器を弥生土器という。

〔Ⅱ〕 次のA・Bの文章を読み，あとの設問に答えよ。

A　幕藩体制が固まるにつれて，日本人の海外渡航や貿易に制限が加えられるようになった。理由としてはキリスト教の禁教政策，幕府による貿易利益の独占が挙げられる。1616年ⓐに中国船を除く外国船の寄港地を長崎と平戸に制限し，1624年には［ア］船の来航を禁止した。1633年には奉書船ⓑ以外の日本船の海外渡航を禁止し，1635年には日本人の海外渡航と在外日本人の帰国を禁止した。

島原の乱の鎮圧後，幕府は1639年に［イ］船の来航を禁止し，1641年には平戸の［ウ］商館を長崎の［エ］に移し，長崎奉行が厳しく監視することになった。こうしていわゆる鎖国ⓒの状態となり，以後日本は200年余り，［ウ］商館，中国の民間商船，朝鮮国・［オ］・アイヌ民族ⓓ以外との交渉を閉ざすことになった。

問1　空欄［ア］～［オ］に入る適切な語句を記せ。なお，空欄［ア］，［イ］，［ウ］，［オ］には国名が，空欄［エ］には地名が入る。

問2　下線部ⓐに関連して，1616年に後金として建国され，その後，明にかわって中国を支配した満州民族の王朝名を記せ。

問3　下線部ⓑについて，奉書船とは朱印状のほかに許可状を受けた海外渡航船を指し，その許可状は幕府のある役職をつとめる人物の連署により発行された。この幕府の役職の名称を記せ。

問4　下線部ⓒについて，「鎖国」という言葉は，ドイツ人医師の著書『日本誌』の和訳の際につけられたが，このドイツ人医師の名を記せ。

問5　下線部ⓓに関連して，1604年に徳川家康からアイヌとの交易独占権を保障された藩の名称を記せ。

B　近世の農業は，狭い耕地に細やかな労働を集中的に投下し，単位面積当たりの収穫量を高くする，零細だが高度な技術を駆使する小経営をおこなっていた。幕府や大名はこの小経営とそれを支える村を社会の富を生み出す基礎とし，検地などにより小経営の実態や耕地の増加を調査した。

17世紀初めから幕府や大名は大規模な治水・灌漑工事を始め，用水の体系を整備したⓐ。また商人の資力を利用して，海浜の浅瀬・湖沼などを耕地として開発させたⓑ。

国土の大半が山におおわれた日本では，建築や土木工事に必要な材木が豊富で，伐り出された材木は城郭や武家屋敷に用いられた。また，藩が直轄する山林から伐り出された材木が商品化され，尾張藩の［ア］，秋田藩の［イ］が有名になった。材木産地を抱える村には，［ウ］と呼ばれる専業の職人や，材木の運送などに1日単位でたずさわる労働者である［エ］が多数居住した。

鉱山業では，中世の終わりから近世の初めに，海外から新しい技術が伝えられ，また製鉄技術も刷新された。そして各地では競って金銀銅の鉱山の開発がめざされ，鉱山町が生まれたⓒ。さらに，砂鉄を採集しておこなわれる［オ］製鉄と呼ばれる製鉄法が中国地方や東北地方を中心におこなわれた。

問1　空欄［ア］～［オ］に入る適切な語句を記せ。

問2　下線部ⓐについて，各地で整備された用水のうち，芦ノ湖を水源とする用水は何と呼ばれているか，適切なものを一つ選べ。

①　箱根用水　　②　見沼代用水

③　上ヶ原用水　　④　五郎兵衛用水

問3　下線部ⓑについて，有力な都市商人が資金を投下して開発した新田を何と呼ぶか，その名称を記せ。

問4　下線部ⓒについて，鉱産物とそれが主として産出される地名の組み合わせとして**誤っているもの**を一つ選べ。

①　銅 ― 阿仁　　②　金 ― 佐渡相川

③　金 ― 院内　　④　銀 ― 生野

〔Ⅲ〕 次のＡ～Ｃの史料を読み，それぞれの設問について，適切な解答を一つ選び，その番号をマークせよ。

Ａ　以下は，米国連邦議会調査局が議員向けの解説として作成し，改訂を重ねている報告書の一部を翻訳したものである。なお，表記を一部改めたところがある。

東シナ海に位置する，日本が管理する小さい群島をめぐる日本と中国の間の緊張が定期的に燃え上がっている。日本，中国そして台湾の全てが，日本が尖閣諸島と，中国が魚釣島と，台湾が釣魚台列嶼と呼ぶこれらの島々に対して主権を主張しているのである。問題の島は 8 つからなるが，時には 5 つの島と 3 つの岩礁とも言われ，全て無人島である。最大のものは魚釣島で，約 1.5 平方マイル(注)，ニューヨーク市のセントラルパークよりもやや広い程度の大きさである。(中略)

中国と台湾の魚釣島／釣魚台列嶼に対する主権の主張は同じ根拠によっている。中国は，明朝が当該の島々を領海の一部と見なして地図に記載しており，清朝がさらに進んでそれらを清朝の一部である台湾の管轄下に置いたと主張している。しかしながら，中国の漁民がこの島々を，臨時の避難所及び修理所として利用していたと主張しているにもかかわらず，文民または軍人が恒常的に居住を確立していたことはないようであり，明らかに，隣接海域において海軍を恒常的に維持はしていなかった。

日本は領土紛争の存在を否定しており，内閣がこれらを日本領に組み入れる決定を発した 1895 年 1 月 14 日に，領有を主張した。日本は，これ以前はこれらは無人島であり，所有者のいない「無主地」で，「中国の管轄の下にあった形跡はみられなかった」と論じている。中国，台湾両政府は日本の無主地の主張を否定している。日本が領有を宣言した後の数年間，日本国民である古賀辰四郎が周辺の海域から鰹や羽毛などの資源を採集するためにいくつかの島に常居した。

1895 年，前年に始まり，日本の勝利となった日清戦争を終わらせる

ア に，日本と中国の清朝が署名した。中国はこの条約を諸外国によって締結を強要された多くの不平等条約ⓐの一つと考えているが，これによって中国は「台湾全島及其ノ附属諸島嶼」を日本に譲り渡した。この条約は尖閣諸島には特に触れておらず，交渉においても議論されなかった。ここから日本は，尖閣諸島の編入は日清戦争とは別の行為であると主張している。これとは対照的に，中国と台湾は，戦争に勝利したことを尖閣の併合に利用したと論じている。日本が力尽くで中国からこれらの島々を奪い取ったとするこの議論の延長として，北京と台北は，日本の軍事侵略によって中国から奪われた領域を回復することを誓った第二次世界大戦中の連合国のカイロ宣言とポツダム宣言ⓑは尖閣諸島に適用されるのであり，中国に返還されるべきだとも論じている。1945年10月に日本が台湾の領有を放棄した際には，これらの島々について特に言及されなかった。(中略)

これらの島々に対する合衆国の管理は，1951年に日本との間で結ばれた平和条約ⓒによって，第二次世界大戦後に始まった。この条約は尖閣諸島について言及していないが，中国に戻された，または中国が主張している他の地域については触れている。(中略)

沖縄返還協定ⓓは，琉球諸島及び大東諸島に関する「行政，立法及び司法上のすべての権力を行使する権利」を日本に返還することを規定した。

CRS Report “The Senkakus (Diaoyu/Diaoyutai) Dispute: U.S.Treaty Obligations”, United States Congress, Updated March 1, 2021

注 約1.5平方マイル……約2.59平方km

問1 空欄 ア に入る語句として適切なものを一つ選べ。解答番号は1。

① 下関条約 ② 下田条約 ③ 南京条約 ④ 天津条約

問2 同じく空欄 ア について，文中に記された事柄以外で，この条約の内容として適切なものを一つ選べ。解答番号は2。

① 清の日本に対する賠償金 2 億両の支払い

② 中国東北部における鉄道権益の日本への譲渡

③ 山東半島の日本への割譲

④ 天津の開港

問 3 下線部ⓐに関連して，日本が朝鮮に対して結ばせた同様の条約として適切なものを一つ選べ。解答番号は[3]。

① 日朝共同宣言　　② 日朝修好条規

③ 日朝和親条約　　④ 日朝修好通商条約

問 4 下線部ⓑは日本の領域をどのように規定したか，適切なものを一つ選べ。解答番号は[4]。

① 日本国の主権は 1868 年の時点に管轄権を持っていた地域に戻される。

② 日本国の主権は日本固有の領土に限られる。

③ 日本国の主権は本州，北海道，九州及び四国ならびに連合国の決定する諸小島に限られなければならない。

④ 日本国の主権は日清戦争以降に取得した領域には及ばない。

問 5 下線部ⓒが締結された都市として適切なものを一つ選べ。解答番号は[5]。

① ロサンジェルス　　② サンフランシスコ

③ シアトル　　④ ピッツバーグ

問 6 下線部ⓓが発効した年として適切なものを一つ選べ。解答番号は[6]。

① 1967 年　② 1970 年　③ 1972 年　④ 1975 年

問 7 この史料に記されている尖閣諸島のおおよその位置として適切な番号を白地図から一つ選べ。解答番号は[7]。

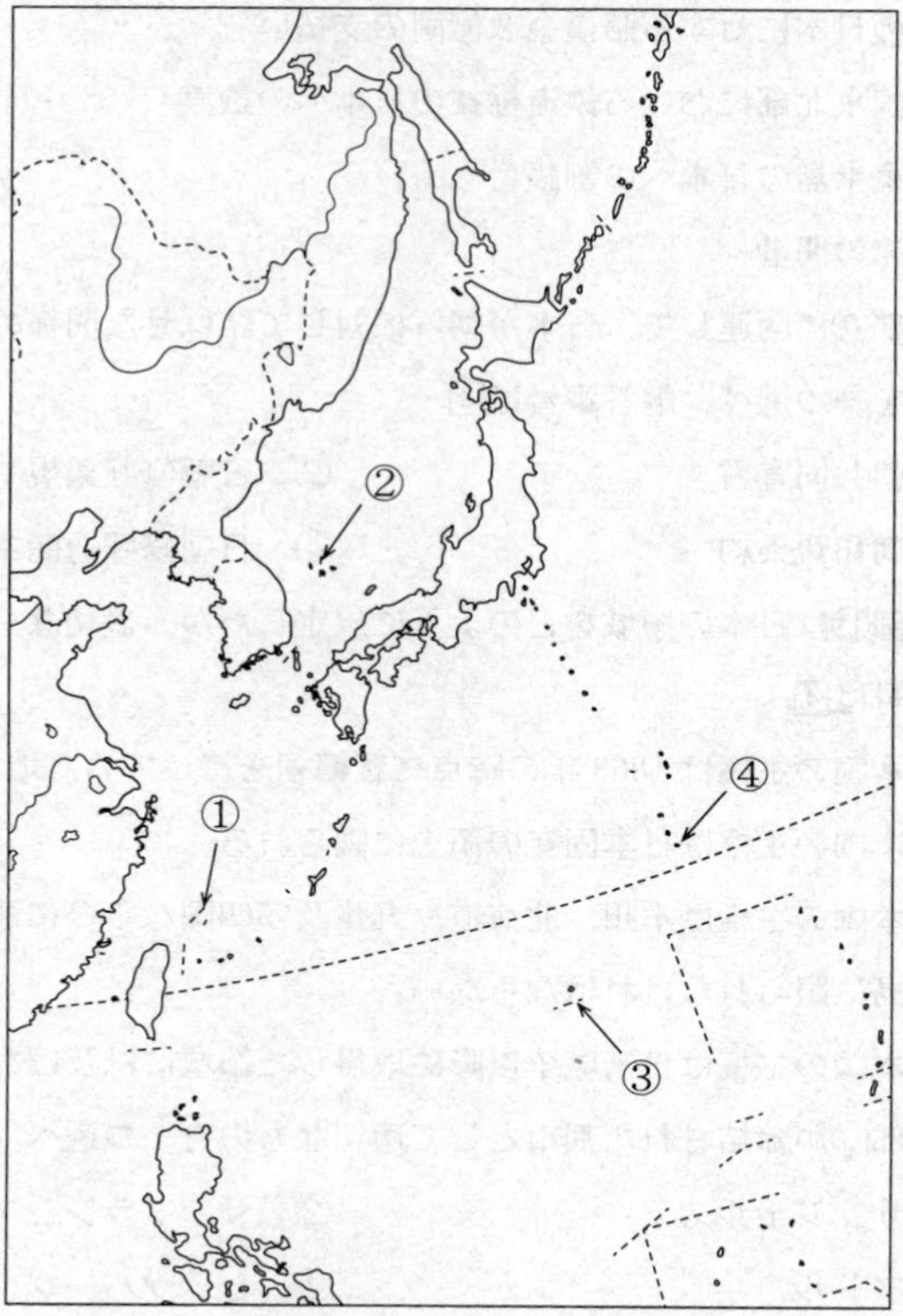

B　以下はフィリピン大統領が日本の国会で行った演説の一部を翻訳したものである。

12年が過ぎても，あの壊滅的なできごとによって引き起こされた傷は完全に癒やされてはおらず，悪感情も消え去ってはいません。しかし，静かに思い返すことによって，心のこもった関係を回復することが今の時点では最も賢明な道であるとの確信がフィリピン人民の中に生まれました。

われわれがこの見解を持つようになったのは，二つの重要な出来事があったためです。一つは日本が賠償ⓐを支払うことに合意したことであり，一つは日本が国策の道具としての戦争を放棄したことです。前者は，戦争の結果，我が国と人民が受けた物質的及びその他の損害ⓑに対して償い，少なくとも部分的に支払う，日本人の意思を示しています。後者は，友好的な交流の知恵を実現することを示し，侵略戦争を行う政策が過去のものとなったことを保証するものです。フィリピンにいる我々は，すでに 20 年以上前に憲法において同様の放棄を行った我が人民の感情に合致するものであり，この進展を歓迎します。

昨年，我々は岸信介ⓒ総理閣下ご来訪の栄に浴しました。それは両国民間のより良い理解のために道を開く成果をあげました。

問 1　下線部ⓐの説明として**誤っているもの**を一つ選べ。解答番号は[8]。

①　連合国との間の平和条約においては原則的に放棄され，個別交渉に委ねられたため，合意に時間がかかった。

②　連合国との間の平和条約において詳細に規定されたが，経済状態が十分ではなかったため，日本が支払いを延期していた。

③　日本企業が進出するきっかけともなった。

④　賠償は役務や生産物の提供の形をとった。

問 2　下線部ⓑについて，その損害の一部を示す出来事として適切なものを一つ選べ。解答番号は[9]。

①　インパール作戦　　②　マニラ市街戦

③　ダーウィン爆撃　　④　重慶爆撃

問 3　下線部ⓒの人物の説明として適切なものを一つ選べ。解答番号は[10]。

①　連合国との講和条約を締結した。

②　日ソ共同宣言に調印して，国連加盟を実現した。

③　日米安全保障条約を改定したが，大きな反対運動を招いた。

④　沖縄返還を実現した。

問 4　この演説は何年に行われたと考えられるか，適切なものを一つ選べ。解答番号は[11]。

①　1955 年　　②　1958 年　　③　1962 年　　④　1965 年

C　日本国政府と中華人民共和国政府の共同声明

日本国内閣総理大臣 ア は，中華人民共和国国務院総理周恩来の招きにより，千九百七十二年九月二十五日から九月三十日まで，中華人民共和国を訪問した。 ア 総理大臣には大平正芳外務大臣，二階堂進内閣官房長官その他の政府職員が随行した。

毛沢東主席は，九月二十七日に ア 総理大臣と会見した。双方は，真剣かつ友好的な話合いを行った。

ア 総理大臣及び大平外務大臣と周恩来総理及び姫鵬飛外交部長は，日中両国間の国交正常化問題をはじめとする両国間の諸問題及び双方が関心を有するその他の諸問題について，終始，友好的な雰囲気のなかで真剣かつ率直に意見を交換し，次の両政府の共同声明を発出することに合意した。

日中両国は，一衣帯水の間にある隣国であり，長い伝統的友好の歴史を有する。両国国民は，両国間にこれまで存在していた不正常な状態に終止符を打つことを切望している。戦争状態の終結と日中国交の正常化という両国国民の願望の実現は，両国関係の歴史に新たな一頁を開くこととなろう。

日本側は，過去において日本国が戦争を通じて中国国民に重大な損害を与えたことについての責任を痛感し，深く反省する。また，日本側は，中華人民共和国政府が提起した「復交三原則」を十分理解する立場に立って国交正常化の実現をはかるという見解を再確認する。中国側は，これを歓迎するものである。

日中両国間には社会制度の相違ⓐがあるにもかかわらず，両国は，平和友好関係を樹立すべきであり，また，樹立することが可能である。両国間の国交を正常化し，相互に善隣友好関係を発展させることは，両国国民の利益に合致するところであり，また，アジアにおける緊張緩和と世界の平和に貢献するものである。

一　日本国と中華人民共和国との間のこれまでの不正常な状態ⓑは，この共同声明が発出される日に終了する。

二　日本国政府は，中華人民共和国政府が中国の唯一の合法政府であることを承認する。

三　中華人民共和国政府は，台湾が中華人民共和国の領土の不可分の一部であることを重ねて表明する。日本国政府は，この中華人民共和国政府の立場を十分理解し，尊重し，ポツダム宣言第八項に基づく立場を堅持する。

四　日本国政府及び中華人民共和国政府は，千九百七十二年九月二十九日から外交関係を樹立することを決定した。両政府は，国際法及び国際慣行に従い，それぞれの首都における他方の大使館の設置及びその任務遂行のために必要なすべての措置をとり，また，できるだけすみやかに大使を交換することを決定した。

五　中華人民共和国政府は，中日両国国民の友好のために，[イ]

六　日本国政府及び中華人民共和国政府は，主権及び領土保全の相互尊重，相互不可侵，内政に対する相互不干渉，平等及び互恵並びに平和共存の諸原則の基礎の上に両国間の恒久的な平和友好関係を確立することに合意する。

両政府は，右の諸原則及び国際連合憲章の原則に基づき，日本国及び中国が，相互の関係において，すべての紛争を平和的手段により解決し，武力又は武力による威嚇に訴えないことを確認する。

七　日中両国間の国交正常化は，第三国に対するものではない。両国のいずれも，アジア・太平洋地域において覇権を求めるべきではなく，このような覇権を確立しようとする他のいかなる国あるいは国の集団による試みにも反対する。

八　日本国政府及び中華人民共和国政府は，両国間の平和友好関係を強固にし，発展させるため，平和友好条約の締結を目的として，交渉を行うことに合意した。

九　日本国政府及び中華人民共和国政府は，両国間の関係を一層発展させ，人的往来を拡大するため，必要に応じ，また，既存の民間取決めをも考慮しつつ，貿易，海運，航空，漁業等の事項に関する協定の締結を目的として，交渉を行うことに合意した。(後略)

問1　空欄[ア]に入る人名(ただし原文では名字だけが記載されている場合もある)として適切なものを一つ選べ。解答番号は[12]。

①　佐藤栄作　　②　田中角栄　　③　三木武夫　　④　福田赳夫

問 2　下線部ⓐの説明として適切なものを一つ選べ。解答番号は13。

① 日本が資本主義経済であるのに対して，中国は計画経済であること。

② 日本が議院内閣制であるのに対して，中国は大統領制であること。

③ 日本が少数民族の自治区を認めているのに対して，中国は自治区を認めていないこと。

④ 日本は外資企業の企業参入を認めているのに対して，中国は禁止していること。

問 3　下線部ⓑの説明として適切なものを一つ選べ。解答番号は14。

① 日中間で争う領土問題があったこと。

② 日本が中国の輸出品に高い関税をかけていたこと。

③ 中国が日本にレアメタルを禁輸していたこと。

④ 日本が中国として中華民国を承認してきたこと。

問 4　空欄 イ に入る文章として適切なものを一つ選べ。解答番号は15。

① 日本国に対する戦争賠償の請求を延期することを宣言する。

② 日本国に対する戦争賠償の請求を放棄することを宣言する。

③ 日本国に対して，中国人留学生の受け入れを求めることとする。

④ 日本国に対して，芸術家の派遣を求めることとする。

問 5　この宣言が発出された年として適切なものを一つ選べ。解答番号は16。

① 1962 年　② 1967 年　③ 1972 年　④ 1977 年

世界史

（60 分）

〔**I**〕　次の文章を読み，あとの設問に答えよ。

ロシアによるウクライナへの軍事侵攻を帝国主義の再来とする向きもある。帝国主義といわれる現象をめぐる議論を，今一度整理しておくことは重要であろう。以下に，主だった帝国主義論をあげる。

帝国主義の語源であるラテン語の「imperium」は，古代ローマ帝国に代表される専制的な皇帝支配およびその対外政策ⓐをさしていた。1880～90 年代に，世界政策を掲げた列強が先を争うように対外膨張に乗り出し，植民地獲得競争が激化すると，この新しい政治現象を帝国主義とよぶようになる。帝国主義の全盛期といわれる 19 世紀末から 20 世紀初頭には，列強 8 ヵ国が領有する植民地ⓑは地球の総面積の半分以上を占めていた。この時期に帝国主義がピークを迎えた背景として，19 世紀後半の欧米における第 2 次産業革命ⓒと，1870 年代半ばからの大不況が促した生産と資本の集中ⓓがあげられよう。

レーニンⓔの『帝国主義論』は，帝国主義を資本主義の発展の必然的帰結と論じた古典である。それまでのホブソンⓕらの帝国主義論と異なり，帝国主義を一国で完結するものではなく，世界市場における覇権争いという国際的なシステムⓖの中でとらえたところにこの書物の新しさがあった。その中でレーニンは，独占資本が海外の市場，原料供給地，そして資本の投下先として植民地の拡大を求めて国家権力と結びつき，これがヨーロッパ列強による激しい世界分割競争ⓗに至ったと結論している。

先進国では工業化の進展とともに貧富の差が拡大し，労働者階級を基盤とした労働運動や社会主義運動ⓘが活発化した。このため，支配階層は海外の植民地獲得により，社会の関心と不満を外に振り向けようとした。ドイツのハンス＝ヴェーラーは，それまで植民地獲得に慎重であった自国の政府ⓙが方針を転換して積極的に海外に進出した理由の一つとして国内の緊張緩和があったとし，このような国内の矛盾を解消するための膨張政策を社会帝国主義とよんだ。

第二次世界大戦以後，ⓚアジア，アフリカで多くの植民地が独立した。資本主義国は植民地なしでは立ち行かないとするレーニンの見立てに反して，ⓛかつての帝国は植民地を失いながらも経済的な繁栄を実現した。一方で旧植民地の経済的自立は進まず，開発の遅れはⓜ内戦や部族紛争といった政治不安を助長した。主に旧植民地出身の研究者たちは，世界経済の「中核」となる先進工業国の発展が，「周辺」にある発展途上国の停滞・低開発を前提としており，ⓝ両者のあいだに支配・従属をともなう階層的関係が固定化してしまっているとし，そこに新しい帝国主義のあり方をみた。このような考え方を「従属理論」という。

アメリカ合衆国の歴史社会学者であるイマニュエル＝ウォーラーステインは，従属理論をさらに発展させ，独自の「世界システム論」を提唱し，帝国主義をこの世界システムを通じて繰り返し現れる循環現象と捉えた。ウォーラーステインは，従属理論のいう「中核」と「周辺」のあいだに中間的な混合経済領域のⓞ「半周辺」をあらたに設定する。そして「中核」と「半周辺」にそれぞれ位置する国家間で，政治的・経済的支配や影響力の拡大をめぐる激しい対立が起こり，その対立の中から覇権国家が出現するとした。ウォーラーステインによれば，ⓟ17世紀のオランダ，ⓠ19世紀のイギリス，ⓡ20世紀のアメリカがそれにあたる。無論，覇権国家の地位は永続的なものではなく，一定の時間の経過とともに，貿易や政治，金融や軍事などの各分野での優位性を失い，再び列強がしのぎを削る勢力均衡の状態に戻ることになる。ウォーラーステインの理論は，帝国主義を世界経済の長期的・持続的変動のうえにあらわれる周期的・循環的な現象とみなした点が画期的であった。ウォーラーステインの世界システム論に対して，世界経済を近代西洋に限っているなどの様々な批判がなされているが，彼の分析方法は，ⓢグローバル化が進む現代世界において，複雑な国際情勢を読み解くうえで，格好のモデルを提供しているといえよう。

問 1　下線部ⓐに関連して，世界の様々な皇帝国家の説明として**誤っているもの**を，次の①～④のなかから一つ選べ。解答番号は[1]。

①　アクバル帝は，被支配層のヒンドゥー教徒との融和をはかった。

② 秦の始皇帝は大軍を送り，南越を滅ぼした。

③ トラヤヌス帝は古代ローマの領土を最大にした。

④ ナポレオン 3 世はマクシミリアンをメキシコ皇帝として即位させた。

問 2　下線部ⓑについて，次の表のｘ，ｙ，ｚに入る国名の組合せとして適切なものを，下の①～④のなかから一つ選べ。解答番号は2。

	本国		植民地				合計	
	1914		1876		1914		1914	
	面積	人口	面積	人口	面積	人口	面積	人口
イギリス	0.3	46.5	22.5	251.9	33.5	393.5	33.8	440.0
フランス	0.5	39.6	0.9	6.0	10.6	55.5	11.1	95.1
x	5.4	136.2	17.0	15.9	17.4	33.2	22.8	169.4
y	0.5	64.9	—	—	2.9	12.3	3.4	77.2
イタリア	0.3	35.2	—	—	1.5	1.4	1.8	36.6
z	0.03	7.5	—	—	2.4	15.0	2.4	22.5
アメリカ	9.4	97.0	—	—	0.3	9.7	9.7	106.7
日本	0.4	53.0	—	—	0.3	19.2	0.7	72.2

（単位：100 万 km^2，100 万人）

（木谷勤『世界史リブレット　帝国主義と世界の一体化』）

① ｘ：ドイツ　ｙ：ロシア　ｚ：ベルギー

② ｘ：ドイツ　ｙ：ロシア　ｚ：スペイン

③ ｘ：ロシア　ｙ：ドイツ　ｚ：ベルギー

④ ｘ：ロシア　ｙ：ベルギー　ｚ：ドイツ

問 3　同じく下線部ⓑについて，次の地図においてフランスの植民地を示したものを，下の①～④のなかから一つ選べ。解答番号は3。

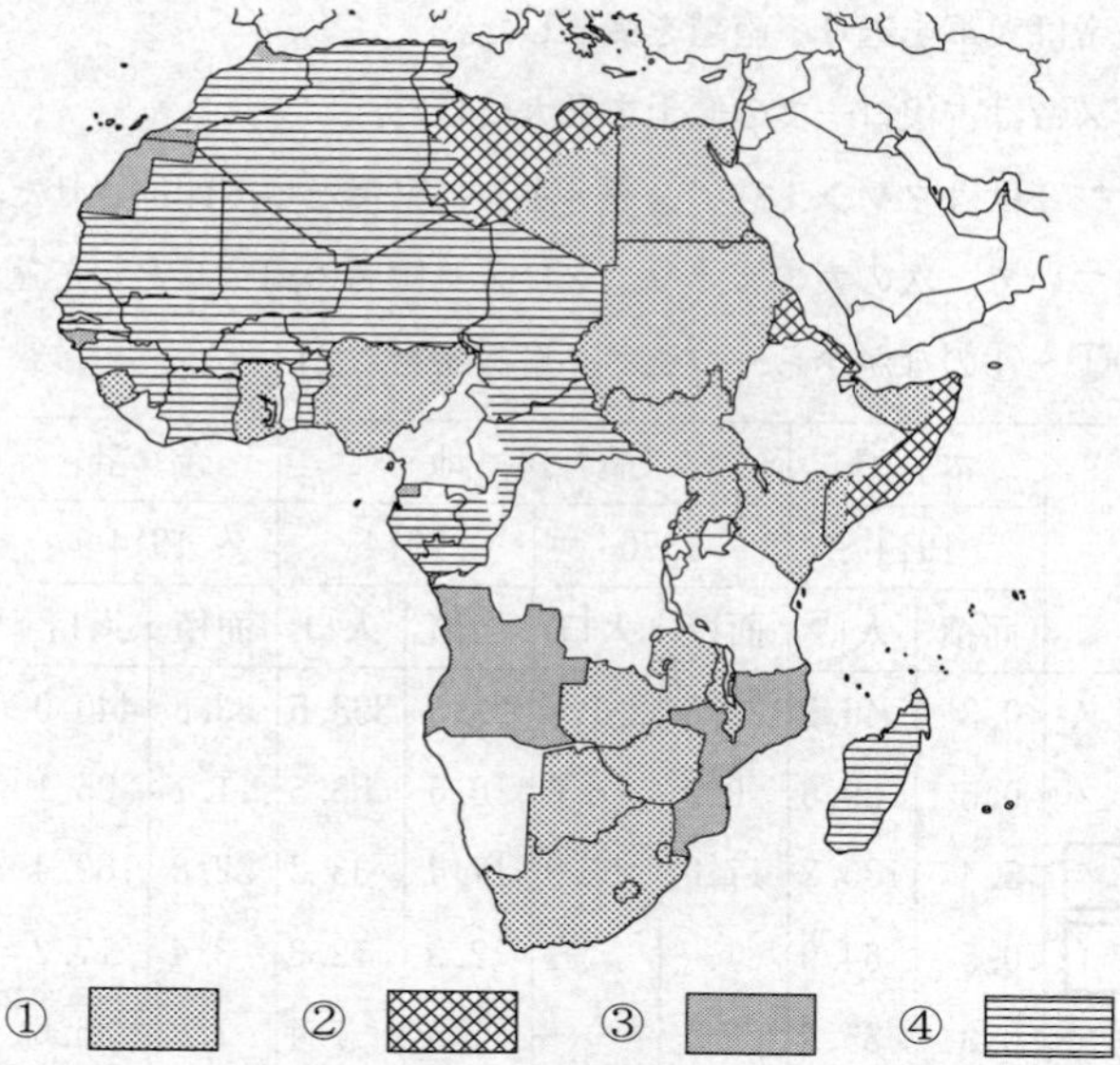

問 4　下線部ⓒについての説明として**誤っているもの**を，次の①～④のなかから一つ選べ。解答番号は[4]。

①　多くの移民を生み出した。

②　軽工業や製鉄の分野でおこった。

③　石油と電力が主なエネルギー源であった。

④　ドイツとアメリカで著しく発達した。

問 5　下線部ⓓについて，次の独占資本の形態X～Zの名称の組合せとして適切なものを，下の①～④のなかから一つ選べ。解答番号は[5]。

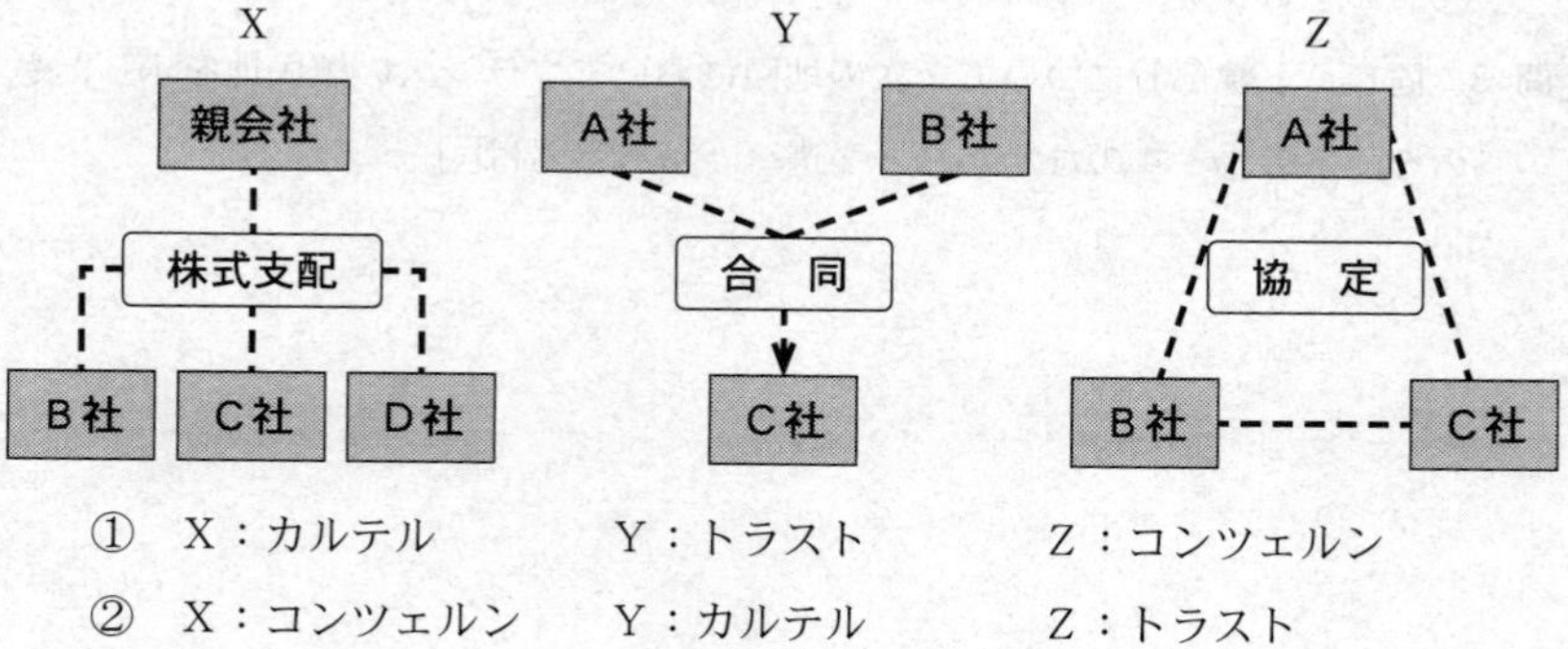

①　X：カルテル　　　Y：トラスト　　　Z：コンツェルン

②　X：コンツェルン　Y：カルテル　　　Z：トラスト

③　X：コンツェルン　　Y：トラスト　　Z：カルテル

④　X：トラスト　　Y：コンツェルン　　Z：カルテル

問 6　下線部ⓔの人物についての説明として適切なものを，次の①～④のなかから一つ選べ。解答番号は6。

①　『共産党宣言』を執筆した。

②　コミンフォルムを首唱した。

③　ロシア二月革命(三月革命)の指導者であった。

④　プロレタリアによる独裁体制を確立した。

問 7　下線部ⓕに関連して，この人物が特派員として体験し，彼が帝国主義批判をするきっかけとなった，南アフリカ戦争の経緯ａ～ｄの順番として適切なものを，次の①～④のなかから一つ選べ。解答番号は7。

ａ．ケープ植民地をイギリスが領有した。

ｂ．ジョゼフ＝チェンバレンがトランスヴァール共和国に介入した。

ｃ．セシル＝ローズが主導してローデシアを支配した。

ｄ．ブール人がオレンジ自由国・トランスヴァール共和国を建国した。

①　ａ→ｄ→ｂ→ｃ

②　ａ→ｄ→ｃ→ｂ

③　ｄ→ａ→ｂ→ｃ

④　ｄ→ａ→ｃ→ｂ

問 8　下線部ⓖに関連して，国同士の国際的な繋がりを可能にした要因に移動手段の進歩や通信網の発達があるが，その説明として適切なものを，次の①～④のなかから一つ選べ。解答番号は8。

①　ガソリン自動車がディーゼルによって開発された。

②　ワットが蒸気船の実用化に成功した。

③　パナマ運河はフランス人のレセップスによって開通した。

④　大西洋横断海底ケーブルが実用化された。

問 9　下線部ⓗに関連して，列強による植民地獲得競争について述べたものとして適切なものを，次の①～④のなかから一つ選べ。解答番号は9。

①　アフリカ分割の調停のためにベルリン会議が開かれた。

②　フィリピンの独立をめぐって米西戦争が勃発した。

③　ロシアは清とネルチンスク条約を結んだ。

④　第二共和政下のフランスで植民地拡大政策が実行された。

問10　下線部ⓘについて，労働運動・社会主義運動の展開の説明として**誤っているもの**を，次の①～④のなかから一つ選べ。解答番号は[10]。

①　英国のグラッドストン内閣で労働組合法が成立した。

②　第 2 インターナショナルは第一次世界大戦で崩壊した。

③　ドイツ社会民主党は 1912 年に帝国議会第一党となった。

④　フランス社会党は社会革命を目指した。

問11　下線部ⓙに関連して，ビスマルクについての説明として適切なものを，次の①～④のなかから一つ選べ。解答番号は[11]。

①　ヴィルヘルム 2 世のもとでプロイセン首相に就任した。

②　ヴェルダンの戦いでナポレオン 3 世を捕虜とした。

③　三国協商を締結し，フランスの孤立化を図った。

④　ベルリン会議で，バルカンにおける列強の対立を調停した。

問12　下線部ⓚに関連して，植民地から独立した国々についての説明として適切なものを，次の①～④のなかから一つ選べ。解答番号は[12]。

①　インドシナ戦争の勝利でインドネシアが独立を果たした。

②　アジア＝アフリカ会議において平和五原則が発表された。

③　エジプトとパレスチナが合邦してアラブ連合共和国を結成した。

④　サハラ以南で初めて独立したのはガーナであった。

問13　下線部ⓛにあてはまる国々の動きについて述べたものとして適切なものを，次の①～④のなかから一つ選べ。解答番号は[13]。

①　イギリスは EC の原加盟国の一つであった。

②　コール首相のもと，西ドイツは戦後の経済復興を実現した。

③　日本は朝鮮戦争による特需で輸入が急増した。

④　フランスのド＝ゴールは対米依存からの脱却を目指した。

問14　下線部ⓜについて，旧植民地における政治不安の説明として**誤っているもの**を，次の①～④のなかから一つ選べ。解答番号は[14]。

①　ソ連撤退後のアフガニスタンでは，イスラム原理主義勢力が台頭した。

②　南アフリカでは，アパルトヘイト政策に反対する黒人の暴動が起こっ

た。

③　ラオスのポル＝ポト政権は，人権抑圧を行った。

④　ルワンダでは，部族間の対立による内戦が激化した。

問15　下線部ⓝの背景には，長く世界システムの中心にあった西洋の人間が，周辺の地域の人間を自らより劣った存在と捉える人種主義がある。この人種主義に関係する事柄として**誤っているもの**を，次の①～④のなかから一つ選べ。解答番号は15。

①　植民地支配の根拠として「文明化の使命」が持ち出された。

②　第一次世界大戦後のアメリカで，アジア系移民を排斥する移民法が制定された。

③　ドレフュス事件では，スラブ系の軍人がスパイ容疑で告発された。

④　ロマ人はナチスの人種主義政策で迫害の対象とされた。

問16　下線部ⓞには，新興工業経済地域（NIES）が含まれると考えられる。このNIESに分類される地域の説明として適切なものを，次の①～④のなかから一つ選べ。解答番号は16。

①　国共内戦後に，孫文の国民政府が台湾に移った。

②　中国返還に伴い，香港は社会主義制度を取り入れた。

③　朴正熙時代の開発独裁により，韓国は経済発展をした。

④　リー＝クアンユーのもと，シンガポールはインドネシアから独立した。

問17　下線部ⓟの17世紀のオランダの動きの説明として適切なものを，次の①～④のなかから一つ選べ。解答番号は17。

①　アンボイナ事件で東南アジアにおけるポルトガル勢力を駆逐した。

②　鎖国時代の日本と，ヨーロッパのなかで唯一交渉をもった。

③　台湾から鄭成功を追放した。

④　ユトレヒト条約で国際的に独立が認められた。

問18　下線部ⓠについて，パクス＝ブリタニカとよばれた大英帝国最盛期の出来事の説明として適切なものを，次の①～④のなかから一つ選べ。解答番号は18。

①　オーストラリアが大英帝国内最初の自治領となった。

②　世界初の万国博覧会がロンドンで開かれた。

③　『戦争と平和』の著者であるディケンズが活躍した。

④　保守党と労働党の二大政党制が成立した。

問19　下線部ⓡについて，第一次世界大戦後のアメリカについての説明として，**誤っているもの**を，次の①～④のなかから一つ選べ。解答番号は[19]。

①　ウィルソン大統領のとき，国際連盟に参加した。

②　軍需産業への貢献もあり，女性参政権が認められた。

③　フォードの大量生産方式が，自動車の大衆化を促した。

④　ウォール街が国際金融の中心となった。

問20　下線部ⓢに関して，グローバル化した世界が直面する問題についての説明として適切なものを，次の①～④のなかから一つ選べ。解答番号は[20]。

①　国連環境開発会議(地球サミット)がストックホルムで開催された。

②　シリア内戦による大量の難民がヨーロッパに押し寄せた。

③　チェルノブイリ原発事故は，世界最初の原子力発電所の事故であった。

④　WHO はペストの世界根絶宣言を行った。

〔**II**〕「世界の一体化」に関する次の文章を読み，あとの設問に答えよ。

「世界の一体化」には，それを媒介し，促進する様々な要因が存在する。

東アジアにおける「世界の一体化」は，儒教を媒介にして進んだという側面がある。古代中国では，ⓐ儒家が道徳や礼儀による社会秩序を重視し，徳をもった君主が人々を統治することを唱えた。それに対して，ⓑ法家は，儒家の道徳論を批判し，君主の徳性に関わらず，法によって人々を統治することを主張した。ⓒ秦から前漢初期までは，法家思想が統治思想として有力であったが，ⓓ武帝の時代になると，董仲舒の提案によりⓔ儒学が官学となり，皇帝の支配を支える政治思想となった。その後の王朝は，ⓕ儒学を国教化し，礼と徳の有無により「中華」と「夷狄」を区別するⓖ華夷思想に基づき，直接支配することのできない周辺民族を取り込んでいった。

他方で，地球規模での地域間の交流が密になる「世界の一体化」は，資本主義経済の発達に伴い，貿易を媒介にして進んだ。ⓗ大航海時代が始まると，ヨーロッパや地中海で行われていたⓘ貿易が，南北アメリカ・アフリカ・アジアに拡大した。経済的先進地域となったⓙ西欧諸国は，南アジア・東南アジアを植民地とし，世界的な分業体制のなかに組み込んでいったのである。

こうした「世界の一体化」が進むなか，東アジアの日本と清は，ⓚ伝統的な道徳や倫理を根本としながら，西欧諸国の技術を取り入れ，工業や軍事のⓛ近代化（西欧化）を進める改革を行った。

もっとも，日本と清の近代化には，国家や社会の制度の変革に関して，違いがみられた。日本は，伝統的な道徳や倫理を根本としつつも，近代化を目指し，大日本帝国憲法を制定し，議会を開設して，ⓜ立憲制を樹立するなど国家や社会の制度を大きく変革した。これに対し，清は，伝統的な道徳や倫理を尊重し，近代化に慎重になったため，国家や社会の制度を大きく変革しなかった。しかし，清は，日清戦争で日本に敗れ，ⓝ西欧諸国による中国分割が進むなか，立憲制の樹立に向けて憲法大綱を制定し，国会開設を約束することになったのである。

これからの世界は，ⓞどのような要因を媒介にして「世界の一体化」が進み，それに対して，どのような対応がみられるのであろうか。

問 1　下線部ⓐに関連して，儒家が理想とした周の統治制度を復活しようとして，王莽が漢の皇帝を廃位して建てた国の名前を答えよ。

問 2　下線部ⓑに関連して，韓非が学んだ，性悪説を唱えて礼による規律維持を強調した儒家の名前を答えよ。

問 3　下線部ⓒに関連して，始皇帝が施行した，中央から派遣された官吏が地方を治める制度の名称を答えよ。

問 4　下線部ⓓに関連して，武帝が匈奴の東部勢力を攻撃するために，衛氏朝鮮を滅ぼして設けた朝鮮 4 郡の中心で，現在の平壌付近に設けられた郡の名称を答えよ。

問 5　下線部ⓔに関連して，漢代に定められた儒学の経典の総称を答えよ。

問 6　下線部ⓕに関連して，儒学の学問・学派を，現れた時代の順に並べたものとして適切なものを，次の①～④のなかから一つ選べ。

①　考証学―陽明学―朱子学―訓詁学

②　陽明学―訓詁学―考証学―朱子学

③　訓詁学―朱子学―陽明学―考証学

④　朱子学―考証学―訓詁学―陽明学

問 7　下線部ⓖに関連して，「夷狄」である満州人が建てた清に対し，明を継ぐ，正統な中華文明の継承者であるとの意識を持っていた朝鮮の特権的支配階層の名称を答えよ。

問 8　下線部ⓗに関連して，地理や航海術の研究を進め，アフリカ西岸の探検事業を推進したポルトガルの航海王子の名前を答えよ。

問 9　下線部ⓘに関連して，ラテン・アメリカの銀がヨーロッパを経て，明にもたらされることで成立した，銀による納税制度の名称を答えよ。

問10　下線部ⓙに関連して，東インド会社を設立したオランダがアジアへの中継地として築いたケープ植民地の場所として適切なものを，次の地図中の①～④のなかから一つ選べ。

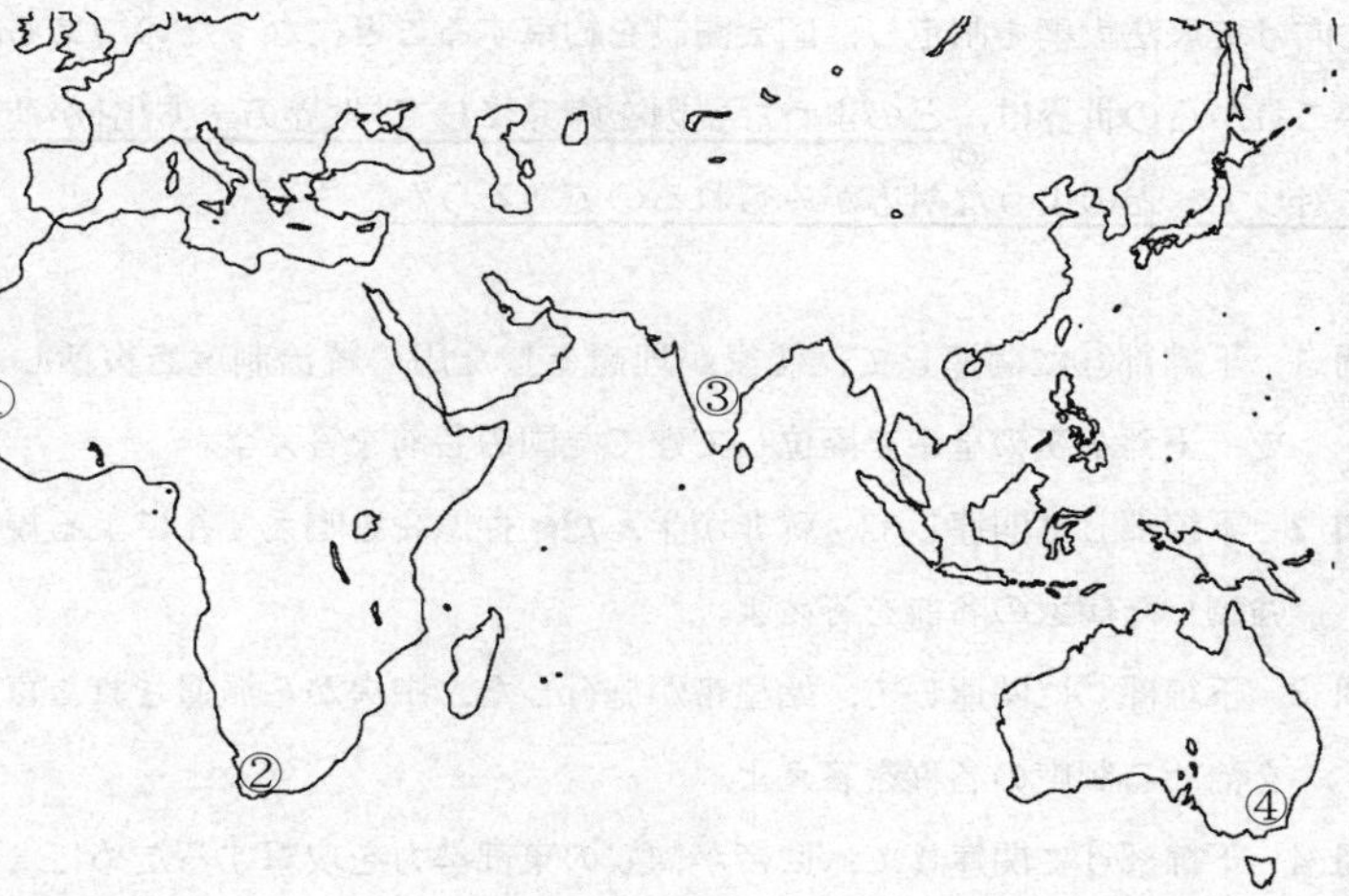

問11　下線部ⓚに関連して，外国を対等な存在とみなしてこなかった中国歴代王朝において，儀礼・祭祀等を担当した機関とモンゴル・チベット・新疆・青海を統括した機関の名称の組合せとして適切なものを，次の①～④のなかから一つ選べ。

①　戸　部―御史台

②　吏　部―軍機処

③　工　部―都護府

④　礼　部―理藩院

問12　下線部ⓛに関連して，東南アジアで唯一植民地化の圧力を回避したタイの王朝の名称を答えよ。

問13　下線部ⓜに関連して，オスマン帝国において，立憲制への要求が高まるなか，最初の憲法を起草した大宰相の名前を答えよ。

問14　下線部ⓝに関連して，鉄道や教会を破壊し，宣教師や信徒を排撃した山東省の農村の自警団組織を基盤にうまれた宗教的武術集団の名称を答えよ。

問15　下線部ⓞに関連して，1989年に，中華人民共和国で学生・市民らによる「民主化」を求める運動が人民解放軍に鎮圧された。この事件が起きた場所として適切なものを，次の①～④のなかから一つ選べ。

①

②

③

④

①ロイター / アフロ
② Francois LOCHON/Gamma-Rapho/Getty
③ユニフォトプレス提供
④ CATHERINE HENRIETTE/AFP

〔Ⅲ〕 次の文章Ａ～Ｃを読み，空欄 [ア] ～ [オ] に最も適当な語句を入れ，あとの設問に答えよ。

Ａ　15 世紀～17 世紀の大航海時代以降，ヨーロッパの国々はアメリカ大陸を交易圏に繰り入れ，アジア，アフリカとあいまってグローバルな交易体制を築いていった。それは同時に，ヨーロッパ中心の国際分業体制であった。以下では，いくつかの世界的に流通した商品をとりあげて，その生産・流通・消費の世界史をたどってみる。

　まず，銀を軸にした貿易とそれが世界的に及ぼした影響をみていこう。大航海時代以降，スペインは，アメリカ大陸に本格的に進出し，ⓐ現地の王国や帝国を滅ぼすとともにⓑ自国の領土として支配を及ぼすようになった。16 世紀半ばに，現在のボリビアで [ア] 銀山が発見され，ついでメキシコでも銀山が発見された。スペインはこれらの銀山から掘り出した大量の銀をヨーロッパに持ち込んだ。また，ⓒメキシコ銀は太平洋経由でマニラに運ばれた。これらは中国の絹などと交換され，東アジアや東南アジアに大量に流入し大きな影響を与えた。

　こうした大量の銀をはじめとする交易の増加は，その後，ヨーロッパ内部に大きな変動をもたらした。これまで地中海沿岸で行われていた貿易が，大西洋岸を拠点にして南北アメリカ，アフリカ，さらにアジアにひろがった。これをヨーロッパの [イ] 革命と呼ぶ。また，ⓓ銀の大量流入や人口の増加によって食料や土地の価格が上がった。これは経済活動に活気を与えたが，他方で，貨幣地代が普及していた西ヨーロッパで，領主層に打撃をあたえ封建社会を弱体化させた。また，こうして大西洋岸の都市や国が先進地域になる一方で，エルベ川以東の東ヨーロッパ地域は，穀物や原材料を輸出する地域となった。ⓔこの地域の領主層は，農民に賦役労働などを強化しつつ輸出用穀物をつくらせた。

問 1　下線部ⓐについて，1533 年にスペイン人ピサロによって滅ぼされた国を答えよ。

問 2　下線部ⓑに関連して，スペイン国王がスペイン人植民者に，先住民の統治を委託する制度を何と呼ぶか。

問 3　下線部ⓒに関連して，スペインの太平洋貿易の基地となったメキシコ南部の港市名を答えよ。

問 4　下線部ⓓの現象を何と呼ぶか。

問 5　下線部ⓔについて，領主の農民に対する支配が強化された農業制度を何と呼ぶか。

B　砂糖は，16 世紀ごろから世界商品として現れる。ヨーロッパ中心のグローバルな貿易体制のなかでこの商品の取引が行われた。これは，大西洋 ［ ウ ］ として知られる一連の貿易体制である。この貿易航路は，ヨーロッパからアフリカへ，アフリカからカリブ海諸島や北アメリカ，そこからヨーロッパに戻るというものである。

まず，イギリスから武器や綿織物を運び，西アフリカでこの積み荷と ［ エ ］ が交換される。ここから今度は，アメリカ大陸に向かう。危険な航路を経て，カリブ海や北アメリカに到着し，この地でつくられた砂糖やタバコ，綿花などと交換される。この砂糖とタバコなどの世界商品は，同じ船舶でイギリスやヨーロッパに運ばれる。こうした交易でイギリスをはじめとしたヨーロッパの国々は富を蓄積した。

他方で，アフリカの国々は，重要な働き手を失ってその後の停滞の原因となった。また，カリブ海や北アメリカの地域では，上記の砂糖，タバコ，綿花などのプランテーション経営が行われたが，ⓕ単一の商品を輸出する経済構造を強いられてその後の停滞や環境破壊につながった。

砂糖と紅茶・コーヒーは，イギリスやフランスなどヨーロッパの地で結びつき，都市の住民の生活に影響を与え，いわゆる生活革命をもたらした。イギリスでコーヒーハウス，フランスでカフェとして流行した喫茶店は，比較的裕福な都市住民の社交場となり，さまざまな情報が集まるセンターとなった。そこからⓖ文学や新聞，銀行制度や保険会社，証券取引，政党などの文化や制度が発達した。

問 6　下線部ⓕのような経済構造を何と呼ぶか。

問 7　下線部ⓖに関連して，イギリスの海外進出を背景に創作されたダニエル＝デフォーの小説名を答えよ。

C　綿製品は，イギリス国内で綿工業の機械化ⓗによって安くつくることができるようになり，世界商品として販売されるようになった。イギリスはこれによって「世界の工場」となった。一連の機械化が製品価格を下げ，そのことによって資本主義経済が確立し，社会体制の変革に関して決定的な動力になったということから産業革命といわれる。

ただし，産業革命には，さまざまな条件や背景がある。まず，紡績や織物の工場で働く労働者には，農業革命にともなって発生した労働力が充てられたⓘ。さらに，原料や出来上がった製品を運ぶ交通手段が必要とされたが，これについては，19世紀前半にスティーブンソンにより［　オ　］が開発され実用化された。

もちろん，綿製品を生産するためには，原料の綿花が必要である。この原料綿花については，カリブ海諸島，アメリカ南部，そしてインドが供給地になった。これらはイギリスの綿製品の生産に対して，もっぱら単一の作物を供給する国際分業体制に組み込まれた。さらにイギリスは，インド，中国との間で自国に有利な貿易体制を編成したが，それはイギリスと中国間での大きな戦争につながったⓙ。

問 8　下線部ⓗについて，発明者と機械の組み合わせで**誤っているもの**を，次の①～④のなかから一つ選べ。

①　ジョン＝ケイ，飛び杼　　②　アークライト，水力紡績機

③　クロンプトン，ジェニー紡績機　　④　カートライト，力織機

問 9　下線部ⓘについて，17世紀以降，穀物栽培の効率を上げることを目的に行われたことが大量の労働力供給の要因にもなった。この農業上の出来事を答えよ。

問10　下線部ⓙに関連して，イギリスが綿製品の代わりにインドから中国に持ち込んだ商品名を答えよ。

数学

（60 分）

1　以下の設問の空欄に最も適当な数あるいは式などを入れよ。ただし，最も適当なものが複数あるときは，すべて記入せよ。

(1) 2 つの集合

$$A=\left\{m \mid m \text{ は } \sqrt{495m} \text{ が自然数となるような自然数}\right\}$$
$$B=\{m \mid m \text{ は } 2640 \text{ の正の約数}\}$$

を考える。このとき，$n(A\cap B)=$ $\boxed{\text{ア}}$ であって，$A\cap B$ に属する最大の m は $\boxed{\text{イ}}$ である。

(2) 放物線 $y=2x^2-2x-1$ の頂点の座標は $\boxed{\text{ウ}}$ である。また，原点と頂点 $\boxed{\text{ウ}}$ を結ぶ直線と，この放物線で囲まれた図形の面積は $\boxed{\text{エ}}$ である。

(3) $\vec{a}=(-3,0,1)$，$\vec{b}=(1,4,13)$ とするとき，$\left|t\vec{a}+\vec{b}\right|$ は t の値が $\boxed{\text{オ}}$ で最小値 $\boxed{\text{カ}}$ となる。

(4)「nariakira」という語の 9 文字すべてを 1 列に並べるとき，その並べ方は全部で $\boxed{\text{キ}}$ 通りある。このうち，左から順に文字を見た場合に，「k」，「n」，「r」の順に現れる並べ方は全部で $\boxed{\text{ク}}$ 通りある。

2 数列 $\{a_n\}$ の初項から第 n 項までの和 S_n が

$$S_n = \frac{3}{2}a_n + n - 3$$

を満たす。このとき，以下の設問に答えよ。

(1) 初項 a_1 の値を求めよ。

(2) 数列 $\{a_n\}$ が漸化式 $a_{n+1} = pa_n + q$ を満たすとき，定数 p, q の値を求めよ。

(3) 一般項 a_n を求めよ。

3 a と k を実数として，次の 2 つの関数

$$f(x) = x^2 + kx + a,$$
$$g(x) = ax - k$$

を考える。このとき，以下の設問に答えよ。

(1) $y = f(x)$ と $y = g(x)$ のグラフが $x = 1$ で接するとき，a と k の値を求めよ。

(2) すべての実数 k に対して，$y = f(x)$ と $y = g(x)$ のグラフが共有点をもつための a の条件を求めよ。

(3) 関数 $F(x) = f(x) + x^2 g(x)$ を定義する。方程式 $F(x) = 0$ が $1 - i$ を解にもつとき，a と k の値および $F(x) = 0$ の残りのすべての解を求めよ。
ただし，$i = \sqrt{-1}$ である。

問九　本文の内容と最も合致するものを、次のなかから一つ選び、その番号をマークせよ。解答番号は31。

1　俗に、凶人が死ぬ時には悪鬼と徐元がやってきて力で押さえ込んでしまうと言われている。

2　唐氏の妻が暴れ回ったために悪鬼がやってきて彼女を殺してしまった。

3　唐氏の妻が病気になると、普段と違う様子で、口汚くわめきちらした。

4　悪鬼はあの世で徐元はこの世で唐氏の妻と闘い、二日目にしてようやく倒した。

5　徐元は悪鬼に借用されて唐氏の妻と闘い、彼女を倒してようやくこちらの世界に戻ることができた。

4 如《も》し人に格闘を与ふれば

5 人の与《ため》に格闘する者の如《ごと》し

問五 傍線部④「吾為群鬼所借用耳」の意味として最も適当なものを、次のなかから一つ選び、その番号をマークせよ。解答番号は29。

1 私は多くの鬼のために借用しただけである。

2 私が多くの鬼に借用されたためである。

3 私は多くの鬼に借用されただけである。

4 私は多くの鬼を借用しただけである。

5 私は多くの鬼を借用させただけである。

問六 傍線部⑤「群鬼不能制」を、送り仮名も含めてひらがなのみで書き下し文にし、解答欄に記せ。現代仮名遣いでもよい。

問七 傍線部⑥「被吾拉倒其足、縛交群鬼」は「吾其の足を拉《ひ》き倒し、縛りて群鬼に交《か》はすに被《およ》びて」と訓読する。解答欄の白文に返り点をつけよ。送り仮名は不要。

問八 空欄 B に入る文字として最も適当なものを、次のなかから一つ選び、その番号をマークせよ。解答番号は30。

1 却 2 以 3 因 4 果 5 便

1　怪力の人　　2　極悪な人　　3　騒がしい人　　4　悪　鬼　　5　嫉妬深い人

問二　傍線部②「妾婢死二其手一者無レ数」の意味として最も適当なものを、次のなかから一つ選び、その番号をマークせよ。解答番号は[26]。

1　側室や召使いの女でその手によって殺された者は数知れない。
2　側室や召使いの女の手によって殺された人は数知れない。
3　唐氏の妻は側室や召使いの女の手によって何人も殺された。
4　悪鬼によって側室や召使いの女が数え切れないほど殺された。
5　凶人の手によって殺された悪鬼は数知れない。

問三　空欄 [A] に入る文字として最も適当なものを、次のなかから一つ選び、その番号をマークせよ。解答番号は[27]。

1　適　　2　奇　　3　弱　　4　絶　　5　反

問四　傍線部③「如与人格闘者」の書き下し文として最も適当なものを、次のなかから一つ選び、その番号をマークせよ。解答番号は[28]。

1　人に格闘を与える者の如《ごと》し
2　如《も》し人と格闘すれば
3　人と格闘する者の如《ごと》し

吾与《とも》ニ闘フコト三日、昨⑥被吾拉倒其足、縛交群鬼、吾才《はじ》メテ帰ル耳ト。」一往キテ視二レバ唐ノ

妻ヲ一、[B] 気（注11）絶シテ、而左足ニ有リ二青傷一。

（『子不語』）

（注）1　鬼――死者の霊。「き」と読む。本文中の「鬼」はみな同様である。
2　揚州――地名。
3　悍妒――気が荒く嫉妬深い。
4　亡何――そのうち。
5　喃喃――ぺちゃくちゃしゃべる。
6　撒潑――わめきちらす。
7　膂力――腕力。
8　昏暈――めまいを起こし、意識を失う。
9　鼾呼叫罵――いびきをかき、大声でののしる。
10　閻羅――閻魔大王。
11　気絶――死ぬ。

問一　傍線部①「凶人」の意味として最も適当なものを、次のなかから一つ選び、その番号をマークせよ。解答番号は25。

2　嫡子は自分が家を維持していくのは、能力的に自信を持てなかった。

3　嫡子の家の状況は貧しく見苦しいものであったため、周囲から非難された。

4　嫡子は兄弟の賛成を得ることもなく、五郎殿を強引に後継ぎに決めた。

5　兄弟全員で平等に家を継いでいくことは、公平であり賢明な考えである。

〔四〕　次の文章を読み、あとの設問に答えよ。ただし、設問の都合で返り点・送り仮名を省いたところがある。

俗《ニ》伝《フ》、①凶人之終《ニハ》、必《ズ》有《リテ》二悪鬼一(注1)、以《テ》二其《ノ》力《ヲ》一能《ク》相《ヒ》制《スル》也《ト》。揚州(注2)《ノ》唐氏《ノ》妻某、素《もとヨリ》悍《かん》(注3)妒《とニシテ》、②妾婢《ノ》死《スル》二其《ノ》手《ニ》一者無《シ》レ数《フル》。亡何(注4)、暴《にはカニ》病《ミ》、口《モテ》喃《なん》(注5)喃《なんトシテ》詈《り》罵《ばスルコト》、如《シ》二平日《ノ》撒《さん》(注6)潑《はつノ》状《ノ》一。

隣《ニ》有《リ》二徐元《ナルモノ》一、膂《りよ》(注7)力《りよく》［A］レ人《ニ》、先《ンズルコト》一日、昏《こん》(注8)暈《うんシ》、鼾《かん》(注9)呼叫罵《スルコト》③如与人格闘者、逾《こへテ》レ日《ヲ》始《メテ》蘇《よみがへル》。或《ルモノ》問《ハバ》レ故《ヲ》、曰《ハク》、④「吾為群鬼所借用耳。鬼奉《ジテ》二閻《えん》(注10)羅《らノ》命《ヲ》一拘《とらフレドモ》二唐《ノ》妻《ヲ》一、而唐《ノ》妻力強《ク》、⑤群鬼不能制、故《ニ》来《タリテ》仮《かリテ》二吾《ガ》力《ヲ》一縛《ラントス》レ之《ヲ》。

問五　空欄 [A] に、助動詞「き」を活用させた語が入る。最も適当な形に活用させて記せ。

問六　傍線部④「ゆゆしき大事なり」の現代語訳として最も適当なものを、次のなかから一つ選び、その番号をマークせよ。解答番号は[22]。

1　大変すばらしい出来事である。
2　重い病気だと聞いている。
3　非常に大変なことである。
4　大事件だとうわさに聞いている。
5　おそれ多くもあり不吉でもある。

問七　傍線部⑤「用ゐ給はずは力無し」の現代語訳として最も適当なものを、次のなかから一つ選び、その番号をマークせよ。解答番号は[23]。

1　役立てていただくには、力量が不足している。
2　採用なさるには、少し不十分な意見である。
3　受け入れてもらうには、説明の力が不足している。
4　受け入れて下さらなければ、どうしようもない。
5　受け入れてもらわなければ、本領が発揮できない。

問八　本文の内容に合致するものとして最も適当なものを、次のなかから一つ選び、その番号をマークせよ。解答番号は[24]。

1　兄弟は嫡子の提案した内容に対して、とても積極的に賛成した。

問二　傍線部(ア)「云ひ置きてければ」、(イ)「選りて」の主語として最も適当なものを、次のなかからそれぞれ一つずつ選び、その番号をマークせよ。解答番号は(ア)は18、(イ)は19。

1　某《なにがし》　　2　嫡子　　3　余人　　4　兄弟　　5　五郎殿

問三　傍線部②「譲りてけり」の文法的説明として最も適当なものを、次のなかから一つ選び、番号をマークせよ。解答番号は20。

1　動詞未然形＋助詞＋助動詞終止形
2　動詞未然形＋助動詞連用形＋助動詞終止形
3　動詞連用形＋助詞＋助詞＋助動詞終止形
4　動詞連用形＋助動詞未然形＋助動詞終止形
5　動詞連用形＋助動詞連用形＋助動詞終止形

問四　傍線部③「いかで申さでは候ふべき」の現代語訳として最も適当なものを次のなかから一つ選び、その番号をマークせよ。解答番号は21。

1　何とかして申し上げれば、そばにお仕えすることができるだろう。
2　どうして言わなければならないのか。その必要はない。
3　どうして申さずにはいられようか。申し上げずにはいられない。
4　何とかして言わなければ、そばにお仕えすることができない。
5　どうして申し上げるのが適当ではないだろうか。申し上げるのがよい。

〔三〕　次の文章を読み、あとの設問に答えよ。

丹後国に、①某《なにがし》とかや、名も承りしが、忘れ侍り、小名なりけれども、家中《かちゅう》貧しからず。年たけて、病に沈みて失せにけるが、遺言に、所分状は中陰過ぎて開くべき由、(ア)云ひ置きてければ、子息、その義にて開き見るに、男子八人、女子少々有りけるに、嫡子にはむねと譲りて、次男より次第に少しづつ減じてむらなく②譲りてけり。

ここに、嫡子申しけるは、「故殿《ことの》の譲りの上は、子細申すべきにあらねども、所存の様、③いかで申さでは候ふべき。故殿の果報もさる事にて、計ひも賢くおはせ［A］ば、京・鎌倉の宮仕へ・公役《くやく》なども、甲斐甲斐《かひがひ》しくおはしき。この所領を、かくあまたに分けて、面々に安堵をも申し、宮仕はん事、④ゆゆしき大事なり。我ながら見苦しく、人目も見苦し。されば、一人を面にして家を継がせて、余人は給田を分々に少しづつ得て、山里なれば、水木《すいぼく》の便り宜しき所に庵室を作りて、入道に成りて、念仏申して、一期心安くて過ごしたく存じ候ふ。我は嫡子にあたりて侍れども、器量無く、身ながらも覚ゆれば、この中に(イ)一人選りて、家を継がせ申したく侍り。各《おのおの》評定して計ひ給ふべし」と云ふに、「然るべし」と云ふ兄弟もなし。嫡子申しけるは、「各、⑤用ゐ給はずは力無し。いかさまにも某《それがし》は入道になり候ふべし。この中には五郎殿ぞ、器量の人にておはする。されば家を継ぎ給へ。宮仕へ給へ。各、一向にその景にて田作り、引き入りて候はん」と云へば、余《よ》の人もその義になりて、皆入道して、遁世門にてありと聞こゆ。賢き心なるべし。

（『沙石集』）

問一　傍線部①「某《なにがし》」とは誰を指すか。同じ人物を表す語を、本文中から漢字二字で抜き出せ。

1　コミュニケーションにおいては、自分がどのような人間であるか相手に伝わらないよりも、伝わるほうがずっとよい。

2　コミュニケーションにおいては、相手に決して見せられないような部分も含めて、私がどのような人間であるのかをよりよく伝えなければならない。

3　「よくわかりあうコミュニケーション」が「よいコミュニケーション」であるという前提はまったく間違っているので、相手に決して見せられない私の部分は絶対に隠しておくべきである。

4　「よくわかりあうコミュニケーション」を達成することではじめて、相手とのコミュニケーションを打ち切ることができるので、それを理想や目標とするべきである。

5　「よいコミュニケーション」についての想像力を働かせることによって、私たちは本当の意味での「よくわかりあうコミュニケーション」を達成することができる。

問八　傍線部③「これは「よくわかりあう」コミュニケーションにとって理想であり目標である」とあるが、そうしたコミュニケーションの結果としてどのようなことがもたらされるか。本文中から十二字以上十四字以内で抜き出しなさい。句読点を含む場合は、それも文字数に含めること。

問九　傍線部④「コミュニケーションを「よくわかりあうコミュニケーション」から解放しなければならない」が意味する内容として最も適当なものを、次のなかから一つ選び、その番号をマークせよ。解答番号は16。

1　「よくわかりあうコミュニケーション」をめざすことがやはり「よいコミュニケーション」であるのだから、それが嫌なのであれば、コミュニケーションから逃げ出さなければならない。

2　完全に「よくわかりあうコミュニケーション」などまったく不可能であるから、それを「よいコミュニケーション」から排除しなければならない。

3　完全に「よくわかりあうコミュニケーション」をめざすために、コミュニケーションが持つさまざまな要素をできるだけ削ぎ落としていかなければならない。

4　「よくわかりあうコミュニケーション」を「よいコミュニケーション」とするために、コミュニケーションについての固定観念を疑って想像力を高めなければならない。

5　「よくわかりあうコミュニケーション」こそが「よいコミュニケーション」であるという固定観念を疑って、コミュニケーションの他のありようを想像しなければならない。

問十　本文の内容と最も合致するものを、次のなかから一つ選び、その番号をマークせよ。解答番号は17。

問六　傍線部①「他人に伝わらない領域」が意味する内容として**適当でないもの**を、次のなかから一つ選び、その番号をマークせよ。解答番号は14。

1　相手がいっしょにいられないと感じてしまうような私の一部
2　相手の理解能力が不足しているために伝えられない私の一部
3　相手の理解能力にかかわらず私にしかわからない私の一部
4　相手といっしょにいながら別のことを考えている私の一部
5　相手に見せることで不快を生むような私の一部

問七　傍線部②「私から自由が奪われるという帰結に辿《たど》り着く」理由として最も適当なものを、次のなかから一つ選び、その番号をマークせよ。解答番号は15。

1　私だけしかわからない私の一部を正しく伝えるためには、私の伝達能力だけではなく相手の理解能力が必要だから。
2　私たちが日常的に行っている自由なコミュニケーションでは、私だけしかわからない私の一部を正しく伝えることができないから。
3　相手に対して決して見せられないと自分で感じてしまうような私の部分を、徹底的に隠しながら相手と向き合わなければならないから。
4　それを見せることで相手に不快な気持ちを生んでしまうような私の部分を、私から無くしてしまわなければならないから。
5　相手といっしょにいたいのに、私の醜いところを伝えてしまうと相手に不快な気持ちを与えてしまって、それができなくなるから。

問一　傍線部(ア)・(ウ)のカタカナを漢字に直せ。

問二　傍線部(イ)の漢字の読みをひらがなで記せ。

問三　空欄［A］・［B］に入る語の組合せとして最も適当なものを、次のなかから一つ選び、その番号をマークせよ。解答番号は［11］。

1　A　単純　B　複雑
2　A　容易　B　多様
3　A　複雑　B　多様
4　A　多様　B　単純
5　A　容易　B　単純

問四　空欄［C］・［D］に入る語の組合せとして最も適当なものを、次のなかから一つ選び、その番号をマークせよ。解答番号は［12］。

1　C　難しい　D　易しい
2　C　易しい　D　難しい
3　C　恐ろしい　D　楽しい
4　C　楽しい　D　恐ろしい
5　C　易しい　D　楽しい

問五　空欄［E］に入る最も適当なものを、次のなかから一つ選び、その番号をマークせよ。解答番号は［13］。

1　私　2　相手　3　他者　4　私たち　5　世界

ション」とする立場は、きっと単純すぎるのではないかと思われる。

おそらくこれ以外にも「よいコミュニケーション」についての考え方はあるのだろう。――だが、ではどんな「よいコミュニケーション」を私たちは想像することができるだろうか。もしかしたら、いまの私たちのコミュニケーションへの想像力は、「よくわかりあう」＝「よいコミュニケーション」という前提に閉じ込められているのではないだろうか。それによって、これ以外のコミュニケーションができなくなっているのではないだろうか。コミュニケーションの持つさまざまな要素を、「よくわかりあう」以外は「よくないコミュニケーション」だ、してはいけない、と削ぎ落とし続けているのではないだろうか。

もしそうだとしたら、④コミュニケーションを「よくわかりあうコミュニケーション」から解放しなければならない。あるいは、やはりもしコミュニケーションがそもそも「よくわかりあう」ことをめざすものなのだとしたら、[E]を「コミュニケーション」から自由にしなければならないだろう。（略）

しかし、私たちは「よくわかりあうコミュニケーション」とは違うどこに向かえばいいのだろうか。そういうコミュニケーションに閉ざされた世界をどのように開き、別の世界をどう想像すればいいのだろうか。あなたはどんな答えを思いつくだろう。

（奥村隆『反コミュニケーション』）

（注）1　ジンメル――（一八五八～一九一八）ゲオルグ・ジンメル。十九世紀のベルリンに生まれた社会学者・哲学者。主な著作に『社会学の根本問題』『社会分化論』などがある。

2　内田樹――（一九五〇～）思想家。主な著作に『ためらいの倫理学』『レヴィナスと愛の現象学』などがある。

くのではないだろうか。（略）

もう少し考えてみよう。「よくわかりあう」コミュニケーションは［　D　］だろうか。（略）

夫婦や恋人が相手と完全に一体化したい、相手のすべてをわかりたいと願う。よくあることのように思う。しかしそうなってしまったとしたら、そこには手もちぶさたと関係の貧困化しか残らないのではないか。親友のことを全部知りたいと思う、しかしそうなってしまったとしたら、その人の魅力は消え失せ、その人と関係を続けることが無意味になるのではないか。こう(注1)ジンメルは述べている。どこかに「わからない」ところ、つまり「秘密」があることが、相手を魅力的にし、コミュニケーションをドキドキわくわくする楽しいものにすることになるのではないだろうか。「わかればわかるほどよい」とするコミュニケーションの理解は、この魅力を破壊してしまうのではないか。

(注2)内田樹『先生はえらい』での次のような(ウ)ジョジュツを引いてもよい。内田は教育というコミュニケーションを論じたこの本で、「きみがいいたいことはわかった」という表現についてとりあげる。I understand what you mean. ③これは「よくわかりあう」コミュニケーションにとって理想であり目標であるような状態だろう。しかし、内田はこの表現がどのような場面で使われるかに注意を促す。それは（ほぼ間違いなく）コミュニケーションを打ち切りたい場面だろう。きみのいうことはもうわかった、だからもう話すな。この表現はコミュニケーションを終わらせる言葉だ。とすれば、「相手のことがわかる」ことは「もうコミュニケーションを続けられない」ことを意味するのではないだろうか。あるいは、もしコミュニケーションが「相手のことをわかる」ためのものであったとしたら、「相手がわかる」ことが達成されればコミュニケーションを続ける理由はない。「わかる」とはこういうことだ。逆に、「あなたがいっていることがまだよくわからない、だからもっと話を聞かせて！」という場面を考えれば、「わからない」ことがコミュニケーションを続けさせ、コミュニケーションのよろこびを生む（もちろん、そこから「わかりあう」をめざしているかもしれないが）。やはり、「もうわかった」をめざすコミュニケーションを「よいコミュニケー

うでないのよりずっとよいことはおそらく間違いないだろう。

だが、事はそれほど［B］ではないかもしれない。私はこんなことを想像してしまう。私のことが、コミュニケーションによって、相手にどんどんわかられる。あああなたはこう考えているのか、そういう気持ちか、あなたはそういう人か。全部わかられてしまう。もし「わかればわかるほど」望ましいコミュニケーションだとすれば、私のことが１００％相手に理解されるのがもっともよいコミュニケーションであるということになるだろう。しかし、こうしたコミュニケーションは（もし成立するとすれば）じつに［C］ものではないだろうか。私の見事な伝達能力と相手の見事な理解能力により、私のすべてが相手に理解されてしまうのだ。私は、この事態において、「私」というものが他人に奪われてしまうような、蒸発してしまうような恐怖を感じる。むしろ私だけしかわからない、①他人に伝わらない領域があることによって、「私」というものが確保できるのではないか、とも思う。

　そして、そのような「私」のなかには、他人に決して見せられないと自分で感じてしまうような、おそらくそれを見せると相手が私を(ア)ケンオしていっしょにいられなくなるような部分がある。１００％わかりあうコミュニケーションは、それを見せてしまう。そうしておきながら、いっしょにい続けてコミュニケーションしあうことができるだろうか。あるいは、１００％わかりあうコミュニケーションをしながらいっしょにい続けるためには、他人に全部見せてもなんの不快も生まないような「私」でなければならないだろう。もう「私」は心のなかで悪態をつくことも、いっしょにいながら別のことを考えることもできない。私がそうする自由がある「私」だけの場所を持つことは、「１００％わかりあうコミュニケーション」ではできない。１００％わかりあうコミュニケーションは、互いに醜いところを見せあっていっしょにいられなくなるか、醜いところがないような私へと私を削ぎ落とさなければならないか、いずれかになるだろう。だとすれば、きっと「よりわかりあう」コミュニケーションをめざすことは、一方ではコミュニケーションの(イ)破綻を生み、他方では②私から自由が奪われるという帰結に辿《たど》り着には食べ物の「あるべき」色が人々に共有されていないと成り立たないという共通点がある。

4　ＳＮＳでは、何がオリジナルなのかも知らずに、ただ「いいね」のために「映える」写真を投稿する人がいる。しかし、それを見る側が何がオリジナルであるかを理解しているため、ＳＮＳが混乱状態に陥ることはない。

5　食べ物に「おいしそう」より「面白さ」を求めるのは、ＳＮＳ写真独特の美学である。しかし、見栄えを優先させるあまり、素材の事実性が軽視されがちになるのは、スーパーマーケットの美学にも通じるところがある。

〔二〕　次の文章を読み、あとの設問に答えよ。ただし、本文の一部を省略してある。

私は「コミュニケーションの社会学」や「自己と他者の社会学」といった名前の授業を大学で担当している。その1回目に「あなたは、よいコミュニケーションとはどんなコミュニケーションだと思いますか」という質問をすることがある。

これに対する答えは、それほど［　Ａ　］ではない。「自分も相手もリラックスできるコミュニケーション」、「意見を押しつけることのない関係」、「対等でなんでもいいあえる会話」、「よくわかりあえるコミュニケーション」、などなど。ここでは、「互いによくわかりあう」というのが「よいコミュニケーション」「望ましいコミュニケーション」である、という考え方を取り上げてみよう。自分のことをよくわかってもらえる、相手のことをよくわかることができる、これがよいコミュニケーションだ。「わかればわかるほど」コミュニケーションはうまくいっている、という考えだ。なるほどそうかもしれない。

私たちにとって、相手のことがわからないのが苦しいことであるのは間違いない。私のことを相手にわかってもらえないのもつらい。だからコミュニケーションにおいて相手のことがよりわかること、自分のことがよりわかってもらえることが、そ

2　バナナ輸入会社は、広告や冊子で消費者にバナナの食べ頃の色を説明する際、黄色いバナナのイラストを使った。
3　バナナ生産会社は、黄色いバナナを擬人化したキャラクターを作り、動画やポスターなどの販売促進に利用した。
4　産地Ａのオレンジは、気候条件により青いまま熟すため、白黒印刷の冊子で、味や果汁など色以外の特長を訴えた。
5　産地Ａのオレンジ生産者は、色の良い産地Ｂのオレンジに対抗するため、消費者の期待に合う色に果皮を着色した。

問七　空欄［Ａ］・［Ｂ］に入る語の組合せとして最も適当なものを、次のなかから一つ選び、その番号をマークせよ。解答番号は[9]。

1　Ａ　記　録　Ｂ　表　現　　2　Ａ　記　憶　Ｂ　記　録　　3　Ａ　事　実　Ｂ　虚　構
4　Ａ　素　材　Ｂ　加　工　　5　Ａ　保　存　Ｂ　虚　構

問八　空欄［Ｃ］に入る語として最も適当な言葉を、本文中から漢字二字で抜き出せ。

問九　本文の内容と最も合致するものを、次のなかから一つ選び、その番号をマークせよ。解答番号は[10]。

1　ネットスーパーやＳＮＳの発展は、消費者の視覚経験を大きく変え、食べ物の認識の仕方に影響を与えた。そのため、これまでの視覚性重視の買い物からの逸脱が生じるようになってきた。
2　ネットスーパーが一般的な画像を用い客が購入する特定の商品を示していないのに対し、ＳＮＳに出品者が掲載する画像は、実際に消費者が購入する特定の品である。このことが両者の最も大きな違いである。
3　ネットスーパーに掲載される画像とＳＮＳに掲載される画像にはその役割や意味に大きな違いがある。一方で、両者

問四　傍線部①「食堂の入り口に置いてある食品サンプルに似た機能」として最も適当なものを、次のなかから一つ選び、その番号をマークせよ。解答番号は[2]。

1　利用者に対して商品をおいしそうに見せる機能
2　提供者にとって半永久的に使い続けられる機能
3　利用者に対して商品を常に新鮮に見せる機能
4　利用者に対して商品のイメージを伝える機能
5　利用者を安心させ店に入りやすくさせる機能

問五　傍線部②「これまでの視覚の歴史からの断絶ではない」の示す内容として最も適当なものを、次のなかから一つ選び、その番号をマークせよ。解答番号は[3]。

1　バナナやオレンジ、トマトの色自体は、歴史的にまったく変わっていないということ
2　バナナやオレンジ、トマトの色の変化は、認識できないほどわずかだったということ
3　バナナやオレンジ、トマトの色に対する認識が長い間変わることがなかったということ
4　ネットスーパーの写真でも色や形がよく認識でき、店舗と同様に買い物ができるということ
5　ネットスーパーの写真に、人々が共通に認識してきた果物の色が使われているということ

問六　傍線部③「食べ物の色の構築」には、色の標準化とその共通認識という二つの段階が含まれる。前者に関する例は1、後者に関する例は2をマークせよ。解答番号は、1は[4]、2は[5]、3は[6]、4は[7]、5は[8]。

1　バナナ生産会社は、輸送時に傷がつきやすい赤い品種の生産を止め、傷がつきにくい黄色の品種だけを生産・出荷した。

（注）1　ネットスーパー――食品や日用品などスーパーマーケットで扱っている商品をパソコンやスマートフォンで注文し、宅配してもらうサービス。

2　標準化――食品の場合、季節や生産地によらず、味や色、形を同じ品質で生産すること。

3　大山顕――（一九七二〜）写真家、ライター。

4　佐藤卓己――（一九六〇〜）メディア史を研究する社会学者。

5　エモさ――「エモい」という形容詞で使われることが多く、「感情を揺さぶるもの」という意味。

問一　傍線部(ア)・(イ)のカタカナを漢字に直せ。

問二　傍線部(ウ)・(エ)の漢字の読み方をひらがなで記せ。

問三　傍線部(X)「示唆している」の意味として最も適当なものを、次のなかから一つ選び、その番号をマークせよ。解答番号は1。

1　ある事柄を間接的にそれとなく示している

2　ある事柄を直接的に明確に示している

3　ある事柄を論拠として暗に示している

4　ある事柄を手がかりに示されている

5　ある事柄を確信して強く示している

る。少なくとも、そうした感情を与えることを意図して投稿されることが多い。

もちろん写真に何が写っているかを認識させることは重要ではあるものの、自作の料理であれ、どこかの珍しい見た目の食べ物や大盛りの料理であれ、何かしらの感情（例えば面白い・楽しい・共感するなど）を抱かせることが、何の食べ物であるかということよりも優先される。ネットスーパーでバナナの欄にトマトの写真が掲載されていては問題だが、SNSの写真では、それがバナナであろうとトマトであろうと究極的にはどちらでもよく、どのように撮られているか、または加工されているかがより重要なのだ。

情動を引き出すことが主目的になったことで、SNSでは写真に写った食べ物の色を「自然な」色に寄せる必要がなくなった。そのため、全ての写真ではないにせよ、実物を忠実に再現する以外の方法、つまり多くの人が考える自然な色から(エ)逸脱した食べ物の見た目を作ることが可能となったのだ。例えば、ネットスーパーの写真ではありえないような、ピンク色のバナナや真っ白なトマトがSNSのフィードに流れてくれば、それは映《ば》える写真として、見る人たちの目を引き、「いいね」がたくさんつく可能性が高い。

しかし、ここで重要なのは、ある色・見た目が逸脱であると認識するためには、何がオリジナルかを知っている必要があるということだ。トマトは赤い野菜だという認識がなければ、白いトマトを見て「面白い」「映《ば》える」写真だと感じることはないだろう。多くの人が、この食べ物の色はこうあるべきだという認識をある程度共有しているからこそ、こうした逸脱が生まれ、見る人の目を引き、食欲を刺激する（または減退させる）のだ。つまり、ネットスーパーもSNSの画像も、本書で読み解いてきた一九世紀末以降の③食べ物の色の構築の上に成り立つものであり、色の標準化や人工的に作られた自然な色という概念をある意味でより強固にするものだともいえる。

（久野愛『視覚化する味覚——食を彩る資本主義』）

作は、被写体への態度も変化させた。SNSの写真には、日常の記録や思い出の保存というだけではなく、むしろそれ以上に、ユニークな見た目であることが求められる。よって映《ば》える被写体というのは、単に綺麗《きれい》な色をしているとか、撮影者がおいしそうと思うものというよりは、多くの人の目にとって「面白い」ものということになる。それはSNS写真独特の美学である。佐藤卓己（注4）が論じるように、こうした写真は、見栄えを優先させる一方、被写体・素材の事実性は軽視されがちである。つまり、「データ素材としてどのような加工もできるデジタル写真は、[A]のメディアというより[B]のメディア」となったのである。

SNSで共有される食べ物の写真も同様で、それらは加工されたものも多い。あえて白黒にしたり、コントラストを強めたりするなど、見た目のインパクトを強める工夫がなされている。SNSでは、掲載された写真が実際の姿とは異なることが許容され、むしろ期待されてさえいる。普段の料理や食卓の風景を撮影したものであっても、非現実的な色にはしないまでも、陰影やコントラストの調整は、おいしそうに見せるために重要な表現手段となる。（略）

なぜSNSなどで共有される写真では、見た目を「盛る」ための加工がなされ、見る人はそれをほぼ当然のように受け入れるのだろうか。そこには、SNSの写真が持つ役割が関係しているように思われる。ネットスーパーの写真と比べてみよう。先述の通り、ネットスーパーの写真は、食べ物（商品）を客に認識させるため（cognitive）のものである。そのためバナナは黄色く、トマトは赤い写真が、ある種の[C]として（ア）ソウニュウされるのだ。一方、SNSに投稿される写真は、見る者の情動を引き出すため（affective）のものではないだろうか。大盛りの料理や見た目が派手な食べ物などは、いわゆる「映《ば》える」ための写真として、色・見た目が作り出されている。自作料理の写真はどちらかというと「エモさ」（注5）を追求したものが多いといえるかもしれない。手作りのケーキや食卓に並べられた数々の料理は、派手さや（イ）ザンシンさというよりも、「おいしそう」とか「こんな料理を作れるなんてすごい」、「自分も作ってみたい」といった、賞賛や（ウ）羨望・憧れ、共感といった感情を見る者に与え真が掲載されており視覚情報が提供されている。だが、それらの写真は実際にその店で販売している商品ではなく、一般的な画像写真であることも少なくない。その場合、商品の種類（例えば「トマト」など）は視覚的に判断できるものの、自分が購入する特定の商品を確認することはできない。

　こうしたネットスーパーの写真、より厳密には店に並んでいるまたは客が購入する特定の商品ではなく、一般化された物撮り画像は、①食堂の入り口に置いてある食品サンプルに似た機能を果たすものだといえる。ネットスーパーで掲載されている写真の主たる目的は、消費者による商品の種類の認識であり、食べ物の色・見た目は、それが何の食べ物であるかを示すための記号として用いられているのだ。ネットスーパー内では、例えば、黄色いバナナ、オレンジ色のオレンジ、赤いトマトの写真が並んでいる。ほとんどの消費者は、これらの色を何の疑問も持たず当たり前のものとして食品を選択し購入するわけである。

　これは、ネットスーパーが買い物客の五感経験を大きく変えたものの、②必ずしもこれまでの視覚の歴史からの断絶ではない(X)ことを示唆している。本書でみてきたように、食べ物の「あるべき」色・「自然な」色は、長い歴史の中で作り出されてきた。そうした色を人々が内面化し、ある程度共通認識(注2)を持っているからこそ、ネットスーパーの写真は成り立つのだ。つまり、多くの食品において、その色、また味や形が標準化されてきたこと、そして標準化された色を「自然な」または「普通の」ものだと多くの人が考えるようになったことによって、ネットスーパーが機能しうるのである。（略）

　ネットスーパーと同様に、私たちの食べ物の認識の仕方や食文化、そして消費のあり方を大きく変えようとしているものの一つにSNSが挙げられる。（略）

　大山顕(注3)が、写真は「見る」ものから「処理」するものになったと述べているように、写真は、撮る・見るものであるだけでなく、SNSの写真においては「加工」「シェア（共有）」「いいね」することが重要となったのだ。この撮影から共有までの一連の操

国語

（八〇分）

（注）問題三（古文）及び問題四（漢文）は、いずれか一方のみを選択して解答すること。

〔一〕次の文章を読み、あとの設問に答えよ。ただし、本文の一部を省略してある。

スーパーマーケットは、新鮮さやおいしさを視覚的に表現し、消費者の目に訴える新たな視覚性の構築とともに発展してきた。食品の生産過程で、「自然な」あるいは「おいしそう」な色が作り出されるとともに、その色および味を保つことが小売店での重要な課題の一つとなったのである。商品の陳列や店内の照明、冷蔵ケース、包装容器など様々な技術や方法を駆使して、スーパーマーケットの美学ともいえる新鮮さの視覚化が行われてきた。

ネットスーパー(注1)は、そうした消費者の視覚経験を大きく変えつつあるようにみえる。冷蔵ケースや陳列棚に所狭しと並んだ色とりどりの野菜や果物、肉、加工食品のパッケージに囲まれて買い物をすることがなくなり、店内に入ると目に飛び込んでくるはずの風景は、スマートフォンやパソコンの画面上に並ぶ商品の写真に変わった。そして最大の違いの一つは、自分が購入する食品を実際に手に取って見られないことだろう。

多くの場合ネットスーパーでは、どんな商品を売っているのかを消費者がイメージしやすく、また認識しやすくするため写

解答編

英語

I **解答** 1—④　2—②　3—③　4—①　5—③　6—②　7—④　8—②　9—④　10—②　11—④　12—③　13—③　14—④　15—③　16—①　17—④　18—④　19—①　20—④　21—①　22—②　23—②　24—③　25—②

出典追記：How to support someone going through a mentally tough time, The Washington post on July 27, 2021 by Allyson Chiu

解 説　≪誰かが精神的につらい時を乗り切るのを助ける方法≫

1．下線部の文の後に Anxiety と Depression の説明がそれぞれ続いている。Depression に関しては第１段第４文（Depression is when …）に解答となる sadness が見られる。

2．下線部の直前が you didn't とあるため動詞が続くが，疑問詞＋to *do* の形が後にとれるのは know のみ。そのため know where to begin の②が正解。

5．空所の前の文で，「難しい話題を避ける必要はない」と述べられているので，「この話題について誰かが彼らに尋ねるのは初めてかもしれない」という意味になる③ ever を選ぶ。

6．空所の前の文まででは，その人が思考のどこにいるのかを把握することによって，支援をする際の指針となるということが述べられている。空所を含む文は「もしかするとその人はまだ次のステップを理解しようとしているのかもしれない」と述べられており，相手が具体的にどのような状況にあるのかを述べているため，②の For example が入る。

7．above all「とりわけ，特に」

8．下線部は that という指示代名詞が用いられているため，前に述べられた内容が指示内容である。直前の文の to immediately fix what's wrong が多くの人が望むことであると書かれており，urge「衝動」の内容として適切である。

9．空所の直前の those に注目すれば，those who「～する人々」であることがわかる。

10．空所を含む文は stress が動詞で用いられている命令文。A には「ために」という意味の for が入り，B には不定詞の副詞的用法を導く to が入る。

11．make O *do*「O を～させる」の形の中に feel C が入り込んだ形。

12．空所を含む文はカンマの前に one が，後に another が用いられた対比の構造となっているため，「一方で」を意味する While が入る。

13．want to の後に続くので原形 be が入り，受け身の形をとる。

14．下線部の後の文で positive statements の例として①，②，③の内容がそれぞれ見られる。

15．カンマの直後に空所があり，後に助動詞 may が続くことから関係代名詞の非制限用法であることがわかる。先行詞は人ではなく，文の前半部分の内容であるため，③の which が空所には当てはまる。

17．この段ではプライバシーを尊重することが述べられており，「具体的な情報を出す」ことをしてはいけないということが考えられるため，④の without が空所には当てはまる。

18．空所の後では possible responses の例がいくつか述べられているので，④の Some が適切である。

19．空所の後には節が続くため，空所には接続詞が入る。また，ask という動詞に続くため，この節は文の目的語となる。① if を入れた ask if ～「～かどうか尋ねる」がここでは適切な表現。

20．ここでの it は直前の名詞の内容を指しているため，professional support について言及している④が適切。

21．空所を含む文の主語は「最善を尽くすこと」である。また，空所後にある動詞 need の目的語が欠けているため，① what を補い，「彼らが必要とすること」という意味にする。

22．第 2 段最終文（Above all, experts …）で「…まずは話を聞く必要がある」と述べられている。

23．第 7 段第 1 文（If you don't have …）に「あなたが助けようとしている人からの許可がない限り，他人とそのことについて共有しないのが最もよい」と述べられており，②の内容と一致する。

24. ③の「人を不健康な状態から脱するように促すかもしれない」は，第6段最終文（Additionally, toxic positivity …）の「…人を不健康な状態に留めることを促進してしまうかもしれない」という内容と矛盾する。

25. 本文は他者が苦しんでいる際にどのように接するべきかを述べたものであり，自身が苦しんでいる際について述べるものではないため，①と③は不適切。また，助言の方法についても第3段・第6段で述べてはいるが，全体のテーマではないため④も不適切。以上から，②「誰かが精神的につらい時を乗り切るのを助ける方法」が最も良い題名となる。

II　解答

26—②　27—①　28—③　29—①　30—④　31—④
32—②　33—①　34—③　35—④　36—①　37—③
38—②　39—③　40—①　41—③　42—③　43—④　44—②　45—①
46—③

イ．repeat　ロ．helps stutterers find work

ハ．(in the) negative　ニ．illegal

ホ．水面下には社会で否定的な扱いを受けている吃音者がもっと多くいると私は感じている。

ヘ．diagnosis　ト．anxious　チ．perception

解説　≪吃音への理解不足≫

26. survey「世論調査，アンケート」　poll「世論調査」

31. due to ～「～が原因で」という熟語の知識を確認する問題。

32. few は「ほとんど～ない」を意味する語。理解が不十分である理由を答えている文なので，「正しい知識を持った人が周りにほとんどいない」とする必要がある。

34. 32 と同様に，理解が不十分であるという文脈のため，hardly any「ほとんど～ない」を用いる。

35. keep O C「OをCの状態にしておく」の形ではCに分詞がくることがある。ここでは，it（＝吃音）が知られないようにするという意味のため，過去分詞の hidden が入る。

36. この下線部の those は「人々」を意味しており，同じ意味で用いられているのは①「期待した人々のうちほんの数人だけが現れた」。

37. このthatは形式主語文の真主語を導くthatで，同じ形のものは③「21世紀に戦争が起こったのは残念だ」。②は強調構文のthat。

39. 空所を含む文では，「良い環境が与えられれば」という条件が与えられており，吃音の症状に対してよい影響があると考えることができる。

42. 第1段第2文（Stuttering is characterized …）で「患者は流暢に言葉を発することが難しくなる」と述べられており，③の内容と一致する。

43. 第3段最終文（Fifty-five respondents additionally …）に「55名は吃音者への社会の理解と支援が不十分であると答えている」とあり，④の内容と矛盾する。

44. 第5段最終文（Twelve answered in …）で「…彼らはその状態を自分の性質の一部として考えている」とあり，②の内容と一致する。

45. 第6段最終文（I want people …）で「人々にもっと吃音について知ってほしい…」とあり，①の内容と一致する。

46. 第7段第1文（Yoshikazu Kikuchi, a …）の後半に「…治療法は確立されていない」とあるため，③の内容と矛盾する。

ロ．help O *do*「Oが～するのを助ける」の形。workは「仕事」を意味する名詞で用いられている。

ハ．第5段最終文（Twelve answered in …）でnegativeという語が，その前文にあるaffirmativelyと対をなす形で否定を意味するために用いられている。

ホ．subjected to ～「～（被害など）を受ける」の句がeven more stutterersにかかっていることに注意して訳す。

III 解答

We need to realize that stuttering is a disability and that people who suffer from this condition need more support.

解説　「吃音」を意味するstutteringなど，IIで用いられている単語を使いながら書いていく。「認識する必要がある」のは「吃音はひとつの障がいである」ことと，「この症状に苦しむ人々は，より多くのサポートが必要だ」ということであるため，これらを3つの部分に分割して考える。「認識する」はrecognizeやrealizeを使うことができる。「症状」はIIの本文と同様にconditionやsymptomsなどが使える。

■日本史■

I　解答

問１．ア．岩宿　イ．関東ローム　ウ．静岡　エ．沖縄　オ．ナイフ　カ．石斧　キ．和田　ク．サヌカイト　ケ．朝鮮　コ．丸木　サ．錫　シ．石包丁　ス．石鏃

問２．③　問３．野尻湖　問４．③　問５．③

解説　≪旧石器時代～弥生時代の社会≫

問１．ク．やや難。サヌカイトは香川県（讃岐国）で多く産出することから讃岐石とも呼ばれ，大阪府と奈良県の境の二上山などでも産出されている。

ケ．空欄の後に「海を越えて日本列島外に運ばれていたと推測できる」とあるので，日本列島以外の半島を念頭に置けばよい。空欄の前に「佐賀県の腰岳」とあるので，九州から最も近い朝鮮半島を答えればよいだろう。

サ．青銅器は鉄と錫《すず》の合金である。弥生時代，青銅器と鉄器が一緒に入ってきたため，青銅器はおもに祭祀用として使用された。

問２．③の錘が誤り。錘は網の重りとして使用されるもので，石錘や土錘のように石や土が材料。

問４．縄文時代の植生は東日本がブナ・ナラなどの落葉広葉樹林，西日本がシイなどの照葉樹林である。よって，③が正解となる。

問５．リード文の下線部Ⓒの２行下に「この縄文文化期に出土する土器のなかには縄文がない土器もある」とあるため，③の「縄文文化期の土器にも，縄目の文様がない土器がある」が正しいとわかる。

II　解答

A．問１．ア．スペイン　イ．ポルトガル　ウ．オランダ　エ．出島　オ．琉球王国

問２．清　問３．老中　問４．ケンペル　問５．松前藩

B．問１．ア．木曽檜　イ．秋田杉　ウ．杣　エ．日用　オ．たたら

問２．①　問３．町人請負新田　問４．③

解説　≪江戸時代初期の外交と近世の産業≫

A．問４．ケンペルはオランダ商館医として来日したドイツ人で，ケンペ

ルの著書『日本誌』を蘭学者の志筑忠雄が翻訳した際,「鎖国論」と名付けたのが, 鎖国という名の由来である。

B. 問1. ウ. やや難。杣《そま》とは, もとは用材伐採地のことで, 後にはその伐採地で働く林業従事者のことを指すようになった。

エ. やや難。日用《ひよう》は江戸時代における日雇の労働者を指す言葉である。

オ. たたら製鉄は, ふいごを使用して炉に空気を送り, 砂鉄から鉄を生産する手法である。

問2. やや難。箱根に芦ノ湖があるとわかれば, ①が正解と判断できる。②の見沼代用水は武蔵国の用水で, 利根川から取水する。③の上ヶ原用水は摂津国, ④の五郎兵衛用水は信濃国の用水である。

問4. やや難。③院内は秋田藩にあった銀山である。

Ⅲ　解答

A. 問1. ①　問2. ①　問3. ②　問4. ③
問5. ②　問6. ③　問7. ①

B. 問1. ②　問2. ②　問3. ③　問4. ②

C. 問1. ②　問2. ①　問3. ④　問4. ②　問5. ③

解説　≪近現代の外交≫

A. 問1・問2. 日清戦争の講和条約である下関条約では, ①の賠償金2億両に加えて, 遼東半島・台湾・澎湖諸島の割譲や, 沙市・重慶・蘇州・杭州の開港などが決定した。

問4. ③正解。ポツダム宣言では日本の主権は本州, 北海道, 九州および四国ならびに連合国の決定する諸小島に限定されるとある。

問6. 沖縄返還協定が発効された年, つまり, 沖縄返還の年を答えればよいので, ③の 1972 年が正解。

B. 問1. ②誤文。サンフランシスコ平和条約における賠償の規定は①が正しく, 多くの連合国は賠償請求を放棄し, 希望する国にのみ, 個別交渉により決定されることとされたため, 賠償に関する詳細な規定があったわけではない。

問2. 史料Bがフィリピン大統領の演説であることを踏まえれば, フィリピンで起きた②のマニラ市街戦が選べるだろう。①のインパール作戦はビルマ, ③のダーウィン爆撃はオーストラリア, ④の重慶爆撃は中国での出来事である。

問３．①誤文。サンフランシスコ平和条約の調印は第３次吉田茂内閣である。
②誤文。鳩山一郎内閣に関する記述である。
④誤文。佐藤栄作内閣に関する記述である。
問４．史料の下から２行目「昨年，…岸信介総理閣下」がヒントとなる。岸信介内閣は，1960 年の日米相互協力及び安全保障条約（新安保条約）の調印をめぐって安保闘争が起き，総辞職したことを想起すれば，②の 1958 年が適切と判断できる。
C．問２．①正解。西側陣営の日本は資本主義経済であり，東側陣営の中国は社会主義であり計画経済を採用している。
②誤文。中国は大統領制ではなく，中国共産党による一党支配である。
③誤文。中国ではウイグルなどで自治区の設置を認めている。
④誤文。中国においても外資企業の参入を認めている。
問３．④正解。史料Ｃは 1972 年の日中共同声明なので，それ以前，日本が中華民国と国交を結んできたことから，④が選べるだろう。

問４．②正解。史料Ｃは 1972 年の日中共同声明なので，その内容に賠償請求権の放棄が含まれていることから，②が選べるだろう。

世界史

I 解答

問1．②　問2．③　問3．④　問4．②　問5．③
問6．④　問7．②　問8．④　問9．①　問10．④
問11．④　問12．④　問13．④　問14．③　問15．③　問16．③
問17．②　問18．②　問19．①　問20．②

解説 ≪帝国主義論の史的展開≫

問1．②誤文。「南越を滅ぼした」のは前漢の武帝。

問2．③正答。本国の面積に注目するとよい。xの面積はアメリカ合衆国に次いで広い。このためドイツ，ロシア，ベルギー，スペインの中で，xに該当するのはロシアと判断できる。一方，zの面積は表にある8カ国の中で最も小さいので，zはベルギーに該当する。残るyがドイツである。

問3．④正答。アフリカ分割に関するフランスの方針は，アフリカ横断政策と呼ばれる。サハラ方面とジブチ・マダガスカル方面をつなごうとした。
①はイギリス，②はイタリア，③はポルトガルである。

問7．難問。②正答。a．ケープ植民地のイギリス領有は1814年→d．トランスヴァール共和国の建国は1852年，オレンジ自由国の建国は1854年→c．セシル=ローズは1889年から1895年にかけて現在のジンバブエとザンビアに当たる地域への征服と植民を行い，この地は1895年5月にローデシアと命名された。→b．植民地相ジョゼフ=チェンバレンがケープ植民地首相セシル=ローズを支援してトランスヴァール共和国に介入したのは1895年12月。

問9．①正文。②誤文。米西戦争の主な原因は，キューバにおけるスペインからの独立運動をアメリカ合衆国が支援したことである。米西戦争の結果，フィリピンはアメリカ領となった。
③誤文。ロシアと清はネルチンスク条約を結んで国境を定めた。これは植民地獲得戦争ではない。
④誤文。フランスの植民地拡大政策が実行されたのは，第二帝政や第三共和政の時期。

問10．④誤文。フランス社会党は，労働組合のゼネストで社会革命の実現を図るサンディカリズムに対抗して結成された。

問14. ③誤文。ポル=ポト政権は，カンボジアの急進左派政権。

問15. ③誤文。「スパイ容疑で告発された」ドレフュス大尉は，ユダヤ系。

問16. ③正文。①誤文。「台湾に移った」国民政府の首班は蔣介石。

②誤文。中国返還後の香港は一国二制度の下，資本主義経済の維持を認められた。

④誤文。シンガポールはマレーシアから分離・独立した。

問19. ①誤文。アメリカ合衆国は上院が国際連盟への加盟を否決した。

問20. ②正文。①誤文。国連環境開発会議（地球サミット）の開催地はリオデジャネイロ。

③誤文。チェルノブイリ原発事故（1986年）以前にアメリカ合衆国のスリーマイル島原発事故（1979年）が起こっている。

④誤文。WHOは1980年に，天然痘の「世界根絶宣言を行った」。ペストはまだ根絶されていない。

II 解答

問1. 新　問2. 荀子　問3. 郡県制　問4. 楽浪郡

問5. 五経　問6. ③　問7. 両班　問8. エンリケ

問9. 一条鞭法　問10. ②　問11. ④

問12. ラタナコーシン朝〔チャクリ朝〕　問13. ミドハト=パシャ

問14. 義和団　問15. ④

解説　≪「世界の一体化」の進展とその要因≫

問5. 五経は『易経』・『書経』・『詩経』・『礼記』・『春秋』を指す。

問6. ③正答。訓詁学（後漢）→朱子学（南宋）→陽明学（明）→考証学（明末清初）の順である。

問9. 銀の大量流入を背景として実施された明の一条鞭法は，さまざまな税と徭役を一本化して銀納させた税制である。

問11. ④正答。戸部・吏部・工部は律令体制下の行政機関であり，順に財政，文官の任免，土木・建築を司った。御史台は官吏の監察を担った。軍機処は清代に設立された最高政務機関。都護府は漢・唐代における辺境異民族の統治機関である。

問13. アブデュルハミト2世はミドハト=パシャを宰相に起用して，憲法を制定させた。しかし，その直後に勃発したロシア=トルコ戦争を理由に，憲法を停止，専制政治を復活させた。

問15．④正答。人民解放軍は，天安門広場にて「民主化」を求め，座り込みをしていた学生・市民たちを武力で鎮圧した。①はプラハの春（1968年）に対するソ連・ワルシャワ条約機構による軍事介入，②は光州事件（1980年），③はベルリンの壁の崩壊（1989年）である。

III　解答

ア．ポトシ　イ．商業　ウ．三角貿易　エ．黒人奴隷
オ．蒸気機関車

問1．インカ帝国　問2．エンコミエンダ制　問3．アカプルコ
問4．価格革命　問5．農場領主制〔グーツヘルシャフト〕
問6．モノカルチャー　問7．ロビンソン=クルーソー　問8．③
問9．第2次囲い込み〔第2次エンクロージャー〕　問10．アヘン

解説　≪世界商品の生産・流通・消費≫

問2．スペイン人植民者はエンコミエンダ制で，先住民をキリスト教に改宗させることを条件に先住民たちを鉱山やプランテーションなどで強制労働に従事させることが認められた。

問5．領主は再版農奴制の下，西ヨーロッパへの輸出用穀物を生産するため，直営地の経営を拡大させた。これを農場領主制（グーツヘルシャフト）という。

問6．ヨーロッパ諸国の植民地とされたアフリカやラテンアメリカなどでは，モノカルチャーが進行した。そのため，これらの地域はヨーロッパ諸国によって，食料・原料の供給地として収奪された。

問8．③誤り。クロンプトンはミュール紡績機を発明した。ジェニー紡績機はハーグリーヴズの発明。

数学

1

解答　(1)ア．3　イ．880　(2)ウ．$\left(\dfrac{1}{2},\ -\dfrac{3}{2}\right)$　エ．$\dfrac{9}{8}$

(3)オ．−1　カ．$4\sqrt{11}$　(4)キ．15120　ク．1260

解説　≪小問４問≫

(1)　m を自然数とする。$m\in B$ は m が $2640=2^4\cdot 3\cdot 5\cdot 11$ の約数であることであるから，$a\in\{0,\ 1,\ 2,\ 3,\ 4\}$ なる a と，b，c，$d\in\{0,\ 1\}$ なる b，c，d によって，$m=2^a\cdot 3^b\cdot 5^c\cdot 11^d$ と表すことができる。このとき，$m\in A$ となるための条件は，$\sqrt{495m}$ が自然数であること，すなわち

$$495m=(3^2\cdot 5\cdot 11)\cdot(2^a\cdot 3^b\cdot 5^c\cdot 11^d)=2^a\cdot 3^{b+2}\cdot 5^{c+1}\cdot 11^{d+1}$$

が平方数（自然数の２乗）となることであるから，a，$b+2$，$c+1$，$d+1$ がすべて０以上の偶数となること，すなわち，$a\in 0,\ 2,\ 4$，$b=0$，$c=1$，$d=1$ である。ゆえに

$$A\cap B=\{2^a\cdot 5\cdot 11\,|\,a\in\{0,\ 2,\ 4\}\}$$

であるから　　$n(A\cap B)=3$　（→ア）

であり，$A\cap B$ に属する最大の自然数 m は　　$2^4\cdot 5\cdot 11=880$　（→イ）

である。

(2)　放物線 $y=2x^2-2x-1$ を C とし，C の頂点をAとする。C の方程式の右辺は

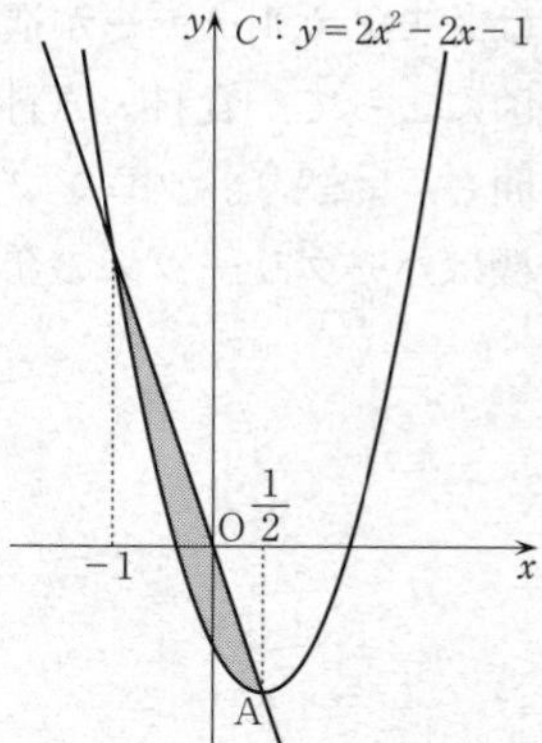

$$\begin{aligned}&2x^2-2x-1\\&=2(x^2-x)-1\\&=2\left\{\left(x-\frac{1}{2}\right)^2-\frac{1}{4}\right\}-1\\&=2\left(x-\frac{1}{2}\right)^2-\frac{3}{2}\end{aligned}$$

と変形できる。

よって，Aの座標は　　$\left(\dfrac{1}{2},\ -\dfrac{3}{2}\right)$　（→ウ）

であり，直線OAの方程式は $y=-3x$ となる。

この方程式と放物線 C の方程式から y を消去すると

$$-3x=2x^2-2x-1$$
$$\Longleftrightarrow 2x^2+x-1=0$$
$$\Longleftrightarrow (x+1)(2x-1)=0$$
$$\Longleftrightarrow x=-1,\ \frac{1}{2}$$

よって，求める面積は図の網かけ部分の面積であるから

$$\int_{-1}^{\frac{1}{2}}\{-3x-(2x^2-2x-1)\}\,dx=-2\int_{-1}^{\frac{1}{2}}(x+1)\left(x-\frac{1}{2}\right)dx$$
$$=-2\cdot\left(-\frac{1}{6}\right)\left(\frac{3}{2}\right)^3$$
$$=\frac{9}{8}\quad(\to エ)$$

(3)　$t\vec{a}+\vec{b}=t(-3,\ 0,\ 1)+(1,\ 4,\ 13)=(-3t+1,\ 4,\ t+13)$ より

$$|t\vec{a}+\vec{b}|^2=(-3t+1)^2+4^2+(t+13)^2=10t^2+20t+186$$
$$=10(t^2+2t)+186=10(t+1)^2+176\geqq 176$$

であり，等号成立の条件は $t=-1$ である。ゆえに，$|t\vec{a}+\vec{b}|$ は t の値が -1（→オ）で最小値 $\sqrt{176}=\sqrt{4^2\cdot 11}=4\sqrt{11}$（→カ）となる。

別解　$\overrightarrow{\mathrm{OB}}=\vec{b}$，$\overrightarrow{\mathrm{OP}}=t\vec{a}+\vec{b}$ とする。t がすべての実数値をとって変化するとき，P は点 B$(1,\ 4,\ 13)$ を通りベクトル $\vec{a}=(-3,\ 0,\ 1)$ に平行な直線 L 上を動く。$|t\vec{a}+\vec{b}|=|\overrightarrow{\mathrm{OP}}|$ が最小になるのは

$$\mathrm{OP}\perp L \Longleftrightarrow \overrightarrow{\mathrm{OP}}\cdot\vec{a}=0$$
$$\Longleftrightarrow (t\vec{a}+\vec{b})\cdot\vec{a}=0$$
$$\Longleftrightarrow t=-\frac{\vec{a}\cdot\vec{b}}{|\vec{a}|^2}$$
$$\Longleftrightarrow t=-\frac{(-3)\cdot 1+0\cdot 4+1\cdot 13}{(-3)^2+0^2+1^2}$$
$$\Longleftrightarrow t=-1$$

のときである。このとき

$$t\vec{a}+\vec{b}=-(-3,\ 0,\ 1)+(1,\ 4,\ 13)=(4,\ 4,\ 12)=4(1,\ 1,\ 3)$$

であるから

$$|t\vec{a}+\vec{b}|=4\sqrt{1^2+1^2+3^3}=4\sqrt{11}$$

である。ゆえに，$|t\vec{a}+\vec{b}|$ は t の値が -1 で最小値 $4\sqrt{11}$ となる。

(4)「nariakira」は a 3 個，i 2 個，r 2 個，k 1 個，n 1 個の計 9 個の文字からなる。文字を並べる 9 個の場所から，i 2 個，r 2 個，a 3 個の場所を順に選び，残りの 2 個の場所に k，n を並べればよいので，9 文字の並べ方は全部で

$${}_9C_2\cdot{}_7C_2\cdot{}_5C_3\cdot2!=36\cdot21\cdot10\cdot2=15120\text{ 通り}\quad(\to キ)$$

このうち，左から順に文字を見た場合に k，n，r の順に現れる並べ方は，まず，k，n，r，r を置く 4 個の場所を選び，そこに左から順に k，n，r，r を並べ，次に i，i を置く場所を 2 個選べば残りの 3 個の場所に a，a，a を置けばよいので

$${}_9C_4\cdot{}_5C_2=126\cdot10=1260\text{ 通り}\quad(\to ク)$$

別解　同じものを含む順列の考え方を用いる。「nariakira」は a 3 個，i 2 個，r 2 個，k 1 個，n 1 個の計 9 個の文字からなる。これら 9 文字の並べ方は全部で

$$\frac{9!}{3!2!2!1!1!}=\frac{9\cdot8\cdot7\cdot6\cdot5\cdot4}{2\cdot2}=15120\text{ 通り}$$

このうち，左から順に文字を見た場合に k，n，r の順に現れる並べ方 P が N 通りあるとする。P の並べ方 1 つに対して，k，n，r，r の順を気にしない並べ方が，k，n，r，r の並べ方の $\frac{4!}{2!1!1!}=12$ 通り分ずつあることになるので，$N\cdot12=15120$ が成り立つ。よって，P の並べ方は

$$N=\frac{15120}{12}=1260\text{通り}$$

2

解答　(1)　$S_n=\frac{3}{2}a_n+n-3$　……①

とおく。①式はすべての自然数 n に対して成り立つから，特に $n=1$ として，$S_1=a_1$ に注意すると

$$a_1=\frac{3}{2}a_1-2\Longleftrightarrow 2a_1=3a_1-4\Longleftrightarrow a_1=4\quad\cdots\cdots(答)$$

(2)　①式で n の代わりに $n+1$ とした式 $S_{n+1}=\frac{3}{2}a_{n+1}+n-2$ を②とする。②式は 0 以上のすべての整数 n に対して成り立つ。②，①式の辺々を引

くと

$$S_{n+1}-S_n=\frac{3}{2}a_{n+1}-\frac{3}{2}a_n+1$$

であるから，$S_{n+1}-S_n=a_{n+1}$ より

$$a_{n+1}=\frac{3}{2}a_{n+1}-\frac{3}{2}a_n+1$$

これを a_{n+1} について解くと

$$a_{n+1}=3a_n-2 \quad \cdots\cdots ③$$

③式はすべての自然数 n に対して成り立つ。よって，漸化式 $a_{n+1}=pa_n+q$ における定数 p，q の値は

$$(p,\ q)=(3,\ -2) \quad \cdots\cdots (答)$$

(3)　③式は $a_{n+1}-1=3(a_n-1)$ と変形できるので，数列 $\{a_n-1\}$ は公比 3 の等比数列である。(1)より，初項は $a_1-1=4-1=3$ であるから，一般項は $a_n-1=3\cdot 3^{n-1}=3^n$ である。ゆえに，数列 $\{a_n\}$ の一般項は

$$a_n=3^n+1 \quad \cdots\cdots (答)$$

解説　≪数列の和がみたす漸化式≫

S_n の定義から，$S_{n+1}=(a_1+a_2+\cdots+a_n)+a_{n+1}=S_n+a_{n+1}$，したがって，$a_{n+1}=S_{n+1}-S_n$ が成り立つ。これを利用して，与えられた条件式 $S_n=\frac{3}{2}a_n+n-3$ ……① の n を $n+1$ に置き換えた式②を作り，②−① から漸化式 $a_{n+1}=3a_n-2$ ……③ を導いた。次に，③式の a_{n+1} と a_n を α に置き換えた式 $\alpha=3\alpha-2$（これを③′とおく）を作り，③−③′をすると，$a_{n+1}-\alpha=3(a_n-\alpha)$ となる。③′を解くと，$\alpha=1$ であるから，$a_{n+1}-1=3(a_n-1)$ を得る。

3

解答　(1)　$f(x)=x^2+kx+a$，$g(x)=ax-k$ である。それぞれ微分すると

$$f'(x)=2x+k,\ g'(x)=a$$

よって，$y=f(x)$ と $y=g(x)$ のグラフが $x=1$ で接する条件は

$$f(1)=g(1),\ f'(1)=g'(1)$$

$$\Longleftrightarrow 1+k+a=a-k,\ 2+k=a$$

$$\Longleftrightarrow a=\frac{3}{2},\ k=-\frac{1}{2} \quad \cdots\cdots (答)$$

別解　$y=f(x)$ と $y=g(x)$ のグラフが $x=1$ で接する条件は，方程式 $f(x)=g(x) \iff x^2+(k-a)x+k+a=0$ が $x=1$ を重解にもつことであるから，$x^2+(k-a)x+k+a=(x-1)^2$（$=x^2-2x+1$）が x の恒等式となること，すなわち，$k-a=-2$，$k+a=1$ である。ゆえに

$$a=\frac{3}{2},\ k=-\frac{1}{2}$$

(2)　2 次方程式 $f(x)=g(x) \iff x^2+(k-a)x+k+a=0$ の判別式を D とすると

$$D=(k-a)^2-4\cdot 1\cdot (k+a)=k^2-2(a+2)k+a^2-4a$$

すべての実数 k に対して，$y=f(x)$ と $y=g(x)$ のグラフが共有点をもつための条件（＊）は，すべての実数 k に対して，$D \geqq 0$ が成り立つことである。k の 2 次方程式 $D=0$ の判別式を D' とすると

$$\frac{D'}{4}=(a+2)^2-(a^2-4a)=8a+4$$

であるから

$$(*) \iff \frac{D'}{4} \leqq 0 \iff 8a+4 \leqq 0 \iff a \leqq -\frac{1}{2}\quad \cdots\cdots(\text{答})$$

(3)　$F(x)=f(x)+x^2g(x)$ であるから

$$F(x)=x^2+kx+a+x^2(ax-k)=ax^3+(1-k)x^2+kx+a$$

実数係数の 3 次または 2 次の方程式 $F(x)=0$ が，$x=1-i$ を解にもつので，共役な複素数 $x=1+i$ も解である。因数定理より，$F(x)$ は

$$\{x-(1-i)\}\{x-(1+i)\}=x^2-2x+2$$

を因数にもつ。よって，$F(x)$ を x^2-2x+2 で割ったときの余りは 0 である。$F(x)$ を x^2-2x+2 で割ると次のようになる。

$$\begin{array}{r|llll}
 & ax & +1-k+2a & & \\ \hline
x^2-2x+2 & ax^3+(1-k)x^2 & +kx & & +a \\
 & ax^3-2ax^2 & +2ax & & \\ \hline
 & & (1-k+2a)x^2+(k-2a)x & & +a \\
 & & (1-k+2a)x^2+(-2+2k-4a)x & & +2-2k+4a \\ \hline
 & & & (-k+2a+2)x & -3a-2+2k
\end{array}$$

この割り算の余りが 0 であるから

$$-k+2a+2=0,\ -3a-2+2k=0$$

2 式の辺々を加えて，$k-a=0$ であるから

$$k=a$$

これと $-k+2a+2=0$ より　　$a=k=-2$

このとき，上の割り算より，$F(x)=(x^2-2x+2)(-2x-1)$ であるから，

$F(x)=0$ の解は，$x=-\frac{1}{2}$，$1\pm i$ である。ゆえに

$$a=k=-2,\ \text{残りの解は}\ x=-\frac{1}{2},\ 1+i\quad \cdots\cdots(\text{答})$$

別解　$F(x)=f(x)+x^2g(x)$ であるから

$$F(x)=x^2+kx+a+x^2(ax-k)=ax^3+(1-k)x^2+kx+a$$

$x=1-i$ のとき

$$x^2=(1-i)^2=1-2i+i^2=-2i$$

$$x^3=x\cdot x^2=(1-i)(-2i)=-2i+2i^2=-2-2i$$

であるから，これらを $F(x)$ に代入して整理すると

$$F(1-i)=-a+k+(-2a+k-2)i$$

$F(1-i)=0$ であるから

$$-a+k+(-2a+k-2)i=0$$

$-a+k$，$-2a+k-2$ は実数であるから

$$-a+k=-2a+k-2=0$$

ゆえに　　$a=k=-2$

$a=k=-2$ のとき

$$F(x)=-(2x^3-3x^2+2x+2)$$

右の組立除法より

$-\frac{1}{2}$	2	-3	2	2
		-1	2	-2
	2	-4	4	0

$$F(x)=-\left(x+\frac{1}{2}\right)(2x^2-4x+4)$$

$$=-(2x+1)(x^2-2x+2)$$

であるから

$$F(x)=0 \Longleftrightarrow x=-\frac{1}{2},\ 1\pm i$$

である。以上より

$$a=k=-2,\ \text{残りの解は}\ x=-\frac{1}{2},\ 1+i$$

解　説　≪放物線と直線の位置関係，虚数解をもつ実数係数の 3 次方程式≫

(1)　一般に関数 $y=f(x)$ のグラフ F と $y=g(x)$ のグラフ G が $x=t$ にお

いて接するとは，$f(t)=g(t)$ かつ $f'(f)=g'(t)$ が成り立つことである。特に，$f(x)$，$g(x)$ がともに x の整式で表されるとき，$f(t)=g(t)$ かつ $f'(f)=g'(t)$ は，$f(x)-g(x)$ が $(x-t)^2$ で割り切れることと同値であることが知られている。

(2)　2 次方程式 $f(x)=g(x)$ の判別式 $D=k^2-2(a+2)k+a^2-4a$ がすべての実数 k に対して 0 以上となるための a の条件(＊)を求めればよい。kD 平面上の放物線 $P：D=k^2-2(a+2)k+a^2-4a$ は下に凸であるから，(＊)は，P が k 軸と接するか，k 軸の上側にあることである。k の 2 次方程式 $D=0$ の判別式を D' とすると，(＊)は $D=0$ が重解をもつか虚数解をもつこと，すなわち，(＊) $\Longleftrightarrow \dfrac{D'}{4}\leqq 0 \Longleftrightarrow 8a+4\leqq 0 \Longleftrightarrow a\leqq -\dfrac{1}{2}$ となる。

(3)　一般に実数係数の x の n 次式 $F(x)$ に対して，方程式 $F(x)=0$ が虚数 $\alpha=a+bi$（a，b は実数で $b\neq 0$）を解にもてば，α の共役複素数 $\overline{\alpha}=a-bi$ も解である。これは，数学Ⅱの教科書にも書かれており，証明なしに用いてもよい。以下，数学Ⅱの範囲でこの事実(＊＊)を証明する。

$G(x)=(x-\alpha)(x-\overline{\alpha})=x^2-(\alpha+\overline{\alpha})x+\alpha\overline{\alpha}=x^2-2ax+a^2+b^2$ とおく。$G(x)$ は実数係数の 2 次式である。$F(x)$ を $G(x)$ で割ったときの商を $Q(x)$，余りは高々 1 次の整式であるから，$px+q$ とおく。$Q(x)$ の係数と p，q は実数である。$F(x)=G(x)Q(x)+px+q$ が成り立つ。$x=\alpha$ を代入すると，$F(\alpha)=G(\alpha)=0$ であるから，$0=F(\alpha)=G(\alpha)Q(\alpha)+p\alpha+q$ $=p\alpha+q$ より，$p\alpha+q=0$ となる。仮に，$p\neq 0$ とすると，$\alpha=-\dfrac{q}{p}$ となるが，これは α が虚数であることに反する。よって，$p=0$ である。ここで $p=0$ と $p\alpha+q=0$ より，$q=0$ となる。ゆえに，$F(x)=G(x)Q(x)$ である。$x=\overline{\alpha}$ を代入すると，$G(\overline{\alpha})=0$ より，$F(\overline{\alpha})=G(\overline{\alpha})Q(\overline{\alpha})=0$ となる。以上より，(＊＊)は示された。

せる。

問七　書き下し文を参考にすると、「吾→其→足→拉→倒→縛→群→鬼→交→被」の語順とわかる。「足」→「拉」へは一・二点で返り、「鬼」→「交」→「被」はその一・二点をはさんで返読するので、上・中・下点を用いる。「拉倒」（＝〝拉き倒す〟）という二字熟語に関しては、二文字の間に返り点を付すことに留意すること。

問八　空欄B周辺は、徐元の話を聞いた者が、実際に、唐氏の妻の自宅まで出向いて様子を見ると、［B］死んでいた、という内容なので、4の「果《はた》して」（＝〝結局・とうとう〟）の意が適当。他の選択肢、1「却《かへ》って」（＝〝反対に〟）、2「以《もつ》て」（＝〝そして〟）、3「因《よ》りて」（＝〝なので、そのため〟）、5「便《すなは》ち」（＝〝すぐに、そのまま〟）では、文意が成立しない。

問九　1は、「徐元」が来るという内容が、一文目に反する。2は、問六でみたように、群鬼だけでは唐氏の妻を制することができなかったために、徐元を招集したことに反する。3は、「如平日撒潑状」とあり、日ごろからわめきちらしていたので、不適。前述の通り、悪鬼は唐氏の妻を縛るために徐元の力を借りてともに闘っており、「悪鬼はあの世で徐元はこの世で」とした4は不適。4は「二日目にして」も「与闘三日」と合わない。よって、5が正解。第二段落の内容に合致する。

問五　3
問六　ぐんき（も・は）せいするあたは〔わ〕ず
問七　被下吾拉二倒其足一、縛交中群鬼上
問八　4
問九　5

解説　問一　「凶人」は〝凶悪・凶暴な人〟を指す。2が正解。

問二　「其の手に死する」の「其の」とは、唐氏の（正）妻である「某」を指す。よって、「妾」＝〝側室〟や「婢」（＝〝女の召使い〟）が、唐氏の（正）妻の「某」によって殺害されたことを指し、それが、「数ふる無し」＝〝数えきれない〟ため、1が正解。

問三　空欄Aに続く内容から判断するに、〝腕力が人に勝っていた〟という内容が適当。よって、4「絶《ぜつ》す」（＝〝すぐれている・かけはなれている〟）が正解。なお、3「弱」では正反対の意味になるし、1の「適《かな》ふ」（＝〝適する〟）や「適《ゆ》く」（＝〝行く〟）、2の「奇《き》なり」（＝〝奇怪だ〟）、5の「反《はん》す」（＝〝反する〟）では文意が通らず、いずれも不適。

問四　ポイントになる「如」と「与」に注目する。文脈を加味すると、「如」は、「Aの如し」と訓読する比況形で用いられる。また、「与」は、漢文の中でもとりわけ重要度の高い多義語であり、この文脈では、格助詞の「と」の意味が適当で、返読して「人と」と書き下す。「と」は助詞なので、ひらがなで表記する。以上を踏まえて、3が正解。

問五　「A為《なル》二B《ノ》所《ところト》レC《スル》」は、「ABのCする所と為る」＝〝AがBにCされる〟となる受身形の典型的な表現である。なお、文末の「耳」は、「のみ」と読む限定形を表す助辞である。よって、「吾群鬼《われぐんき》の借用する所と為るのみ」と書き下し、〝私は多くの鬼に借用されただけである〟の意となり、3が正解。

問六　主語は「群鬼」で、「不能」は、「不《ず》レ能《あたハ》」＝「能はず」と訓読し、〝～できない〟という不可能の意味を表す。加えて、語順から、「制」を「制す」と動詞で訓読すると判断できれば、「群鬼（も・は）制する能は〔わ〕ず」と読み下ある〟、断定の助動詞）」となる。「ゆゆし」は、〝①不吉だ、縁起が悪い、②おそれ多い、③すばらしい、④甚だしい・ひどい〟の意味を持つ多義語で、文脈から、④の意味が適当である。なお、2や4の文末の「聞いている」は、「なり」を伝聞・推定の助動詞「なり」と考えたものであり、「大事」という体言に接続することに反する。正解は、3。

問七　品詞分解すると「用ゐ（＝〝使う・用いる〟意の動詞）／給は（＝〝なさる〟、尊敬の補助動詞）／ず（＝〝ない〟、打消の助動詞）／は（＝係助詞。「ず＋は」で打消の仮定条件（＝〝〜ないならば〟となる）／力／無し（＝〝ない〟）」となる。「用ゐる」は他動詞で目的語が省略されており、先に述べられた嫡子の提案のことを指す。つまり、〝（私（＝「嫡子」）の提案を）受け入れてくださらなければ、（私はもう）力がない（＝どうしようもない）〟で、4が正解。

問八　1は、傍線部⑤の一文前の「『然るべし』と云ふ兄弟もなし」より、不適。2は、傍線部(イ)を含む一文に、「我は…器量無く、身ながらも覚ゆれば」とあり、これが正解。3は、「家中貧しからず」とある某の嫡子なので、不適。4は、本文最終文に「余の人もその義になりて」とあり、「兄弟の賛成」を得ており、「強引」ではないため、不適。5は、本文では最終的に、「嫡子」の申し出通り、「五郎殿」に家を継がせて、「五郎殿」以外のその他の者は「皆入道し」たので、不適。

四

出典　袁牧『子不語』〈鬼借力制凶人〉

解答

問一　2

問二　1

問三　4

問四　3

問四　3
問五　しか
問六　3
問七　4
問八　2

解説

問一　「某」は、第一段落二文目で、「年たけて、病に沈みて失せにける」とあるため、故人だと判断できる。よって、第二段落一文目に登場する「故殿」と同一人物だと確定できる。

問二　(ア)について、「遺言」に「云ひ置きてければ」なので、主語は「某」。(イ)について、「我は嫡子に…継がせ申したく侍り」は「嫡子」の言葉の中にあり、この一文の主語は「我」(＝嫡子)であるため、主語は「嫡子」。

問三　「譲りてけり」は、品詞分解すると、ラ行四段活用動詞「譲る」の連用形＋「完了」の助動詞「つ」の連用形＋「過去」の助動詞「けり」の終止形という構造になっている。直後に助動詞を伴う「て」は、助詞ではなく完了・強意の助動詞「つ」の連用形であることを覚えておきたい。

問四　「いかで(＝〝なぜ・どうして〟の意で疑問・反語を表す語)／申さ(＝〝申し上げる〟(謙譲の本動詞))／で(＝〝～ないで〟)／は(＝強意の係助詞のため訳出不要)／候ふ(＝〝あります・います〟(丁寧の本動詞))／べき(＝可能の助動詞だが、反語(＝否定の強調表現)との対応で、実質は「不可能」の意味に)」となる。応答文が後続せず、「べし」という意味の強い助動詞が用いられる点に鑑みて、「反語」と判断する。よって、正解は3。

問五　下接するのが「ば」(接続助詞)なので、未然形か已然形のどちらかであるが、過去の助動詞「き」の未然形は反実仮想の構文以外で使われることはない。ここは「故殿」がどのような人物であったかを述べる文中であるので、已然形にする。

問六　品詞分解すると、「ゆゆしき(＝〝甚だしく〟、形容詞連体形)／大事(＝〝大変な事柄・重大事〟)／なり(＝〝だ・でれてしまう〉ということ。よって、4が正解。3の「徹底的に隠」すでは、〈削ぎ落とす〉を正しく言い換えられていない。

問八　傍線部③を含む段落より、「きみがいいたいことはわかった」ということが、「『よくわかりあう』コミュニケーション」の理想・目標状態であるが、この表現は、「コミュニケーションを終わらせる言葉」である。これを言い換えた表現として、その一つ前の段落に「『よくわかりあう』コミュニケーション」が成立した場合にもたらされること＝「手もちぶさたと関係の貧困化」（十三字）とある。

問九　傍線部④中に登場する「よくわかりあうコミュニケーション」に注目する。これは、問三の解説で触れたとおり、「互いによくわかりあう」ことを「よい」とする考え方に基づく。筆者は、それを否定的に論じ、その固定観念からの「解放」、すなわち囚われないように諭す。よって、5が正解。2は、「排除しなければならない」が不適。

問十　1は、第三段落最終文の内容に合致しており、これが正解。2は、「相手に決して見せられないような部分も含めて」とするが、筆者はそうした部分をさらけ出すことはコミュニケーションを破綻させると述べているため、不適。3は、「まったく間違っている」とか「絶対に隠しておくべき」とまで極端に強調して述べる記述が見当たらず、不適。4の「相手とのコミュニケーションを打ち切ること」については、問八の解説でも触れたとおり、筆者が否定的に論じているため、「理想や目標とするべき」は不適。5は、問九で確認した筆者の自説に、明らかに反する。

三

出典　無住『沙石集』〈巻第十本ノ四　俗士、遁世したりし事〉

解答

問一　故殿

問二　（ア）―1　（イ）―2

問三　5

問三　4
問四　3
問五　4
問六　2
問七　4
問八　手もちぶさたと関係の貧困化
問九　5
問十　1

解説

問三　空欄Aに後続する具体例の列挙は、無数に用例が発散することではなく、「『わかればわかるほど』コミュニケーションはうまくいっている、という考え」という方向に用例が収束することを意味する。よって、「多様」ないしは「複雑」が入りうる。空欄Bは「おそらく間違いないだろう」を受けているので、「単純」しか入りえない。

問五　空欄Eの周辺部分では、「コミュニケーション」とは、傍線部④中に登場する「よくわかりあうコミュニケーション」を指す。筆者はそれを否定的に論じ、そこからの「解放」を唱えている。そして、前の段落の三文目に、そうした「コミュニケーション」に囚われているのが、「私たち」であると明記されるため、4が正解。

問六　傍線部①に続く段落の「そのような『私』のなかには、…部分がある」以下の記述内容（「いっしょにい」るためには他人に見せられないような自分）に注目すること。1、3、4、5が「他人に決して見せられない」自分に合致する。よって、2が正解である。なお、3の「私にしかわからない私の一部」は、傍線部①直前の「私だけしかわからない」とも合致している。

問七　傍線部②の一文前の「醜いところがないような私へと私を削ぎ落とさなければならない」に着目する。これは、〈醜いところも含めて本来の自分自身・私であるのに、それらを消してなくすことで、本来の自然な自分の姿から離

「多くの食品において、その色、また味や形が標準化されてきたこと、そして標準化された色を『自然な』または『普通の』ものだと多くの人が考えるようになったことによって、ネットスーパーが機能しうる」とある。「共通認識」「標準化」という点に注目すると、5が正解。

問六「色の標準化」とは、「食べ物の『あるべき』色・『自然な』色は、長い歴史の中で作り出されてきた」（傍線部②の段落）とあり、主に、ある食べ物への色のイメージを形成・強化する働きを指す。一方、「共通認識」とは、後続部分に「そうした色を人々が内面化し、ある程度共通認識を持っている」とあり、ある食べ物の色のイメージを、共通のものと「多くの人が考えるようになった」（同段落）状態を指す。以上を具体例に当てはめる。

問八　空欄Ｃの直前の一文に、「ネットスーパーの写真は、食べ物（商品）を客に認識させるため（cognitive）のものである」とあり、これと同一内容が傍線部①の次の文に、「ネットスーパーで掲載されている写真…は、…記号として用いられている」とある。よって、「記号」が正解。

問九　空欄Ｃの段落で、「ネットスーパーの写真は…認識させるため（cognitive）のもの」であるが、「ＳＮＳの写真が持つ役割」は「見る者の情動を引き出すため（affective）のもの」と、対比的に述べている。その一方で「食べ物の『あるべき』色…共通認識を持っているからこそ、ネットスーパーの写真は成り立つ」（傍線部②の後の二文）のと同様に、ＳＮＳの写真も、「何がオリジナルかを知っている必要がある…こうあるべきだという認識をある程度共有している」（最終段落）と、両者の共通点を述べている。これを押さえた3が正解。

二

解答

出典　奥村隆『反コミュニケーション』＜序章　イントロダクション　2　「よいコミュニケーション」とはなにか＞（弘文堂）

問一　（ア）嫌悪　（ウ）叙述

問二　はたん

国語

一

出典　久野愛『視覚化する味覚――食を彩る資本主義』〈第9章　ヴァーチャルな視覚〉（岩波新書）

解答

問一　(ア)挿入　(イ)斬新

問二　(ウ)せんぼう　(エ)いつだつ

問三　1

問四　4

問五　5

問六　1—1　2—2　3—2　4—2　5—1

問七　1

問八　記号

問九　3

解説

問三　「示唆する」とは、〝それとなく伝える・示す〟という意味の語句で、「暗示」に類する。よって、〝それとなく示している〟を含む1が正解。3は「論拠として」が誤り。

問四　前段落の一文目で、「どんな商品を売っているのかを消費者がイメージしやすく、また認識しやすくするため写真が掲載」されるとある。よって、「商品のイメージを伝える」とする4が正解。

問五　傍線部に続けて「食べ物の『あるべき』色・『自然な』色」を「人々が内面化し、ある程度共通認識を持っている」、

2022年度

問題と解答

■一般選抜M方式

問題編

▶試験科目・配点

教　科	科　　目	配　点
外国語	コミュニケーション英語Ⅰ・Ⅱ・Ⅲ，英語表現Ⅰ・Ⅱ（リスニングを除く）	150点
地歴・公民・数　学	日本史Ｂ，世界史Ｂ，地理Ｂ〈省略〉，「倫理，政治・経済」〈省略〉，「数学Ⅰ・Ⅱ・Ａ・Ｂ*」から１科目選択	100点
国語**	国語総合，現代文Ｂ，古典Ｂ	100点

▶備　考

＊「数学Ｂ」は「数列，ベクトル」から出題。

＊＊古文・漢文はいずれか一方を試験当日に選択。

英語

（80分）

〔**I**〕 次の設問1～4において，**誤り**である下線部はどれか。解答番号は[1]～[4]。

1. Even① he is very old②, he can walk much③ faster than④ me.

2. Needless① to say, we surprised② at the 7 o'clock news reporting③ the former President's death④.

3. In spite of① he takes a② very bad attitude, his teacher gives him a lot of③ advice④.

4. I am afraid① I do not remember the② name of the man to that③ I spoke the other④ day.

〔Ⅱ〕 次の設問5～8において，空所に入る適切な語(句)はどれか。解答番号は5～8。

5. (　　　) matter how hard you try, you cannot solve the problem.

① All　② Any　③ Some　④ No

6. (　　　) the time we spent on the project, we should not fail at it.

① Consider　② Considering

③ Considered　④ Being considered

7. The bus I take to go to school usually comes (　　　) time.

① at　② by　③ on　④ over

8. We can probably go home soon because the number of packages we have to prepare is very (　　　).

① small　② few　③ little　④ hardly

〔Ⅲ〕 次の設問 9 ～16 において，それぞれ①から⑥の語(句)を並べかえて空所を補い，適切な文を完成させよ。ただし，文頭にくる語(句)も，常に大文字表記である語を除き，小文字で書かれている。解答は(　　　)内の **2 番目**と **5 番目**の位置にくる語(句)の番号のみを答えよ。解答番号は[9]～[16]。

9-10. もし私たちがスマートフォンの使用を減らせば，読書により多くの時間を費やせるであろう。

If (____ / [9] / ____, / ____ / [10] / ____).

① more time　② we could spend　③ less time
④ using the smartphone　⑤ reading　⑥ we spent

11-12. いつもより早いバスに乗ったおかげで私は命拾いした。

(____ / [11] / ____ / ____ / [12] / ____) I took an earlier bus than usual.

① my life　② I　③ the fact
④ to　⑤ that　⑥ owe

13-14. お互いに競争するより協力する方が，ずっと良い結果を出すことができる。

(____ / [13] / ____ / ____ / [14] / ____) with each other.

① a much better　② competing　③ outcome
④ can result in　⑤ than　⑥ cooperation

15-16. 私たちが無実だと思っていた人は，犯人であることが分かった。

(____ / [15] / ____ / ____ / [16] / ____) to be a criminal.

① who　② innocent　③ was
④ turned out　⑤ the man　⑥ we thought

〔Ⅳ〕 次の会話を読み，設問 17～23 に答えよ。

Ron: Hello. It's nice to meet you. I'm Ron. This is your first time to join our class, isn't it?

Mari: Hi. Nice to meet you. My name is Mari. Yes, it is my first time. I like to cook, and my friend recommended this class.

Ron: That's great. Will you tell us a little about yourself?

Mari: [(17)] I really enjoy cooking, especially for family and friends. I don't really like to eat alone, so I don't like to cook for myself. I think food tastes better when I eat it with other people.

Ron: [(18)] I think everyone here feels the same way. So, what is your favorite thing to cook?

Mari: Actually, I really enjoy baking. I like to make sweets like cookies, brownies, and cakes. If any of you know any good recipes, please tell me about them.

Ron: I think we have more than a few people here today who can recommend some wonderful recipes. Aria, how about you? Didn't you say you surprised your kids with some delicious cookies the other day?

Aria: [(19)] You know how much I like Snickerdoodles, right? I usually only make them around Christmas, but I came across a new recipe and decided to try it out. My kids were thrilled.

Mari: Snickerdoodles? [(20)] I haven't heard of them before.

Aria: Snickerdoodles are basically sugar cookies with cinnamon. They are a real treat(21) and one of my favorites. I'd be happy to tell you the recipe after class.

Mari: That would be great. I am a big fan of cinnamon.

Ron: I have an idea. We were going to bake raisin and oatmeal cookies today, but we have all the ingredients to make Snickerdoodles. If everyone agrees, we could change our plans and introduce Mari to a new taste sensation. What do you say?(22)

Aria: Sounds good.

17～20. Which of the following is the best choice to fill in each blank (17)-(20)?
解答番号は[17]～[20]。

① I know what you mean. ② I don't know why you said so.
③ I'd be happy to. ④ What are those?
⑤ Let's start cooking! ⑥ I sure did.

21. Which of the following expresses the meaning of (21) "treat"? 解答番号は[21]。

① They **treat** me like one of the family.
② When I was young, going to the zoo was a **treat**.
③ When you **treat** the kids with respect, they act responsibly.
④ Let's go out for dinner — my **treat** this time.

22. Which of the following has the closest meaning to (22) "What do you say?"
解答番号は[22]。

① What do you mean? ② Sorry, I beg your pardon?
③ Did you have any complaints? ④ Would you like to do that?

23. Which statement is true? 解答番号は[23]。

① Snickerdoodles contain apples and cinnamon.
② Mari will be taught how to make Snickerdoodles today.
③ Mari, Ron, and Aria have known one another for a long time.
④ Ron's favorite recipe is Snickerdoodles.

〔V〕 次の英文を読み，設問 24～27 に答えよ。

To whom it may concern,

I am writing to express my interest in the office assistant position at your company advertised on the WeHelp website. Please find the application materials indicated in the advertisement (24)(　　　) to this message.

I have academic and technical skills that fit the roles and responsibilities of the office assistant position. I am studying management and communication at university. I have also received training in Microsoft Office software programs and some web design tools. On a personal note, my parents run a small company and I have helped them with data entry and other administrative tasks for many years.

In addition, I am a fast learner and a good team player. I am a member of the student government committee at my university. The committee organizes campus-wide events like the school festival. This experience has taught me how important it is to be flexible and adapt in order to support the group's efforts. I think (25)these lessons will help me support the office staff at your company.

Thank you for taking the time to consider my application. Please let me know if you need any additional details. I welcome the opportunity to address your questions in person.

Regards,
Tomomi Suzuki

Dear Tomomi Suzuki,

Thank you for your interest in the office assistant position at our company. We have reviewed your application materials and would like to invite you to an interview. Please indicate your availability by clicking on the link below:

https://forms.gle/cEwhb8L7Ea4K357g6

There will be two parts to the interview. First, we will discuss the responsibilities of the position and ask some questions about your application materials. Then, you will be asked to show us some of your skills on a practical exam.

If you have any questions or concerns, please do not hesitate to contact me by email or by phone at 054-987-6543 during working hours.

We look forward to meeting you in person.

Regards,
Jo Shino

24. Choose the most appropriate word for the underlined blank (　　　)(24). 解答番号は24。

① attached　　② included　　③ sent　　④ enclosed

25. What does the phrase (25) "these lessons" refer to? 解答番号は25。

① management and communication courses
② committee experiences
③ training in computer software
④ administrative tasks

26. Which statement best describes these two emails? 解答番号は26。

① A friendly exchange between co-workers.
② A business exchange between employer and potential employee.

③ A formal conversation between business associates.

④ A casual conversation between acquaintances.

27. What should Tomomi Suzuki do after reading Jo Shino's email? 解答番号は 27。

① Submit copies of her qualifications.

② Demonstrate her skills.

③ Visit a website.

④ Go to an interview and take a test.

〔Ⅵ〕 次の英文を読み，設問 28～34 に答えよ。

Printer Set Up

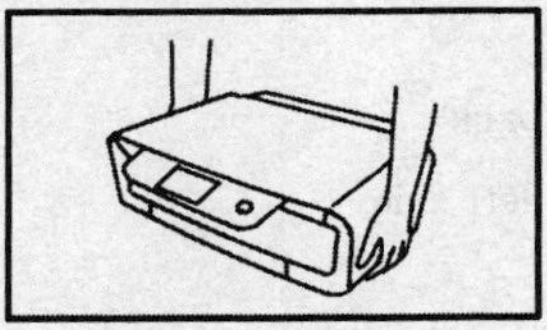

Note: When moving the machine, hold it [(28)]. Do not lift the machine by grasping the Paper Support Extension of the Operation Panel.

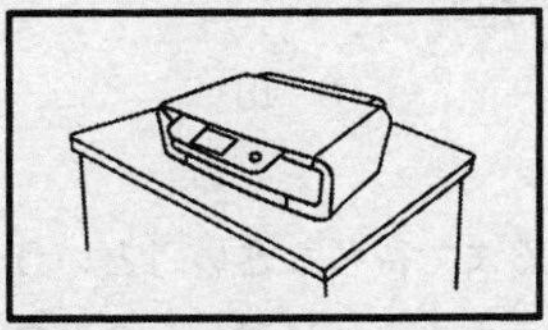

Step 1.

Place the machine ( ) (32) a flat and horizontal surface, and do not place any objects in front of the machine.

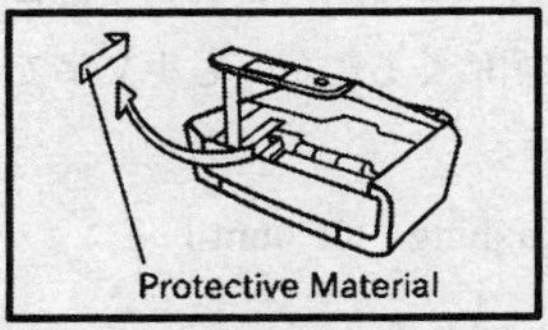

Step 2.

Lift the Scanning Unit (Printer Cover), then remove the Protective Material [(29)]. Close the Scanning Unit.

Step 3.

Plug the Power Cord [(30)] of the machine and connect the other end to the wall outlet.

Step 4.

Press the ON/OFF button to turn on the machine. The machine will start up. (33)「パワーランプが点滅をやめて緑色になるまで待ちなさい。」

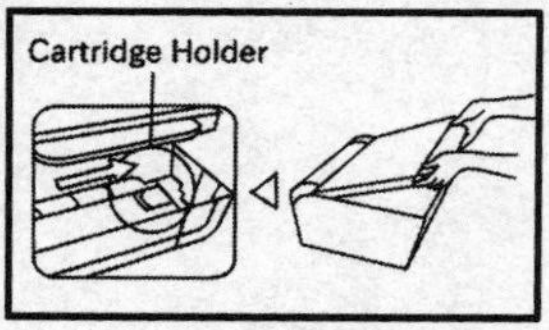

Step 5.

Lift the Scanning Unit and pull the Scanning Unit Support down into place. The Cartridge Holder will automatically move [(31)].

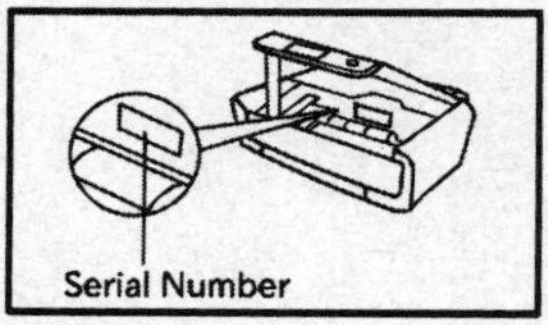

Step 6.

Write down the Serial Number (34)(locate) inside the machine. You will need this to register your product.

28～31. 空欄(28)～(31)に入る適切な語句を次の①～④のなかからそれぞれ一つずつ選べ。解答番号は[28]～[31]。

① to the right　　② in the back

③ at both sides　　④ on the left side

32. 下線部(32)に入る適切な語は次のどれか。解答番号は[32]。

① in　　② at　　③ on　　④ to

33. 下線部(33)「パワーランプが点滅をやめて緑色になるまで待ちなさい。」という意味になるように，次の＜　＞内の語(句)を並べ替えたとき，**4番目と7番目**の位置にくる組み合わせは次のどれか。ただし，文頭にくる語(句)も小文字で書かれている。解答番号は[33]。

＜(a) the power lamp　(b) wait　(c) and　(d) flashing　(e) until　(f) stays　(g) green　(h) stops＞

① 4番目：(a)　　7番目：(c)

② 4番目：(h)　　7番目：(f)

③ 4番目：(d)　　7番目：(g)

④　4番目：(d)　　7番目：(f)

34. 下線部(34) "locate" の正しい形は次のどれか。解答番号は[34]。

①　locate　　②　locating　　③　to locate　　④　located

〔Ⅶ〕　次の英文を読み，設問 35～47 に答えよ。

On the morning of Oct. 23, a 56-year-old employee at West Japan Railway Co. was inspecting trains when he encountered an Asian black bear just outside Tsuruga Station in Fukui Prefecture. He escaped with just a scratch, but about 10 minutes later the same bear fractured the leg of another worker at a nearby construction site.

Four days before the incident, a male bear (A)(35-A) a four-story shopping center in neighboring Ishikawa Prefecture. The 1.3-meter-tall bear (B)(35-B) in a storage room for 13 hours, until it was shot by a local hunting group. "We have received a large number of(36) reports of bear sightings this year in Kaga," said Yukio Yamagishi, a director at the city's Agriculture, Forestry and Fisheries Division.

Between April and September this year, wild bears were spotted 13,670 times across Japan, the most over a six-month period in the last five years, data from the environment ministry showed. In many northern regions, the number of reported bear sightings reached the (A)(37-A) in over a decade. There are multiple factors behind the (B)(37-B) number of bear sightings, according to Shinsuke Koike, an associate professor of ecology at the Tokyo University of Agriculture and Technology.

Oak trees alternate each year between heavy and low production of acorns*, a staple food for bears. This was a bad year for acorn yields, and the lack of food may have driven the bears closer to civilization. With the younger generation moving to the cities, aging residents are unable to harvest crops or fruits grown in their gardens, which tempt starving wild animals.

The coronavirus outbreak may also have affected the bears' behavior, Koike said. Japan declared a nationwide state of emergency from April to May, with many stores and factories shortening their operating hours and people strongly encouraged to stay home. “(　　　)(38) might have expanded their areas of activities after not seeing humans around during spring and early summer season,” he said.

Bears caused on average ¥426.7 million in crop damage per year from 1999 to 2018, according to government data. Around 572 hectares of forest were destroyed on average annually over the last five years, including when bears stripped the bark off trees as they walked around looking (　　　) food.(39)

The transportation sector has also had (encounter)(40) with wildlife from the mountains. “Many wild animals jump in front of running trains every year,” said a spokesman for the Kanazawa branch of JR West. According to the rail company's data, there were 224 cases of trains getting delayed for more than 10 minutes in the last six years due to collisions with wild animals in the Fukui Prefecture area.

Prof. Koike suggested a possible tactic(41). “It's important to draw a clear boundary between human and bear areas, by trimming the lawn or removing attractions for bears including unharvested fruits or food waste, (　　　)(42) bears can distinguish their home and won't mistakenly enter where humans live,” he said.

(注)　acorn(s)：どんぐり

35. 下線部(35−A)(35−B)の空所に入る適切な語の組み合わせは次のどれか。解答番号は[35]。

① A：entered　B：stayed　　② A：entered　B：entered
③ A：stayed　B：entered　　④ A：stayed　B：stayed

出典追記：The Japan Times (Bloomberg), November 24, 2020

36. 下線部(36) “a large number of” の意味に最も近いものは次のどれか。解答番号は36。

① few　② a few　③ only a few　④ quite a few

37. 下線部(37-A)(37-B)の空所に入る適切な語の組み合わせは次のどれか。解答番号は37。

① A：lowest　B：decreased
② A：lowest　B：increased
③ A：highest　B：increased
④ A：highest　B：decreased

38. 下線部(38)の空所に入る適切な語(句)は次のどれか。解答番号は38。

① Bears
② Stores and factories
③ Operating hours
④ People

39. 下線部(39) “looking (　　) food” は「食べ物を探し求めて」という意味である。空所に入る適切な語は次のどれか。解答番号は39。

① after　② to　③ on　④ for

40. 下線部(40) “encounter” の正しい形は次のどれか。解答番号は40。

① been encountering
② encounters
③ encountering
④ encountered

41. 下線部(41) “tactic” の a と同じ発音を含むものは次のどれか。解答番号は41。

① active　② alien　③ allow　④ apron

42. 下線部(42)の空所に入る適切な語(句)は次のどれか。解答番号は42。

① nevertheless　② instead of　③ so that　④ due to

▶ 43～47. 本文の内容について，次の設問に答えよ。解答番号は43～47。

43. What is the purpose of the reading?

① To entertain the reader with stories about the habits of bears.

② To teach readers how to attack bears.

③ To review successful measures taken by local communities to decrease bear encounters.

④ To describe the bear problem, consider possible causes, and propose potential solutions.

44. What happened on the morning of October 23?

① Two West Japan Railway Co. workers were badly injured by an Asian black bear at Tsuruga Station.

② An Asian black bear injured a worker at a construction site near Tsuruga Station.

③ A bear went into a shopping mall in Ishikawa Prefecture.

④ A bear jumped in front of a train close to Tsuruga Station.

45. According to Professor Koike, which factors are related to the increase in the number of bear sightings?

① A lack of food in the wild and a decrease in human activities.

② An increase in the number of trains and the destruction of forests.

③ A surplus of tree bark.

④ Aging residents moving to urban centers.

46. Over the past six years, what is the annual average number of train delays due to accidents involving wildlife in Fukui Prefecture?

① 224 cases

② 13,670 times

③ More than 10 minutes

④ About 37 cases

47. What strategy is suggested to avoid problems with wildlife?

① Build fences around people's houses.

② Create clear boundaries between areas where people and animals live.

③ Stop collecting food in the garden.

④ Make boundaries between human communities.

〔Ⅷ〕 次の英文を読み，設問48～59に答えよ。

The world's most walkable cities include London, Paris, Bogotá and Hong Kong, according to a report by the Institute for Transportation and Development Policy (ITDP). The UK capital outranks almost 1,000 cities around the world on citizens' proximity to car-free spaces, schools and healthcare, and the overall shortness of journeys.

Researchers at the ITDP said making cities walkable was vital to improve health, cut (48)climate-heating transport emissions and build stronger local communities and economies. However, they said very few cities overall gave pedestrians priority and were dominated by cars. The report found US cities ranked particularly low for walkability due to urban sprawl*.

Among cities with more than 5 million inhabitants, only Bogotá in Colombia was in the top five for all three measures. The first measure assessed the proportion of people living within 100 m of a car-free place, such as parks, pedestrianised streets and squares. These enhance health, boost community connections and increase pedestrian safety, the researchers said. Hong Kong took the top spot with 85% within 100 m, with Moscow, Paris and London (49)(complete) the top five.

The second measure looked at the proportion of people living within a kilometre of both healthcare and education. In Paris, 85% of people lived within this distance, giving it top spot, followed by Lima in Peru, London, Santiago in Chile and Bogotá.

The average size of city blocks was the third measure, as smaller blocks make it easier for people to walk directly to their destinations without detours around large buildings. Here, Khartoum in Sudan scored highest, followed by Bogotá, Lima, Karachi in Pakistan and Tokyo in Japan.

The report includes evidence that places where walking is easier and safer have (　A　)(50-A) air pollution, less obesity, (　B　)(50-B) children's playtime, fewer road deaths and better performing local businesses, as well as reduced inequality. It notes that nearly 230,000 pedestrians around the world are expected to be killed in road crashes this year.

"In order to provide safe and inviting walking conditions, it is essential to shift the balance of space in our cities (　A　)(51-A) from cars," said Heather Thompson, the head of the ITDP, which is based in New York. The ITDP said the need was particularly urgent as the coronavirus pandemic was driving people (　B　)(51-B) from walking and public transport and into private cars.

"Our city streets across the planet are already full of cars," said Taylor Reich, an ITDP researcher. "If you really want to see the worst for walkability, it is the really sprawling cities of the US. They might have great sidewalks, but everything is (　　)(52) far apart that it's impossible to practically walk to the grocery store or the school."

Indianapolis was the lowest ranked US city, with just 4% of people close to education and healthcare and 9% next to a car-free area. Reich said policymakers everywhere needed to plan dense mixes of housing, shops and businesses and equip streets (　　)(53) benches, wide pavements and shade.

(注)　urban sprawl：スプロール現象(都市が周辺へ無秩序に拡大すること)

48. 下線部(48) "climate-heating transport emissions" の意味の説明として適切なものは次のどれか。解答番号は48。

① climate emissions from heating transportation

② climate emissions from transportation that moves by solar heat

③ transport emissions that heat or warm the climate

④ transport emissions caused by climate warming

出典追記：Copyright Guardian News & Media Ltd 2022

49. 下線部(49)“complete”の正しい形は次のどれか。解答番号は[49]。

① complete　② completing　③ completed　④ completion

50. 下線部(50-A)と(50-B)の2か所の空所に入る適切な語の組み合わせは次のどれか。解答番号は[50]。

① A：higher　B：more　② A：higher　B：less

③ A：lower　B：less　④ A：lower　B：more

51. 下線部(51-A)と(51-B)の2か所の空所に共通して入る適切な語は次のどれか。解答番号は[51]。

① away　② toward　③ out　④ in

52. 下線部(52)の空所に入る適切な語は次のどれか。解答番号は[52]。

① too　② much　③ very　④ so

53. 下線部(53)の空所に入る適切な語は次のどれか。解答番号は[53]。

① for　② with　③ to　④ by

54. 本文で説明された都市の順位を表1に示した。空欄(54)-A，(54)-B，(54)-Cに入る適切な語句の組み合わせは次のどれか。解答番号は[54]。

【表1】

Top five major cities by [(54)-A]		**Top five major cities by** [(54)-B]		**Top five major cities by** [(54)-C]	
1	Hong Kong, China	1	[(56)]	1	[(57)]
2	Moscow, Russia	2	Lima, Peru	2	Bogotá, Colombia
3	Paris, France	3	London, UK	3	Lima, Peru
4	[(55)]	4	Santiago, Chile	4	Karachi, Pakistan
5	London, UK	5	Bogotá, Colombia	5	Tokyo, Japan

① A：closeness to healthcare and education
B：closeness to car-free places
C：small size of city blocks

② A：closeness to car-free places
B：small size of city blocks
C：closeness to healthcare and education

③ A：closeness to car-free places
B：closeness to healthcare and education
C：small size of city blocks

④ A：small size of city blocks
B：closeness to healthcare and education
C：closeness to car-free places

55～57. 表1の空欄(55)～(57)に入る適切な都市名を次の①～⑥のなかからそれぞれ一つずつ選べ。解答番号は[55]～[57]。

① Bogotá, Colombia　② Hong Kong, China　③ Khartoum, Sudan
④ Karachi, Pakistan　⑤ Paris, France　⑥ Tokyo, Japan

58. What is the purpose of the reading? 解答番号は[58]。

① To persuade readers to walk more rather than using public transportation.
② To review the findings of a research study that evaluated certain aspects of city dwelling.
③ To describe healthy features of living in the world's capital cities.
④ To communicate the writer's experience of walking through major cities around the world.

59. Which statement is true? 解答番号は[59]。

① Most cities give priority to cars rather than pedestrians.
② Many of the most walkable cities are located in the United states.

③ Tokyo has smaller city blocks than Lima in Peru.

④ Tokyo is one of the top 5 most walkable cities in the world.

日本史

（60 分）

〔Ⅰ〕 次の文章を読み，あとの設問に答えよ。

現代の日本人の多くは，家が密集する都市で暮らしているが，こうしたことは昔からあったわけではない。古代や中世において，日本列島に都市と呼べるところは少なかったが，京都はまちがいなく都市というにふさわしい存在だった。

[ア] と [イ] に挟まれた平地に，京都（平安京）は築かれた。平安宮は都の北部にあり，そこから南に [ウ] 大路と呼ばれる直線の道が走り，[ウ] 大路の南端には [エ] があった。平安京は [ウ] 大路を境にして東と西に大きく区分されたⓐ。

京都には天皇家の人たちや，摂関家をはじめとする貴族が住み，彼らの警備を担った武士たちも集まるようになったⓑ。鎌倉に武家政権が誕生したあとも，京都の朝廷は健在で，室町幕府が京都に置かれると，天皇や貴族，幕府（武家政権）の担い手が京都に集住することになり，一般住民もたくさんいた。多くの人が生活している京都ではさまざまな事件が起きたので，治安維持を担当する人々が必要で，はじめは [オ] がこれを担ったが，室町幕府の時代には幕府のもとに置かれた [カ] が京都の警備を任された。

天皇家や貴族，武家の人たちは，列島各地にそれぞれの所領（荘園）を持っていたので，そこからの年貢は京都にもたらされ，人々の生活を支えた。多くの人が集まって暮らしていく中で，手工業者や商人もあらわれ，室町時代になると，人々の財産を保管して金融業を営む [キ] が力をもつようになった。近郊から商人が来て商売をすることも多く，桶を頭に載せて鮎を売り歩いた [ク] などが京都の町を往来した。

室町時代の後半，1467 年に京都で合戦があり，戦国時代の 1536 年には，人々の争いによって京都の町のかなりの部分が焼亡したⓒ。このようなこともあったが，[ケ]と呼ばれた有力住民は京都の復興をなしとげ，中絶していた[コ]も再興された。豊臣秀吉や徳川家康も京都の興隆には意を注ぎ，秀吉は[サ]，家康は[シ]を建てた。江戸時代にも京都は[ス]の一つとして繁栄した。

問1　空欄[ア]と[イ]に入る語句の組み合わせとして適切なものを一つ選べ。解答番号は[1]。

① ア　鴨川(賀茂川)　イ　高瀬川　② ア　鴨川(賀茂川)　イ　宇治川
③ ア　鴨川(賀茂川)　イ　桂　川　④ ア　高瀬川　イ　宇治川
⑤ ア　高瀬川　イ　桂　川　⑥ ア　宇治川　イ　桂　川

問2　空欄[ウ]に入る語句として適切なものを一つ選べ，解答番号は[2]。

① 青　竜　② 白　虎　③ 朱　雀　④ 玄　武

問3　空欄[エ]に入る語句として適切なものを一つ選べ。解答番号は[3]。

① 羅城門　② 応天門　③ 陽明門　④ 桜田門

問4　下線部ⓐに関連して，平安京の東部と西部について述べた文として適切なものを一つ選べ。解答番号は[4]。

① 平安京の東部は右京，西部は左京と呼ばれ，右京のほうが栄えた。
② 平安京の東部は左京，西部は右京と呼ばれ，左京のほうが栄えた。
③ 平安京の東部は右京，西部は左京と呼ばれ，左京のほうが栄えた。
④ 平安京の東部は左京，西部は右京と呼ばれ，右京のほうが栄えた。

問5　下線部ⓑに関連して，後鳥羽上皇が御所の警備などのために新たに配備した人々の名称として適切なものを一つ選べ。解答番号は[5]。

① 東面の武士　② 西面の武士　③ 南面の武士　④ 北面の武士

問6　空欄[オ]に入る語句として適切なものを一つ選べ。解答番号は[6]。

① 慶賀使　② 押領使　③ 追捕使　④ 検非違使

問7　空欄[カ]に入る語句として適切なものを一つ選べ。解答番号は[7]。

① 政　所　② 問注所　③ 記録所　④ 侍　所

問8　空欄[キ]に入る語句として適切なものを一つ選べ。解答番号は[8]。

① 梶　取　② 車　借　③ 土　倉　④ 成　金

問 9 空欄 ク に入る語句として適切なものを一つ選べ。解答番号は9。

① 棒手振 ② 鍛 冶 ③ 供御人 ④ 桂 女

問10 下線部ⓒに関連して，1536年に起きた事件について述べた文として適切なものを一つ選べ。解答番号は10。

① 延暦寺の僧兵が京都に攻め入り，日蓮宗の寺院を焼き払った。

② 延暦寺の僧兵が京都に攻め入り，将軍を拘禁した。

③ 日蓮宗の信徒が京都に攻め入り，天台宗の寺院を焼き払った。

④ 日蓮宗の信徒が京都に攻め入り，将軍を拘禁した。

問11 空欄 ケ に入る語句として適切なものを一つ選べ。解答番号は11。

① 引付衆 ② 会合衆 ③ 町 衆 ④ 時 衆

問12 空欄 コ に入る語句として適切なものを一つ選べ。解答番号は12。

① 住吉祭 ② 山王祭 ③ 祇園祭 ④ 大嘗祭

問13 空欄 サ に入る語句として適切なものを一つ選べ。解答番号は13。

① 安土城 ② 相国寺 ③ 桂離宮 ④ 聚楽第

問14 空欄 シ に入る語句として適切なものを一つ選べ。解答番号は14。

① 二条城 ② 方広寺 ③ 東照宮 ④ 修学院離宮

問15 空欄 ス に入る語句として適切なものを一つ選べ。解答番号は15。

① 三 都 ② 四 都 ③ 五 都 ④ 六 都

問16 京都の風土や歴史について述べた文として適切なものを一つ選べ。解答番号は16。

① 京都は海に面していたので，人々は容易に海産物を手に入れることができた。

② 京都は盆地なので，まわりから攻められると守りにくいという特徴があった。

③ 室町幕府の将軍は，京都を離れることなく政務を担った。

④ 室町幕府の時代，天皇は京都と近郊の別荘を往来しながら生活していた。

〔Ⅱ〕 以下の史料を読み，あとの設問に答えよ。

花のお江戸を立出るは，神田の八丁堀辺《はってうぼりへん》に，独住《ひとりずみ》の弥次郎兵へといふのふらくもの(注1)，食客《いそうろう》の北八もろとも，朽木草鞋《くつきわらじ》(注2)の足もと軽く，千里膏《せんりかう》(注3)のたくわへは何貝《なんかい》となく，はまぐりのむきみしぼり(注4)に対のゆかたを吹おくる，神風や [ア] より，足引のやまとめぐりして，花の都ⓐに梅の浪花へと，心ざして出行ほどに，はやくも高なは(注5)の町に来かゝり(略)

　　高なはへ来てわすれたることばかり

とよみたれ共，我々は何ひとつ，心がゝりの事もなく，独身《ひとりみ》のきさんじ(注6)は，鼠の店賃いだすも費《ついへ》と，身上のこらず，ふろしき包となしたるも心やすし。去《さり》ながら，旦那寺ⓑの仏餉袋《ぶっしゃうぶくろ》(注7)を和らかにつめたれば，外に百銅地腹をきつて，往来の切手をもらひ，大屋へ古借をすましたかわり，御関所の [イ] をうけとり，ふめるもの(注8)は，みたをしや(注9)へさづけて金にかへ，がらくた物は店うけにしよはせて礼をうけ，漬菜のおもしと，すみかき包丁(注10)は隣へのこし，ちぎれたれども，縄すだれと油坪《あぶらつぼ》(注11)は，むかふへゆづりて，なにひとつ取のこしたるものもなく，まだも心がゝりは酒屋と米やのはらひをせず，だしぬけにしたればさぞやうらみん，きのどくながら，これもふるきうたに

　　さきのよにかりたをなすか今かすかいづれむくひのありとおもへば

打わらひつゝ，(略)ほどなく品川ⓒへつく。

(略)

富士川のわたし場にいたりて弥次郎兵へ

　　ⓓゆく水は矢をいるごとく岩角にあたるをいとふふじ川の舟

此渉《わたし》を打越けるに，はや日も西の山の端にちらつき，おのづから道急ぐ馬士《まご》唄の竹にとまる雀色時，やうやう蒲原の宿にいたる

此宿の御本陣ⓔに，お大名のお着と見へ，勝手は今膳の出る最中。北八そとよりさしのぞきて，「コウ弥次さん，ちよつと此ふろしきづゝみを，もつてゐてくんな」

(略)

此川のさきを争ひ越行中に，ふたりとも直段《ねだん》とりきはめて，蓮台に打乗見れ

ば，[ウ] の水さかまき，目もくらむばかり，今やいのちをも捨なんとおもふほどの恐しさ，たとゆるにものなく，まことや東海第一の大河，水勢はやく石流れて，わたるになやむ難所ながら，ほどなくうち越して蓮台をおりたつ嬉しさいはんかたなし

　蓮台にのりしはけつく地獄にておりたところがほんの極楽

斯《かく》うち興じて金谷の宿にいたる。

(注1)　のふらくもの：怠け者　　(注2)　朽木草鞋：丈夫で高価な草鞋

(注3)　千里膏：薬。貝殻に入れて売られた。

(注4)　むきみしぼり：剝身絞。絞染の一種。

(注5)　高なは：高輪。江戸と品川の間にある町で，江戸の入り口である大木戸があった。

(注6)　きさんじ：心安さ

(注7)　仏餉袋：仏前に供える米を入れた袋。米をしっかり入れなかったことから，銅銭百文を追加したと語っている。

(注8)　ふめるもの：いくらか金になりそうな物

(注9)　みたをしや：古道具屋

(注10)　すみかき包丁：鍋釜についた炭をかき落す包丁。

(注11)　油坪：油壺

問1　この文章はある小説の一部分である。その作者として適切なものを一つ選べ。解答番号は[17]。

①　十返舎一九　　②　式亭三馬　　③　山東京伝　　④　井原西鶴

問2　このような小説の名称として適切なものを一つ選べ。解答番号は[18]。

①　洒落本　　②　紀行文　　③　滑稽本　　④　好色物

問3　この小説は主にどのような形で庶民の間に伝わったと考えられるか。適切なものを一つ選べ。解答番号は[19]。

①　高　札　　②　瓦　版　　③　落　書　　④　貸　本

問4　この小説が書かれた頃，多くの人々が特定の地域に向けて旅行することが盛んになり，この登場人物たちもそこを目的地の一つとした。空欄 [ア] に入る，そこへ赴くことを示す語句として適切なものを一つ選べ。解答番号は[20]。

①　大山詣　　②　伊勢参宮　　③　熊野詣　　④　善光寺参り

問 5　この当時，この登場人物のような状態で，または十分な資金や準備もないままに，多くの人々が周期的に空欄 ア を行った。このような行為を何と呼ぶか。適切なものを一つ選べ。解答番号は21。

① 御蔭参り　② 里帰り　③ 藪入り　④ 庚申講

問 6　元々は宗教的な組織だが，空欄 ア を行うためにも広く結成された組織名として適切なものを一つ選べ。解答番号は22。

① 結　② 株仲間　③ 五人組　④ 講

問 7　下線部ⓐが示す都市として適切なものを一つ選べ。解答番号は23。

① 江　戸　② 京　都　③ 大　坂　④ 神　戸

問 8　下線部ⓑに関する説明として**誤っているもの**を一つ選べ。解答番号は24。

① 人々はいずれかの寺の檀家となることを義務づけられた。

② 寺は宗門人別帳によって，檀家がキリスト教徒ではないことを証明した。

③ 檀家が旅行する際には，寺が檀家であることを証明した。

④ 寺は町奉行の管轄だった。

問 9　文章中の空欄 イ に入る語句として適切なものを一つ選べ。解答番号は25。

① 為　替　② 手　形　③ 老中奉書　④ 朱印状

問10　この小説の主人公は以下のうちではどのような身分または立場だったと考えられるか。適切なものを一つ選べ。解答番号は26。

① 本百姓　② 店　借　③ 無宿者　④ 水呑百姓

問11　この道中の主要部分に沿って 19 世紀後半に鉄道が敷設されるが，下線部ⓒでは 3 km 近くにわたって通常とは異なる工法がとられた。近年その遺構が発見されたが，その遺構に関する説明として適切なものを一つ選べ。解答番号は27。

① 山が多い地域のため，大半がトンネルとなった。

② 軍部が海辺に敷設することに反対したため，海の中に堤を築いた。

③ 複雑な海岸線のため，大半が鉄橋となった。

④ 高低差が大きい地域のため，アプト式の線路を敷いた。

問12　主人公たちは下線部ⓓのような詩をつくりながら旅をしているが，当時庶民の間でも人気を博したこのような詩の名称として適切なものを一つ選べ。解答番号は28。

①　俳　句　　②　川　柳　　③　狂　歌　　④　長　歌

問13　この小説は人気を博したために続編が作られ，主人公達は広島などにまで赴くが，正編では，後にこの小説の表題にも組み込まれる街道にほぼ沿った行程をたどっている。正編において主人公達が通らなかったのは，現在の市町村でいえばどこか。適切なものを一つ選べ。解答番号は29。

①　浜松市　　②　豊橋市　　③　名古屋市　　④　岐阜市

問14　この街道の一方の終点の周辺から，もう一方の終点である江戸へ送られた物品などは一般に何と呼ばれたか。適切なものを一つ選べ。解答番号は30。

①　上納品　　②　俵　物　　③　下り物　　④　御下賜品

問15　下線部ⓔの説明として**誤っているもの**を一つ選べ。解答番号は31。

①　所領内の宿場を定期的に見回っている大名が，この施設に逗留している場面に登場人物は遭遇した。

②　この施設は各宿場に設けられていた。

③　この施設は，大名が使用しないときは他の身分の者も宿泊できた。

④　複数の大名が宿泊することになった時のために，対策として予備の施設も設けられていた。

問16　空欄［　ウ　］に入る，この街道の難所として知られた川の名称として適切なものを一つ選べ。解答番号は32。

①　利根川　　②　大井川　　③　信濃川　　④　木曽川

問17　当時，文章中の登場人物の旅程の主な部分の風景を描いた浮世絵の作者の一人として適切なものを一つ選べ。解答番号は33。

①　菱川師宣　　②　歌川(安藤)広重

③　喜多川歌麿　　④　鈴木春信

〔Ⅲ〕　次の文章を読み，あとの設問に答えよ。

明治新政府は，近隣諸国に対してはⓐ1871年に日清修好条規を，1876年には日朝修好条規を結んだ。また領土的には，1875年に樺太・千島交換条約を締結し，［　ア　］にはⓑ琉球王国を廃止して，沖縄県として日本領土の一部に組み入れた。こうしてⓒ南北両方面にわたって日本の領土が確定された。

沖縄ではその後も長くⓓ旧制度が温存され，本土との経済的格差は大きく，かつ県民所得は全般的に低かった。このため，本土への出稼ぎやおもに［　イ　］や南米などへの海外移住で流出した人口も少なくなかった。

また沖縄は太平洋戦争において地上戦を経験した地域となった。1945年4月には，アメリカ軍が沖縄本島に上陸した。日本軍は，［　ウ　］を投入して，空と海から反撃したが，アメリカ艦隊を沖縄海域から撃退することはできなかった。一方，沖縄を守備していた日本軍は，アメリカ軍を内陸に引き込んで反撃する戦略をとったため，島民を巻き込んだ激しい戦闘となった。おびただしい数の犠牲者を出して，ⓔ6月23日，組織的な戦闘が終わり，沖縄はアメリカ軍の占領下におかれた。

ⓕ日本の独立回復後も，沖縄は引き続きアメリカの施政権下におかれた。1965年以降，アメリカが［　エ　］への介入を本格化させると，沖縄や日本本土はアメリカ軍の前線基地となり，戦争にともなうドル支払いはⓖ日本の経済成長を促進させた。

こうしたなか，1965年に日韓基本条約を締結した［　オ　］内閣は，［　カ　］を掲げ，1968年に小笠原諸島の返還を実現し，翌年の日米首脳会談で沖縄返還に合意した。ⓗ1971年に沖縄返還協定が調印され，翌年の協定発効をもって沖縄の日本復帰は実現した。しかし，広大なアメリカ軍基地は存続することになり，沖縄県民の不満と不安は強く残った。現在においても，アメリカ軍の専用施設面積は沖縄県総面積の約8％，また日本全国の専用施設面積の［　キ　］を占める。

問1　下線部ⓐに関連して述べた文として適切なものを一つ選べ。解答番号は［34］。

① 日清修好条規は，日本がアジアの国と結んだ最初の不平等条約であった。

② 日清修好条規が締結されたのは1871年であったが，批准は1873年であった。

③ 日朝修好条規は，日本が東学党の乱を機に朝鮮に迫って，締結したものである。

④ 日朝修好条規により，朝鮮側は威海衛，大連，旅順を開港することになった。

問2 空欄［ア］に入る年号として適切なものを一つ選べ。解答番号は[35]。

① 1876年　② 1877年　③ 1878年　④ 1879年

問3 下線部ⓑに関連して，江戸時代まで琉球王国がおかれた状況について述べた文として適切なものを一つ選べ。解答番号は[36]。

① 肥前藩は，事実上琉球王国を支配し，通商交易権を掌握した。

② 琉球王国は，名目上は清国を宗主国として朝貢貿易を行っていた。

③ 琉球王国は，周辺国から完全に独立した地位を保っていた。

④ 薩摩藩は，琉球王国にも検地を行ったが，失敗に終わった。

問4 同じく下線部ⓑに関連して，この時まで琉球王国の国王だった人物として適切なものを一つ選べ。解答番号は[37]。

① 尚　泰　② 尚　豊　③ 尚巴志　④ 尚　寧

問5 下線部ⓒに関連して述べた文として適切なものを一つ選べ。解答番号は[38]。

① 日本は樺太，ロシアが千島全島を領有することになった。

② 小笠原諸島については，外務省が現地に出張所を置いて統治を再開した。

③ 済州島については，日本の領有権が国際的に認められることになった。

④ 尖閣諸島は，他国が占領した形跡がないことを確認の上，日本領土に編入された。

問6 下線部ⓓに関連して，沖縄県で衆議院議員総選挙が実施されたのは1912年であったが，日本本土で第1回衆議院議員総選挙が実施された年として，適切なものを一つ選べ。解答番号は[39]。

① 1889年　② 1890年　③ 1892年　④ 1894年

問7　空欄 イ に入る地域名として適切なものを一つ選べ。解答番号は40。

① バミューダ諸島　② 西インド諸島

③ ハワイ諸島　④ フィリピン諸島

問8　空欄 ウ に入る語句として適切なものを一つ選べ。解答番号は41。

① 自衛隊　② 騎兵隊　③ 機動隊　④ 特攻隊

問9　下線部ⓔに関連して，日本政府が無条件降伏と戦後処理方針からなるポツダム宣言を受諾した日付として適切なものを一つ選べ。解答番号は42。

① 8月6日　② 8月9日　③ 8月14日　④ 9月2日

問10　同じく下線部ⓔに関連して，日本がポツダム宣言受諾を決定したときの内閣として適切なものを一つ選べ。解答番号は43。

① 鈴木貫太郎内閣　② 小磯国昭内閣

③ 近衛文麿内閣　④ 東条英機内閣

問11　下線部ⓕに関連して，サンフランシスコ講和条約について述べた文として**誤っているもの**を一つ選べ。解答番号は44。

① ソ連は，講和会議には出席したが，講和条約には調印しなかった。

② 日本は，西側諸国のみと講和し，独立後の安全保障をアメリカに依存した。

③ 日本は，朝鮮の独立を認め，台湾・南樺太・千島列島などを放棄した。

④ 日本は，すべての交戦国に賠償請求権を放棄させた。

問12　空欄 エ に入る通称国名として適切なものを一つ選べ。解答番号は45。

① シリア　② ベトナム

③ イラン　④ アフガニスタン

問13　下線部ⓖに関連して，この高度経済成長期の社会のようすについて述べた文として適切なものを一つ選べ。解答番号は46。

① 1960年代半ば以降，原子力発電所反対運動により各地で廃炉が進められた。

② 池田勇人内閣は，「国家総動員」を唱えて，高度成長を促進させた。

③　農山村では過疎化が進行し，大都市では過密が深刻な問題となった。

④　1970年に東京で先進国首脳会議が計画されたが，石油危機により中止となった。

問14　空欄 オ に入る人名として適切なものを一つ選べ。解答番号は47。

①　田中角栄　②　福田赳夫　③　池田勇人　④　佐藤栄作

問15　空欄 カ に入る適切な語句を一つ選べ。解答番号は48。

①　非核三原則　②　平和十原則　③　原子力三原則　④　平和五原則

問16　下線部ⓗに関連して，この時のアメリカ大統領について述べた文として**誤っているもの**を一つ選べ。解答番号は49。

①　ドル防衛のために，金とドルの交換を停止するなどの措置をとった。

②　イランとの和平を引き出し，イラン和平協定を成立させた。

③　中国をみずから訪問して，米中の敵対関係を改善した。

④　スミソニアン博物館で10カ国蔵相会議を開き，固定相場制の復活を図った。

問17　空欄 キ に入る数値として適切なものを一つ選べ。解答番号は50。

①　約20％　②　約50％　③　約70％　④　約90％

世界史

（60 分）

〔 **I** 〕　フランスの作家ジュール＝ヴェルヌは，1873 年『八十日間世界一周』を刊行した。この作品は，『月世界旅行』や『悪魔の発明』など，SF 小説の元祖ともいうべきヴェルヌが執筆した，当時の科学技術を駆使して地球を 80 日という短時間で一周する，一種の旅行ガイドである。またもちろん SF 小説でもあり，さらに当時の国際情勢やヨーロッパのアジア・アフリカ観もうかがえる。現在から見れば，それらはあまりに楽天的な進歩主義であり，非西欧世界へのオリエンタリズムが満開で，単純には楽しんではいられない向きもあるかも知れないが，19 世紀末のヨーロッパの世界観を知るには好適な書物であるともいえよう。そうした『八十日間世界一周』に関する次の文章Ａ～Ｄを読み，あとの設問に答えよ。

（引用文はジュール＝ヴェルヌ，鈴木啓二訳『八十日間世界一周』岩波文庫，2001 年，による。適宜表記に変更を加えた。）

Ａ　物語の発端は 1872 年のロンドンである。この時，ⓐイギリスは二大政党時代のさなかにあり，自由党が政権を担っていた。すでにⓑアイルランド関連諸法案を含め，いくつもの自由主義改革が実行に移されていた。ヴェルヌの故国であるフランスでは，ⓒ皇帝が捕虜となるという敗戦のさなかに成立が宣言された第三共和制のもと，ⓓ反乱を鎮圧したⓔティエールが実権を握っていた。

問 1　下線部ⓐについて，1872 年当時のイギリス二大政党時代の説明として最も適当なものを，次の①～④のなかから一つ選べ。解答番号は[1]。

① 自由党はグラッドストンが党首であり，保守党と対立していた。

② 労働党はエンゲルスを党首に，議会で自由党を支持していた。

③ 保守党はサッチャーを外務大臣に，帝国主義政策を推進していた。

④ バートランド＝ラッセルが下院議長として，与野党の対立を調整していた。

問 2　下線部ⓑに関連して，アイルランドとイギリスとの関係について述べた文として最も適当なものを，次の①～④のなかから一つ選べ。解答番号は[2]。

①　「ジャガイモ飢饉」の際，イギリスから多大な食糧援助が行われた。

②　アイルランドのイギリスからの独立は，第2次世界大戦終結後であった。

③　イギリスのEU離脱と同時に，国境を接するアイルランドもEUを離脱した。

④　20世紀初頭，独立を求めるシン＝フェイン党が結成された。

問 3　下線部ⓒについて，普仏戦争で捕虜となった皇帝の事跡として最も適当なものを，次の①～④のなかから一つ選べ。解答番号は[3]。

①　クリミア戦争でのロシア支援。

②　普墺戦争でのオーストリア支援。

③　アロー戦争でのイギリスとの共闘。

④　インド大反乱（「セポイの反乱」）でのムガル朝支援。

問 4　下線部ⓓについて，この反乱はパリ＝コミューンとよばれる自治政府をつくった。コミューン政府の動向について述べた文章として最も適当なものを，次の①～④のなかから一つ選べ。解答番号は[4]。

①　貴族や大ブルジョアが中心となっていた。

②　普仏戦争の継続を主張していた。

③　指導者にはローザ＝ルクセンブルクがいた。

④　史上初の農民政権であった。

問 5　下線部ⓔについて，ティエールは19世紀フランス政治史で大きな役割を果たしている。ティエールが関わった事件である1848年の2月革命とその影響に関して述べた文章として最も適当なものを，次の①～④のなかから一つ選べ。解答番号は[5]。

①　革命は短期間にヨーロッパ各地に伝播し，デカブリストの反乱が起きた。

②　第二共和制では，ルイ＝ナポレオンが労働者の六月蜂起を支持した。

③　革命で打倒されたギゾー内閣は，改革宴会を弾圧した。

④　オスマン帝国では，2月革命に刺激されて「統一と進歩団」が組織され

た。

B　『八十日間世界一周』では，ⓕロンドンを起点に地球を東まわりで一周する。ⓖ航空機が発明，実用化される前の19世紀後半のことであり，旅行の手段は船と鉄道が基本である。主人公フォッグ氏が友人との賭けとして80日で世界一周が出来るかどうかが話の始まりであった。フォッグ氏は計画した経路と時間，旅行手段について，作中，以下のように根拠を示している。

「ロータル — ⓗアラーハーバード間に大インド半島鉄道が敷かれてから……可能となったのです。以下はⓘモーニング・クロニクル紙がはじき出した数字です」。具体的に記すと，

ロンドン — ⓙスエズ間　7日：鉄道・客船

スエズ — ボンベイ間　13日：客船

ボンベイ — カルカッタ間　3日：鉄道

カルカッタ — 香港間　13日：客船

香港 — 横浜間　6日：客船

横浜 — サンフランシスコ間　22日：客船

サンフランシスコ — ニューヨーク間　7日：鉄道

ニューヨーク — ロンドン間　9日：客船・鉄道

となる。この行程を主人公フォッグ氏が助手のパスパルトゥーとともにたどるというのである。

問 6　下線部ⓕについて，ロンドンは古代ローマ以来の都市であり，イングランドの中心である。ロンドンおよびイングランドについて述べた文として最も適当なものを，次の①～④のなかから一つ選べ。解答番号は6。

①　ヘンリ2世は，ノルマンディー公としてはフランス王の家臣であった。

②　ヒトラーがロンドン空爆を続けたため，イングランドは首都を移転した。

③　カエサルはイングランドを征服し，スコットランドとの間に長城を築いた。

④　教皇レオ3世に招かれたアルクィンは，カロリング＝ルネサンスに貢献

した。

問 7　下線部ⓖについて，航空機は交通革命の一環として，通信手段の変化と相まって世界を変えた発明であった。交通革命と通信手段の変化に関して述べた文として最も適当なものを，次の①～④のなかから一つ選べ。解答番号は[7]。

① 第一次世界大戦は，海底ケーブルによってリアルタイムで報じられた最初の国際戦争である。

② アポロ 11 号の月面着陸以来，2021 年現在，ロシアと中国の宇宙飛行士が月面上陸を果たしている。

③ ゴルバチョフ訪中とそれに続く天安門事件は，リアルタイムで世界中に報じられた。

④ 第二次世界大戦では，レーダーは実用化されていなかった。

問 8　下線部ⓗに関連して，アラーハーバード出身者としてジャワハルラル＝ネルーがおり，娘インディラ共々インドの著名な政治家である。ネルー親子に関して述べた文として最も適当なものを，次の①～④のなかから一つ選べ。解答番号は[8]。

① インディラは，パレスチナ和平に尽力した。

② ジャワハルラルは，「塩の行進」を中心的に指導した。

③ インディラは，ムスリム連盟の活動家であった。

④ 1955 年，ジャワハルラルや周恩来はバンドン会議に参加した。

問 9　下線部ⓘに関連して，新聞を含むメディアは特に 1860 年代以降，欧米の都市部で発達し，20 世紀には大衆社会の形成に大きな役割を果たした。アメリカで大衆社会が形成された 1920 年代について述べた文として最も適当なものを，次の①～④のなかから一つ選べ。解答番号は[9]。

① 第一次世界大戦で債権国となったアメリカ合衆国では，主に共和党が政権を握った。

② アメリカ合衆国では寛容であることが美徳とされ，東欧・南欧やアジア系の移民が歓迎された。

③ 国際協調を主張したアメリカ合衆国は，ヨーロッパ諸国に先駆けてソヴィエト連邦を承認した。

④　野球のMLBやフットボールのNFLなどのプロスポーツが盛んになり，テレビによる実況中継が人々熱狂させた。

問10　下線部ⓙに関連して，一行はスエズ運河を通ることを前提にしている。スエズ運河について述べた文として最も適当なものを，次の①～④のなかから一つ選べ。解答番号は10。

①　ナセル国王が運河の国有化を目指して，ソ連と同盟を結んだ。

②　スエズ運河が開通した1869年，日本では版籍奉還が行われた。

③　イギリスのヴィクトリア女王が，レセップスに運河の建設を命じた。

④　メフメト＝パシャが，ロシアに対抗してスエズ運河会社の株式を買い占めた。

C　旅は，当初順調に進んだ。フォッグ氏には『ブラッドショー大陸蒸気機関車列車時刻表及び総合ガイド』と「世界中の国々で通用する，相当の額のⓚ銀行券」，そして行く先々で彼の足跡を示すⓛ査証(ビザ)が記されるパスポートが手元にあった。

スエズ運河を経由して紅海を通り，ⓜボンベイ(現在のムンバイ)に到着したフォッグ氏は鉄道に乗ったが，それが未完成であり，カルカッタ(現在のコルカタ)へは直通していないと知り，象に乗って間をつないだ。途中，一行がⓝサティ(寡婦殉死)から救ったインド人女性が新たに同行者に加わった。カルカッタからは船でⓞシンガポール経由，香港に向かった。

問11　下線部ⓚについて，通貨としての「銀行券」は，現代の主権国家の場合は基本的に中央銀行が発行する。中央銀行に関する歴史について述べた文として最も適当なものを，次の①～④のなかから一つ選べ。解答番号は11。

①　共通通貨ユーロを発行する欧州中央銀行は，ブリュッセルに本店がある。

②　日本銀行は，1946年にGHQによって創設された。

③　1929年の世界恐慌をきっかけに，多くの国々で金本位制が導入された。

④　フランス銀行は，ナポレオンが第一統領であった時に創設された。

問12　下線部ⓛに関連して，査証(ビザ)やパスポートは，現在国境を越えて移動する際に不可欠の書類である。国境と領土の歴史について述べた文として最も適当なものを，次の①～④のなかから一つ選べ。解答番号は12。

① 清の康熙帝は台湾を領土に編入した。

② アラスカは，アメリカ合衆国がカナダから購入したものである。

③ EUの域内であっても，移動に際してはビザとパスポートが必須である。

④ アルザス地方は，フランク王国時代から一貫してフランス領である。

問13　下線部ⓜに関連して，ムンバイにはインド門(Gate of India)と呼ばれる門が海に向かって立てられている。これは，インド帝国皇帝でもあったイギリス国王ジョージ5世夫妻が1911年にインドを訪問したことを記念して建てられたものである。イギリスのインド統治に関連してジョージ5世夫妻のインド訪問後の出来事として最も適当なものを，次の①～④のなかから一つ選べ。解答番号は13。

① インド国民会議開設　② ベンガル分割令

③ ローラット法　④ 全インド＝ムスリム連盟結成

問14　下線部ⓝについて，インド人女性に対するサティの習慣など，世界各地で女性は男性の従属物としての社会的立場に置かれてきた歴史がある。これに対して，一個の人間として自立を求める動きが，近代以降，各地で展開されていった。そうした女性の社会的地位の向上に関連するものとして最も適当なものを，次の①～④のなかから一つ選べ。解答番号は14。

① アメリカでは，第一次世界大戦参戦に際して女性参政権を認めた。

② フィリピンは憲法で大統領は男性であるとされ，現在まで女性大統領はいない。

③ 国際赤十字は，クリミア戦争の惨状を知り，ナイティンゲールを派遣した。

④ フランス革命で『人権宣言』を批判したグージュは，ギロチンにかけられた。

問15　下線部ⓞについて，シンガポールは現在独立国である。19世紀前半から21世紀前半の現在に至るまでのシンガポールの歴史について述べた文

a．～d．について，順序を正しく並べ変えて示したものを，次の①～④から一つ選べ。解答番号は[15]。

a．マレーシアから独立した。

b．ラッフルズが到着した。

c．ペナン・マラッカとともに海峡植民地とされた。

d．タイ・フィリピンなどともにASEANを組織した。

① c→b→a→d　　② b→c→a→d

③ d→a→c→b　　④ a→b→c→d

D　香港ⓟでは，助手の不手際から本来予約してあった客船に乗り損ねたフォッグ氏だったが，偶然小型船をチャーターし，台湾海峡ⓠを抜けて上海にたどり着き，そこで香港から乗るはずだった船に追い付いた。そして，上海から横浜を経てサンフランシスコⓡに渡った。そこからは，大陸横断鉄道に乗り，途中線路をふさぐバッファローの群や「スー族」ⓢの襲撃で時間に遅れが出たものの，ようやくボストンⓣにたどり着いた。

この後，大西洋横断でも一悶着あり，ロンドンに着いたとき，フォッグ氏の計算では81日目になっていた。だが，それはフォッグ氏の勘違いであり，無事80日間で世界一周を達成し，賭けに負けて全財産を失うこともなかった。

問16　下線部ⓟについて，香港は1997年に中国に返還された。その時中国は，香港に関する「一国二制度」は50年間不変であると，イギリスに対してだけでなく，国際的に公約した。1997年以降の香港について述べた文として最も適当なものを，次の①～④のなかから一つ選べ。解答番号は[16]。

① 自由貿易港として外国人の立ち入りが自由な香港は，積極的に難民を受け入れている。

② 1997年の返還と同時にイギリス軍が撤収し，かわって中国軍が進駐し，2021年現在，香港を軍事管制下に置いている。

③ 香港における基本的人権を保障した「一国二制度」の形骸化が進み，言論出版の自由が犯されている。

④ 中国国内で抑圧された人々の避難の場所として，香港にあるUNICEF

など多くの国際機関が彼らを保護する役割を果たしている。

問17　下線部ⓠについて，台湾海峡は中国大陸と台湾との間に位置する海峡であり，1945年以来，時折摩擦が生じてきた。台湾海峡とその周辺の歴史に関して述べた文として最も適当なものを，次の①～④のなかから一つ選べ。解答番号は[17]。

①　2000年の台湾総統選挙に際して，中華人民共和国は海軍を出して威嚇した。

②　台北は，1860年の北京条約で開港した。

③　ゼーランディア城を占拠していた清軍を，鄭成功が撃退した。

④　台湾(中華民国)の対岸には福建省(中華人民共和国)がある。

問18　下線部ⓡに関連して，サンフランシスコはカリフォルニア州の大都市であり，アメリカ西海岸の要地である。この地がアメリカ合衆国の領域に組みこまれる前後の経緯a～dを正しく並べ替えて示したものを，次の①～④のなかから一つ選べ。解答番号は[18]。

a　テキサス併合　　b　アメリカ＝メキシコ戦争

c　アメリカ連合国の設立　　d　大陸横断鉄道開通

①　a→b→c→d　　②　c→b→a→d

③　d→a→c→b　　④　b→c→a→d

問19　下線部ⓢに関連して，「スー族」をはじめアメリカ大陸の先住民は，主に東部から入植する人々によってその生活圏を狭められ，その結果武装抵抗を余儀なくされていった場合がしばしばあった。この一連の事態について述べた文章として最も適当なものを，次の①～④のなかから一つ選べ。解答番号は[19]。

①　入植者は，南北戦争後に制定されたホームステッド法によって激増した。

②　入植者は「マニフェスト＝デスティニー」で自らを正当化した。

③　西部出身初の大統領となったジャクソンの支持者は，共和党を結成した。

④　入植者の苦難は「涙の旅路」といわれることがある。

問20　下線部ⓣに関連して，ボストンはアメリカ独立革命のなかで画期的な出来事である「茶会事件」の舞台となった。それでは，「茶会事件」が起こった時点から見て，もっとも時間的に近い事件を，次の①～④のなかから一つ選べ。解答番号は[20]。

①　独立宣言発表　　　　②　第 1 回大陸会議

③　印紙法発布　　　　④　フレンチ＝インディアン戦争の終結

〔**Ⅱ**〕　次の文章を読み，あとの設問に答えよ。

イタリア半島に建設された都市国家ローマは，2 世紀，空前の繁栄と平和を迎え，ⓐ領土は最大となった。しかし，4 世紀後半になると，異民族が国境に侵入してくるようになり，また，領内ではさまざまな混乱が生じたため，ⓑローマは東西に分裂せざるを得なくなった。

西ローマ帝国は 5 世紀に滅亡したが，東ローマ帝国は有数の貿易都市ⓒコンスタンティノープルを首都として，地中海世界東部で，版図を縮小させつつも，こののち一千年にわたり存続した。東ローマ帝国のことを，首都の旧名にちなんで，ビザンツ帝国ともいう。

ビザンツ帝国は，西ヨーロッパと異なり，民族大移動による深刻な打撃もなく，ⓓ商業とⓔ貨幣経済が繁栄した。政治面では，皇帝はローマ帝政末期以来の専制君主政を継承するとともに，ギリシア正教会を支配する立場にあり，政治と宗教の両面を掌握する最高の権力者であった。

6 世紀に即位したユスティニアヌス大帝は旧ローマ帝国の領土の回復をはかり，ⓕ北アフリカやⓖイタリアにあるゲルマン人一派の国を滅ぼして一時的に地中海のほぼ全域にローマ帝国を復活させた。内政においてはⓗ「ローマ法大全」の編纂に力をそそぎ，中国から養蚕技術を取り入れ，絹織物産業発展の基礎を築いた。他方で，ビサンツ帝国は，東方に隣接するⓘササン朝とくりかえし争った。

しかし，ユスティニアヌスの死後，次々と異民族の侵入を受けることになった。ⓙ7 世紀には，ⓚエジプトも奪われた。このようにビザンツ帝国は版図をしだいに縮小せざるを得なくなった。

8世紀前半には，体制の立て直しが図られ，ⓛ聖像禁止令も発布されたが，このことが，東のコンスタンティノープル教会と西のローマ教会との対立を深め，ⓜ最終的にはキリスト教世界の分裂につながることとなった。

10世紀から11世紀前半にかけて異民族を撃退していったんは繁栄を取り戻したが，11世紀後半にはイスラーム勢力の侵入をうけ，13世紀前半には首都を奪われラテン帝国が建設されるなど，国内は混乱した。その後ビザンツ帝国は首都を回復して復興したが，ⓝ1453年，ⓞオスマン帝国によって滅ぼされた。

問1　下線部ⓐに関連して，ローマの領土が最大となったときの皇帝として最も適当なものを，次の①～④のなかから一つ選べ。解答番号は[21]。

①　トラヤヌス　　②　ハドリアヌス
③　ネルウァ　　④　アントニヌス＝ピウス

問2　下線部ⓑに関連して，ローマ帝国の東西分裂について述べた次の文XとYの正誤の組合せとして最も適当なものを，次の①～④のなかから一つ選べ。解答番号は[22]。

X．ディオクレティアヌス帝は帝国を東西に分割し2子に分け与えた。
Y．ローマ帝国を東西に分割する境界線により，東側にアクティウムは振り分けられた。

①　X―正　Y―正　　②　X―正　Y―誤
③　X―誤　Y―正　　④　X―誤　Y―誤

問3　下線部ⓒについて述べた文として**誤っているもの**を，次の①～④のなかから一つ選べ。解答番号は[23]。

①　この地は，コンスタンティヌス帝の治下，コンスタンティノープルと改名された。
②　この地は，カスピ海と地中海を結ぶ海の交易路として繁栄した。
③　この地は，キリスト教の五大教会の1つを置く都市であった。
④　この地は，オスマン帝国においてイスタンブルと呼ばれていた。

問4　下線部ⓓに関連して，西ヨーロッパの都市や商業について述べた文として最も適当なものを，次の①～④のなかから一つ選べ。解答番号は[24]。

①　遠隔貿易が発達する都市があらわれ，ヴェネツィア・ジェノヴァなどの

内陸都市では，毛織物生産で繁栄した。

② 封建社会が安定し，農業生産が増大した結果，都市と商業が発達し始めた。

③ 十字軍をきっかけに社会は混乱し，地中海貿易は衰退した。

④ 10世紀は都市や商業が急速に発達した時代であった。

問5 下線部ⓔに関連して，貨幣について述べた次の文XとYの正誤の組合せとして最も適当なものを，次の①～④のなかから一つ選べ。解答番号は[25]。

X．リディアでは，世界ではじめて貴金属製の貨幣がつくられた。

Y．ウマイヤ朝では，官僚や軍隊に現金で俸給が支払われた。

① X一正　Y一正　　② X一正　Y一誤

③ X一誤　Y一正　　④ X一誤　Y一誤

問6 下線部ⓕに関連して，北アフリカで起きた出来事について述べた文として最も適当なものを，次の①～④のなかから一つ選べ。解答番号は[26]。

① ドイツはアルジェリアへの遠征を実行した。

② フランスはエジプトを事実上保護下においた。

③ イタリア＝トルコ戦争で，イタリアがトリポリ・キレナイカを奪った。

④ チュニジアがイギリスから独立した。

問7 下線部ⓖに関連して，分裂が続いていたイタリアでは，19世紀後半から国家統一をめざす大運動がサルデーニャ王国によって進められたが，そのときの出来事として**誤っているもの**を，次の①～④のなかから一つ選べ。解答番号は[27]。

① オーストリアとの戦いに勝ち，トリエステを獲得した。

② フランスにサヴォイアとニースを譲ることで中部イタリアを併合した。

③ ガリバルディが両シチリア王国を占領し，サルデーニャ国王に譲った。

④ サルデーニャ国王を初代国王とするイタリア王国が成立した。

問8 下線部ⓗに関連して，古代の法について述べた次の文章中の空欄 [ア] と [イ] に入れる語の組合せとして最も適当なものを，次の①～④のなかから一つ選べ。解答番号は[28]。

古代から法は国を統治する手段として用いられてきた。たとえば，前18世紀ごろには，[ア] のバビロン第1王朝(古バビロニア王国)で，ハンムラビ法典が発布され，法に基づく強力な政治がおこなわれた。また，アテネでも，前7世紀に［イ］が従来の慣習法を成文化し，法による秩序がはかられた。

① ア―アッカド人　イ―ドラコン

② ア―アッカド人　イ―トリボニアヌス

③ ア―アムル人　イ―ドラコン

④ ア―アムル人　イ―トリボニアヌス

問9　下線部ⓘに関連して，ササン朝における出来事について述べた文として最も適当なものを，次の①～④のなかから一つ選べ。解答番号は㉙。

① ペルセポリスに首都をおいた。

② 3世紀，ローマ軍と戦い敗れた。

③ 柔然と結び，エフタルを滅ぼした。

④ ゾロアスター教の教典『アヴェスター』が編纂された。

問10　下線部ⓙに関連して，7世紀の出来事について述べた文として最も適当なものを，次の①～④のなかから一つ選べ。解答番号は㉚。

① ハギア＝ソフィア聖堂が建立された。

② ムスリム勢力によって，シリアが奪われた。

③ イタリアがランゴバルド王国に奪われた。

④ スラヴ系民族によってブルガリア帝国が建国された。

問11　下線部ⓚに関連して，エジプトについて述べた次の文XとYの正誤の組合せとして最も適当なものを，次の①～④のなかから一つ選べ。解答番号は㉛。

X．太陽神ラーを中心とする多神教であり，新王国時代には首都の守護神と結びついたアモン＝ラーの信仰も広まった。

Y．アレクサンドリアにムセイオン(王立研究所)がつくられ，自然科学を中心に高度な研究が発達した。

① X―正　Y―正　② X―正　Y―誤

③ X―誤　Y―正　④ X―誤　Y―誤

問12　下線部ⓛに関連して，聖像禁止令について述べた次の文XとYの正誤の組合せとして最も適当なものを，次の①～④のなかから一つ選べ。解答番号は

[32]。

X．聖像禁止令は，ビザンツ皇帝レオ 3 世によって発布され，ビザンツ帝国が滅びるまで続けられた。

Y．聖像禁止令が発布された 1 つの背景には，偶像崇拝を厳しく否定するイスラーム教と対抗する必要に迫られたという事情があった。

① X―正　Y―正　　② X―正　Y―誤

③ X―誤　Y―正　　④ X―誤　Y―誤

問13　下線部ⓜに関連して，次の年代順に並べた出来事のなか，キリスト教世界が東西に分離した時期として最も適当なものを，次の①～④のなかから一つ選べ。解答番号は[33]。

聖像禁止令の発布

[a]

カールの戴冠

[b]

カノッサの屈辱

[c]

クレルモン教会会議

[d]

アイユーブ朝の樹立

① a　② b　③ c　④ d

問14　下線部ⓝに関連して，この年と同じ年に起きた出来事として最も適当なものを，次の①～④のなかから一つ選べ。解答番号は[34]。

① コンスタンツ公会議の終了

② スペイン王国の成立

③ ヴァスコ＝ダ＝ガマの海路インド到達

④ 英仏百年戦争の終了

問15　下線部ⓞに関連して，その後，オスマン帝国が 600 年以上にわたる歴史に

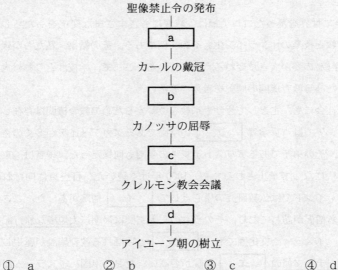

幕を閉じ，新たにトルコ共和国が樹立されたことに関して述べた文として最も適当なものを，次の①～④のなかから一つ選べ。解答番号は[35]。

① トルコ共和国が樹立されたのち，スルタン制は廃止された。

② 政教分離に基づき，カリフ制は廃止された。

③ ローザンヌ条約の締結により，治外法権は廃止されたが，関税自主権の回復は除外された。

④ アラビア文字にかえてギリシア文字が採用された。

〔Ⅲ〕 次の文章を読み，あとの設問に答えよ。

2020年に世界を覆ったコロナ禍は，教育にもさまざまな変化をもたらした。学校の閉鎖と授業のオンライン化もその一例である。その結果，私たちが親しんできた「学校」の姿が大きく変わろうとしている。ここで，学校，とりわけ大学を中心とした高等教育機関の歴史を考えてみたい。

前近代社会にも，主として哲学や宗教を教育するための教育機関は存在した。古代ギリシアでは，哲学者 [ア] の学園であるアカデメイアが多くの秀才を集めたし，その弟子であるアリストテレスの学園も同様だった。後者は，東ローマ帝国時代になって禁止されるまで，1000年近く続いた。目を東に向ければ，この時代，インドでは仏教研究の中心として [イ] 僧院があった。ここには中国からも僧侶が訪れており，そのうちの一人玄奘は帰朝後大規模な旅行記ⓐを著している。イスラーム文化圏でも，[ウ] と呼ばれる教育施設が誕生し，中でもファーティマ朝ⓑの [エ] 学院が名高い。なお，中国，イスラーム圏におけるこれらの研究教育活動を支えたものとして，文字を記す媒体としての紙の製法が知られていたⓒことが挙げられる。

現代の大学につながる組織は，中世ヨーロッパにおいて成立した。大聖堂付属の学校が発展し，各地に大学が成立し始めたのは12世紀ごろである。当初は教員と学生の自由な集合体であった大学は，職人たちのそれと同様，自治権を持つギルドⓓであった。

こうした大学での学問は西欧全体の知的共通語であるラテン語によって行われ

た。また，ⓔこの時代，イスラーム文化圏で継承されていた古典古代の著作が大規模にラテン語に翻訳された。

時を経て，各大学が得意とする分野も成立した。法学の［ オ ］大学，神学の［ カ ］大学である。医学，法学，神学が長く大学の中心的な学部とされた。これらの大学の，特に神学部で学ばれ研究された学問が，ⓕスコラ学である。

中世的な大学は，近代に入り，とりわけⓖ科学革命を経て自然科学が飛躍的な発展を遂げ始めると時代遅れとなっていく。先端的な科学を研究する人々は大学の外で，(古代の学園の名に由来する)アカデミー(学会)を結成する。また，ⓗ啓蒙専制君主たちは国力増強のために自らアカデミーを設立しもした。

この状況に変化が生じたのは，19 世紀ドイツにおけるベルリン大学の創設である。ナポレオン戦争敗北後のⓘプロイセンの改革の一環として成立したこの大学こそ，今日的な大学の始まりと見なすことができる。日本を含め多くの国で 19 世紀以後に設立された大学は，多かれ少なかれ，このベルリン大学をモデルとしている。それらは，突き詰めれば，国民国家が求める課題を研究し，国民国家が必要とする人材を養成する，ⓙナショナリズムの装置としての側面を持つものである。

20 世紀に入り高等教育が普及していく中，とりわけ 20 世紀後半以後の ICT の加速度的な進展を前提に，次の時代の大学のモデルが模索されるようになった。コロナ禍における，教育の全面的なオンライン化という経験を経て，その変化は加速することになろう。人類は，次にどのような高等教育機関を持つことになるのだろうか。

問 1　空欄［ ア ］に入る最も適当な人物の名を，次の①～④のなかから一つ選べ。解答番号は［36］。

①　ホメロス　　②　ヘシオドス　　③　ソクラテス　　④　プラトン

問 2　空欄［ イ ］に入る最も適当な語句を，次の①～④のなかから一つ選べ。解答番号は［37］。

①　サーンチー　　②　アジャンター　　③　ナーランダー　　④　ガンダーラ

問 3　下線部ⓐに関して，この書物の表題として最も適当なものを，次の①～④のなかから一つ選べ。解答番号は［38］。

① 『大唐西域記』 ② 『仏国記』

③ 『南海寄帰内法伝』 ④ 『入唐求法巡礼行記』

問 4 空欄 ウ に入る最も適当な語句を，次の①～④のなかから一つ選べ。解答番号は39。

① モスク ② マドラサ ③ スーク ④ ウンマ

問 5 下線部ⓑに関して，この王朝の記述として最も適当なものを，次の①～④のなかから一つ選べ。解答番号は40。

① バグダードを首都とした。 ② カイロを首都とした。

③ アルハンブラ宮殿を造営した。 ④ イェニチェリ軍団を組織した。

問 6 空欄 エ に入る最も適当な語句を，次の①～④のなかから一つ選べ。解答番号は41。

① コロッセウム ② スレイマン＝モスク

③ アクロポリス ④ アズハル

問 7 下線部ⓒに関して，中国からイスラーム世界へ紙の製法が伝播されたきっかけとして最も適当なものを，次の①～④のなかから一つ選べ。解答番号は42。

① タラス河畔の戦い ② マルコ＝ポーロの東方旅行

③ 鄭和の遠征 ④ ジャムチ制の整備

問 8 下線部ⓓに関して，ギルドの性格について述べた文章として最も適当なものを，次の①～④から一つ選べ。解答番号は43。

① ギルド内部では，親方と職人が対等な身分として扱われた。

② 親方も職人も，奴隷でも農奴でもなかった。

③ 各都市は，その中にあるギルドに対して生産物の価格を常に統制した。

④ ギルドの親方・職人は，政治関心を持たず市政に対して協調的だった。

問 9 下線部ⓔに関して，こうした翻訳が盛んだった地域として最も適当なものを，次の①～④のなかから一つ選べ。解答番号は44。

① ストックホルム ② ロンドン

③ トレド ④ プラハ

問10 空欄 オ ， カ に入る語句の組み合わせとしてもっとも適当なものを，次の①～④のなかから一つ選べ。解答番号は45。

① **オ** パ リ　**カ** ボローニャ

② **オ** ボローニャ　**カ** サレルノ

③ **オ** サレルノ　**カ** パ リ

④ **オ** ボローニャ　**カ** パ リ

問11 下線部ⓕに関して，この思想の特色として**誤っているもの**を，次の①～④のなかから一つ選べ。解答番号は46。

① アリストテレスの哲学が重視され，その影響下で探求された。

② 論理的な推論によって，理性と信仰を両立しようとした。

③ 魂の救いは神の恩寵のみによる，という考えが主流だった。

④ トマス＝アクィナスは重要な神学上の問題を『神学大全』にまとめた。

問12 下線部ⓖに関して，この時代の出来事として**誤っているもの**を，次の①～④のなかから一つ選べ。解答番号は47。

① ニュートン，ライプニッツが微積分法を開発した。

② ケプラーが天体の運行法則を発見した。

③ ヘルムホルツらがエネルギー保存則を確立した。

④ ハーヴェイが血液循環説を提唱した。

問13 下線部ⓗに関して，啓蒙専制君主に**含まれない人物**を，次の①～④のなかから一つ選べ。解答番号は48。

① ピョートル1世　② フリードリヒ2世

③ エカチェリーナ2世　④ ヨーゼフ2世

問14 下線部ⓘに関して，この改革の内容として**誤っているもの**を，次の①～④のなかから一つ選べ。解答番号は49。

① 近代的な軍制改革　② 農奴解放

③ 憲法発布　④ 行政機構改革

問15 下線部ⓙに関して，ナショナリズム形成に直接関与する要素として**誤っているもの**を，次の①～④のなかから一つ選べ。解答番号は50。

① 言 語　② 文 化　③ 科 学　④ 歴 史

数学

（60 分）

1　以下の設問に答えよ。

(1) x, y が 2 つの不等式 $y \geqq x^2-6x+2$, $y \leqq -3x+12$ を満たすとき，$2x+y$ の最大値は $\boxed{\text{アイ}}$，最小値は $\boxed{\text{ウエ}}$ となる。

(2) ベクトル $\vec{a}=(1,2)$, $\vec{b}=(4,3)$ があったとき，$\vec{a}\cdot\vec{b}$ の値は $\boxed{\text{オカ}}$ であり，$t\vec{a}+\vec{b}$ の大きさが 3 となる t の値は $\boxed{\text{キク}} \pm \dfrac{\boxed{\text{ケ}}\sqrt{\boxed{\text{コ}}}}{\boxed{\text{サ}}}$ である。

(3) 方程式 $2x^3-3x^2-12x+a=0$ が異なる 2 つの実数解をもつとき，$a=\boxed{\text{シス}}$, $\boxed{\text{セソ}}$ である。ただし $\boxed{\text{シス}} < \boxed{\text{セソ}}$ とする。

(4) 全体集合 $U=\{x \mid x \text{ は 9 以下の自然数}\}$ の部分集合 A, B について，

$$\overline{A}\cap\overline{B}=\{1,5,6,8\},$$
$$\overline{A}\cup B=\{1,2,4,5,6,8,9\}$$

であるとき，$A\cap\overline{B}=\left\{\boxed{\text{タ}}, \boxed{\text{チ}}\right\}$ $\left(\boxed{\text{タ}} < \boxed{\text{チ}}\right)$ であり，
$B=\left\{\boxed{\text{ツ}}, \boxed{\text{テ}}, \boxed{\text{ト}}\right\}$ $\left(\boxed{\text{ツ}} < \boxed{\text{テ}} < \boxed{\text{ト}}\right)$ である。
ただし，$\overline{A}$ は A の補集合，$\overline{B}$ は B の補集合とする。

2　座標空間の 2 点 A(1, −2, 4), B(−3, 1, −1) を考える。

C(a, b, c) が平面 $z=-1$ 上にあって，かつ，△ABC が正三角形となるのは，

$$(a,b,c)=\left(\boxed{\text{ア}},\ \boxed{\text{イ}},\ -1\right)\ \text{または}\ \left(\boxed{\text{ウエ}},\ \boxed{\text{オカ}},\ -1\right)$$

のときである。

ここで，C$\left(\boxed{\text{ア}},\ \boxed{\text{イ}},\ -1\right)$ とする。四面体 ABCD が正四面体となるような点 D の座標は

$$\left(\boxed{\text{キ}},\ \boxed{\text{ク}},\ \boxed{\text{ケ}}\right)\ \text{または}\ \left(\frac{\boxed{\text{コ}}}{\boxed{\text{サ}}},\ \frac{\boxed{\text{シスセ}}}{\boxed{\text{サ}}},\ \frac{\boxed{\text{ソタ}}}{\boxed{\text{サ}}}\right)$$

である。

さらに，D$\left(\boxed{\text{キ}},\ \boxed{\text{ク}},\ \boxed{\text{ケ}}\right)$ とする。AB と CD の中点をそれぞれ K, L として，BC と AD の中点をそれぞれ M, N とする。このとき，線分 KL と線分 MN の交点 P の座標は

$$\left(\frac{\boxed{\text{チ}}}{\boxed{\text{ツ}}},\ \frac{\boxed{\text{テ}}}{\boxed{\text{ツ}}},\ \frac{\boxed{\text{ト}}}{\boxed{\text{ツ}}}\right)$$

である。

3　数列 $\{a_n\}$，$\{b_n\}$ に対して，x の 1 次関数 $f_n(x)$ $(n=1,2,3,\cdots)$ を

$$f_n(x)=a_nx+b_n$$

によって定義する。関数 $f_n(x)$ $(n=1,2,3,\cdots)$ が，$f_1(x)=x+3$ および

$$f_{n+1}(x)=\int_x^{x+3}f_n(t)\,dt$$

を満たす。このとき，

$$\int_x^{x+3}f_n(t)\,dt=\boxed{\text{ア}}\,a_nx+\boxed{\text{イ}}\,b_n+\frac{\boxed{\text{ウ}}}{\boxed{\text{エ}}}a_n$$

である。したがって，

$$a_{n+1}=\boxed{\text{ア}}\,a_n$$

$$b_{n+1}=\boxed{\text{イ}}\,b_n+\frac{\boxed{\text{ウ}}}{\boxed{\text{エ}}}a_n$$

となる。

これより，a_1，a_2，a_3 と b_1，b_2，b_3 を求めると

$$a_1=\boxed{\text{オ}},\ a_2=\boxed{\text{カ}},\ a_3=\boxed{\text{キ}}$$

$$b_1=\boxed{\text{ク}},\ b_2=\frac{\boxed{\text{ケコ}}}{\boxed{\text{サ}}},\ b_3=\boxed{\text{シス}}$$

となる。

また，$\{a_n\}$ の一般項を求めると

$$a_n=\boxed{\text{セ}}^{\,n-\boxed{\text{ソ}}}$$

である。

さらに，$\{b_n\}$ の一般項について求めると

$$b_n=\frac{\boxed{\text{タ}}^{\,n}}{\boxed{\text{チ}}}\left(n+\boxed{\text{ツ}}\right)$$

である。

5　皮となった馬が娘を巻いて連れ去ったのは、馬に嫁ぎたいとの娘の望みを何としてでも叶えてやりたいと思ったからである。

2 且《か》つ出入すること莫し
3 且《しばら》く出入すること莫からんとす
4 且《まさ》に出入すること莫からんとす
5 且《か》つ出入すること莫かれ

問八 傍線部⑥「而るに人を取りて婦と為さんと欲するか」の原文として最も適当なものを、次のなかから一つ選べ。解答番号は[43]。

1 而取人欲為婦耶
2 而取人為婦欲耶
3 而欲取人為婦耶
4 而欲人取為婦耶
5 而人取欲為婦耶

問九 本文の内容と最も合致するものを、次のなかから一つ選べ。解答番号は[44]。

1 馬に好意を抱いていることを口外しないよう、父が娘に命じたのは、家門を辱めることを恐れたからである。
2 馬が父を迎えに行ったのは、遠く旅をする父の帰りを家で独り待ち続ける娘が不憫でならなかったからである。
3 皮となった馬が娘を巻いて連れ去ったのは、自分を殺した父に対して復讐してやろうと思ったからである。
4 娘の姿を目にするたびごとに馬が暴れて攻撃的な態度を示したのは、娘が馬との約束を果たそうとしなかったからである。

4　馬　自《よ》りて来《きた》る所を望み

5　馬　自《おのづか》ら来《きた》る所を望み

問五　傍線部③「我家得無有故乎」の意味として最も適当なものを、次のなかから一つ選べ。解答番号は40。

1　我が家に亡くなった人がいるのだろうか

2　我が家に何かあったにちがいない

3　我が家に旧友がやって来たにちがいない

4　我が家にどうして災いなどあろうか

5　我が家に古いしきたりがあるからではないか

問六　傍線部④「馬不肯食」の理由として最も適当なものを、次のなかから一つ選べ。解答番号は41。

1　まぐさの味が馬の口に合わなかったから。

2　父が馬の世話を娘に任せようとしなかったから。

3　馬の皮の質をよくするために父がまぐさの量を増やしていたから。

4　父が娘と馬との間を取り持とうとしなかったから。

5　馬の真の望みが別にあることを示そうとしたから。

問七　傍線部⑤「且莫出入」の読みとして最も適当なものを、次のなかから一つ選べ。解答番号は42。

1　且《しばら》く出入すること莫かれ

問一　波線部a「径」・b「具」の読みとして最も適当なものを、次のなかから一つずつ選べ。解答番号はaは35、bは36。

1　つぶさに　　2　ともに　　3　つまびらかに　　4　ただちに　　5　にはかに

問二　空欄 A には「そのたびごとに」という意味の語が入る。最も適当なものを、次のなかから一つ選べ。解答番号は37。

1　即　　2　便　　3　乃　　4　則　　5　輒

問三　傍線部①「汝能為我迎得父、吾将嫁汝」の訓点として最も適当なものを、次のなかから一つ選べ。解答番号は38。

1　汝能ク為リテレ我ト迎ヘ二‐得レバ父ヲ一、吾将ニレ嫁ガントレ汝ニ。

2　汝能ク為ニレ我ガ迎ヘ二‐得レバ父ヲ一、吾将ニレ嫁ガントレ汝ニ。

3　汝能ク為ニレ我ガ迎ヘ‐得レバレ父ヲ、吾将ニレ嫁ガントレ汝ニ。

4　汝能ク為リテレ我ト迎ヘ二‐得レバ父ヲ一、吾将ニ二嫁ガント一レ汝ニ。

5　汝能ク為ニレ我ガ迎ヘテ得レバレ父ヲ、吾将ニ二嫁ガント一レ汝ニ。

問四　傍線部②「馬望所自来」の読みとして最も適当なものを、次のなかから一つ選べ。解答番号は39。

1　馬　所を望みて自《よ》り来《きた》り

2　馬　自《みづか》ら来《きた》る所を望み

3　馬　望む所に自《みづか》ら来《きた》り

A

怒《リテ》而奮撃《シ》(注3)、如《キコト》レ此《クノ》非《ズ》レ一《ニ》。父怪《シミ》レ之《ヲ》、密《カニ》以《テ》問《フ》レ女《ニ》。女b具以《テ》告《グ》レ父《ニ》。必《ズ》為二是《ノ》故一《ガ》也。父曰《ハク》、「勿《カレ》レ言《フコト》。恐《ルレバ》レ辱《カシムルヲ》二家門《ヲ》一、⑤且莫出入。」於《イテ》レ是《ニ》射《テ》而殺《シ》レ之《ヲ》、曝《さらス》二皮《ヲ》於庭一《ニ》。女之《キ》二皮《ノ》所一《ニ》、以《テ》レ足《ヲ》蹙《けリテ》レ之《ヲ》曰《ハク》、「汝《ハ》是《レ》畜生《ナリ》。⑥而るに人を取りて婦と為さんと欲するか。招《キ》二此《ノ》屠剥一《セラルルヲ》、如何《ンゾ》自《ラ》苦《シムト》。」言未《ダ》《ルニ》レ及《バ》レ竟《をハルニ》、馬《ノ》皮蹶《けつ》(注4)然《ぜんトシテ》而起《キ》、巻《キテ》レ女《ヲ》以《テ》行《ク》。

(『捜神記』)

(注)
1 韁――馬を繋ぎ止める綱。
2 芻――家畜の飼料とする草や稲わら。まぐさ。
3 奮撃――力を奮って攻撃すること。
4 蹶然――むくっと起きあがるさま。

3　今の時代では風流心にまかせた行動をとるのは、もはや大げさであると思われる。
4　昔が良かったとばかり思うのは当然で、昔を大事に思う心は大切だ。
5　世の中をよくみると、穏やかな人も思った以上に数多くいるものである。

〔四〕　次の文章を読み、あとの設問に答えよ。ただし、設問の都合で返り点・送り仮名を省いたところがある。

古時、有《リ》二人《ノ》遠征《スル》一。家《ニハ》唯《ダ》有《ルノミ》二一女并《あはセテ》馬一疋一。女思《ヒ》二其《ノ》父《ヲ》一、乃《チ》戯《レテ》レ馬《ニ》曰《ハク》、
①「汝能為我迎得父、吾将嫁汝。」
馬乃《チ》絶《チテ》レ韁《きづなヲ》(注1)而去《リ》、a径至《ル》二父《ノ》所《ニ》一。父見《テ》レ馬《ヲ》驚喜《シ》、因《リテ》取《リテ》而乗《ル》レ之《ニ》。②馬望所自来、悲鳴《シテ》不《やマ》レ息。父曰《ハク》、「此《ノ》馬無《クシテ》レ事如《クンバ》レ此《クノ》、③我家得無有故乎。」乃《チ》亟《すみやカニ》乗《リテ》以《テ》帰《ル》。

為《ニ》三畜生有《ルガ》二非常之情一、故《ニ》厚《ク》加《ヘテ》レ芻《まぐさヲ》(注2)養《フモ》、④馬不肯食。毎《ニ》レ見《ル》二女《ノ》出入《スルヲ》一、

3　風流を愛する心は、それが去っていくとわかるもので

4　風流を愛する心は、かなりの程度必要なものであって

5　趣があることは、時の経過の程度と関係していて

問六　傍線部Ⅱ「心のすくなき」の意味として最も適当なものを、次のなかから一つ選べ。解答番号は32。

1　同情の心に欠ける　2　知恵が足りない　3　愛情が足りない

4　心配が少ない　5　思慮が足りない

問七　傍線部Ⅲ「心を師とせざれ」の説明として最も適当なものを、次のなかから一つ選べ。解答番号は33。

1　心の師はなかなか見つからないもので、一人の師を決めるのは難しい。

2　自らが心の師になろうと思うのは、おこがましい考え方である。

3　心の師と心が離れてしまったら、その人を心の師とすることはできない。

4　自分の思いつくまま、心のままに心の師と決めるのはよくない。

5　心とは勝手なものであるので、それに自分をゆだねてはいけない。

問八　本文の内容と最も合致するものを、次のなかから一つ選べ。解答番号は34。

1　昔も今も風雅をひたすら好むためには、人生を有意義にするよう心掛けることが必要だ。

2　慣れ親しんだ相手には、たとえ晴れの席であっても、なれなれしく振舞うのがよい。

問三　傍線部②「なれにしかば」の文法的説明として最も適当なものを、次のなかから一つ選べ。解答番号は[28]。

1　動詞＋助詞＋助動詞＋助詞
2　動詞＋助詞＋助動詞＋助動詞＋助動詞＋助詞
3　動詞＋助詞＋助詞＋助動詞＋助動詞＋助詞
4　動詞＋助動詞＋助詞＋助詞
5　動詞＋助動詞＋助動詞＋助詞

問四　傍線部③「ことうるはしく」、④「めだたしく」の現代語訳として最も適当なものを、次のなかからそれぞれ一つずつ選べ。解答番号は③は[29]、④は[30]。

③　1　容貌うつくしく　2　きちんと整えて　3　特に大事にして
　　4　言葉遣いも立派で　5　特に理想的で

④　1　一段と良く目立って　2　素晴らしく感じられて　3　人目をひく感じで
　　4　特徴が感じられて　5　人目にさわって

問五　傍線部Ⅰ「おもしろきこともさるほどにて」の現代語訳として最も適当なものを、次のなかから一つ選べ。解答番号は[31]。

1　趣があることは、徐々に消え去っていくものであって
2　風流を愛し楽しむ振舞というのは、ほどほどであって

つきてくせあり。これは立ち居のありさまの④めだたしく、をこがましきなり。

おほかた、かやうのことは、惰慢をもととして、Ⅱ心のすくなきより起れり。これによりて、つひに生涯を失ひ、後悔を深くす。かかれば、たとひ身をよしとあんじ、昔をいみじとしのび、ものをおもしろしと思ふとも、人目をはばかりて、よく習ひをつつしみて、心に心をまかすまじきなり。されば、ある経には、

心の師とはなるとも、Ⅲ心を師とせざれ

と書かれたるとかや。

（『十訓抄』）

問一　傍線部①「あるいは偏執のかたにてかたくななり」の現代語訳として最も適当なものを、次のなかから一つ選べ。解答番号は[26]。

1　もしくは、偏屈者の考え方を支持し、頑固になってしまう。
2　ある者は、一つの考え方を支持するのが間違いないと断定する。
3　もしくは、偏屈者の味方をして、その考えを強固に支持する。
4　ある人の意見については、それを取り入れるのを固辞するようになる。
5　ある者は、一つのことを偏屈までに思い込んで、凝り固まっている。

問二　空欄［ア］に入る語として最も適当なものを、次のなかから一つ選べ。解答番号は[27]。

1　偏執　　2　穏便　　3　数寄　　4　惰慢　　5　愛着

るとも考えられる。

5　人類にとって、人工的でない血縁・地縁集団は今もなお重要な存在であり、すべての人間は集団内部で行動様式を獲得していく。

〔三〕　次の文章を読み、あとの設問に答えよ。

ある人いはく、人、世にある、みな［　ア　］を先として、よく穏便なるはすくなし。

あるいは自由のかたにておだやかならず。これ、わが涯分をはからず、さしもなき身を高く思ひ上げて、主をも軽め、傍人をも下ぐるなり。①あるいは偏執のかたにてかたくななり。これは、わが思ひたることをいみじくして、人のいふことを用ひざるなり。

あるいは世にかはれる振舞あり。これは、昔のみいみじと思ひて、今の世にしたがはぬなり。あるいは折節にまた、をこあり。これは、「②内々よくなれにしかば」と思ひて、晴に出でて、人をならし、もしは、うちとけ遊ぶところにさし入りて、われはいまだ乱れぬままに、③ことうるはしく紐さしかためて、人をしらかし、その座の興をさますなり。

あるいは才能につきてそしりあり。これは、ものを知り、才のあつきによりて、万の人を侮るなり。あるいは愛着につきて愚かなり。これは、わが主よりほか、めでたき人なし、わが妻子ばかり、みめ、心たらひたるものはあらじと思ふなり。

あるいは数寄につきて笑はるることもあり。これは、昔の人はことに心もすきて、花月いたづらに過ごさざりけり。今は時代あらたまりて、Ⅰおもしろきこともさるほどにて、それにしみかへりてなど、心へやりて、人目に余るなり。あるいは振舞に

できたヒトの進化の過程を表現している。

2　この言葉は、集団という生活の根本的基盤を持ちながら、競争という過酷な環境で生き残った遺伝子を受け継いでいるという、ヒトの存在基盤の双方を表現している。

3　この言葉は、集団生活を送る意味では「味方」であり、しかし時に戦争などで「敵」同士となって傷つけあうという、人間が本来持っている性質を表現している。

4　この言葉は、お互いに欺くという特性を持ちながら、集団でなければ生き残れないという、ヒトが抱える本質的な矛盾を表現している。

5　この言葉は、集団生活という協力関係を維持しつつ、なおだましあうことで知性がさらに発達するという、人間の集団における適応の逆説的な意味を表現している。

問九　本文の内容と最も合致するものを、次のなかから一つ選べ。解答番号は25。

1　だましだまされる戦術的行動は、ヒトの倫理からは問題であるが、知性の発達を促した意味で必要悪であったというべきである。

2　大脳新皮質の容量増加に見られるように、生物種は生存のために、積極的・選択的にその性質を変容させてきたと考えられる。

3　脳という大きなエネルギーを消費する器官を肥大化させた生物は、いずれも生き残りのためにやむを得ない選択をしたと考えられる。

4　生物種の行動とその機能は、淘汰の結果といえるが、その淘汰は、生物にとって合理的な行動様式の遂行の結果であ

大脳新皮質の容量は種によってバラバラという関係です。

4 大脳新皮質の容量と、その種における群れのサイズとの間には、正の関係が見て取れます。群れサイズの大きい種ほど、大脳新皮質が大きいという関係です。

5 大脳新皮質の容量と、その種における群れのサイズとの間には、負の関係が見て取れます。群れサイズの大きい種ほど、大脳新皮質が小さいという関係です。

問七 傍線部Ⅲ「霊長類の知性の主な起源」の内容として最も適当なものを、次のなかから一つ選べ。解答番号は23。

1 集団での暮らしが霊長類の知性を発達させたが、個体同士の戦術的行動は新皮質増大で知性を退化させる効果を持つ。

2 霊長類の知性は、集団で暮らすことでも発達するが、さらに互いに欺いたり欺かれたりという行為が知性の発達に貢献する。

3 霊長類の知性は、集団で協力的に生活したり、同じ種が共同で他の群れに攻撃したりすることでより一層促進される。

4 霊長類の知性の発達は、その集団サイズにかかわらず、同じ集団内部でのだまし合いに参加するか否かに左右される。

5 霊長類の知性は、集団での生活そのものではなく、むしろ「戦術的だまし」を行う種であるか否かにより異なる。

問八 傍線部Ⅳ「「人間の最大の味方は人間であるが、最大の敵も人間である」という言葉は、ヒトの生存形式の本質を捉えた極めて納得のできる言葉なのです」の説明として最も適当なものを、次のなかから一つ選べ。解答番号は24。

1 この言葉は、同じ集団に所属する成員が協力しあって他の集団に敵対することで、より高い知性を獲得することが

3　文字盤の形という、いわば時計のデザイン性は、時計の本質的な特徴よりも理解に時間がかかるから。

4　文字盤の形に着目してしまうと、針やリュウズなど、時計の細部の特徴を見逃してしまうことになるから。

5　時計の形という、機能と無関係な特徴へのアプローチでは、時計が存在する必然性に迫ることができないから。

問五　傍線部Ⅱ「ヒトの遠い祖先は、進化的な意味で、群れることを「選んだ」ことになります」の説明として最も適当なものを、次のなかから一つ選べ。解答番号は21。

1　現在生きているヒトは、個体での生活を拒否し、群れでの生活を積極的に選択したヒトを祖先に持っている。

2　現在生きているヒトは、群れの内部、群れ同士の争いに勝ち、自然環境を開発したヒトを祖先に持っている。

3　現在存在しているヒトは、その祖先が群れで生活することで、結果的に淘汰を逃れて生き残ってきた種である。

4　ヒトは、群れでの生活環境に適応できない者が淘汰された歴史を持つため、個体では生活することができない。

5　世界には、群れで生きる生物と個体で生きる生物が存在するが、ヒトは群れで生きる特徴を持つ生物である。

問六　文中で図1の内容を説明した、【X】の部分に入るものとして最も適当なものを、次のなかから一つ選べ。解答番号は22。

1　大脳新皮質の容量と、その種における群れのサイズとの間には正の関係が見て取れます。群れサイズの大きい種ほど、大脳新皮質が小さいという関係です。

2　大脳新皮質の容量と、その種における群れのサイズとの間には、一部に偏った関係が見て取れます。群れのサイズに関係なく、大脳新皮質の割合は一定しているという関係です。

3　大脳新皮質の容量と、その種における群れのサイズとの間には、相関関係は見られません。群れサイズの大きさと、

問二　空欄［ア］・［イ］・［ウ］・［エ］に入る語の組合せとして最も適当なものを、次のなかから一つ選べ。解答番号は［18］。

1　ア　具体的　イ　中心的　ウ　根本的　エ　認知的
2　ア　具体的　イ　認知的　ウ　根本的　エ　中心的
3　ア　根本的　イ　認知的　ウ　具体的　エ　中心的
4　ア　根本的　イ　具体的　ウ　認知的　エ　中心的
5　ア　中心的　イ　根本的　ウ　認知的　エ　具体的

問三　波線部A「権謀術数」の意味として最も適当なものを、次のなかから一つ選べ。解答番号は［19］。

1　世間を統治する際の政治家の知識量
2　民衆の尊敬を得るための政治家の品格
3　政策を訴えるための高い説明力
4　権力闘争の相手を力ずくで従わせること
5　人を巧みに欺くための種々の計略

問四　傍線部Ⅰ「時計を理解するうえでは徒労に終わるであろう」の理由として最も適当なものを、次のなかから一つ選べ。解答番号は［20］。

1　腕時計のみへのアプローチでは、人間社会における時計一般の存在意義に迫ることができないから。
2　人間が実際に使っている場面に着目しなければ、腕にはめて使うという腕時計の本質が理解できないから。

景には、バンドのイメージが具体的にあったわけです。

　このように、人間生活のもっとも根本的な基盤が集団にあるとすると、ヒトもまた、集団の中でうまくやっていくための心理・行動メカニズムを進化的に獲得しており、そのようなメカニズムこそ、生物種としてのヒトが備えている行動レパートリーの中でも［　エ　］な位置を占めると考えることは、非常に妥当な推論のように思われます。小集団における適応という視点が、ヒトのさまざまな行動を考えていくうえで本質的だと考えられる理由もここにあります。

　以上の意味で、Ⅳ「人間の最大の味方は人間であるが、最大の敵も人間である」という言葉は、ヒトの生存形式の本質を捉えた極めて納得のできる言葉なのです。

（亀田達也『モラルの起源——実験社会科学からの問い』）

注　クラン——同じ祖先を持つ一族。母系の氏族。

問一　傍線部①・②・③で示すカタカナと同じ漢字を含むものを、次のなかからそれぞれ一つずつ選べ。解答番号は①は［15］、②［16］、③は［17］。

①　1　明ジ時代の文化　　2　入室ジの注意　　3　洋服の裏ジ
　　4　省庁の事務ジ官　　5　淡ジ島への旅行

②　1　船にホを張る　　2　テレビのホ証書　　3　ホ手のポジション
　　4　ホ乳類の一種　　5　商店街の空き店ポ

③　1　タイ陽系の惑星　　2　タイ西洋横断飛行　　3　タイ策を練る
　　4　世タイ主の氏名　　5　車を後タイさせる

らに拡張しました。

バーンらは、新皮質の大きさが、個体間で「戦術的なだまし」が見られる頻度とも直線的に関係することを示しました。つまり、平均的集団サイズが同じである場合でも、だましだまされる戦術的行動が個体同士でひんぱんに見られる種ほど大きな新皮質をもっているという知見です。たとえば、バーンは、チンパンジーの巧みな戦術家ぶりを生き生きと報告しています。

バーンはここから、自分と同じくらいの知性をもつ個体が身近に存在し、互いが協力したり競争したりするような社会的事態の複雑さこそが、Ⅲ霊長類の知性の主な起源であると主張します。そして、このような知性のあり方を、一六世紀フィレンツェの外交官で、政治におけるA権謀術数の重要性を訴えた『君主論』の著者マキャヴェリの名を取って、「マキャヴェリ的知性」と名づけています。

バーンの観察のポイントは、集団の中で暮らす生き方こそが、そこでの複雑さにどう適応するかという重大な問題を個体に絶えず突きつける点にあります。群れ生活に伴うまったく新たな適応問題に対処するために、サルや類人猿はマキャヴェリ的知性を含め、さまざまな心理的・行動的メカニズムを獲得している、というのがバーンの主張の骨子です。

日常的な経験に照らしてみても、ヒトの暮らしが同じように集団をベースにしていることは明らかです。地域共同体、会社、組織など、私たちの生活はさまざまな集団の中に密接に組み込まれています。会社、組織などの集団はいずれも近代の産物ですが、ヒトの生活がグループに組み込まれている［　ウ　］な事実は、③タイ古の昔から基本的に変わりがないようです。

人類学者のキャシュダンは、現生人類が地球上に生息してから九〇％以上の期間において狩猟採集民であったことを踏まえながら、今日の世界に存在するすべての狩猟採集民が、「バンド」と呼ばれる集団の中で生活していることを指摘しています。バンドとは、公的な経済・政治制度を通して人工的に組織された集団ではなく、一〇〇人前後のゆるやかな血縁関係・地縁関係にもとづく自然集団を言います。ダンバーが人間にとっての自然な社会集団の大きさをだいたい一五〇人前後と推定した背このことは何を意味するのでしょうか。

　ここで留意すべきは、脳という器官は非常に維持コストの高い器官だということです。脳の消費するエネルギーの量はほかの器官と比べてとても大きく、大きな脳をもつことには相当に大きなコストがかかります。ヒト(成人)では、脳が体全体に占める体積は二%程度ですが、消費するエネルギーは全体の二〇%にも上ります。そのような高いコストがかかるにもかかわらず、類人猿がとくに大きな脳を獲得・維持してきた理由は、コストに見合うだけの必要があったからだと考えざるを得ません。そしておそらくその必要とは、群れ(社会集団)の増大に伴う、情報処理量(認知、判断、言語、思考、計画など)の飛躍的な増大だったと考えられます。

　群れの中で生きることは、孤独に生きる場合に比べて、はるかに複雑な情報処理能力を生命体に要求します。群れ環境の中では、他者の動向に常に注意を払わねばなりませんし(他者を出し抜こうとしたり、出し抜かれないように見張ったり)、また、よそ者や②ホ食者に対しては、一致団結して対抗しなければなりません。

　ダンバーは、図1に見出された関係から、ヒトにとっての本来の社会集団(群れ)の大きさは、だいたい一五〇人くらいだろうとの推論を導いています。一五〇人という数字は、たとえば東京の人口(一三五〇万人)を考えると少なすぎる感じがしますが、伝統的な部族社会における氏族(クラン)(注)など、儀礼的な意味で重要な意味をもつ集団の大きさは一五〇人前後だと言われます。さらに、ダンバーは、現代社会においても、［イ］なまとまりをもつ集団、一人の行動が集団全体の遂行と直接的に関連する集団(お互いに認識できる範囲での、日常的な相互依存関係の成立している集団)の大きさは、やはり一五〇人前後であると主張します。

　一五〇人がヒトの本来の群れサイズかどうかはともかく、進化時間におけるヒトの心の適応には、このような集団での生活形式が重要であることは明らかだと思われます。霊長類学者のバーンらは、大脳新皮質の大きさに関するダンバーの知見をさ効であると考えられます。進化時間と歴史・文化時間における、ヒト(人)の多くの社会行動が、個体や血縁者の生き残りのための機能を果たしていると仮定し、そこから行動の［ア］な仕組み(行動の諸特徴)を考えていくわけです。(略)

では、適応システムとしてのヒトが適応すべき環境とはいったいどんなものなのでしょうか。

もちろん、自然環境への適応はヒトにとっても決定的に重要です。しかし、生物種としてのヒトにとっての最大の適応環境とは、おそらく群れ生活そのものにあると考えられます。自然環境に適応するための手段として群れを選んだ結果、今度は群れの中でどう生き残るかについての新たな適応問題が生じてきたわけです。生物学の教科書を見ればすぐに分かるように、群れを作り群れの中で生きるやり方は、生物にとってただ一つの生き方ではありません。つまり、Ⅱヒトの遠い祖先は、進化的な意味で、群れることを「選んだ」ことになります。

群れの生活環境にヒトが高度に適応してきたという主張には、一つの興味深い証拠があります。

霊長類学者のダンバーは、霊長類(サル・類人猿)の大脳新皮質の大きさを調べていたところ、次のような重大な事実を発見しました。大脳新皮質は、ヒトでは、認知、判断、言語、思考、計画など、いわゆる①高ジの精神活動が営まれている場所です。ダンバーは、ヒト以外の、サル・類人猿の大脳新皮質の容量と、それぞれの種の平均的な群れのサイズとを比べたところ、図1に示すような関係を見いだしました。

図は横軸に新皮質の容量(新皮質以外の容量に対する比)を取り、縦軸にその種で観察される平均的な群れのサイズ(個体数)を取ったものです(いずれも対数目盛)。図から分かるように、【X】。

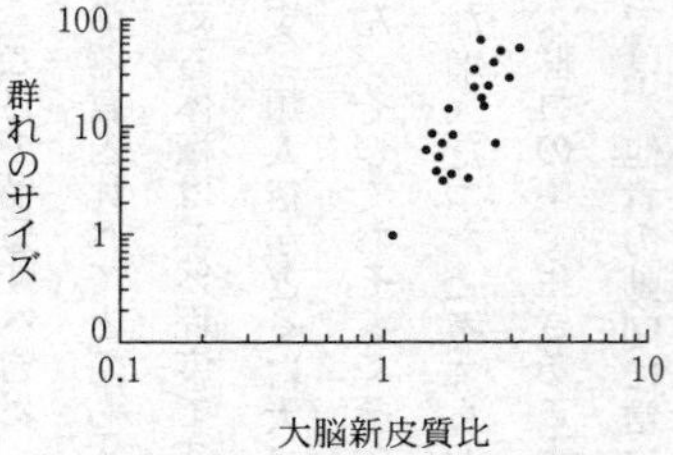

図1　霊長類のさまざまな種における大脳新皮質の容量と群れサイズの関係。横軸は新皮質比(新皮質容量/新皮質以外容量)を，縦軸はその種の平均的な群れサイズを示している(Dunbar, R. I. M., 1992より一部改変)

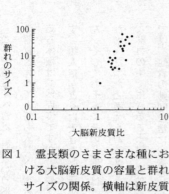

5　ラブレターを出した人が不安に陥るのは、呼びかけの対象である相手が眼の前にいないため、相手の存在が実感できないことに起因している。

〔二〕　次の文章を読んで、あとの設問に答えよ。ただし、本文の一部を省略してある。

ここまで、適応的な視点で生物や人間の行動を考えることの意味について考えてきましたが、そのような視点をとることにはどのような有効性があるのでしょうか。一般にあるシステムのさまざまな特性を研究するうえで、そのシステムが何の役に立っているのかを考えることは、科学的に有効な発見の道具として働きます。（略）

たとえば、時計が「時」を測るために設計された機械であることを知らない異星人が、「人々が腕にはめている不思議な物体」について研究するとしましょう。

仮にアナログの腕時計を考えるとすると、腕時計は、文字盤、針、リュウズなどのさまざまな特徴をもちます。もちろん、文字盤の形（丸か四角か）は時計にとって本質的な特徴ではありませんが、時計の機能（「時」を測る）を知らない異星人は、形の分類作業に本腰を入れるかもしれません。I これが時計を理解するうえでは徒労に終わるであろうことは、想像に難くありません。より賢い観察者ならば、むしろ、この物体が「どのような場合にどう使われるか」を調べるでしょう。人々はこの物体を就寝中は外すものの朝になると身につけ、駅に向かう途中や人と会う前によく見る、仕事で忙しそうにしている場合ほどよく見る……などのように、使われ方のパターンを組織的に観察することで、この物体の機能についてあたりをつけることができます。そのことが、細部の仕組みを理解するうえでブレークスルーをもたらすでしょう。

人間の社会行動を理解しようとするときにも、同様にその機能や目的を考えること、すなわち適応的視点で考えることが有

問八　傍線部Ⅲ「手紙という形式の持つコミュニケーションの基本的な問題」として**適当でないもの**を、次のなかから一つ選べ。解答番号は13。

1　手紙ほど、相手への呼びかけの、切実な直接性を意識するコミュニケーション手段は他にないという問題。

2　手紙ほど、自分と相手の関係性やその距離感に、配慮や計算を働かせる必要のあるコミュニケーションはないという問題。

3　手紙というものは、書く側も受け取る側も、相手の思いを探り合う不安が常に付きまとうコミュニケーションだという問題。

4　手紙というコミュニケーションでは、相手が自分の目の前に不在であるため、その意向を直に確かめようがないという問題。

5　手紙というコミュニケーションでは、時に代筆を頼むことがあり、自分の思いが相手に正確に伝わらない恐れがあるという問題。

問九　本文の内容と最も合致するものを、次のなかから一つ選べ。解答番号は14。

1　「銀河鉄道の夜」や「どんぐりと山猫」、「カイロ団長」、「ペンネンネンネンネン・ネネムの伝記」など、賢治の作品では訴訟問題がしばしば登場する。

2　山猫が一郎に出した〈をかしなはがき〉は、実は山猫ではなく馬車別当が代筆したもので、別当は自分の書いた文章に相当の自信を抱いている。

3　どんぐりたちは、偉いどんぐりとそうでないどんぐりという平凡な二項対立的争点で何日も争っており、山猫裁判長はこの民事裁判に手を焼いていた。

4　山猫が一郎に提案した葉書の文面は、友人的な気楽さを期待した一郎の思いに反するもので、この提案をした山猫に対して一郎は失望感を抱いた。

は、A[9]、B[10]。

A　1　念入りに調べて　2　苦しんでうめいて　3　理性を失い取り乱して
　　4　深くため息をついて　5　恐怖に震え上がって

B　1　虚勢を張って　2　職務によって　3　責任を感じて
　　4　プライドに基づいて　5　ステイタスを踏まえて

問六　傍線部Ⅰ「手紙文で始まる小説のなかでもっとも心惹かれる作品」として、筆者が宮沢賢治の「どんぐりと山猫」をあげたのはなぜか。その理由として最も適当なものを、次のなかから一つ選べ。解答番号は[11]。

1　「どんぐりと山猫」は、賢治の童話作品の中では例外的に、異世界との交信が詳細に描かれた作品だから。
2　「どんぐりと山猫」は、賢治の生前に刊行された唯一の童話集に収録された、賢治の代表的な作品だから。
3　「どんぐりと山猫」は、そのユーモラスな冒頭表現で、読者を作品世界に引き込む魅力を持つ作品だから。
4　「どんぐりと山猫」は、主人公の少年が「めんどなさいばん」で、驚くべき判決を下す痛快な作品だから。
5　「どんぐりと山猫」は、その手紙の文面を通じて、賢治の反権威的な批判精神が如実に表れた作品だから。

問七　傍線部Ⅱ「「でくのぼう」の存在の逆説的な偉さ」とはどういうことか。その説明として最も適当なものを、次のなかから一つ選べ。解答番号は[12]。

1　どんぐりなどはどれもこれも似たり寄ったりで、本当に優れた者など存在しないのだということ。
2　一見すると一番劣っていて役立たずに思われる者こそ、実は最も貴い場合があるのだということ。
3　些細なことで争う当事者同士よりも、それを客観的に眺める一郎自身の方が偉いのだということ。
4　どんぐりたちの争いを三日かけても結審できない山猫裁判長が、一番の「でくのぼう」だということ。
5　ひどい裁判に関わる山猫やどんぐりたちよりも、それと無関係な馬車別当の方が偉いのだということ。

③

4 入学ガン書　5 ガン利合計

1 国会のショウ集　2 自己ショウ介　3 ショウ念場

4 ショウ進料理　5 ショウ康状態

問二 空欄 ア には、手紙文で自分の名前の下に書いて相手に敬意をあらわす語が入る。最も適当なものを、次のなかから一つ選べ。解答番号は4。

1 拝　啓　2 草　々　3 敬　具　4 御　中　5 拝　6 殿

問三 空欄 イ ・ ウ ・ エ に入る語として最も適当なものを、次のなかからそれぞれ一つずつ選べ。解答番号は、イ5、ウ6、エ7。

イ 1 蜘蛛の糸　2 ごんぎつね　3 赤い鳥　4 春と修羅　5 注文の多い料理店

ウ 1 竹やぶ　2 草むら　3 鳥の巣　4 蜂の巣　5 蟻の巣

エ 1 公文書　2 私　信　3 判決文　4 文　語　5 口　語

問四 次の一文を挿入するのに最も適当と思われる箇所を、本文中の【1】～【5】のなかから一つ選べ。解答番号は8。

ここはとても可笑《おか》しいところですね。

問五 波線部A「呻吟して」、B「矜持から」の意味として最も適当なものを、次のなかからそれぞれ一つずつ選べ。解答番号

Tさん、私はここにⅢ手紙という形式の持つコミュニケーションの基本的な問題が隠されているように感じられます。どうやら山猫は、葉書の文面にさんざん悩んだらしく、代筆を別当に頼んだのですね。頼まれた別当も、文章の出来をとても気にしています。そして見事な判決に感心し、名誉判事として一郎を呼ぶときの文面も山猫はさんざん呻吟してしまいます。手紙ほど自分と相手の関係性、自己と他者との距離感に配慮や計算を働かせるものはありません。山猫が悩むのも当然なのです。考えたあげく、山猫は一郎の友人的な気楽さを期待する思いに反して、ある意味で公的な文面を提案します。この案文には山猫の裁判長としてのB矜持《きょうじ》から、ぎりぎりの判断があります。ところが、一郎はそこを読み切れなかったのでした。二度と山猫からの招きが来ない結果に直面する一郎の失望は、やむをえないものと言えます。

このように手紙というものは、書くほうも受け取るほうも、しばしば相手の思いを探り合う〈あてのなさ〉や〈不安〉の不可避なコミュニケーションなのです。相手は目の前にいないので、直に確かめようがありません。それなのに、呼びかけの切実な直接性をこれほど意識するメディアはないように思います。つまり、宛先となる人物は不在でありながら、むしろ不在であるが故に生々しく現存しています。ラブレターが典型的に示している事態ですが、送ったとたんに不安が生じて、まだ返事が来ないうちに次の手紙を送ったりするのも、こうした心の動きの現れです。

（中村邦生『書き出しは誘惑する―小説の楽しみ』）

問一　傍線部①・②・③と同じ漢字を含むものを、次のなかからそれぞれ一つずつ選べ。解答番号は①[1]、②[2]、③[3]。

①　1　タク配便　　2　潤タクな予算　　3　タク上日記
　　4　タク児所　　5　忖《そん》タクする

②　1　双ガン鏡　　2　ガン有率　　3　ガン健な体

山猫裁判長が三日かけても結審できない案件が一郎に委ねられます。どんぐりたちが、頭がとがっているのが偉いのか、丸いのが偉いのか、それとも図体の大きいのがいいのか、背の高いのがいいのか、［ウ］をついたような騒ぎで争っています。この民事裁判に一郎が申し渡した判決は、「このなかでいちばんばかで、めちゃくちゃで、まるでなつてゐないやうなのが、いちばんえらい」というものでした。当たり前のように前提となっている凡庸《ぼんよう》な二項対立的な争点を転覆《てんぷく》させる、驚くべき判決です。ここに宮沢賢治のこだわったⅡ「でくのぼう」の存在の逆説的な偉さを思い浮かべてもいいかもしれません。山猫は「これほどのひどい裁判を、まるで一分半でかたづけてくださいました」と感激し、これからは名誉判事になってほしいと頼みます。【1】その折には葉書を出すと言うのですが、この文面をめぐる遣り取りが実に興味深い。

「葉書にかねた一郎どのと書いて、こちらを裁判所としますが、ようございますか」と山猫が言います。【2】この「かねた一郎どの」の宛名表記は、冒頭の「かねた一郎さま」よりも、［エ］的なレベルが上がることになります。一郎は「えゝ、かまひません」と答えますが、山猫はその後で髭《ひげ》をひねったり目をぱちぱちさせたり、何か言いにくそうにしています。何やら文面にA呻吟《しんぎん》している様子です。【3】

山猫は意を決して提案します。「これからは、用事これありに付き、明日出頭すべしと書いてどうでせう」。一郎は笑って答えます。「さあ、なんだか変ですね。そいつだけはやめた方がいゝでせう」と。【4】山猫はいかにも残念だと下を向いていましたが、しぶしぶ今までどおりの文面にすることで了解します。いかにも司法命令風の③ショウカン状は、一郎には抵抗があったのでしょう。ここに賢治の反権威的な批判精神を見る人もいますけど、私は結びに記された一郎の決して小さくない未練が気になるのです。

その後どうなったか。「山猫［ア］」という葉書は二度と来ませんでした。「やつぱり、出頭すべしと書いてもいゝと言へばよかつたと、一郎はときどき思ふのです」。【5】

んなさい。とびどぐもたないでくなさい。

山ねこ　［ア］

こんなのです。字はまるでへたで、墨もがさがさして指につくくらゐでした。けれども一郎はうれしくてうれしくてたまりませんでした。はがきをそつと学校のかばんにしまつて、うちぢゆうとんだりはねたりしました。

（宮沢賢治「どんぐりと山猫」／『宮沢賢治全集8』所収、ちくま文庫）

Tさんもおっしゃるとおり、賢治の作品には、異世界との交信（「銀河鉄道の夜」）をはじめ、さまざまな〈通信〉に関係したモチーフを含む作品がたくさんあります。「どんぐりと山猫」は、賢治の生前に刊行された唯一の童話集『［イ］』に収録されていますが、その序文で「これらのわたくしのおはなしは、みんな林や野はらや鉄道線路やらで、虹や月あかりからもらつてきたのです」と書いていますけど、ここにも〈通信〉が②ガンイされているように思います。

冒頭のぎこちない、ユーモラスな文面を目にすれば、読者はだれも「めんどなさいばん」とはどのようなものか、一郎といっしょに出かけたくなるでしょう。この「裁判」や訴訟問題もまた、賢治の作品でしばしば登場します（「カイロ団長」、「ペンネンネンネンネン・ネネムの伝記」など）。

翌朝、一郎はきのこや栗鼠《りす》たちに山猫の足跡を訊ねながら、谷川に沿った道を進み、榧《かや》の木の森のほうへ向かう。すると、草地の真ん中で革鞭を持った「せいの低いをかしな形の男」がこちらを見ていることに気づきます。「山猫さまの馬車別当」、要するに山猫の馬車係だというこの奇態な男が、「あのぶんしやうは、ずゐぶん下手だべ」と男は悲しげに訊ねる。一郎は、「うまいやうでしたよ」と答えると男は喜んで、息をはあはあさせ、耳まで赤く染め、字もうまいかと重ねて聞く。五年生だってあれほどは書けないと返答する。男が落胆するのを見て、あわてて一郎は、「大学校の五年生ですよ」と言い添える。それで男は元気になり、「あのはがきはわしが書いたのだよ」と山猫の代筆をしたことが判ります。

国語

（八〇分）

（注）　問題三（古文）及び問題四（漢文）は、いずれか一方のみを選択して解答すること。

〔一〕　次の文章を読み、あとの設問に答えよ。

　Ⅰ手紙文で始まる小説のなかでもっとも心惹かれる作品、あるいはその書き出しを読んだとたん、たちまち先を読みたくなる作品はどれでしょうか？

　この私の問いに、Tさんは宮沢賢治の「どんぐりと山猫」とお答えになりました。実は私もまったく同じ意見なのです。この山猫の招待状から始まる文章は、物語への①タクバツな誘いの力を持っています。

　　をかしなはがきが、ある土曜日の夕がた、一郎のうちにきました。

　　かねた一郎さま　九月十九日

　　あなたは、ごきげんよろしいほで、けつこです。

　　あした、めんどなさいばんしますから、おいで

解答編

英語

I

解答　1―①　2―②　3―①　4―③

〔解説〕　1．Even は副詞なので誤り。後に he is ～ と文が続くので，接続詞 Though が正しい。

3．In spite of は前置詞句なので誤り。1同様，後ろに文が来るので接続詞の Though が正しい。

4．to that の用法は誤りで，to whom が正しい。

II

解答　5―④　6―②　7―③　8―①

〔解説〕　5．No matter how ～ は「どんなに～であっても」の譲歩の意で，however と同意。

8．the number of ～ は「～の数」の意で，「少ない」は small，「大きい」は large で表す。

III

解答　9―③　10―①　11―⑥　12―③　13―④　14―⑤　15―①　16―②

〔解説〕　9-10．(If) we spent less time using the smartphone, we could spend more time reading(.)　spend time *doing*「～するのに時間を使う」

11-12．I owe my life to the fact that (I took an earlier bus than usual.)　owe *A* to *B*「*A* は *B* のお陰だ」　the fact that ～「～という事実」

13-14．Cooperation can result in a much better outcome than competing (with each other.)　「協力が～の結果をもたらす」という意の

無生物主語構文で表す。

15-16. The man who (S) we thought was (V) innocent (C) turned out (to be a criminal.) 関係詞節内が第2文型で，we thought は挿入句。文全体の動詞が turned out。

Ⅳ 解答 17―③　18―①　19―⑥　20―④　21―②　22―④　23―②

解説 ≪ある日の授業≫

17. 前の Ron の発言で Will you tell us ～? とリクエストされているので，「喜んで」と応える。

18. 前の Mari の発言 I think food tastes ～. に対して同意を示している。

19. 前の Ron の発言で Didn't you ～? と尋ねられているので，I sure did. と応じる。

20. 空所前後の Snickerdoodles? と I haven't heard～. に着目。

21. ①，③は動詞なので誤り，④は「私のおごり」の意となるので，誤り。

22. What do you say? はここでは提案に対する反応を尋ねているので，④が同意表現となる。

23. Aria が2番目の発言の最後の文で I'd be happy to tell you the recipe after class. と述べており，その後 Ron の提案でその日の料理教室で実際に作ることになった。よって②が正しい。①は apples，③は Mari，④は Ron's がそれぞれ誤り。

Ⅴ 解答 24―①　25―②　26―②　27―③

解説 ≪求職Eメール≫

24. 直後に to があることから，attached となる。attach *A* to *B*「*A* を *B* に付け加える」の受身形が be attached to であり，本問は過去分詞の後置形容詞用法で，「このメールに添付された」の意。

25. 直前の2文の内容から，②「学生委員の経験」となる。

27. 返信メール第1段最後に，Please indicate … by clicking ～ とあるので，③となる。

Ⅵ　解答

28―③　29―④　30―②　31―①　32―③　33―②
34―④

解 説　≪プリンター設置の注意点≫

28〜31. いずれも，問題左側の「説明図」をよく見よう。

32. place *A* on *B* で「*B* の上に *A* を置く」の意。

33. 並べ替えた英文。Wait until the power lump stops flashing and stays green.

34.「プリンターの内部に置かれたシリアルナンバー」の意で，「〜された」と受身の意を表すので，過去分詞 located となる。

Ⅶ　解答

35―①　36―④　37―③　38―①　39―④　40―②
41―①　42―③　43―④　44―②　45―①　46―④
47―②

解 説　≪近年の熊の出没増加≫

35. 後に shopping center とあるので，(35-A）には entered，同様に，for 13 hours とあるので（35-B）には stayed が入る。

37.（37-A）の前後の the，in over a decade に着目すれば（37-A）には最上級の highest，「熊の目撃情報の増加」を伝える第3段第1文，及び（37-B）の後の number of bear sightings に着目すれば（37-B）には increased が入る。

38. 空所の後に，might have expanded their areas of activities after not seeing humans「人間がいなくなった後活動領域を広げたのかもしれない」とあるので「熊」が入る。

40. The transportation sector has also had と現在完了形となっているので，has had の目的語となる名詞形の encounters が正しい。

42.「熊が自分の領域を見分けられるように」と目的構文とも，あるいは「その結果，〜できるようになる」の結果構文ともとれるが，いずれにしろ so that が入る。

43. ④「熊の出没問題を述べ，その理由を考え，解決策を提案するため」が正しい。①は To entertain，②は attack bears，③は successful measures が，それぞれ誤り。

44. 第1段参照。②が正しい。①は Two が，③は第2段第1文に Four

days before the incident とあるので，④は第7段第2文に Many wild animals とあるので，それぞれ誤り。

45. 第4段に「熊の主食のドングリ不作」，第5段に「コロナ禍の『人々の stay home』」と記されているので，①が正しい。

46.「過去6年間，福井県で野生動物の関わりも含めて，列車遅延の平均件数はいくつか」 第7段最終文に「224 cases」と記されている。annual average「年平均」にすると，④の「約37件」となる。

47.「野生動物に関わるトラブルを避ける方策は何か」 最終段第1文に，Prof. Koike suggested a possible tactic. とあり，具体策が後文に記されている。その内容が②「人間居住域と野生動物のそれを明確に区別すること」である。

Ⅷ　解答

48―③　49―②　50―④　51―①　52―④　53―②
54―③　55―①　56―⑤　57―③　58―②　59―①

解 説　≪世界諸都市の住みやすさ比較≫

48. 下線部の直訳は「気候を暑くさせる交通機関の排出」なので，③が同意表現。

49. ～with Moscow, Paris and London (complete) the top five は，with＋名詞＋*doing* / *done* / 形容詞で「～した状態で」の意の付帯状況を表す構文であり，かつ Moscow, Paris and London が意味上の主語，the top five が意味上の目的語なので，completing が正しい語形となる。

50. air pollution「大気汚染」は好ましくないので（50-A）には lower が，children's playtime は好ましいので（50-B）には more が入る。

51.（51-A）の前の shift，（51-B）の前の driving に着目すれば，共通な適切語は away となる。shift *A* away from *B* (to *C*) は「*B* から（*C* へ）*A* を切り替える」，drive *A* away from *B* は「*B* から *A* を追い払う」の意。

52. 直後に far apart <u>that</u> ～と続くことから，「とても～なので…」の意となる so ～ that … の結果構文の so が入る。

53. equip *A* with *B*「*A* に *B* を備える」

54～57. それぞれ，香港，リマ，ボゴタなどの都市名に着目すれば，各都市群の特色であるAは第3段，Bは第4段，Cは第5段に，それぞれ記されている。

58. この読み物は「車からの自由度，教育と保健の便利さ，街区の大きさ，の３つの観点から世界の諸都市を評価した」ものなので，②が適切。

59. 第２段第２文（However, they said …）より①の「ほとんどの都市は歩行者よりも車を優先している」が正解。②は the United States が，③は Lima in Peru がそれぞれ誤り。④は本文に記載なし。冒頭文からは東京はトップ４には入っていないこと，第３～５段では３つの基準のうち１つしか満たしておらず，その１つも５番目であることがわかる。

日本史

Ⅰ　解答

問1．③　問2．③　問3．①　問4．②　問5．②
問6．④　問7．④　問8．③　問9．④　問10．①
問11．③　問12．③　問13．④　問14．①　問15．①　問16．②

解説　≪古代から近世の京都≫

問1．平安京は東を鴨川（賀茂川），南西を桂川が流れていた。

問4．平安京は朱雀大路の東側が左京，西側が右京のため，記述が逆の①・③は消去。平安京の右京は南方が桂川流域の湿地帯に該当したこともあり，早々に衰退したため，④は消去。

問6・問7．京都の警備は9世紀初頭に設置された令外官である検非違使が担当し，足利義満期に室町幕府の侍所がその権限を吸収した。

問10．1536年の事件は天文法華の乱と呼ばれ，延暦寺の僧兵が京都に攻め入り，対立する日蓮宗の寺院を焼き払った。正文。

②誤文。将軍を拘禁したわけではない。

③・④誤文。日蓮宗の信徒が攻め込んだわけではない。

問13．④が正解。①の安土城は京都にない。②の相国寺は足利義満の創建。③の桂離宮は皇族の八条宮智仁親王の創建。

問14．①が正解。②の方広寺は豊臣秀吉の創建。③の東照宮は日光を始め，各地に創建されているが，京都にある東照宮のうち，家康が創建したものはない。④の修学院離宮は後水尾上皇が創建した別邸である。

問16．①誤文。京都は海に面していない。

②正文。

③誤文。室町幕府の将軍はたびたび京都を離れている。

④誤文。天皇は基本的に京都を離れることはない。

Ⅱ　解答

問1．①　問2．③　問3．④　問4．②　問5．①
問6．④　問7．②　問8．④　問9．②　問10．②
問11．②　問12．③　問13．④　問14．③　問15．①　問16．②
問17．②

解説 ≪江戸の社会・文化≫

問1．史料文冒頭の「花のお江戸を立出るは」，史料文5行目の「高なはの町に来かゝり」と注5の「江戸と品川の間にある町」，下線部ⓒ前後の「品川へつく」，下線部ⓓ直前の「富士川のわたし場にいたりて」と下線部ⓓの2行下の「蒲原の宿にいたる」とあるので，江戸→品川→富士川の渡し場→蒲原と東海道を移動していることが読み取れる。これと選択肢を合わせて考えると，史料は十返舎一九の『東海道中膝栗毛』とわかる。

問3．戯作と呼ばれる江戸時代の小説は現在のレンタルブックのように貸本という形で流通した。

問7．史料文冒頭に「花のお江戸を立出るは」とあるので，東海道を江戸から出発していることがわかる。これを踏まえて選択肢を見ると，江戸を除いて東海道上にあるのは②の京都しかない。下線部ⓐが花の「都」であることも踏まえよう。

問8．④誤文。寺は町奉行ではなく，寺社奉行の管轄である。

問10．難。史料文冒頭に「神田の八丁堀辺に，独住の弥次郎兵へといふのふらくもの，食客の北八」とあるので，小説の主人公は江戸に住んでいることが読み取れる。よって，村に住んでいる①の本百姓，④の水呑百姓は該当しない。そのうえで，史料文8行目の「鼠の店賃いだすも費と」と史料文10行目の「大屋へ古借をすましたかわり」とあるので，土地・家を持たず，大家（大屋）に家を借りて住んでいた都市の下層民である②の店借とわかる。また，空欄イが手形とわかれば，手形を受けとれる条件が宗旨人別帳に登録されていることであるから，宗旨人別帳に登録されていない③の無宿者ではないと判断できる。

問11．難。②が正解。問11で問われているのは，JR山手線の高輪ゲートウェイ駅の開業に伴う2019年の再開発工事の際，発見された高輪築堤についてである。高輪築堤は当時の海岸線沿いの海上に作られたもので，海に作られた堤のうえに線路を建設し，鉄道を通したもので，世界的にも珍しい建造物であることから，築堤の一部が保存されることになった。

問12．下線部ⓓの詩が「五・七・五・七・七」であることから，③の狂歌が正解。①の俳句と②の川柳は「五・七・五」，④の長歌は五・七を3回以上繰り返したのち，七・七で終えるため，誤り。

問15．①誤文。本陣は参勤交代で往来する大名行列が宿場で宿泊する施設であり，道中奉行が管轄しているので，大名の所領ではない。

III **解答** 問1．② 問2．④ 問3．② 問4．① 問5．④
問6．② 問7．③ 問8．④ 問9．③ 問10．①
問11．④ 問12．② 問13．③ 問14．④ 問15．① 問16．②
問17．③

解説 ≪近世〜現代の沖縄≫

問1．①誤文。日清修好条規は不平等条約でなく，相互に開港し，領事裁判権を認めあう対等条約である。

②正文。

③誤文。日朝修好条規は東学党の乱ではなく，江華島事件がきっかけである。

④誤文。日朝修好条規で開港されたのは，釜山・元山・仁川である。大連・旅順などが中国の港であることがわかれば，誤りと判断できるだろう。

問3．①誤文。事実上琉球王国を支配したのは，肥前藩ではなく，薩摩藩。

②正文。

③誤文。琉球王国は薩摩藩の支配を受けており，周辺国から完全に独立した地位は保っていない。

④誤文。薩摩藩は1609年の琉球侵攻の後，琉球で検地を行っている。

問5．①誤文。日本領は樺太ではなく，千島全島である。

②難。誤文。小笠原諸島に出張所を置いたのは，外務省ではなく，内務省。

③誤文。済州島が日本領になったのは，韓国併合の後である。

④正文。

問7．③が正解。沖縄県民の所得は低く，ハワイ諸島やアメリカ，南米へ海外移住する者が少なくなかった。

問11．④誤文。日本は希望する交戦国のみに賠償をする規定となっており，米英などは賠償請求権を放棄したが，主に東南アジア諸国に対して，日本は賠償を行っている。

問13．①誤文。原子力発電所は高度経済成長期の経済発展を背景に，電力が不足する中で設立が進んでおり，廃炉は進められていない。

②誤文。国家総動員ではなく，所得倍増の誤り。

③正文。

④誤文。第 1 次石油危機が 1973 年のこととわかれば，1970 年の会議が中止となることはないとわかる。先進国首脳会議は第 1 次石油危機をきっかけに，西側陣営の経済的な連携を緊密にする目的で，1975 年に初めて開催された。

問 16. ②誤文。ニクソン大統領は 1973 年にパリ協定を締結し，北ベトナムと和平して，アメリカはベトナム戦争から撤退する。イランは関係ない。

問 17. やや難。現在，沖縄県には米軍基地の約 70 % が集中している。

世界史

I 解答

問1．① 問2．④ 問3．③ 問4．② 問5．③
問6．① 問7．③ 問8．④ 問9．① 問10．②
問11．④ 問12．① 問13．③ 問14．④ 問15．② 問16．③
問17．④ 問18．① 問19．② 問20．②

解説 ≪欧米・アジア・アフリカの近現代史≫

問5．③正文。①誤文。デカブリストの反乱は1825年に発生した，専制政治の打倒をもくろむロシア軍青年貴族将校による蜂起。
④誤文。1889年に結成された「統一と進歩団」は，立憲政治の復活を目指す青年トルコ人運動の中心的組織。
問6．①正文。②誤文。イギリスはドイツ軍のロンドン空襲に粘り強く耐え，首都を移転させることはなかった。
③誤文。カエサルのイングランド遠征は失敗に終わった。属州ブリタニアが成立するのは後1世紀。
④誤文。フランク王国のカール大帝が，アルクィンを招請した。
問7．③正文。①誤文。海底ケーブルは1866年に，大西洋間で敷設されると，その整備が進み，1902年には，太平洋間もつながった。この間，大小さまざまな国際紛争が勃発している。
②誤文。アメリカ合衆国のアポロ17号が1972年，月面着陸を果たしたのが，有人による最後の月面上陸である。
④誤文。レーダーは，第二次世界大戦中に実用化された。
問9．①正文。②誤文。1924年の移民法は，東欧・南欧からの移民を制限し，アジア系移民を全面禁止にした。
③誤文。ドイツが1922年，ラパロ条約でソ連を初めて承認した。
④誤文。アメリカ合衆国における白黒テレビの本放送は，1941年に始まった。
問11．④正文。①誤文。欧州中央銀行の本店はドイツのフランクフルトにある。
②誤文。日本銀行は1882年，大蔵卿・松方正義の下で設立された。

③誤文。多くの国々が世界恐慌の発生後，金本位制から離脱した。

問14. ④正文。①誤文。アメリカ合衆国での女性参政権は，第一次世界大戦後の1920年に認められた。

②誤文。フィリピンの女性大統領として，アキノ（任期1986～92年）とアロヨ（任期2001～10年）が知られる。

③誤文。国際赤十字は，クリミア戦争におけるナイティンゲールの活動に刺激を受けたデュナンによって，1864年に組織された。

問16. ③正文。①誤文。香港は中国の主権に属する特別行政区で，自由貿易港ではない。

②誤文。中国軍が香港防衛のため派遣されているが，香港を「軍事管制下に置いている」わけではない。

④誤文。中国政府は近年，香港での民主化運動を厳しく取り締まっている。香港が人権侵害された人たちの「避難の場所」として機能しているとは言いがたい。

問17. ④正文。①誤文。1996年の総統選挙の直前に，中国軍が台湾近海で，ミサイル演習を行った。

②誤文。北京条約で開港したのは天津。

③誤文。鄭成功はオランダ勢力を撃退した。

II 解答

問1．①　問2．③　問3．②　問4．②　問5．①
問6．③　問7．①　問8．③　問9．④　問10. ②
問11. ①　問12. ③　問13. ②　問14. ④　問15. ②

解 説　≪ビザンツ帝国史≫

問2．X．誤文。ディオクレティアヌス帝は帝国を四分し，二人ずつの正帝・副帝が統治を分担した。Y．正文。

問3．②誤文。コンスタンティノープルは，黒海と地中海を結ぶボスフォラス海峡に面した要衝に位置する。

問7．①誤文。サルデーニャ王国は1858年にプロンビエールの密約をフランスと結んでオーストリアに宣戦し，その後ロンバルディアを得た。

問12. X．誤文。聖像禁止令は843年に撤回された。Y．正文。

問15. ②正文。①誤文。スルタン制の廃止は1922年。トルコ共和国は翌23年に建国された。

③誤文。「ローザンヌ条約の締結」により，セーヴル条約が廃棄されたので，治外法権の撤廃，関税自主権の回復が実現した。
④誤文。ギリシア文字ではなく，ラテン文字が採用された。

Ⅲ 解答

問1．④　問2．③　問3．①　問4．②　問5．②
問6．④　問7．①　問8．②　問9．③　問10．④
問11．③　問12．③　問13．①　問14．③　問15．③

解説　≪高等教育機関の歴史≫

問2．③正答。なお，①サーンチーは，3つのストゥーパからなるインド中部の仏教遺跡。

問8．②正文。①誤文。親方と職人の身分は対等ではない。
③誤文。「生産物の価格を常に統制した」のは，各都市ではなく，各ギルドである。
④誤文。13 世紀以降，同職ギルドの親方が市政への参加を求めて，商人ギルドとしばしば対立した（ツンフト闘争）。
問11．③誤文。「神の恩寵」に基づく「魂の救い」を体系的に論じたのはアウグスティヌス。スコラ学はアリストテレス哲学をアウグスティヌス以来の神学に調和させているので，彼の思想がスコラ学の主流の考えというわけではない。

問12．③誤文。ヘルムホルツは，19 世紀に活躍したドイツの生理学者・物理学者。

問15．③誤り。ナショナリズムの形成において最も重要な価値を与えられたのが，国民（民族）という政治的単位である。国民（民族）の成り立ち，あり方に直接関係してくるのは，①言語，②文化，④歴史。客観性を重視する③科学は，国民（民族）という枠を超えた普遍性を備えているので，ナショナリズムの形成に直接関与するとは言い難い。

数学

1 解答

(1)アイ．14　ウエ．−2

(2)オカ．10　キク．−2　ケ．2　コ．5　サ．5

(3)シス．−7　セソ．20

(4)タ．3　チ．7　ツ．2　テ．4　ト．9

解説　≪小問4問≫

(1)　$y \geqq x^2-6x+2$ と $y \leqq -3x+12$ をみたす $(x,\ y)$ の点の領域は，右図の網かけ部分（境界含む）となる。

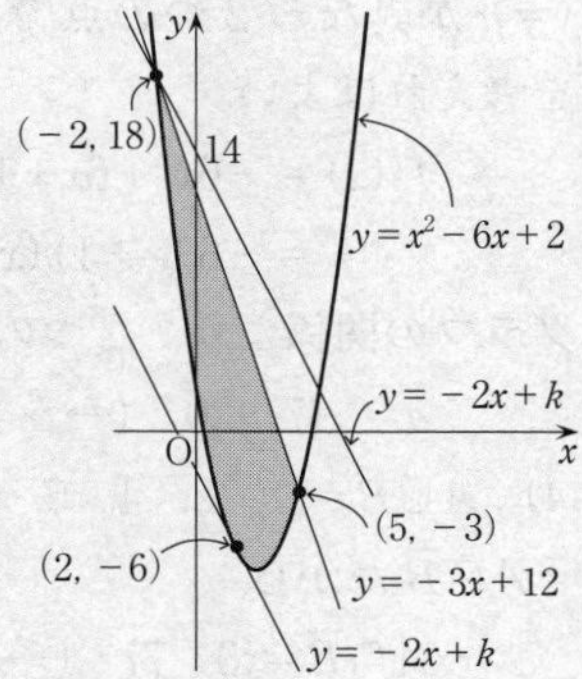

$y=x^2-6x+2$ と $y=-3x+12$ を連立して

$$x^2-6x+2=-3x+12$$

$$x^2-3x-10=0 \qquad (x+2)(x-5)=0$$

$$x=-2,\ 5$$

交点は，$(-2,\ 18)$ と $(5,\ -3)$ となる。

$2x+y=k$ とおき，直線 $y=-2x+k$　……①

を考える。

右図より，①が $(-2,\ 18)$ を通るとき，k が最大となり　　$k=14$

したがって，$x=-2$，$y=18$ のとき　　最大値 14　(→アイ)

さらに図から，①と放物線 $y=x^2-6x+2$ が接するとき，k が最小となる。

連立して

$$x^2-6x+2=-2x+k$$

$$x^2-4x+(2-k)=0$$

この方程式の判別式を D とおくと接するので

$$\frac{D}{4}=4-(2-k)=0 \qquad k=-2$$

このとき，x は $x^2-4x+4=0$ より　$(x-2)^2=0$　　$x=2$

接点は　　$(2,\ -6)$

したがって，$x=2$，$y=-6$ のとき　　最小値 −2　(→ウエ)

(2)　　$\vec{a}\cdot\vec{b}=1\times4+2\times3=10$　(→オカ)

$t\vec{a}+\vec{b}=(t+4,\ 2t+3)$

$|t\vec{a}+\vec{b}|^2=(t+4)^2+(2t+3)^2$

$=5t^2+20t+25$

$|t\vec{a}+\vec{b}|=3$ のとき　　$5t^2+20t+25=9$

$5t^2+20t+16=0$

$t=\dfrac{-10\pm2\sqrt{5}}{5}=-2\pm\dfrac{2\sqrt{5}}{5}$　(→キク，ケ，コ，サ)

(3)　　$-2x^3+3x^2+12x=a$

$f(x)=-2x^3+3x^2+12x$ とおき，$y=f(x)$ と $y=a$ が異なる2つの点で共有点をもつときを考えればよい。

x	$\cdots$	-1	$\cdots$	2	$\cdots$
$f'(x)$	$-$	0	$+$	0	$-$
$f(x)$	↘	-7	↗	20	↘

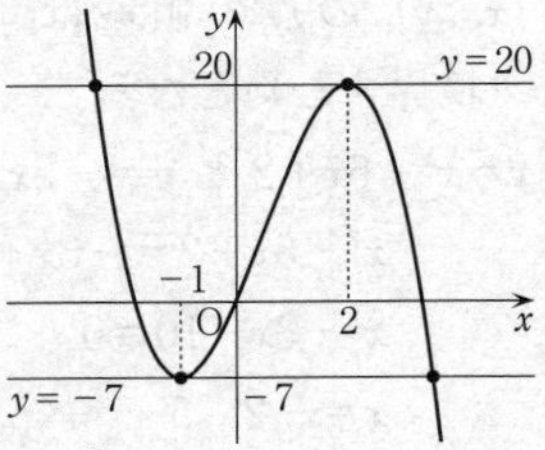

$f'(x)=-6x^2+6x+12$

$=-6(x+1)(x-2)$

グラフの関係より，2つの共有点をもつのは

$a=-7,\ 20$　(→シス，セソ)

(4)　$\overline{A}\cup B=\{1,\ 2,\ 4,\ 5,\ 6,\ 8,\ 9\}$ より $\overline{\overline{A}\cup B}=A\cap\overline{B}$ だから

$A\cap\overline{B}=\{3,\ 7\}$　(→タ，チ)

B は $\{1,\ 3,\ 5,\ 6,\ 7,\ 8\}$ の補集合より

$B=\{2,\ 4,\ 9\}$　(→ツ，テ，ト)

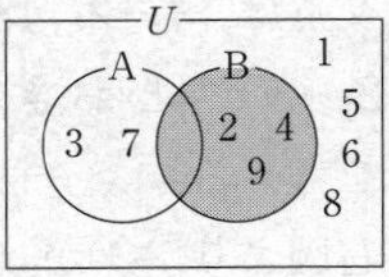

2　解答

ア．4　イ．2　ウエ．−2　オカ．−6
キ．0　ク．5　ケ．4　コ．4　サ．3
シスセ．−13　ソタ．−8　チ．1　ツ．2　テ．3　ト．3

解説　≪座標空間における正四面体の計量≫

$\mathrm{AB}=\sqrt{(1+3)^2+(-2-1)^2+(4+1)^2}=\sqrt{50}=5\sqrt{2}$

$\mathrm{C}(a,\ b,\ c)$ は，平面 $z=-1$ 上にあるので　　$c=-1$

$\mathrm{AC}=5\sqrt{2}$ より　　$\mathrm{AC}^2=50$

$(a-1)^2+(b+2)^2+(-1-4)^2=50$

$a^2+b^2-2a+4b=20$　……①

$\mathrm{BC}=5\sqrt{2}$ より　　$\mathrm{BC}^2=50$

$(a+3)^2+(b-1)^2+(-1+1)^2=50$　……②′

$$a^2+b^2+6a-2b=40 \quad \cdots\cdots②$$

②－① より

$$8a-6b=20$$

$$b=\frac{2}{3}(2a-5) \quad \cdots\cdots③$$

②′ に代入して

$$(a+3)^2+\left(\frac{4a-13}{3}\right)^2=50$$

$$9(a+3)^2+(4a-13)^2=450$$

$$25a^2-50a-200=0 \qquad a^2-2a-8=0$$

$$(a-4)(a+2)=0 \qquad a=4,\ -2$$

$a=4$ のとき③より　　$b=2$

$a=-2$ のとき③より　　$b=-6$

よって　　$(a,\ b,\ c)=(4,\ 2,\ -1),\ (-2,\ -6,\ -1)$

(→ア，イ，ウエ，オカ)

D$(l,\ m,\ n)$ とおく。DA＝DB＝DC＝$5\sqrt{2}$，C$(4,\ 2,\ -1)$ とする。

$DA^2=50$ より　　$(l-1)^2+(m+2)^2+(n-4)^2=50 \quad \cdots\cdots(*)$

$$l^2+m^2+n^2-2l+4m-8n=29 \quad \cdots\cdots④$$

$DB^2=50$ より　　$(l+3)^2+(m-1)^2+(n+1)^2=50$

$$l^2+m^2+n^2+6l-2m+2n=39 \quad \cdots\cdots⑤$$

$DC^2=50$ より　　$(l-4)^2+(m-2)^2+(n+1)^2=50$

$$l^2+m^2+n^2-8l-4m+2n=29 \quad \cdots\cdots⑥$$

⑤－⑥ より　　$14l+2m=10 \qquad 7l+m=5 \quad \cdots\cdots⑦$

④－⑥ より　　$6l+8m-10n=0 \qquad 3l+4m-5n=0 \quad \cdots\cdots⑧$

⑦×4－⑧ より　　$25l+5n=20 \qquad 5l+n=4 \quad \cdots\cdots⑨$

⑦より　　$m=5-7l \quad \cdots\cdots⑦'$

⑨より　　$n=4-5l \quad \cdots\cdots⑨'$

(＊)に代入して

$$(l-1)^2+(7-7l)^2+(-5l)^2=50 \qquad 50(l-1)^2+25l^2=50$$

$$2(l-1)^2+l^2=2$$

$$3l^2-4l=0 \qquad l(3l-4)=0$$

$$l=0,\ \frac{4}{3}$$

$l=0$ のとき⑦′・⑨′より　　$m=5,\ n=4$

$l=\frac{4}{3}$ のとき⑦′・⑨′より　　$m=-\frac{13}{3},\ n=-\frac{8}{3}$

Dの座標は

$$(0,\ 5,\ 4)\quad\text{または}\quad\left(\frac{4}{3},\ -\frac{13}{3},\ -\frac{8}{3}\right)$$

(→キ，ク，ケ，コ，サ，シスセ，ソタ)

点K，Nはそれぞれ線分AB，ADの中点より　　$DB /\!/ NK$

同様に点L，Mはそれぞれ線分CD，BCの中点より　　$DB /\!/ LM$

したがって　　$NK /\!/ LM$

である。同様にして　　$LN /\!/ MK$

四面体ABCDは正四面体より

$$NK=LM=NL=KM=\frac{5}{2}\sqrt{2}$$

四角形KMLNはひし形より，線分KLと線分MNは中点で交わる。

点Kは線分ABの中点より，その座標は

$$\frac{(1,\ -2,\ 4)+(-3,\ 1,\ -1)}{2}=\left(-1,\ -\frac{1}{2},\ \frac{3}{2}\right)$$

点Lは線分CDの中点より，その座標は

$$\frac{(4,\ 2,\ -1)+(0,\ 5,\ 4)}{2}=\left(2,\ \frac{7}{2},\ \frac{3}{2}\right)$$

点PはKLの中点より

$$\frac{1}{2}\left(-1,\ -\frac{1}{2},\ \frac{3}{2}\right)+\frac{1}{2}\left(2,\ \frac{7}{2},\ \frac{3}{2}\right)=\left(\frac{1}{2},\ \frac{3}{2},\ \frac{3}{2}\right)$$ (→チ，ツ，テ，ト)

3　解答

ア．3　イ．3　ウ．9　エ．2　オ．1　カ．3
キ．9　ク．3　ケコ．27　サ．2　シス．54
セ．3　ソ．1　タ．3　チ．2　ツ．1

解説　≪定積分で表された関数列，連立漸化式≫

$$f_{n+1}(x)=\int_x^{x+3}(a_nt+b_n)\,dt=\left[\frac{a_n}{2}t^2+b_nt\right]_x^{x+3}$$

$$=\frac{a_n}{2}\{(x+3)^2-x^2\}+b_n\{(x+3)-x\}$$

$$=\frac{a_n}{2}(6x+9)+3b_n=3a_nx+3b_n+\frac{9}{2}a_n$$　（→ア，イ，ウ，エ）

よって　$a_{n+1}=3a_n$　……①，$b_{n+1}=3b_n+\frac{9}{2}a_n$　……②

$f_1(x)=x+3$ より　$a_1=1$，$b_1=3$

①より　$a_2=3a_1=3$，$a_3=3a_2=9$

よって　$a_1=1$，$a_2=3$，$a_3=9$　（→オ，カ，キ）

②より　$b_2=3b_1+\frac{9}{2}a_1=9+\frac{9}{2}=\frac{27}{2}$，$b_3=3b_2+\frac{9}{2}a_2=\frac{81}{2}+\frac{27}{2}=54$

よって　$b_1=3$，$b_2=\frac{27}{2}$，$b_3=54$　（→ク，ケコ，サ，シス）

$\{a_n\}$ は初項1，公比3の等比数列より

$$a_n=3^{n-1}$$　（→セ，ソ）

②より

$$b_{n+1}=3b_n+\frac{9}{2}\cdot3^{n-1}$$

両辺 3^{n+1} で割ると

$$\frac{b_{n+1}}{3^{n+1}}=\frac{b_n}{3^n}+\frac{1}{2}$$

$\frac{b_n}{3^n}=c_n$ とおくと　$c_{n+1}=c_n+\frac{1}{2}$

$\{c_n\}$ は初項 $c_1=\frac{b_1}{3}=1$，公差 $\frac{1}{2}$ の等差数列より

$$c_n=1+(n-1)\times\frac{1}{2}=\frac{1}{2}(n+1)$$

$\frac{b_n}{3^n}=\frac{1}{2}(n+1)$ より　$b_n=\frac{3^n}{2}(n+1)$　（→タ，チ，ツ）

之皮所…（＝女は馬のはがされた皮の所に行き、皮を足で蹴り飛ばして）」とあるため、女は馬に好意は抱いておらず、冗談で嫁になると言ったまでに過ぎない。2、本文第一・二段落の内容と合致しない（問一の〔解説〕参照）。3、「父に対して復讐」は本文にないので読み取れない。5、「娘の望み」が誤り（選択肢1の〔解説〕参照）。

問三　「将」は再読文字で、「嫁」から「将」に返るとき、一字返るときにはレ点を使用しなければならないため、4と5は誤り。一・二点は二字以上返るときに使用する。「迎-得」でひとまとまりの二字だと考え、レ点は使用されないため、3は誤り。馬に向かって述べているので、1、「お前（馬）が私と為《な》りて…」より2、「お前（馬）が私の為《ため》に…」の方が文脈に合う。

問四　「家」から「馬」が父のところにやってきた場面である。漢文の構造から（問八の〔解説〕参照）「望」が述語なので、まず1と3を除く。傍線部②を含む文の馬の様子を見て、父が「我家得無有故乎」と「家」を心配していることから、馬が「我家」を「望」んで「悲鳴」しているととらえる。馬にとって「我家」は「来」という動作の起点なので、「自りて来る所」。

問五　女の父親は、馬が家の方を見て「悲鳴」する（問四の〔解説〕参照）のをみて、その後速やかに自宅に戻っているため、2が正解である。

問六　女の発言を聞いて馬は行動を起こした（問一の〔解説〕参照）ため、〈馬の目的は女を妻にすること〉である。飼料で満足などせず、ほかにほしいものがあったと推察できる。

問七　「且」は、①再読文字「且《まさ》に～んとす」（今にも～しようとする）、②抑揚形「Aすら且《か》つB。況《いは》んやCを乎《や》」（Aでさえ Bだ。ましてCはなおさらだ）、③接続詞「且《か》つ」（そのうえ・また）、④副詞「且《しばら》く」（ひとまず）の用法があり、ここでは④。直前の〈何も言うな。家の名に傷をつけさせるのを恐れるならば…〉に続くように娘に「…莫かれ（＝出入りするな）」と命令していると考える。

問八　漢文の基本原則は述語（多くは用言）が上にきて、その後に目的語か補語が続く構造になっている。今回の述語は「欲」であるから、欲している内容をその下にもってくる。「人を取る」も「取る」は動詞で「人」が目的にあたるので、語順は「取人」となる。

問九　4は第三段落の内容（問六の〔解説〕参照）と合致する。1、「馬に好意を抱いている」が誤り。最終段落に「女問八　3は傍線部I前後の内容と合致する（問五の〔解説〕参照）。1は、この内容と反するし、そもそも本文にない。2は「なれなれしく振舞うのがよい」が誤り。第三段落「これは…晴に出でて、人をならし…その座の興をさますなり」と不一致。4は第三段落「あるいは…昔のみいみじと思ひて、今の世にしたがはぬなり」を批判していることと不一致。5は本文にない（問二の〔解説〕参照）。

四

出典　干寶『捜神記』〈蠶馬〉

解答

問一　a―4　b―1
問二　5
問三　2
問四　4
問五　2
問六　5
問七　1
問八　3
問九　4

解説

問一　a、知識では難しいので、文脈から判断するとよい。直前にある女の発言、〝お前（馬）が私のために父を迎えに行くことができたら、私はお前（馬）の妻になろう〟を聞いて、馬がすぐに行動を起こした、という流れなので、4、「ただちに」が正解。5、「にはかに」では〝突然、急に〟の意味になるので、4の方が適している。5は「径」の読みとして不適。

問二「［ア］を先として、よく穏便なるはすくなし」は、〈［ア］は人が穏便でないことの原因〉だと解釈する。第二～五段落まで〈至らない、未熟な人間像＝穏便でない人間像〉を具体的にあげており、これらの原因は第六段落で「憍慢（＝おごり高ぶって人を見下し勝手なことをする様）をもととして、心のすくなきより起れり」としているので、4、憍慢が正解。

問三「なれ（ラ行下二段活用「慣（な）る」連用形）／に（完了の助動詞「ぬ」連用形）／しか（過去の助動詞「き」の已然形）／ば（接続助詞）」である。「しか」を見たときに過去の助動詞「き」（せ／○／き／し／しか／○）の已然形を思いだしてほしい。「き」は連用形に接続するので、「に」が助詞であることはありえない。

問四　④「めだたし」は見慣れない単語だと思うが「目立たし」と漢字を連想してほしい。3、「人目をひく感じで」と5、「人目にさわって」ならば〝見ていて不愉快になる〟の意味になるのでこの二つに絞れるが、直後の「をこがましきなり（＝みっともないのである）」につながるのは5だと判断できる。

問五　傍線部前には〈数寄（＝風流を好む）で笑われることもある。これは、昔の人はとりわけ風流を好み、月や花を無駄に見過ごすことはなかった、今は時代が変わって…〉という内容があるので、傍線部は〈あまり風流に没頭するのはよくない〉といった内容がくるはずである。傍線部の「さる（然《さ》る）ほど」はここでは〝その程度〟の意で、2の「ほどほど」という訳が適切。

問六「心」にはいろいろな意味があるが、第二～五段落に述べられているような至らない人間はなにが原因なのかを考えればよい（問二の〈解説〉参照）。人としての立ち振る舞いに関して述べているので、5、「思慮（＝注意深く考えること）が足りない」が正解。道理や問題解決能力には触れていないので、2の「知恵」ではない。

問七　傍線部の直訳は「せ（サ変「す」未然形）／ざれ（打消「ず」命令形）」なので〝心を師とするな〟である。これと同様の内容は前文にも「心に心をまかすまじきなり（＝心に心をゆだねてはいけない）」とあり、これが筆者の主張したいことである。5以外の選択肢は傍線部の訳出に合致するものがない。

説〉参照）をおさえる。１、「競争」に当てはまるものがないため誤り。２の「競争という…受け継いでいる」と３の内容は本文にない。４、本文には欺き合う特性を持つことが前提のようには書かれていない。５の方が適切である。

問九　４は本文と合致する（問五の〈解説〉参照）。１、「ヒトの倫理からは問題…必要悪」が本文にない。２、「積極的…変容させてきた」が誤り。【X】の二段落後にあるように「必要があったから」である。３、「やむを得ない」とまでは書かれていない。５は本文にない。

三

出典　『十訓抄』〈第二　憍慢を離るべき事〉

解答

問一　5　問二　4

問三　5

問四　③―2　④―5

問五　2

問六　5

問七　5

問八　3

解説　問一　「あるいは」は〝①ある者は、②一方では、③もしくは〟、「偏執」は〝①かたよった考えにとらわれること、②不愉快に思うこと〟、形容動詞「かたくななり」は〝①頑固だ、②無教養だ、③粗野だ〟で、ここではいずれも①の意味である。１、「偏屈者の考え方を支持し」、２、「断定する」、３、「味方をして」、４、「それを取り入れるのを固辞するようになる」がそれぞれ当てはまらない。

問六　4
問七　2
問八　5
問九　4

解説

問二　イ、直後の「お互いに認識できる範囲」から「認知的」を選ぶ。ウ、同じ段落の「ヒトの暮らしが同じように集団をベースにしている」から「根本的」を選ぶ。

問四　傍線部は、「これ（＝時計の形の分類作業）が時計を理解するうえでは徒労（＝無駄な苦労）」だと言っている。前文の「文字盤の形…本質的な特徴ではありません」、二文後の「使われ方のパターン…できます」から、〈時計の形は時計の本質的な機能に関係ないため、時計を理解することに繋がらない〉と考えられる。

問五　傍線部の「進化」とは〝長い年月をかけて生物が環境に適合すること〟であり、これは選択肢3「淘汰（＝環境に適応した生物が子孫を残し、他は滅びる現象）」ともいえる。5には〈人の祖先が環境に適合するため群れを選んだ〉という意味が含まれていないので、傍線部の説明としては不十分。1・2は「選択（2は「開発」）したヒトを祖先に持っている」が誤り。「ヒト」は祖先ではない。4、「個体では生活することができない」が誤り。

問六　図からは、大脳新皮質の容量が多くなるにつれて（横軸で右にいくほど）、群れのサイズが大きくなる（縦軸で上にいく）正の相関が読み取れる。

問七　傍線部を含む一文から「霊長類の知性の主な起源」として、〈自分と同じくらいの知性を持つ個体との協力（集団生活）と競争（個体間でのだまし合い）をして関わる複雑さ〉があることをおさえておく。この内容と合致するのは2。1は「退化させる」が誤り。3は「戦術的なだまし」が含まれていないため誤り。4と5は合致しているところがない。

問八　本文の主張〈人の知性は、集団生活における「協力」とその中での「競争」によって発達してきた〉（問七の〈解文直前「この山猫の…物語への卓抜な誘いの力を持っています」が根拠となる。

問七　傍線部Ⅱ「でくのぼう（木偶《でく》の坊）」とは〝役に立たない人・気の利かない人〟で、「逆説的」とは〝真理に背いているように見えながら、実際には真理をついているさま〟なので、傍線部は〈役に立たない存在が、間違っているように見えるが実は偉い〉と解釈できる。

問八　5は〈代筆を頼むことで、相手に正確に伝わらない恐れがある〉と読み取れるが、本文では〈山猫は、葉書の文面に悩んだため代筆を頼んだ〉のであって代筆による不都合は加味されていない。2は最後から二つ目の段落の内容と合致、1と3と4は最終段落の内容と合致している。

問九　3は傍線部Ⅱの段落「山猫裁判長が…」の内容と合致する。「凡庸な…驚くべき判決です」から、一郎が判決を出すまで二項対立的争点で争っていたことがわかる。1、「銀河鉄道の夜」が誤り。2、「相当の自信」が誤り。4、「この提案をした山猫に対して」が誤り。「二度と山猫からの招きが来ない結果に直面する一郎の失望」とある。5、ラブレターを出した人が不安に思うのは、相手の存在が実感できないためではなく、「不在でありながら…生々しく現存」するためである。

二

出典　亀田達也『モラルの起源――実験社会科学からの問い』（岩波新書）

解答

問一　①―4　②―3　③―1

問二　2

問三　5

問四　5

問五　3

一

出典　中村邦生『書き出しは誘惑する――小説の楽しみ』（岩波ジュニア新書）

解答

問一　①―3　②―2　③―1
問二　5
問三　イ―5　ウ―4　エ―1
問四　3
問五　A―2　B―4
問六　3
問七　2
問八　5
問九　3

解説　問四　挿入文から、筆者が可笑しいと思っている「ここ」の内容を考える。【1】の直後「文面をめぐる遣り取りが実に興味深い」をふまえる。また後ろから二段落目を読むと〈手紙の差出人である山猫が文面を悩んだ背景が掘り下げてある〉ことがわかる。ここにつながるように考えると、筆者が可笑しいと思う点は〈山猫が文面に呻吟している様子〉だと考えられる。

問六　傍線部Ⅰの直後「あるいは…たちまち先を読みたくなる作品はどれでしょうか?」と、「どんぐりと山猫」の引用

■一般選抜前期・数学重視型・共通テストプラス方式：2月6日実施分（数学・国語は2月7日実施分）

問題編

▶試験科目・配点

区分	学部	教科	科目	配点
前期	全学部	外国語	コミュニケーション英語Ⅰ・Ⅱ・Ⅲ，英語表現Ⅰ・Ⅱ（リスニングを除く）	150点
		地歴・数学	日本史B，世界史B，「数学Ⅰ・Ⅱ・A・B*」から1科目選択	100点
		国語**	国語総合，現代文B，古典B	100点
数学重視型	法・経済・経営・文（心理）・地域政策（地域政策〈食農環境〉）	外国語	コミュニケーション英語Ⅰ・Ⅱ・Ⅲ，英語表現Ⅰ・Ⅱ（リスニングを除く）	100点
		数学	数学Ⅰ・Ⅱ・A・B*	200点
		国語**	国語総合，現代文B，古典B	100点
共通テストプラス	法・経済・経営・現代中国・文・地域政策	外国語・数学・国語**	「コミュニケーション英語Ⅰ・Ⅱ・Ⅲ，英語表現Ⅰ・Ⅱ（リスニングを除く）」，「数学Ⅰ・Ⅱ・A・B*」，「国語総合，現代文B，古典B」から1科目選択	100点
	国際コミュニケーション	外国語	コミュニケーション英語Ⅰ・Ⅱ・Ⅲ，英語表現Ⅰ・Ⅱ（リスニングを除く）	200点

▶備　考

＊　「数学B」は「数列，ベクトル」から出題。

＊＊古文・漢文はいずれか一方を試験当日に選択。

- 共通テストプラス方式は，上表の独自試験（前期入試と共通問題）に加えて，各学部の指定する共通テスト2教科2科目（独自試験で選択した教科を除く）を選択。
- 数学・国語は2月7日実施分を掲載。

英語

(80分)

〔**I**〕 次の英文を読み，設問1～24に答えよ。解答はマークシート解答用紙にマークせよ。

It wasn't so long ago that trail running was considered to be something only nature lovers did in their spare time. I mean, who in their right mind would want to run up a mountain?

In the past decade or so, the number of trail runners in Japan has increased greatly. With more and more people taking to the streets(1) in their spare time, interest in trail running has also picked up, especially during the hot summer months when temperatures frequently(2) top 30 degrees centigrade and running on pavement can be punishing. It wasn't so long ago that the sight of a trail runner in the mountains would prompt surprised, if not confused, (stare)(3) from other hikers on the path. These days, however, coming across(4) a trail runner on a mountain path near major cities has become so commonplace that no one even notices.

And historically speaking, exploring mountains isn't in and of itself a (5)foreign concept to Japan. About 70 percent of Japan is mountainous and thousands of trails can be found crossing elevated areas nationwide. Since ancient times, these trails were used as a means of travel between locations (6)(　　　) roads or cars existed. Mountains were also a place where people believed the gods lived, and many of the trails (construct)(7) to assist travelers in their ascent of the peak where invariably there was a shrine dedicated to the gods. Many of these shrines still exist to this day.

Running through the mountains as a recreational sport was introduced to

Japan almost 30 years ago, and was a very low-key, grass-roots movement. Trail running was introduced in outdoor sports and running magazines and gradually started to be picked up by national media organizations.

One of the oldest domestic trail races in the country is the Japan Mountain Endurance Race. The 71.5-kilometer race through the Okutama mountain range in Tokyo Prefecture has a collective elevation gain that (8) exceeds 4,500 meters. Participants are required to reach the finish line within the 24-hour time limit and, as the race starts at 1 p.m., that includes a long and challenging night section.

At first, mountain endurance running was considered to be something of an extreme sport. As interest in trail running grew, however, shorter races have become more prevalent. Today, hundreds of trail races of varying distances are held across the country. The number is increasing (9) (　　　) the year, especially in rural prefectures.

Two trends have emerged in recent years. In terms of racing, there has been a marked increased interest in longer distances, particularly in races that are longer than 100 kilometers where stamina, strategy, experience, and (10) persistence are needed to reach the finish line. Others, however, are tending to avoid races altogether, running for leisure on their days off and (11) (participate) in related activities such as hiking and climbing at their own pace.

As interest in trail running grows in Japan, a number of issues have emerged, including trail usage and environmental concerns, especially during races, some of which have more than 2,000 individuals running across the trails on the same day. Some argue that the races cause (12) permanent damage to the trails themselves, while others point to damage to vegetation outside of marked trails, as participants in races don't always (13) stick to the paths. Concerns have also been raised about the impact on wildlife, arguing that (14) (騒音に敏感な鳥は自分たちの巣を捨てるかもしれない) if races are held during nesting season. Hikers have also expressed a dislike for their running cousins, with some organizations taking active steps to ban runners (　　)(15) certain trails. To tackle(16) these issues, the Japan Trail Runners Association was established in 2016 to represent trail runners nationwide and provide a united platform (　　)(17) such issues could be discussed and addressed. However, for all the problems (associate)(18) with trail running, there are plenty more reasons why it(19) shouldn't be ridiculed as a "crazy sport for crazy people."

1. 下線部(1) "taking to the streets" の意味に最も近いものは次のどれか。解答番号は[1]。

① going out onto the streets　② window-shopping
③ chatting on the streets　④ cycling on the streets

2. 下線部(2) "frequently" の意味に最も近いものは次のどれか。解答番号は[2]。

① seldom　② quickly　③ properly　④ often

3. 下線部(3) "stare" の正しい形は次のどれか。解答番号は[3]。

① stared　② stares　③ was stared　④ had stared

4. 下線部(4) "coming across" の意味に最も近いものは次のどれか。解答番号は[4]。

① avoiding　② looking for
③ meeting　④ getting along with

5. 下線部(5) "foreign" の意味に最も近いものは次のどれか。解答番号は[5]。

① strange　② fundamental　③ abstract　④ different

6. 下線部(6)の空所に入る適切な語は次のどれか。解答番号は[6]。

① before　② once　③ because　④ if

7. 下線部(7) "construct" の正しい形は次のどれか。解答番号は[7]。

出典追記：The Japan Times, June 22, 2019

① construct　　② constructed

③ were constructing　　④ were constructed

8. 下線部(8)の "that" と同じ用法の that を含む文は次のどれか。解答番号は[8]。

① It is the book that I considered the most interesting.

② Every member of the team still remembers that moment vividly.

③ The problem is that no one knows how to operate the system.

④ Where is the package that arrived this morning?

9. 下線部(9)の空所に入る適切な語は次のどれか。解答番号は[9]。

① on　② by　③ from　④ for

10. 下線部(10) "persistence" の意味に最も近いものは次のどれか。解答番号は[10]。

① expertise　② tactics　③ technique　④ endurance

11. 下線部(11) "participate" の正しい形は次のどれか。解答番号は[11]。

① participate　　② will participate

③ to participate　　④ participating

12. 下線部(12) "permanent" の意味に最も近いものは次のどれか。解答番号は[12]。

① slight　② lasting　③ widespread　④ physical

13. 下線部(13) "stick to" の意味に最も近いものは次のどれか。解答番号は[13]。

① stay on　② trace　③ get off　④ leave

14. 下線部(14)が「騒音に敏感な鳥は自分たちの巣を捨てるかもしれない」の意味になるように次の語(句)を並べ替えたとき，適切なものは次のどれか。解答番号は[14]。

(their nests / birds / noise / might abandon / that are sensitive to)

① noise that are sensitive to birds might abandon their nests

② birds might abandon their nests that are sensitive to noise

③ noise might abandon birds that are sensitive to their nests

④ birds that are sensitive to noise might abandon their nests

15. 下線部(15)の空所に入る適切な語は次のどれか。解答番号は[15]。

① from　　② to　　③ for　　④ by

16. 下線部(16) “tackle” の意味に最も近いものは次のどれか。解答番号は[16]。

① start with　　② carry out　　③ deal with　　④ bring out

17. 下線部(17)の空所に入る適切な語は次のどれか。解答番号は[17]。

① when　　② which　　③ what　　④ where

18. 下線部(18) “associate” の正しい形は次のどれか。解答番号は[18]。

① associate　　② associated

③ associating　　④ were associated

19. 下線部(19) “it” が指すものは次のどれか。解答番号は[19]。

① trail running

② a united platform

③ the Japan Trail Runners Association

④ hiking

▶ 20～24. 本文の内容について，次の設問に答えよ。解答番号は[20]～[24]。

20. What is the main idea of this article?

① Trail running is something that only nature lovers do in their spare time.

② Trail running has become popular as a recreational and competitive sport in Japan.

③ Trail running is popular except during the summer months when temperatures become very hot.

④ Trail running races are often longer than 100 kilometers.

21. How has running changed over the last 10 years or so?

① Running on trails has become more popular than running on streets.

② The busiest time to run on trails has become the hot summer months.

③ Many people no longer notice when someone runs on a trail near a city.

④ Other hikers have often become surprised when they see someone running on a trail.

22. Which sentence is true about trail running as a sport?

① Trail running started as a non-competitive sport more than two decades ago.

② Trail running was shown in national media followed by running magazines.

③ Trail running is often thought of as an extreme sport, so races have become shorter.

④ There are hundreds of trail races in Japan with the races in urban areas increasing greatly.

23. What is something special about the Japan Mountain Endurance Race?

① It is the oldest trail race in the world and is 71.5 kilometers long.

② Runners have to run up a mountain that is 4,500 meters high.

③ Runners must continue running for 24 hours.

④ Runners run during the night and must finish before 1 p.m.

24. What are the two trends in trail running that have recently occurred?

① Runners either want longer distances or to see how fast they can hike or climb.

② Runners are either trying new strategies for stamina or they are avoiding races.

③ Runners want either longer races where strategy is required or they just want to run for fun.

④ Runners prefer races over 100 kilometers and running races on their days off.

〔**Ⅱ**〕 次の英文を読み，設問 25～40，イ～ヘに答えよ。なお，25～40 はマークシート解答用紙にマークし，イ～ヘは英語解答用紙Ｂに記入せよ。

Although he had rarely touched a paintbrush before, Matthew Chessco found himself reaching toward the canvas to pursue his dreams after quitting a job in mechanical engineering after only four days.

Reinventing himself through months of (試行錯誤)(25), he might have taken the conventional route and tried to work with a gallery to sell his paintings. But when it came time for Mr. Chessco to start exhibiting, he logged onto TikTok.

There, his neon-colored portraits of icons(26) like Bob Ross, George Washington and Megan Thee Stallion have acquired more than two million fans — a crowd several times larger than the followings of renowned(27) artists like Jeff Koons and Kehinde Wiley on Instagram. Mr. Chessco's audience clicked in appreciation(28) of his Warhol-inspired aesthetic and how often he arranged the creation of his works to music as (　　　)(29) as Vivaldi's "The Four Seasons" and the rapper 6ix9ine's "Gooba."

Move over, Instagram. TikTok is inviting viewers in large numbers. Most galleries have shown little interest in finding their next big star there, and critics(30) have avoided its excess of amateurish neon-pop paintings that are more like (31)street art. But (32)platform creators like Mr. Chessco are building their businesses big time, courting viewers as street artists once did on Instagram, nearly a decade ago.

"A video of my paintings spread quickly about a year ago; suddenly, I had more than 350,000 views over three days," said Mr. Chessco, who is 27. He opened an online shop, becoming one of the most popular visual artists on the social media platform.

Soon he was selling artworks for around $2,000 each, working with music labels and collaborating with advertising agencies. Those business deals, he said, often earn him nearly $5,000 per post on the platform, which is owned by the Beijing-based company ByteDance. But success breeds competition.

Mr. Chessco recently discovered that he had a (イ)doppelgänger on TikTok — another artist was copying his videos' style, subjects and music, as well as selling his paintings for a fraction of the price, alongside prints and supplies, on a website nearly (ロ)(　　　　) to the one Mr. Chessco uses. After posting a video on Feb. 5 alerting his followers to the existence of the imitator, Mr. Chessco discovered that the artist had blocked comments on his page and deleted his website. But the doppelgänger soon reopened his online store and started posting videos again a few days later. "The competition is really (33)fierce," Mr. Chessco said, shaking his head.

When a minute-long video can attract fame and fortune, is it any surprise that young artists are skipping art schools and student loans, quitting their survival jobs and pursuing careers as full-time artists on TikTok? But the app's pressing demand for content is also bending their aesthetics in unexpected ways. What happens when viewership drops, copies intervene, and fans start dictating an artist's taste? Fortunes can suddenly end.

(A)Despite the gold rush on TikTok, few established artists and institutions are participants. The Uffizi Gallery in Florence, which has made headlines for its humorous use of the medium, has seen a significant drop in engagement over recent months. The photographer Cindy Sherman, a highly active user of

Instagram, said through a representative that she has no interest in joining TikTok right now, calling the platform "too novel."

But art world glory matters little on TikTok, where an algorithm allows users to scroll endlessly through related interests; rather, it's the artists tapping into "the moment" who gain prestige(34). Success requires artwork that can immediately catch a viewer's attention, usually with some combination of internet culture, human anatomy and (ハ)(　　　) uniqueness. It is a formula that works well with TikTok's leading demographic: the teenagers who make up nearly a third of the app's users.

And many artists on TikTok (ニ)(are / it / sustain / to / difficult / finding / interest). While still a student, Gina D'Aloisio, a 22-year-old sculptor, posted a video of herself creating a strangely realistic silicone face mask. It(ホ) received more than 22 million views; more followers came over when she shared other fleshy body parts from her work, including a belly button ashtray and a foot candle.

25. 下線部(25)には"試行錯誤"という意味の語句が入るが，その意味に最も近いものは次のどれか。解答番号は[25]。

① trial and error　　② back and forth

③ up and down　　④ on and off

26. 下線部(26) "icons" の意味に最も近い語は次のどれか。解答番号は[26]。

① researchers　② politicians　③ trainers　④ stars

27. 下線部(27) "renowned" の意味に最も近い語は次のどれか。解答番号は[27]。

① unknown　② celebrated　③ neglected　④ notorious

28. 下線部(28) "appreciation" の意味に最も近い語は次のどれか。解答番号は[28]。

① estimation　② evaluation　③ admiration　④ appearance

出典追記：© The New York Times

29. 下線部(29)の空所に入る適切な語は次のどれか。解答番号は[29]。

① variety　② variedness　③ variously　④ varied

30. 下線部(30) "critics" の意味に最も近いものは次のどれか。解答番号は[30]。

① people who judge the quality of artistic works

② people who always disagree to favorable opinions of something

③ people whose jobs are to make judgments on criminals

④ people who do not belong to any institution

31. 下線部(31) "street art" の意味に最も近いものは次のどれか。解答番号は[31]。

① performance that is done in a gallery, with or without charging any fee

② artwork that is created in a public space, without official permission

③ music that is played on a train, making passengers feel calm

④ a statue that stands on campus to celebrate a famous teacher

32. 下線部(32) "platform" の意味に最も近いものは次のどれか。解答番号は[32]。

① a place to express one's ideas to many people

② a particular computer technology that is used for making software

③ a flat, raised area or structure in a train station

④ the main idea of a political party

33. 下線部(33) "fierce" の意味に最も近い語は次のどれか。解答番号は[33]。

① intense　② strange　③ fancy　④ relaxed

34. 下線部(34) "prestige" の意味に最も近い語は次のどれか。解答番号は[34]。

① space　② money　③ honor　④ evaluation

▶ 35～40. 本文の内容について，次の設問に答えよ。解答番号は[35]～[40]。

35. What is the main idea of this article?

① TikTok can bring amateur artists quick success, which can then disappear.

② TikTok wants young people to quit their jobs and start making TikTok videos.

③ It is better for artists to use TikTok than an art gallery for a successful career.

④ A successful way to make money on TikTok is to copy other artists' work.

36. How did Matthew Chessco become famous on TikTok?

① He quit his job and taught mechanical engineering on TikTok.

② His neon-colored portraits were promoted by icons like Bob Ross.

③ His paintings use Warhol-inspired aesthetic and various types of music.

④ He followed renowned artists like Jeff Koons and Kehinde Wiley on Instagram.

37. Which group of people will least likely appreciate Chessco's paintings?

① painting amateurs

② art gallery lovers

③ neon-pop painting enthusiasts

④ street artists

38. How did having an online shop help Mr. Chessco?

① It gave him 350,000 views over three days.

② He could sell his artworks for about $2,000 per painting.

③ He could not work with advertising agencies.

④ He made business deals with the Beijing-based company ByteDance.

39. Which sentence is true about Mr. Chessco's doppelgänger?

① The doppelgänger was selling Chessco's paintings for a similar price.

② The doppelgänger welcomed comments on his website.

③ Mr. Chessco didn't notify his followers about the doppelgänger.

④ After taking his website down, the doppelgänger opened it again.

40. Which TikTok participant saw a great decrease in the number of views after success?

① Matthew Chessco

② Uffizi Gallery

③ Cindy Sherman

④ Gina D'Aloisio

▶ 本文に関する次の設問(イ～ヘ)について，英語解答用紙Bに記入せよ。

イ．下線部(イ) "doppelgänger" と同じような意味で使われている単語を同じ段落のなかから見つけて書け。

ロ．下線部(ロ)の空所に，"identity" の形容詞形が入る。その単語を書け。

ハ．下線部(ハ)の空所に，"exception" の形容詞形が入る。その単語を書け。

ニ．下線部(ニ)の語を意味が通るように並べ替えよ。

(are / it / sustain / to / difficult / finding / interest)

ホ．下線部(ホ) "It" が指しているものを文中から抜き出して書け。

ヘ．下線部(A)を和訳せよ。

〔Ⅲ〕 次の和文を英訳し，英語解答用紙Bに記入せよ。

ソーシャルメディアで，視聴者の注目を集めるのは，以前よりも簡単である。

日本史

（60分）

〔Ⅰ〕 次のＡ・Ｂの文章を読んで，あとの設問に答えよ。

Ａ　保元の乱以降の戦乱や飢饉に苦しんだ人々は，心の支えを望んだ。そして人々の願いに応え，これまでのような祈祷や学問を中心とした仏教に代わって，鎌倉時代には内面的な信仰を重視した仏教が興った。

［ア］は，［イ］教を発展させ，一心に念仏を唱えれば阿弥陀仏の極楽［イ］に往生できるという専修念仏の教えを説いて，後に［イ］宗の開祖と仰がれた。［ア］の弟子の一人である親鸞は，ⓐ<u>煩悩を捨てきれない悪人こそが仏が救おうとする人間であるとする考え</u>を説き，その考えは農民や地方の武士の間に広まった。

同じ［イ］教の流れの中で，やや遅れて出てきた［ウ］は，踊念仏を通じて民衆や武士に教えを広めた。その教えは時宗と呼ばれた。

12世紀末頃，［エ］に渡った栄西は，帰国して禅の考えを紹介した。栄西は密教の祈祷にもすぐれ，公家や幕府有力者の帰依を受けて，のちに［オ］宗の開祖と仰がれた。また，［カ］も禅を学ぶために［エ］に渡り，帰国後は，ただひたすら坐禅に徹せよと説き曹洞宗を広めた。

古来の神々についての信仰では，ⓑ<u>仏と神は本来同一であるという思想</u>が広まるとともに，鎌倉時代の末期になると，ⓒ<u>伊勢神道</u>という独自の宗教として神道の教理をつくろうとする動きがあらわれた。

問１　空欄［ア］～［カ］に入る適切な語句を記入せよ。なお，空欄［ア］，［ウ］，［カ］には人名が，［エ］には国名が入る。

問 2　下線部ⓐの考えを**漢字四文字**で記せ。　〔解答欄〕□□□□（説）

問 3　下線部ⓑの思想を**漢字四文字**で記せ。

問 4　下線部ⓒに関連して，伊勢神道の理論を形成した伊勢外宮の神官の人名を記せ。

B　室町時代に[ア]は京都の北山に北山殿をつくった。そこに建てられた金閣の建築様式が時代の特徴をよく表していたため，この時期の文化を北山文化と呼んでいる。

能も北山文化を代表する芸能であった。[イ]や田楽が発展し，歌舞・演劇の形をとる能となった。この頃，寺社の保護を受けて能を演じる座が現れ，能は各地で上演されるようになった。なかでも金春，金剛，観世，宝生の四座を大和ⓐ[イ]四座といった。観世座から出た観阿弥・世阿弥ⓑ父子は，[ア]の保護を受けて芸術性の高い[イ]能を完成させた。

[ウ]は応仁の乱の後，京都東山に山荘を作り[ア]にならってそこに[エ]を建てた。この時期の文化は東山山荘に象徴され，東山文化と呼ばれる。この文化は，風雅を尊ぶ日本古来の精神に簡素を重んじる禅の精神が合わさり，幽玄の境地を求める傾向が文化のさまざまな方面に広く現れるようになった。[エ]の下層や東求堂同仁斎には寝殿造から発展した建築用式である[オ]造がみられた。この建築様式は近代の和風住宅の原型となった。また造園では岩石と砂利を組み合わせて象徴的な自然を作り出した[カ]が代表的なもので，龍安寺，大徳寺大仙院などの庭園が有名である。

問 1　空欄[ア]～[カ]に入る適切な語句を記入せよ。なお，空欄[ア]，[ウ]には人名が入る。

問 2　下線部ⓐは現在の何県にあたるか。県名を答えよ。

問 3　下線部ⓑが著した能の真髄を示した理論書として適切なものを一つ選べ。

①『菟玖波集』　②『水無瀬三吟百韻』

③『風姿花伝』　④『統道真伝』

〔Ⅱ〕　次のA・Bの文章を読み，あとの設問に答えよ。

A　ⓐ1910年，日本は韓国を併合した。首都漢城を [ア] と改称して朝鮮総督府を置いた。一方，満州進出も本格化させ， [イ] 府を [ウ] におき，半官半民の南満州鉄道株式会社(満鉄)を [エ] に設立した。

ところで，ⓑアメリカは自国金融資本による満州開拓に強い関心を持ち，日本と共同で鉄道経営に乗り出そうとする企業家もいた。当初，日本はこの共同経営に内約を与えたが，その後，ⓒ外務大臣の反対で破棄された。次第にアメリカ政府は日本の中国進出に懸念を持つようになり，やがて，日本による満州権益の独占に反対する立場を鮮明にし，満鉄経営の中立化を欧州諸国に主張したのである。この間，アメリカの [オ] 市での公立学校への日本人学童入学拒否事件を発端に，日本人移民排斥運動がアメリカ全土に波及したことで，両国関係は悪化した。

一方，清国内では外国の権益の返還を求める人々の声が強くなり， [カ] 革命によって中華民国が成立した。この様な情勢に対し，日本は満州での権益確保を重要な外交課題とし，4次にわたる協約を重ねることで， [キ] に接近することになった。

問1　空欄 [ア] ～ [キ] に入る適切な語句を記入せよ。なお，空欄 [ア] ， [ウ] ， [エ] ， [オ] には都市名， [キ] には国名が入る。

問2　下線部ⓐに関連して，この年に起きた事件を契機に，活発化していた社会主義運動は冬の時代を迎えた。『平民新聞』を創刊し，この事件で死刑となったのは誰か。その人名を記せ。

問3　下線部ⓑに関連して，満鉄の共同経営を推進しようとしたアメリカの企業家として適切なものを一つ選べ。

①　タフト　　②　スタンフォード

③　ハリマン　　④　ロックフェラー

問4　下線部ⓒに関連して，この外務大臣とは誰か。その人名を記せ。

B　第一次世界大戦後，パリ講和会議が開かれた。[ア] が首相をつとめる日本は，[イ] と牧野伸顕を全権として送り，ヴェルサイユ条約ⓐを結んだ。

講和会議において，日本は二十一カ条の要求ⓑについて中国から撤回を求められた。山東還付問題で英仏などと事前に密約を取り付けていたが，戦勝国であるにも関わらず，アメリカから厳しい批判ⓒを受けたことに，日本の外交官や派遣された報道関係者などは衝撃を受けた。第一次世界大戦によって，紛争解決のための国際協力体制や民族自決ⓓを尊重する国際世論に直面することになった。

世界の思想の風潮や国際情勢の大きな変化の中で，北一輝は国家社会主義をめざす [ウ] を著し，大川周明は [エ] を結成した。

問 1　空欄 [ア]，[イ] に入る適切な人名を記入せよ。

問 2　下線部ⓐに関連して，この条約がもたらしたものとして**誤っているもの**を一つ選べ。

①　ドイツに対して，巨額の賠償金の支払いと，ドイツ本土の領土割譲が求められた。

②　民族自決の原則をもとに，東欧諸国の独立が容認された。

③　人種差別撤廃，人種平等原則が国際連盟規約に明記された。

④　国際紛争解決のための国際機関として，国際連盟が設立された。

問 3　下線部ⓑに関連して，二十一カ条の要求を行い，承認させた外相は，その後首相となり普通選挙法を成立させた。この人物は誰か。その人名を記せ。

問 4　下線部ⓒに関連して，第一次世界大戦への参戦を急いだアメリカは，日本との間で，中国の領土保全と門戸開放および日本の中国における特殊利益を認める協定を結んだ。この協定を何と言うか。その名称を記せ。

問 5　下線部ⓓに関連して，この講和会議の開催中，朝鮮全土で独立を求める大衆運動が展開された。その名称を記せ。

問 6　空欄 [ウ] と [エ] に入る語句の組み合わせとして適切なもの

を一つ選べ。

① ウ 『国防の本義と其強化の提唱』　エ 国本社

② ウ 『日本改造法案大綱』　エ 猶存社

③ ウ 『国策の基準』　エ 大日本国粋会

④ ウ 『国体の本義』　エ 青韜社

〔Ⅲ〕 次の文章を読み，それぞれの設問について，適切な解答を一つ選び，その番号をマークせよ。

古代の東アジアと日本を眺めてみると，6世紀の朝鮮半島では，［ア］に圧迫された百済や新羅が勢力を［イ］に広げ，加耶諸国がその支配下に入ると，日本のヤマト政権の朝鮮半島での影響力は後退した。日本では6世紀初めの政治を主導した［ウ］氏が朝鮮半島への政策をめぐって勢力を失うと，6世紀中頃には，［エ］氏と新興の［オ］氏とが対立するようになった。［オ］氏はⓐ朝廷の財政権を握り，政治機構の整備や仏教の受容を積極的に進めた。

隋が中国を統一すると，さらに［ア］などの周辺地域に進出し始めたが，日本は遣隋使の派遣により中国との外交を再開した。607年には［カ］が遣隋使として中国に渡ったが，ⓑこの時携えた国書はⓒ倭の五王時代とは異なり，中国皇帝に臣属しない形式をとったために，［キ］から無礼とされた。ⓓ遣隋使には留学生・学問僧が同行し，中国での長期滞在を経て，中国から持ち帰った新知識によって，7世紀半ば以降の政治に大きな影響を与えた。

ⓔ隋が滅んで唐がおこり一大帝国を築くと，周辺地域にも大きな影響を与え，ⓕ西アジアとの交流もさかんになり，都の［ク］は国際的な文化が豊かな世界都市となった。日本からは630年のⓖ第一回の遣唐使以来，8世紀にはほぼ20年に1度の割合で遣唐使が派遣され，ⓗ菅原道真の建議がきっかけで，その後に派遣されなくなるまで，あわせて十数回派遣された。遣唐使には留学生・学問僧なども加わり海を渡った。のちに朝鮮半島の国との関係が不安定になると，朝鮮半島沿

岸を避けて [ケ] 海を横切る航路をとるようになった。しかし，造船や航海の技術が未熟であったために，海上での遭難も多くⓘ，命を賭した危険な任務であった。

問 1　空欄 [ア] に入る国名として適切なものを一つ選べ。解答番号は[1]。

①　高句麗　　②　契　丹　　③　北　魏　　④　渤　海

問 2　空欄 [イ] に入る語句として適切なものを一つ選べ。解答番号は[2]。

①　東　　②　西　　③　南　　④　北

問 3　空欄 [ウ]・[エ]・[オ] に入る語句の組み合わせとして適切なものを一つ選べ。解答番号は[3]。

①　ウ　物　部　　エ　吉　備　　オ　大　伴

②　ウ　大　伴　　エ　物　部　　オ　蘇　我

③　ウ　蘇　我　　エ　大　伴　　オ　物　部

④　ウ　吉　備　　エ　物　部　　オ　蘇　我

問 4　下線部ⓐについて，当時の朝廷には三蔵があったと伝えられているが，三蔵として**誤っているもの**を一つ選べ。解答番号は[4]。

①　斎　蔵　　②　経　蔵　　③　内　蔵　　④　大　蔵

問 5　空欄 [カ] に入る人名として適切なものを一つ選べ。解答番号は[5]。

①　蘇我馬子　　②　中臣鎌子　　③　聖徳太子　　④　小野妹子

問 6　下線部ⓑについて，『隋書』倭国伝が記す一節「日 [A] 処天子致書日 [B] 処天子無恙云云」の空欄 [A]・[B] に入る語句の組み合わせとして適切なものを一つ選べ。解答番号は[6]。

①　A　昇　B　沈　　②　A　現　B　入

③　A　出　B　没　　④　A　上　B　下

問 7　下線部ⓒが記されている史書として適切なものを一つ選べ。解答番号は[7]。

①　『宋書』倭国伝　　②　『魏志』倭人伝

③　『漢書』地理志　　④　『後漢書』東夷伝

問 8　空欄 [キ] に入る当時の皇帝として適切なものを一つ選べ。解答番号は[8]。

①　文　帝　　　②　献　帝　　　③　武　帝　　　④　煬　帝

問 9　下線部ⓓに関連して，隋に渡った人物として**誤っているもの**を一つ選べ。解答番号は[9]。

①　高向玄理　　　②　空　海　　　③　南淵請安　　　④　旻(僧旻)

問10　下線部ⓔの出来事が中国であったのは，日本ではどの天皇の時代にあたるか，適切なものを一つ選べ。解答番号は[10]。

①　用　明　　　②　崇　峻　　　③　推　古　　　④　天　智

問11　下線部ⓕに関連して，古代の中国と西方を結んだ交易路はシルクロードとも呼ばれるが，「シルク」の意味として適切なものを一つ選べ。解答番号は[11]。

①　胡　椒　　　②　塩　　　③　木　綿　　　④　絹

問12　空欄[　ク　]に入る都市は現在何と呼ばれているか，適切なものを一つ選べ。解答番号は[12]。

①　西　安　　　②　揚　州　　　③　延　安　　　④　開　封

問13　下線部ⓖについて，第一回遣唐使として渡海した人物として適切なものを一つ選べ。解答番号は[13]。

①　吉備真備　　　②　犬上御田鍬　　　③　裴世清　　　④　奝　然

問14　下線部ⓗについて，江戸時代にこの人物を題材に浄瑠璃脚本を作った作者の一人として適切なものを一つ選べ。解答番号は[14]。

①　竹田出雲　　　②　近松門左衛門　　　③　河竹黙阿弥　　　④　鶴屋南北

問15　空欄[　ケ　]に入る語句として適切なものを一つ選べ。解答番号は[15]。

①　オホーツク　　　②　日　本　　　③　南シナ　　　④　東シナ

問16　下線部ⓘについて，帰国船の遭難で唐にとどまった阿倍仲麻呂が仕えていた皇帝として適切なものを一つ選べ。解答番号は[16]。

①　高　祖　　　②　太　宗　　　③　玄　宗　　　④　高　宗

世界史

（60 分）

〔Ⅰ〕 次のＡ～Ｃの文章を読み，あとの設問に答えよ。

Ａ　[ア] 沿岸部を故郷とするゲルマン人は，ケルト人ⓐの領域へと侵入し，紀元前後にはライン・ドナウ川流域に移動した。フン人ⓑに圧迫され，375 年 [イ] 人は，ローマ帝国に助けを求めた。これを機にゲルマン諸族がローマ帝国領内へ大移動ⓒをはじめた。フン人は，451 年の [ウ] の戦いでローマとゲルマン人の連合軍に敗れた。ゲルマン人の一派のフランク人は，ガリア北部に定住し，クローヴィスⓓのもとで統合された。８世紀にフランク王国は，[エ] 半島から侵入してきた [オ] 朝イスラームの勢力をトゥール・ポワティエ間ⓔの戦いでやぶった。

問 1　空欄 [ア] に入る適切なものを，次の①～④のなかから一つ選べ。解答番号は[1]。

①　カスピ海　　②　黒　海　　③　バルト海　　④　地中海

問 2　下線部ⓐについて述べた文として最も適当なものを，次の①～④のなかから一つ選べ。解答番号は[2]。

①　アイルランドでは修道院を中心とするキリスト教文化を発展させた。

②　グレートブリテン島ではローマの支配を受けなかった。

③　鉄器文化を発展させることができなかった。

④　七王国(ヘプターキー)を建国した。

問 3　下線部ⓑについて述べた文として最も適当なものを，次の①～④のなかから一つ選べ。解答番号は[3]。

①　中央アジアからアナトリアへ移動した。

②　アナトリアからヨーロッパへ移動した。

③　パンノニア平原に勢力を拡大した。

④　オドアケルのもと，西方へ進出した。

問 4　空欄 イ に入る適切なものを，次の①～④のなかから一つ選べ。解答番号は4。

①　東ゴート　②　西ゴート　③　東フランク　④　西フランク

問 5　下線部ⓒについて述べた文として最も適当なものを，次の①～④のなかから一つ選べ。解答番号は5。

①　ヴァンダル人は，両シチリア王国を建てた。

②　アルフレッド大王は，フランク王国を建てた。

③　ブルグント人は，テオドリック大王にひきいられた。

④　西ゴート人は，ローマを略奪した。

問 6　空欄 ウ に入る適切なものを，次の①～④のなかから一つ選べ。解答番号は6。

①　ニハーヴァンド　②　ワールシュタット

③　カタラウヌム　④　ヴェルダン

問 7　下線部ⓓについて述べた文として最も適当なものを，次の①～④のなかから一つ選べ。解答番号は7。

①　メロヴィング朝のクローヴィスはフランク人を統合した。

②　カロリング朝のクローヴィスはアタナシウス派に改宗した。

③　メロヴィング朝のクローヴィスはアリウス派に改宗した。

④　カロリング朝のクローヴィスは分割相続制を廃止した。

問 8　空欄 エ に入る適切なものを，次の①～④のなかから一つ選べ。解答番号は8。

①　クリミア　②　バルカン

③　スカンジナヴィア　④　イベリア

問 9　空欄 オ に入る適切なものを，次の①～④のなかから一つ選べ。解答番号は9。

①　セルジューク　②　アッバース　③　ウマイヤ　④　マムルーク

問10　下線部ⓔについて述べた文として最も適当なものを，次の①～④のなかから一つ選べ。解答番号は10。

① ロワール川近郊である。

② ライン川近郊である。

③ エルベ川近郊である。

④ ドナウ川近郊である。

B　ローマ＝カトリック教会の首長は，使徒ペテロの後継者として<u>教皇</u>ⓕと称するようになった。一方で<u>コンスタンティノープル教会</u>ⓖの総主教は，<u>ビザンツ</u>ⓗ皇帝の権威のもと，のちに<u>ギリシア正教会</u>ⓘを確立した。西欧世界では，6 世紀ごろモンテ＝カシノに修道院が創設された。<u>教皇グレゴリウス 1 世</u>ⓙは，<u>修道士</u>ⓚを派遣して，ゲルマン人に布教を行った。これによって西方におけるローマ＝カトリック教会と教皇の指導力は強まった。

問11　下線部ⓕについて述べた文として最も適当なものを，次の①～④のなかから一つ選べ。解答番号は[11]。

① 皇帝であった。

② 司教であった。

③ アリウス派を信仰した。

④ フランク王国からラヴェンナ地方を奪った。

問12　下線部ⓖ以外でキリスト教の五大教会に含まれるものとして，最も適当なものを，次の①～④のなかから一つ選べ。解答番号は[12]。

① パ　リ　　　　② アレクサンドリア

③ ロンドン　　　④ モスクワ

問13　下線部ⓗについて述べた文として最も適当なものを，次の①～④のなかから一つ選べ。解答番号は[13]。

① ユスティニアヌス帝は，イベリア半島の東ゴートを滅ぼした。

② ヘラクレイオス 1 世は，ササン朝ペルシアと争った。

③ 中央集権的なテマ制がしかれた。

④ 中央集権的なプロノイア制がしかれた。

問14　下線部ⓘについて述べた文として最も適当なものを，次の①～④のなかから一つ選べ。解答番号は[14]。

① ギリシア正教からプロテスタントが分かれて成立した。

② ギリシア正教会は，モザイク画を発展させた。

③ ギリシア正教会は，多神教を認めた。

④ ギリシア正教会は，聖像破壊運動を行ったカトリックを批判した。

問15 下線部ⓙについて述べた文として最も適当なものを，次の①～④のなかから一つ選べ。解答番号は[15]。

① ローマ教皇領を確立した。

② 叙任権闘争に敗北した。

③ カノッサでハインリヒ４世を屈服させた。

④ フランク王国に接近した。

問16 下線部ⓚに関連して，修道士について述べた文として最も適当なものを，次の①～④のなかから一つ選べ。解答番号は[16]。

① プラノ＝カルピニは，カラコルムを訪れた。

② ルイ９世は，モンテ＝コルヴィノを派遣した。

③ ドミニコは，モンテ＝カッシーノに修道院を建てた。

④ ルブルックは，大都を訪れた。

C ピピンの子ⓛカール大帝は，[カ]を滅ぼし，フランクの勢力拡大に努めた。また，アルクインをよびよせ，学芸の復興に努めた。教皇は800年，カールにローマ皇帝の冠を授けた。ⓜカール大帝の死後，フランク王国は分裂し，北からはⓝヴァイキング，南方からはイスラーム勢力が侵入した。

問17 下線部ⓛについて述べた文として**誤っているもの**を，次の①～④のなかから一つ選べ。解答番号は[17]。

① 主たる宮廷は，アーヘンにあった。

② アジアから西ヨーロッパに侵入してきたアヴァール人を撃退した。

③ 北ドイツでザクセン人を服属させた。

④ 在地の貴族を巡察使に任命した。

問18 空欄[カ]に入る適切なものを，次の①～④のなかから一つ選べ。解答番号は[18]。

① ラヴェンナ　　② ランゴバルド

③ ローマ　　④ シュレジエン

問19　下線部⑩について述べた文として最も適当なものを，次の①～④のなから一つ選べ。解答番号は[19]。

① メルセン条約によって，西フランクと東フランクの 2 国に分裂した。

② 死後 1 世紀の間にカペー朝が成立した。

③ カール遠征を題材に『ローランの歌』が著された。

④ 死後 1 世紀の間に神聖ローマ帝国が成立した。

問20　下線部⑪に関連してノルマン人について述べた文として最も適当なものを，次の①～④のなかから一つ選べ。解答番号は[20]。

① 西フランク王の封臣として，ノルマンディー公国を建てた。

② ノルマンディー公であったクヌートは，イングランドを征服した。

③ ルッジェーロ 2 世は，ナポリ王国とサルディニア王国を統合した。

④ 8 世紀にキエフ公国，その後南下してノヴゴロド王国を建てた。

〔Ⅱ〕 次の文章を読み，空欄 [ア] ～ [オ] に最も適当な語句を入れ，あとの設問に答えよ。

ヨーロッパでは，16～17 世紀ごろから自然界の研究が進んだ。[ア] 学は，動植物や鉱物などの地理的分布を調べ，分類・体系化する学問である。世界の各地を探検し，珍しい動植物を収集することが流行になり，数多くの図譜が出版された。当時ヨーロッパの国々は，ほかの国・地域を支配するうえで，その土地の自然と人びとに関する知識を必要としていた。探検旅行をした学者，医師，宣教師，軍人，新聞記者たち(a)が集めた情報は，列強のアジア・アフリカの進出(b)に貢献した。

スウェーデンの [イ] は，とくに植物の分類の体系化に大きな業績を残したことで知られている。その生物分類の基礎を確立した書『自然の体系』では，肌の色を主軸に，人間の種類を地理的分布でアメリカ人，ヨーロッパ人，アジア人，アフリカ人と分類し，気質や統治の形態について，西洋中心主義的な尺度でステレオタイプ化していた。その後，人間を対象にした分類の実践は「科学」の名のもとで「人種」や「民族」概念を定着させ，その人工カテゴリーを展開・流布させていく。

哲学は，国家による特定の「人種」や「民族」の支配の正当化に貢献した。イギリスの［　ウ　］は，「適者生存」という表現を用い，ⓒ生物の進化の考え方を道徳や社会の諸分野にひろげて提唱した。現在「社会進化論」として知られるこの思想・学説は，19 世紀後半から 20 世紀にかけて多言語に翻訳されて広がり，特定の「人種」や「民族」を対象にした優生思想，ならびにアジア系の人びとが欧米のヨーロッパ系の人びとに脅威を与えるとする［　エ　］論の台頭，ⓓ隔離政策やⓔ排斥政策の展開につながった。

進化論の影響を受け，人類学の分野では，「野蛮」から「未開」，「文明」への人間社会・組織の歴史的移行を想定する単線的な発展モデルが理論化された。西洋中心史観にもとづくこの発展モデルは，世界の王国・交易都市の興亡の歴史はもとより，各地の多様な文化の価値を軽視していた。しかし，列強によって広く受け入れられ，ⓕ植民地化や同化政策は，野蛮人・未開人を文明化させるプロジェクトとして位置づけられていった。万国博覧会では，植民地から連れてこられた生きた人間が展示物になった。

文学も，一般の人びとがほかの「人種」や「民族」を支配する自国の政策を受け入れるうえで大きな影響を及ぼした。その一つが，ボンベイ(現在のムンバイ)生まれのイギリス人，ラヤード・キプリングが発表したⓖ「白人の責務」である。この詩では，植民地化を「骨折り仕事」であり，被植民者の「必要に奉仕するため」と賛美していた。キプリングは，ダイナマイトの発明者の遺産の一部を基金として創設された［　オ　］賞の文学賞を 1907 年に受賞した。ⓗこうした人種・民族カテゴリーの創造をとおした偏見と差別は，21 世紀の現在も続いている。

問 1　下線部ⓐに関連して，アフリカ大陸のナイル川水源調査の際に一時消息不明となり，探検家スタンリーの捜索によって発見された，イギリス(スコットランド)出身の宣教師・探検家の名を答えよ。

問 2　下線部ⓑに関連して，現在のアルジェリアやブルキナファソなどが位置する，北アフリカから西アフリカの広範囲を植民地化したヨーロッパの国の名称を答えよ。

問 3 下線部ⓑに関連して，現在のタンザニアの大陸部やトーゴなどが位置する地域を植民地支配したものの，第一次世界大戦で敗戦してこれら領土を失ったヨーロッパの国の名称を答えよ。

問 4 下線部ⓒに関連して，種の自然淘汰(自然選択)で有名なダーウィンの主要著書のタイトル名を答えよ。

問 5 下線部ⓓに関連して，南アフリカ共和国では，反アパルトヘイト運動が起きた。その指導者として 1964 年に終身刑の判決を受け，1990 年に釈放されるまで獄中生活をしたのち，1994 年に全国民の平等な参加による選挙で大統領に就任した人物の名を答えよ。

問 6 下線部ⓓに関連して，アメリカ合衆国では，「黒人」に対する差別の撤廃を目指す公民権運動が起きた。その中心的指導者となり，1968 年に暗殺された写真の人物(牧師)の名を答えよ。

問 7 下線部ⓔに関連して，ヨーロッパで迫害されたユダヤ系の人びとは，1948 年に国民国家として「イスラエル国」を建国する宣言をした。これによって紛争が続き，先住していたアラブ系の人びとが難民化したり，隔離されたりしている。イギリスの委任統治領だったこの地理的領域(イスラエルを含む)の名称を答えよ。

問 8 下線部ⓕに関連して，西洋近代の知識を輸入した明治政府が「旧土人」と称し，同化政策の対象にした人びと(「民族」)の名称を答えよ。

問 9 下線部ⓖの詩の舞台であり，19 世紀末にスペインからの独立を目指す運動が起きていた際に，アメリカ＝スペイン戦争に勝利したアメリカ合衆国の侵攻によって，かわりにアメリカの統治下に入ったアジアの国の現在の名称を答えよ。

問10 下線部ⓗに関連して，2020 年 5 月，アメリカ合衆国でジョージ＝フロイドさんが警察官の拘束によって死亡した。この事件をきっかけに再高揚し，世界の大都市に広がった反人種差別運動の通称名をカタカナで答えよ。

〔解答欄〕：　　　　運動

〔Ⅲ〕　次のA・Bの文章を読み，空欄 [ア] ～ [ク] に最も適当な語句を入れ，あとの設問に答えよ。

A　モンゴル高原では，13世紀初頭，モンゴル部族のテムジンが統一を果たして [ア] をなのり，モンゴル帝国をたてた。帝国はさらにホラズム，西夏，金，アッバース朝，西遼を滅ぼし，ⓐハンの子孫たちが各地に地方政権をたてた。モンゴル帝国は，大ハンのもとにこれらの諸ハン国がゆるやかに連合したもので，その領土はユーラシア大陸全域に及び，ユーラシア大交流圏が形成された。

ユーラシア大交流圏では，国際的な商業交易だけではなく，ヒトや文化の交流が発展した。交易面では，陸路には一定の距離ごとに宿泊所や交通手段を提供する [イ] 制が整備され，海路は宋代に引き続いて杭州・泉州・広州の海上交易が繁栄した。文化・技術の面では，中国からは，宋代以降本格的に活用されるようになったⓑ火薬・印刷術などが西方に伝えられ，中国にはイスラムの天文学や数学・科学技術がもたらされた。郭守敬は，イスラムの天文学を学んで1年を365.242日とする太陰太陽暦の [ウ] を作った。宗教面では，ムスリム商人の活躍にともなってイスラム教が広まり，モンテ＝コルヴィノによってⓒ中国に初めてカトリックが伝えられた。

第5代のフビライは，金の古都に都をおいて [エ] とし，国号を元と称した。豊かな江南を手に入れ，中国全土を基盤に農耕と遊牧の両世界を統治した元朝は，中国伝統の官僚制度を継承する一方，実務的能力を重視し，中央アジア・西アジア出身の色目人を財務官僚などに登用した。また，長距離の国際商業が促進され，ⓓ通貨は銀を基本とし，補助として [オ] （紙幣）も広く流通した。

しかし，14世紀になると天災，飢饉，疫病が続いて多くの農民が流民化し，各地で反乱がおきた。元朝は，明の太祖朱元璋によって [エ] を追われ，北のモンゴル高原に逃れて北元をたてた。15 世紀半ばには，西北モンゴルのオイラトが明軍を破って正統帝を捕虜とした。以来，明朝は長城を修築して北方防衛線とし，北方の遊牧世界と中国の農耕世界を隔てる境界を明確にした。

問 1　下線部ⓐに関して，キプチャク＝ハン国をたてたバトゥが率いるモンゴル軍が東欧でドイツ・ポーランド軍を破った戦いを何とよぶか，名称を記せ。

問 2　下線部ⓑに関して，火薬，印刷術，製紙と並んで古代中国の四大発明とよばれ，航海で用いられた計器の名称を記せ。

問 3　下線部ⓒに関して，明末の宣教師マテオ＝リッチらは西洋学術の普及にも尽力した。リッチが万暦帝に献上した中国初の漢訳世界地図の名称を記せ。

問 4　下線部ⓓに関して，明代にはメキシコ銀や日本銀が大量に中国に流入して税の納入も銀で行われるようになり，16 世紀には各種の税や徭役を銀に一本化して納入する税法が実施された。この税法の名称を記せ。

B　これまで，元代の漢文化は，異民族支配のために発展を阻まれたと考えられがちであった。しかし，元朝は在来の社会や文化に対して寛容であり，元代は，宋代以来の中国文化が継承され，庶民文化が発展した時代であったともいわれる。

庶民文化は，宋代の都市の繁栄を背景に発展した。演芸場の講談や読み物として流行した口語体小説の『水滸伝』『三国志演義』『西遊記』ⓔは，元代に原型が作られ，明代に長編小説に編まれた。また，宋代には音曲にあわせてうたう「詞」や歌とセリフで構成された雑劇がうまれ，後者は元代に［　カ　］として完成された。

宗教については，元代には，宋代に士大夫に受容された禅宗や，金で興り，儒・仏・道を調和した［　キ　］，イスラム商人の活躍とともに広まったイスラム教など多様な宗教の信仰が認められた。フビライはチベット仏教サキャ派の［　ク　］を帝師に任じて，チベット仏教をモンゴル皇室の宗教とした。しかし，後の皇帝たちはチベット仏教を狂信して莫大な経費を費やしたため，元朝衰亡の一因ともなった。

チベット仏教は，16世紀以降，中央ユーラシア東部に急速に拡大し，モンゴル人だけでなく，満洲人にも広く信奉された。ⓕ清朝は，チベットを藩部にいれて自治を認め，チベット仏教を篤く保護した。

問 5　下線部ⓔに関して，これらの三書に加えて四大奇書とよばれ，商人の色と欲に満ちた生活を描いた小説の書名を記せ。

問 6　下線部ⓕについて，チベットは中華人民共和国成立後に反政府運動をおこして鎮圧され，政治・宗教の最高指導者がインドに亡命した。この指導者の名を記せ。

問 7　下のａ～ｄは，中国に関わる，漢族ではない人々に関する資料である。これらを年代の古い順にならべたとき正しいものを，次の①～④のなかから一つ選べ。

①　ｂ－ｃ－ｄ－ａ　②　ｃ－ａ－ｂ－ｄ　③　ｄ－ｃ－ａ－ｂ　④　ａ－ｄ－ｂ－ｃ

ａ

ｂ

c

d

写真ｃ：ユニフォトプレス提供
写真ｃは著作権の都合上，類似の写真と差し替えています。

数学

（60 分）

1　以下の設問の空欄に最も適当な数あるいは式などを入れよ。ただし，最も適当なものが複数あるときは，すべて記入せよ。

(1) 13^{21} の一の位の数は，[ア] である。また，29^{25} の一の位の数は，[イ] である。

(2) 2 直線 $y=\frac{1}{5}x-2$ と $y=2x+3$ のなす角を θ $\left(0<\theta<\frac{\pi}{2}\right)$ とすると，$\tan\theta=$ [ウ] であって，θ は [エ] を満たす。ただし空欄 [エ] に当てはまる内容は，以下の選択肢 ① ～ ④ から適切なものを 1 つ選べ。

[選択肢]

① $0<\theta<\frac{\pi}{6}$　② $\frac{\pi}{6}\leqq\theta<\frac{\pi}{4}$　③ $\frac{\pi}{4}\leqq\theta<\frac{\pi}{3}$

④ $\frac{\pi}{3}\leqq\theta<\frac{\pi}{2}$

(3) ある感染力の高い感染症があり，これに対するワクチンが開発された。このワクチンを接種していない場合には，感染者と濃厚接触すると感染する確率は $\frac{9}{10}$ である。しかし，ワクチンを接種すると，感染者と濃厚接触しても感染する確率を $\frac{1}{20}$ に抑えることができる。

ある集団においてワクチンを接種した人の割合が 80% に達したとき，以下の確率を求めよ。

(a) この集団の人が，感染者に濃厚接触した場合に感染する確率は [オ] である。

(b) この集団の中で新たに感染した人が，すでにワクチンを接種していた確率は [カ] である。

(4) ある試験を実施したとき，クラス A とクラス B の得点は以下の表のようになった。このとき，クラス A とクラス B を合わせた得点の平均は [キ] であり，得点の分散は [ク] である。

クラス	人数	平均	分散
A	30	70	10
B	70	60	20

2 $f(x)=x(4-x)$ とする。

x 軸上の点 $A(a, 0)$，$B(b, 0)$ $(0 \leqq a < b \leqq 4)$ および曲線 $y=f(x)$ 上の点 $C(a, f(a))$，$D(b, f(b))$ が長方形 ABDC をなす。

このとき，以下の設問に答えよ。

(1) b を a を使って表せ。

(2) この長方形の面積を a の関数 $S(a)$ として表せ。

(3) $S(a)$ の最大値およびそのときの a の値を求めよ。

3 第 m 群に m の正の倍数を小さい方から順に m 個すべてを並べた群数列を考える。

このとき，以下の設問に答えよ。

(1) 初項から第 10 項までを書き出せ。

(2) 第 n 項が 32 となる n をすべて求めよ。

(3) 第 600 項の値を求めよ。

(4) 初項から第 600 項までの和を求めよ。

欄の白文に返り点を付けよ（送り仮名は不要）。

問九　本文の内容と最も合致するものを、次のなかから一つ選び、その番号をマークせよ。解答番号は31。

1　孔子は琴張を宗魯に紹介し、宗魯は斉豹に仕え、斉豹とともに客死した。

2　宗魯は斉豹とともに公孟を暗殺しようとしたが、失敗し、宗魯だけが亡くなった。

3　宗魯は公孟を守ろうとしたが、失敗し、二人とも亡くなった。

4　琴張は宗魯が亡くなったことを聞き、孔子の勧めにより、弔いに出かけた。

5　斉豹による公孟を暗殺する企てを知り、宗魯は衛の国に亡命した。

2　公孟の死が良いことなのか、振り返ってみる。
3　死に向き合う公孟を許すことができる。
4　公孟のために帰国し、死ぬのも悪くない。
5　公孟のために死ぬということになっても良い。

問六　傍線部ⓕ「中二公孟一」の「中」の意味として最も適当なものを、次のなかから一つ選び、その番号をマークせよ。解答番号は[29]。

1　最中　　2　命中　　3　道中　　4　中立　　5　中継

問七　傍線部ⓖ「汝何弔焉」の書き下し文として最も適当なものを、次のなかから一つ選び、その番号をマークせよ。解答番号は[30]。

1　汝　何ぞ弔はん
2　汝　何ぞ弔ふかな
3　汝　何となれば弔ふや
4　汝　何すれば弔はん
5　汝　弔ひを何とす

問八　傍線部ⓗ「不為利病於邪」は「利の為に邪に病まず」と読み、傍線部ⓘ「不以邪事人」は「邪を以て人に事へず」と読む。解答次のなかから一つ選び、その番号をマークせよ。解答番号は26。

1　「吾」は斉豹、「子」は宗魯、「之」は公孟
2　「吾」は公孟、「子」は宗魯、「之」は斉豹
3　「吾」は公孟、「子」は斉豹、「之」は宗魯
4　「吾」は宗魯、「子」は斉豹、「之」は公孟
5　「吾」は宗魯、「子」は公孟、「之」は斉豹

問四　傍線部ⓓ「行レ事」とは具体的に何を行うのか。最も適当なものを、次のなかから一つ選び、その番号をマークせよ。解答番号は27。

1　公孟を殺害する
2　衛の国と戦争する
3　琴張との仲介を頼む
4　孔子に教えを乞う
5　宗魯に復讐する

問五　傍線部ⓔ「帰死於公孟可也」の意味として最も適当なものを、次のなかから一つ選び、その番号をマークせよ。解答番号は28。

1　帰国してから、公孟の死に向き合うのも良い。

（注）
1 宗魯――衛の国の人。
2 斉豹――衛の国の司寇。司寇は司法をつかさどった。
3 公子孟縶――衛の国の霊公の兄。公孟と呼ばれることもある。公孟は、斉豹から恨みを買うようになっていた。
4 参乗――主君の車にお供で乗る。
5 僭――いつわる。
6 以周――秘密を漏らさずに。
7 食姦――正当な金でないと知っていて、それを得る。

問一　傍線部ⓐ「孔子」の生きた時代として最も適当なものを、次のなかから一つ選び、その番号をマークせよ。解答番号は[24]。

1 秦代　2 漢代　3 春秋時代　4 戦国時代　5 唐代

問二　傍線部ⓑ「以」と「為」の間に人名を補うとすれば、誰か。最も適当なものを、次のなかから一つ選び、その番号をマークせよ。解答番号は[25]。

1 孔子　2 公孟　3 琴張　4 斉豹　5 宗魯

問三　傍線部ⓒ「吾由ㇾ子而事ㇾ之」に見える「吾」「子」「之」はそれぞれ誰を指しているか。その組合せとして最も適当なものを、

〔四〕　次の文章を読み、あとの設問に答えよ。ただし、設問の都合で返り点・送り仮名を省いたところがある。

ⓐ孔子之弟子琴張、与㆓宗魯(注1)㆒友ナリ。衛ノ斉豹(注2)見《まみ》エシム㆓宗魯ヲ於公子孟《まう》縶《ちふ》(注3)㆒。公孟ⓑ以テ為ス㆓参乗(注4)ト㆒焉。及ビ㆓斉豹将ニルニ㆑殺サント㆓公孟ヲ㆒、告ゲテ㆓宗魯ニ㆒使ム㆑行《さ》ラ。宗魯曰ハク、「ⓒ吾由㆑子而事㆑之。今聞キテ㆑難ヲ而逃ルルハ、是レ僣スル(注5)㆑子ヲ也。ⓓ子行ハン㆑事ヲ乎。吾将ニ㆑死セント。以テ㆑周(注6)ヲ事《つかへ》テ㆑子ニ、而ⓔ帰死於公孟可也。」斉豹用ヒテ㆑戈《ほこ》ヲ撃ツ㆓公孟ヲ㆒。宗魯以テ㆑背ヲ蔽《おほ》フモ㆑之ヲ、断チテ㆑肱《ひぢ》ヲ、ⓕ中㆓公孟㆒。公孟、宗魯皆死ス。

琴張聞キ㆓宗魯ノ死スルヲ㆒、将ニ㆓往キテ弔ハント㆑之ヲ。孔子曰ハク、「斉豹之盗、公孟之賊也。ⓖ汝何弔焉。君子ハ不㆑食《は》マ(注7)㆑姦ニ、不㆑受ケ㆑乱ヲ。ⓗ不為利病於邪、ⓘ不以邪事人。不㆑蓋《おほ》ハ㆓非義ヲ㆒、不㆑犯サ㆓非礼ヲ㆒。汝何弔焉。」琴張乃チ止ム。

（『孔子家語』）

問六　波線部Ⅱ「ただにおはしける時」を、十八字以内で具体的に説明せよ。

問七　『伊勢物語』と同じジャンルに属する作品を、次のなかから一つ選び、その番号をマークせよ。解答番号は22。

1　平家物語　2　平治物語　3　雨月物語　4　栄花物語　5　平中物語

問八　本文⑴と⑵の説明として最も適当なものを、次のなかから一つ選び、その番号をマークせよ。解号番号は23。

1　⑴と⑵は同じ事件を別の視点で表したものであり、⑵では女を盗み出した男のその後の人生を具体的に説明している。

2　⑴と⑵は同じ事柄を表しているが、⑵では后となった女の新たな物語を紡ぎ出しながら記録の形をとりつつ叙述している。

3　⑴と⑵は同じ事柄を別の視点で表しており、⑵では⑴の物語の背景や二条の后に関することを注記の文体で叙述している。

4　⑴と⑵は別の出来事を同じ視点で表しており、⑵では盗み出された女の兄弟たちの過去の失敗を具体的に説明している。

5　⑴と⑵は別の事件を表しており、⑵では后を盗み出した男たちの出世話を説明の文体をとりながら付加的に叙述している。

問五　傍線部Bの和歌の説明として適当なものを、次のなかから二つ選び、その番号をマークせよ。解答番号は20・21（順不同）。

1　「白玉か何ぞ」と女が尋ねた時に、「露」だと答えて、自分もはかない「露」のように消えてしまいたかったと詠んだ男の歌である。

2　「白玉か何ぞ」と女が問い正した時に、「白玉」とも「露」とも答えず、この世から一緒に消えましょうと勧誘した男の歌である。

3　長年思い続けた女を盗み出した夜、女に拒絶された男が、草の上の「露」のように一緒に消えてくださいと懇願した歌である。

4　男にさらわれた女が、自分の運命を嘆いて「白玉か何ぞ」とつぶやきながら、死んでしまいたいと願う胸中を詠んだ歌である。

5　不本意な男と逃避行するくらいであれば、このまま「白玉」か「露」のようにはかなく消えてしまいたいと答えた女の歌である。

6　女を「白玉」に見立てた歌であり、女が突然逃げ出したことへの失望や絶望を、結句の終助詞「ものを」に託して詠んでいる。

7　涙を「白玉」に見立てる和歌の手法を活かした歌であり、はかなく消える「露」に命を重ねつつ悲しみの心を詠んでいる。

8　涙を「露」に見立てる和歌の手法を活かした歌であり、反実仮想の助動詞「まし」を用いて、女との逃避行の感動を詠んでいる。

6 明けゆき
7 明けゆく
8 明けゆけ

問三 傍線部A「はや夜も明けなむ」・C「まだ下﨟にて」の現代語訳として最も適当なものを、次のなかからそれぞれ一つずつ選び、その番号をマークせよ。解答番号はAは[18]、Cは[19]。

A
1 早くも夜が明けてしまった
2 早くも夜が明けたのだろう
3 まだ夜が明けそうにない
4 まだ夜が明けないようだ
5 早く夜が明けてほしい

C
1 少し容貌が悪くて
2 まだ位も低く
3 まだ若い頃に
4 かつて未熟で
5 かつて下劣で

問四 二重空欄 [ア] に入る最も適当な語を、本文中から漢字一字でそのまま抜き出せ。

4 堀河の大臣――藤原基経。藤原長良の子で、長良の弟・良房の養嗣子。
5 太郎国経の大納言――藤原長良の子で、藤原基経や二条の后（高子）の兄。

問一 波線部Ⅰ「得まじかりける」の文法的説明として最も適当なものを、次のなかから一つ選び、その番号をマークせよ。解答番号は[15]。

1 動詞＋助動詞＋助動詞
2 形容詞＋形容詞＋助動詞
3 動詞＋助動詞＋助動詞＋助動詞
4 形容詞＋動詞＋助動詞＋助詞
5 動詞＋形容詞＋助動詞

問二 空欄 [X] ・ [Y] に入る表現として最も適当なものを、次のなかからそれぞれ一つずつ選び、その番号をマークせよ。解答番号はXは[16]、Yは[17]。

1 更けにけら
2 更けにけり
3 更けにける
4 更けにけれ
5 明けゆか

〔三〕 次の(1)と(2)の文章は、『伊勢物語』の「芥河」の段の全文である。(1)と(2)の文章を読み、あとの設問に答えよ。

(1) むかし、男ありけり。女のⅠえ得まじかりけるを、年を経てよばひわたりけるを、からうじて盗みいでて、いと暗きに来けり。芥河といふ河を率ていきければ、草の上に置きたりける露を、「かれは何ぞ」となむ男に問ひける。ゆく先おほく、夜も［X］ば、鬼ある所ともしらで、神さへいといみじう鳴り、雨もいたう降りければ、あばらなる倉に、女をば奥におし入れて、男、弓、胡簶《やなぐひ》を負ひて戸口にをり、Aはや夜も明けなむと思ひつつゐたりけるに、［ア］はや一口に食ひてけり。「あなや」といひけれど、神鳴るさわぎに、え聞かざりけり。やうやう夜も［Y］に、見れば率て来し女もなし。足ずりをして泣けどもかひなし。

B白玉か何ぞと人の問ひし時(注1)露とこたへて消えなましものを

(2) これは二条の后(注2)の、いとこの女御(注3)の御もとに、C仕うまつるやうにてゐたまへりけるを、かたちのいとめでたくおはしければ、盗みて負ひていでたりけるを、御兄、堀河の大臣(注4)、太郎国経の大納言(注5)、まだ下﨟《げらふ》にて、内裏へ参りたまふに、いみじう泣く人あるを聞きつけて、とどめてとりかへしたまうてけり。それをかく鬼とはいふなりけり。まだいと若うて、后のⅡただにおはしける時とや。

(『伊勢物語』)

(注) 1 人の問ひし時――貫之撰『新撰和歌集』では「人の問ひしより」。「白玉か何ぞと人の問ひしより露とこたへて消えなましものを」(新撰和歌集・四・三六〇)の形で収録されている。

2 二条の后――藤原長良の女・高子。清和天皇后で、陽成天皇の生母。

3 いとこの女御――染殿の后(藤原良房の女・明子)。文徳天皇女御で、清和天皇の生母。

5　妖術や精霊を、研究者が見いだした抽象的な「機能」においてとらえるのではなく、フィールドの人びとの行為と実践のなかから立ち現れてくる役割や意味においてとらえようとする考え方。

問九　本文の内容と最も合致するものを、次のなかから一つ選び、その番号をマークせよ。解答番号は14。

1　妖術や精霊を機能主義的に説明する人類学は、フィールドの人びとが妖術や精霊込みの現実世界に生きていることを否定する。

2　近代合理主義的な人類学は、存在論的な差異を説明することによってあらゆる「異文化」は理解可能だとする誤りに陥ってきた。

3　二〇世紀までの人類学は、妖術や精霊のように理性的な言葉で説明することが難しいものごとを研究対象として軽視してきた。

4　存在論的転回を経た人類学は、「他者理解」の不可能性のうえに立って他者のリアリティを尊重する必要があることを示唆する。

5　人類学における認識論と存在論は、フィールドの人びとの実践に即して妖術や精霊の抽象的機能を説明することで統合できる。

れてしまっているから。

3　想定の範囲外の「差異」や「他者性」を理解するうえで、妖術や精霊を理性的な言葉で説明することを放棄した人類学は役に立たないから。

4　「他者」や「異文化」とは何かという人類学的な探求の不可能性を認めてしまうと、「彼らの現実世界」を尊重する態度も失われてしまうから。

5　妖術や精霊込みの「彼らの現実世界」という想定がどこまで妥当なのかは、「彼らの現実世界」を共有できない私たちには判断がつかないから。

問八　傍線部D「グレーバーの考え方」の説明として最も適当なものを、次のなかから一つ選び、その番号をマークせよ。解答番号は13。

1　妖術や精霊を、フィールドの人びとにとってのリアリティとしてとらえるのではなく、フィールドの人びとが日々の実践のなかで使いこなしている力の根源としてとらえようとする考え方。

2　妖術や精霊を、フィールドの人びとだけが認識できる存在としてとらえるのではなく、フィールドの人びとにとっても研究者にとってもそもそも存在しえないものとして想定する考え方。

3　妖術や精霊を、フィールドの人びとにとっての役割や社会的な意味においてとらえるのではなく、フィールドの人びとの行為と実践に及ぼすところの影響力においてとらえようとする考え方。

4　妖術や精霊を、フィールドの人びとと近代人との間にある超えようのない差異の象徴としてとらえるのではなく、互いの世界が共有可能であることの象徴としてとらえようとする考え方。

問六　傍線部B「人類学者の説明がまっとうに見えれば見えるほど、妖術や精霊の存在は背景に遠ざかってしまう」の説明として最も適当なものを、次のなかから一つ選び、その番号をマークせよ。解答番号は⑪。

1　社会における意味や役割において妖術や精霊を理解すればするほど、フィールドの人びとが生きている妖術や精霊込みの世界そのものへの理解が及ばなくなるということ。

2　人びとの世界観や認識のあり方に着目して妖術や精霊を理解すればするほど、妖術や精霊が機能主義的に説明できる存在であることへの理解が及ばなくなるということ。

3　社会を維持するうえでの有用さにおいて妖術や精霊を理解すればするほど、妖術や精霊が実際には存在しえないものであることへの理解が及ばなくなるということ。

4　近代合理的な論理を用いて妖術や精霊を理解すればするほど、妖術や精霊は存在するのだとフィールドの人びとが認識していることへの理解が及ばなくなるということ。

5　機能主義的な説明によって妖術や精霊の果たす役割を理解すればするほど、妖術や精霊が近代人にとってもリアルに存在しうることへの理解が及ばなくなるということ。

問七　傍線部C「この主張にも問題点がないわけではない」理由として最も適当なものを、次のなかから一つ選び、その番号をマークせよ。解答番号は⑫。

1　私たちの共有できない「彼らの現実世界」を想定することで、「他者理解」の不可能性や「異文化理解」の難しさを過剰に示すことになるから。

2　「彼ら」にとって妖術や精霊は存在するのだと言ってしまうとき、妖術や精霊は既に人類学者にとっての現実に変換さ

問二　二重傍線部(ア)・(イ)の読みをひらがなで記せ。

問三　波線部Ⅰ「持ち前の」・Ⅱ「所与の」の意味として最も適当なものを、次のなかからそれぞれ一つずつ選び、その番号をマークせよ。解答番号はⅠは[8]、Ⅱは[9]。

Ⅰ　1　得意としている　2　重要視している　3　もとから備えている
　　4　自信をもっている　5　慣れ親しんでいる

Ⅱ　1　物質に支えられた　2　前提として与えられた　3　確証をともなった
　　4　結果として与えられた　5　経験に裏付けられた

問四　空欄 [X] ・ [Y] ・ [Z] に入る接続詞の組合せとして最も適当なものを、次のなかから一つ選び、その番号をマークせよ。解答番号は[10]。

1　X　しかも　　Y　さて　　Z　たとえば
2　X　さて　　Y　しかも　　Z　たとえば
3　X　しかも　　Y　たとえば　　Z　さて
4　X　たとえば　　Y　さて　　Z　しかも
5　X　たとえば　　Y　しかも　　Z　さて

問五　傍線部A「近代的な合理性の外側にあるようにみえるもの」とは反対のものを表している箇所を、本文中から二十二字以上二十五字以内でそのまま抜き出せ。

一方、こんなふうに「私たち」と「彼ら」の存在論的な差異を強調する考え方に疑問を投げかけている人類学者もいる。[Z]、マダガスカルで調査をしたデヴィッド・グレーバー(注2)は、精霊や妖術、呪術といったものは、私たちにとってもよくわからないものであるのと同様に、それが「存在する」とされる社会の人びとにとってもよくわからないものなんだ、という（略）。それは実在するのか？　実在するとして、どのようなものなのか？　確固たるリアリティとしては、当の社会の人びともとらえることができない。だからときに、疑いを抱く。疑いながら、それでもその「何か」の力に翻弄(イ)されたり、それを用いようとしたりする。人びとにとって、妖術や精霊や呪術は所与Ⅱの存在や信じるべき対象であるというよりも、人びとの行為や関係性のなかで実践的に働き、使われ、忘れさられ、また生みだされるものなのだ。

D グレーバーの考え方は、「人びとはそれを信じている」という信念を基準にした説明からは遠ざかっている。なおかつ、「彼らにとってそれは存在するのだ」という、存在論的な主張とも違う。どちらかというと、人びとにとっての妖術や精霊の役割や社会的な意味に注目した、機能主義的な説明に近いようにみえる。ただし、研究者によって見いだされた抽象的な「機能」を議論の中心に据えるのではなくて、人びとの行為と実践に注目している点が重要だ。ひょっとすると、ここから別の方向に進む道筋がみえてくるかもしれない。たぶん、「彼ら」と「私たち」の区別が少しだけゆらぐような方向が。

（石井美保「現実と異世界——「かもしれない」領域のフィールドワーク」）

（注）1　フィールド——人類学者にとっての調査地。
2　デヴィッド・グレーバー——アメリカ生まれの人類学者（一九六一～二〇二〇）。

問一　二重傍線部①・②のカタカナを漢字に直せ。

している」——という観点から説明しようとするのではなくて、人びとの生きている世界と、そこにおける妖術や精霊の存在そのもの——「彼らはまさに、精霊がいる世界に生きている」——を中心に据えて考えようとする(略)。こうした議論は、人類学における認識論から存在論への転換(「存在論的転回」)を主張するものだ。

この議論のユニークな点は、妖術や精霊を、「そんなものはじっさいに存在するわけがない(たとえ社会的な有用性はもっているにせよ)」と決めつける近代合理主義的な人類学者の態度を批判する一方で、そうしたものが「私たち近代人にとってもリアルに存在しうる」という見方からも距離をおく点だ。妖術や精霊は、フィールドの人びとである「彼ら」にとっては実在するものだ。それは認めなくてはならない。でも、だからこそ、私たちはそれを、私たちの理性的なことばで説明したり、あるいは自分にとっても現実的なものでありうると思いこんだりしてはならない。それは、「彼ら」にとっての現実である妖術や精霊を、何か別のもの、「私たち」にとっての現実に変換してしまうことを意味するのだから。

こうした主張は、巷で喧伝されている「他者理解」や「異文化理解」の難しさと限界を自覚的に示しているだけでなく、安易な「理解」のあり方に(ア)警鐘を鳴らすものだ。「他者理解」の不可能性のうえに立った、他者のリアリティの尊重だといえるだろう。

ただし、Cこの主張にも問題点がないわけではない。こうした存在論的な主張の前提とされ、その議論によって強化されているのは、「彼ら」と「私たち」との超えようのない差異だ。また、「彼ら」にとって妖術や精霊は存在するのだと言ってしまうとき、「彼ら」にとっての世界なるものが何かしらあることが想定されている。それは私たちによって想定された、私たちには共有することのできない、精霊や妖術込みの「彼らの現実世界」なのだ。だが、こうした想定ははたしてどこまで妥当なのだろうか。ここで私たちは、そもそも自分にとっての「他者」や「異文化」って何？　というはじめの問いにふたたび引き戻される。ただし、人類学的な探究をとおして理解されるべき他者や異文化ではなく、どのような探究をもってしてもわかりえない「他者」や「別の世界」って何？　という問いに。

る。

妖術や精霊といったものを私たちはどのように理解できるのか、という問いは、A「近代的な合理性の外側にあるようにみえるもの」を、近代人はどのように理解できるのか、というふうに言い換えることもできる。この問いに対して、人類学はこれまでにいくつかの理解の仕方を①アみだしてきた。なかでも、妖術や精霊は当の社会において、社会統合に役立ったり、社会的な緊張を和らげたり、あるいは社会変化に対する人びとの不安や葛②トウを表現するといった機能を果たしているのだという理解の仕方が主流のひとつを占めてきた(略)。こうした説明では、当の妖術や精霊がほんとうに存在するのかどうか、という問題に踏み込むことなしに、社会におけるそれらの意味や役割を説明することができる。妖術や精霊がじっさいにはありえない現象だとしても、社会における有用さのために想像上の存在が生みだされ、信じられつづけているというわけだ。

でも、こうした機能主義的な説明によって、私たちは妖術や精霊といったものを「理解する」ことができたのだろうか？　必ずしもできていない、ともいえる。批判的にみるならば、次のように問いなおすことができるだろう。こうした説明では、妖術や精霊について述べられているようでいて、ある社会のなかでそれらが果たしている機能や、それらが表現しているものといった別の事柄が説明されてしまっている。　Y　、そうした意味や機能とは、フィールドの人びとにとって納得できるものというより、その説明を受けとる近代人にとって納得のいく論理にすぎないようにみえる。機能主義的な説明がまったく的外れなわけではないだろうが、B人類学者の説明がまっとうに見えれば見えるほど、妖術や精霊の存在は背景に遠ざかってしまうかのようだ。それでいいのだろうか？

こうした問題について、二一世紀以降、興味深い議論が登場している。これまでの人類学にあったように、妖術や精霊といったものの意味や機能を近代合理的な論理によって説明してしまう態度を批判して、妖術や精霊そのものに目を向けよう、という議論だ。それは、妖術や精霊を、人びとの世界観や認識のあり方――「彼らはこの世界を、精霊がいるものとして認識

〔二〕　次の文章を読み、あとの設問に答えよ。ただし、本文の一部を省略してある。

最近、あちこちの大学や企業で「国際化」や「グローバル化」がしきりに喧伝《けんでん》されている。たとえば、「グローバル・リーダーの育成に向けた○○大学の挑戦」、「異文化理解をとおしたグローバル・コミュニケーションの促進」といった具合に。グローバルに活躍する人材になるためには、異文化を理解して他者と円滑にコミュニケーションするスキルを身につけなくてはならない。そのための効果的なプログラムを提供します、というわけだ。

だが、ちょっと考えてみよう。そもそもこうした謳《うた》い文句にある「異文化」や「他者」、そして「理解」とは、何を意味しているのだろうか。そこで想定されている差異や他者性とは、何なのだろうか。すぐに想像されるのは、まず、話されている言語の違い。また、食べものや衣服といったもので表される生活習慣の違い。そして、ものごとに対する価値観の違いなどだろう。だが、これらのことはたいてい、私たちが自分の日常的なことばや論理で語りあえる事柄でもある。言ってみれば、ある意味で想定の範囲内の「差異」や「他者性」だ。

[X]、その一方で、人類学者は調査地で、自分にとっての常識的なことばや持ち前の[I]論理で説明することが難しいようなものごとにも出会ってきた。人類学者にとって、それがそもそも「ほんとうにありうるのかどうか?」が疑われるような事柄が、(注1)フィールドの人びとにとって重要な意味をもっていることがある。それはたとえば、妖術や呪術、精霊憑依《ひょうい》と呼ばれるような現象だ。一般に、妖術は人に危害を及ぼすような霊的な力を指し、呪術は超自然的な手段を用いて種々の現象を引き起こそうとする行為を意味する。また精霊憑依は、霊的なものが人にのりうつる現象であるとされてきた。こうしたものごとや、それらをめぐる人びとの語りや経験を、私たちはどのように「理解する」ことができるのだろうか。実のところ、妖術や呪術、精霊憑依は人類学の重要なテーマでありつづけてきたし、この問いもまた、完全な答えのないままに問われつづけてい

問八　傍線部D「広い外部へ一挙に逃走する」を示したエピソードとして最も適当なものを、次のなかから一つ選び、その番号をマークせよ。解答番号は6。

1　檻から出てサーカスの人気タレントになった猿が自分の半生を回顧して学会に報告した。
2　猿は人間たちを観察し、その動作や発話を真似て、ついに人間と同じような言動ができるほどに熟達した。
3　鳩小屋の破壊は少年が子ども時代と絶縁して新しい人生に踏み出す瞬間を悲痛な鋭い光で輝かせた。
4　そのような子ども時代から私が抜けだした過程は緩慢で複雑だった。
5　アフリカで捕らえられた一匹の猿は、輸送される船上で狭い檻から何とか脱出しようとした。

問九　本文の内容と最も合致するものを、次のなかから一つ選び、その番号をマークせよ。解答番号は7。

1　私は書物を読むことで、生まれた境遇や父と決定的に決別した。
2　父が寡黙だったために、父の本当の気持ちを十分理解することができなかった。
3　私はカフカの作品の猿のように、書物を読むことで、ただその場の出口を求めていた。
4　大島の映画の少年のように貧乏だった私は、少年の破壊行為に憧れていた。
5　父が正直すぎたために、私たちは貧乏から逃れることができなかった。

4　彼はだますのが嫌いだったので、人望を得て幸福だった。

5　彼は常に他人と喧嘩することを避けていたために、幸運を逃してしまった。

問四　傍線部Ｂ「私は読書を通じて自分独自の観念的な準拠集団を持つようになり、その結果、父と息子の間に、いわば階級文化の裂け目が開くことになったわけです」の説明として最も適当なものを、次のなかから一つ選び、その番号をマークせよ。解答番号は[4]。

1　父が寡黙な人で父と話をすることがなかったので、父と私は互いを理解することができなかった。

2　私は読書によって父とは別の世界を知ることとなったため、父と何かを語り合うことがなくなった。

3　私は自分の境遇に不満を抱いており、父を恨んでいたので、父と話をしたくなかった。

4　父が持ち帰った本は分野が限られていたので、私は父の興味の狭さにうんざりして、父と話をしなかった。

5　父は口にしなかった戦争体験を私に間接的に知ってほしかったのに、私はそれに気づいていなかった。

問五　傍線部Ｃ「この少年の一度限りの決定的な身ぶり」に相当する行為を本文中から六字以内でそのまま抜き出せ。

問六　カフカの作品を、次のなかから一つ選び、その番号をマークせよ。解答番号は[5]。

1『変　身』　2『明　暗』　3『和　解』　4『新　生』　5『歯　車』

問七　空欄 [Ｘ] に入る最も適当な語を、本文中からそのまま抜き出せ。

『理由なき反抗』。

9　アレゴリー――寓意。抽象的な概念をそのまま表現せずに、別の具体的なイメージを用いて表現する文学形式。

問一　二重傍線部①・②の漢字の読みをひらがなで記せ。

問二　二重傍線部(ア)・(イ)と同じ漢字を含むものを、次のなかからそれぞれ一つずつ選び、その番号をマークせよ。解答番号はアは[1]、イは[2]。

(ア)　1　問題のケンザイカ　　2　ケントウを讃える　　3　ケントウ違い
　　4　ケンゲンを与える　　5　ケンジャの知恵

(イ)　1　モシを受験する　　2　モヨリ駅　　3　水草のハンモ
　　4　ミナモがまぶしい　　5　モシュのあいさつ

問三　傍線部A「なにしろ彼と幸運とは、敵同士とまでいかぬにしろ、どうも仲がよくなかった」の説明として最も適当なものを、次のなかから一つ選び、その番号をマークせよ。解答番号は[3]。

1　彼は長い時間働き、幸福について考える暇もなかった。
2　彼は正直すぎて、だまされることもあり、貧乏になった。
3　彼は教養がなかったため、だまされて不幸になった。

なく、そのつど一つの出口を見つけてそこを潜り抜けること……。

（中村秀之「最終講義に代えて「学芸は眉を顰めず」——階級のディスクール・断章」）

（注）1　バーナード・マラマッド——アメリカの小説家（一九一四〜一九八六）。ブルックリンで育ち、貧しい都会での生活を描いた。

2　森崎東——映画監督、脚本家（一九二七〜二〇二〇）。下層社会への共鳴が深く、社会問題を描いた。

3　準拠集団——人の価値観、信念、態度、行動などに強い影響を与える集団。

4　『愛と希望の街』——大島渚のデビュー作。少年は、鳩が飼い慣らされた巣に戻ってくるという習性を利用して同じ鳩を売るという詐欺まがいの行為を、母に半ば強制されていた。母は少年を貧困から脱出させ救済し高校に進学させるために、鳩を売ることで金を得ようとしていたのだが、少年は詐欺のために大企業への就職を逃し、ガールフレンドからも批判された。

5　大島渚——映画監督（一九三二〜二〇一三）。「松竹ヌーヴェルバーグ」と呼ばれる、新しい表現形式と、高い社会性・政治性を持つ映画を撮った。

6　フランツ・カフカ——チェコ出身のドイツ語作家（一八八三〜一九二四）。孤独や不安をテーマにした小説を書いた。

7　ヴィム・ヴェンダース——ドイツの映画監督（一九四五〜）。「旅する映画監督」とも言われ、現実と虚構が錯綜する映画世界を描く。『ニックス・ムービー　水上の稲妻』では、癌で死期近い親友ニコラス・レイの姿を映した。

8　ニコラス・レイ——アメリカの映画監督（一九一一〜一九七九）。一九五〇年代のアメリカ映画の巨匠。代表作します。鳩小屋の破壊は少年が子ども時代と絶縁して新しい人生に踏み出す瞬間を悲痛な鋭い光で輝かせています。

私には、C この少年の一度限りの決定的な身ぶりに②匹敵するような行為はありませんでした。映画と現実との一般的な相違と言えばそれまでですが、私が子ども時代から脱した行程は長く入り組んだもので、それを縷々《るる》述べ立てることはしません。一つの寓話に頼ることにしましょう。(注6)フランツ・カフカの「あるアカデミーへの報告」(一九一七年)です。アフリカで捕らえられた一匹の猿が、輸送される船上で狭い檻から何とか脱出しようとします。猿は人間たちを観察し、その動作や発話を(イ)モホウし、努力の結果、ついに人間と同じような言動ができるほどに熟達します。物語は、このようにして檻から出てサーカスの人気タレントになった猿が自分の半生を回顧して学会に報告するという形をとっています。カフカの作品の中でもよく知られた短編で、例えば、『ニックス・ムービー　水上の稲妻』(一九八〇年、(注7)ヴィム・ヴェンダース監督)には(注8)ニコラス・レイがその舞台化を演出している場面が出てきます。この話を、スターになったわけでもない私の(注9)アレゴリーとしたい理由は次の言葉にあります。

> そうなのです、私は自由を欲したのではありません。ただ出口がひとつ欲しかったのです。右であれ、左であれ、どこに向かってであってもいい。ほかに要求するものは何もありませんでした、その出口がたとえ錯覚でしかないとしても。

「［　X　］」であった私にとっての「人間」の世界は書物でした。「自由」を欲したわけではありません。まして富や地位にかかわる「成功」でもない。ただ「出口」が欲しかったのです。そのために、読んで考えること、私にできることはそれだけでした。ちなみに「右であれ、左であれ」というフレーズはここでの寓意の主眼ではありません。やがて、時間は要したものの、一つの檻から抜け出してはまたしばらくして次の檻から出るという試みを何度か繰り返しました。D 広い外部へ一挙に逃走するのではとなど大きらい——それでいてだまされるほうは一人前で、他人のものは決してほしがらず、だから自分はますます貧乏になっていった。

　私の家にはほとんど本がありませんでした。父はときどき工場から、トイレットペーパーの原料になる古本の中で私に読ませたいものや私が興味を持ちそうな本をもらってきてくれました。映画『喜劇　男は愛嬌』（一九七〇年、森崎東監督）(注2)の病気で寝たきりの少年は屑鉄屋の父親が拾ってきてくれた本で世界を知ります。幸い私は大きな病気をせずに育ちましたが、この少年は自分と重なります。父が持ち帰った本は分野が限られていました。近現代史や戦記もので、自分ではほとんど口にしなかった戦争体験を間接的にでも知ってほしかったのだと思われます。子ども心にも薄々感づいてはいたものの深く考えようとはせず、後で悔やむことになります。父は寡黙な人でしたし、私が勝手にいろいろな本を読み漁って自分の境遇に不満を募らせるようになってからは特に、二人で何かを語り合うことはありませんでした。B私は読書を通じて自分独自の観念的な準拠集団(注3)を持つようになり、その結果、父と息子の間に、いわば階級文化の裂け目が開くことになったわけです。（略）

　そのような子ども時代から私が抜け出した過程は①緩慢で複雑でした。私がしばしば思いを馳せるのは映画『愛と希望の街』(注4)（一九五九年、大島渚監督）(注5)の少年との違いです。彼は中学三年生で、病弱の母と知的障害の妹と三人でスラムに暮らし、放課後や休日には駅頭で母の生業である靴磨きを一緒にしています。物語の年代からすると、彼は現実の私より十歳ほど年長であるにすぎません。私たち家族が店を畳んだ後に移った借家は映画の少年が住むバラックによく似た小さな安普請でした。しかしそれ以外では、私は少年ほど過酷な状況に置かれていたわけではなく、むしろ相違点の方が(ア)ケンチョです。そのうちの一つである少年の行為が、繰り返し私の脳裏に浮かび、考えることを強いてきました。それは、少年が映画の終盤で、自分の曖昧な階級意識や現実に対する欺瞞的関係の象徴であった鳩小屋を打ち壊すことです。そして彼は中学校を卒業して町工場に就職

国語

（八〇分）

（注）問題三（古文）及び問題四（漢文）は、いずれか一方のみを選択して解答すること。

〔一〕次の文章を読み、あとの設問に答えよ。ただし、本文の一部を省略してある。

大正生まれの父母はともに小学校卒で、私が生まれたとき両親は小さな雑貨屋を営んでいました。幼い頃、天気の好い日中はリヤカーに品物を積んで街商に出る父に、「後押し」と称して同行したことを覚えています。店頭で母が売る茶碗の糸底に紙やすりをかけて渡す手伝いをしたときの指の感触もよみがえってきます。まもなく店が傾き、狭い家土地を売り払って借金を返済し、父は製紙工場の工員になり母はスーパーマーケットにパートで勤めるようになりました。（注1）バーナード・マラマッドの小説『アシスタント』（一九五七年）で、ブルックリンの小さな食料品店を営む父親を娘の視点に寄り添って描いた一節は、私の父にオーヴァーラップします。

A<u>なにしろ彼と幸運とは、敵《かたき》同士とまでいかぬにしろ、どうも仲がよくなかったからだ。</u>彼は長い時間を働いた、正直そのものだった――自分の正直に縛りつけられ、いわばそれが彼の心の底に深く根を張っていたとも言えて、だますこ

解答編

英語

I **解答** 1－①　2－④　3－②　4－③　5－①　6－①
7－④　8－④　9－②　10－④　11－④　12－②
13－①　14－④　15－①　16－③　17－④　18－②　19－①　20－②
21－③　22－①　23－④　24－③

解説 ≪日本におけるトレイルランニング≫

1．take to the streets は「街に繰り出す」の意なので，①が同意語句。

3．the sight がS，would prompt がVでOが必要。stare を直後の from other hikers に合わせて複数形の stares とする。surprised，confused はそれぞれ形容詞として stares を修飾している。

6．該当文は，「はるか昔よりこれらの山岳走路は～の手段として用いられた」とあるので，「道路や車が存在する前に」となるよう before を入れる。

7．主語 many of the trails を受けて，直後に目的語がないことから，「建設された」の文意となる受身形の were constructed が入る。

8．a collective elevation gain that exceeds 4,500 meters は「合計 4,500 メートルを超える高低差」の意で，a collective elevation gain（先行詞）that（S）exceeds（V）4,500 meters の関係で，この that は関係代名詞の主格なので，④が同一用法。①の that は，It is＋強調語句＋that ～の強調構文の that，②の that moment は「その瞬間」の意で，指示形容詞，③ The problem is that ～.「問題は～ということだ」の意で，名詞節を導く接続詞の that。

9．「年ごとに」という文意なので by the year となる。

11．該当文の主語は Others，述語動詞は are tending で running 以下は文修飾部。該当箇所の直前に and があることから participating として running と並列する形とする。

14. 問題文の日本文を英文構造に書き換えると，「騒音に敏感である鳥は（S）／捨てるかも知れない（V）／自分たちの巣を（O）」の第 3 文型となる。「〜に敏感な」は be sensitive to 〜 で表せるので，主語は関係代名詞 that の主格を用いて，birds that are sensitive to noises とし，述語動詞は might abandon，目的語は their nests となるので，④が適切。

15. 「ランナーをいくつかの山岳走路から走行禁止にする」の文意と類推されるので，from が入る。ban *A* from *B*「*A* を *B* から締め出す」の意。

17. 空欄を含む箇所は「このような問題が議論され，取り組まれうる統合されたプラットフォーム」という意味になる。such issues (S) could be discussed 〜 (V) at a united platform と言い換えると，at a united platform と at が必要となる。再度，関係代名詞を用いて言い換えると，a united platform at which such issues could be discussed 〜 となり，さらに関係副詞は前置詞＋関係代名詞なので，場所を表す関係副詞を用いると，a united platform where such issues 〜 となるので，⒄には where が入る。

18. 「トレイルランニングと結びつけられた諸問題」の文意となるので，associated となる。この associated は過去分詞の後置形容詞の用法で前の the problems を修飾する。

19. 下線部以降の意味は「それが，『狂った人々のための狂ったスポーツ』と揶揄されないよう」 it は「単数形のもの」を指す指示代名詞なので，前出直近にあり，文脈に適するものは trail running となる。

20. 第 4 段第 1 文に Running through the mountains as a recreational sport とあり，第 5 段第 1 文に One of the oldest domestic trail races とあるので，②「トレイルランニングはレクリエーションと競争スポーツとして日本で人気が出た」となる。①は nature lovers do が，③は except が，④は often が，それぞれ誤り。

21. ③が第 2 段最終文（These days, …）に合致。②は第 2 段第 2 文（With more …）が該当箇所だが，ここで言われているのは「暑い夏にはトレイルランニングが取り上げられるようになった」ということであって，busiest とは書かれていない。

22. ①が第 4 段第 1 文に合致。②は national media と running magazines の時系列が，③は shorter が，④は urban areas が，それぞれ

誤り。

23. 第５段に日本山岳耐久レースの記載があり，最終文に，Participants are required to reach the finish line within the 24-hour time limit and, as the race starts at 1 p. m., … night section. とあるので，④「ランナーは夜中走り，夜中の１時までにゴールしなければいけない」となる。

24. 第７段第２文（In terms …）後半に，longer than 100 kilometers where stamina, … needed とあり，一方，第３文に Others, however, are tending to avoid races 〜とあるので，③「ランナーは作戦が必要な距離がより長いレースか，楽しみのためのランニングのどちらかを望む」となる。

II　解答

25―①　26―④　27―②　28―③　29―④　30―①
31―②　32―①　33―①　34―③　35―①　36―③
37―②　38―②　39―④　40―②

イ．imitator　ロ．identical　ハ．exceptional

ニ．are finding it difficult to sustain interest

ホ．a video of herself creating a strangely realistic silicone face mask

ヘ．人々が殺到して TikTok を利用しているにもかかわらず，TikTok を利用する評価の定まったアーティストや機関はほとんどない。

解説　≪SNS の功罪≫

26. icon には idol の意があり，なおかつ直後の like 以降に著名人の名前が列挙されている。④が正解。

28. in appreciation of 〜「〜を認めて」 of 以下を肯定的に評価しているので admiration が正解。①は in the estimation of 〜「〜による評判では」という形で用いられ，the が必要な上，of の後に評価されるものではなく評価するものが来るので不可。

29. 直後にヴィヴァルディとラップ音楽が来ていることから，直前の music を修飾する形容詞句と考えるのが自然。よって varied が正解。「ヴィヴァルディの『四季』とラップ音楽くらいに変化のある音楽に作品の創造をあてた」

30. 本問の critics は文脈から「美術評論家」の意と類推されるので，①「美術作品の質を判定する人々」となる。

31. ストリートミュージシャンという言葉をアートに置き換えて考える。②「公的な許可を得ずに公の場所で創作される芸術作品」が正解。

32.「クリエーターがそのビジネスの成功を築くプラットフォーム」という使われ方をしていることから，①「多くの人々に自分の考えを表明する場所」が正解。

35. 第 2・3 段に記されたマシュウ=チェスコの TikTok を利用した成功談，および第 8 段最終文の Fortunes can suddenly end. から，①「TikTok はアマチュアアーティストに素早い成功をもたらすこともあるが，それは，その後，消え去ることもある」が正解。

36. 第 3 段最終文に，Mr. Chessco's audience … his Warhol-inspired aesthetic and … he arranged the creation of his works to music … as Vivaldi's "The Four Seasons" and the rapper 6ix9ine's "Gooba." とあるので，③「彼の絵画はウォーホルに刺激された芸術性と様々な種類の音楽を使っている」となる。

37.「チェスコの絵画を全く評価しそうにない人々のグループは次のうちどれか」 ①「素人絵描き」，③「ネオンポップ（鮮やかな色合いを好む大衆向けの）絵画ファン」，④「ストリートアーティスト」はそれぞれチェスコ氏あるいはそのファンの特徴として本文に書かれている。したがって，②「美術館愛好家」が正解。第 4 段にあるように，評論家や画廊などいわゆる「正統派」は TikTok で流行っている美術やアーティストに関心を持たないのである。

38. 第 6 段第 1 文と②がほぼ同じ内容である。

39. 第 7 段第 3 文（But the …）より，④「彼のホームページを取り下げた後，その模造者は再びそれを開いた」が正解。

40.「どの TikTok 参加者が，成功後に，その参加者の視聴者数が大幅に減ったか」 第 9 段第 2 文に，The Uffizi Gallery in Florence, which has made headlines …, has seen a significant drop …. とあるので，②となる。①は SNS で成功を収め，かつ SNS の恐ろしさをわかった人，③は第 9 段第 3 文（The photographer …）に出てくるが，a highly active user of Instagram とある，④は最終段第 2 文（While still …）に出てくるが，a strangely realistic silicone face mask を作った人で，いずれも誤り。

イ．第 7 段第 1 文後半に，Mr. Chessco … another artist was copying …,

とあるので，第2文中ほどにあるimitatorとなる。

ニ．並べ替えた英文は，(And many artists on TikTok) are finding it difficult to sustain interest(.) となる。文意は「(そしてTikTokの多くのアーティストは) 関心を維持するのが難しいと思っている」

ホ．Itは単数形の「もの」を指す指示代名詞だが，該当箇所の文章は「それは2,200万回再生された」とあるので，前にある英文の中でこれにあう「もの」を探すと，a video of herself creating a strangely realistic silicone face maskとなる。

へ．文型は，Despite …, few established artists and institutions (S) are (V) participants (C). の第2文型。despiteは「～にもかかわらず（＝in spite of)」，the gold rush on TikTok「人々がTikTokを大いに利用している状態」を，アメリカ開拓時代のゴールドラッシュに例えた比喩表現，established artists and institutionsは「評価の定まったアーティストや機関」，participantsは「TikTokの利用者」，fewは「ほとんどいない」の意，以上に注意して，適訳を心がけよう。

III 解答

〈解答例1〉 It's easier than ever to get the viewer's attention on social media.

〈解答例2〉 Obtaining viewers' interests on social media is easier than before.

解説　先ず，出題された日本文を，「視聴者の注目を集めることは（S）以前より簡単だ（C)」と，英語の語順に合わせた日本文に直すと，第2文型となる。「～することは…だ」は，不定詞の名詞用法を用いて，to *do* is … と表すが，主語が頭でっかちになるので，仮主語のitと真主語のto *do*を用いて，It is … to *do*. とするか，動名詞を用いて，〈解答例2〉のように文頭に置いてもよい。「～より簡単だ」とあるので比較級＋than ～の比較構文を用いる。「ソーシャルメディアで」は，on social media，「視聴者の注目」はviewer's attention / viewers' interests，「集める」は「得る」と考え，get / obtain，「簡単だ」はeasy，「以前よりは」は，than ever / beforeなどを用いて，英訳しよう。

日本史

I　解答　A．問１．ア．法然　イ．浄土　ウ．一遍　エ．宋
オ．臨済　カ．道元

問２．悪人正機　問３．神仏習合　問４．度会家行

B．問１．ア．足利義満　イ．猿楽　ウ．足利義政　エ．銀閣　オ．書院
カ．枯山水

問２．奈良県　問３．③

解説　≪鎌倉時代の宗教と室町文化≫

A．問３．神仏習合は日本土着の神々への信仰と仏教信仰が融合したことにより登場したもので，仏と神を同一視する思想とそれに基づく現象をさす。神仏習合の代表例として，８世紀には神宮寺の建設が行われ，９世紀に入ると僧形八幡神像が作成されるなどした。

問４．度会家行は鎌倉時代後期の伊勢神宮の神官で，元寇の影響で神国思想が広まる中，仏よりも神優位の神仏習合理論を主張した。代表作の『類聚神祇本源』は南北朝時代の貴族北畠親房の著作『神皇正統記』に影響を与えた。

B．問１．ア・イ．猿楽は唐から入ってきた散楽に由来する滑稽な物真似芸の総称で，平安時代以降，寺社の祭礼において興行される中で，歌舞劇的な要素が加わり，猿楽能へと発展した。興福寺を本所とする大和猿楽四座の１つ観世座から出た観阿弥・世阿弥父子は足利義満の保護を受け，世阿弥が猿楽能を大成した。

カ．枯山水は禅宗の影響を受け，水を使用せず，岩石と砂利を組み合わせて，自然を表現する作庭方式である。

問３．③が正解。①の『菟玖波集』は二条良基らがまとめた連歌集，②の『水無瀬三吟百韻』は宗祇らの連歌集，④の『統道真伝』は江戸時代の思想家安藤昌益の著作である。

Ⅱ **解答**　A．問1．ア．京城　イ．関東都督　ウ．旅順
エ．大連　オ．サンフランシスコ　カ．辛亥
キ．ロシア
問2．幸徳秋水　問3．③　問4．小村寿太郎
B．問1．ア．原敬　イ．西園寺公望　問2．③　問3．加藤高明
問4．石井・ランシング協定　問5．三・一独立運動　問6．②

解説　≪1910年代の対外関係≫

A．問1．イ・ウ・エ．日露戦争で獲得した遼東半島南端の租借地である関東州のうち，旅順は軍港，大連は商業港である。関東州を守る関東都督府は軍港の旅順に，南満州鉄道株式会社（満鉄）の本社は商業港の大連に置かれた。

オ．日本人学童の入学拒否事件が起こったのは，カリフォルニア州のサンフランシスコ市である。背景には，日本の大陸進出に対する警戒やアメリカへの日本人移民の増加などがある。

キ．日露戦争後，日本とロシアは満州権益を南北で分け合う形となった。アメリカが満州進出を目論んだのに対し，お互いの満州権益を維持するという点で利害が一致する日露両国は提携して対抗したため，日露戦争後，日本とロシアの関係は改善していく。

問3・問4．アメリカの鉄道経営者であるハリマンは日露戦争直後に来日し，日本に対し，満鉄の日米共同経営を呼びかけたが，日本の小村寿太郎外相が拒否し，実現しなかった。問4は呼びかけが日露戦争直後であることがわかれば，日露戦争を遂行した第1次桂太郎内閣の外務大臣である小村であると判断できるだろう。

B．問2．やや難。③誤文。日本は国際連盟規約に人種差別撤廃を明記するよう求めたが，アメリカなどの反対で実現しなかった。

問6．ウを検討し，北一輝の著作である『日本改造法案大綱』の②を選べばよい。①の『国防の本義と其強化の提唱』（陸軍パンフレット）は陸軍省，③の『国策の基準』は広田弘毅内閣，④の『国体の本義』は文部省がそれぞれ策定・発行したものである。エに関して，猶存社は大川周明が結成した国家主義団体である。

Ⅲ　解答

問1．①　問2．③　問3．②　問4．②　問5．④
問6．③　問7．①　問8．④　問9．②　問10．③
問11．④　問12．①　問13．②　問14．①　問15．④　問16．③

解説　≪古代の東アジアと日本≫

問3．②が正解。ウは6世紀初頭に，百済に対して任那四県を割譲した大伴金村が失脚したことを踏まえると，大伴氏が入る。エとオは6世紀中頃であることから，蘇我氏と物部氏の対立と判断し，「新興の」とあるオが蘇我氏とわかるので，エが物部氏となる。

問4．②が誤り。三蔵はヤマト政権に存在した3つの倉で，斎蔵，内蔵，大蔵をさす。

問7．倭の五王が中国南朝の宋に使者を派遣したのは5世紀であり，①の『宋書』倭国伝に記述が残されている。

問9．②の空海は9世紀に遣唐使で唐に留学した僧侶であり，遣隋使は関係ない。

問10．隋が滅んだのが，618年である。7世紀前半とわかれば，③の推古が選択できるだろう。

問13．②の犬上御田鍬は遣隋使として派遣された経験を持ち，630年代の第1回遣唐使の際にも渡海している。

問14．菅原道真の失脚した昌泰の変などを描いた『菅原伝授手習鑑』を作ったのは①の竹田出雲である。

問15．遣唐使は新羅との関係悪化もあり，8世紀以降，東シナ海を通過する南路を利用するようになった。

問16．阿倍仲麻呂が唐で仕えていたのは，玄宗皇帝である。

世界史

I

解答 問1．③ 問2．① 問3．③ 問4．② 問5．④
問6．③ 問7．① 問8．④ 問9．③ 問10．①
問11．② 問12．② 問13．② 問14．② 問15．④ 問16．①
問17．④ 問18．② 問19．③ 問20．①

解説 ≪中世西ヨーロッパの成立とカトリック教会≫

問2．①正文。②誤文。グレートブリテン島は後1世紀，ローマ帝国の属州に組み込まれた。

③誤文。ケルト人は鉄器文化をヨーロッパ各地に伝えた。

④誤文。七王国（ヘプターキー）を建国したのは，アングロ=サクソン人。

問5．④正文。①誤文。両シチリア王国を建てたのはノルマン人。

②誤文。フランク王国を建てたのは，メロヴィング家のクローヴィス。

③誤文。テオドリック大王は，東ゴート人。

問12．「五本山」と呼ばれた五大教会は，コンスタンティノープル，ローマ，イェルサレム，アンティオキア，アレクサンドリアの教会を指す。

問13．②正文。①誤文。東ゴートはイタリア半島中部を支配していた。

③誤文。テマ制の下では，各軍管区の司令官に，行政・軍事の統治権が付与された。

④誤文。プロノイア制は貴族による土地の世襲化を進め，帝国の分権的傾向を強めた。

問15．④正文。グレゴリウス1世は，7世紀前後に活躍した教皇。

①誤文。ピピン3世が756年に，ラヴェンナ地方を教皇に寄進したことが，教皇領の始まりとされる。

②・③誤文。叙任権闘争は，教皇グレゴリウス7世と神聖ローマ皇帝ハインリヒ4世の対立に端を発し，カノッサではグレゴリウス7世がハインリヒ4世を屈服させた。

問16．①正文。②・④誤文。ルイ9世がモンゴル帝国に派遣した修道士はルブルック。彼はカラコルム郊外で，モンケ=ハンと面会した。

③誤文。「モンテ=カッシーノに修道院を建てた」のは，聖ベネディクトゥ

ス。

問17．④誤文。「在地の貴族」は，各州の長官である伯に任命された。

問20．①正文。②誤文。ノルマンディー公ウィリアムが，イングランドを征服した。

③誤文。シチリア王のルッジェーロ２世が，ナポリを中心とするイタリア半島南部を制圧して，両シチリア王国の成立に道を開いた。

④誤文。ルーシの首長リューリクが862年，ノヴゴロド国を建国。彼の後継者オレーグが南下して，882年，キエフ公国を建てた。

Ⅱ　解答

ア．博物　イ．リンネ　ウ．スペンサー　エ．黄禍

オ．ノーベル

問１．リヴィングストン　問２．フランス　問３．ドイツ

問４．種の起源　問５．マンデラ　問６．キング牧師　問７．パレスチナ

問８．アイヌ（人）　問９．フィリピン（共和国）

問10．ブラック・ライヴズ・マター

解説　≪近代における人種主義の成立・展開≫

エ．やや難。ドイツ皇帝ヴィルヘルム２世が日清戦争での日本勝利に接して，黄色人種の脅威とその抑圧を主張したことから，黄禍論が流行するようになったという。

問１．宣教のため，南アフリカに派遣されたリヴィングストンは，南部アフリカの探検に着手した。

問３．第一次世界大戦で敗北したヨーロッパの国は，ドイツ，オーストリア，ブルガリア。このうち，オーストリアとブルガリアは，アフリカ大陸に植民地をもっていなかった。

問７．パレスチナにおけるユダヤ人とアラブ人の対立は，第一次世界大戦中に結ばれた，フセイン・マクマホン協定（1915年），サイクス・ピコ協定（1916年），バルフォア宣言（1917年）の矛盾による。

問10．2012年のフロリダ州で，黒人高校生が白人男性に射殺されると，黒人女性が抗議の意を込めて発した，「ブラック・ライヴズ・マター（黒人の命は大切だ）」という言葉がSNSでの投稿をきっかけに広がり，反人種差別運動に発展した。

Ⅲ 解答

ア．チンギス=ハン　イ．駅伝　ウ．授時暦　エ．大都　オ．交鈔　カ．元曲　キ．全真教　ク．パスパ

問1．ワールシュタットの戦い　問2．羅針盤　問3．坤輿万国全図

問4．一条鞭法　問5．金瓶梅　問6．ダライ=ラマ14世　問7．②

解説　≪モンゴル帝国・元の歴史≫

イ．モンゴル帝国・元で整備された駅伝制は，ジャムチ制とも呼ばれる。約10里ごとに置かれたジャムチでは，その使用許可証を持った使節・軍人・官吏に，飲食や馬などが提供された。

問1．ワールシュタットの戦いは，1241年，現ポーランド領のリーグニッツ近郊で行われた。

問6．1959年，チベットのラサでも，中国政府による同化政策や社会主義政策の強制に反発する市民が，反乱を起こした。中国軍が出動し，それを鎮圧すると，ダライ=ラマ14世はインドに亡命した。

問7．②c→a→b→dが正しい。cは，ラクダに乗っている胡人を表現した唐三彩。aは，1258年，フラグによるバグダード攻略を描いた図。モスクによく見られるドーム屋根が，城壁内に描かれていることに注目したい。bに描かれたキリンは，鄭和による南海遠征の際，明に献上された。dは，イギリスのマカートニーが1791年，清の乾隆帝に拝謁して，通商関係の改善を求めたことを描いた風刺画。

数学

1

解答 (1)ア．3　イ．9

(2)ウ．$\dfrac{9}{7}$　エ―③

(3)オ．$\dfrac{11}{50}$　カ．$\dfrac{2}{11}$

(4)キ．63　ク．38

解説 ≪小問 4 問≫

(1) $13^2=169$ より　$(13)^4=(169)^2=28561$

よって $(13)^4$ の一の位は　1

$13^{20}=(13^4)^5$ より，13^{20} の一の位は　1

よって，$13^{21}=(13^{20})\cdot 13$ より，13^{21} の一の位は　3　(→ア)

$29^2=(30-1)^2=900-60+1$ より，$(29)^2$ の一の位は　1

$29^{24}=(29^2)^{12}$ より，29^{24} の一の位は 1 となる。よって $29^{25}=(29^{24})\times 29$ より 29^{25} の一の位は　9　(→イ)

別解 合同式は，10 を法とする合同式とする。

$$13^{21}\equiv 3^{21}=(3^4)^5\cdot 3=81^5\cdot 3\equiv 3$$

$$29^{25}\equiv 9^{25}=(9^2)^{12}\cdot 9=81^{12}\cdot 9\equiv 9$$

参考　$29^{25}\equiv(-1)^{25}\equiv -1\equiv 9$

(2) x 軸の正の向きと 2 直線 $y=\dfrac{1}{5}x-2$，$y=2x+3$ とのなす角をそれぞれ α，β とおくと

$$\tan\alpha=\frac{1}{5},\ \tan\beta=2,\ \theta=\beta-\alpha$$

$$\tan\theta=\tan(\beta-\alpha)=\frac{\tan\beta-\tan\alpha}{1+\tan\beta\tan\alpha}$$

$$=\frac{2-\frac{1}{5}}{1+2\times\frac{1}{5}}=\frac{9}{7}\quad(\to ウ)$$

$\tan\frac{\pi}{3}=\sqrt{3}=1.73\cdots$, $\tan\frac{\pi}{4}=1$, $\tan\theta=1.28\cdots$ より

$$\tan\frac{\pi}{4}<\tan\theta<\tan\frac{\pi}{3}$$

$0<\theta<\frac{\pi}{2}$ で $\tan\theta$ は増加関数より　$\frac{\pi}{4}<\theta<\frac{\pi}{3}$, $\frac{\pi}{4}\leqq\theta<\frac{\pi}{3}$　(→エ)

(3)(a)　ワクチンを接種し，感染する確率は $\frac{80}{100}\times\frac{1}{20}$，ワクチンを接種しないで感染する確率は $\frac{20}{100}\times\frac{9}{10}$ で，それぞれ排反事象であるので，求める確率は

$$\frac{80}{100}\times\frac{1}{20}+\frac{20}{100}\times\frac{9}{10}=\frac{22}{100}=\frac{11}{50}\quad(\to オ)$$

(b)　感染する事象を A，ワクチンを接種する事象を B とおくと，求める確率は　$P_A(B)=\frac{P(A\cap B)}{P(A)}$

(a)より　$P(A)=\frac{11}{50}$

$A\cap B$ は，ワクチンを接種して感染する事象より，(a)より

$$P(A\cap B)=\frac{80}{100}\times\frac{1}{20}=\frac{2}{50}$$

$$P_A(B)=\frac{\frac{2}{50}}{\frac{11}{50}}=\frac{2}{11}\quad(\to カ)$$

(4)　クラスＡとクラスＢの得点全ての総和は

$$70\times30+60\times70=6300$$

したがって，クラスＡとクラスＢを合わせた得点の平均は

$$\frac{6300}{100}=63\quad(\to キ)$$

クラスＡ，クラスＢの分散，得点の２乗の平均，得点の平均をそれぞれ，

$s_{\mathrm{A}}{}^2$, $\overline{x_{\mathrm{A}}{}^2}$, $\overline{x_{\mathrm{A}}}$, $s_{\mathrm{B}}{}^2$, $\overline{x_{\mathrm{B}}{}^2}$, $\overline{x_{\mathrm{B}}}$ とおくと

$$s_{\mathrm{A}}{}^2=\overline{x_{\mathrm{A}}{}^2}-(\overline{x_{\mathrm{A}}})^2 \quad \cdots\cdots ①,\quad s_{\mathrm{B}}{}^2=\overline{x_{\mathrm{B}}{}^2}-(\overline{x_{\mathrm{B}}})^2 \quad \cdots\cdots ②$$

①について表より

$$10=\overline{x_{\mathrm{A}}{}^2}-70^2 \qquad \overline{x_{\mathrm{A}}{}^2}=10+70^2=4910$$

②について表より

$$20=\overline{x_{\mathrm{B}}{}^2}-60^2 \qquad \overline{x_{\mathrm{B}}{}^2}=20+60^2=3620$$

クラスAとクラスBを合わせた得点の2乗の平均は

$$\frac{\overline{x_{\mathrm{A}}{}^2}\times 30+\overline{x_{\mathrm{B}}{}^2}\times 70}{100}=\frac{4910\times 30+3620\times 70}{100}$$

$$=491\times 3+362\times 7=4007$$

クラスAとクラスBを合わせた得点の分散を V とおくと

$$V=4007-63^2=4007-3969=38 \quad (\to ク)$$

2　解答

(1)　AC＝BD より　$f(a)=f(b)$

$$a(4-a)=b(4-b)$$

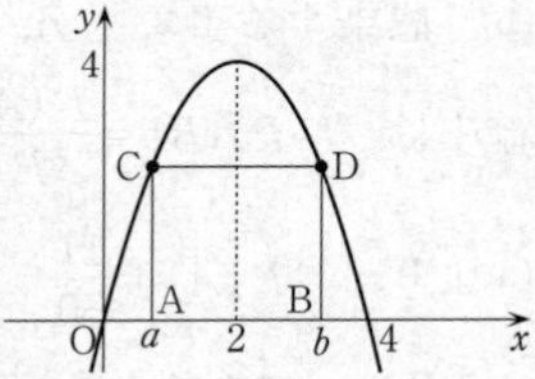

$$a^2-b^2-4(a-b)=0$$

$$(a-b)(a+b-4)=0$$

$a\neq b$ より　$a+b=4$　$b=4-a$　……(答)

別解　放物線の対称性から，線分 AB の中点は

(2, 0) より　$\dfrac{a+b}{2}=2$

$$a+b=4$$

$$\therefore \quad b=4-a$$

(2)　$S(a)=(b-a)f(a)$

$$=(4-2a)a(4-a)$$

$$=2a^3-12a^2+16a \quad \cdots\cdots(答)$$

(3)　$S'(a)=2(3a^2-12a+8)$

$S'(a)=0$ をとくと

$$a=\frac{6\pm 2\sqrt{3}}{3}=2\pm\frac{2}{3}\sqrt{3}$$

ここで，$0\leqq a<b\leqq 4$, $b=4-a$ より

$$0\leqq a<4-a\leqq 4$$

$0 \leqq a < 2$

したがって，この範囲で $S'(a)=0$ となる解は　　$a=2-\dfrac{2}{3}\sqrt{3}$

a	0	$\cdots$	$2-\dfrac{2}{3}\sqrt{3}$	$\cdots$	(2)
$S'(a)$		+	0	−	
$S(a)$		↗	最大	↘	

a^3-6a^2+8a を $3a^2-12a+8$ で割ると，右下の商と余りより

$$a^3-6a^2+8a=(3a^2-12a+8)\left(\frac{1}{3}a-\frac{2}{3}\right)-\frac{8}{3}a+\frac{16}{3}$$

$$S(a)=S'(a)\left(\frac{1}{3}a-\frac{2}{3}\right)-\frac{16}{3}(a-2)$$

$$\begin{array}{r|l} & \frac{1}{3}a-\frac{2}{3} \\ \hline 3a^2-12a+8 & a^3-6a^2+8a \\ & a^3-4a^2+\frac{8}{3}a \\ \hline & -2a^2+\frac{16}{3}a \\ & -2a^2+8a-\frac{16}{3} \\ \hline & -\frac{8}{3}a+\frac{16}{3} \end{array}$$

$a=2-\dfrac{2}{3}\sqrt{3}$ のとき，$S'(a)=0$ より

$$S\left(2-\frac{2}{3}\sqrt{3}\right)=-\frac{16}{3}\left(-\frac{2}{3}\sqrt{3}\right)$$

$$=\frac{32}{9}\sqrt{3}$$

よって，$a=2-\dfrac{2}{3}\sqrt{3}$ のとき，最大値

$\dfrac{32}{9}\sqrt{3}$　……(答)

解説　≪二次関数のグラフ上の点からなる長方形の面積の最大値≫

(1)より，$S(a)$ は，a の 3 次関数となる。$0 \leqq a < b \leqq 4$ より a の範囲にも留意する。(3)で最大値を求めるにあたり，a の値が複雑であるので，$S(a)$ を $S'(a)$ で割った商と余りの関係式を利用するとよい。

3　解答

(1)　条件により，各群の数列の項は，次のようになる。

第 1 群は 1，第 2 群は 2，4，第 3 群は 3，6，9，第 4 群は 4，8，12，16

したがって，初項から第 10 項まで書き出すと，順に

1，2，4，3，6，9，4，8，12，16　……(答)

(2)　第 n 項 32 が第 k 群にあるとする。(1)より $k \geqq 5$ としてよい。また，k は 32 の約数であるから　　$k=8$，16，32

(i)　$k=8$ のとき

第8群は8，16，24，32，40，…より，このときの32は，第8群の第4項だから

$$n=(1+2+\cdots+7)+4=\frac{1}{2}\cdot 7\cdot 8+4=32$$

(ii)　$k=16$ のとき

第16群は16，32，48，…より，このときの32は，第16群の第2項だから

$$n=(1+2+\cdots+15)+2=\frac{1}{2}\cdot 15\cdot 16+2=122$$

(iii)　$k=32$ のとき

第32群は32，64，…より，このときの32は，第32群の初項だから

$$n=(1+2+3+\cdots+31)+1=\frac{1}{2}\cdot 31\cdot 32+1=497$$

(i)〜(iii)より　　$n=32,\ 122,\ 497$　……(答)

(3)　第600項が第 k 群にあるとすると

$$1+2+\cdots+(k-1)<600\leqq 1+2+\cdots+k$$

$$\frac{1}{2}(k-1)k<600\leqq\frac{1}{2}k(k+1)$$

$k=35$ のとき，この不等式は，$595<600\leqq 630$ として成り立つ。したがって，第600項は第35群の第5項である。

よって，第600項は　　$35\times 5=175$　……(答)

(4)　一般に第 k 群にある数列の項は順に

$$k,\ 2k,\ 3k,\ \cdots,\ (k-1)k,\ k\cdot k$$

よって，第 k 群にある k 個の数列の総和は

$$k+2k+3k+\cdots+(k-1)k+k\cdot k=k(1+2+3+\cdots+k)$$

$$=k\cdot\frac{1}{2}k(k+1)=\frac{1}{2}k^2(k+1)$$

(3)より，第600項は第35群の第5項であるから，求める和を S とおくと

$$S=\sum_{k=1}^{34}\frac{1}{2}k^2(k+1)+(35+2\cdot 35+3\cdot 35+4\cdot 35+5\cdot 35)$$

$$=\frac{1}{2}\sum_{k=1}^{34}k^3+\frac{1}{2}\sum_{k=1}^{34}k^2+35(1+2+3+4+5)$$

$$=\frac{1}{2}\left(\frac{1}{2}\cdot 34\cdot 35\right)^2+\frac{1}{2}\left\{\frac{1}{6}\cdot 34\cdot 35\cdot(68+1)\right\}+35\cdot\frac{1}{2}\cdot 5\cdot 6$$

$$=\frac{1}{2}(17^2\cdot35^2+17\cdot35\cdot23)+35\cdot15=\frac{1}{2}\cdot17\cdot35(17\cdot35+23)+35\cdot15$$

$$=\frac{1}{2}\cdot17\cdot35\cdot618+35\cdot15=17\cdot35\cdot309+35\cdot15=105(17\cdot103+5)$$

$$=105\times1756=184380$$　……(答)

解説　≪群数列の項の値，和≫

(1)では，各群を書き出すことで，第10項まで書き出すと，第4群の末項までとなる。

(2)では，32が第k群にあるとすると，32はkの倍数であるから，kは32の約数である。(1)から第4群までには，32はあらわれないので　　$k\geqq5$

このことから，$k=8$，16，32となる。

そして各kの値に対して，32は第k群の第何項にあるかを調べることでnの値を求めることができる。

(3)では，kに関する不等式に，適当な値を代入して調べることで求める。

(4)では，第k群の項の総和を求め，「第1群から第34群までの総和」と「第35群の初項から第5項までの和」をあわせたものが求める和となる。

このとき，$\sum_{k=1}^{n}k^3=\left\{\frac{1}{2}n(n+1)\right\}^2$ の公式を用いる。また，計算する際，直接それぞれの和の値を計算してもよいが，〔解答〕のように工夫するとよい。

となる。

問五　書き下しは「死を公孟に帰《き》して可《か》なり（＝（自分の）死を公孟に従わせてよいのだ）」となり、〈公孟の殺害計画を斉豹から聞いても、公孟と生死を共にする決意〉が読み取れる。これは四行目「宗魯以…皆死」からもわかる（問六の〔解説〕参照）ため5が正解である。

問六　「中」は〝①中《あた》ル（あたる）、②中《あ》ツ（あてる）〟である。四行目「宗魯以…皆死（＝宗魯は背中で公孟をかばうが、戈《ほこ》は（宗魯の）肘を切って、公孟に命中した。公孟と宗魯二人とも死んだ）」とあるため、2が文脈にも合致する。

問七　琴張が宗魯の訃報を聞き、弔いに行こうとしたところ、孔子が〝斉豹は盗人で、公孟は賊である〟と宗魯がかかわった二人を良くない人物として評価し、弔問をやめさせる場面である。〝どうして弔おうとするのか、いやしなくてよい〟と解釈できるように「何《なん》ぞ…未然形＋ン（や）」と読み、反語〝どうして〜しようか、いや〜しない〟となる1が正解。

問八　ⓗ一字返るときは「レ点」を使用する。レ点を挟んで返るとき、そして二字以上返るときは「一・二点」を使用する。今回は「邪→病→不」と三字返るため「一・二・三点」を使用する。

問九　3が合致している（問六の〔解説〕参照）。1、正しくは「斉豹は宗魯を公孟に紹介し…公孟に仕え、公孟とともに」である。2と5は問五・問六の〔解説〕の通り、不一致。4も不一致、問七の〔解説〕参照。

四

出典 王粛『孔子家語』

解答

問一　3　　問二　5

問三　4

問四　1

問五　5

問六　2

問七　1

問八　ⓗ不三為レ利病二於邪一　ⓘ不二以レ邪事一レ人

問九　3

解説

問二「以レA《ヲ》為《なス》レB《ト》」は〝AをBとする、AをBとみなす〟で〝公孟がAを参乗（＝車に乗るお供）とした〟と解釈できる。一行目「衛斉豹見宗魯於公子孟縶」の「見《まみエシム》」の「シム」は使役で〝衛の斉豹が公孟に宗魯を謁見させた〟となり、斉豹が公孟に宗魯を紹介したことがわかる。また後半の文章からも宗魯が公孟に仕えていたことが読み取れるので、Aにあたるのは「宗魯」。

問三　書き下すと「吾《われ》子《し》に由《よ》りて之《これ》に事《つか》ふ」である。「吾」は〝私、自分自身〟で、「子《し》」は〝あなた〟で、「事」は〝①事フ（仕える）、②事《こと》トス（専念する）〟の意である。傍線部の発言者は宗魯であるから「吾＝宗魯」。これまでの内容から（問二の〔解説〕参照）、「子」＝斉豹、「之」＝公孟だとわかる。

問四　「子行事乎（＝あなた（＝斉豹）がことを起こす）」とあるので、斉豹が実行したいことを考える。二行目「及斉豹…使行（＝斉豹は公孟を殺そうとすることになって、宗魯を逃げさせようと（宗魯に殺害計画を）告げた）」が根拠

「に」は連体形に接続する。「明けゆく」はカ行四段活用動詞なので「か／き／く／く／け／け」と活用する。以上より、正解は7、「明けゆく」である。

問三　A、「はや」は〝①（願望や命令の文中で）早く、②早くも〟といった意味。「明け」はカ行下二段活用の未然形か連用形のどちらかである。未然形に接続する「なむ」は願望の終助詞〝～てほしい〟で、連用形に接続する「な／む」は完了（強意）の助動詞「ぬ」未然形＋推量の助動詞「む」である。ここは恐ろしい雷雨の夜に女と二人で荒れた倉に逃げ込んだ男が、倉の戸口を守っている場面であるから、「はや」を①の意、「なむ」を願望の終助詞と判断して、5が正解。

C、「下臈」は官位や身分が低い人のこと。

問四　空欄X直後に「鬼ある所ともしらで（＝鬼がいるところとも知らないで）」とあるので、この場所には鬼がいたことになる。女を一口で食べてしまうのは人間の行いとは考えられないので、鬼が正解。

問五　女の姿が消えてしまったのを悲しんだ男の詠んだ歌。和歌の現代語訳は〝（水滴を見て）あれは真珠か、なにか、と愛しい女が尋ねたときに、露だと答えて私も露のようにはかなく消えてしまったらよかったのに〟となる。二行目「『かれは…問ひける」から、「白玉か」と尋ねたのは女。「な（完了）／まし（反実仮想）／ものを（詠嘆の終助詞）」で〝～てしまったらよかったのに〟と解釈する。

問六　形容動詞「ただなり」には〝①直接だ、②ありのままだ、③むなしい、④普通だ〟の意味があり「ただびと」というと〝①普通の人、②臣下〟を指す。傍線部の主体は「后」で、后が若いころの話なので「入内する前普通の身分でいらしたとき」といった内容が正解である。

問八　本文⑴の内容は〈男が女を盗み出し、その女が鬼に食われてしまったため、男が一緒に死んでしまいたかったと後悔する話〉である。本文⑵では〈実は女が后になる前の若いころの話で、女の兄弟たちが男にさらわれる女を守ったため、その兄弟のことを鬼と言い表したのだ〉と⑴の実情や女の詳しい身分などを明かして述べている。

2、「理解可能」が傍線部Bの段落第一・二文に合致しない。3、「軽視してきた」とは書かれていない。5、「統合できる」とは書かれていない。最後から二文目にあるように「別の方向に進む道筋」であって、統合とは言えない。

三

出典　『伊勢物語』〈六　芥川〉

解答

問一　1

問二　X－4　Y－7

問三　A－5　C－2

問四　鬼

問五　1・7

問六　入内する前普通の身分でいらしたとき（十八字以内）

問七　5

問八　3

解説

問一　「得《う》（ア行下二段活用の動詞「得《う》」終止形）／まじかり（打消推量の助動詞「まじ」連用形）／ける（過去の助動詞「けり」連体形）」と品詞分解される。「まじかり」で一語である点に注意。

問二　X、後に「はや夜も明けなむ」とあるので、この場面は夜であるから、1～4から選ぶ。直後にある接続助詞「ば」は未然形に接続すると順接仮定条件、已然形に接続すると順接確定条件の意味になる。過去の助動詞「けり」は「（けら）／○／けり／ける／けれ／○」と活用する。ここの場面は〈夜が更けてしまった〉という起こっている状況を述べているので、4、「更けにけれ」が正解。

Y、「はや夜も明けなむ」の後にあり、直前に「やうやう」とあるので、5～8から選択する。直後にある接続助詞

問四　2
問五　私たちが自分の日常的なことばや論理で語りあえる事柄
問六　1
問七　5
問八　5
問九　4

解説

問五　設問では「反対のものを表している箇所」とあるので、傍線部前後の内容から〈近代的な合理性の内側にある、近代人が理解しやすいもの〉を本文の中から探せばよい。第二段落四行目「私たちが自分の日常的なことばや論理で語りあえる事柄」が正解。空欄Xの文にある「自分にとっての常識的なことばや持ち前の論理」は二十一字のため正解にならない。

問六　傍線部は〈妖術や精霊を機能主義的（＝社会上の意味や役割）な説明で理解するほど、人の認識や意味付けを必要とするので、妖術や精霊の存在を主題（＝妖術などはそのものとして世界に存在するもの）として理解できなくなる〉ということ。合致しているのは1。

問七　二〜四文後「『彼ら』にとって…想定はたしてどこまで妥当なのだろうか」に着目すると、「この主張」＝〈妖術や精霊は「彼ら」にとっての現実であるという考え方〉は「私たちには共有することのできない」ものであり、その「想定」が妥当かどうかに疑問が残ると筆者は考えているとわかる。合致するのは5。

問八　5は最後から三文目「ただし…重要だ」と合致している。1、「使いこなしている力の根源」は本文にない。2、「存在しえない」が誤り。3、「役割や社会的な意味においてとらえるのではなく」は三つ後の文の「人びとに…みえる」と合致していない。4、本文では何かの「象徴」だとは述べられていない。

問九　4は傍線部Bの後の三つの段落の内容と合致。1、「否定する」とまでは書かれていない（問六の〔解説〕参照）。

うになってからは特に…」とあり、不満が直接的な原因ではなく、その前から語り合わなくなった原因があることを指しているため誤り。

問五　「この」の内容を考える。「一度限りの決定的な身ぶり」にあう行動は、直前にある「鳩小屋の破壊」以外に当てはまるものがない。「鳩小屋を打ち壊す」では文字数に合わない。

問七　傍線部Cの段落で筆者には「鳩小屋の破壊」のような行為はなく、筆者の子ども時代を脱する行程を説明するものとして小説の猿を引用している。同段落四行目「猿は人間たちを観察し…このようにして檻から出て…」に注目。空欄の後は〈「X」であった私は書物を読んで世界を知り、檻から出ることを繰り返すように出口を求めた〉と解釈でき、筆者を「猿」に喩えているとわかる。

問八　傍線部の主体は筆者で、本文は「広い外部へ一挙に逃走するのではなく」とあるため、筆者の過去は当てはまらない。また、筆者は自身を喩えるのにフランツ＝カフカの小説に出てくる「猿」を引用しているため、小説の中の猿の言動も当てはまらない（問七の〔解説〕参照）。よって正解は3である。

問九　3が本文の内容と合致（問七の〔解説〕参照）。1、「決定的に決別」が誤り。傍線部Bの二・三文前で、父の思いをくみ取らなかったことを筆者は後悔している。同様に、2、「寡黙だったため」も誤り。「深く考えようとは」しなかったからである。4、「憧れていた」、5、「正直すぎたために」は本文から読み取ることができない。

二

出典　石井美保「現実と異世界――『かもしれない』領域のフィールドワーク」〈第Ⅰ部　世界のとらえ方〉
（松井圭一郎・中川理・石井美保編『文化人類学の思考法』世界思想社）

解答

問一　①編　②藤

問二　ア、けいしょう　イ、ほんろう

問三　Ⅰ－3　Ⅱ－2

国語

一

出典 中村秀之「最終講義に代えて『学芸は眉を顰めず』——階級のディスクール・断章」（『立教映像身体学研究』第8号 立教大学映像身体学科学生研究会）

解答

問一 ①かんまん ②ひってき
問二 (ア)−1 (イ)−1
問三 2
問四 2
問五 鳩小屋の破壊
問六 1
問七 猿
問八 3
問九 3

解説

問三 2は傍線部を含む引用箇所に「正直そのもの」「だまされるほうは一人前」「ますます貧乏」とあるのに合致する。1は「考える暇もなかった」、3は「教養がなかった」、4は「人望を得て幸福」、5は「他人と喧嘩することを避けていた」が合致しない。

問四 傍線部は〈筆者が読書によって観念的（〝現実を離れて頭の中で組み立てられたさま〟）に内面を構成するものが父親とがらりと変わり、共通項がないため話をすることも（でき）ない〉ということ。3は前文に「不満を募らせるよ

////////////////////// · memo · //////////////////////

//////////////////// · memo · ////////////////////

//////////////////// · memo · ////////////////////

//////////////////// · memo · ////////////////////

教学社 刊行一覧

2025年版 大学赤本シリーズ

374大学556点
全都道府県を網羅

国公立大学（都道府県順）

全国の書店で取り扱っています。店頭にない場合は，お取り寄せができます。

1 北海道大学(文系－前期日程)
2 北海道大学(理系－前期日程) 医
3 北海道大学(後期日程)
4 旭川医科大学(医学部〈医学科〉) 医
5 小樽商科大学
6 帯広畜産大学
7 北海道教育大学
8 室蘭工業大学／北見工業大学
9 釧路公立大学
10 公立千歳科学技術大学
11 公立はこだて未来大学 総推
12 札幌医科大学(医学部) 医
13 弘前大学 医
14 岩手大学
15 岩手県立大学・盛岡短期大学部・宮古短期大学部
16 東北大学(文系－前期日程)
17 東北大学(理系－前期日程) 医
18 東北大学(後期日程)
19 宮城教育大学
20 宮城大学
21 秋田大学 医
22 秋田県立大学
23 国際教養大学 総推
24 山形大学 医
25 福島大学
26 会津大学
27 福島県立医科大学(医・保健科学部) 医
28 茨城大学(文系)
29 茨城大学(理系)
30 筑波大学(推薦入試) 医 総推
31 筑波大学(文系－前期日程)
32 筑波大学(理系－前期日程) 医
33 筑波大学(後期日程)
34 宇都宮大学
35 群馬大学 医
36 群馬県立女子大学
37 高崎経済大学
38 前橋工科大学
39 埼玉大学(文系)
40 埼玉大学(理系)
41 千葉大学(文系－前期日程)
42 千葉大学(理系－前期日程) 医
43 千葉大学(後期日程) 医
44 東京大学(文科) DL
45 東京大学(理科) DL 医
46 お茶の水女子大学
47 電気通信大学
48 東京外国語大学 DL
49 東京海洋大学
50 東京科学大学(旧 東京工業大学)
51 東京科学大学(旧 東京医科歯科大学) 医
52 東京学芸大学
53 東京藝術大学
54 東京農工大学
55 一橋大学(前期日程)
56 一橋大学(後期日程)
57 東京都立大学(文系)
58 東京都立大学(理系)
59 横浜国立大学(文系)
60 横浜国立大学(理系)
61 横浜市立大学(国際教養・国際商・理・データサイエンス・医〈看護〉学部)
62 横浜市立大学(医学部〈医学科〉) 医
63 新潟大学(人文・教育〈文系〉・法・経済科・医〈看護〉・創生学部)
64 新潟大学(教育〈理系〉・理・医〈看護を除く〉・歯・工・農学部) 医
65 新潟県立大学
66 富山大学(文系)
67 富山大学(理系) 医
68 富山県立大学
69 金沢大学(文系)
70 金沢大学(理系) 医
71 福井大学(教育・医〈看護〉・工・国際地域学部)
72 福井大学(医学部〈医学科〉) 医
73 福井県立大学
74 山梨大学(教育・医〈看護〉・工・生命環境学部)
75 山梨大学(医学部〈医学科〉) 医
76 都留文科大学
77 信州大学(文系－前期日程)
78 信州大学(理系－前期日程) 医
79 信州大学(後期日程)
80 公立諏訪東京理科大学 総推
81 岐阜大学(前期日程) 医
82 岐阜大学(後期日程)
83 岐阜薬科大学
84 静岡大学(前期日程)
85 静岡大学(後期日程)
86 浜松医科大学(医学部〈医学科〉) 医
87 静岡県立大学
88 静岡文化芸術大学
89 名古屋大学(文系)
90 名古屋大学(理系) 医
91 愛知教育大学
92 名古屋工業大学
93 愛知県立大学
94 名古屋市立大学(経済・人文社会・芸術工・看護・総合生命理・データサイエンス学部)
95 名古屋市立大学(医学部〈医学科〉) 医
96 名古屋市立大学(薬学部)
97 三重大学(人文・教育・医〈看護〉学部)
98 三重大学(医〈医〉・工・生物資源学部) 医
99 滋賀大学
100 滋賀医科大学(医学部〈医学科〉) 医
101 滋賀県立大学
102 京都大学(文系)
103 京都大学(理系) 医
104 京都教育大学
105 京都工芸繊維大学
106 京都府立大学
107 京都府立医科大学(医学部〈医学科〉) 医
108 大阪大学(文系) DL
109 大阪大学(理系) 医
110 大阪教育大学
111 大阪公立大学(現代システム科学域〈文系〉・文・法・経済・商・看護・生活科〈居住環境・人間福祉〉学部－前期日程)
112 大阪公立大学(現代システム科学域〈理系〉・理・工・農・獣医・医・生活科〈食栄養〉学部－前期日程) 医
113 大阪公立大学(中期日程)
114 大阪公立大学(後期日程)
115 神戸大学(文系－前期日程)
116 神戸大学(理系－前期日程) 医
117 神戸大学(後期日程)
118 神戸市外国語大学 DL
119 兵庫県立大学(国際商経・社会情報科・看護学部)
120 兵庫県立大学(工・理・環境人間学部)
121 奈良教育大学／奈良県立大学
122 奈良女子大学
123 奈良県立医科大学(医学部〈医学科〉) 医
124 和歌山大学
125 和歌山県立医科大学(医・薬学部) 医
126 鳥取大学 医
127 公立鳥取環境大学
128 島根大学 医
129 岡山大学(文系)
130 岡山大学(理系) 医
131 岡山県立大学
132 広島大学(文系－前期日程)
133 広島大学(理系－前期日程) 医
134 広島大学(後期日程)
135 尾道市立大学 総推
136 県立広島大学
137 広島市立大学
138 福山市立大学 総推
139 山口大学(人文・教育〈文系〉・経済・医〈看護〉・国際総合科学部)
140 山口大学(教育〈理系〉・理・医〈看護を除く〉・工・農・共同獣医学部) 医
141 山陽小野田市立山口東京理科大学 総推
142 下関市立大学／山口県立大学
143 周南公立大学 新 総推
144 徳島大学 医
145 香川大学 医
146 愛媛大学 医
147 高知大学 医
148 高知工科大学
149 九州大学(文系－前期日程)
150 九州大学(理系－前期日程) 医
151 九州大学(後期日程)
152 九州工業大学
153 福岡教育大学
154 北九州市立大学
155 九州歯科大学
156 福岡県立大学／福岡女子大学
157 佐賀大学 医
158 長崎大学(多文化社会・教育〈文系〉・経済・医〈保健〉・環境科〈文系〉学部)
159 長崎大学(教育〈理系〉・医〈医〉・歯・薬・情報データ科・工・環境科〈理系〉・水産学部) 医
160 長崎県立大学 総推
161 熊本大学(文・教育・法・医〈看護〉学部・情報融合学環〈文系型〉)
162 熊本大学(理・医〈看護を除く〉・薬・工学部・情報融合学環〈理系型〉) 医
163 熊本県立大学
164 大分大学(教育・経済・医〈看護〉・理工・福祉健康科学部)
165 大分大学(医学部〈医・先進医療科学科〉) 医
166 宮崎大学(教育・医〈看護〉・工・農・地域資源創成学部)
167 宮崎大学(医学部〈医学科〉) 医
168 鹿児島大学(文系)
169 鹿児島大学(理系) 医
170 琉球大学 医

2025年版　大学赤本シリーズ

国公立大学 その他

171 〔国公立大〕医学部医学科 総合型選抜・学校推薦型選抜※ 医 総推
172 看護・医療系大学〈国公立 東日本〉※
173 看護・医療系大学〈国公立 中日本〉※
174 看護・医療系大学〈国公立 西日本〉※
175 海上保安大学校／気象大学校
176 航空保安大学校
177 国立看護大学校
178 防衛大学校 総推
179 防衛医科大学校(医学科) 医
180 防衛医科大学校(看護学科)

※ No.171〜174の収載大学は赤本ウェブサイト(http://akahon.net/)でご確認ください。

私立大学①

北海道の大学(50音順)

201 札幌大学
202 札幌学院大学
203 北星学園大学
204 北海学園大学
205 北海道医療大学
206 北海道科学大学
207 北海道武蔵女子大学・短期大学
208 酪農学園大学(獣医学群〈獣医学類〉)

東北の大学(50音順)

209 岩手医科大学(医・歯・薬学部) 医
210 仙台大学 総推
211 東北医科薬科大学(医・薬学部) 医
212 東北学院大学
213 東北工業大学
214 東北福祉大学
215 宮城学院女子大学 総推

関東の大学(50音順)

あ行(関東の大学)

216 青山学院大学(法・国際政治経済学部−個別学部日程)
217 青山学院大学(経済学部−個別学部日程)
218 青山学院大学(経営学部−個別学部日程)
219 青山学院大学(文・教育人間科学部−個別学部日程)
220 青山学院大学(総合文化政策・社会情報・地球社会共生・コミュニティ人間科学部−個別学部日程)
221 青山学院大学(理工学部−個別学部日程)
222 青山学院大学(全学部日程)
223 麻布大学(獣医、生命・環境科学部)
224 亜細亜大学
226 桜美林大学
227 大妻女子大学・短期大学部

か行(関東の大学)

228 学習院大学(法学部−コア試験)
229 学習院大学(経済学部−コア試験)
230 学習院大学(文学部−コア試験)
231 学習院大学(国際社会科学部−コア試験)
232 学習院大学(理学部−コア試験)
233 学習院女子大学
234 神奈川大学(給費生試験)
235 神奈川大学(一般入試)
236 神奈川工科大学
237 鎌倉女子大学・短期大学部
238 川村学園女子大学
239 神田外語大学
240 関東学院大学
241 北里大学(理学部)
242 北里大学(医学部) 医
243 北里大学(薬学部)
244 北里大学(看護・医療衛生学部)
245 北里大学(未来工・獣医・海洋生命科学部)
246 共立女子大学・短期大学
247 杏林大学(医学部) 医
248 杏林大学(保健学部)
249 群馬医療福祉大学・短期大学部
250 群馬パース大学 総推
251 慶應義塾大学(法学部)
252 慶應義塾大学(経済学部)
253 慶應義塾大学(商学部)
254 慶應義塾大学(文学部) 総推
255 慶應義塾大学(総合政策学部)
256 慶應義塾大学(環境情報学部)
257 慶應義塾大学(理工学部)
258 慶應義塾大学(医学部) 医
259 慶應義塾大学(薬学部)
260 慶應義塾大学(看護医療学部)
261 工学院大学
262 國學院大學
263 国際医療福祉大学 医
264 国際基督教大学
265 国士舘大学
266 駒澤大学(一般選抜T方式・S方式)
267 駒澤大学(全学部統一日程選抜)

さ行(関東の大学)

268 埼玉医科大学(医学部) 医
269 相模女子大学・短期大学部
270 産業能率大学
271 自治医科大学(医学部) 医
272 自治医科大学(看護学部)／東京慈恵会医科大学(医学部〈看護学科〉)
273 実践女子大学 総推
274 芝浦工業大学(前期日程)
275 芝浦工業大学(全学統一日程・後期日程)
276 十文字学園女子大学
277 淑徳大学
278 順天堂大学(医学部) 医
279 順天堂大学(スポーツ健康科・医療看護・保健看護・国際教養・保健医療・医療科・健康データサイエンス・薬学部) 総推
280 上智大学(神・文・総合人間科学部)
281 上智大学(法・経済学部)
282 上智大学(外国語・総合グローバル学部)
283 上智大学(理工学部)
284 上智大学(TEAPスコア利用方式)
285 湘南工科大学
286 昭和大学(医学部) 医
287 昭和大学(歯・薬・保健医療学部)
288 昭和女子大学
289 昭和薬科大学
290 女子栄養大学・短期大学部 総推
291 白百合女子大学
292 成蹊大学(法学部−A方式)
293 成蹊大学(経済・経営学部−A方式)
294 成蹊大学(文学部−A方式)
295 成蹊大学(理工学部−A方式)
296 成蹊大学(E方式・G方式・P方式)
297 成城大学(経済・社会イノベーション学部−A方式)
298 成城大学(文芸・法学部−A方式)
299 成城大学(S方式〈全学部統一選抜〉)
300 聖心女子大学
301 清泉女子大学
303 聖マリアンナ医科大学 医
304 聖路加国際大学(看護学部)
305 専修大学(スカラシップ・全国入試)
306 専修大学(前期入試〈学部個別入試〉)
307 専修大学(前期入試〈全学部入試・スカラシップ入試〉)

た行(関東の大学)

308 大正大学
309 大東文化大学
310 高崎健康福祉大学
311 拓殖大学
312 玉川大学
313 多摩美術大学
314 千葉工業大学
315 中央大学(法学部−学部別選抜)
316 中央大学(経済学部−学部別選抜)
317 中央大学(商学部−学部別選抜)
318 中央大学(文学部−学部別選抜)
319 中央大学(総合政策学部−学部別選抜)
320 中央大学(国際経営・国際情報学部−学部別選抜)
321 中央大学(理工学部−学部別選抜)
322 中央大学(5学部共通選抜)
323 中央学院大学
324 津田塾大学
325 帝京大学(薬・経済・法・文・外国語・教育・理工・医療技術・福岡医療技術学部)
326 帝京大学(医学部) 医
327 帝京科学大学 総推
328 帝京平成大学 総推
329 東海大学(医〈医〉学部を除く−一般選抜)
330 東海大学(文系・理系学部統一選抜)
331 東海大学(医学部〈医学科〉) 医
332 東京医科大学(医学部〈医学科〉) 医
333 東京家政大学・短期大学部 総推
334 東京経済大学
335 東京工科大学
336 東京工芸大学
337 東京国際大学
338 東京歯科大学
339 東京慈恵会医科大学(医学部〈医学科〉) 医
340 東京情報大学
341 東京女子大学
342 東京女子医科大学(医学部) 医
343 東京電機大学
344 東京都市大学
345 東京農業大学
346 東京薬科大学(薬学部) 総推
347 東京薬科大学(生命科学部) 総推
348 東京理科大学(理学部〈第一部〉−B方式)
349 東京理科大学(創域理工学部−B方式・S方式)
350 東京理科大学(工学部−B方式)
351 東京理科大学(先進工学部−B方式)
352 東京理科大学(薬学部−B方式)
353 東京理科大学(経営学部−B方式)
354 東京理科大学(C方式、グローバル方式、理学部〈第二部〉−B方式)
355 東邦大学(医学部) 医
356 東邦大学(薬学部)

2025年版　大学赤本シリーズ

私立大学②

357 東邦大学（理・看護・健康科学部）
358 東洋大学（文・経済・経営・法・社会・国際・国際観光学部）
359 東洋大学（情報連携・福祉社会デザイン・健康スポーツ科・理工・総合情報・生命科・食環境科学部）
360 東洋大学（英語〈3日程×3カ年〉）
361 東洋大学（国語〈3日程×3カ年〉）
362 東洋大学（日本史・世界史〈2日程×3カ年〉）
363 東洋英和女学院大学
364 常磐大学・短期大学 総推
365 獨協大学
366 獨協医科大学（医学部） 医

な行（関東の大学）

367 二松学舎大学
368 日本大学（法学部）
369 日本大学（経済学部）
370 日本大学（商学部）
371 日本大学（文理学部〈文系〉）
372 日本大学（文理学部〈理系〉）
373 日本大学（芸術学部〈専門試験併用型〉）
374 日本大学（国際関係学部）
375 日本大学（危機管理・スポーツ科学部）
376 日本大学（理工学部）
377 日本大学（生産工・工学部）
378 日本大学（生物資源科学部）
379 日本大学（医学部） 医
380 日本大学（歯・松戸歯学部）
381 日本大学（薬学部）
382 日本大学（N全学統一方式−医・芸術〈専門試験併用型〉学部を除く）
383 日本医科大学 医
384 日本工業大学
385 日本歯科大学
386 日本社会事業大学 総推
387 日本獣医生命科学大学
388 日本女子大学
389 日本体育大学

は行（関東の大学）

390 白鷗大学（学業特待選抜・一般選抜）
391 フェリス女学院大学
392 文教大学
393 法政大学（法〈Ⅰ日程〉・文〈Ⅱ日程〉・経営〈Ⅱ日程〉学部−A方式）
394 法政大学（法〈Ⅱ日程〉・国際文化・キャリアデザイン学部−A方式）
395 法政大学（文〈Ⅰ日程〉・経営〈Ⅰ日程〉・人間環境・グローバル教養学部−A方式）
396 法政大学（経済〈Ⅰ日程〉・社会〈Ⅰ日程〉・現代福祉学部−A方式）
397 法政大学（経済〈Ⅱ日程〉・社会〈Ⅱ日程〉・スポーツ健康学部−A方式）
398 法政大学（情報科・デザイン工・理工・生命科学部−A方式）
399 法政大学（T日程〈統一日程〉・英語外部試験利用入試）
400 星薬科大学 総推

ま行（関東の大学）

401 武蔵大学
402 武蔵野大学
403 武蔵野美術大学
404 明海大学
405 明治大学（法学部−学部別入試）
406 明治大学（政治経済学部−学部別入試）
407 明治大学（商学部−学部別入試）
408 明治大学（経営学部−学部別入試）
409 明治大学（文学部−学部別入試）
410 明治大学（国際日本学部−学部別入試）
411 明治大学（情報コミュニケーション学部−学部別入試）
412 明治大学（理工学部−学部別入試）
413 明治大学（総合数理学部−学部別入試）
414 明治大学（農学部−学部別入試）
415 明治大学（全学部統一入試）
416 明治学院大学（A日程）
417 明治学院大学（全学部日程）
418 明治薬科大学 総推
419 明星大学
420 目白大学・短期大学部

ら・わ行（関東の大学）

421 立教大学（文系学部−一般入試〈大学独自の英語を課さない日程〉）
422 立教大学（国語〈3日程×3カ年〉）
423 立教大学（日本史・世界史〈2日程×3カ年〉）
424 立教大学（文学部−一般入試〈大学独自の英語を課す日程〉）
425 立教大学（理学部−一般入試）
426 立正大学
427 早稲田大学（法学部）
428 早稲田大学（政治経済学部）
429 早稲田大学（商学部）
430 早稲田大学（社会科学部）
431 早稲田大学（文学部）
432 早稲田大学（文化構想学部）
433 早稲田大学（教育学部〈文科系〉）
434 早稲田大学（教育学部〈理科系〉）
435 早稲田大学（人間科・スポーツ科学部）
436 早稲田大学（国際教養学部）
437 早稲田大学（基幹理工・創造理工・先進理工学部）
438 和洋女子大学 総推

中部の大学（50音順）

439 愛知大学
440 愛知医科大学（医学部） 医
441 愛知学院大学・短期大学部
442 愛知工業大学 総推
443 愛知淑徳大学
444 朝日大学 総推
445 金沢医科大学（医学部） 医
446 金沢工業大学
447 岐阜聖徳学園大学 総推
448 金城学院大学
449 至学館大学 総推
450 静岡理工科大学
451 椙山女学園大学
452 大同大学
453 中京大学
454 中部大学
455 名古屋外国語大学 総推
456 名古屋学院大学 総推
457 名古屋学芸大学 総推
458 名古屋女子大学 総推
459 南山大学（外国語〈英米〉・法・総合政策・国際教養学部）
460 南山大学（人文・外国語〈英米を除く〉・経済・経営・理工学部）
461 新潟国際情報大学
462 日本福祉大学
463 福井工業大学
464 藤田医科大学（医学部） 医
465 藤田医科大学（医療科・保健衛生学部）
466 名城大学（法・経営・経済・外国語・人間・都市情報学部）
467 名城大学（情報工・理工・農・薬学部）
468 山梨学院大学

近畿の大学（50音順）

469 追手門学院大学 総推
470 大阪医科薬科大学（医学部） 医
471 大阪医科薬科大学（薬学部） 総推
472 大阪学院大学 総推
473 大阪経済大学 総推
474 大阪経済法科大学 総推
475 大阪工業大学 総推
476 大阪国際大学・短期大学部 総推
477 大阪産業大学 総推
478 大阪歯科大学（歯学部）
479 大阪商業大学 総推
480 大阪成蹊大学・短期大学 総推
481 大谷大学 総推
482 大手前大学・短期大学 総推
483 関西大学（文系）
484 関西大学（理系）
485 関西大学（英語〈3日程×3カ年〉）
486 関西大学（国語〈3日程×3カ年〉）
487 関西大学（日本史・世界史・文系数学〈3日程×3カ年〉）
488 関西医科大学（医学部） 医
489 関西医療大学 総推
490 関西外国語大学・短期大学部 総推
491 関西学院大学（文・法・商・人間福祉・総合政策学部−学部個別日程）
492 関西学院大学（神・社会・経済・国際・教育学部−学部個別日程）
493 関西学院大学（全学部日程〈文系型〉）
494 関西学院大学（全学部日程〈理系型〉）
495 関西学院大学（共通テスト併用日程〈数学〉・英数日程）
496 関西学院大学（英語〈3日程×3カ年〉） 新
497 関西学院大学（国語〈3日程×3カ年〉） 新
498 関西学院大学（日本史・世界史・文系数学〈3日程×3カ年〉） 新
499 畿央大学 総推
500 京都外国語大学・短期大学 総推
502 京都産業大学（公募推薦入試） 総推
503 京都産業大学（一般選抜入試〈前期日程〉）
504 京都女子大学 総推
505 京都先端科学大学 総推
506 京都橘大学 総推
507 京都ノートルダム女子大学 総推
508 京都薬科大学 総推
509 近畿大学・短期大学部（医学部を除く−推薦入試） 総推
510 近畿大学・短期大学部（医学部を除く−一般入試前期）
511 近畿大学（英語〈医学部を除く3日程×3カ年〉）
512 近畿大学（理系数学〈医学部を除く3日程×3カ年〉）
513 近畿大学（国語〈医学部を除く3日程×3カ年〉）
514 近畿大学（医学部−推薦入試・一般入試前期） 医 総推
515 近畿大学・短期大学部（一般入試後期） 医
516 皇學館大学 総推
517 甲南大学 総推
518 甲南女子大学（学校推薦型選抜） 新 総推
519 神戸学院大学 総推
520 神戸国際大学 総推
521 神戸女学院大学 総推
522 神戸女子大学・短期大学 総推
523 神戸薬科大学 総推
524 四天王寺大学・短期大学部 総推
525 摂南大学（公募制推薦入試） 総推
526 摂南大学（一般選抜前期日程）
527 帝塚山学院大学 総推
528 同志社大学（法、グローバル・コミュニケーション学部−学部個別日程）

2025年版　大学赤本シリーズ

私立大学③

529 同志社大学(文・経済学部−学部個別日程)
530 同志社大学(神・商・心理・グローバル地域文化学部−学部個別日程)
531 同志社大学(社会学部−学部個別日程)
532 同志社大学(政策・文化情報〈文系型〉・スポーツ健康科〈文系型〉学部−学部個別日程)
533 同志社大学(理工・生命医科・文化情報〈理系型〉・スポーツ健康科〈理系型〉学部−学部個別日程)
534 同志社大学(全学部日程)
535 同志社女子大学 総推
536 奈良大学 総推
537 奈良学園大学 総推
538 阪南大学 総推
539 姫路獨協大学 総推
540 兵庫医科大学(医学部) 医
541 兵庫医科大学(薬・看護・リハビリテーション学部) 総推
542 佛教大学 総推
543 武庫川女子大学 総推
544 桃山学院大学 総推
545 大和大学・大和大学白鳳短期大学部 総推
546 立命館大学(文系−全学統一方式・学部個別配点方式)／立命館アジア太平洋大学(前期方式・英語重視方式)
547 立命館大学(理系−全学統一方式・学部個別配点方式・理系型3教科方式・薬学方式)
548 立命館大学(英語〈全学統一方式3日程×3カ年〉)
549 立命館大学(国語〈全学統一方式3日程×3カ年〉)
550 立命館大学(文系選択科目〈全学統一方式2日程×3カ年〉)
551 立命館大学(IR方式〈英語資格試験利用型〉・共通テスト併用方式)／立命館アジア太平洋大学(共通テスト併用方式)
552 立命館大学(後期分割方式・「経営学部で学ぶ感性+共通テスト」方式)／立命館アジア太平洋大学(後期方式)
553 龍谷大学(公募推薦入試) 総推
554 龍谷大学(一般選抜入試)

中国の大学(50音順)

555 岡山商科大学 総推
556 岡山理科大学 総推
557 川崎医科大学 医
558 吉備国際大学 総推
559 就実大学 総推
560 広島経済大学
561 広島国際大学 総推
562 広島修道大学
563 広島文教大学 総推
564 福山大学／福山平成大学
565 安田女子大学 総推

四国の大学(50音順)

567 松山大学

九州の大学(50音順)

568 九州医療科学大学
569 九州産業大学
570 熊本学園大学
571 久留米大学(文・人間健康・法・経済・商学部)
572 久留米大学(医学部〈医学科〉) 医
573 産業医科大学(医学部) 医
574 西南学院大学(商・経済・法・人間科学部−A日程)
575 西南学院大学(神・外国語・国際文化学部−A日程／全学部−F日程)
576 福岡大学(医学部医学科を除く−学校推薦型選抜・一般選抜系統別日程) 総推
577 福岡大学(医学部医学科を除く−一般選抜前期日程)
578 福岡大学(医学部〈医学科〉−学校推薦型選抜・一般選抜系統別日程) 医 総推
579 福岡工業大学
580 令和健康科学大学 総推

医 医学部医学科を含む
総推 総合型選抜または学校推薦型選抜を含む
DL リスニング音声配信　新 2024年 新刊・復刊

掲載している入試の種類や試験科目，収載年数などはそれぞれ異なります。詳細については，それぞれの本の目次や赤本ウェブサイトでご確認ください。

akahon.net
赤本｜ 検索

難関校過去問シリーズ

出題形式別・分野別に収録した
「入試問題事典」
20大学 73点
定価2,310〜2,640円(本体2,100〜2,400円)

先輩合格者はこう使った！
「難関校過去問シリーズの使い方」

61年，全部載せ！
要約演習で，総合力を鍛える
東大の英語
要約問題 UNLIMITED

国公立大学

東大の英語25カ年[第12版] 改
東大の英語リスニング20カ年[第9版] DL 改
東大の英語 要約問題 UNLIMITED
東大の文系数学25カ年[第12版] 改
東大の理系数学25カ年[第12版] 改
東大の現代文25カ年[第12版] 改
東大の古典25カ年[第12版] 改
東大の日本史25カ年[第9版] 改
東大の世界史25カ年[第9版] 改
東大の地理25カ年[第9版] 改
東大の物理25カ年[第9版] 改
東大の化学25カ年[第9版] 改
東大の生物25カ年[第9版] 改
東工大の英語20カ年[第8版] 改
東工大の数学20カ年[第9版] 改
東工大の物理20カ年[第5版] 改
東工大の化学20カ年[第5版] 改
一橋大の英語20カ年[第9版] 改
一橋大の数学20カ年[第9版] 改
一橋大の国語20カ年[第6版] 改
一橋大の日本史20カ年[第6版] 改
一橋大の世界史20カ年[第6版] 改
筑波大の英語15カ年 新
筑波大の数学15カ年 新
京大の英語25カ年[第12版]
京大の文系数学25カ年[第12版]
京大の理系数学25カ年[第12版]
京大の現代文25カ年[第2版]
京大の古典25カ年[第2版]
京大の日本史20カ年[第3版]
京大の世界史20カ年[第3版]
京大の物理25カ年[第9版]
京大の化学25カ年[第9版]
北大の英語15カ年[第8版]
北大の理系数学15カ年[第8版]
北大の物理15カ年[第2版]
北大の化学15カ年[第2版]
東北大の英語15カ年[第8版]
東北大の理系数学15カ年[第8版]
東北大の物理15カ年[第2版]
東北大の化学15カ年[第2版]
名古屋大の英語15カ年[第8版]
名古屋大の理系数学15カ年[第8版]
名古屋大の物理15カ年[第2版]
名古屋大の化学15カ年[第2版]
阪大の英語20カ年[第9版]
阪大の文系数学20カ年[第3版]
阪大の理系数学20カ年[第9版]
阪大の国語15カ年[第3版]
阪大の物理20カ年[第8版]
阪大の化学20カ年[第6版]
九大の英語15カ年[第8版]
九大の理系数学15カ年[第7版]
九大の物理15カ年[第2版]
九大の化学15カ年[第2版]
神戸大の英語15カ年[第9版]
神戸大の数学15カ年[第5版]
神戸大の国語15カ年[第3版]

私立大学

早稲田の英語[第11版] 改
早稲田の国語[第9版] 改
早稲田の日本史[第9版] 改
早稲田の世界史[第2版] 改
慶應の英語[第11版] 改
慶應の小論文[第3版] 改
明治大の英語[第9版] 改
明治大の国語[第2版] 改
明治大の日本史[第2版] 改
中央大の英語[第9版] 改
法政大の英語[第9版] 改
同志社大の英語[第10版]
立命館大の英語[第10版]
関西大の英語[第10版]
関西学院大の英語[第10版]

DL リスニング音声配信
新 2024年 新刊
改 2024年 改訂

共通テスト対策関連書籍

共通テスト対策も赤本で

❶ 過去問演習

2025年版

共通テスト 赤本シリーズ

全12点

A5判／定価1,320円
（本体1,200円）

- 英国数には新課程対応オリジナル実戦模試 掲載！
- 公表された新課程試作問題はすべて掲載！
- くわしい対策講座で得点力UP
- 英語はリスニングを10回分掲載！赤本の音声サイトで本番さながらの対策！

- 英語 リーディング／リスニング DL
- 数学I，A／II，B，C
- 国語
- 歴史総合，日本史探究
- 歴史総合，世界史探究
- 地理総合，地理探究
- 公共，倫理
- 公共，政治・経済
- 物理
- 化学
- 生物
- 物理基礎／化学基礎／生物基礎／地学基礎

DL 音声無料配信

❷ 自己分析

赤本ノートシリーズ 過去問演習の効果を最大化

▶共通テスト対策には

赤本ノートプラス
（共通テスト用）

赤本ルーズリーフプラス
（共通テスト用）

共通テスト赤本シリーズ

新課程攻略問題集

全26点に対応!!

▶二次・私大対策には

大学赤本シリーズ

全556点に対応!!

赤本ノートプラス
（二次・私大用）

❸ 重点対策

共通テスト赤本プラス

新課程攻略問題集

基礎固め&苦手克服のための分野別対策問題集!!
厳選された問題でかしこく対策

- 英語リーディング
- 英語リスニング DL
- 数学I，A
- 数学II，B，C
- 国語（現代文）
- 国語（古文，漢文）
- 歴史総合，日本史探究
- 歴史総合，世界史探究
- 地理総合，地理探究
- 公共，政治・経済
- 物理
- 化学
- 生物
- 情報I

DL 音声無料配信

全14点 好評発売中！

A5判／定価1,320円（本体1,200円）

手軽なサイズの実戦的参考書

目からウロコのコツが満載！

直前期にも！

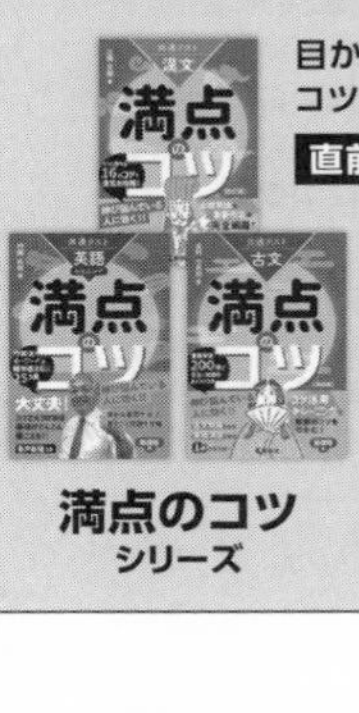

満点のコツ シリーズ

赤本 ポケット

いつも受験生のそばに─赤本

大学入試シリーズ＋α
入試対策も共通テスト対策も赤本で

入試対策

赤本プラス

赤本プラスとは，**過去問演習の効果を最大にする**ためのシリーズです。「赤本」であぶり出された弱点を，赤本プラスで克服しましょう。

大学入試 すぐわかる英文法 DL
大学入試 ひと目でわかる英文読解
大学入試 絶対できる英語リスニング DL
大学入試 すぐ書ける自由英作文
大学入試 ぐんぐん読める 英語長文〔BASIC〕 DL
大学入試 ぐんぐん読める 英語長文〔STANDARD〕 DL
大学入試 ぐんぐん読める 英語長文〔ADVANCED〕 DL
大学入試 正しく書ける英作文
大学入試 最短でマスターする 数学Ⅰ・Ⅱ・Ⅲ・A・B・C
大学入試 突破力を鍛える最難関の数学
大学入試 知らなきゃ解けない 古文常識・和歌
大学入試 ちゃんと身につく物理
大学入試 もっと身につく 物理問題集（①力学・波動）
大学入試 もっと身につく 物理問題集（②熱力学・電磁気・原子）

入試対策

英検® 赤本シリーズ

英検®（実用英語技能検定）の対策書。
過去問集と参考書で万全の対策ができます。

▶**過去問集（2024年度版）**
英検®準1級過去問集 DL
英検®2級過去問集 DL
英検®準2級過去問集 DL
英検®3級過去問集 DL

▶**参考書**
竹岡の英検®準1級マスター DL
竹岡の英検®2級マスター CD DL
竹岡の英検®準2級マスター CD DL
竹岡の英検®3級マスター CD DL

CD リスニングCDつき　DL 音声無料配信
新 2024年新刊・改訂

入試対策

赤本プレミアム

赤本の教学社だからこそ作れた、過去問ベストセレクション

東大数学プレミアム
東大現代文プレミアム
京大数学プレミアム〔改訂版〕
京大古典プレミアム

入試対策

赤本メディカルシリーズ

過去問を徹底的に研究し，独自の出題傾向をもつメディカル系の入試に役立つ内容を精選した実戦的なシリーズ。

〔国公立大〕医学部の英語〔3訂版〕
私立医大の英語〔長文読解編〕〔3訂版〕
私立医大の英語〔文法・語法編〕〔改訂版〕
医学部の実戦小論文〔3訂版〕
医歯薬系の英単語〔4訂版〕
医系小論文 最頻出論点20〔4訂版〕
医学部の面接〔4訂版〕

入試対策

体系シリーズ

国公立大二次・難関私大突破へ，自学自習に適したハイレベル問題集。

体系英語長文
体系英作文
体系現代文
体系世界史
体系物理〔第7版〕

入試対策

単行本

▶**英語**
Q&A即決英語勉強法
TEAP攻略問題集〔新装版〕 DL 新
東大の英単語〔新装版〕
早慶上智の英単語〔改訂版〕

▶**国語・小論文**
著者に注目! 現代文問題集
ブレない小論文の書き方 樋口式ワークノート

▶**レシピ集**
奥薗壽子の赤本合格レシピ

入試対策　共通テスト対策

赤本手帳

赤本手帳（2025年度受験用）プラムレッド
赤本手帳（2025年度受験用）インディゴブルー
赤本手帳（2025年度受験用）ナチュラルホワイト

入試対策

風呂で覚えるシリーズ

水をはじく特殊な紙を使用。いつでもどこでも読めるから，ちょっとした時間を有効に使える！

風呂で覚える英単語〔4訂新装版〕
風呂で覚える英熟語〔改訂新装版〕
風呂で覚える古文単語〔改訂新装版〕
風呂で覚える古文文法〔改訂新装版〕
風呂で覚える漢文〔改訂新装版〕
風呂で覚える日本史〔年代〕〔改訂新装版〕
風呂で覚える世界史〔年代〕〔改訂新装版〕
風呂で覚える倫理〔改訂版〕
風呂で覚える百人一首〔改訂版〕

共通テスト対策

満点のコツシリーズ

共通テストで満点を狙うための実戦的参考書。
重要度の高いリスニング対策は
「カリスマ講師」竹岡広信が一回読みにも
対応できるコツを伝授！

共通テスト英語〔リスニング〕 満点のコツ〔改訂版〕 DL 新
共通テスト古文 満点のコツ〔改訂版〕 新
共通テスト漢文 満点のコツ〔改訂版〕 新
共通テスト生物基礎 満点のコツ〔改訂版〕 新

入試対策　共通テスト対策

赤本ポケットシリーズ

▶**共通テスト対策**
共通テスト日本史〔文化史〕

▶**系統別進路ガイド**
デザイン系学科をめざすあなたへ

大学赤本シリーズ

赤本ウェブサイト

過去問の代名詞として、70年以上の伝統と実績。

新刊案内・特集ページも充実！
受験生の「知りたい」に答える

akahon.netでチェック！

志望大学の赤本の刊行状況を確認できる！

「赤本取扱い書店検索」で赤本を置いている書店を見つけられる！

赤本チャンネル＆赤本ブログ

赤本チャンネル

人気講師の大学別講座や
共通テスト対策など、
受験に役立つ動画 を公開中！

YouTubeや
TikTokで受験対策！

YouTube

TikTok

赤本ブログ

受験のメンタルケア、合格者の声など、
受験に役立つ記事 が充実。

詳しくは
こちら

2025 年版　大学赤本シリーズ　No. 439

愛知大学

2024 年 7 月 30 日　第 1 刷発行
ISBN978-4-325-26498-9
定価は裏表紙に表示しています

編　集　教学社編集部
発行者　上原 寿明
発行所　教学社
〒606-0031
京都市左京区岩倉南桑原町56
電話　075-721-6500
振替　01020-1-15695
印　刷　太洋社

●乱丁・落丁等につきましてはお取替えいたします。
●本書に関する最新の情報（訂正を含む）は，赤本ウェブサイトhttp://akahon.net/の書籍の詳細ページでご確認いただけます。
●本書は当社編集部の責任のもと独自に作成したものです。本書の内容についてのお問い合わせは，赤本ウェブサイトの「お問い合わせ」より，必要事項をご記入の上ご連絡ください。電話でのお問い合わせは受け付けておりません。なお，受験指導など，本書掲載内容以外の事柄に関しては，お答えしかねます。また，ご質問の内容によってはお時間をいただく場合がありますので，あらかじめご了承ください。
●本書の無断複製は著作権法上の例外を除き禁じられています。本書を代行業者等の第三者に依頼してスキャンやデジタル化することは，たとえ個人や家庭内の利用でも著作権法違反です。
●本シリーズ掲載の入試問題等について，万一，掲載許可手続等に遺漏や不備があると思われるものがございましたら，当社編集部までお知らせください。